O HOLOCAUSTO

LAURENCE REES

O HOLOCAUSTO
UMA NOVA HISTÓRIA

2ª EDIÇÃO
1ª REIMPRESSÃO

TRADUÇÃO DE Luis Reyes Gil

VESTÍGIO

Copyright © 2017 Laurence Rees

Título original: *The Holocaust: A New History*

Todos os direitos reservados pela Editora Vestígio. Nenhuma parte desta publicação poderá ser reproduzida, seja por meios mecânicos, eletrônicos, seja via cópia xerográfica, sem a autorização prévia da Editora.

EDITOR RESPONSÁVEL
Arnaud Vin

EDITOR ASSISTENTE
Eduardo Soares

ASSISTENTE EDITORIAL
Pedro Pinheiro

PREPARAÇÃO
Pedro Pinheiro

REVISÃO
Eduardo Soares
Samira Vilela
Renata Silveira

PROJETO GRÁFICO
Diogo Droschi

DIAGRAMAÇÃO
Guilherme Fagundes

Dados Internacionais de Catalogação na Publicação (CIP)
Câmara Brasileira do Livro, SP, Brasil

Rees, Laurence
  O Holocausto : uma nova história / Laurence Rees ; tradução Luis Reyes Gil. – 2. ed.; 1. reimp. – São Paulo : Vestígio, 2022.

  Título original: The Holocaust : A New History
  ISBN 978-85-54126-62-9

  1. Antissemitismo 2. Guerra Mundial, 1939-1945 - Atrocidades 3. Holocausto judeu (1939-1945) 4. Judeus - Perseguições 5. Nazismo I. Título.

18-14701   CDD-940.5318

Índices para catálogo sistemático:
  1. Guerra Mundial, 1939-1945 : Holocausto judeu : História 940.5318

Maria Paula C. Riyuzo - Bibliotecária - CRB-8/7639

A **VESTÍGIO** É UMA EDITORA DO **GRUPO AUTÊNTICA**

São Paulo
Av. Paulista, 2.073 . Conjunto Nacional
Horsa I . Sala 309 . Cerqueira César
01311-940 . São Paulo . SP
Tel.: (55 11) 3034 4468

Belo Horizonte
Rua Carlos Turner, 420
Silveira . 31140-520
Belo Horizonte . MG
Tel.: (55 31) 3465 4500

www.editoravestigio.com.br
SAC: atendimentoleitor@grupoautentica.com.br

Para Camilla

SUMÁRIO

Prólogo	9
1. As origens do ódio	13
2. O nascimento dos nazistas (1919-1923)	28
3. Da revolução às urnas (1924-1933)	46
4. Consolidação do poder (1933-1934)	74
5. As Leis de Nuremberg (1934-1935)	109
6. Educação e construção do Império (1935-1938)	120
7. Radicalização (1938-1939)	148
8. O início da guerra racial (1939-1940)	186
9. Perseguição no Ocidente (1940-1941)	218
10. Guerra de extermínio (1941)	248
11. A estrada para Wannsee (1941-1942)	289
12. Procurar e matar (1942)	322
13. Campos de extermínio nazistas na Polônia (1942)	349
14. Matar – e persuadir outros a ajudar (1942-1943)	370
15. Opressão e revolta (1943)	392
16. Auschwitz (1943-1944)	418
17. A catástrofe húngara (1944)	439
18. Matar até o final (1944-1945)	470
Posfácio	495
Agradecimentos	501
Lista de mapas e ilustrações	505
Índice remissivo	509
Notas	527

Prólogo

PARA OS NAZISTAS, o crime de Freda Wineman era simples. Ela era judia. Em maio de 1944, aos 20 anos de idade, foi presa em Saint-Étienne, na França, por colaboradores integrantes da milícia paramilitar. Junto com os pais e seus três irmãos, foi levada primeiro para o famoso campo de retenção de Drancy, nos subúrbios de Paris, e de lá para Auschwitz-Birkenau, na Polônia ocupada pelos nazistas.

No início de junho de 1944, o trem que levava Freda, sua família e quase mil outros judeus da França passou sob a guarita de tijolo vermelho de Birkenau e desceu por um trilho que levava diretamente até o campo. Quando as portas dos vagões de carga se abriram e eles emergiram para a luz, Freda pensou ter chegado ao "Inferno. O cheiro! O cheiro era horrível!".[1] Mas Freda ainda não conhecia o verdadeiro propósito de Birkenau. O lugar era imenso e cheio de prisioneiros. Talvez os recém-chegados fossem todos postos para trabalhar?

Quando ela e sua família ficaram de pé na área junto à linha férrea, conhecida como a "rampa", os eventos tomaram um rumo inesperado. Prisioneiros de uma unidade especial, vestidos com um uniforme que parecia pijama, gritaram para os recém-chegados: "Deem as crianças para as mulheres mais velhas". E então alguém deu à mãe de Freda um bebê de uma mãe jovem, na casa dos 20 anos.

Em seguida, mandaram os judeus formarem duas filas na rampa – homens em uma, mulheres e crianças pequenas em outra. Sem entender o que estava acontecendo, Freda entrou na fila para mulheres junto com sua mãe, que segurava o bebê. Quando a mãe chegou à frente da fila, um médico da SS – Freda acredita que era o doutor Mengele – disse-lhe para ir para a direita com o bebê. Freda seguiu a mãe, mas então, relembra ela, "Mengele me chamou de volta e disse: 'Você vai para a esquerda'. E eu disse: 'Não, não vou. Não vou me separar da minha mãe'. E ele disse, de maneira muito natural: 'Sua mãe, ela vai ficar cuidando da criança, e você vai com os jovens [ou seja, os adultos jovens]".

Freda não conseguiu "entender por que fomos separadas. Não conseguia entender por que eles tinham que dar os bebês para as mulheres mais velhas. Minha mãe tinha apenas 46 anos. Eu não conseguia entender o que estava acontecendo, era muito rápido. Tudo estava acontecendo depressa demais".

Enquanto a mãe de Freda se afastava com o bebê, seu pai e seus três irmãos chegaram à frente da fila deles. Mandaram ficar todos juntos. Mas quando estavam em pé na rampa, o irmão mais velho de Freda, David, viu a mãe indo em outra direção e achou que o irmão mais novo deles, Marcel, de 13 anos, deveria ir com ela. Achou que "poderia ser mais fácil" para Marcel se a mãe fosse capaz de cuidar dele. Então David disse para Marcel acompanhá-la, e o garoto, ouvindo as palavras do irmão mais velho, correu e se juntou à mãe. Sem saber, David ajudara a mandar Marcel para a morte.

Eles não sabiam disso naquela hora, mas haviam acabado de participar de um processo de seleção no qual médicos da SS, em questão de segundos, decidiam quem receberia permissão de viver temporariamente e quem deveria morrer de imediato. A grande maioria das pessoas dessa leva foi selecionada para morrer logo em seguida nas câmaras de gás de Birkenau – entre elas, a mãe de Freda, junto com o bebê que havia sido colocado em seus braços. Os nazistas não queriam que crianças, velhos e doentes durassem mais do que umas poucas horas no campo.

Freda, seu pai e seus três irmãos haviam sido selecionados para trabalhar. Embora a intenção dos nazistas fosse que todos os judeus acabassem morrendo, era pelo menos um adiamento da execução. Portanto, ao mandar Marcel para a mãe, David havia assegurado que ele se juntaria ao grupo escolhido para morrer imediatamente. Marcel, como um garoto de 13 anos, ficava no limite da seleção; portanto, o membro da SS não deve ter se importado muito em vê-lo se juntar à mãe para ser morto. Como diz Freda, as ações de David "teriam sido a coisa certa [a fazer] em circunstâncias diferentes". Mas em meio à desumanidade de Auschwitz, "foi a decisão errada".

Na rampa, as mães jovens haviam sido ordenadas a entregar seus bebês a alguém porque a única chance que elas tinham de sobreviver à seleção inicial era aparecer diante do médico da SS sem seus filhos. Mesmo que uma mãe fosse jovem e apta, a SS raramente tentava separá-la de seu filho durante a fase final do processo de seleção, por receio de causar pânico entre os recém-chegados. Era óbvio para os prisioneiros que recebiam os recém-chegados que a mãe de Freda era velha demais para sobreviver à seleção. Como era certo que morreria, e como o bebê com certeza morreria também, ambos foram colocados juntos. Assim, a jovem mãe teria a possibilidade de sobreviver mais do que apenas um dia.

Como uma situação dessas pôde chegar a existir no mundo? Como era possível que padrões comuns de decência e moralidade tivessem sido invertidos de maneira tão inacreditável que um gesto compassivo de alguém encaminhando o próprio irmão para ficar com a mãe ajudasse a provocar sua morte, e que a única chance de uma jovem mãe sobreviver mais do que um dia fosse ter seu bebê tirado dela e assassinado?

E numa visão mais ampla, que razões haviam levado os nazistas a decidir exterminar um grupo inteiro de pessoas? Por que mataram milhões de homens, mulheres e crianças em câmaras de gás, ou a tiros, ou de fome, ou espancando-os até a morte – por que matá-los do jeito que fosse possível? Qual era o lugar desse genocídio no catálogo dos outros horrores pelos quais os nazistas foram responsáveis?

Durante 25 anos, pensei nessas questões ao escrever e produzir uma série de documentários de televisão sobre os nazistas e a Segunda Guerra Mundial. Ao longo do meu trabalho, viajei a vários países e me encontrei com centenas de testemunhas oculares desse período

– incluindo aqueles que sofreram nas mãos dos nazistas, como Freda Wineman, aqueles que assistiram aos eventos como espectadores e aqueles que cometeram crimes como perpetradores. Apenas uma fração dos testemunhos reunidos para os meus filmes havia sido publicada até agora.

O Holocausto é o crime mais infame da história do mundo. Precisamos entender como essa obscenidade foi possível. E este livro, que parte não só desse material inexplorado, mas também de recentes estudos acadêmicos e de documentos da época, é a minha tentativa de fazer exatamente isso.

1. As origens do ódio

EM SETEMBRO DE 1919, Adolf Hitler escreveu uma carta de imensa importância histórica. Na época, porém, ninguém lhe atribuiu essa relevância. O Adolf Hitler que havia escrito esse documento era um zé-ninguém. Aos 30 anos de idade, não tinha casa, carreira, esposa ou namorada, nem mesmo um amigo íntimo de qualquer tipo. Tudo o que podia rememorar era uma vida cheia de sonhos frustrados. Quis ser um pintor famoso, mas foi rejeitado pelo *establishment* artístico; almejou um papel na vitória alemã sobre os Aliados na Primeira Guerra Mundial, mas só conseguiu assistir à humilhante derrota das forças alemãs, em novembro de 1918. Estava amargurado, indignado e à procura de alguém em quem pôr a culpa.

Nessa carta, datada de 16 de setembro de 1919 e dirigida a um colega soldado chamado Adolf Gemlich, Hitler aponta de modo inequívoco quem ele julga responsável não só por sua difícil situação pessoal, mas pelo sofrimento de toda a nação alemã. "Existe, vivendo entre nós", escreveu Hitler, "uma raça não alemã, estrangeira, que não se dispõe e não é capaz de abrir mão de suas características [...] E que mesmo assim desfruta de todos os direitos políticos de que nós dispomos [...] Tudo o que leva os homens a se esforçarem para obter coisas mais elevadas, como a religião, o socialismo ou a democracia, é para ele apenas um meio para um fim, para satisfazer sua cobiça por dinheiro e poder. Suas atividades produzem uma tuberculose racial entre as nações"[1] O adversário que Hitler identificara era "o judeu". E acrescentava que o "objetivo final" de qualquer governo alemão deveria ser "a remoção intransigente de todos os judeus".

É um documento excepcional. Não só porque permite vislumbrar como pensava, em 1919, o homem que mais tarde iria instigar o Holocausto, mas também porque é a primeira evidência irrefutável das crenças antissemitas do próprio Hitler. Em sua autobiografia, *Minha luta* (*Mein Kampf*), que ele escreveria cinco anos mais tarde, Hitler afirma odiar os judeus desde quando batalhava para se tornar pintor em Viena nos primeiros anos do século XX. Mas alguns estudiosos lançaram dúvidas sobre essa sua versão simplista do próprio passado,[2] e questionaram se ele de fato teria sustentado essas visões fortemente antissemitas em seu período em Viena e quando serviu como soldado na Primeira Guerra Mundial.[3]

Mas isso tampouco quer dizer que o antissemitismo de Hitler tenha entrado na sua cabeça de repente, do nada, em setembro de 1919. Ao escrever essa carta, ele seguiu correntes de pensamento antissemita que circulavam na Alemanha na Primeira Guerra Mundial e logo após. Tanto que nenhuma das ideias que expôs a esse respeito em sua carta de setembro de 1919 era original. Embora mais tarde viesse a se tornar o mais famoso proponente do antissemitismo, Hitler partiu de uma história de perseguição preexistente.

O antissemitismo por certo não era novidade. Suas origens remontam a centenas de anos. Na época da emergência do cristianismo, por exemplo, embora o próprio Jesus fosse judeu, passagens da Bíblia enfatizam que "os judeus" se opunham a ele. O Evangelho de São João, na versão da Bíblia do rei Jaime, diz que os judeus "tencionavam matar"[4] Jesus. A certa altura, chegaram a pegar pedras para atirar nele.[5] Quanto a Jesus, dirige-se aos judeus dizendo que são filhos do "demônio".[6]

Portanto, ideias nocivas a respeito dos judeus já estavam embutidas até no mais sagrado texto cristão; e gerações de padres os marcaram como um povo "pérfido", que "quis matar o Senhor Jesus Cristo".[7] Assim, não é difícil compreender por que a perseguição aos judeus era lugar-comum numa Europa medieval dominada pela cultura cristã. Em muitos países, os judeus eram proibidos de possuir terras, de praticar certas profissões e de viver onde bem quisessem. Em várias épocas, em diversas cidades da Europa, os judeus foram obrigados a residir em guetos e a usar uma marca especial de identificação em suas roupas – em Roma, no século XIII, era uma insígnia amarela. Uma das poucas ocupações franqueadas aos judeus era a de agiota, já que os cristãos eram proibidos de praticar a "usura". E como Shakespeare ilustra em *O mercador de Veneza*, o agiota judeu acabou se tornando uma figura odiada. Na Alemanha, em 1543, Martinho Lutero escreveu *Sobre os judeus e suas mentiras*. Os judeus, dizia Lutero, "nada mais são do que ladrões e usurpadores que diariamente não comem bocado e não usam peça de roupa que não tenham furtado e subtraído de nós por meio de sua maldita usura". Ele conclamou o populacho a "expulsá-los de vez desse país [...] fora com eles!".[8]

Mas o Iluminismo trouxe uma mudança na sorte dos judeus europeus. Nessa época de avanços científicos e políticos, muitas crenças tradicionais foram questionadas. Por exemplo, eles "mereciam" de fato o tratamento que vinham suportando ou eram meras vítimas do preconceito? Christian Wilhelm von Dohm, um historiador alemão, escreveu em 1781 em favor da emancipação dos judeus e destacou que "Tudo aquilo cuja culpa atribuímos aos judeus é causado pelas condições políticas sob as quais eles vivem agora".[9] Na França, após a Declaração dos Direitos do Homem em 1789, os judeus se tornaram cidadãos "livres e iguais" perante a lei. No século XIX, na Alemanha, muitas das proibições que haviam sido impostas a eles foram eliminadas, incluindo as que restringiam seu acesso a determinadas profissões.

Mas todas essas liberdades tiveram seu preço. Ao mesmo tempo em que os judeus alemães experimentavam essas novas oportunidades, o país sofria enormes mudanças. Nenhum país da Europa passou por alterações tão rápidas quanto a Alemanha na segunda metade do século XIX. A produção de carvão aumentou de um milhão e meio de toneladas em 1850 para cem milhões de toneladas em 1906.[10] A população cresceu de pouco mais de 40 milhões em 1871 para mais de 65 milhões por volta de 1911. A Alemanha também mudou politicamente, com a unificação do país em 1871. Na esteira de todas essas reviravoltas, muitos passaram a levantar profundas questões sobre a natureza cultural e espiritual dessa nova nação. Uma delas, não menos importante, era: o que significava ser "alemão"?

Os que acreditavam no poder do *Volk* ofereceram uma resposta. Embora seja normalmente traduzido pelo termo "povo", o conceito por trás de *Volk* não pode ser suficientemente transmitido por uma única palavra. Para os teóricos, *völkisch* significava a conexão quase mística que um grupo de pessoas que fala a mesma língua e compartilha uma herança cultural tem com o solo de sua terra natal. Como reação ao repentino crescimento das cidades e à poluição que emanava das fábricas recém-construídas, eles pregavam as glórias da vida rural alemã, e, particularmente, do poder da floresta. Em *Land und Leute* ("Terra e Povo"), um dos mais famosos textos de exaltação do *Volk*, o professor Wilhelm Heinrich Riehl escreveu: "Um povo deve desaparecer se não é mais capaz de compreender o legado das florestas que o fortalecem e rejuvenescem. Devemos preservar a floresta, não apenas manter a lareira acesa no inverno, mas também manter a pulsação do povo aquecida e feliz de modo que os alemães possam continuar alemães".[11] Escrevendo em meados do século XIX, Riehl fazia uma advertência contra os perigos criados não só pelo crescimento das cidades, mas por aquele símbolo da modernidade, a ferrovia: "Em particular, o agricultor sente que não é mais capaz de continuar sendo o 'agricultor tradicional' ao lado da nova ferrovia [...] Todos receiam tornar-se alguém diferente, e aqueles que querem nos subtrair o modo de vida característico afiguram-se mais como espectros do inferno do que como bons espíritos".[12]

O conceito de *Volk* iria depois adquirir imensa importância para Hitler e os nazistas. O ministro da Propaganda nazista, Joseph Goebbels, até encomendou um filme extraordinário, lançado em 1936, intitulado *Ewiger Wald* ("Floresta Eterna"), que glorificava o poder e a importância da floresta e do agricultor. "Nossos ancestrais eram um povo da floresta", dizia o release de lançamento do filme, "seu Deus vivia em bosques sagrados, sua religião cresceu a partir das florestas. Nenhum povo pode viver sem a floresta, e as pessoas que são culpadas pelo desflorestamento irão afundar no esquecimento[...]"[13] A última fala do narrador do filme reforçava esse vínculo entre o *Volk* e a floresta: "O povo, como a floresta, resistirá sempre!".[14]

Antes da Primeira Guerra Mundial, o movimento jovem mais popular na Alemanha era o Wandervogel, uma organização que conclamava homens e mulheres jovens a viajar pelo campo para resgatar a conexão entre o povo alemão e sua terra. "Era um movimento espiritual", diz Fridolin von Spaun, que aderiu ao Wandervogel ainda adolescente. "Era uma reação contra a era do imperador Guilherme, toda ela calcada na indústria e no comércio."[15] Outros jovens alemães se juntaram a grupos como a Liga Alemã de Ginástica para se exercitarem ao ar livre. "Foi na Liga Alemã de Ginástica que entrei em contato com a suástica pela primeira vez", diz Emil Klein, que foi membro da liga antes da Primeira Guerra Mundial. "Os quatro Fs – *frisch* ["puro"], *fromm* ["tranquilo"], *fröhlich* ["feliz"], *frei* ["livre"] – formavam uma dupla suástica sobre o distintivo que usávamos, um distintivo de bronze que era ostentado como insígnia."[16] A suástica foi adotada por vários grupos *völkisch*. Eles acreditavam que esse símbolo antigo, usado por várias culturas do passado, representava um vínculo com seus ancestrais mais distantes, em parte pelo fato de marcas similares terem sido encontradas em relíquias arqueológicas alemãs.

Cada novo desenrolar de acontecimentos era um problema para os judeus alemães, já que eles se viam excluídos do conceito de *Volk*. A maior parte deles vivia em cidades e trabalhava em empregos que eram a antítese do ideal *völkisch* – os judeus certamente não eram pessoas "oriundas da floresta". Em *Soll und Haben* ("Débito e Crédito"), uma novela alemã muito popular publicada em 1855,[17] o personagem central judeu, o homem de negócios Veitel Itzig, é retratado como um indivíduo detestável, obcecado por dinheiro e que ludibriava alemães honestos, mas ingênuos. Itzig é um parasita; leva uma vida que não poderia ser mais distante do ideal nobre do camponês que cultiva o solo.

Embora nem todo indivíduo que endossava a ideia de *Volk* fosse necessariamente antissemita, os judeus ainda assim se tornaram, para o movimento *völkisch* como um todo, um símbolo de tudo o que havia de errado com a nova Alemanha. Se você fosse um agricultor com dificuldades para lidar com o súbito crescimento das cidades e com a realidade das ferrovias que agora cortavam suas terras, podia culpar os judeus por isso. Se fosse um lojista e achasse que os clientes estavam abandonando sua loja em favor das novas lojas de departamento, podia culpar os judeus por isso. Se trabalhasse numa oficina fazendo produtos artesanais que agora não eram mais vendidos devido à presença no mercado de bens manufaturados em massa pelas fábricas, podia culpar os judeus por isso.

Esses argumentos apoiavam-se, é claro, em preconceitos. Se os judeus alemães estavam vivendo nas cidades, se abriam lojas de departamento e fábricas, era em grande medida porque haviam sido excluídos do trabalho em ocupações *völkisch* "aprovadas" há centenas de anos. Em resumo, os judeus estavam agora sendo culpados por não terem um vínculo com o solo, depois de terem sido proibidos de possuir terras. Essa antipatia crescente por eles era ainda mais notável porque quase não havia judeus vivendo na Alemanha. Menos de um por cento da população era judeu. Muitos alemães jamais haviam tido contato com eles. Mas a ausência de judeus não é obstáculo ao antissemitismo.

Os velhos preconceitos de base cristã contra os judeus alemães não desapareceram à medida que o movimento *völkisch* crescia – ao contrário, eles foram reforçados. Paul de Lagarde, um dos mais engajados antissemitas *völkisch*, discursava em termos que Martinho Lutero teria reconhecido. "Somos antissemitas", escreveu ele em *Juden und Indogermanen* ("Judeus e Indo-Germânicos"), publicado em 1887, "porque na Alemanha do século XIX os judeus que vivem entre nós representam visões, costumes e exigências que remontam aos tempos da separação dos povos logo após o Dilúvio [...] pois, em meio a um mundo cristão, os judeus são pagãos asiáticos". Os judeus eram, para Lagarde, "Um povo que não contribuiu com nada para a história, ao longo de milhares de anos".[18]

A falsa percepção de que os judeus eram uma força estrangeira e, ao mesmo tempo, figuras secretamente poderosas na nova Alemanha levou Heinrich Class, o líder da Liga Pan-Germânica, a escrever *Wenn ich der Kaiser wär* ("Se eu Fosse o Kaiser"). O livro de Class, publicado em 1912, dois anos antes da eclosão da Primeira Guerra Mundial, associava a necessidade de "recuperar a saúde de nossa vida nacional" com a exigência de que "a influência judaica" fosse "completamente erradicada ou reduzida a um nível suportável, inócuo".[19] Class propôs várias medidas restritivas contra os judeus. Conclamou os jornais de propriedade judaica ou que empregassem jornalistas judeus a "divulgarem esses fatos", e defendia que eles fossem excluídos do serviço militar ou da Marinha e banidos de profissões como o ensino e a advocacia.

Em paralelo com o antissemitismo *völkisch* e o "tradicional" antissemitismo de base cristã, crescia outra maneira bem diferente de atacar os judeus. Era a ideia por trás da conclamação de Hitler em sua carta de setembro de 1919 em favor de um "antissemitismo com base na razão". Antissemitas "modernos", como Hitler, tentavam apoiar-se em razões pseudocientíficas para justificar seu ódio aos judeus, argumentando que estes deveriam ser desprezados não por sua religião, mas por sua "raça".

A noção de que os seres humanos podiam ser distinguidos por raça, e que algumas "raças" eram superiores a outras, ganhara um suporte quase intelectual com a publicação, em 1855, do *Essai sur l'inégalité des races humaines* ("Ensaio sobre a Desigualdade das Raças Humanas"), de Arthur de Gobineau.[20] Com formação de diplomata, não de cientista, Gobineau imaginou um mundo no qual havia três raças, "os negros, os amarelos e os brancos". Dessas, "a variedade negroide é a mais inferior, e fica na parte mais baixa da escala". O povo amarelo era "nitidamente superior ao negro", mas "nenhuma sociedade civilizada poderia ser criada por eles; não seriam capazes de lhe fornecer uma força audaz, ou de pôr em movimento as energias da beleza e da ação". No topo da hierarquia racial estava a "raça branca". Eles têm "um notável e até mesmo extremo amor à liberdade". Assim, "a lição da história" era que "todas as civilizações derivam da raça branca, que nenhuma delas pode existir sem sua ajuda, e que a sociedade é importante e brilhante apenas na medida em que preserva o sangue do grupo nobre que a criou [...]". Gobineau acreditava também que todas as "civilizações" europeias – incluindo a das "raças germânicas" – haviam sido criadas, "pelo menos em parte", por um grupo chamado de "arianos", que havia migrado da Índia para a Europa.

Houston Stewart Chamberlain, escritor nascido na Inglaterra e que mais tarde se tornou cidadão alemão, deu uma dimensão antissemita a tudo isso em seu *Die Grundlagen des XIX Jahrhunderts* ("Alicerces do Século XIX"), publicado em 1899. O livro foi muito lido – e não só na Alemanha. Em sua efusiva introdução à edição inglesa, Lorde Redesdale escreveu que o livro havia sido "rapidamente declarado como uma das obras-primas do século" e que "o fruto inteiro" do "conhecimento e erudição" de Chamberlain havia agora "amadurecido para o bem do mundo".[21] Chamberlain argumentava que, enquanto os arianos representavam o ideal mais fundamental, os judeus representavam justamente o inverso. Embora fosse difícil, à primeira vista, distinguir alguns deles dos arianos, a realidade era que todos os judeus faziam parte de um "povo asiático estrangeiro" que havia, "pelos meios mais vis, adquirido imensa riqueza".[22] No entanto, como apenas os judeus e a raça alemã haviam conseguido se manter "puros", concluía-se que essas duas "raças" – a ariana e a judaica – estavam envolvidas em uma intensa luta pela supremacia.

Compreensivelmente, Chamberlain e Hitler tinham muito em comum. Quando se conheceram em 1923, Chamberlain disse que em consequência do encontro "a condição de sua alma" havia sido transformada "de uma vez por todas".[23] Em retribuição, os nazistas adotaram Chamberlain como um dos seus. No aniversário de 70 anos de Chamberlain, em setembro de 1925, ele recebeu grande cobertura do jornal nazista *Völkischer Beobachter*, e seu *Alicerces do Século XIX* tornou-se um texto reverenciado.

Muitas pessoas – especialmente aquelas que Chamberlain e Gobineau haviam chamado de "superiores" – sentiram-se atraídas por essa teoria racial. A ideia de que era possível avaliar o valor de um indivíduo apenas por sua aparência física revelou-se sedutora. Na popular novela alemã *Helmut Harringa* (1910), um juiz não consegue aceitar que Harringa seja culpado, simplesmente pelo fato de ele parecer muito puro.[24] Essa é uma lição que Heinrich Himmler, Reichsführer da SS, parece ter levado ao pé da letra. Em visita a uma unidade da SS em 1938, um soldado "chamou sua atenção" devido à sua "aparência". Meramente por seus traços, o homem foi julgado por Himmler como um "alemão capaz, de sangue bom". Depois de investigar o histórico do soldado, Himmler solicitou que fosse promovido.[25]

Há outro elemento a acrescentar a essa tóxica mistura de antissemitismo "tradicional", antissemitismo *völkisch* e antissemitismo "racial" – a emergência do movimento da eugenia. O termo "eugenia" (literalmente "boa raça" em grego) foi cunhado pelo cientista inglês Francis Galton. Em 1869, em *Hereditary Genius* ("Gênio Hereditário", em tradução livre), ele defende que a questão-chave que a sociedade deveria resolver era simples – quem teria permissão para procriar? Galton escreveu que através de "cuidadosa seleção" seria possível "produzir uma raça de homens altamente dotados, por meio de casamentos criteriosos durante várias gerações consecutivas". A sociedade deveria reconhecer que "cada geração tem imenso poder sobre os dotes naturais daqueles que vêm depois" e assim tinha o dever "perante a humanidade, de investigar a extensão desse poder, e exercê-lo de uma maneira que, sem ser insensata em relação a nós, pudesse ser muito vantajosa para os futuros habitantes da terra".[26]

Galton nunca sugeriu que certas pessoas fossem impedidas à força de procriar, mas outros o fizeram. Em 1895, Alfred Ploetz, um defensor alemão da eugenia – ou "higiene racial", como ele a chamou –, levantou a possibilidade de médicos decidirem se os bebês deveriam viver ou morrer com base em seu valor racial. Disse também que "defensores da higiene racial farão poucas objeções à guerra, já que veem nela um dos meios pelos quais as nações levam adiante sua luta pela existência". Ele chegou a sugerir que, durante uma batalha, as pessoas "inferiores" poderiam ser usadas como "bucha de canhão" e colocadas em posições particularmente perigosas.[27]

Muitos dos pioneiros do movimento da eugenia não eram antissemitas – Ploetz, por exemplo, achava que os judeus eram "arianos raciais" –, mas seus ensinamentos foram muito utilizados pelos antissemitas. A ideia de que a "higiene racial" era importante para a saúde de uma nação, combinada com a noção de Houston Chamberlain de que os judeus eram uma ameaça racial ao povo "ariano", acrescentou um elemento potencialmente catastrófico ao caldo antissemita. O antissemitismo tradicional havia se baseado na religião. Se os judeus se convertessem ao cristianismo, ainda teriam uma chance de escapar da perseguição. Mas a ideia de que a "condição de judeu" era algo inerente ao indivíduo – de que estava presente, como os nazistas acabaram acreditando, no sangue – significava que não havia escapatória. Sua "raça", sobre a qual você não tinha controle, era seu destino. Você podia ser a pessoa mais gentil e generosa possível, mas se a sua "raça" fosse avaliada como inferior ou perigosa, então você corria o risco de ser perseguido.

Hitler declarou de modo explícito em sua carta de setembro de 1919 que "os judeus são definitivamente uma raça, e não uma comunidade religiosa". Isso era fundamental em sua crença antissemita. Significava, para ele, que a questão da religião praticada pelos "judeus" importava muito pouco, já que "é difícil encontrar uma única raça cujos membros pertençam exclusivamente a uma religião em particular".

No entanto, apesar da busca desesperada de um teste que identificasse o "sangue" judeu, os nazistas – o que não surpreende – nunca conseguiram achar uma maneira científica de atestar se um indivíduo fazia parte ou não da "raça" judaica. Assim, quando começaram a perseguir e exterminar judeus, tinham que se apoiar em um teste da "condição de judeu" religioso. Avaliavam se você era judeu ou não contando quantos de seus avós praticavam a fé judaica. Mesmo assim, ainda acreditavam que os judeus eram uma "raça", e não uma "religião". A primazia da "raça" na história humana era tão central na visão de mundo de Hitler que ele nunca deixaria que a questão menor da ciência fosse um obstáculo à sua crença.

E nesse ponto um aviso precisa ser feito. Levando em conta a evidência de que havia uma crença antissemita alemã anterior à emergência de Hitler e dos nazistas como força política, talvez fosse fácil supor uma linha reta que levaria esse ódio aos judeus, pré-Primeira Guerra Mundial, até o Terceiro Reich e o Holocausto. Ou seja, que o horror que estava prestes a ocorrer seria de algum modo inevitável. Mas essa visão seria equivocada por duas razões importantes. Primeiro, porque apesar da veemência de suas visões, os partidos alemães antissemitas não vinham tendo sucesso em convencer o resto do país a apoiá-los. Um cálculo avalia que no Reichstag de 1893 havia apenas 16 representantes eleitos de grupos antissemitas, e mais uns 12, em outros partidos, que apoiavam seus pontos de vista.[28] Uma esmagadora maioria dos eleitores alemães – 95 por cento – não estava preparada para apoiar abertamente partidos antissemitas nas urnas.

É claro que o que essas estatísticas não revelam é o preconceito latente contra os judeus. Deve ter havido muito disso, uma vez que – como já vimos – esse antissemitismo de base cristã existiu por séculos na Alemanha. Mas, na época, muitos outros países da Europa demonstravam elementos desse preconceito. Na realidade, a segunda razão pela qual o antissemitismo alemão não deve ser exagerado é que, se você vivesse no início do século XX e alguém lhe pedisse para prever que país iria mais tarde adotar uma política de extermínio contra os judeus, é muito pouco provável que você escolhesse a Alemanha. O mais certo é que escolhesse a Rússia. A cota de violência antissemita que os judeus russos sofreram antes da Primeira Guerra Mundial foi terrível. Em um *pogrom* (a própria palavra é de origem russa) contra os judeus de Kishinev, em abril de 1903, centenas de casas e lojas foram destruídas e 49 judeus foram mortos. Os judeus haviam sido vítimas de uma acusação falsa e absurda – o "Libelo de Sangue" – de terem matado crianças a fim de usar seu sangue na preparação de pão para o feriado de Pessach*. Dois anos mais tarde, em Odessa, em outubro de 1905, cerca de 1.600 casas de judeus foram destruídas e vários milhares de judeus foram mortos ou feridos.[29] Esses são apenas dois exemplos de ataques homicidas contra judeus na Rússia nesse período – houve muitos mais. Ao todo, cerca de dois milhões de judeus fugiram da Rússia entre 1880 e o início da Primeira Guerra Mundial – todos à procura de uma vida melhor e mais segura. Nada similar a isso ocorreu na Alemanha no mesmo período. Os judeus alemães devem ter lido a respeito dos ataques mortíferos ocorridos em Odessa e Kishinev e pensado que tinham sorte de viver num país civilizado, onde tais barbaridades não aconteciam.

O que é mais difícil de avaliar com precisão é a atitude do próprio Hitler em relação aos judeus antes da Primeira Guerra Mundial. Ele viveu em Viena entre 1908 e 1913 e admirava o prefeito, Karl Lueger – um antissemita assumido –, que uma vez afirmara que o poder judeu sobre os jornais e o capital era equivalente "ao mais terrível terrorismo", e que tinha vontade de libertar o povo cristão da "dominação judaica".[30] Ele também acreditava que os judeus eram "o maior inimigo do povo alemão".[31] Mas é discutível se o próprio

---

* Também chamado de "Festa da Libertação" ou "Páscoa judaica", por acontecer próximo à época da Páscoa cristã, o feriado de Pessach celebra a libertação dos judeus do Egito e o nascimento do povo judaico como nação. [N.E.]

Hitler manifestou tais opiniões na época. O certo é que estava disposto a negociar com os *marchands* judeus para vender seus quadros em Viena.[32] Talvez, como um importante estudioso sugere, Hitler fosse apenas "pragmático" em seu contato com judeus, mas tivesse mesmo assim absorvido o antissemitismo vienense.[33] Simplesmente não sabemos ao certo.

Não há dúvidas, porém, de que Hitler apoiou sem reservas a causa alemã na Primeira Guerra Mundial e saboreou a oportunidade de tomar parte no conflito. Em agosto de 1914, solicitou a filiação a um regimento bávaro, tornando-se assim soldado do Exército Alemão, não do austríaco. Hitler era um pangermanista assumido, e embora tivesse nascido na Áustria, considerava-se acima de tudo um alemão. Ele foi um bravo soldado e ganhou a Cruz de Ferro, primeira classe. Na Segunda Guerra Mundial, usaria essa mesma Cruz de Ferro em sua jaqueta. O que não mencionava era que havia sido um oficial judeu, Hugo Gutmann, quem o indicara para receber a condecoração.[34]

Por volta de 1916, a guerra ia mal para os alemães. Havia um impasse na linha de frente e escassez de comida em casa. A ideia de uma vitória rápida – em cima da qual os planos do Estado-Maior alemão haviam se baseado – revelava-se agora fantasiosa. As pessoas procuravam alguém para culpar pelas dificuldades da Alemanha, e muitos começaram a culpar os judeus. O ministro da Guerra prussiano afirmou que seu ministério recebia "continuamente" queixas da "população em geral" de que "grande número de homens da fé israelita" estavam se esquivando de seu dever de servir na linha de frente.[35] Como resultado, foi realizado um censo para determinar quantos judeus de fato estavam participando da guerra. Os resultados dessa enquete nunca foram oficialmente publicados. A suspeita era de que as autoridades alemãs, depois de descobrirem que os dados colhidos mostravam os judeus alemães carregando sua justa cota do fardo da guerra, ocultaram os resultados em vez de isentarem os judeus das falsas acusações.

O fato era que havia judeus alemães alistados no exército na mesma proporção que não judeus. Mesmo assim, prevaleceu a mentira de que eles haviam, de algum modo, fugido ao seu dever com a Pátria. Na década de 1920, por exemplo, o jornal *Der Schild* publicou uma história indecente dizendo que "havia sido instalado próximo à linha de frente um hospital de campo para judeus, magnificamente aparelhado com os mais modernos recursos médicos e com uma equipe toda de judeus. Depois de aguardarem oito semanas, eles trataram o primeiro paciente, que chegou berrando de dor porque uma máquina de escrever havia caído no seu pé".[36]

Os judeus, e não era a primeira vez na história, tornaram-se um bode expiatório. Walther Rathenau, um grande industrial e político judeu, escreveu profeticamente a um amigo em 1916: "Quanto mais judeus forem mortos [em ação] nessa guerra, mais obstinadamente seus inimigos vão provar que todos eles ficaram atrás do *front* a fim de especular ganhos com a guerra. O ódio vai duplicar, triplicar".[37]

As circunstâncias em que a Primeira Guerra Mundial terminou para a Alemanha deram aos antissemitas mais oportunidades para culpar os judeus. Primeiro, porque na esteira do armistício de novembro de 1918 houve um levante socialista. O *Ruhr-Echo* proclamou que "A bandeira vermelha deverá tremular vitoriosamente sobre toda a Alemanha. A Alemanha deve se tornar uma república de sovietes e, junto com a Rússia, será o trampolim para a esperada vitória da revolução mundial e do socialismo mundial".[38] Em abril de 1919, os revolucionários proclamaram uma "República Soviética" na Baviera. Os comunistas, liderados por Eugen Leviné, tentaram impor políticas socialistas radicais em Munique e tomaram apartamentos caros de seus proprietários, a fim de alojar os pobres. Também usaram de violência para alcançar seus fins – dez prisioneiros foram mortos em 30 de abril. Em maio de 1919, paramilitares de direita, os Freikorps, marcharam sobre a Baviera, entraram em Munique e derrotaram os comunistas. Eles perpetraram uma sangrenta vingança contra os revolucionários, matando mais de mil deles.

Vários dos principais revolucionários comunistas eram judeus. Como resultado disso, jovens como Fridolin von Spaun, que se juntou a um dos Freikorps logo após a Primeira Guerra Mundial, acharam fácil justificar seu antissemitismo estabelecendo uma ligação crassa entre os judeus e o comunismo. "As pessoas enviadas para a Baviera para montar um regime de conselhos [soviéticos] eram quase todas judias", diz ele. "Naturalmente, também sabemos que na Rússia os judeus tinham uma posição muito influente. Assim, foi se consolidando aos poucos na Alemanha a impressão de que o bolchevismo e o judaísmo eram praticamente a mesma coisa."[39]

Os judeus foram acusados não só de tentarem instigar uma revolução comunista na Alemanha. Foram também culpados pela derrota na guerra; pela destruição do velho regime político baseado no Kaiser; por terem concordado com os termos do odiado Tratado de Paz de Versalhes; e por participarem do governo de Weimar, que esteve à frente da hiperinflação do início da década de 1920.

Os antissemitas apontaram para um suposto envolvimento judeu em todos esses problemas controversos. Por exemplo, destacaram que o advogado judeu Hugo Preuss havia redigido a Constituição de Weimar; que o político judeu Hugo Haase era o presidente do Partido Social-Democrata Independente em 1917; que outro estadista judeu, Otto Landsberg, viajara a Versalhes como ministro da Justiça e ouvira as exigências dos Aliados na conferência de paz após a guerra; e que o industrial judeu Walther Rathenau não só havia trabalhado no Ministério da Guerra durante o conflito, como havia mais tarde sido o ministro do Exterior no governo de Weimar.

Todos esses fatos eram verdadeiros, mas não refletiam toda a verdade. Não só era absurdo considerar os estadistas judeus como únicos responsáveis por decisões coletivas em que haviam desempenhado apenas um papel, mas qualquer tentativa de "culpar" essas pessoas como indivíduos não resistia a um exame mais detido. Por exemplo, embora Hugo Preuss estivesse envolvido na redação da Constituição de Weimar, a versão final não foi a sua, e continha cláusulas que ele não havia redigido. Do mesmo modo, embora Otto Landsberg tivesse ouvido as exigências dos Aliados em Versalhes, os antissemitas nunca mencionaram que ele se opôs a tal ponto ao tratado que renunciou ao cargo. Quanto a Hugo Haase e Walther Rathenau, ambos foram assassinados logo após a guerra – Haase em 1919 e Rathenau em 1922 –, portanto dificilmente poderiam ser responsabilizados por quaisquer deficiências posteriores do Estado de Weimar.

Mas o preconceito funciona somente se alguns fatos são ignorados e outros exagerados, e muitos alemães não se dispunham a questionar sua reação emocional à terrível situação em que então se encontravam. Milhões sofriam com a escassez de comida, resultante do bloqueio naval Aliado à Alemanha – um bloqueio mantido até o verão de 1919, a fim de pressionar o novo governo a assinar os termos da paz. Os alemães também suportaram os efeitos da epidemia de gripe de 1918, que causou imenso sofrimento e um grande número de mortes. Por tudo isso – e pelo medo de uma iminente revolução comunista –, muitos se voltaram para o antissemitismo como uma maneira conveniente de explicar seu sofrimento. Theodor Eschenburg, por exemplo, tinha 14 anos quando a guerra terminou, e lembra que seu pai de repente "desenvolveu um antissemitismo racial, que não tinha antes. A revolução mundial, os banqueiros mundiais, a imprensa mundial – todos estavam cheios de judeus".[40]

Foi nesse cenário de derrota na guerra e de enorme insatisfação que uma nova força política surgiu no sul da Alemanha – o Partido Nacional-Socialista dos Trabalhadores Alemães. Abreviando, os nazistas.

2. O nascimento dos nazistas
(1919-1923)

O PARTIDO NAZISTA NASCEU de uma mudança fundamental no ambiente político alemão. Os antissemitas alemães não só consideravam que os judeus eram responsáveis por mais problemas então do que antes da guerra, como seu ódio ganhara uma dimensão inteiramente nova.

Em 1912, o líder dos pangermanistas, Heinrich Class, dera ao texto de seu ataque aos judeus o título de "Se eu fosse o Kaiser". Portanto, imaginava que as mudanças que ele exigia poderiam ser feitas dentro do sistema político estabelecido, comandado pelo Kaiser. Mas era inconcebível que, em 1919, um destacado antissemita chamasse um novo ataque aos judeus de "Se eu fosse o presidente da República de Weimar". Afinal, o governo não era mais visto como um meio de encontrar uma solução para o "problema" judaico – era visto como *parte* do "problema".

Em meio a toda essa insatisfação, floresceram vários grupos antissemitas. O mais poderoso era o Deutschvölkischer Schutz–und Trutzbund ("Liga de Proteção e Resistência do Povo Alemão"), fundado em fevereiro de 1919. Por volta de 1922, a Liga tinha 150 mil membros; e cada um deles havia assinado um termo de adesão que pedia a "remoção" da "perniciosa e destrutiva influência do judaísmo".[1]

A Baviera, em particular, foi terreno fértil para uma série de grupos radicais antissemitas. Em Munique, por exemplo, a Sociedade

Thule exigia que cada candidato à filiação jurasse que "nenhum sangue judeu ou tingido" corria "pelas suas veias ou pelas de sua esposa".[2] Depois de atender a esses requisitos de admissão, os membros da sociedade eram expostos a uma retórica do fundador, Rudolf Freiherr von Sebottendorff. Suas visões tornaram-se abertamente apocalípticas na época da derrota do Exército Alemão, em novembro de 1918. Ele proclamava que agora "nosso inimigo mortal governa: Judá. Não sabemos ainda o que vai surgir desse caos. Mas podemos adivinhar. O tempo de lutar chegará, um tempo de grandes dificuldades, um tempo de perigos! Nós, que estamos nesta luta, corremos riscos, todos, pois o inimigo nos odeia com o ódio infinito da raça judaica. Agora é olho por olho, dente por dente [...] Irmãos e irmãs, não é mais hora de discursos contemplativos e de encontros e festas! É hora de lutar, e eu quero e vou lutar! Lutar até que a suástica [o símbolo da Sociedade Thule] ascenda em triunfo [...] O que precisamos agora é falar sobre o Reich alemão, e dizer que o Judeu é o nosso inimigo mortal [...]".[3]

Outro destacado membro da Sociedade Thule era um dramaturgo alcoólatra na faixa dos 50 anos chamado Dietrich Eckart, alguém que teria considerável influência num homem então com 30 anos de idade – Adolf Hitler. Eckart era um antissemita convicto. Era mais famoso por sua adaptação do *Peer Gynt*, de Ibsen, que ele alterou convertendo os *trolls* em judeus caricatos.[4] Em outra de suas peças, *Familienvater*, Eckart conta a história de um corajoso jornalista empenhado em revelar o poder corrupto dos judeus na mídia; o jornalista escreve uma peça a fim de advertir o público sobre os perigos representados pelos judeus, mas estes usam sua influência para fazê-lo fracassar. Em uma reviravolta nos acontecimentos, que seria cômica se a história subjacente não fosse tão lúgubre, essa peça de Eckart sobre um dramaturgo malsucedido cuja peça fracassa por causa dos judeus revelou-se ela também um fracasso, e Eckart então colocou a culpa disso – como seria de esperar – nos judeus.[5] Para Eckart, "a questão dos judeus" era o "problema que na realidade engloba todos os demais problemas. Nada no mundo continuará obscuro se for possível lançar luz sobre esse mistério".[6] Além disso, escreveu ele, "nenhum povo no mundo" deixaria o judeu continuar vivendo se o compreendesse: se eles "de repente enxergassem o que é o judeu e o que ele quer, gritariam de horror e o estrangulariam no minuto seguinte".[7]

Eckart era filiado a um pequeno grupo político de Munique chamado Partido dos Trabalhadores Alemães, vagamente ligado à Sociedade Thule, e foi por meio dessa associação que ele e Hitler vieram a criar um vínculo especial. Em 12 de setembro de 1919, uma semana antes de Hitler enviar sua carta expondo as razões de seu antissemitismo, ele compareceu a uma reunião do partido numa cervejaria de Munique. O Partido dos Trabalhadores Alemães era um dos muitos pequenos grupos políticos de extrema-direita da Baviera. Todos seguiam o mesmo roteiro essencial: diziam que os soldados alemães haviam perdido a guerra por terem sido "apunhalados pelas costas" por aproveitadores judeus trabalhando atrás das linhas, e que os judeus eram os instigadores tanto da revolução comunista quanto da odiada democracia de Weimar. Na reunião, o talento de Hitler não passou despercebido ao presidente do partido, um mecânico de ferrovia chamado Anton Drexler. Reconhecendo a habilidade de Hitler para se expressar em termos contundentes, Drexler pressionou-o a se juntar ao partido.

Nos meses seguintes, porém, foi Dietrich Eckart que teve maior influência no desenvolvimento de Hitler. Paradoxalmente, as qualidades que Eckart valorizava em Hitler eram justamente as que o haviam feito parecer "peculiar"[8] aos seus companheiros durante a Primeira Guerra Mundial. A intolerância de Hitler, suas inadequações sociais, sua incapacidade de travar uma conversação normal e sua absoluta certeza de estar com a razão – todos esses, para Eckart, passaram a ser atributos positivos. Eckart, sem dúvida, acreditava que havia agora muita coisa que despertava raiva, na esteira da derrota alemã, e que Hitler era a personificação da raiva. Isso, combinado com seus pontos de vista extremados a respeito de quem deveria ser culpado pela atual situação, era exatamente o que as confusas massas de Munique precisavam ouvir. Acima de tudo, a atuação de Hitler na guerra como soldado comum, que recebera a Cruz de Ferro por sua bravura, destacava-o da velha elite no poder, que fizera a nação fracassar tão ostensivamente. "A multidão precisa ser aterrorizada", dizia Eckart. "Não posso usar uma autoridade; o povo não tem mais qualquer respeito por eles. O melhor seria um trabalhador que soubesse fazer as coisas direito [...] Não precisa ser inteligente; a política é o negócio mais estúpido do mundo."[9] Tudo isso levou Eckart a lançar sua profecia a respeito de Hitler: "Esse é o homem para a Alemanha, um dia o mundo vai falar dele".[10]

Quanto a Hitler, seu relacionamento com Eckart foi um dos mais próximos que ele já tivera com outro ser humano. Ele reverenciava Eckart quase como quem adora um herói. Declarou que ao conhecê-lo "ainda era intelectualmente um bebê de mamadeira. Mas o que me consolava era que, mesmo no caso dele, a coisa não havia brotado toda por si mesma – que tudo em seu trabalho era o resultado de um esforço paciente e inteligente".[11] Hitler sentiu que Eckart "brilhava aos nossos olhos como a estrela polar".[12]

Essa estranha dupla – um alcoólatra calvo, prematuramente envelhecido, e um ex-soldado socialmente inadaptado – viveu muitas aventuras antes da morte de Eckart, em dezembro de 1923. Algumas de suas supostas estripulias alcançaram uma dimensão quase mítica. Relatos posteriores, por exemplo, dão conta de que em março de 1920 os dois voaram até Berlim num pequeno avião, na tentativa de fazer contato com revolucionários de extrema-direita que haviam acabado de desbancar o governo no chamado "Kapp-Putsch". Após um voo em que estiveram às voltas com o mau tempo, e durante o qual Hitler vomitou na lateral do avião, os dois aterrissaram em Berlim. Eckart então posou de homem de negócios e Hitler fingiu ser seu assistente. A fim de tornar a caracterização mais eficiente, Hitler pôs uma barba postiça. Foram até o Hotel Adlon, quartel-general de Wolfgang Kapp, líder daquela tentativa de golpe de Estado de vida breve, mas foram informados por seu assessor de imprensa que Kapp não estava no local. Eckart olhou para o assessor de imprensa e disse a Hitler que eles precisavam ir embora imediatamente – porque o assessor de imprensa claramente era judeu. Hitler mais tarde declararia que o Kapp-Putsch só poderia mesmo fracassar, pois "o chefe de imprensa do governo Kapp [...] era judeu".[13]

Três semanas antes dessa suposta viagem abortada a Berlim, o Partido dos Trabalhadores Alemães – agora rebatizado como Partido Nacional-Socialista dos Trabalhadores Alemães (coloquialmente, os nazistas) – havia lançado um programa partidário de 25 pontos na cervejaria Hofbräuhaus, em Munique. O ponto quatro do programa, elaborado principalmente por Hitler e Anton Drexler, dizia: "Apenas membros da nação podem ser cidadãos do Estado [...] Da mesma maneira, nenhum judeu pode ser membro da nação".[14] O penúltimo ponto desenvolvia mais a política antissemita do partido e anunciava que o partido nazista "combate o espírito materialista dentro e fora de nós".

Nos meses e anos seguintes, Hitler pregou suas crenças antissemitas em inúmeros encontros e manifestações do Partido Nacional-Socialista dos Trabalhadores Alemães. Dizia que "resolver a questão judaica é o problema central dos nacional-socialistas" e que os nazistas só poderiam "resolvê-lo" por meio da "força bruta".[15] Também afirmava que "o judeu destrói e precisa destruir porque falta-lhe completamente a concepção de uma atividade que promova a vida da comunidade"[16] e que "nenhuma salvação é possível até que tornemos o responsável pela desunião, o judeu, impotente para promover danos".[17] Hitler chegou a atacar os judeus por terem trazido a democracia para a Alemanha – "a democracia não é fundamentalmente alemã: ela é judaica"[18] – e repetia a tradicional fantasia antissemita de que "os judeus são um povo de ladrões. Ele [o judeu] jamais fundou uma civilização, apesar de ter destruído centenas delas. Não possui qualquer criação própria que seja capaz de apontar".[19]

Hitler enfatizava às suas plateias que nunca poderia existir algo como um "bom" judeu. Ações e realizações individuais não representavam nada. Para Hitler "não vem ao caso se o indivíduo judeu é 'decente ou não'. Ele carrega em si aquelas características que a Natureza lhe deu, e não conseguirá nunca se livrar delas. E para nós ele é danoso".[20] Para Hitler, a decisão de emancipar os judeus era "o começo de um surto de delírio", porque era conferir "igualdade" a um "povo" que constituía "de maneira clara e definitiva uma raça à parte".[21] A política oficial do Partido Nacional-Socialista dos Trabalhadores Alemães era despojar os judeus de sua cidadania alemã, mas em um artigo de março de 1921 para o *Völkischer Beobachter* – um jornal comprado para os nazistas com a ajuda de Dietrich Eckart –, Hitler foi além e sugeriu que a Alemanha poderia também se proteger prendendo judeus. "A sabotagem judaica de nosso *Volk* deve ser evitada", ele escreveu, "se necessário por meio do confinamento de seus instigadores em campos de concentração. Em breve, nosso *Volk* será limpo de todo o veneno, de alto a baixo".[22]

O antissemitismo radical de Hitler era óbvio, mesmo em seu estágio inicial na história do Partido Nazista, mas disso não decorre necessariamente que todos aqueles que aderiam ao partido nessa época o fizessem por esse mesmo forte sentimento contra os judeus. Alguns, como Emil Klein, eram motivados basicamente por sua decepção com a guerra perdida e pelo medo de uma revolução comunista. "Éramos uma jovem geração da guerra", diz ele. "Havíamos visto nossos pais serem convocados. E serem adornados com flores nas estações ao partirem para a guerra na França. Havíamos visto as mães que eles deixavam para trás aos prantos."[23] E então, após a volta de seu pai, derrotado, em 1919 "na época do colapso de Munique, de repente vimos as bandeiras vermelhas. Porque os comunistas haviam tomado a cidade inteira com suas peruas, distribuindo panfletos. E faziam propaganda de seu partido e da revolução com o *slogan* 'Trabalhadores do mundo, uni-vos!'".

A via de Emil Klein para o antissemitismo deu-se por meio do suposto vínculo entre comunismo e judaísmo: "Eu estudei o assunto na época e descobri que aqueles que ocupavam o topo [no tempo da 'República Soviética' de Munique] eram principalmente judeus letrados – bem, uma série deles. Realmente causou uma enorme ofensa na Baviera o fato de os judeus estarem ditando as normas. E foi daí que nasceu a expressão: 'República Judaica'". Depois de ser exposto à retórica do Partido Nazista, Klein ampliou o escopo de seu antissemitismo e passou a acreditar que os judeus não só estavam por trás do comunismo, como eram responsáveis pelas mazelas do capitalismo. Ele imaginava que "a luta contra o judaísmo" contida no programa do Partido Nazista era "não contra os judeus como tais, mas contra as altas finanças internacionais, o poder financeiro do judaísmo [...] Portanto, não contra os judeus enquanto indivíduos, mas contra o capitalismo, que vem do judaísmo, isto é, contra Wall Street. Wall Street era sempre mencionada".

Mas Hitler fez muito mais do que simplesmente dizer a adeptos nazistas que os judeus eram os culpados pelos problemas da Alemanha.

Não só pregou uma doutrina de ódio – também ofereceu esperança. Hitler pintou o quadro de uma nova Alemanha, na qual as diferenças de classe iriam desaparecer, e todos os alemães "arianos" estabeleceriam laços em uma comunidade nacional. Emil Klein sentiu-se atraído pela ideia de que o Partido Nazista "queria erradicar as diferenças de classe, unindo a classe trabalhadora, a burguesia e as classes médias. Esses eram conceitos profundamente arraigados que dividiam a nação em duas partes, e esse era um ponto importante para mim, um que me agradava [...] que a nação precisava ser unificada".[24]

Jutta Rüdiger, que mais tarde se tornaria alta figura da organização nazista Bund Deutscher Mädel, a Liga das Jovens Alemãs, também ansiava ver uma comunidade alemã unida: "O fato de a Família vir primeiro, depois o clã, em seguida a comunidade, a nação e por fim a Europa, [esse] não era um conceito nebuloso, e sim uma ideia baseada nas raízes da família [...] O conceito era de uma verdadeira sociedade sem classes, sem quaisquer diferenças, enquanto movimentos anteriores da juventude, e isso vale também em parte para os escoteiros, eram formados basicamente por garotos da escola elementar, e neles os filhos da classe trabalhadora eram deixados à própria sorte. Havíamos unido os jovens trabalhadores e os jovens que estavam ainda na escola numa única entidade. Não havia qualquer diferença entre eles, e ninguém perguntaria 'o seu pai faz o quê?'".[25]

O apoio de Rüdiger à ideia de uma Alemanha "sem classes" estava presente numa experiência que ocorreu depois que os nazistas chegaram ao poder. "Foi pouco antes do Natal, e todos se dedicavam a coletar dinheiro, especialmente no Dia da Solidariedade Nacional, como era chamado então.* E membros da liderança do partido haviam comparecido, assim como ministros e empresários. Estavam na rua, enfrentando vento e chuva." Um estrangeiro rico abordou um dos industriais alemães e perguntou por que ele estava em pé na rua, naquele frio, pedindo ao público uns trocados quando tudo o que ele precisaria fazer seria "colocar mil marcos na latinha". O industrial

---

* A BDM [Bund Deutscher Mädel ou BDM ("Liga das Jovens Alemãs")] recolhia fundos, junto com outras associações, para o Winterhilfswerk des Deutschen Volkes (o "Auxílio de Inverno do Povo Alemão"), cujo evento principal era o Dia da Solidariedade Nacional.

alemão voltou-se para Jutta Rüdiger e disse simplesmente: "Eles realmente não conseguem entender do que se trata".

Bruno Hähnel, que entrou para o Partido Nazista no início da década de 1920, também se sentiu atraído pela ideia de uma "comunidade nacional" (em alemão, *Volksgemeinschaft*). "Significa apenas que sempre houve duas camadas distintas na sociedade alemã", diz ele, "a burguesia e o proletariado. E, portanto, a fim de reduzir essa distância, era preciso criar uma comunidade nacional, assegurar que tanto os intelectuais quanto os trabalhadores juntassem forças. A comunidade nacional era expressa na frase de efeito [do Partido Nazista], que acho que a maioria de nós usava a toda hora: 'O interesse público em primeiro lugar'. Daí a expressão de que não éramos apenas nacional-socialistas, mas nacional-socialistas com ênfase no *nacional*".[26]

Como disse um alto oficial alemão, gravado secretamente em cativeiro pelos britânicos durante a guerra: "Certas coisas vão permanecer para sempre. Vão durar centenas de anos. Não as estradas [que os nazistas construíram] – elas não têm importância. Mas o que vai durar é a maneira como o Estado foi organizado, em particular a inclusão dos trabalhadores como parte do Estado. Ele [Hitler] abriu lugar para o trabalhador no Estado e ninguém antes havia feito isso [...] Esse princípio de todos trabalhando para uma causa comum, a ideia de que o industrial é na realidade o gestor depositário do capital representado pelo trabalho alemão, e também do outro capital, soa fácil, mas ninguém havia feito isso antes".[27]

No entanto, os apoiadores dos nazistas que aprovavam a "ausência de classes" estavam também, consequentemente, dando todo apoio a uma ideia mais obscura. Isso porque Hitler ensinava que essa nova vida "sem classes" só seria possível quando aqueles que eram de uma "raça" diferente fossem excluídos da sociedade dos "verdadeiros" alemães. "Dissemos a nós mesmos", Hitler declarou, "não existe essa história de classes: elas não podem existir. Classe significa casta e casta significa raça".[28] A noção de uma Alemanha "sem classes" decorria, pelo menos para Hitler, de uma aceitação de que a "raça" era a qualidade mais vital de todas. Os judeus, portanto, eram o obstáculo para uma Alemanha na qual todos estivessem unidos no ideal nazista de um mundo sem classes. Eram os judeus que impediam os alemães de serem felizes e prósperos. Se o "poder" deles não fosse de algum modo neutralizado, não poderia haver progresso, não haveria como sair da lama. Em um discurso de setembro de 1922, Hitler resumiu o que via como o problema da Alemanha: "Nós na Alemanha chegamos a isso: que 60 milhões de pessoas estão vendo seu destino depender da vontade de umas poucas dezenas de banqueiros judeus".[29]

O Partido Nazista não era a única organização que promovia o antissemitismo ao lado dos ideais do movimento *völkisch*. Cerca de 70 outros grupos listados no *Anuário Völkisch Alemão* de 1921 acreditavam que, ao retirar a cidadania alemã dos judeus, o *Volk* floresceria de novo.[30] Um deles, o pequeno Deutschsozialistische Partei ("Partido Socialista Alemão"), com base na Francônia, no norte da Baviera, fundou um jornal em 1920. Um artigo na primeira edição tentava trazer socialistas para a causa da direita radical, argumentando que, embora os partidos de esquerda alegassem "lutar contra todo capital, incluindo o grosso dinheiro judeu vindo de empréstimos", eles na realidade eram patrocinados pelos judeus: "Vocês acham mesmo que os Rothschild, Mendelssohn, Bleichröder, Warburg e Cohn vão, em algum momento, deixar vocês chegarem perto de seu suprimento de dinheiro? Não acreditem nessa fraude de jeito nenhum! Enquanto os irmãos de sangue dos Mendelssohn, dos Bleichröder e dos Cohn forem seus capitães e enquanto os líderes de seu grupo forem mercenários dos judeus, vocês não representarão um perigo para o pessoal do dinheiro grosso. Enquanto vocês não vierem a se tornar líderes, enquanto a sombra tenebrosa dos estrangeiros continuar atrás de vocês, vocês seguirão seduzidos e enganados. O sombrio estrangeiro está interessado nos próprios benefícios, não em vocês".[31]

O autor desse artigo era um professor de escola secundária de 36 anos de idade e veterano da Primeira Guerra Mundial, que depois teria um papel destacado na promoção do antissemitismo na Alemanha. Seu nome era Julius Streicher. Como Hitler, Streicher ganhara a Cruz de Ferro na guerra, mas, ao contrário de Hitler, nascera alemão, não austríaco. Fora criado nos arredores de Augsburg, no sudoeste da Baviera. Essa área passou por grandes transformações durante sua infância, com amplo crescimento da população e milhares de judeus mudando-se para a região. Streicher localizava a origem da sua própria aversão aos judeus num incidente que dizia ter ocorrido quando tinha 5 anos de idade. A mãe comprara um pouco de tecido de uma loja judaica e depois constatou que o material não era de boa qualidade. Ela começou a chorar, dizendo que esse tipo de fraude era algo próprio dos judeus.[32]

No outono de 1921, Streicher entrou para a Deutsche Werkgemeinschaft (Comunidade Trabalhadora Alemã), e seus ataques aos judeus tornaram-se mais radicais e pessoais. Ele afirmou que judeus em Nuremberg haviam pego e assassinado crianças cristãs a fim de obter sangue para assar pão para a celebração de Pessach – o mesmo "Libelo de Sangue" que ajudara a incitar o *pogrom* em Kishinev, na Rússia, cerca de vinte anos antes. Em 5 de setembro de 1922, no tribunal distrital de Schweinfurt, num julgamento contra Streicher por "uma ofensa contra a religião", o promotor declarou que Streicher havia "acusado os judeus de ainda manterem o costume do assassinato ritual. Ele [Streicher] referiu-se ao Oriente, onde anteriormente havia lutado na Guerra Mundial como oficial, e explicou que as pessoas ali falavam sem meias-palavras sobre os rituais de assassinato perpetrados por judeus. Ele acrescentou que na Alemanha uma centena de crianças desaparecia misteriosamente todos os anos no período da Páscoa, e perguntava: 'Onde foram parar essas crianças?'".[33]

Em outro discurso em 1922, Streicher disse que não deveria ser considerado crime se "um dia nos levantássemos e mandássemos os judeus para o inferno" e "pegássemos os bastardos por suas mentiras".[34] Também alegou que os judeus demonstravam "desejar a desgraça da Alemanha" e que se "o povo [alemão] tivesse conhecido o conteúdo secreto dos tratados de guerra, teria matado todos os judeus".[35]

Embora a retórica de Streicher tivesse boa penetração entre um grupo seleto, também causava inevitáveis conflitos. Pelo menos um encontro teve que ser cancelado depois que ele inflamou a plateia a tal ponto que as pessoas começaram a brigar entre si. Até mesmo a liderança da Deutsche Werkgemeinschaft criticou Streicher por suas estripulias. Era óbvio para todos que se tratava de um indivíduo agressivo e potencialmente perigoso, obcecado pelo ódio aos judeus e às "raças" estrangeiras. Isso fez com que se tornasse o tipo ideal de homem que Hitler queria no Partido Nazista. Relembrando essa época quase vinte anos mais tarde, Hitler ressaltou que "Mais de uma vez" Dietrich Eckart havia comentado com ele que Streicher era um "lunático". Mas, disse Hitler, Eckart "sempre acrescentava que não se poderia esperar o triunfo do nacional-socialismo sem apoiar homens como Streicher".[36]

No fim de 1922, Streicher viajou a Munique e pela primeira vez ouviu Hitler discursar. Em seu julgamento em Nuremberg após a guerra, descreveu a experiência: "Primeiro devagar, quase inaudível, depois mais rápido e mais intenso, e por fim com uma força dominadora [...] Ele revelava um imenso tesouro de pensamentos em uma fala de mais de três horas, revestida com a beleza de uma linguagem inspirada. Todos ali sentiram isso: aquele homem falava a partir de um chamado divino, falava como um mensageiro dos céus numa época em que o inferno ameaçava engolir tudo. E todos o entendiam, fosse com o cérebro ou com o coração, tanto homens quanto mulheres. Ele falava por todos, pelo povo alemão inteiro. Pouco antes da meia-noite seu discurso foi encerrado com um chamado inspirador: 'Trabalhadores, de colarinho azul ou branco! A vocês está estendida a mão da comunidade, de coração e de ação, do povo alemão'".[37]

Streicher agora acreditava que seu destino era servir Adolf Hitler. De fato, parece ter experimentado quase que uma conversão religiosa. "Eu vi esse homem pouco antes da meia-noite", disse ele em Nuremberg, "depois de ele ter discursado por três horas, encharcado de suor, radiante. Alguém ao meu lado achou ter visto um halo em volta da sua cabeça, e eu experimentei algo que transcendia o lugar-comum".[38] Pouco depois, Streicher convenceu seus próprios seguidores a se filiarem ao Partido Nazista e aceitarem a liderança de Hitler. Em 1923, ele lançou seu jornal antissemita *Der Stürmer* e continuou a dirigir essa publicação de ódio difamatória até o final da Segunda Guerra Mundial.

Por volta dessa época, Hitler atraiu para o partido outras pessoas, que mais tarde se tornariam figuras destacadas do movimento nazista. Ernst Röhm, Hermann Göring, Hans Frank, Rudolf Hess – todos eles e mais alguns decidiram seguir Hitler no início da década de 1920. Vários deles eram jovens e impressionáveis, mas homens como Röhm e Göring já eram veteranos de guerra calejados, cínicos. Ambos haviam servido como oficiais e se distinguido como líderes de homens em batalha. Agora, na esteira da derrota alemã, tinham inúmeros partidos políticos à sua escolha onde poderiam perseguir suas metas, mas mesmo assim optaram por se subordinar a um ex-soldado raso chamado Adolf Hitler.

Isso se deu em parte por terem testemunhado o poder de sua retórica. Viram que Hitler poderia atrair novos seguidores para a causa – como havia feito com Julius Streicher. Mas, tão importante quanto isso, eles compartilhavam as crenças de Hitler. Em termos políticos, Hitler não precisava convencê-los de nada. O que lhes oferecia, em grande parte por meio de sua oratória, era uma combinação de clareza de visão com a promessa de um método radical de transformar essa visão em realidade.

Como precondição necessária, Hitler falava sempre com total certeza. Expunha as supostas razões para a confusão em que a Alemanha se encontrava e, em seguida, dizia à sua plateia como essas dificuldades poderiam ser resolvidas. Não havia debate, nem discussão. A convicção de Hitler de que estava certo era tão intensa que dominava tudo. Em uma manifestação em Munique em 1923, o professor Karl Alexander von Müller observou-o andar até o palco. Ele já havia encontrado o líder nazista antes, uma vez ou duas, em casas particulares, mas o homem diante dele naquela hora era um Hitler diferente. "Traços abatidos, pálidos, contorciam-se como por ação de alguma raiva interior", escreveu o professor Müller mais tarde, "faíscas gélidas saltavam de seus olhos protuberantes, que pareciam à procura de inimigos a serem abatidos. Era a multidão que lhe dava esse poder misterioso? Ou este poder emanava dele para eles? 'Um romantismo histérico, fanático, com uma essência brutal de força de vontade', foi o que registrei por escrito. A classe média em declínio pode estar apoiando este homem, mas ele não é um deles. Com certeza vem de outras profundezas das trevas, totalmente diversas".[39]

Muita gente no movimento *völkisch* desejava havia tempos que um indivíduo se apresentasse e oferecesse uma saída para a desordem que parecia reinar por toda parte. Como Stefan George, o profeta do movimento, afirmara em 1907: "O Homem! A Proeza! O *Volk* e o alto conselho anseiam pelo Homem! Pela Proeza!".[40] Agora Hitler surgia para preencher esse destino. Como declarou o defensor do nazismo Bruno Hähnel: "Era nosso objetivo que um homem forte tivesse a palavra, e agora tínhamos esse homem forte".[41]

Hitler logo se tornou o líder inquestionável dos nazistas, e num memorando que escreveu, em janeiro de 1922, expôs as falhas dos líderes anteriores do movimento *völkisch*. Eles haviam sido inteligentes, mas "fantasticamente ingênuos" e "faltava-lhes o sopro quente do vigor da juventude da nação". O que Hitler acreditava que o movimento precisava ter era "a força impetuosa de guerreiros obstinados".[42] E encontrou homens assim em Streicher, Röhm e Göring. Eles eram exatamente as pessoas de que precisava para o que chamou de "uma festa de luta e ação".

Hitler, desse modo, oferecia não apenas uma visão racista e antissemita do mundo; não apenas uma análise da razão pela qual a Alemanha perdera a guerra e estava agora perdendo a paz; não apenas a promessa de uma nação "sem classes". Oferecia também uma saída estimulante, perigosa e calculada que exercia apelo aos jovens. "Os velhos partidos treinam sua juventude no dom da oratória", disse em um discurso de julho de 1922, "nós preferimos treiná-los a usar sua força física. Pois digo que o jovem que não consegue achar seu caminho até o lugar onde, em última instância, o destino de seu povo está representado de modo mais verdadeiro, que fica apenas estudando filosofia e, numa época como a nossa, enterra-se atrás de seus livros ou senta-se em casa junto à lareira, não é um jovem alemão! Eu conclamo vocês! Juntem-se às nossas Divisões de Assalto!".[43]

Naquele mesmo ano, 1922, um estudante de agricultura da Universidade de Munique, de 21 anos, chamado Heinrich Himmler, tentava dar rumo à própria vida. Nesse processo, absorveu várias crenças da direita radical. No entanto, não se seduziu com o antissemitismo cru e emocional de homens como Julius Streicher. Em vez disso, preferiu a análise pseudoacadêmica contida na obra de Houston Stewart Chamberlain. Ele escreveu a respeito de *Alicerces do Século XIX* dizendo que se tratava de uma obra "objetiva" e não de antissemitismo "movido por ódio".[44] O jovem Himmler acreditava que podia lidar com alguns judeus individualmente, de maneira profissional, e continuar achando que racialmente eles constituíam uma ameaça. Em janeiro de 1922, por exemplo, conheceu um advogado judeu e descreveu-o em seu diário como alguém "muito amável e bondoso", mas que, não obstante, "não conseguia esconder sua condição de judeu", porque estava em seu "sangue".[45] Himmler também aprovava que se tratasse com brutalidade os judeus percebidos como prejudiciais à Alemanha por nacionalistas fanáticos. Quando soube que o ministro do Exterior alemão, Walther Rathenau, fora baleado em junho de 1922, escreveu: "Estou contente [...] era um vilão".[46]

Como muitos outros que não haviam combatido na Primeira Guerra Mundial, Himmler queria mostrar que também podia ser um bravo combatente. Depois de ouvir em Munique o discurso de um general que em 1919 havia lutado no Báltico contra os bolcheviques, escreveu em seu diário: "Agora sei, com maior certeza do que nunca, que se houver outra campanha no Leste lá irei lutar. O Leste é a coisa mais importante para nós. O Ocidente está simplesmente morrendo. No Oriente, precisamos lutar e nos estabelecer".[47] Eram palavras inconscientemente proféticas, já que Himmler mais tarde orquestraria o genocídio "no Oriente" durante a Segunda Guerra Mundial.

O Himmler que vemos emergir de seus diários é um jovem reprimido, meticuloso, que pensa muito em si mesmo e tem dificuldades em se relacionar com as mulheres. Acreditava ser um daqueles "tipos de pessoa" que se mostravam "melancólicas" e "rigorosas" e "que são necessárias à comunidade, mas que na minha opinião vão fracassar um dia se não se casarem ou noivarem logo, pois a natureza humana animal é forte demais dentro de nós".[48] Também acreditava que "o objetivo que todo homem deve ter" é "ser um homem correto, honesto, justo, que nunca fica tímido ou com medo e que se mostra duro".[49] Como ocorreu com muitos, o avanço de Himmler na carreira foi comprometido pelos problemas econômicos de 1922. Ele tinha a expectativa de continuar os estudos e cursar política na Universidade de Munique depois de concluir os exames em agricultura, mas em vez disso, no outono de 1922, estava trabalhando numa companhia de fertilizantes. Uma mudança na sorte que muito provavelmente foi causada pela hiperinflação desenfreada, que tornava difícil para os pais de classe média pagarem os estudos dos filhos.

Himmler ainda não conhecia Adolf Hitler, mas já estava predisposto, por suas crenças intelectuais e suas circunstâncias pessoais, a se sentir atraído por sua mensagem.

Naqueles primeiros anos, Hitler e seu partido viam a si mesmos acima de tudo como revolucionários. Viviam uma época de revoluções – dos levantes comunistas em Berlim e Munique, em 1919, ao golpe de direita do Kapp-Putsch, em 1920. E, por volta de 1922, Hitler estava preparado não só para falar sobre a violência como rota para se chegar ao poder, mas também para liderar o próprio grupo de paramilitares em alguma batalha – os Stormtroopers ou Sturmabteilung. Originalmente membros da seção do partido chamada eufemisticamente de seção de "ginástica e esportes", os Stormtroopers faziam a segurança nas manifestações do partido e entravam em choque com os oponentes políticos.

Em outubro de 1922, Hitler alugou um trem e levou oitocentos Stormtroopers nazistas para Coburg, no norte da Baviera, uma área com forte apoio da esquerda. Seu objetivo em Coburg era provocar um confronto; e conseguiu, pois seus Stormtroopers entraram em choque com os socialistas nas ruas até se declararem vitoriosos. Após ações como essa, a verdadeira natureza do Partido Nazista ficou clara.

Como todos os revolucionários, Hitler não estava preocupado se suas ideias teriam sucesso nas urnas. Ele não precisava se preocupar se a maioria dos alemães apoiava suas políticas nazistas – entre elas o seu desejo de tirar a cidadania alemã dos judeus –, e isso para ele não importava, pois não havia evidência de que a maioria dos alemães apoiava essa ideia radical. Os nazistas, é bom lembrar, eram ainda um partido à margem, e sofriam oposição de grupos substanciais que desprezavam suas crenças antissemitas e racistas. De fato, um estudo sobre os padrões de votação nas eleições nacionais realizado no início da década de 1920 revela que a maioria dos alemães votou em partidos que não concordavam com as políticas antissemitas.[50] Tampouco devemos esquecer que havia muitos alemães, como Josef Felder, mais tarde deputado social-democrata no Reichstag, que sentiam repulsa ao ouvir o que Hitler tinha a dizer. Ele se lembrava de ter ouvido uma das diatribes antissemitas de Hitler no início da década de 1920 e de comentar, com um amigo, que "tinha esperança" de que Hitler "nunca chegasse ao poder".[51]

No entanto, em 1922, Hitler e seus seguidores tinham boas perspectivas para uma revolução bem-sucedida. No mesmo mês em que Hitler levara seus Stormtroopers para as ruas de Coburg, um companheiro revolucionário – Benito Mussolini – viu seus seguidores Camisas Pretas marcharem em Roma e provocarem uma mudança no governo. Ao final de outubro daquele ano, Mussolini era primeiro-ministro da Itália. Enquanto isso, na Alemanha a crise econômica se agravou quando soldados franceses e belgas entraram em território alemão no início de 1923 e ocuparam a Renânia. A ocupação – desencadeada pelo fato de a Alemanha não pagar as reparações de guerra – foi muito mal recebida pelos alemães, como seria de se esperar. A impressão era a de que o governo de Weimar não tinha condições sequer de proteger as fronteiras do país. Na esteira da crise, a filiação ao Partido Nazista mais do que duplicou, e em novembro já contava com 55 mil membros – um dos primeiros sinais de que o movimento prosperava na calamidade.

Na Baviera, Gustav von Kahr foi designado comissário de Estado – na prática, um ditador. Hitler agora esperava forçar Kahr e os soldados alemães baseados na Baviera a apoiarem os nazistas e outros paramilitares de direita em uma marcha sobre Berlim. No entender de Hitler, o que havia funcionado com Mussolini na Itália poderia agora funcionar com os nazistas na Alemanha. Os Stormtroopers nazistas interromperam um encontro que Kahr realizava na Bürgerbräukeller, em Munique, na noite de 8 de novembro, e então marcharam pela cidade no dia seguinte. Entre os participantes do que ficou conhecido como "Beer-Hall Putsch", ou "Golpe da Cervejaria", havia várias figuras que logo teriam papel importante no Partido Nazista, caso de Himmler (que ainda não conhecia Hitler pessoalmente), Göring e Streicher – todos revolucionários dedicados. Durante a marcha em Munique, os nazistas e seus apoiadores foram confrontados pela polícia na esquina da Feldherrnhalle com a Odeonsplatz, no centro da cidade. Na troca de tiros, dezesseis nazistas e quatro policiais foram mortos naquele dia.

O episódio todo foi mal concebido desde o início. Apesar de prometer apoiar o Putsch quando Hitler o ameaçou na Bürgerbräukeller,

Kahr desautorizou os nazistas assim que conseguiu se desvencilhar deles. Hitler fizera uma leitura equivocada da possível disposição das autoridades bávaras de direita para apoiar sua revolução, e não tinha nenhum plano contingencial para pôr em prática quando os revolucionários assumissem. Apesar de tudo, conseguiu transformar sua humilhante derrota em um triunfo de propaganda.

Hitler foi preso e julgado em fevereiro de 1924. Sabendo, a partir do apoio inicial de Kahr na Bürgerbräukeller, que as próprias autoridades bávaras estavam também implicadas no Putsch, usou a sala do tribunal como palco para gritar suas crenças políticas ao mundo. Apresentou-se como "destruidor do marxismo" e afirmou que, longe de praticar "alta traição", havia desejado apenas criar condições na Alemanha que "tornassem possível tirar de nós a mão de ferro de nossos inimigos".[52] Hitler não se arrependeu de suas ações. Ao contrário, mostrou-se orgulhoso delas.

Hitler foi considerado culpado de alta traição – não havia outro veredito possível diante das evidências contra ele. Mas a corte foi leniente. O juiz, Georg Neithardt, era uma das muitas figuras de destaque do *establishment* bávaro que mostrava simpatia pelos objetivos dos nazistas. Por isso, Hitler recebeu a sentença mais leve possível – cinco anos na prisão –, com a expectativa de obter liberdade condicional bem antes que a sentença expirasse.

O que é significativo nesse episódio, em qualquer tentativa que se faça de compreender as origens do Partido Nazista como movimento revolucionário e antissemita, não é tanto o caráter individual de Hitler – embora isso seja importante –, mas a nociva conjunção de circunstâncias que tornou possível essa situação na Baviera. Dificilmente a ascensão de um grupo tão variegado de pessoas violentas poderia ser tolerada em um Estado civilizado sem as condições turbulentas da época.

Nos anos imediatamente após a Primeira Guerra Mundial, os alemães se debatiam com uma série de dificuldades que tornavam sua vida potencialmente perigosa. A hiperinflação arruinara suas economias, a administração de Weimar parecia impotente diante da intervenção estrangeira – a entrada de soldados franceses e belgas em solo alemão na Renânia foi particularmente humilhante – e revolucionários comunistas ainda eram uma ameaça. A democracia parecia ter trazido pouca coisa além do caos. Mas, paradoxalmente, embora os nazistas fossem um partido violento, eles propunham oferecer um caminho para a estabilidade. Como resultado, uma pequena minoria de alemães – e nesse estágio era apenas uma pequena minoria – passou a apoiá-los.

Finalmente, em uma época de enorme sofrimento, Hitler oferecia alguma restauração da confiança. "Ouçam", o subtexto de seus discursos parecia dizer, "nenhum desses problemas é culpa sua". Ao longo dos meses seguintes, enquanto cumpria pena na prisão, Hitler buscaria explicações mais detalhadas justamente sobre quem ele acreditava ser o culpado de todos os problemas da Alemanha – e por quê.

3. Da revolução às urnas
(1924-1933)

HITLER CUMPRIU PENA na prisão de Landsberg, menos de 50 quilômetros a oeste de Munique. Landsberg era uma Festungshaft, ou "prisão-fortaleza", com acomodações confortáveis e poucas restrições a visitas. Um apoiador do nazismo observou tempos depois que, ao visitar Hitler ali, teve a impressão de "ter entrado numa mercearia", pois descobriu que os admiradores do líder nazista o haviam abastecido com uma abundância de "pernil, linguiça, bolos, caixas de chocolate e muito mais".[1]

Nesse ambiente amigável, no meio de muitos de seus companheiros que também haviam tomado parte no Putsch, Hitler concebeu um livro – *Minha luta (Mein Kampf)*. Embora escrito em estilo tosco e hiperbólico, *Minha luta* ainda assim oferece vislumbres valiosos da visão de mundo de Hitler. O livro não era um projeto para o Holocausto – Hitler não traçou um plano para exterminar os judeus –, mas expõe claramente a natureza de seu antissemitismo. Hitler explicou, com mais detalhes do que em qualquer manifestação anterior, exatamente o porquê de ele odiar os judeus. Era um ódio que hoje pode ser lido como fruto de uma mente tão atolada no preconceito que beirava a demência.

O tema dos judeus domina o livro. Na realidade, não é ir muito longe dizer que "o judeu" foi o fator unificador de toda a visão de mundo de Hitler. Nesse sentido, "o judeu" era útil ao líder nazista, e de uma maneira quase calculada. Pois, segundo Hitler, o "grande líder" devia dirigir "a luta" contra apenas "um inimigo".[2] Isso, em parte, porque a seu ver, "a receptividade das grandes massas é muito limitada, sua inteligência é pouca, mas seu poder de esquecer é enorme".[3] Mas a utilidade tática que Hitler descobriu em vincular os judeus a todos os problemas que a Alemanha enfrentava não deve nos cegar para a realidade de que ele acreditava de fato na ameaça representada pelos judeus. "Existe alguma forma de indecência ou depravação, em particular na vida cultural, em que não haja pelo menos um judeu envolvido?", escreveu em *Minha luta*. "Se você fizer um corte, mesmo que cauteloso, nesse abscesso, encontrará, como um verme num corpo em putrefação, com frequência ofuscado pela repentina luz – um Jacó!"[4]

Hitler tentou esboçar em *Minha luta* não apenas uma visão coerente do modo como o mundo funcionava, mas também do modo pelo qual sua própria vida havia se desenvolvido desde a juventude. Já comentamos a existência de várias dúvidas sobre a extensão das visões antissemitas de Hitler em seu período em Viena, mas em *Minha luta* ele afirma inequivocamente ter formado suas visões destrutivas sobre os judeus em seu tempo na capital da Áustria. Em Viena, afirmou, passara a odiar os judeus por uma miríade de razões. Os judeus eram sujos – "pelo seu próprio exterior você podia ver que não gostavam de água"[5]; eram astuciosos – "Não sei o que mais me assombrava: a agilidade de sua língua ou seu virtuosismo ao mentir"[6]; estavam envolvidos em escravidão sexual – "A relação dos judeus com a prostituição e, mais ainda, com o tráfico de escravas brancas, pode ser estudado em Viena como talvez em nenhuma outra cidade da Europa Ocidental, com a possível exceção dos portos do sul da França"[7]; e estavam por trás da ideologia política que ele mais desprezava – "A doutrina judaica do marxismo rejeita o princípio aristocrático da Natureza [...]".[8]

Hitler escreveu que tinha discussões em altos brados com judeus, tentando convencê-los dos perigos de sua "doutrina marxista". Mas o problema era que "Toda vez que você tentava atacar um desses apóstolos, sua mão se fechava numa gosma que se espalhava e escorria pelos dedos, mas no instante seguinte já se juntava de novo".[9]

Hitler retratou a si mesmo no período de Viena como um agitador político, que "falava até gastar a língua e ficar com a garganta rouca" em discussões com judeus. É uma afirmação pouco verossímil, já que nunca se soube de alguém que tivesse tomado parte em alguma dessas discussões. Mas não é difícil entender por que Hitler quis construir essa imagem de seu eu pré-guerra. É que o *Minha luta* buscava criar uma fábula mítica – praticamente o equivalente de um panfleto religioso. Os estágios de seu despertar, como ele os descreve, são claros e lógicos. Em Viena, ainda jovem, desenvolvera um ódio fanático pelos judeus porque enxergava os perigos inerentes àquela "raça". Na Primeira Guerra Mundial, havia visto a maneira pela qual os judeus, curtindo a boa vida na Alemanha, sabotavam os bravos soldados que combatiam na linha de frente. Então, assim que a guerra terminou, Hitler teve por fim a clareza de sua missão – "De minha parte, decidi entrar na política".[10]

A realidade, porém, foi bem diferente. Em seu período em Viena, e ao servir no Exército Alemão, Hitler sempre foi uma figura solitária, à margem do grupo. Nunca demonstrou interesse pela carreira política ou em discutir por horas com judeus. Afinal, já sabia a carreira que pretendia seguir – queria ser pintor. Mesmo no período imediatamente posterior à guerra, ao contrário do que declara em *Minha luta*, não mostrou desejo de entrar na política. Não se juntou a nenhum Freikorps paramilitar, preferiu continuar no exército. Apenas no verão de 1919, depois de ser designado para trabalhar para o capitão Karl Mayr, chefe do Departamento de Informação do Exército em Munique, é que pareceu manifestar algum interesse em virar político.

A dificuldade de Hitler era que a sua verdadeira biografia não o fazia parecer um herói. Na realidade, ele era como a maioria das pessoas, afetado por eventos sobre os quais não tinha controle. Não fosse a eclosão da Primeira Guerra Mundial, muito provavelmente teria continuado como pintor, lutando para ser reconhecido e dispondo-se a vender suas obras a negociantes judeus. Se a guerra não tivesse terminado como terminou, muito provavelmente não teria entrado para a política. Mas Hitler era astuto o suficiente para perceber que nenhum potencial seguidor valorizaria sua história pessoal genuína.

Tinha que sustentar que nascera para a grandeza. Tinha que afirmar que era o senhor dos eventos, e não que estes eram seus senhores.

Isso é importante no contexto do Holocausto, pois significa que não é possível explicar o crime argumentando que Hitler estivesse, de algum modo, destinado a cometê-lo. É verdade que na época em que escreveu *Minha luta* ele desenvolvera um imenso ódio pelos judeus, mas o verdadeiro despertar dessa emoção parece ter sido a maneira pela qual a derrota da Alemanha, em novembro de 1918, combinou com a situação política e econômica da Baviera nos anos pós-guerra. Essas circunstâncias explicam também por que muitas pessoas de repente se sentiram arrebatadas por seus discursos. Antes da guerra, quando Hitler discursava eloquentemente com seus conhecidos sobre suas visões da arte, ninguém tinha interesse em ouvi-lo. Agora, falando sobre política, estabelecia uma conexão com seus seguidores, que partilhavam essencialmente dos mesmos preconceitos e emoções.

No entanto, Hitler fez mais do que apenas papaguear aos seus seguidores as visões que estes já tinham. Seu antissemitismo e racismo eram tão extremados que legitimaram seus seguidores, ampliando e reforçando o ódio que já sentiam. Quando escrevia em *Minha luta* uma sentença hiperbólica como "o judeu é e continua sendo o típico parasita, um aproveitador, que como um bacilo nocivo não para de se propagar desde que encontre um meio propício",[11] ele atuava de modo a estender os limites da visão antissemita já existente em seus apoiadores e radicalizar os que já tinham um antissemitismo latente ou "moderado". Teria sido muito mais difícil contagiar com o antissemitismo um adulto que não estivesse contaminado por esse preconceito. Como escreveu Aldous Huxley: "O propagandista é um homem que canaliza uma corrente já existente. Numa terra onde não há água, ele cava em vão".[12]

É famosa a declaração mais radical de Hitler a respeito dos judeus em *Minha luta*. "Se no início da guerra e durante a guerra", escreveu ele, "12 ou 15 mil desses hebreus corruptores do povo tivessem sido expostos a gás venenoso, como aconteceu com centenas de milhares de nossos melhores trabalhadores alemães nos campos de batalha, o sacrifício de milhões no *front* não teria sido em vão. Ou dito ao contrário: 12 mil canalhas eliminados a tempo poderiam ter salvado a vida de um milhão de verdadeiros alemães, valiosos para o futuro."[13]

Parece inequívoco. Hitler estava defendendo que judeus deveriam ter sido mortos por gás na Primeira Guerra Mundial. Mas seria um erro concluir disso que ele necessariamente tivesse em mente um destino similar para todos os judeus em algum ponto no futuro. Embora não tenhamos como acessar a mente de Hitler e saber quais eram suas intenções não declaradas, podemos dizer com alguma certeza que ele não defendia em público o extermínio de judeus naquela época. Em sua fala sobre "gás venenoso", referia-se a um número específico de judeus que, no seu entender, haviam sabotado o esforço de guerra. Não havia sugestão de que Hitler quisesse estender esse destino a todas as famílias judias e assassinar judeus em massa. A política do Partido Nazista continuou sendo a de perseguir os judeus e retirar-lhes a cidadania alemã – e essa era a suposição quanto ao seu futuro em que se baseiam os comentários restantes de Hitler em *Minha luta*.

No entanto, havia uma ligação causal direta entre as visões que expressou sobre os judeus em *Minha luta* e o que estava por vir. Pois, ao acreditar, como acreditava, que os judeus haviam sabotado a possibilidade de a Alemanha vencer a Primeira Guerra Mundial por sua atuação atrás da linha do *front*, ele comprometeu-se a não permitir que tivessem a chance de fazer isso de novo. "Essa raça de criminosos tem em sua consciência os dois milhões de mortos da [Primeira] Guerra Mundial", afirmou em privado em 25 de outubro de 1941, dois anos após o início da Segunda Guerra Mundial, "e agora centenas de milhares mais [...]".[14] A ideia de que havia uma "lição" a ser extraída diretamente da Primeira Guerra Mundial e que isso legitimaria o Holocausto é algo que encontraremos mais tarde.

Do mesmo modo, embora seja difícil sustentar o argumento de que, na época em que escreveu *Minha luta*, Hitler já tivesse intenção de instituir uma política de matar todos os judeus caso chegasse ao poder, isso não exclui que, em algum lugar da sua mente, mesmo nesse estágio, encarasse com bons olhos a ideia de vê-los simplesmente desaparecer. Se, como escreveu em *Minha luta*, ele tivesse a possibilidade de apertar um botão que fizesse todos os judeus do mundo desaparecerem – sem quaisquer repercussões para ele ou para o Partido Nazista –, então com certeza o teria apertado. Isso não quer dizer que já tivesse um plano de matar os judeus, mas apenas que o seu ódio era muito intenso, quase devastador.

Quanto à questão da justificativa subjacente para o antissemitismo, Hitler teve o cuidado de fazer em *Minha luta* uma referência ao tradicional preconceito de base cristã contra os judeus. Disse acreditar que estava a "agir de acordo com o desejo do Criador Todo-Poderoso: ao me defender contra os judeus, estou lutando pela obra do Senhor".[15] Dois anos antes, em um discurso em Munique, havia sido ainda mais explícito em sua referência ao cristianismo. "Meu sentimento como cristão me coloca diante do meu Senhor e Salvador como um lutador", disse em abril de 1922. "Coloca-me como o homem que, ao ficar a sós, rodeado apenas por uns poucos seguidores, reconheceu esses judeus pelo que são, e que – por Deus! – teve maior grandeza, não como sofredor, mas como alguém que luta."[16]

O fato de Jesus ter nascido judeu era obviamente incômodo para os nazistas, mas a adoção generalizada do argumento de Houston Chamberlain de que Jesus talvez não fosse judeu, mas alguém de ascendência ariana, permitiu superar essa dificuldade. Em seu *O mito do século XX*, o teórico nazista Alfred Rosenberg desenvolveu a ideia de Chamberlain e propôs o "Cristianismo Positivo" – a fundação de uma igreja cristã livre da influência judaica, com Jesus descendendo de um ancestral nórdico.

No entanto, a posição do próprio Hitler a respeito do cristianismo era mais complexa do que parecia à primeira vista. Apesar de dizer explicitamente em 1922 que era "cristão", a razão por trás dessa declaração muito provavelmente era cínica, pois ele sabia bem que corria o risco de afastar muitos de seus seguidores se afirmasse não ter fé. Como observou: "Preciso tanto dos católicos bávaros quanto dos prussianos protestantes para construir um grande movimento político. O resto vem depois".[17]

Fato revelador, dois anos depois de escrever *Minha luta*, Hitler não dizia mais que era cristão. Em vez disso, fez a ambígua declaração de que estava agindo de acordo como o "Criador Todo-Poderoso" e lutando pela "obra do Senhor". Os cristãos que leram isso devem ter achado que "o Senhor" em questão era Jesus, mas as palavras de Hitler podiam também significar que ele acreditava num Deus criador não cristão, que achava que os seres humanos é que deviam resolver seus problemas na Terra, e que não haveria vida pós-morte exceto a vida da nação. Suas declarações subsequentes a respeito do cristianismo tornam essa interpretação convincente. Por exemplo, ele mais tarde criticou a "mansidão e a fraqueza" dos cristãos.[18] Em 1941, Goebbels escreveu que Hitler "odeia o cristianismo, porque este enfraquece tudo o que é nobre na humanidade".[19] Não há nenhuma evidência de que Hitler acreditasse de modo genuíno na divindade de Jesus ou na ressurreição ou em qualquer outro dogma da fé cristã. Em vez disso, tinha o cuidado de destacar que "pelo intervalo de vários milênios, não existiu um conceito uniforme de Deus".[20]

Toda a força do argumento em *Minha luta*, afora sua menção ao "Criador Todo-Poderoso", era antirreligiosa. Para Hitler, a questão que determinava a natureza do mundo não era a religião, mas a raça. Os judeus eram perigosos por aquilo que eram. Em *Minha luta,* escreveu que a "própria existência" dos judeus "se baseia numa única grande mentira, a saber, que são uma comunidade religiosa, quando na verdade são uma raça – e que raça!".[21]

A "única" razão pela qual as culturas declinavam, argumentava ele, era a miscigenação de diferentes raças e a "consequente queda no nível racial". Adotando o argumento de Houston Chamberlain, Hitler sustentava que, pelo fato de os judeus preservarem zelosamente o próprio sangue, já que "O judeu quase nunca se casa com uma mulher cristã",[22] eles eram particularmente perigosos. A batalha central da existência, portanto, era a luta entre os dois povos mais puros em termos raciais – os arianos e os judeus. Nada disso, cabe destacar, era verdade. Na realidade, os judeus alemães eram um dos grupos judaicos mais assimilados da Europa.

Duas outras ideias que Hitler esboçou em *Minha luta* eram importantes por sua relação com o que estava por vir. A primeira era a atração que sentia pela sugestão, desenvolvida pelos teóricos da "higiene racial", de preservar a qualidade da "raça" por meio do controle sobre quem poderia ou não produzir filhos. "A exigência", escreveu ele, "de que pessoas defeituosas sejam impedidas de propagar descendência igualmente defeituosa é uma exigência com justificativa clara e, se executada sistematicamente, é o ato mais humano da humanidade".[23] A segunda consistia na crença de Hitler de que era preciso obter mais terras para o povo alemão, para que a nação florescesse. Ele foi explícito quanto ao local onde esse "espaço de vida" adicional (*Lebensraum*) deveria ser buscado. "Se falarmos em solo da Europa hoje", escreveu ele, "podemos ter em mente basicamente apenas a Rússia e seus estados vassalos fronteiriços".[24] Além disso, a área da União Soviética cobiçada por Hitler – como o fértil solo das repúblicas soviéticas da Bielorrússia e da Ucrânia – também abrigava grande número de judeus. Portanto, era inevitável um confronto tanto com a União Soviética quanto com os judeus, caso Hitler viesse a concretizar suas intenções declaradas.

Minha luta foi uma obra de imenso significado. Deixava claros, de modo inequívoco, os pilares centrais do pensamento de Hitler. Estava tudo ali: a enormidade da ameaça representada pelos judeus; o papel central da questão racial; a importância de policiar quem teria permissão de procriar; a necessidade que a Alemanha tinha de ganhar território a leste. Um conteúdo tão explícito que era como se Hitler quisesse esconder suas ideias radicais colocando-as à vista de todos. Como seu primeiro biógrafo, Konrad Heiden, escreveu, sem dúvida ficou claro que "não havia método mais eficaz de ocultação do que a publicidade mais ampla".[25]

O que o *Minha luta* não tinha era qualquer menção ao planejamento do Golpe da Cervejaria. E, no entanto, havia sido esse o evento que tornara conhecido o nome de Hitler em toda a Alemanha, e o único assunto que sem dúvida teria interesse para os seus leitores. Mas havia uma razão pela qual Hitler evitou desenterrar os eventos de Munique em novembro de 1923. Enquanto esteve em sua bem equipada cela em Landsberg, em 1924, Hitler não sabia quando lhe seria concedida liberdade condicional; e, uma vez libertado, precisaria contar com a colaboração das autoridades bávaras a fim de reorganizar o Partido Nazista e se dedicar à política de novo. Então, por que correr o risco de se indispor com as poderosas figuras de Munique identificando – e talvez envergonhando – aquelas figuras da administração que estiveram envolvidas nos estágios iniciais do Putsch? Muito melhor seria deixar tudo isso quieto. Segue-se então que Hitler deve ter calculado que as visões que expressou em *Minha luta* não perturbariam as autoridades bávaras e não colocariam obstáculos no caminho para a retomada de sua carreira política.

No outono de 1924, Hitler achava que teria permissão de deixar a prisão. Mas autoridades que trabalhavam para a promotoria da Baviera foram contra a ideia, lembrando à corte que Hitler havia incitado uma revolução e que nunca expressara qualquer remorso por suas ações. Além disso, havia sido sentenciado a cinco anos de encarceramento e cumprido apenas um.[26] No entanto, várias figuras influentes apoiaram sua libertação precoce. O diretor da prisão de Landsberg, Otto Leybold, por exemplo, escreveu um relato entusiasmado, afirmando que Hitler havia "sem dúvida se tornado mais maduro e tranquilo" durante seu aprisionamento, e que era "um homem de inteligência multifaceta-da, em particular a inteligência política, com extraordinária força de vontade e objetividade de pensamento". O relato de Leybold também revelou que ele não só estava ciente de que Hitler vinha escrevendo *Minha luta* atrás das grades, mas também conhecia seu conteúdo: "Ele está totalmente absorto na escrita de seu livro, que deverá ser publicado nos próximos meses. Trata-se da sua autobiografia, junto com seus pensamentos sobre a burguesia, os judeus e o marxismo, a revolução alemã e o bolchevismo, e o movimento nacional-socialista, com os eventos que levaram ao 8 de novembro de 1923".[27]

Num relato posterior, de dezembro de 1924, Leybold foi mais enfático ainda e escreveu que Hitler "merecia especialmente uma liber-dade condicional".[28] O ministro da Justiça da Baviera, Franz Gürtner, concordou com essa avaliação e Hitler foi solto em 21 de dezembro de 1924. Hitler não esqueceu a generosidade de Gürtner. Depois que os nazistas chegaram ao poder, Gürtner serviu Hitler como ministro da Justiça do Reich.

Ao sair de Landsberg, Hitler havia tomado duas decisões cruciais. Uma era sobre a futura tática que empregaria para derrubar o Estado de Weimar. Decidira que passaria a perseguir o poder por meios de-mocráticos, e ressaltou: "Ainda que obter mais votos que eles leve mais tempo do que atirar melhor que eles, os resultados serão garantidos pela sua própria Constituição".[29] A segunda decisão era a respeito dos judeus. No verão de 1924, enquanto trabalhava em *Minha luta*, disse a um companheiro: "É bem verdade que mudei minha maneira de encarar a luta contra os judeus. Compreendi que fui muito brando até agora. Enquanto escrevia meu livro, cheguei à conclusão de que no futuro será preciso empregar os meios mais duros de combate a fim de ser bem-sucedido. Estou convencido de que essa é uma questão vital não só para o nosso povo, mas para todos os povos. Pois os judeus são a peste do mundo".[30]

Hitler descobriu ao sair da prisão que o clima político na Alemanha havia mudado, e não a seu favor. Os Aliados haviam concordado, por meio do Plano Dawes, em reestruturar as dívidas dos alemães e pôr um fim à ocupação da Renânia. Os americanos haviam providenciado uma forma de emprestar dinheiro aos alemães, o que os ajudou então a pagar as reparações devidas aos Aliados. Como consequência, os Estados Unidos se tornaram um ator mais destacado dentro da economia europeia, e quaisquer problemas financeiros que os americanos viessem a enfrentar posteriormente teriam forte impacto na Europa – o que ficaria claro cinco anos mais tarde, na época do colapso de Wall Street. Mas no final de 1924, parecia que a Alemanha havia deixado o pior para trás. A moeda foi estabilizada e Gustav Stresemann, ministro do Exterior, negociava com os Aliados Ocidentais para tentar normalizar as relações – um processo que resultaria na assinatura dos Tratados de Locarno, em 1925. Nas eleições para o Reichstag de dezembro de 1924, houve uma generalizada queda no apoio aos partidos radicais. Os comunistas, por exemplo, viram sua cota de votos cair 17 por cento.

Os dois volumes de *Minha luta* foram lançados em meados da década de 1920 para um mundo indiferente. O livro não vendeu bem. Em 1929, haviam sido vendidos apenas 15 mil exemplares do segundo volume. Isso se devia em parte à falta de qualidade da escrita – Mussolini fez um comentário famoso, dizendo que o livro era tão chato que ele não fora capaz de terminar de lê-lo[31] –, mas também ao fato de que, na época de sua publicação, o interesse por Hitler havia arrefecido.

No entanto, o preconceito contra os judeus, estimulado em altos brados nos primeiros anos do pós-guerra, não seria extinto com tanta facilidade. Arnon Tamir, um judeu alemão que frequentou escola em Stuttgart na década de 1920, lembra que seus professores "nunca perdiam uma oportunidade de fazer comentários depreciativos a respeito da República de Weimar. E a República era em grande medida identificada com os judeus". Ele lembra que, "mesmo de garoto, eu já experimentara o que era o antissemitismo. Acima de tudo, ele me foi incutido por meus pais, dizendo como uma criança judia devia se comportar a fim de não chamar a atenção". De menino, sua origem judaica foi "delatada" para os demais companheiros de brincadeiras por um amigo. "Ainda criança, achei especialmente doloroso quando o meu suposto melhor amigo se juntou aos demais e ficou gritando em coro: 'Porco judeu, porco judeu covarde!' e algumas outras expressões zoológicas. Aprendi bem cedo que eu era diferente e que era visto como diferente, e então, quando cheguei em casa chorando, meu pai disse: 'Não fique quieto quando o perturbarem, revide!'. A consequência foi que a cada dois, três dias, eu voltava para casa ensanguentado por causa das brigas, com as roupas rasgadas – mas havia começado a me defender. Só que por azar eu era o único judeu em uma escola elementar muito reacionária. Havia professores que talvez não fossem abertamente antissemitas, e um deles, um ex-major-general com cicatrizes no rosto, disse: 'Pois é, no meu regimento havia judeus decentes e corajosos'. Mas isso soava como se o que ele quisesse dizer fosse que em outros regimentos, ou entre os judeus que ele não conhecia, podia de fato haver pessoas covardes e desprezíveis. Isso era inoculado em nós desse modo, de um jeito subterrâneo, gota a gota. E esses comentários, e outros, faziam com que eu parecesse aos meus colegas de classe uma pessoa à parte."[32]

Enquanto Arnon Tamir lutava para conciliar sua vida como alemão e judeu, cerca de 500 quilômetros a nordeste, em Berlim, Eugene Leviné debatia-se com várias emoções do mesmo tipo. Ele ostentava nome quase idêntico ao do pai, e na Alemanha era um nome infame – ou famoso –, dependendo do ponto de vista. Eugen Leviné, o mais velho, havia sido um dos líderes judeus da Revolução Comunista de Munique de 1919, e fora executado por um pelotão de fuzilamento após os Freikorps recuperarem o controle da cidade. Para o filho, essa era uma história pesada: "Fizeram-me compreender que ele havia sido muito corajoso ao enfrentar a morte – de fato, ele havia gritado 'Vida longa à revolução mundial!'. Quando garoto, nunca entendi a história toda, simplesmente sabia que era isso o que você devia dizer na hora em que o fuzilassem – e costumava praticar dizendo '*Es lebe die Weltrevolution!*' ['Vida longa à revolução mundial']. E ficava também preocupado, cada vez mais, pensando, será que vou ser corajoso o suficiente se me puserem encostado à parede para ser fuzilado? De menino, costumava praticar indo até um muro, dando meia-volta e imaginando que ia ser fuzilado, porque achava que o mais importante era não ficar assustado e morrer bravamente. E de algum modo, ainda garoto, cheguei à conclusão de que no dia não haveria problema, eu seria capaz de enfrentar. Desde muito cedo passei a acreditar que uma pessoa honrada acaba morrendo mais cedo ou mais tarde – seja nas barricadas ou colocada contra um muro".[33]

A mãe de Eugene contava-lhe histórias da própria infância na Rússia. Relatava que a família toda se reunia em casa, sentada com as luzes apagadas, enquanto gangues de antissemitas marchavam pela rua, procurando judeus para atacar. "Mas o comunismo veio para acabar com isso", diz Eugene, "sob o comunismo os judeus passaram a ser apenas uma minoria nacional, e oficialmente não havia antissemitismo".

Na sua infância na Alemanha, na década de 1920, Eugene teve alguns problemas devido à sua origem judaica. Sofria *bullying* às vezes na escola, mas como era bom no boxe conseguia revidar. No geral, ele diz: "Tive uma adolescência muito feliz na Alemanha. Gosto dos alemães, da arte alemã, da poesia, gosto das canções alemãs. Gostava de muitos dos meus colegas [...] Quer dizer, o antissemitismo estava ali, mas se você dissesse para a maioria dos alemães 'Vejam bem, vocês estão prestes a ter um governo que vai matar seis milhões de judeus', eles teriam dito 'Não, não, não, não. Este é um país civilizado'".

"Não estou sugerindo", acrescenta ele, "que todos os alemães vinham correndo até você para se mostrarem bonzinhos com os judeus, mas havia muita simpatia individual". Várias pessoas com quem ele tinha contato faziam distinção entre seu ódio a uma suposta "conspiração judaica internacional" e os judeus individuais que conheciam no dia a dia: "Em certa medida, algumas pessoas entendiam que odiar 'os judeus' não era odiá-los como indivíduos, mas odiar apenas por acreditar que 'os judeus' eram maus – eles haviam crucificado Jesus Cristo, perdido a guerra e feito todo tipo de coisas más. Mas os judeus como indivíduos podiam ser OK. Numa das escolas que frequentei, havia um nazista que dizia 'Você na realidade deveria ser um de nós', e eu respondia 'Veja, não posso, sou judeu'. E [então] ele dizia – e muitos judeus ouviam isso também – 'Não estamos falando de você. Caras legais como você não seriam problema na Nova Alemanha'. Afinal de contas, eu havia provado ser um judeu decente, pois estava no clube de esgrima, então não podia ser tão mau assim".

Eugene Leviné lembra até que alguns Stormtroopers nazistas tinham namoradas judias – uma afirmação que poderia parecer estranha, não fosse pelo fato de que, na década de 1920, Joseph Goebbels, que mais tarde seria muito próximo de Hitler e daria entusiástico apoio ao Holocausto, também teve uma namorada de origem judaica. Goebbels, ativo no Partido Nazista a partir de 1924, namorou uma professora primária chamada Else, cuja mãe era judia. Ele afirmou que havia amado Else, segundo ele, uma mulher "bondosa e bonita". Mas também ficava preocupado com as origens dela, e escreveu em seu diário que o "espírito judeu em parte da natureza de Else muitas vezes tem me atormentado e me deprimido".[34] O problema fundamental, no entendimento dele, era o fato de ela ser "mestiça".[35]

O que é extraordinário no relacionamento de Goebbels com Else é ele ter estado emocionalmente envolvido com ela justamente na hora em que seu antissemitismo se fortalecia. Pouco depois do fracasso do Golpe da Cervejaria, Goebbels escrevia que "os judeus são o veneno que está matando o corpo da Europa" e que dava vontade de "socar" os judeus "na cara".[36] Em abril de 1924, ele foi um dos membros fundadores de um grupo de apoio aos nazistas em sua cidade natal, na Renânia. O primeiro encontro deles foi dominado por uma discussão sobre a "ideia antissemita". Mais tarde, Goebbels escreveu: "Estou do lado *völkisch*: odeio os judeus com meus instintos e minha razão. Abomino e detesto os judeus do fundo da minha alma".[37] No entanto, poucas semanas depois ele escreveu sobre Else dizendo que era "uma criança boa, muito querida. Um pouco chata. Mas uma pequena serva, leal, que trabalha duro. Pode-se confiar nela, e ela irá prestar-lhe todos os favores possíveis".[38]

O fato de Goebbels conseguir abrigar duas ideias contraditórias na cabeça – odiar "os judeus" e, no entanto, amar uma mulher de origem judaica – é um importante lembrete da realidade que Eugene Leviné encontrou: alguns nazistas conseguiam desprezar os judeus no plano abstrato e mesmo assim gostar de um indivíduo judeu, de carne e osso. Como disse Bruno Hähnel, que era Stormtrooper na década de 1920, "Eu tinha parentes judeus e a gente se encontrava nas reuniões familiares. Eu tinha um relacionamento muito próximo com dois primos judeus".[39] No entanto, nada disso impediu Bruno Hähnel – ou, ao que parece, Joseph Goebbels – de se tornar um nazista engajado.

A jornada de Goebbels para o nazismo também é instrutiva, pois mostra o papel-chave que a situação política e econômica desempenhou em gerar apoio para a extrema-direita. Não há evidência de que Goebbels fosse um antissemita assumido antes do final da Primeira Guerra Mundial. Tinha 21 anos de idade quando a guerra terminou e não conseguiu servir o exército por um problema na perna, que o fazia mancar de modo acentuado. Impedido de virar soldado, seguiu carreira acadêmica. O orientador de sua tese foi um judeu – professor Max von Waldberg. Mas isso não parece ter incomodado Goebbels. O ponto de virada em sua vida foi em 1923, quando os franceses ocuparam a Renânia. Ele nasceu na pequena cidade de Rheydt, no oeste da Renânia, e em 1923 morava com os pais. Não tinha emprego, sofria como milhões de outros num período de hiperinflação e caos político, e agora um inimigo que ele desprezava acabava de ocupar sua terra natal; como muitos outros, procurava alguém para culpar pelo que estava acontecendo, e encontrou um alvo fácil nos judeus.

Depois que Goebbels começou a ler os discursos de Hitler, concluiu que o líder nazista poderia ser o salvador de que a Alemanha precisava. Em março de 1924, escreveu que achava Hitler "libertador", devido à sua "personalidade completamente correta e honesta. Isso raramente é encontrado em nosso mundo de interesses partidários [...]".[40] Três dias mais tarde, acrescentou: "Hitler é um idealista entusiasmado. Um homem que traz nova fé ao povo alemão. Estou lendo seu discurso, e fico inspirado e arrebatado até as estrelas. O caminho corre do cérebro para o coração [...] A questão judaica não pode ser solucionada, a não ser que sejamos duros e rigorosos e cruéis".[41]

Um aspecto significativo é que Goebbels sentiu-se cativado por Hitler muito antes de encontrá-lo frente a frente. As palavras dos discursos de Hitler no papel foram suficientes para convencê-lo de seu valor, pois embora a emoção desempenhasse uma parte na jornada de Goebbels rumo ao nazismo, a racionalidade não ficava atrás. Ele havia olhado ao redor, buscando descobrir quem era o responsável pelos problemas da Alemanha, e decidiu que eram os judeus. E então descobriu em Hitler alguém que, primeiro, reforçou seu ódio e, depois, o ampliou.

Goebbels também manteve sanidade suficiente para reconhecer, ao participar de uma reunião da extrema-direita em Weimar, em agosto de 1924, que alguns de seus companheiros adeptos do nazismo eram – para colocar em termos gentis – muito esquisitos. Um encontro com Julius Streicher foi suficiente para que concluísse que se tratava de um "fanático com lábios apertados" e "um pouco patológico".[42] Mas Goebbels permaneceu fiel à causa e quatro meses depois, quando Hitler foi solto de Landsberg, escreveu: "Adolf Hitler está livre! Agora podemos nos libertar das pessoas do *völkisch*, de olhos voltados para o passado, e sermos de novo verdadeiros nacional-socialistas. *Heil*, Adolf Hitler! Agora temos fé de novo no poder vitorioso da ideia".[43]

Foi apenas em julho de 1925, quando Goebbels compareceu a outra reunião em Weimar, que finalmente conheceu Adolf Hitler em pessoa. A experiência de vê-lo assim foi quase esmagadora. "Weimar foi literalmente uma ressurreição", ele anotou em seu diário. "Um dia que nunca vou esquecer. Ainda estou num sonho [...] Que voz. Que gestos, que paixão. Exatamente como eu queria que ele fosse."[44] Goebbels, o homem que mais tarde escreveria, "a guerra mundial é aqui, a destruição dos judeus deve ser a consequência inevitável",[45] ficou profundamente hipnotizado.

Goebbels pode ter se sentido muito positivo em relação a Hitler, mas, como vimos, não era esse o caso da maioria dos alemães. Em meados da década de 1920, a Alemanha dava a impressão de começar a prosperar, e o Partido Nazista parecia irrelevante, um grupo excêntrico, na periferia da vida política. Mas seria um erro passar ao largo desse período do desenvolvimento do Partido Nazista. Isso porque a maneira como Hitler estruturou o processo de tomada de decisões dentro da elite do partido durante esses anos oferece um vislumbre de como sua liderança funcionaria durante os anos do extermínio.

Um dado crucial é que, na época em que Goebbels ouviu Hitler falar, em meados de 1925, os nazistas não eram um partido político normal, mas um "movimento", liderado por um único indivíduo, que apoiava sua legitimidade basicamente no efeito carismático que exercia sobre seus seguidores. "Agora sei que o homem que lidera é um líder nato", escreveu Goebbels em seu diário em julho de 1925. "Estou disposto a sacrificar tudo por esse homem. Em tempos de grande necessidade, a história dá às pessoas os maiores homens."[46] Essa noção de que membros do Partido Nazista deveriam se subordinar ao seu "Führer" ("líder") por ele ser de algum modo predestinado a liderá-los foi, portanto, central no conceito do partido, muito antes de os nazistas chegarem ao poder.

No entanto, essa não era uma organização na qual Hitler ditasse todos os detalhes políticos. Na verdade, enquanto confiasse que seus subordinados aceitavam de modo inquestionável o princípio de sua liderança, ele podia mostrar-se notavelmente não ditatorial por longos períodos. Goebbels, por exemplo, em 1925, sustentava em relação à União Soviética pontos de vista muitos diferentes dos de Hitler. Em um artigo no *Völkischer Beobachter* de novembro de 1925, Goebbels disse achar equivocado encarar o bolchevismo como obra essencialmente de judeus. Em vez disso, o bolchevismo deveria ser entendido como uma rota potencial para uma sociedade melhor na Rússia. Esse tipo de visão era uma blasfêmia para Hitler, mas o líder nazista mesmo assim se mostrou amistoso em relação a Goebbels quando os dois compareceram mais tarde a um encontro.[47]

No início de 1926, Goebbels fazia parte de um grupo dentro do partido que pressionava por outras mudanças. Essa facção, liderada por Gregor Strasser, um destacado nazista da Baviera que à época trabalhava no norte da Alemanha, fazia campanha para que o partido se tornasse mais "socialista". Isso equivalia a ultrapassar uma linha para Hitler – a impressão era que Strasser e Goebbels estavam desafiando sua autoridade, algo que ele jamais permitiria. Em uma reunião em Bamberg, em fevereiro de 1926, ele lidou com essa ameaça não por meio de um debate com os dissidentes, mas fazendo um discurso de duas horas no qual repudiou suas ideias. Ele reiterou que o "bolchevismo é um complô judeu" e que os "aliados naturais" da Alemanha não incluíam a Rússia, mas eram, em vez disso, a Itália e a Grã-Bretanha.

Goebbels ficou arrasado. "Uma das maiores decepções da minha vida", escreveu em seu diário. "Não consigo mais acreditar totalmente em Hitler. Isso é o terrível: perdi minha convicção interior [...] Estou desesperado!"[48] Mas Hitler, reconhecendo o valor de Goebbels para a causa nazista, rapidamente fez um gesto para consolar seu ego. Convidou-o a ir a Munique, permitiu que usasse seu carro e seu motorista, passou tempo com ele pessoalmente e o elogiou. Hitler também falou em termos gerais sobre sua visão da Alemanha usando termos amenos, que fizeram reacender o entusiasmo de Goebbels. "Eu o amo [Hitler]", escreveu ele mais tarde em seu diário. "Ele pensou tudo isso muito a fundo [...] Eu me curvo ao maior – ao gênio político!"[49]

Hitler conseguira desviar Goebbels – uma pessoa que ele claramente valorizava – das políticas das quais discordava, fazendo-o voltar a uma posição de apoio incondicional. Mais ainda, conseguira fazer isso sem um confronto pessoal. Hitler nunca o repreendia diretamente. Não tentava superá-lo nos debates. Ele manipulava Goebbels, fazendo primeiro um discurso no qual criticava as crenças dele e depois reparando o estrago com uma ofensiva sedutora. Não é a imagem convencional que muitos têm de Hitler como líder. Ao formularem sua impressão basicamente a partir do tom antagonista de seus discursos, registrados nos velhos filmes de noticiário em preto e branco, eles veem Hitler como um chefe raivoso, rude e agressivo. Mas ele era capaz, como esse incidente demonstra, de uma sutil gestão de pessoas. Não apenas isso: seu trato com Goebbels ilustra que a prioridade de Hitler era sempre assegurar que sua autoridade suprema não fosse desafiada por seus subordinados. Ele se preocupava muito menos com os detalhes da política. Mantendo o foco em uma "visão" ampla da Alemanha que queria criar, ele podia deixar seus seguidores tratarem das questões específicas sobre como essa visão poderia ser construída na prática, para corrigi-los mais tarde se discordasse muito da metodologia que tivessem concebido.

Havia outra parte importante da técnica de liderança de Hitler com a qual Goebbels também teria contato nessa época. Hitler raramente definia com exatidão as responsabilidades de um indivíduo dentro do partido, e era inevitável que surgissem conflitos entre os ambiciosos nazistas. Por exemplo, depois que Goebbels foi nomeado chefe da propaganda nazista, descobriu que havia outras pessoas exercendo controle de aspectos do rádio, cinema e do treinamento de locutores. Precisou tramar e brigar para concentrar o máximo possível dessas áreas sob seu controle. Tudo isso criava imenso dinamismo dentro do partido, especialmente porque Hitler raramente intervinha nas disputas de áreas de responsabilidade entre seus subordinados. Como veremos, esse estilo de liderança teria considerável impacto no modo como o Holocausto se desenvolveu.

Em 1928, Hitler escreveu um novo volume de seus pensamentos. Dessa vez, concentrou-se exclusivamente nas relações exteriores. O chamado *Segundo Livro* não chegou a ser publicado enquanto ele viveu, mas mesmo assim oferece um vislumbre de suas crenças políticas em evolução. O que nos revela é, em essência, como Hitler usou o conceito de "raça" para guiar a política externa.

Hitler perguntava-se por que os Estados Unidos prosperaram tanto como nação, enquanto a Rússia permanecia relativamente atrasada; e viu a resposta na questão da raça. Ele argumentava que, pelo fato de o "melhor sangue" da Europa ter emigrado para a América, não era de surpreender que o país tivesse prosperado. Por outro lado, como a Rússia "judeu-bolchevista" era um lugar de pessoas de valor racial menor, ela nunca poderia se elevar muito como nação.

Mais uma vez, Hitler colocava os judeus no centro do palco. "A meta última da luta dos judeus pela sobrevivência é a escravização dos povos produtivamente ativos",[50] escreveu ele. "Seu objetivo último é a desnacionalização e o abastardamento caótico dos outros povos, é baixar o nível racial dos mais elevados e dominar esse caldo racial [...] A luta internacional dos judeus, portanto, terminará sempre numa sangrenta bolchevização [...]"[51]

Em seu *Segundo Livro,* Hitler afirmou uma vez mais que a Alemanha precisava de mais terra a fim de prosperar, e que esse novo território deveria ser conquistado pela força: "Não se obtém liberdade implorando ou trapaceando, nem mesmo por meio de trabalho e perseverança, mas exclusivamente por meio da luta – travando as próprias batalhas".[52]

Na época em que escreveu seu *Segundo Livro*, Hitler já havia se firmado como figura dominante da direita *völkisch*. Conseguira isso não apenas produzindo obras que demonstravam suas credenciais "visionárias" e exercitando o tipo de astuta liderança que persuadira Joseph Goebbels, mas aceitando no Partido Nazista pessoas com as quais nem sempre concordava inteiramente. Em 1927, por exemplo, o conde Reventlow aderiu aos nazistas. Reventlow ajudara a formar o Partido Alemão da Liberdade Völkisch em 1924, mas havia agora decidido "subordinar-se sem maiores cerimônias a *Herr* Adolf Hitler". Por que Reventlow decidira isso? Porque, segundo ele, Hitler "provou que pode liderar; criou seu partido com base em suas visões, em sua vontade e em suas ideias nacional-socialistas unificadas, e o lidera. Ele e seu partido são uma coisa só, e representam a unidade que é o pré-requisito essencial para o sucesso".[53] Reventlow convocou membros de seu antigo partido para se juntarem aos nazistas, afirmando que "a única possibilidade de fazer algum avanço é por meio do Partido Nacional-Socialista dos Trabalhadores Alemães – a única!".

Reventlow acreditava firmemente nas ideias socialistas defendidas por Gregor Strasser, que Hitler havia descartado na reunião de Bamberg em 1926. Mas, apesar disso, Hitler o acolheu entre os nazistas. Sabia que precisava tolerar uma ampla variedade de opiniões se quisesse reunir todos os diversos partidos *völkisch* sob a bandeira nazista e contar com uma chance de chegar ao poder.

Uma política sobre a qual Reventlow e Hitler concordavam era o antissemitismo. Em março de 1928, Reventlow disse que queria introduzir uma lei que "proibisse toda a imigração judaica, expulsasse todos os judeus que tivessem entrado na Alemanha depois de 1914 e colocasse os restantes sob a Lei dos Estrangeiros, reservando, ao mesmo tempo, o direito de expulsá-los subsequentemente e excluí-los de todos os direitos associados à cidadania alemã".[54]

Essa proposta não deu em nada. Mas o fato de Reventlow sentir que podia manifestar essas ideias demonstrava a confiança dos antissemitas nazistas. Apesar da aparente prosperidade e modernidade do

Estado de Weimar, o antissemitismo continuava entranhado em certas áreas da vida alemã. Era particularmente comum, por exemplo, entre estudantes e grupos de jovens. A tal ponto que vários jovens judeus tinham que formar os próprios grupos de caminhadas, a fim de poder desfrutar da vida no campo. Eugene Leviné era um desses que viajou pela zona rural alemã nesse período com uma associação de jovens, todos judeus. Ele relembra um encontro inesperado com um antissemita, quando ele e seus amigos voltavam para casa de uma excursão. "Não se esqueçam de que havia partes da Alemanha que nunca haviam visto um judeu", diz ele, "portanto era muito fácil odiá-los. Lembro que uma vez nos meus dias de caminhadas eu estava num compartimento de trem, voltando para Berlim, com minha mochila e minha camisa marrom". Dividindo o compartimento com Eugene e seus amigos havia um fazendeiro, que começou "a falar mal dos judeus, então nós dissemos 'Bem, nós todos somos judeus'. E ele soltou uma gargalhada, e disse 'Vocês devem achar que nós do campo somos idiotas. Vocês são obviamente jovens alemães agradáveis, decentes, esportistas. Não venham querer me enganar que são judeus'. E ele falava sério. Porque não estávamos sujos, não estávamos usando aqueles cachos de cabelo do lado, não vestíamos túnica, não tínhamos barba comprida. Éramos parecidos com qualquer outro garoto alemão. Quero dizer, podia haver entre nós alguém com um nariz mais comprido ou os olhos bem negros, mas muitos alemães têm também nariz comprido e olhos escuros. O que é cômico é a ideia racial do 'alemão' – a maioria dos nazistas não tinha essa aparência [de um 'ariano' idealizado], muito longe disso!".[55]

Hitler afirmava que o antissemitismo estava mais presente do que nunca na Alemanha. Na reunião anual do Partido Nazista em setembro de 1928, afirmou que "o antissemitismo cresce como ideia. O que há dez anos mal era percebido agora está aqui: a questão judaica tem sido trazida à atenção das pessoas, não vai mais desaparecer, e temos que garantir que se torne uma questão mundial; não devemos deixá-la arrefecer até que seja resolvida. Acho que viveremos para ver esse dia".[56]

Não obstante, apesar do alarde de Hitler, não há evidência de que a maioria dos alemães apoiasse os nazistas e seu virulento antissemitismo.

Ao contrário. Enquanto dizia essas palavras, Hitler sabia que quatro meses antes, nas eleições gerais alemãs de maio de 1928, os nazistas haviam tido apenas 2,6 por cento dos votos. Um resultado desastroso para eles. No entanto, cinco anos depois, Hitler seria chanceler da Alemanha, à frente do maior partido político do país. O que tornou possível essa transformação não foi o clamor infundado de Hitler de que havia uma preocupação ampla na Alemanha com "a questão judaica", e sim um fator que estava totalmente fora de seu controle – a catástrofe econômica.

A economia de Weimar, dependente dos empréstimos americanos, foi arrasada pelo colapso de Wall Street em outubro de 1929. Em apenas um ano – entre setembro de 1929 e setembro de 1930 –, o desemprego na Alemanha mais do que duplicou, indo de 1,3 milhão para 3 milhões. O governo democrático terminou de fato no país em março de 1930, quando a grande coalizão que incluía o Partido do Povo Alemão e os Social-Democratas se desfez. O novo governo, sob o chanceler Heinrich Brüning, teve que se apoiar no Artigo 48 da Constituição, que permitia governar por decreto presidencial.

Nas eleições de setembro de 1930, os nazistas tiveram mais de seis milhões de votos e se tornaram o segundo maior partido político do Reichstag. Foi um resultado impressionante. Milhões de alemães, que antes haviam rejeitado Hitler e os nazistas, de repente voltaram-se para eles naqueles tempos desesperados. Mas apesar de proclamar, em 1928, um alegado crescimento do antissemitismo na Alemanha, Hitler compreendia a realidade – que esses novos apoiadores não vinham a ele por quaisquer crenças antissemitas. Então amenizou sua obsessão com os judeus. Um estudo de seus discursos entre 1930 e 1933 mostra que ele colocava na época muito menos ênfase no papel dos judeus do que antes. Chegou a dizer, em outubro de 1930, que "não temos nada contra judeus decentes; mas quando conspiram com o bolchevismo, temos que vê-los como inimigos".[57]

Em vez de vociferar contra os judeus, Hitler se concentrou na necessidade de regenerar a Alemanha por meio da criação de um Estado nacional-socialista. Ele conclamou para que fossem rejeitadas as medidas punitivas impostas à Alemanha pelos Aliados após o fim da Primeira Guerra Mundial e advertiu dos perigos do "bolchevismo".

"Hoje", disse ele a uma plateia de industriais em Düsseldorf, em janeiro de 1932, "estamos num ponto crucial do destino da Alemanha". Isso porque a Alemanha corria o risco de cair no "caos bolchevista".[58] Em nenhum ponto de seu longo discurso fez referência aos judeus.

Disso não se segue que suas plateias estivessem iludidas, achando que os nazistas haviam de repente esquecido o antissemitismo. A propaganda nazista repetia infindáveis vezes que os judeus eram responsáveis pelo "bolchevismo", pelo odioso Tratado de Versalhes e pela corrupção do capitalismo que provocara a depressão econômica. Assim, quando Hitler mencionava qualquer um desses conceitos em seus discursos, muitos dos que o ouviam entenderiam que eram os judeus, em última instância, que estavam sendo responsabilizados.

Quando Jutta Rüdiger, então uma estudante de 21 anos de idade, ouviu Hitler discursar em 1932, ela certamente entendeu que por trás da palavra "bolchevismo" estavam os judeus. "Os judeus eram associados ao comunismo, sem dúvida", diz ela. "Circulava uma piada perversa [...] que dizia que entre os comunistas da Rússia havia com certeza também um gói – termo levemente pejorativo para indicar um não judeu –, porque pelo menos seria útil para assinar os atestados de óbito no sábado [o dia sagrado dos judeus]. É um pouco perverso, mas havia uma forte conexão entre comunismo e os judeus, sem dúvida."[59]

Embora Jutta Rüdiger declare que, no início da década de 1930, sentiu-se atraída por Hitler e pelos nazistas principalmente por achar que eles ofereciam uma saída para a depressão econômica, além de uma chance de unir os alemães em torno de uma meta comum, ela também acreditava que a agenda antijudeus deles não constituía obstáculo ao seu sucesso: "Havia realmente um sentimento geral entre as pessoas – que já estava presente nos tempos imperiais e que pode ter estado também em outras nações em alguma época – de perceber os judeus como um elemento estranho".[60]

Johannes Zahn, que em 1932 era um banqueiro de vinte e tantos anos, concorda com essa avaliação: "A opinião geral era que os judeus tinham ido longe demais na Alemanha".[61] Com esse "longe demais", ele queria dizer que os judeus alemães estavam em número desproporcional em profissões como a advocacia, a medicina e o jornalismo (não admira que os judeus tivessem escolhido profissões como essas, já que haviam sido banidos de muitas outras por tanto tempo). Segundo Johannes Zahn, "chegou uma hora em que simplesmente passou do ponto, o sentimento geral era não se opor à ideia de rechaçar os judeus; mas que no final fossem ser mortos, ninguém na Alemanha, ou pelo menos muito poucas pessoas, teria aprovado [...]".[62]

No entanto, a principal razão da ascensão do Partido Nazista continuava sendo a terrível situação econômica da Alemanha. Para grande número de pessoas, nessa época de catástrofe econômica, o que importava era encontrar um emprego e poder sustentar a família em um ambiente de incerteza política. Havia seis milhões de desempregados no início de 1933, e os comunistas vinham ganhando apoio junto com os nazistas. Era como se o país se polarizasse nos extremos – comunistas de um lado, nazistas de outro. "Seis milhões de desempregados significa, com três pessoas por família, seis vezes três: dezoito milhões sem comida", diz Johannes Zahn. "E quando um homem estava desempregado nessa época, restava apenas uma coisa: ou se tornar comunista, ou membro da SA [Stormtrooper nazista]. E então os empresários achavam melhor que essas pessoas se tornassem membros da SA, porque havia disciplina e ordem; e no início – você realmente é obrigado a admitir isso hoje –, você não sabia dizer se o nacional-socialismo era algo bom com alguns efeitos colaterais ruins ou era algo ruim com alguns efeitos colaterais bons, não dava pra saber."[63]

Essas declarações são, em grande medida, em causa própria. Isso porque, embora seja verdade que Hitler não enfatizou seu ódio aos judeus durante a ascensão dos nazistas ao primeiro plano entre 1930 e 1933, muitos de seus seguidores não eram tão contidos assim. Julius Streicher não só continuava publicando suas imundícies antissemitas no *Der Stürmer* como fez as seguintes observações em um discurso em 1932: "Nós nacional-socialistas acreditamos que Adolf Hitler é um emissário para uma nova Alemanha. Acreditamos que foi enviado por Deus para libertar o povo alemão do todo-poderoso judaísmo sanguessuga".[64]

Joseph Goebbels também continuou a divulgar suas crenças antissemitas nesse período. Desde sua nomeação como Gauleiter (líder nazista) de Berlim no final de 1926, fizera dos judeus da capital seu alvo especial – em particular Bernhard Weiss, o subcomissário de polícia. Goebbels insistia em se referir a ele como "Isidor" Weiss em sua revista de propaganda *Der Angriff* ("O Ataque"), pelo fato de "Isidor" ser um primeiro nome judeu arquetípico, em contraste com o verdadeiro nome do doutor Weiss, Bernhard. "Isidor" Weiss era caricaturado de diversas maneiras na *Der Angriff*: como um judeu não confiável com nariz de gancho e até mesmo como um asno. Depois que Weiss se queixou, e que um tribunal confirmou que a caricatura de asno supostamente o representava, Goebbels voltou a publicar o cartum com uma legenda anunciando que os juízes haviam concordado que o doutor Weiss parecia mesmo um asno.[65] Goebbels também apoiou ações contra os judeus nas ruas. No Ano Novo Judeu, em setembro de 1931, Stormtroopers deslocaram-se em massa para a principal rua de compras de Berlim, a Kurfürstendamm, e assediaram todos aqueles que julgavam ser judeus. A essa altura, Goebbels havia banido da sua vida sua namorada meio judia, Else, e estava com Magda Quandt, loira e de olhos azuis. Eles se casaram em dezembro de 1931.

Durante a década de 1930, a propaganda nazista também elegeu como alvo alguns interesses econômicos que muitos acreditavam estar relacionados aos judeus. Por exemplo, um panfleto eleitoral nazista no norte da Alemanha dizia: "Um novo golpe visando a sua ruína está sendo preparado e levado a efeito em Hanover! O presente sistema permite que a empresa-gigante WOOLWORTH (Estados Unidos), apoiada por capital financeiro, construa um novo negócio-vampiro no centro da cidade, na Georgstrasse, para expor você à completa ruína".[66]

Muitas pessoas entenderiam imediatamente essa referência à "Woolworth" como um ataque aos judeus. Isso porque os nazistas vinham dizendo havia anos que as grandes lojas de departamento eram, em sua maioria, propriedades de judeus e uma ameaça ao lojista tradicional. Essas lojas – símbolos de modernidade – eram consideradas "negócios-vampiros" pelos nazistas, porque supostamente sugavam o sangue vital da tradicional rua principal de compras. Os nazistas tinham tanta raiva da presença das lojas de departamento que um dos 25 pontos do programa nazista original fazia referência explícita a elas. O ponto 16 pedia que as lojas de departamento fossem arrendadas "com taxas baixas, a pequenos comerciantes".

Quando os nazistas assumiram o poder, as lojas de departamento foram um alvo em particular. O presidente distrital de Hanover relatou que em dezembro de 1934 "voltaram a ocorrer tumultos contra negócios de judeus [...] No domingo anterior ao Natal, latas de gás lacrimogênio foram atiradas em sequência em lojas judaicas e na loja F. W. Woolworth. Devido a graves sintomas de envenenamento, dez balconistas da empresa Woolworth tiveram que ser levadas de ambulância a um hospital".[67] Na realidade, o fundador da Woolworth tinha ascendência metodista, e não judaica.

Goebbels aprovava essa política de culpar por associação. Quando alemães comuns ouviam as palavras "lojas de departamento", muitos pensavam em "propriedade judaica"; quando ouviam um discurso sobre os perigos do marxismo, pensavam "Marx era judeu", e assim por diante. Goebbels achava que a propaganda exercia seu máximo poder quando as pessoas podiam ser manipuladas e levadas a acreditar que haviam chegado, por si mesmas, a determinadas conclusões a respeito de um assunto.[68]

Mas embora o apoio aos nazistas estivesse crescendo nesse período, a maioria dos alemães ainda se opunha a eles. Em particular, muitos socialistas consideravam seu antissemitismo desprezível. Apoiadores do comunismo como Alois Pfaller achavam que, já que não judeus e judeus alemães "falavam a mesma língua" e "frequentavam a mesma escola", então "por que você deveria odiá-los?". Ele e seus amigos entendiam que "uma pessoa não pode fazer nada a respeito de seu nascimento, isso era claro – ninguém é responsável por seu nascimento".[69] Para Pfaller o importante não era a "raça", mas criar uma Alemanha mais igualitária restringindo o poder dos "patrões".

Havia também advertências proféticas na imprensa alemã a respeito do que poderia ocorrer caso os nazistas chegassem ao poder. Por exemplo, o jornalista judeu Lion Feuchtwanger escreveu no jornal *Welt am Abend* em janeiro de 1931: "O nacional-socialismo esforça-se para depor a razão e colocar em seu lugar a emoção e o impulso – para ser mais preciso, a barbárie [...] O que os intelectuais e artistas podem esperar, portanto, assim que o Terceiro Reich for definitivamente estabelecido, fica claro: é o extermínio".[70]

A maioria dos alemães, porém, desejava mudanças radicais. Embora os nazistas nunca obtivessem maioria no voto popular, a maior parte dos alemães apoiava partidos que abertamente declarassem sua intenção de desbancar a democracia. Nas eleições gerais de julho de 1932, os nazistas obtiveram 37 por cento dos votos, e os comunistas, 14 por cento – ou seja, os dois somavam 51 por cento. Foi um resultado muito significativo, pois indicava que a maioria dos eleitores queria destruir o sistema de governo democrático que havia na época. Os alemães sentiam que haviam sido enganados não só por políticos individuais ou partidos, mas por todo um mecanismo de governança.

A aversão dos alemães à democracia nos primeiros anos da década de 1930 despertou comentários na época. "O que fala em favor da vitória do Nacional-Socialismo é, acima de tudo, o fato de que nesse país a democracia nunca foi conquistada numa batalha sangrenta", escreveu o romancista Heinrich Mann em dezembro de 1931. "Em um momento histórico, após a derrota na guerra, ela surgiu como uma saída possível, comparada com o desastre da monarquia e com a ameaça do bolchevismo – apenas uma saída, não uma meta, muito menos uma experiência entusiasmada."[71]

"Os alemães não têm tradição democrática", afirma Arnon Tamir. "Nunca tiveram. Não houve até hoje na Alemanha uma democracia pela qual os cidadãos tenham lutado." Criado como judeu na Alemanha nas décadas de 1920 e 1930, ele também chegou à conclusão de que Hitler floresceu apenas devido à crise do Estado alemão: "Os nazistas emergiram nas circunstâncias da década de 1920, após perderem a Guerra Mundial, com o povo alemão oprimido e humilhado e cambaleando de uma crise econômica e política para outra. Então tudo isso na realidade foi muito propício. Alguém tinha que ser culpado. E todo o antissemitismo dos nazistas na realidade está contido nas palavras: 'O judeu é o culpado, por tudo, sempre'".[72]

Embora Hitler possa ter atenuado sua retórica a respeito dos judeus em seu período de crescimento eleitoral, a política nazista continuou clara – e não se distanciava da paráfrase de Arnon Tamir: "A culpa é dos judeus". Como disse Gregor Strasser, alto membro do Partido Nazista, em outubro de 1931, uma vez no poder os nazistas iriam assegurar que "o domínio dos judeus na Alemanha terminasse". Isso seria conseguido por meio da "exclusão dos judeus de todas as áreas em que estão em posição de obstruir a economia alemã".[73] Os 37 por cento do eleitorado que apoiaram os nazistas em julho de 1932 estavam, portanto, votando num partido que abertamente pretendia, se eleito, perseguir os judeus alemães. Os nazistas não tinham outra intenção a não ser essa.

Muitos na elite política alemã tinham um ponto em comum com os nazistas: eles também queriam restaurar a ordem na Alemanha eliminando a democracia e esmagando a ameaça do Partido Comunista. Em 1932, o presidente Von Hindenburg, ex-comandante das tropas alemãs na Primeira Guerra Mundial, então com 85 anos de idade, estava pronto para remover a democracia e apoiar o estabelecimento de um governo de direita. O problema, no ponto de vista de Hindenburg, era que, embora os nazistas fossem a essa altura a força de direita mais poderosa da vida política alemã, Hitler não era alguém aceitável como chanceler. Quando os dois se encontraram em agosto de 1932, Hindenburg disse a Hitler que ele "não poderia justificar perante Deus, perante a própria consciência ou perante a pátria, a transferência de toda a autoridade de governo a um único partido, especialmente a um partido que se mostrava preconceituoso contra pessoas que tinham pontos de vista diferentes dos seus".[74] Ele reiterou sua opinião ao encontrar Hitler de novo em novembro de 1932, e disse temer que "um gabinete presidencial chefiado por você inevitavelmente caminhará para uma ditadura de partido com todas as suas consequências, resultando numa exacerbação dos antagonismos dentro do povo alemão [...]". Hindenburg acrescentou que não conseguiria conciliar uma situação desse tipo "com seu juramento e sua consciência".[75]

As objeções de Hindenburg a Hitler como potencial chanceler baseavam-se em parte em questões de classe. Ele se referia a Hitler como um "soldado da Boêmia",[76] mas também sinalizou que não apoiava todas as políticas nazistas – e questionou em particular o aberto antissemitismo do partido. Em agosto de 1932, escreveu à União Central dos Cidadãos Alemães de Fé Judaica condenando os ataques contra os judeus. Os deputados nazistas no Reichstag haviam até ridicularizado Hindenburg, chamando-o de "candidato judeu" durante sua campanha de reeleição para a presidência mais cedo naquele mesmo ano.[77]

Entretanto, várias figuras próximas a Hindenburg nutriam visões antissemitas. Franz von Papen, chanceler da Alemanha por boa parte de 1932, revelou em entrevista ao *London Evening Standard* no ano seguinte que o grande número de judeus na medicina e no direito na Alemanha seria algo "impensável" na Grã-Bretanha, e que era preciso combater a influência dos "judeus internacionais", que tinham altos cargos no serviço público alemão.[78]

O problema que Hindenburg enfrentava era que nenhum dos chanceleres que ele nomeara em 1932 – Franz von Papen e Kurt von Schleicher – tinha apoio da massa, e ele temia que a desconexão entre a classe governamental e o eleitor alemão comum pudesse crescer ainda mais no futuro. Poderia até levar a uma guerra civil se comunistas e Stormtroopers nazistas se enfrentassem nas ruas.

Hitler posicionava-se, ao mesmo tempo, como alguém que respeitava Hindenburg e como o jovem patriota determinado a unir a Alemanha. Em um discurso em Detmold em 4 de janeiro de 1933, declarou: "O que tem sustentado a existência do movimento nacional-socialista é o desejo de uma verdadeira comunidade do povo alemão [...] O destino nos colocou a grande tarefa de acabar com a desunião do povo alemão [...]". O que era necessário, argumentava Hitler, era "eliminar tudo o que estivesse separando o país". Ele citou os "marxistas" como uma das ameaças à unidade do *Volk*, e, embora não houvesse menção específica aos judeus, uma vez mais muitos teriam interpretado o termo "marxistas" como uma referência em código aos judeus.[79]

Franz von Papen finalmente conseguiu reconciliar Hindenburg e Hitler. Papen fora obrigado a entregar a Chancelaria a Kurt von Schleicher, em dezembro de 1932, pois sua administração não contava com apoio popular. Schleicher, um criador de intrigas nato, tentara – sem sucesso – conquistar uma base mais ampla para o seu governo. Agora, Papen vingava-se e propunha retornar ao governo como vice-chanceler, tendo Hitler como chanceler. Hindenburg concordou. Sua teoria era que Hitler como chanceler seria "domado" à medida que Papen e vários outros não nazistas fossem nomeados para o gabinete.

Em 30 de janeiro de 1933, 13 anos após ter anunciado o programa de seu partido na Hofbräuhaus de Munique, e menos de cinco anos depois de os nazistas terem obtido apenas 2,6 por cento do voto popular nas eleições gerais, Adolf Hitler tornava-se chanceler da Alemanha. Por fim, podia pôr em prática suas crenças por tanto tempo acalentadas.

4. Consolidação do poder
(1933-1934)

MILHÕES DE ALEMÃES viram a nomeação de Hitler como um acontecimento positivo. Concordavam com o julgamento de Goebbels de que a Alemanha vivia "um ponto crucial de sua história".[1] Manfred von Schröder, um estudante, diz: "Os jovens se sentiam entusiasmados e otimistas, e acreditavam em Hitler, achando uma tarefa maravilhosa superar as consequências da Primeira Guerra Mundial, especialmente o Tratado de Versalhes. Portanto, estávamos todos muito animados [...] E havia um sentimento de libertação nacional, de um novo início".[2]

"Naturalmente, estávamos animados", confirma Gabriele Winckler, uma jovem secretária. "Achávamos que agora tudo seria diferente, que tudo iria melhorar." Ela relembra que "todos os jovens [...] sentiam-se radiantes, estavam todos felizes".[3] Günter Lohse, com 19 anos em 1933, acredita que "era na personalidade de Hitler que você confiava – que ele iria não só manter suas promessas, mas realizá-las. Já havia um mito a respeito dele".[4]

Foram realizados desfiles de celebração com tochas em várias cidades, e Luise Solmitz assistiu ao de Hamburgo, em 6 de fevereiro de 1933. A descrição que fez do que estava acontecendo diante dela tem como pano de fundo uma história familiar incomum – embora ela fosse não judia e nacionalista ferrenha, seu marido era judeu e se convertera ao cristianismo. "Eram umas dez horas da noite quando as primeiras tochas chegaram", escreveu ela em seu diário, "e então foram passando, como ondas no mar, cerca de vinte mil camisas marrons, seus rostos resplandecentes de entusiasmo à luz das tochas". Ela lembra que os Stormtroopers nazistas gritavam "Morte aos judeus", "A República é uma merda", e cantavam que "o sangue judeu iria pingar de nossas facas". Junto a esta última observação, Luise Solmitz escreveu depois: "Quem levava isso a sério, na época?".[5]

Para muitos judeus alemães, o impacto de Hitler assumir a Chancelaria foi imediato. Eugene Leviné, estudante de uma escola com religiões mistas, lembra que um garoto não judeu, até então amistoso, abordou-o um dia e perguntou: "E aí, Leviné, já comprou passagem para a Palestina?". Eugene ficou chocado: "Mas, veja, o antissemitismo está sempre ali, logo abaixo da superfície. E eu o derrubei com um murro. Mas o interessante é que ele não levantou para vir brigar. Eu o fiz compreender o quanto havia ficado com raiva e ele se sentiu culpado, e simplesmente virou as costas e foi embora. Então você vê que os sentimentos das pessoas dependem muito das circunstâncias, e o que você pode fazer em cada oportunidade varia muito".[6]

Arnon Tamir, em Stuttgart, teve um confronto similar: "O garoto mais estúpido da classe, que já vinha para a escola com uniforme de Stormtrooper, entregou-me um pedaço de papelão, onde estava escrito: 'Passagem para a Palestina, caia fora e não volte nunca mais'. E eu fiz menção de ir para cima dele, mas os garotos mais velhos da classe intervieram. Um deles era filho de um general e o outro filho de um oficial – eram os antissemitas 'nobres' da classe. Intervieram dizendo: 'Não há problema nenhum [...] não tem nada a ver com ele. Ele não tem nada a ver com os judeus bolcheviques, os judeus capitalistas, ele não tem nada a ver com isso'. E então eu fui, pela primeira vez, convidado a ir à casa deles, como uma demonstração de que havia também adversários decentes, honrados. Claro que não aceitei. Minha reação a essa honra de ter sido convidado foi recusar o convite".[7]

Em Hamburgo, a estudante judia Lucille Eichengreen e sua irmã também viveram uma súbita discriminação: "Hitler assumiu o poder em janeiro de 1933. As crianças que viviam no mesmo edifício [...] não falavam mais conosco. Atiravam pedras em nós, xingavam, isso foi talvez uns três meses depois de Hitler assumir o poder. E não dava para entender o que havíamos feito para merecer isso. Então a pergunta era sempre 'por quê?'. E ao perguntar em casa, a resposta quase sempre era 'Ah, isso é uma fase, não tem importância, vai se normalizar'. O que isso queria dizer, na realidade, nós não sabíamos. Mas não dava para entender a mudança [...] A primeira coisa que eles [os pais dela] disseram era que não devíamos chamar a atenção no caminho de casa, no ônibus ou no bonde, ser discretas, não falar alto e não rir, simplesmente meio que desaparecer. E não entendíamos, não fazia sentido para nós. E as perguntas não eram respondidas [...] Isso nos deixava com medo, porque a volta da escola para casa era uma caminhada de uns quarenta e cinco minutos. E gritavam com a gente, algumas crianças até cuspiam em nós. Os adultos faziam que não viam. Embora não tivéssemos nenhuma marca, sentíamo-nos marcadas".[8]

Essas experiências demonstram o quanto muitos alemães que nunca antes haviam expressado visões antissemitas adotaram, com facilidade, o comportamento que o regime passara a esperar deles. Para alguns, essas crenças sempre haviam sido latentes; outros simplesmente decidiam seguir o caminho de menor resistência – especialmente porque o poderoso Estado alemão agora tinha um chanceler conhecido como um ferrenho antissemita.

No entanto, embora tivesse sido nomeado chanceler, Hitler ainda não era o ditador incontestável da Alemanha. Suas ações eram restringidas por certo número de forças poderosas – que ele buscou controlar. Para começar, sabia que precisava de apoio militar. Por isso, não por acaso, uma de suas primeiras decisões – apenas quatro dias após sua nomeação como chanceler – foi reunir-se com figuras de proa das Forças Armadas. Em 3 de fevereiro, Hitler disse a eles que estava comprometido com um massivo programa de rearmamento, e que não precisavam temer que ele fosse fundir o exército regular com os Stormtroopers nazistas. Essa mensagem, como seria de esperar, foi bem acolhida pelos soldados profissionais. "Seria montado um exército realmente capaz de defender a Alemanha", diz Johann-Adolf Graf von Kielmansegg, então um jovem oficial do Exército. "Aí estava uma ação revolucionária." O que foi também tranquilizador, e "desempenhou papel importante para os soldados", é que o presidente Von Hindenburg "dera sua bênção ao comportamento de Hitler. Isso era o importante para nós. Sabe, para o Exército, Hindenburg não era Hitler".[9]

Em 10 de fevereiro de 1933, Hitler fez um longo discurso no Sportpalast em Berlim, transmitido por rádio para a nação. Ele teve o cuidado de ser vago a respeito dos detalhes de quaisquer políticas específicas que seu governo pudesse implementar, destacando que quando seus oponentes diziam "Mostre-nos os detalhes de seu programa", sua resposta só poderia ser: "Depois do excelente estado de coisas que vocês deixaram, depois de sua superficialidade, depois da sua subversão, o *Volk* alemão terá que ser reconstruído de cima a baixo, do mesmo modo que vocês o destruíram de cima a baixo! Esse é o nosso programa!". Mas ele não deixou de reiterar que nada iria demovê-lo de "extirpar o marxismo".[10]

Hitler procedia com cautela. Ele convocou uma eleição para 5 de março, para legitimar seu novo regime e aprovar uma Lei Plenipotenciária que lhe permitiria governar não apenas sem o parlamento, mas sem as leis que requeriam aprovação do presidente Von Hindenburg. Para isso, teve que fazer uma série de concessões. Por exemplo, a fim de assegurar o apoio do Partido do Centro, prometeu que nunca se aliaria a nenhum partido que quisesse destruir o cristianismo.[11]

Em 27 de fevereiro de 1933, houve um desdobramento surpreendente. Um comunista holandês chamado Marinus van der Lubbe ateou fogo ao parlamento alemão, o Reichstag. De início, como Goebbels registrou em seu diário, Hitler ficou "furioso" ao ver as chamas. "Agora é o momento de agir!", escreveu Goebbels. Horas mais tarde, descobriram o autor do ataque – um homem que resumia os perigos do marxismo. "Exatamente o que precisávamos", disse Goebbels, "um comunista holandês".[12] A hora oportuna do ataque, uma semana antes da eleição, junto com uma filiação política igualmente conveniente do autor, haviam dado ensejo a uma série de teorias da conspiração, alegando algum envolvimento dos nazistas no incêndio do Reichstag. Mas a participação dos nazistas no crime nunca foi provada de modo conclusivo.

O que é certo é que esse incêndio criminoso foi muito vantajoso para Hitler. No dia seguinte, Hindenburg assinou a legislação que suspendia direitos humanos básicos na Alemanha, como o direito de reunião e o direito de se expressar, e foi dado um novo ímpeto à perseguição aos comunistas alemães. Hermann Göring, como ministro do Interior prussiano, já recrutara grande número de Stormtroopers nazistas como Polícia Auxiliar, a fim de ir atrás dos antigos adversários políticos dos nazistas.

Quanto aos judeus alemães, embora houvesse ataques esporádicos contra indivíduos nas semanas e meses seguintes, com os Stormtroopers celebrando sua vitória, eles não foram detidos em massa, e os ataques eram geralmente mais humilhantes e dolorosos do que homicidas. Em Nuremberg, por exemplo, o pai de Rudi Bamber foi um dos judeus levados pelos Stormtroopers a um estádio de futebol, onde foram obrigados a cortar a grama com os dentes. Rudi Bamber só soube da agressão ao pai porque os filhos de outros que haviam sofrido o mesmo tratamento lhe contaram que seu pai também estava ali. "Meu pai não foi capaz de falar a respeito ou não quis", diz ele, "simplesmente voltou de cara amarrada, pálido, e ficou por isso [...] Não acho que houvesse um plano coerente de antissemitismo, simplesmente surgia uma oportunidade de vez em quando e então se fazia alguma ação contra os judeus, apenas para lhes mostrar o seu lugar em relação aos alemães como tais, para humilhá-los mesmo. Era como se houvesse instruções vagas, que as pessoas poderiam interpretar como quisessem, e elas sabiam que tinham carta branca para fazer o que quisessem – caso fossem antissemitas ou antijudeus ou tivessem fortes sentimentos em relação a eles ou simplesmente quisessem se exibir para os colegas".[13]

Mas embora a avaliação que Rudi Bamber fez das ações dos Stormtroopers em Nuremberg naqueles primeiros meses de 1933 pudesse muito bem estar correta – havia, sem dúvida, pouca coerência no modo como os nazistas escolhiam perseguir os judeus individualmente –, estava prestes a ocorrer, no país inteiro, uma ação contra os judeus que foi praticamente um ato deliberado de terror sancionado pelo Estado. Deu-se após os nazistas conquistarem quase 44 por cento dos votos na eleição de 5 de março. A partir de 7 de março, na Renânia e espalhando-se pela Alemanha nos dias seguintes, Stormtroopers e outros apoiadores dos nazistas faziam manifestações diante de lojas de judeus, assediavam balconistas judeus e com frequência obrigavam essas lojas a fecharem as portas pelo resto do dia.

Em 24 de março, a Lei Plenipotenciária de Hitler foi finalmente aprovada. Essa "lei para aliviar o sofrimento das pessoas e do Reich" deu a Hitler poderes abrangentes para governar sem o Reichstag, e foi a base legal do que viria a ser uma ditadura nazista. Apenas quatro dias depois, em 28 de março, Hitler instigou a convocação de um boicote nacional às lojas e negócios judeus. A forma desse apelo aos "nacional-socialistas" e aos "camaradas do Partido" é significativa por várias razões. Primeiro, agora que seus novos poderes haviam sido concedidos, Hitler sentiu-se à vontade para associar de novo a palavra "marxista" à palavra "judeus". O "*Volk* alemão", disse ele, colocou "um fim-relâmpago ao pesadelo marxista-judeu". Em segundo lugar, os nazistas diziam que os judeus que haviam fugido da Alemanha estavam "promovendo uma campanha de agitação inescrupulosa e traiçoeira" do exterior. E, terceiro, Hitler argumentou que "os responsáveis por essas mentiras e calúnias são os judeus que estão entre nós", pois os judeus alemães tinham o "poder de alinhar os mentirosos do resto do mundo".[14] Era aquela mesma crença numa conspiração de judeus por todo o território nacional, sobre a qual Hitler se manifestara no início da década de 1920, mas da qual nos últimos anos ele evitara fazer proselitismo aberto. Ficava clara a intenção de Hitler de mostrar à comunidade internacional que as críticas ao regime nazista que provinham do exterior, em particular à política antissemita nazista, não seriam toleradas. Os judeus alemães foram, portanto, usados como "reféns" para tentar fazer com que os judeus estrangeiros parassem de depreciar os nazistas. É o primeiro exemplo do que viria a ser uma reação nazista comum às críticas vindas do exterior – quanto piores fossem os ataques à Alemanha na imprensa estrangeira, mais os judeus na Alemanha estariam em risco. Finalmente, Hitler não assinou o documento ele mesmo. Este trazia apenas a assinatura "Liderança do Partido Nacional-Socialista dos Trabalhadores Alemães". Mas podemos ter certeza de que ele estava envolvido não apenas porque o conteúdo reflete bem as visões que já manifestara, mas porque o *Völkischer Beobachter* publicou que, na primeira reunião do gabinete realizada desde a aprovação da Lei Plenipotenciária, Hitler ressaltara que as medidas para combater "a propaganda de atrocidades dos judeus no exterior" haviam sido necessárias, caso contrário o "próprio *Volk*" teria agido contra os judeus, e isso poderia "talvez assumir formas indesejáveis".[15]

Essa atitude de se beneficiar do desejo dos apoiadores do nazismo de iniciarem ações antissemitas, sancionando as agressões e depois garantindo que seu nome nunca fosse usado de modo explícito em nenhuma ordem formal de atacar os judeus, tornou-se um padrão – assim como o uso dos judeus como "reféns" –, que veremos repetido várias vezes nessa história. Hitler declarou mais tarde que queria que seus generais fossem como *bull terriers* acorrentados, que deveriam querer "guerra, guerra, guerra", e que deveria ser necessário que ele "colocasse um freio na coisa toda".[16] Esse método de liderança – por meio do qual os que estavam abaixo realizavam ações em áreas da política pelas quais Hitler já expressara apoio em princípio – aplicava-se tanto aos seus Stormtroopers no contexto dos ataques a judeus quanto aos seus generais, na abordagem da guerra. Era vantajoso para Hitler operar dessa forma – no mínimo porque podia preservar certa distância de qualquer política que mais tarde se revelasse impopular ou danosa, colocando a culpa do que tivesse acontecido, se necessário, em gente de "cabeça quente", que não era possível reprimir. Mas, em última análise, Hitler estava sempre no controle. Quando queria que alguma coisa cessasse, ela cessava de vez.

Depois que soube dos protestos realizados por judeus estrangeiros no exterior, é quase certo que Hitler tenha acreditado que havia alguma espécie de conspiração judaica internacional em andamento. O episódio mais famoso foi uma manifestação em 27 de março de 1933, um protesto em massa realizado no Madison Square Garden em Nova York, com mais de 50 mil manifestantes reunidos dentro e fora do local. Três dias antes, em 24 de março, a primeira página do *Daily Express* na Grã-Bretanha ostentava a manchete "Judeia declara guerra à Alemanha – Judeus do mundo todo se unem em ação".

Dois grupos de judeus alemães – a Organização de Sionistas Alemães e a Centralverein (a Associação Central de Cidadãos Alemães de Fé Judaica) – enviaram no final de março delegações a Londres, a pedido de Göring, para tentar evitar a imposição de restrições comerciais à Alemanha.[17] Embora suas ações fossem compreensíveis, no mundo distorcido que Hitler habitava eles mostraram que havia um vínculo entre os judeus que ia além das nações. Os grupos judeus fora da Alemanha também estavam bem conscientes de viver um paradoxo similar. Se não dissessem nada, iria parecer que estavam abandonando os judeus alemães; se decidissem se manifestar, iriam dar combustível à fantasia de Hitler da existência de uma "conspiração internacional" de judeus. Era uma situação impossível para eles, e que impediu uma reação internacional unificada às ações nazistas antissemitas nos primeiros anos do governo de Hitler.

A Centralverein emitiu um comunicado à imprensa em 24 de março que ilustra a linha tênue por onde esse grupo judeu, o mais influente da Alemanha, decidira caminhar. Por um lado, eles descartavam como "pura ficção" os relatos supostamente veiculados na imprensa estrangeira de que corpos de judeus haviam sido atirados para fora de um cemitério judaico em Berlim, e que ocorrera uma caçada a moças judias. Por outro lado, admitiam que "alguns" judeus haviam sido alvo de "atos de vingança política e violência". Eles pareciam estar dizendo que a situação dos judeus na Alemanha era ruim, mas não tão ruim quanto algumas pessoas no exterior diziam.[18]

Às vésperas do planejado boicote aos judeus, Goebbels, autorizado por Hitler, anunciou que a ação agora teria lugar apenas por um dia – o sábado, 1º de abril –, mas que seria imposta de novo se os ataques estrangeiros ao regime não cessassem. Uma vez mais, o regime nazista buscava mostrar que o bem-estar dos judeus alemães dependia do comportamento dos demais países em relação à Alemanha. Hitler e Goebbels estavam tentando montar um modelo mental dentro do qual suas investidas contra os judeus alemães pudessem ser vistas como um ato de autodefesa contra os ataques de judeus estrangeiros.

Em Stuttgart, o garoto Arnon Tamir, de 15 anos, aguardava a imposição do boicote com medo. Já ouvira "histórias de amigos que haviam sido espancados. E eu tinha um amigo, um amigo mais velho, que por acaso estava em casa na época. E me contou que homens da SA [Stormtroopers] de fora da vila haviam ido até lá e maltratado e espancado tanto os judeus que eles não conseguiram sentar durante semanas. Ouvíamos coisas assim. Era uma técnica particular deles [os nazistas], em vez de usar homens da SA da mesma vila para atacar os judeus, traziam-nos de outras localidades".[19]

Em 1º de abril, sentiu que "um profundo abismo se abria" dentro dele: "Os SA chegaram marchando e se postaram diante de todas as lojas de judeus. Eles emplastaram de tinta as vitrines das lojas e depois um, dois ou três homens da SA ficaram em pé do lado de fora da loja. As pessoas se juntavam ali ou passavam e então ouviam que 'alemães não compram em lojas de judeus', 'os judeus são a nossa desgraça' e assim por diante. Estávamos ali em pé, olhando, e então aconteceu que um ou dois alemães acabaram mesmo assim entrando na loja e não foram detidos, entraram de propósito, para marcar posição, isso foi ainda em 1933 [...] E foi quando a ficha caiu, que se você podia tratar os judeus dessa forma, então todas as histórias de repente faziam sentido, as histórias sobre detenções [...] sobre surras e mortes [...] Eu senti como se estivesse caindo num buraco fundo. Foi quando, intuitivamente, compreendi pela primeira vez que as leis existentes não se aplicavam aos judeus. Significava que você podia fazer o que quisesse com os judeus, que ninguém iria defendê-los, que um judeu era um fora da lei. Foi quando entendi o que significa que qualquer um possa fazer com você o que bem entenda, até espancá-lo até a morte. Isso era muito aterrador para mim. Eu era garoto, não tinha nem 16 anos. Foi quando deu o clique, quando comecei a me distanciar dos alemães. Basicamente, meus pais não acreditavam que algo assim fosse possível. Havia também vizinhos alemães que diziam: 'É só um episódio horrível, vai passar, a questão não é com você, é com os outros, os grandes judeus, os judeus endinheirados, os judeus internacionais'".[20]

Do ponto de vista dos nazistas, o boicote teve um sucesso relativo. Apesar de permitir que os Stormtroopers pusessem para fora seu ódio visceral de modo organizado, também revelou a falta de um amplo apoio da população para ações antissemitas desse tipo brutal. A experiência de Arnon Tamir – de ver alguns alemães encararem os Stormtroopers postados diante da loja e entrarem normalmente – era algo comum. Poucos alemães pareciam se comprazer com a ideia de valentões nazistas agredindo lojistas indefesos – mesmo que fossem judeus –, e esse boicote ostensivo, sancionado pelo Estado, não foi mais repetido.

Depois de atormentarem os judeus fisicamente, os nazistas passaram a usar a lei. Em 7 de abril de 1933, o governo de Hitler aprovou suas primeiras disposições legais antissemitas. A Lei para Reabilitação do Serviço Público Profissional exigia a remoção de funcionários que não fossem de "ascendência ariana", e uma lei similar ordenava que advogados "não arianos" cessassem sua atividade. Mas, a pedido do presidente Von Hindenburg, foram feitas algumas isenções, principalmente para aqueles que tivessem lutado na Primeira Guerra Mundial ou cujos parentes próximos tivessem sido mortos no conflito. Isso atenuou o efeito da legislação e, portanto, um grande número – incluindo mais da metade dos advogados judeus – foi capaz de continuar suas atividades. Ao final de abril, uma terceira lei foi anunciada, limitando o número de estudantes judeus nas escolas e universidades públicas.

Prosseguiu então essa tensão entre o desejo dos fanáticos defensores do nazismo de promover ações generalizadas antissemitas e o desejo de Hitler e da liderança do partido de minimizar as perturbações à economia. Os médicos judeus, por exemplo, foram excluídos da legislação restritiva em abril de 1933, mas mesmo assim eram alvo de ataques de grupos nazistas locais. Ficava óbvio que um número de seguidores de Hitler – sem dúvida influenciados pela anterior retórica de ódio aos judeus de seu Führer – queria mudanças mais rápidas.

Muitos homens de negócios judeus sofreram imensamente. O pai de Arnon Tamir, por exemplo, era dono de uma pequena fábrica de cigarros em Stuttgart, e pouco depois do boicote de abril os negociantes de cigarros da cidade disseram-lhe que não poderiam mais revender seus produtos. Não se tratava de uma ação "oficial" – o governo não ficaria sabendo de nada a respeito –, mas isso fez pouca diferença para o pai de Arnon Tamir, que perdeu seu negócio e mergulhou em profunda depressão.

Havia, porém, outros judeus alemães que tiveram sua rotina diária relativamente pouco afetada pela chegada dos nazistas. A qualidade de sua vida dependia em larga medida da atitude dos não judeus entre os quais viviam. Rudi Bamber, em Nuremberg, por exemplo, sentia que "fora dos horários da escola" estava perfeitamente seguro andando pela cidade. Mas nos meses após a chegada de Hitler ao poder, notou que o ensino havia mudado na escola de religiões mistas que frequentava: "Um professor de biologia começou a ensinar biologia alemã e a abordagem racista – os judeus eram uma raça diferente dos alemães –, e um monte de teorias racistas passou a ser defendida". Certa vez, encontrou um cartum antissemita, extraído do *Der Stürmer*, deixado em sua carteira: "Todos ficaram olhando para ver minha reação, e não consigo lembrar o que foi que fiz exatamente, mas ficou muito claro para mim que eu precisava ver bem o que iria fazer – ou deixar de fazer – a fim de não dar muitas satisfações às pessoas. Acho que devo ter levantado a tampa da carteira e enfiado o cartum dentro e deixado lá. Mas os professores empenhavam-se em manter o controle da classe, para que os alunos ficassem cientes de que não podiam ir longe demais".[21]

Assim como havia alemães que expressavam um aberto antissemitismo, havia outros que faziam o que estava a seu alcance para ajudar os judeus. Eugene Leviné descobriu que bons samaritanos podem surgir nos lugares mais inesperados. Pouco depois que Hitler chegou ao poder, Eugene foi advertido por um amigo não judaico da família que o apartamento em que morava estava sendo vigiado. Eugene era particularmente vulnerável não só por ser filho de um dos mais destacados revolucionários comunistas, mas também por ser membro dos Comunistas Jovens de Berlim. Mas o que o surpreendeu foi que esse amigo da família que veio lhe revelar que corria perigo era membro do Partido Nazista. Eugene sempre foi grato a ele, entre outras coisas, porque "assumiu um grande risco ao fazer isso".[22] Mais tarde, descobriu que outros refugiados judeus tinham "histórias similares para contar".

Cerca de 37 mil judeus alemães deixaram a Alemanha em 1933 – 7 por cento dos 520 mil judeus do país.[23] Muitos dos que fugiram foram para países vizinhos, como França ou Holanda; era muito problemático conseguir um visto para os Estados Unidos. Os judeus que queriam emigrar também enfrentavam severas leis que restringiam a quantidade de bens que podiam tirar da Alemanha – a maioria saiu praticamente sem nada. O Comitê Central de Judeus Alemães para Auxílio e Reconstrução advertiu sobre o êxodo em massa: "Não vai ajudar ninguém ir para o exterior sem destino [...] apenas aumentar ali o número dos que estão sem trabalho e sem recursos".[24]

Havia também uma série de razões emocionais pelas quais a fuga era uma opção pouco atraente. "Os pais da minha mãe moravam conosco", diz Rudi Bamber, "e embora meus pais pudessem encontrar algo no exterior, eles não podiam levar os idosos, seria impossível [...] minha mãe não se sentia capaz de abandoná-los à própria sorte. Eu talvez tenha sido [também] influenciado pelo otimismo de meus pais – o otimismo de várias pessoas – de que a coisa não ficaria pior".[25]

Hoje, sabemos o quanto a vida ficaria pior para os judeus que permaneceram na Alemanha, e por isso é tão importante lembrar que na época sequer parecia assegurada a sobrevivência de Hitler no cargo por mais do que alguns meses. Afinal, os últimos três chanceleres haviam lutado para controlar os acontecimentos e mesmo assim foram substituídos – por que Hitler não poderia ser simplesmente mais um da longa lista? "Muitas pessoas pensavam 'Ah, bem! Ele não vai conseguir lidar com o desemprego'", diz Eugene Leviné. "'Ele não pode fazer nada. Vão depô-lo. Vai fazer um monte de promessas – e vão depô-lo' [...] Por isso tantos judeus ficaram, apesar dos pedidos de seus parentes e filhos para que fossem embora. Afinal, quem é que deseja virar refugiado e viver quase sem nada, quando você ainda tem seu apartamento confortável?"[26]

A experiência dos judeus na Alemanha, portanto, variou consideravelmente nesse período, em grande parte em função da geografia. A maioria dos judeus alemães vivia em grandes cidades, em particular Berlim e Frankfurt – em Frankfurt, perto de cinco por cento da população total era de judeus.[27] Nessas grandes metrópoles, os judeus alemães estavam menos sujeitos a agressões arbitrárias do que os que moravam na zona rural. Longe dos grandes centros, em várias cidades menores e aldeias, surgiram placas onde se lia "Judeus não são bem-vindos aqui", particularmente na área do norte da Baváia conhecida como Francônia. Julius Streicher era Gauleiter da Francônia, um distrito onde o sentimento antissemita era muito forte. Na realidade, faz sentido que nesses primeiros anos do governo nazista o exemplo mais infame de agressão contra os judeus tenha ocorrido na Francônia – na pequena cidade de Gunzenhausen, 50 quilômetros a sudoeste de Nuremberg.

Na noite de 25 de março de 1934, Kurt Bär, um Stormtrooper de 22 anos, foi com vários de seus companheiros até um boteco em Gunzenhausen cujo dono era judeu. Era um Domingo de Ramos, data de importância religiosa para os cristãos, e os Stormtroopers tinham ouvido o boato de que um "ariano" poderia estar bebendo no tal boteco – algo que viam como um ultraje. Quando os Stormtroopers chegaram ao boteco, Bär alegou que Julius Strauss, o filho do dono, havia cuspido nele – embora Strauss negasse isso com veemência. Bär então espancou não só Julius, mas o pai e o resto da família Strauss.

Uma pequena multidão se juntou na frente do boteco e Bär parou de bater na família Strauss para fazer um discurso de improviso. Perguntou como era possível "mesmo naqueles dias" que "um cristão tomasse cerveja num lugar de judeus, sendo estes nossos inimigos mortais e responsáveis por terem pregado Nosso Senhor na cruz. Além disso, os judeus são culpados pelos dois milhões de mortos da Guerra Mundial e pelos quatrocentos mortos e dez mil feridos graves do movimento [nazista]. Mais ainda, quantos judeus já estupraram garotas alemãs e quantos filhos da puta andam pela Alemanha hoje? Nesse momento, se um judeu ousa cuspir num homem da SA é como se cuspisse em Adolf Hitler e no movimento todo".[28] Uma testemunha disse que "cerca de duzentas" pessoas ouviram a fala de Bär e "todos concordaram" com o que dizia.[29]

A surra em Julius Strauss foi então retomada, com a multidão incentivando os Stormtroopers, gritando "Dá nele! Dá nele!".[30] Depois, a família Strauss inteira foi levada à cadeia local. Segundo o relatório oficial do incidente, uma vez na cadeia a senhora Strauss protestou que não havia feito nada de errado, e "Kurt Bär acertou-lhe um tapa no rosto e disse 'Sua judia vagabunda, mantenha a boca fechada'. A senhora Strauss tentou se esconder atrás do administrador da cadeia e agarrou no braço dele. Isso deu a Bär um pretexto para acertar-lhe outro golpe, dizendo, 'sua judia vagabunda, você não deve encostar a mão num cristão'".[31]

Várias centenas de cidadãos de Gunzenhausen – alguns relatos falam em mais de mil – saíram então pelas ruas gritando "Os judeus têm que ir embora!". Propriedades de judeus foram atacadas, cerca de trinta judeus foram detidos e dois morreram. Um cometeu suicídio quando uma multidão o ameaçou. O outro, Jacob Rosenfelder – que foi encontrado dependurado num galpão –, muito provavelmente foi assassinado.

Embora um grande número de pessoas tivesse participado do tumulto, apenas um punhado de Stormtroopers foi levado a julgamento. Em junho de 1934, o tribunal distrital de Ansbach decidiu que – apesar das evidências em contrário – ambos os judeus mortos haviam cometido suicídio. Portanto, os réus enfrentaram apenas acusações de terem perturbado a ordem e causado pequenos ferimentos. Cinco dos réus foram libertados, dezessete receberam sentenças de três a sete meses de detenção, e Bär foi condenado a dez meses de prisão. Nenhum dos que foram julgados culpados foi levado à prisão na mesma hora, e em 21 de agosto de 1934 todas as sentenças – exceto a de Bär – foram revogadas num recurso.

Durante a investigação sobre o crime, o representante do "Supremo líder da SA do governo da Francônia Central" tentou transferir a culpa pelo incidente aos próprios judeus. Escreveu que, apesar da "Revolução Nacional-Socialista, nenhum freio foi colocado ao jogo sujo dos judeus". E acrescentou que "os judeus desse distrito hoje em dia são tão arrogantes, descarados, insolentes e atrevidos como eram antes da revolução. Um grande número de habitantes da cidade de Gunzenhausen, assim como do distrito de Gunzenhausen, sente-se legitimamente incomodado por isso há algum tempo".[32]

As autoridades em Berlim estavam preocupadas com o fato de os nazistas locais terem feito "justiça" com as próprias mãos. "Solicito enfaticamente", escreveu o ministro do Interior do Reich às autoridades na Baviera, "que sejam tomadas medidas para que esses distúrbios não se repitam e que a polícia intervenha para impedir que se cante a canção 'E quando o sangue judeu pingar da faca, tudo será ótimo de novo! Camaradas da SA, vamos enforcar os judeus, colocar esses gatos gordos contra a parede!'. A questão judaica deve ser administrada pelo governo do Reich, não pela SA de Gunzenhausen".[33]

Isso não pôs fim ao incidente. Em 15 de julho de 1934, Kurt Bär, junto com dois de seus companheiros, voltou ao boteco de Gunzenhausen onde o tumulto tivera início. Segundo o posterior indiciamento contra ele, "Kurt Bär entrou no lugar gritando 'Mãos ao alto' e imediatamente disparou dois tiros em Simon Strauss [o dono], que estava sentado bem à sua frente e foi atingido na cabeça pelos dois tiros". Julius Strauss, o filho do dono do boteco, tentou fugir, mas Bär atirou nele também. Bär foi levado à cadeia local, onde ficou gritando por uma janela para uma multidão que se reunira na rua "Eu atirei em dois judeus. Fiquem felizes, defendi a honra dos meus companheiros da SA!".[34]

Simon Strauss morreu em consequência dos tiros, mas seu filho sobreviveu, então Bär enfrentou uma acusação de homicídio e outra de tentativa de homicídio. Em outubro de 1934, foi sentenciado a dez anos de prisão, mas foi libertado apenas quatro anos depois. Julius Streicher havia pedido que Bär fosse tratado com leniência, dizendo, segundo uma testemunha, "Naturalmente é errado esse judeu ter sido morto, mas fico naturalmente feliz com cada judeu que está sendo morto".[35]

Os acontecimentos em Gunzenhausen estavam no extremo do espectro de ações antissemitas dos primeiros dois anos da Chancelaria de Hitler. Nada disso voltou a acontecer na Baviera até os ataques da Kristallnacht, em 1938, mas o episódio ficou como algo instrutivo. Revelou, antes de mais nada, o quanto os ataques contra os judeus podiam ser espontâneos. Não há evidência de que esse nível de violência fosse pré-planejado. Se Kurt Bär não tivesse perdido o controle num boteco, é difícil imaginar como os ataques poderiam ter ocorrido. Mas embora as ações de Bär tivessem sido o catalisador, o *pogrom* só foi possível como resultado de tensões latentes. A razão pela qual tantas pessoas naquele local deram apoio a Bär é que elas mesmas estavam predispostas a odiar judeus. Vale a pena notar também que Bär, em sua fala fora do estabelecimento, pôs ênfase no antissemitismo tradicional de base cristã. Essa parte da Francônia era decididamente protestante, e o conteúdo do ataque verbal de Bär aos judeus teria soado familiar a Martinho Lutero.

A divergência entre os nazistas locais, que achavam poder fazer o que bem entendessem contra os judeus, e o governo central, com sua resposta de que "A questão judaica deve ser tratada pelo governo do Reich, não pela SA de Gunzenhausen", também é reveladora. Assim como o fato de que Bär instintivamente sentiu que Hitler teria apoiado suas ações, quando disse que cuspir em um uniforme da SA era como cuspir em Adolf Hitler. Por fim, essa história desagradável também mostra o grau em que os tribunais alemães já haviam sido maculados pelo advento do Estado nazista. Embora alguns dos Stormtroopers tivessem realmente sido julgados e considerados culpados, o sistema legal em seguida desapontou as vítimas do crime ao soltá-los por meio de um recurso. Tal padrão logo se tornaria lugar-comum, à medida que o estado de direito era corrompido pelos nazistas.

Em maio de 1934, dois meses após o ataque no Domingo de Ramos em Gunzenhausen, Julius Streicher demonstrou uma vez mais sua posição diante da questão dos judeus ao publicar a famosa edição do "complô homicida judaico" no *Der Stürmer*. Um cartum na primeira página mostrava dois homens judeus numa caricatura grotesca, um deles segurando uma faca manchada de sangue, recolhendo sangue de crianças. O texto embaixo dizia que os judeus praticavam "magias supersticiosas" a fim de recolher sangue cristão para misturá-lo ao pão ázimo. Em outras ilustrações, judeus chupavam com canudinho o sangue de uma criança prostrada, e uma reprodução de um relevo em pedra de uma igreja de Oberwesel mostrava um suposto ritual de assassinato do século XIII de um garoto de 16 anos de idade – um jovem mais tarde canonizado como São Werner de Oberwesel. Outro artigo afirmava que a história dos judeus era "uma sequência ininterrupta de assassinatos em massa e banhos de sangue".

Essa edição especial do *Der Stürmer* também enfatizava o vínculo entre os judeus e o comunismo afirmando que, após a Revolução Russa de 1917, "35 milhões" de pessoas haviam sido "fuziladas, assassinadas, torturadas e morrido de fome", e que, naqueles dias na "Rússia bolchevique judaica", os assassinatos em massa continuavam, e os assassinos eram "principalmente judeus". Mais de cem mil exemplares dessa edição do "complô homicida judaico" foram vendidos, e outros foram pregados em murais nas ruas.

Houve protestos em toda parte por causa do conteúdo sinistro da edição especial do *Der Stürmer* – não só vindo do exterior, mas de cristãos da própria Alemanha – a ponto de ela acabar sendo vetada por Hitler. Significativamente, ele disse que havia proibido essa edição não por causa das mentiras que propagava a respeito dos judeus, mas porque podia também ser interpretada como um ataque à "sagrada comunhão de Cristo".[36] É revelador que, apesar de reconhecer a necessidade política de se distanciar do conteúdo excessivo dessa edição do *Der Stürmer*, Hitler mesmo assim não tenha sido capaz de fazer nenhuma crítica ao jornal pelo ataque aos judeus.

Embora não houvesse uma política oficial de segregar fisicamente os judeus alemães do restante da população, isso não impediu que uma imensa pressão fosse exercida sobre eles, particularmente no interior do país, para que fossem embora de áreas nas quais não eram benquistos. A *Fränkische Tageszeitung*, por exemplo, relatou em 26 de maio de 1934 que "na quinta-feira, às 17 horas, a bandeira da suástica foi hasteada na propriedade do último judeu a sair de Hersbruck [na Francônia]. O distrito de Hersbruck está agora definitivamente purificado de judeus. Com orgulho e satisfação a população toma conhecimento desse fato".[37] O jornal prosseguia dizendo que se devia esperar que outras áreas "logo farão o mesmo e que não está longe o dia em que toda a Francônia estará livre dos judeus, assim como chegará o dia em que, em toda a Alemanha, não haverá mais um judeu sequer".

Do mesmo modo, embora não houvesse ainda nenhuma lei proibindo os judeus de se casarem ou terem relacionamentos sexuais fora do casamento com não judeus, havia vários exemplos de grupos nazistas locais que humilhavam casais em relacionamento misto. O advogado judeu Kurt Rosenberg escreveu em seu diário em agosto de 1933 que em Cuxhaven, na Baixa Saxônia, "uma moça ariana e um homem não ariano são levados pela cidade com cartazes dependurados no pescoço, onde se lia 'sou uma vadia porque namoro um judeu' etc. Em outros locais, os nomes de moças arianas que haviam sido vistas em companhia de judeus eram publicados. E em outras partes, os judeus eram proibidos de entrar em ruas e praças".[38]

No entanto, em meio a todos esses exemplos de perseguições sancionadas pelo Estado e de inspiração local, também é importante observar o que não estava acontecendo. Os judeus alemães não estavam sendo enviados em massa para campos de concentração. Os primeiros campos provisórios foram criados para abrigar opositores políticos ao nazismo, e não para judeus. Na Prússia, milhares de Stormtroopers contratados por Hermann Göring como membros da Polícia Auxiliar prenderam seus antigos adversários políticos e os levaram a cadeias improvisadas em fábricas e armazéns desativados, ou mesmo aos porões de casas dos próprios Stormtroopers. Os capturados eram muitas vezes surrados e humilhados em uma orgia de celebração de vingança. Em março de 1933, Wilhelm Murr, o governador nazista do estado de Württemberg, fez uma afirmação memorável: "Não dizemos 'olho por olho, dente por dente'. Não; se alguém nos arranca um dos olhos, nós cortamos fora sua cabeça, e se alguém nos arranca um dente, esmagamos seu queixo".[39]

Em março de 1933, Heinrich Himmler tornou-se chefe interino de polícia na Baviera. A essa altura, já era chefe de uma unidade especializada de proteção chamada Schutzstaffel, ou SS, originalmente formada como um grupo de guarda-costas para proteger oradores nazistas em manifestações públicas. Himmler estava no processo de transformar a organização em um grupo de elite de fiéis nazistas, embora ainda dentro da estrutura geral dos Stormtroopers sob o líder da SA, Ernst Röhm. Muitos membros da SS haviam sido incorporados como Polícia Auxiliar, e nessa condição formaram as equipes dos primeiros campos de concentração na Baviera.

Himmler justificou a prisão em massa de opositores políticos dos nazistas num discurso em março de 1933, um dos primeiros exemplos do tipo de fala ambígua paternalista pelo qual mais tarde ficou malafamado: "Tenho feito uso bastante intensivo da custódia protetora [...] Senti-me obrigado a isso porque em muitas partes da cidade tem havido muita agitação, e ficou impossível para mim garantir a segurança daqueles indivíduos específicos que a provocaram".[40]

Himmler afirmava, portanto, que aqueles que haviam sido atirados em campos de concentração estavam sendo enviados para lá para seu próprio bem, já que não era possível garantir sua "segurança" nas ruas – afinal o restante da população poderia voltar-se contra eles. Era similar à argumentação que Hitler tentaria usar mais tarde, naquele mesmo mês, para o boicote aos judeus – o Estado nazista fora obrigado a agir, caso contrário o *Volk* tomaria a questão nas próprias mãos.[41] Segundo Himmler, a "custódia protetora" atuava de duas maneiras: a população ficava "protegida" daqueles que os nazistas prendiam, e os que eram presos ficavam "protegidos" do resto da população. Essa era a lógica por trás da bizarra declaração que os prisioneiros tinham que assinar ao serem libertados dos campos de concentração: "Tenho ciência de que a qualquer momento posso solicitar um período adicional de custódia protetora, caso considere que meu bem-estar físico esteja correndo risco".[42]

A custódia protetora não substituía o sistema judiciário existente na Alemanha, mas operava paralelamente, como explicou Hermann Göring em seu julgamento em Nuremberg em 1946: "É preciso distinguir entre as duas categorias; aqueles que haviam cometido algum ato de traição contra o novo Estado, ou que se poderia provar que tivessem cometido algum ato desse tipo, eram naturalmente encaminhados para os tribunais. Mas os outros, de quem se poderia esperar tais atos, mas que ainda não os haviam cometido, eram colocados em custódia protetora, e essas pessoas é que iam para os campos de concentração".[43] Uma ideia contrária a todas as regras da justiça natural, mas coerente com os princípios que Hitler expressara em *Minha luta*. As pessoas deviam ser julgadas por *quem eram*, tanto quanto pelo que *haviam feito*. Era tudo parte da mesma visão de mundo que dizia que um judeu nunca poderia se tornar um cristão por meio do batismo, porque de modo inerente esse indivíduo continuava sendo judeu.

Havia outra consequência desse tipo de pensamento. Os prisioneiros em campos de concentração não cumpriam uma sentença específica – afinal, como poderiam, se não haviam necessariamente cometido algum delito? Portanto, nenhum prisioneiro sabia a data em que poderia ser libertado. Talvez fosse no dia seguinte – ou talvez nunca. Como um comandante de campo de concentração declarou mais tarde, "a incerteza quanto à duração de seu confinamento era algo com que eles nunca conseguiam lidar. Era isso o que os exauria e destruía sua força de vontade, por mais sólida que fosse".[44]

Esses campos tampouco pretendiam ser similares às prisões convencionais, onde a punição era o próprio encarceramento. A razão, segundo a teoria nazista, é que a detenção de prisioneiros não tinha intenção de ser um ato de retaliação, mas uma oportunidade para que as pessoas mudassem. "Tínhamos que recuperar essas pessoas", disse Göring, "trazê-las de volta à comunidade nacional alemã. Tínhamos que reeducá-las".[45]

O primeiro campo de concentração na Baviera foi aberto em 22 de março de 1933, em uma cidade a apenas 15 quilômetros do centro de Munique. O nome desse lugar ficaria infame – Dachau. Himmler havia inspecionado o espaço pessoalmente, na periferia da cidade, numa fábrica desativada, e decidiu que seria ali o local do campo. A natureza da instituição ficou clara desde o início. "Agora somos nós que estamos no poder", disse Johann-Erasmus von Malsen-Ponickau, um comandante da SS, aos novos guardas da SS em Dachau. "Se esses porcos tivessem assumido, com certeza teriam feito nossas cabeças rolarem pelo chão. Portanto, nada de sentimentalismo. Qualquer homem de nossas fileiras que não conseguir suportar a visão de sangue não pode estar aqui, tem que cair fora."[46] Eram palavras que mostravam a hipocrisia da afirmação de Göring de que o papel dos campos era "recuperar" alemães desencaminhados, ou a asserção de Himmler de que a SS procurava garantir a "segurança" daqueles que aprisionava.

Na véspera de Natal de 1934, Josef Felder, político do PSD (Partido Social-Democrata), descobriu na própria pele a forma que essa falta de "sentimentalismo" podia assumir. Ele havia corajosamente votado contra a Lei Plenipotenciária, em março do ano anterior, e – como opositor político dos nazistas – era um ótimo candidato à "custódia protetora". Detido e levado a Dachau, foi jogado numa das células de um edifício conhecido como o "bunker": "Eles tiraram o saco de palha que estava ali [...] em cima das ripas de madeira [da cama]. Tiraram e disseram 'Você não vai precisar disso, porque só vai sair desse bunker como cadáver!'".[47] Deixado sozinho em uma cela escura, podia ouvir os guardas ficando "agressivos" à medida que se embebedavam, celebrando o Natal. Por volta de meia-noite, um dos guardas voltou, levantou a portinhola de ferro da porta da cela e segurou um prato com linguiças brancas e pretzels diante do rosto de Josef Felder. "Isso seria uma boa refeição antes da sua execução", disse ele. "Mas você não merece nem isso, seu filho da puta! Sabemos um monte de coisas a seu respeito! Nós vamos dar um jeito em você!" O guarda bateu a portinhola na cara dele e saiu. Mais tarde naquela noite, voltou segurando uma corda e mostrou a Josef a "melhor maneira" de se enforcar. Josef respondeu que tinha família, e que se o quisessem morto, teriam que matá-lo eles mesmos. "Certo", disse o guarda, "vamos fazer isso! Mas temos tempo [de sobra]!".

A tortura psicológica prosseguiu. Depois de vários dias no bunker, disseram a Josef: "Você vai sair amanhã", mas era só uma brincadeira perversa. "Eles continuaram dizendo", lembra ele, "'Você vai sair amanhã'. Estavam só caçoando de mim". Durante três dias, ele recebia apenas água e um pedaço de pão. No quarto dia, davam-lhe chá e, se tivesse sorte, uma refeição quente. Deitado numa cela escura e imunda, privado de nutrição adequada, a mente atormentada pela ansiedade, não admira que Josef visse sua saúde declinar. Uma doença pulmonar que ele contraíra anos antes reapareceu e se agravou. Como consequência, os guardas o trancaram numa área segregada do bunker junto com outros dez prisioneiros, todos acometidos de doença pulmonar. "Os nazistas tinham muito medo da tuberculose pulmonar", conta ele, "que naqueles dias era uma doença muito grave".

Josef Felder recuperou-se de sua doença e foi libertado depois de pouco mais de um ano em Dachau. A maioria dos prisioneiros no campo cumpria um período de tempo similar, embora alguns fossem libertados depois de poucos meses e outros nunca o fossem. Dependia dos caprichos dos nazistas. Todos os prisioneiros que eram libertados precisavam declarar que nunca revelariam o que haviam experimentado dentro do campo. Se o fizessem, seriam mandados de volta.

Quanto aos judeus alemães e aos primeiros campos de concentração, a relação não era definida. Em seu discurso de março de 1933, Himmler saiu de seu padrão e enfatizou que os judeus não seriam visados pelo simples fato de serem judeus: "Devo destacar um ponto: para nós, um cidadão de fé judaica é um cidadão tanto quanto alguém que não tenha fé judaica, e sua vida e suas posses estão sujeitas à mesma proteção. Não fazemos distinções a esse respeito".[48] Era uma declaração estranha vindo de Himmler, especialmente porque o próprio programa de seu partido negava que os judeus fossem "verdadeiros" alemães. É provável que tenha feito esses comentários insinceros pensando tanto no público estrangeiro – a fim de se contrapor à alegada "propaganda de atrocidades" – quanto no nacional. De qualquer modo, seus Stormtroopers não seguiam suas instruções. Uma parte dos políticos comunistas e socialistas enviados a campos eram judeus, e esses judeus costumavam ser escolhidos para tratamento mais duro do que o imposto aos demais prisioneiros. Max Abraham, por exemplo, escreveu *Juda verrecke. Ein Rabbiner im Konzentrationslager* ("Morte a Judá: Um rabino num campo de concentração") depois que conseguiu sair da Alemanha. No livro, publicado em 1934, Abraham registrou o tratamento que sofreu nas mãos dos nazistas poucos meses depois de Hitler assumir o poder.

Abraham foi preso em junho de 1933 por ter supostamente atacado um Stormtrooper, mas, como era membro do Partido Social-Democrata e havia participado ativamente da pequena comunidade judaica em sua cidade natal de Rathenow, é provável que os nazistas já estivessem no seu encalço. Os nazistas também tinham uma rixa pessoal contra ele pelo fato de um Stormtrooper ter sido sentenciado a cinco meses de prisão em 1930 por tê-lo agredido.

Depois de preso, Abraham primeiro foi surrado com cassetetes pelos guardas, e depois acrescentaram um elemento sádico especial – ele e três outros judeus foram obrigados a bater uns nos outros enquanto os Stormtroopers assistiam. "Nós quatro, judeus, tivemos que nos revezar batendo uns nos outros com cassetete", disse Abraham. "Se não batêssemos com força suficiente, éramos ameaçados pelos Stormtroopers de torturas ainda piores."[49]

Abraham foi levado a um pequeno campo em Papenburg, uns cinquenta quilômetros a oeste de Oldenburg, no norte da Alemanha. O Ano Novo Judaico se aproximava, e os guardas tinham planejado uma maneira de marcar essa festa judaica. No primeiro dia do feriado, os guardas da SS obrigaram Abraham e vários outros judeus a entrarem numa vala de estrume. "O SS Scharführer [sargento] Everling berrou", escreve Abraham, "'Ali, Rabino, ali você vai rezar sua missa!' Tudo em mim revoltou-se contra a ideia de ter que literalmente conspurcar nossa fé. Fiquei em silêncio". Apesar da insistência do homem da SS para que ele fizesse o que era ordenado, Abraham continuou a resistir, dizendo "Não rezo missa numa vala de estrume!". Então foi arrastado para fora da vala e "cassetetes e coronhas [de fuzis] choveram" em cima dele. Quando perdeu os sentidos, levaram-no de volta ao seu beliche e "fiquei ali desmaiado" por duas horas. À tarde, depois de se recuperar, Abraham foi levado de volta à vala de estrume, e o Scharführer Everling ordenou que fizesse um discurso sobre o judaísmo aos outros judeus e aos SS que os vigiavam. "A religião judaica, como outras religiões, baseia-se nos Dez Mandamentos", disse Abraham, "e na mais bela sentença da Bíblia: 'Amai o próximo como a ti mesmo'!" Nesse ponto, Everling interrompeu dizendo "Pare com isso, seu porco, nós vamos ensinar-lhe qual é o nosso entendimento da graça da caridade!". Abraham foi então "maltratado tão horrivelmente" que ficou com febre muito alta e entrou em convulsão. "Meu corpo inchou de tanto apanhar; não conseguia sentar nem deitar. Passei uma noite horrível assim, num delírio nebuloso e pavoroso. Na manhã seguinte, estava num estado alarmante, e me levaram até a ala hospitalar. Ali fiquei, entre companheiros não judeus, social-democratas e comunistas, que cuidaram de mim com muita dedicação. Nunca vou esquecer essa ajuda tão camarada da parte deles".[50]

Max Abraham foi libertado após quatro meses de encarceramento e conseguiu sair da Alemanha e ir para a Tchecoslováquia em 1934. Acabou instalando-se na Grã-Bretanha, onde morreu em 1977.[51] O seu *Juda verrecke. Ein Rabbiner im Konzentrationslager* nos recorda que os Stormtroopers e os SS tratavam os judeus com sadismo nos campos de concentração bem antes da criação dos centros de extermínio do Holocausto.

Os nazistas não escondiam os campos de concentração. Sua existência era bem conhecida, e os jornais de todo o mundo traziam histórias a esse respeito. Em 1º de janeiro de 1934, por exemplo, o *Manchester Guardian* descreveu com detalhes a realidade da vida no assim chamado bunker em Dachau: "As celas são de concreto, há barras em cada janela (que pode ser escurecida), são úmidas e sem aquecimento". O artigo revelava também a natureza das surras que os guardas ministravam: "Consistem em açoitar com um cassetete de couro de boi, provido de uma tira de aço de três ou quatro milímetros de largura que percorre toda a sua extensão (são feitos pelos próprios prisioneiros). Os golpes – o número varia de 25 a 75, conforme a punição – são contados em voz alta por um homem da SS. Dois outros homens da SS seguram o prisioneiro, um pelas mãos e o outro pela cabeça, e em volta dele é enrolado um saco para que seus gritos sejam abafados [...] Alguns prisioneiros também são surrados com pedaços de mangueira de borracha. Alguns sofrem queimaduras com pontas de cigarro e há também os que são submetidos ao que os americanos chamam de 'tortura da água'".[52]

Hans Beimler, um comunista alemão, publicou em 1933 outro relato testemunhal a respeito do campo. Ele deu ao seu livro o título de *Im Mörderlager Dachau* ("No campo de homicídio de Dachau").[53] Mas embora Beimler tivesse razão em chamar Dachau de "campo de homicídio", já que um pequeno número de prisioneiros foi morto ali nesse período, esses campos de concentração não devem ser confundidos com os posteriores campos de extermínio – como Treblinka –, cuja única função era matar. Por mais pavoroso que fosse o regime em Dachau antes da guerra, a maioria daqueles que eram enviados para lá nessa época sobrevivia à experiência.

Quando Beimler foi preso, em 11 de abril de 1933, os Storm-troopers mal puderam conter sua alegria por terem capturado um comunista tão destacado. Ele foi espancado selvagemente na prisão com cassetetes de borracha. Depois de 14 dias, foi transferido para Dachau, onde levou pancadas na cabeça e foi atirado numa cela do bunker. Assim como ocorreu com Josef Felder, um dos guardas visitou Beimler na sua cela, deu-lhe uma corda e mostrou-lhe a melhor maneira de usá-la para se enforcar. Logo em seguida, Beimler ouviu gritos de outros prisioneiros sendo torturados, antes que a porta de sua cela fosse aberta e meia dúzia de guardas entrasse. Bateram tanto nele que durante dias mal conseguia tocar em alguma coisa sem sentir dor, e não conseguia dormir.

O espantoso é que Beimler foi capaz de fugir de Dachau. Ele soltou uma tábua de madeira que cobria uma pequena janela bem alta de sua cela, espremeu-se pela abertura e, possivelmente com a ajuda de pelo menos um guarda, atravessou a cerca de arame farpado que rodeava o campo. Armaram uma grande caçada para tentar pegá-lo, mas ele conseguiu atravessar a fronteira alemã e ficar livre. Morreu em 1936, aos 41 anos, lutando nas Brigadas Internacionais na Guerra Civil Espanhola.

Obras como *Im Mörderlager Dachau* e *Juda verrecke. Ein Rabbiner im Konzentrationslager*, junto com artigos na *Manchester Guardian* e outros jornais, fizeram com que a natureza brutal do regime nazista fosse conhecida pelo mundo desde o início. No entanto, ao lado desses relatos fiéis, publicou-se também muita desinformação, em especial na Alemanha, a fim de fazer crer que a vida nos campos de concentração era aceitável. Por exemplo, o jornal local de Dachau, o *Amper-Bote*, afirmava em setembro de 1933 que os prisioneiros passavam seu tempo de folga "satisfeitos", praticando esportes e jogos, e haviam sido observados "trabalhando alegremente".[54] Muitos outros cidadãos alemães tinham também uma visão similar, favorável, dos campos. Erna Krantz, uma estudante de Munique na década de 1930, diz: "Você simplesmente sabia da existência de Dachau, mas era apenas um campo de prisioneiros, não é? Sabíamos que havia comunistas ali, e criminosos".[55] Karl Boehm-Tettelbach, jovem oficial da Força Aérea naquela época, achava que "Em Dachau, ele [Hitler] recolhia todos os criminosos profissionais [...] e eles tinham que trabalhar ali [...] Além disso, ele havia tirado das ruas todos os gigolôs, especialmente os homossexuais. E eles estavam ali, em Dachau, naquele campo de trabalho, e as pessoas não faziam muita objeção a isso".[56]

Essa ideia de que os internos de campos como o de Dachau de alguma maneira mereciam estar ali – mesmo sem terem passado por um processo criminal – não era incomum. Walter Fernau, por exemplo, era adolescente quando ouviu pela primeira vez "as palavras campo de concentração", em 1935. Ele lembra que "um filho de um amigo do meu pai estava flertando com uma mulher casada num café, e então o marido dela apareceu, e era um SS Hauptsturmführer. Ele foi tirar satisfações. Esse filho do amigo do meu pai era um cara indolente, vivia às custas da fortuna do pai; sua ocupação na vida era apenas ficar paquerando mulheres e rodar pelos bares. Ele reagiu e, quando o homem da SS o agarrou, deu-lhe um gancho que fez o homem voar por cima de duas mesas e cair deslizando pela parede. Então pegou a namorada – que era a esposa do homem – e foi embora. A polícia, claro, prendeu-o logo depois. Meu pai contou isso à minha mãe enquanto a gente almoçava. Nós filhos, minha irmã e eu, ficamos ouvindo. E então ele disse: 'Imagine, o filho do Adelbert, o figurão, foi preso, bateu num homem da SS e agora está sendo mandado para um campo de concentração'. E então minha mãe perguntou: 'E o que vai acontecer?'. E meu pai respondeu: 'Ali ele vai finalmente aprender o que significa trabalhar!'. E então eu, um moleque de 15, 16 anos, pensei 'Ah, esse vagabundo, nunca fez nada na vida, fica só atrás da mulher dos outros e dirigindo o carro a mil por hora, vai lhe fazer bem, para variar, aprender o que é trabalhar'".[57]

Outros tinham uma visão mais realista da situação política. Manfred von Schröder, o refinado filho de um banqueiro que entrou no Partido Nazista em 1933, achava que os campos de concentração eram uma consequência compreensível de uma "revolução". "Você já viu na história", diz ele, "alguma revolução que não tenha tido aspectos indecentes de um lado ou de outro?".[58] O nazista austríaco Reinhard Spitzy faz eco a essa visão: "Em todas as revoluções – e achávamos estar fazendo uma, a revolução nacional-socialista – derrama-se sangue".[59]

À primeira vista, pode parecer estranho que tanta gente aceitasse essa revolução, mesmo com esses "aspectos indecentes". Mas isso surpreende menos se lembrarmos que a Alemanha acabava de viver uma crise existencial. A própria trama do país parecia estar se desfazendo como resultado da derrocada econômica. Todos sabiam o que acontecera na Rússia em 1917, e havia um medo bem fundamentado de que uma revolução dessas irrompesse na Alemanha. Como resultado, um número enorme de alemães que odiavam a violência achava que a melhor maneira de ganhar a paz e a segurança era apoiar Hitler e seus Stormtroopers. Acreditava que uma revolução nazista era preferível a uma revolução comunista, e que com a ação dos Stormtroopers a lei e a ordem seriam garantidas mais uma vez. Muitos alemães também se sentiam confortáveis, porque os grupos visados pelos nazistas pareciam estar claramente definidos – não só os judeus, mas os comunistas e socialistas também. Portanto, se você não era judeu, nem comunista, nem socialista, se não questionasse o novo regime de nenhuma outra forma, se em vez disso fosse um alemão bom, coerente, que desejava um novo início, então era não só quase certo que estaria a salvo de perseguições, como perfeitamente possível que desse apoio ao que os nazistas estavam fazendo.

Como a retórica de Hitler se concentrava muito na luta, em enfrentar e esmagar inimigos, a questão do controle dos guardas que trabalhariam nos campos tornou-se obviamente um desafio para o regime. A solução de Himmler foi usar membros de sua SS nas equipes dos campos que supervisionava, e também substituir o comandante de seu campo principal, Dachau, apenas três meses depois de sua criação.

O primeiro comandante, Hilmar Wäckerle, representava o velho tipo de pensamento de um veterano da Primeira Guerra Mundial que servira no Freikorps, uma unidade paramilitar. Era o "velho combatente" arquetípico, atraído pela natureza revolucionária do Partido Nazista e que, quando Hitler assumiu o poder, fora promovido para uma tarefa além de sua capacidade.

O principal problema de Wäckerle, na opinião de Himmler, era atrair demais o tipo errado de atenção para Dachau. Fato emblemático de sua liderança do campo foi a morte de quatro prisioneiros judeus em 12 de abril de 1933. Eles foram levados para fora do campo até um bosque próximo e fuzilados "quando tentavam fugir" – um eufemismo para assassinato. Ainda é mistério por que esses prisioneiros em particular foram selecionados e mortos, embora um oficial, o tenente da polícia Schuler, tenha dito mais tarde que achava que Wäckerle temia uma "revolta comunista" no campo.[60] O escritório da promotoria da Baviera mais tarde se interessou pelo caso, e o inquérito resultante não se mostrou favorável a Himmler; afinal, as circunstâncias que envolveram a morte dos prisioneiros contrariavam sua postura de retratar Dachau como uma instituição disciplinada, com ênfase na recuperação.

Tinha sido no meio dessa controvérsia, em 9 de maio, que Hans Beimler fugira do campo. Isso fortaleceu a impressão de que Dachau não só adotava uma política de assassinato extrajudicial como dispunha de guardas incompetentes. Por volta do final do mês seguinte, Wäckerle já não estava mais lá. O novo comandante, Theodor Eicke, ao contrário de Wäckerle, deixaria sua marca em Dachau – e, na verdade, em todo o sistema de campos de concentração.

A escolha de Eicke para assumir como comandante de Dachau indicava algumas qualidades pessoais que Himmler julgava importantes para uma figura de destaque na SS. Eicke não era uma pessoa de trato fácil, e não poderia ser mais diferente de Himmler em termos de caráter. Argumentador, passional e perigoso, contrastava com Himmler, que era meticuloso, organizado e calmo – e parecia, segundo alguns, um professor de escola primária do interior. Em 1932, Eicke fora preso por planejar uma campanha de apoio aos nazistas por meio de ações com bombas. Sentenciado à prisão, fugiu da Alemanha durante uma licença e só voltou depois da nomeação de Hitler como chanceler. Por achar que Josef Bürckel, o Gauleiter nazista do Palatinado, o enganara na época de sua prisão, Eicke decidiu vingar-se dele. Organizou então um ataque armado e capturou o Gauleiter Bürckel. A vitória de Eicke, porém, não durou muito, pois Bürckel tinha amigos poderosos e as ações de Eicke pareciam quase desequilibradas. Eicke foi preso e enviado a um hospital psiquiátrico, apesar de ter sido diagnosticado como são pelo médico. Foi Himmler que o tirou dessa encrenca.

Naquele momento, Himmler contava não apenas com a capacidade que via em Eicke, mas também que este mostrasse imensa lealdade pessoal. Sem a intervenção de Himmler, sua carreira, aos 40 anos, teria não só uma trajetória descendente, como uma queda vertical. Himmler ofereceu-lhe uma segunda chance. Ele deu oportunidades similares a outros, especialmente a Reinhard Heydrich, que mais tarde teria um envolvimento pessoal bem próximo com o extermínio de judeus. Em 1931, Himmler salvou Heydrich, que havia sido expulso da Marinha.

Sob o comando de Eicke, os guardas em Dachau deixaram de ser o bando original de lutadores de rua e constituíram um corpo profissional dentro da recém-formada divisão da SS da Caveira. Eicke introduziu uma série de novas regulamentações, não para eliminar a violência contra os internos, mas para esclarecer quando poderia ser usada. As regulamentações de Eicke declaravam, por exemplo, que qualquer prisioneiro poderia ser executado se "atacar um guarda ou homem da SS, se recusar a obedecer uma ordem, desobedecer uma instrução no local de trabalho, incitar ou conclamar outros a fazerem isso em clima de rebelião, abandonar uma coluna em marcha ou o local de trabalho ou incitar os outros a fazerem isso, ou conclamar, gritar, agitar ou fazer um discurso durante a marcha ou nas horas de trabalho".[61]

Eicke enfatizava que seus homens deveriam ser duros e inflexíveis, especialmente na presença de prisioneiros. "Qualquer um que demonstre o menor vestígio de simpatia em relação a eles", declarou, "será imediatamente banido de nossas fileiras. Preciso de homens da SS duros, totalmente engajados. Não há lugar entre nós para pessoas gentis".[62] Por meio de comentários como esses, Eicke não só definia as qualidades que exigia dos homens sob seu comando, mas também buscava construir uma consciência de que ser membro da SS em

Dachau não era apenas ser um carcereiro, mas um soldado de elite que lutava contra implacáveis inimigos do Estado. Eicke queria que a SS em Dachau fosse uma irmandade, que os homens cuidassem uns dos outros e lutassem por uma causa nobre, comum. Pregava que a tarefa de um oficial não era apenas liderar os homens sob seu comando, mas cuidar deles. Como consequência, os homens de Eicke, nas palavras de um de seus soldados, passaram a "adorá-lo".[63] "O nome 'Papai Eicke' foi cunhado nessa época", disse Max von Dall-Armi, um dos homens da SS em Dachau. "Ele [Eicke] odeia seus inimigos que estão atrás do arame farpado [...] Fala em destruí-los e aniquilá-los. Ele instila esse ódio na SS por meio de discursos e conversas. Eicke é um oficial da SS fanático e um ardoroso nacional-socialista, para quem não há concessões [...] 'Os homens da SS devem odiar [...] O coração em seu peito deve se transformar em pedra'."[64]

Eicke também empregava um número de internos escolhidos a dedo – conhecidos como Kapos – para um trabalho de supervisão no campo. A ideia de empregar determinados prisioneiros para supervisionar outros internos não era nova – alguns prisioneiros já eram antes apontados como "confiáveis" em prisões comuns e mesmo em campos de concentração –, mas Eicke abraçou essa ideia como se fosse dele. Havia vantagens para a SS nesse sistema. Não só a supervisão de prisioneiros podia agora ser estendida às horas em que os guardas da SS não estivessem presentes, como as potenciais arbitrariedades de tratamento cometidas pelos Kapos com seus colegas internos acrescentavam uma nota de insegurança e tensão que intimidava os prisioneiros ainda mais. Quanto aos Kapos, sua vida no campo ficava alterada, e sua promoção ao *status* de supervisores era uma faca de dois gumes. Embora pudessem exercer poder sobre aqueles sob seu encargo, ainda permaneciam vulneráveis. Como disse Himmler, falando durante a guerra, "Sua [do Kapo] tarefa é cuidar para que o trabalho seja feito [...] portanto, ele tem que pressionar seus homens. Na hora em que não estivermos mais satisfeitos com ele, deixará de ser Kapo e voltará à condição dos outros internos. E ele sabe que então será espancado por eles até a morte na primeira noite".[65]

Havia também um benefício de longo prazo para a SS na adoção do sistema de Kapos. Com o tempo, a existência de Kapos permitiu que a SS mantivesse maior distância dos prisioneiros. Isso significava que em vez de eles mesmos atacarem fisicamente os internos, podiam instruir os Kapos a darem as surras por eles. Assim, os guardas podiam escolher não ficar cobertos do suor e do sangue dos prisioneiros enquanto estes eram açoitados. Havia, é claro, oficiais que continuavam diretamente envolvidos no abuso físico dos prisioneiros, mas o sistema de Kapos oferecia uma maneira alternativa de estruturar a supervisão e as punições. Era um sistema que teria sua apoteose em Auschwitz, onde os prisioneiros corriam o risco de sofrer os mais terríveis abusos – a morte inclusive – dos Kapos encarregados de seus alojamentos ou de detalhes de seu trabalho.

Muitos daqueles que mais tarde ocuparam altas posições no sistema de campos de concentração foram treinados sob a orientação de Eicke em Dachau. O mais conhecido, Rudolf Höss, foi o primeiro comandante de Auschwitz em 1940. Ele começou a trabalhar como soldado comum da SS em Dachau em 1934, e sob muitos aspectos foi o exemplo do novo homem duro que Eicke buscou cultivar. Ele contou de que maneira Eicke tentava convencer seus homens da SS de que lidavam com "perigosos inimigos do Estado", e que, portanto, tinham que tratar os prisioneiros com crueldade.[66] Mas seria um erro tomar ao pé da letra as palavras de Höss, escritas nas memórias que redigiu após a guerra. Embora sem dúvida os métodos de Eicke tivessem um efeito sobre ele, essa não é a única razão pela qual Höss pôde, mais tarde, supervisionar o maior centro de assassinato em massa da história do mundo. Como muitos daqueles que entraram para a SS e foram para Dachau, ele tinha um passado que o predispunha a abraçar os valores que Eicke buscava imprimir.

Höss tinha 33 anos quando entrou para a SS, e trazia consigo uma história pessoal sangrenta. Nascido em 1900, ele lutara na Primeira Guerra Mundial – tendo se alistado ainda menor de idade. Depois de ganhar várias condecorações por bravura, incluindo a Cruz de Ferro de primeira classe, aos 17 anos se tornou o suboficial mais jovem do exército. Na esteira da derrota da Alemanha, filiou-se a um Freikorps paramilitar e participou da luta para sufocar um levante de esquerda no Ruhr, em 1920. Em novembro de 1922, filiou-se ao Partido Nazista, e no ano seguinte participou do assassinato de um colega, membro do

Freikorps, que supostamente era um traidor. Foi preso logo depois e sentenciado a dez anos de prisão. Libertado na anistia de 1928, filiou-se ao Artaman, um grupo *völkisch* que pregava a importância de se permanecer fiel ao solo alemão. Nele, trabalhando como agricultor, Höss conheceu sua futura esposa, Hedwig. Também chamou a atenção de Heinrich Himmler, que apoiava os ideais do movimento Artaman.

Assim, muito antes de Höss entrar na órbita de Theodor Eicke, ele já havia não só feito um número de escolhas de vida que demonstravam seu compromisso com os valores desposados por Hitler e pelo Partido Nazista, como também participado de atos de extrema violência e experimentado cinco anos de aprisionamento. Se havia alguém que se comprazia em desenvolver "ódio e antipatia" pelos internos de Dachau, era Rudolf Höss. Não equivale a dizer, porém, que as memórias de Höss sejam totalmente indignas de confiança. A descrição de seus sentimentos iniciais ao testemunhar o açoitamento de prisioneiros em Dachau com certeza soa sincera. Ele escreveu sobre dois prisioneiros que haviam sido amarrados ao "bloco de açoitamento" no campo e receberam vinte e cinco chicotadas cada um, como condenação por terem roubado cigarros. Höss conta como "o primeiro prisioneiro, um baixinho sem arrependimentos que se fingia de doente, foi obrigado a deitar no bloco. Dois soldados seguraram sua cabeça e suas mãos e dois líderes do bloco levaram a cabo a punição, aplicando golpes alternados. O prisioneiro não emitiu um som. O outro prisioneiro, um político profissional, de físico forte, comportou-se de modo bem diferente. Ele gritou logo no primeiro golpe e tentou se soltar. Continuou gritando até o fim, embora o comandante berrasse com ele, mandando-o ficar quieto. Eu estava posicionado na primeira fileira e, portanto, fui obrigado a assistir ao procedimento inteiro. Digo obrigado porque, se estivesse na parte de trás do grupo, não teria olhado. Quando o homem começou a gritar, fiquei chocado de repente. Na realidade, a coisa toda, mesmo a surra no primeiro prisioneiro, me fez tremer. Mais tarde, no início da guerra, assisti pela primeira vez a uma execução, mas isso nem de longe me afetou tanto quanto testemunhar essa primeira punição física".[67]

Enquanto Eicke tentava moldar os guardas da SS de Dachau como uma força profissional, apesar de também impiedosa, nos campos de concentração no norte da Alemanha operava uma estrutura paralela. Hermann Göring, como ministro-presidente da Prússia, supervisionava esse sistema – ou melhor, tentava, pois encontrava dificuldades em conter os Stormtroopers e os SS do seu domínio. Na Prússia, não havia Eicke para evitar que a brutalidade dos guardas descambasse para a anarquia.

Havia problemas específicos no complexo de campos de Emsland, no noroeste da Alemanha. Os SS não estavam cooperando com os Stormtroopers, e os dois grupos vinham causando problemas na área. Na cidade vizinha de Papenburg, os SS e os SA brigavam abertamente,[68] e os SS foram acusados de invadir "a área como um enxame de gafanhotos. Eles ficavam devendo dinheiro no pequeno comércio, destruíam a mobília dos bares, engravidavam as moças, e por toda parte eram recebidos com animosidade. Vários membros da população encaminharam petições ao ministério para a retirada dos SS".[69] No próprio campo havia divergências entre os guardas quanto ao grau adequado de sadismo que se deveria impor aos internos. "Os prisioneiros tinham que pular da cama no meio da noite", escreveu um prisioneiro político do campo,[70] "e eram impedidos de se vestir. Tinham que fazer fila nus" e "eram espancados sem piedade [...] Era abominável – tão abominável que acabava passando da conta até mesmo para alguns SS. Um grupo de homens da SS envolvidos nessa 'ação punitiva' acabou se rebelando abertamente. Eles ameaçavam seus colegas com as armas dizendo: 'Agora chega! Parem com isso se não a gente atira!'".[71]

Por volta de novembro de 1933, a situação era tão ruim que Hitler ordenou que os guardas que estavam de serviço fossem dispensados.[72] Eles não ficaram satisfeitos com a notícia. Começaram a "falar aos berros do lado de fora do campo 'Estamos cagando pros tubarões da República!'".[73] Pouco depois, decidiram dar um passo mais radical ainda: disseram que iriam se amotinar. "Os SS [guardas] anunciaram: 'Não vamos deixar que a polícia fique no nosso lugar, mesmo que a gente tenha que andar com sangue até os joelhos'".[74]

Segundo o relato de Walter Langhoff, um interno do campo, a SS foi "arrebatada por um imenso clima de guerra". Langhoff relembra: "A guarda do portão foi reforçada, foram espalhadas plataformas de metralhadoras em volta do campo e o comandante Fleitmann expediu a ordem: 'Todo aquele que se aproximar do campo em uniforme de polícia e ignorar o comando de parar será alvejado'. No campo, os homens da SS chamavam-nos [os prisioneiros] de lado: 'Vejam bem, quando os caras chegarem, iremos dar armas a vocês para lançarmos o ataque juntos! E depois vamos fundar o Freikorps Fleitmann e sair lutando até chegar à Áustria, e lá vamos começar a revolução!'".[75]

Parece bizarra essa ideia de guardas da SS se oferecerem para armar os prisioneiros e iniciar uma "revolução". Mas uma pista para esse comportamento é a referência ao "Freikorps Fleitmann". Os grupos individuais paramilitares de Freikorps, formados na esteira da Primeira Guerra Mundial, geralmente adotavam o nome de seu líder, e era a esse comandante – conhecido como seu "Führer" – que cada homem prometia absoluta lealdade, e não a qualquer Constituição abstrata ou alto oficial. Agora, numa volta àqueles dias anárquicos e revolucionários, os SS estavam dizendo que queriam seguir seu próprio líder – Fleitmann – em vez de confiar em outra figura qualquer.

Também é provável que os guardas da SS não estivessem falando totalmente a sério ao ameaçarem se amotinar. O álcool com certeza teve um papel nesse seu comportamento. Na noite anterior à chegada prevista da polícia para tomar seu lugar, os SS se embebedaram e armaram confusão no campo: "Cagaram nos armários, misturaram sal no açúcar, destruíram as janelas nos alojamentos e também a cantina e todo tipo de outras coisas".[76] Na manhã seguinte, 6 de novembro de 1933, sem dúvida de ressaca depois da quantidade de álcool ingerida na noite anterior, os SS foram saindo pelos portões, com o passo arrastado, sem armar briga, e deixaram o campo aos cuidados de um destacamento de polícia.

Embora os violentos excessos em Emsland tivessem sido perpetrados por aqueles do escalão mais baixo, a falta de liderança superior é que era a precondição para a maneira sem lei como os campos vinham operando. Agora, logo depois de Himmler ter transformado Dachau num lugar de crueldade disciplinada – não mais caótica –, ele ganharia autoridade para reformar os campos de concentração nos domínios prussianos de Göring. Himmler tornou-se também responsável por toda a polícia alemã, apesar de permanecer ainda nominalmente subordinado a Göring dentro da Prússia.

O grande salto adiante para Himmler foi a "Noite dos Longos Punhais"– o assassinato do líder dos Stormtroopers Ernst Röhm e de outros, tidos como antagonistas do regime. Em junho de 1934, Röhm tinha se tornado um problema para Hitler – e ele quis resolvê-lo. Estava ansioso para evitar conflitos potenciais entre os Stormtroopers de Röhm e o Exército Alemão, e o adoentado presidente von Hindenburg e o vice-chanceler von Papen também viam com preocupação o comportamento à margem da lei dos Stormtroopers de Röhm. Papen advertiu, num discurso em 17 de junho de 1934, que "nenhuma nação que possa sobreviver diante da história pode permitir um levante permanente vindo de baixo [...] Não podemos permitir que a Alemanha se torne um trem desembestado no escuro, que ninguém sabe onde vai parar".[77]

Em 30 de junho de 1934, Röhm foi preso na cidade-spa de Bad Wiessee e levado à prisão de Stadelheim, em Munique. No dia seguinte, foi visitado em sua cela por dois oficiais da SS – um dos escolhidos para essa missão histórica era Theodor Eicke. Numa ação que lembrava o velho truque de Dachau de colocar pressão em certos prisioneiros para que cometessem suicídio, deram a Röhm uma pistola carregada com uma bala, para que se matasse. Quando ele recusou, Eicke e seu colega de SS Michel Lippert mataram-no com três tiros. Viajaram então de volta a Dachau, onde mais de vinte outras pessoas foram mortas a tiros como parte do expurgo. Depois disso, a SS em Dachau fez uma celebração na qual, segundo se avalia, foram consumidos mais de mil litros de cerveja.[78] Eicke teria dito mais tarde: "Tenho orgulho de ter matado esse porco veado [o homossexual Röhm] com minhas próprias mãos".[79]

Membros da SS – e especialmente seu líder, Heinrich Himmler – haviam provado sua lealdade a Hitler no episódio Röhm. Hitler queria que Röhm desaparecesse, e Himmler – sem pensar duas vezes – havia cuidado disso. O lema da SS era *Meine Ehre heisst Treue* ("Minha honra chama-se lealdade"), e Himmler estivera à altura dessa promessa. Era a primeira manifestação de uma importante verdade dentro do

Terceiro Reich. Toda vez que Hitler queria que uma tarefa cruel fosse empreendida por pessoas que certamente poderiam realizá-la sem questionar, ele se voltava para a SS.

Os benefícios a Himmler e à SS por seu envolvimento na Noite dos Longos Punhais foram imediatos. Em 20 de julho de 1934, foi concedido à SS um *status* de organização equivalente ao da SA – o chefe direto de Himmler, que havia sido Röhm, agora era Hitler. Em seguida, Eicke foi nomeado inspetor dos campos de concentração e trouxe seu zelo organizacional a toda a rede de campos de custódia protetora. Himmler e seu bando de seguidores estavam agora no centro do aparato de segurança do Estado nazista.

Quanto a Hitler, seu controle sobre a Alemanha estava prestes a se consolidar ainda mais.

5. As Leis de Nuremberg
(1934-1935)

EM 2 DE AGOSTO de 1934, o adoentado presidente Von Hindenburg faleceu, e Hitler se tornou chefe de Estado, além de chanceler. A nomeação condensava a enorme mudança ocorrida nos últimos 18 meses desde que Hitler fora nomeado chanceler, comandando um gabinete com certo número de pessoas que supostamente refreariam suas ações. Agora, qualquer conversa sobre "domar" Hitler tinha ficado num passado distante. Ele era o governante indiscutível da Alemanha.

Logo depois de Hitler se tornar chefe de Estado, cada um dos membros das forças armadas e da administração pública fez um juramento de lealdade a ele pessoalmente. Muitos membros do Exército, como o jovem oficial Johann-Adolf Graf von Kielmansegg, ficaram felizes em ver Hitler acabar com o poder dos Stormtroopers e se comprometer a reconstruir o Exército Alemão. Além disso, Kielmansegg e seus companheiros não estranharam o fato de lhes ser solicitado que jurassem lealdade a Hitler. "A história prussiano-germânica é cheia de votos pessoais de lealdade", diz ele. "Na realidade, quase preferimos isso a jurar lealdade a um pedaço de papel. Antes, havíamos jurado fidelidade à Constituição de Weimar, que ninguém conhecia."[1]

Nos meses que antecederam essa consolidação de poder, Hitler sinalizara que não queria aumentar o papel dos campos de concentração dentro do Estado nazista. Ao contrário, procurou mostrar ao mundo que a fase inicial da revolução na qual "as multidões foram acalmadas" estava agora encerrada. A partir do primeiro trimestre de 1934, ele ordenou a soltura de vários milhares de prisioneiros em uma ação que Himmler mais tarde iria em privado chamar de "um dos piores erros políticos que o Estado Nacional-Socialista poderia ter cometido".[2] Na metade de 1935, menos de quatro mil pessoas estavam presas no sistema de campos de concentração – enquanto mais de vinte e cinco vezes essa cifra continuava em prisões convencionais.

Quanto aos judeus alemães, a política nazista continuou sendo a de restringir seus direitos na Alemanha e incentivá-los a sair do país. Mas emigrar não era fácil para os judeus. Como vimos, aqueles que decidiam ir embora enfrentavam dois grandes obstáculos. O primeiro era a decisão dos nazistas de expropriar seu dinheiro antes que saíssem, e o segundo era encontrar um país que os aceitasse. Uma das soluções tentadas para esse impasse foi definida apenas sete meses após a chegada de Hitler ao poder, na forma do Acordo de Haavara, assinado em 25 de agosto de 1933. A ideia era que os judeus alemães usassem seu dinheiro para comprar equipamento alemão – geralmente ligado à agricultura –, que seria exportado para a Palestina. Os judeus então sairiam da Alemanha – praticamente sem nenhum dinheiro – e, ao chegarem à Palestina, receberiam o reembolso do custo do equipamento alemão, que a essa altura já teria sido vendido a empresas da Palestina. As companhias alemãs eram beneficiadas, pois não só conseguiam exportar equipamento, como recebiam em moeda estrangeira o valor das peças de reposição do maquinário. E os judeus alemães que emigravam para a Palestina sem dúvida se beneficiavam ao serem capazes de levar um pouco de seus bens.

O pano de fundo desse esquema era a ameaça percebida de um boicote mundial aos produtos alemães, organizado pelos judeus. Em junho de 1933, o cônsul alemão em Jerusalém, Heinrich Wolff, destacou aos colegas da Alemanha o valor propagandístico de cooperar com grupos judeus para viabilizar o acordo. Disse ainda que Sam Cohen, um dos arquitetos desse acordo, usaria sua influência junto ao jornal hebreu *Doar Hayom* para mostrar a Alemanha sob uma luz positiva.[3]

Não admira que o Acordo de Haavara suscitasse controvérsias. O presidente do Congresso Judaico Americano, Stephen Wise, condenou a negociação. Disse que ela prejudicava a possibilidade de um boicote internacional aos produtos alemães e equivalia a ser conivente com Hitler.[4] Mesmo assim, as vantagens do acordo eram tão consistentes para os judeus alemães que o arranjo continuou até a eclosão da guerra. Embora dezenas de milhares de judeus alemães tivessem usado esse esquema para emigrar para a Palestina, a importância do Acordo de Haavara nessa história é muito maior e não deve ser medida apenas pelo número de judeus que conseguiram usá-lo para proteger seus bens. O que ele ilustrava era a capacidade de autoridades nazistas e órgãos judaicos trabalharem juntos. Na verdade, foi justamente essa noção de colaboração que na época indignou tantos sionistas americanos.

Mas o que o Acordo de Haavara com toda certeza não demonstrou foi que Hitler era a seu modo um "sionista", e se mostrava favorável à criação de um Estado judaico na Palestina. Ele deixou clara sua posição em relação a esse assunto em *Minha luta*: "Nem chega a passar pela cabeça deles [dos judeus] construir um Estado judaico na Palestina para poderem viver ali; tudo o que querem é uma organização central para a sua fraude mundial orquestrada internacionalmente, provida de direito de soberania e imune à intervenção de outros Estados: um reduto de canalhas condenados e uma universidade para a formação de larápios".[5] Assim, embora um Estado controlado pelos judeus fosse aceitável para Hitler como um mecanismo conveniente para expulsar rapidamente os judeus do país – assim como o Acordo de Haavara –, também era percebido como um desdobramento que criava um perigo fenomenal. Ele nunca quis que os judeus estivessem em posição de controlar o próprio destino.

Hitler, no entanto, continuou a se mostrar suscetível às críticas feitas no exterior à perseguição aos judeus. Embora não haja evidência de que seu ódio pessoal por eles tivesse se atenuado, ele se preocupava com os ataques espontâneos aos judeus feitos por nazistas comuns. Como fora expresso na carta enviada pelo Ministério do Interior do Reich sobre a questão do *pogrom* do Domingo de Ramos em Gunzenhausen, "A questão judaica deve ser tratada pelo governo do Reich", não por cabeças-quentes locais.[6] O problema enfrentado por Hitler era que muitos de seus apoiadores ainda sentiam que as medidas tomadas até então para excluir os judeus da esfera principal da vida alemã não haviam sido fortes o suficiente. Grupos locais, por exemplo, lutavam para impedir o acesso de judeus a piscinas e rinques de patinação – e até pressionavam para expulsá-los de vez da cidade. Rudi Bamber lembra que, por volta de 1935, "você precisava ser cada vez mais cauteloso, porque muitas cidades e vilas exibiam cartazes que diziam 'Judeus não são bem-vindos', por isso era difícil achar um lugar aonde você pudesse ir e ser aceito como judeu".[7]

Mesmo antes da adoção de leis formais proibindo relacionamentos sexuais entre judeus e não judeus, a propaganda nazista de que judeus "defloravam" moças alemãs já produzia efeitos em jovens judeus como Arnon Tamir: "Falando por mim, digo apenas que na época – eu era um garoto –, a mera ideia de ficar amigo de uma garota alemã, ou algo mais que isso, havia sido deturpada desde o início por aqueles horríveis cartuns e manchetes dizendo que os judeus estavam contaminando moças alemãs. Para mim era simplesmente impossível [...] chegar perto de uma garota como qualquer jovem faria. Tínhamos medo de dar a elas a menor justificativa para essas alegações. Eu nem falo do que devia estar acontecendo com homens e mulheres alemães e homens e mulheres de origem judaica que ficassem amigos ou se casassem. Deve ter sido terrível para eles".[8]

Em abril de 1935, o delegado do Führer, Rudolf Hess, escreveu a membros do partido advertindo-os que não "dessem vazão a seus sentimentos por meio de atos de terror contra indivíduos judeus". Tais ações só tornariam mais difícil para Hitler "retrucar a qualquer tempo alegações de atrocidades e boicotes feitas por judeus no exterior".[9] Mas os ataques espontâneos não cessaram, e quatro meses mais tarde Hjalmar Schacht, o ministro da Economia – e homem encarregado por Hitler de gerar dinheiro suficiente para financiar um massivo programa de armamentos – queixou-se de que as ações antissemitas ilegais estavam prejudicando a economia.[10] Schacht não protestou contra o assédio e a perseguição de judeus a partir de alegações morais, simplesmente queria que a ilegalidade cessasse. Ficava implícito que seria um passo adiante muito útil se o Estado nazista pudesse aprovar leis que codificassem e limitassem o escopo da perseguição e, com isso, pusessem fim às ações arbitrárias contra os judeus.

Finalmente, foi introduzida uma legislação que proibia relações sexuais entre judeus e não judeus, com a aprovação em setembro de 1935 de uma nova Lei para a Proteção do Sangue e da Honra Alemães, na época da grande manifestação de Nuremberg. Wilhelm Frick, ministro do Interior, declarara no final de julho que a legislação proibindo casamentos entre judeus e não judeus estava em elaboração, mas a presteza com que se adotou essa nova legislação foi extraordinária. A primeira pista de que ela estava a caminho foi um discurso de Gerhard Wagner, líder dos Médicos do Reich, em 12 de setembro. No dia seguinte, Hitler manifestou o desejo de que a lei fosse aprovada em Nuremberg. A única dificuldade era que não havia no momento nenhuma lei a ser aprovada. Então uma equipe da administração pública, entre eles Bernhard Lösener, especialista em questões judaicas do Ministério do Interior, voou de Berlim a Nuremberg para redigir a legislação proposta. No dia 14, Hitler decidiu acrescentar outra lei ao conjunto – despojar os judeus da cidadania alemã –, então isso também foi estipulado.

Na noite de 15 de setembro, numa sessão do Reichstag especialmente convocada e realizada na Associação Cultural de Nuremberg, Hitler anunciou ter sido obrigado a introduzir essa nova legislação antissemita porque "sonoras queixas de ações provocativas da parte de membros individuais dessa raça estão chegando de todas as partes". Portanto, ela seria necessária "para evitar que esse comportamento levasse a ações defensivas muito firmes da parte da população ultrajada". Hitler argumentou que a legislação proposta por ele era uma tentativa de tornar possíveis "relações toleráveis" entre os alemães e a população judia. Mas advertiu que se a "agitação judaica internacional" continuasse, faria uma "reavaliação" da situação.[11]

Foi uma performance hitleriana clássica — uma combinação de ameaça e falsidade. Exatamente como havia feito na época do boicote de abril de 1933, Hitler descreveu suas ações como necessárias para assegurar que o ultraje sentido pela população em geral diante das ações dos judeus não se transformasse em violência. Também deixou implícito que o tratamento que os judeus alemães recebiam era determinado em parte pela conduta da comunidade judaica internacional. O pressuposto velado por baixo dessa fala era que, se os outros países deixassem Hitler prosseguir nas suas políticas, os judeus alemães seriam poupados de uma perseguição ainda pior.

Depois que Hitler falou, Hermann Göring, presidindo o Reichstag, fez um discurso no qual apoiou seu Führer servilmente. Concentrou-se num ponto que, à primeira vista, poderia parecer o menos importante da legislação proposta por Hitler naquele dia – a Lei da "Bandeira" do Reich. Essa lei, que estabelecia a adoção da bandeira da suástica como símbolo da Alemanha, parecia relativamente inócua em comparação à natureza abertamente antissemita das outras duas partes da legislação, mas as origens dela são reveladoras. Até aquela altura, a Alemanha tinha duas bandeiras oficiais – a da suástica e a preta, branca e vermelha, do império alemão. Ao chegar ao poder, Hitler tivera o cuidado de não insistir para que a velha bandeira do Império fosse abandonada, a fim de não ofender tradicionalistas como o presidente Von Hindenburg. Assim – fato bizarro –, os navios mercantes alemães ostentavam agora duas bandeiras nacionais. Isso foi o pano de fundo de um incidente em Nova York em julho de 1935, quando manifestantes subiram a bordo do transatlântico alemão SS *Bremen* e atiraram a bandeira da suástica ao mar. Como a bandeira da suástica não era o único símbolo oficial da Alemanha, os americanos puderam alegar que a Alemanha como país não havia sido insultada. O governo nazista ficou particularmente ofendido quando Louis Brodsky, um magistrado judeu-americano, não tratou o caso com a seriedade desejada. Hans Frank, presidente da Academia de Direito do Reich, disse que Brodsky era parte de uma "ameaça" judaica e que considerava "extremamente deplorável e também um precedente muito perigoso um judeu de uma nação altamente culta como os Estados Unidos ter permissão de rebaixar a toga de juiz a ponto de expressar [o] infindável ódio de sua raça [...]".[12]

Essa nova lei mudou o status da bandeira da suástica, e, a partir de então – como Göring colocou –, "aquele que ofende essa bandeira insulta a nação".[13] Göring declarou "lamentar" pelos americanos envolvidos no incidente do SS *Bremen*, porque haviam sido obrigados a assistir às ações de um "judeu descarado". Mas, a partir de agora, a bandeira da suástica simbolizava que a Alemanha seria fiel ao nazismo "por toda a eternidade". De modo revelador, acrescentou que era agora "absolutamente evidente" que "nenhum judeu teria permissão de hastear essa sagrada insígnia". Após a fala de Göring, as três partes do que ficou conhecido mundialmente como as Leis de Nuremberg foram aprovadas – a Lei da Bandeira do Reich, a Lei da Proteção do Sangue e da Honra Alemães e a Lei da Cidadania do Reich, que revogava a cidadania dos judeus alemães.

Hitler nunca revelou publicamente por que se mobilizara tão de repente em setembro de 1935 para aprovar essa legislação antissemita, embora a ideia de que os judeus não deviam ser considerados cidadãos alemães e que tampouco podiam ter relações sexuais com não judeus com certeza não fosse nova. Mas uma das razões sugeridas para essa decisão ser tomada em um momento tão preciso é bastante convincente: que Hitler havia, na realidade, planejado fazer em Nuremberg um extenso pronunciamento sobre as exigências de sua política externa, mas fora dissuadido na última hora por Konstantin von Neurath, o ministro do Exterior. Como Hitler já convocara uma sessão especial dos membros do Reichstag e agora não tinha nada a apresentar-lhes a não ser a Lei da Bandeira, decidiu de improviso levar adiante a legislação antissemita, motivado principalmente pelo desejo de reduzir a distância entre as expectativas dos ativistas do partido, que estavam perseguindo judeus pelas ruas, e os membros do governo, como Schacht, que queriam maior clareza na posição do regime a respeito dos judeus.[14] Além disso, talvez Hitler tivesse achado também que a legislação antissemita combinava bem com o sentimento por trás da Lei da Bandeira. Com certeza deve ter levado em conta a humilhação do espetáculo da bandeira da suástica boiando na água do porto de Nova York – cidade que os nazistas sempre associaram aos judeus –, arrancada do SS *Bremen*, o orgulho da frota mercante alemã. Sem dúvida, era um padrão típico do comportamento de Hitler, como veremos mais tarde na década de 1930 e de novo durante a guerra, atacar os judeus alemães sempre que ações estrangeiras o deixassem furioso.[15]

Em termos práticos, as novas leis em grande medida apenas refletiam a realidade existente em boa parte da Alemanha, já que, mesmo antes da legislação, os nazistas locais pressionavam os não judeus a se separarem dos judeus, tanto na vida pessoal como nos negócios. Mesmo assim, as Leis de Nuremberg foram um divisor de águas na atitude do Estado nazista em relação aos judeus alemães. Agora era a lei do Reich – não apenas os cabeças-quentes do partido nazista – que pedia a cruel separação dos judeus do resto da comunidade. Os judeus não só tinham deixado de ser legalmente alemães "de verdade", como uma nova legislação também invadia a esfera privada de todo cidadão alemão. O Estado alemão proclamava ter o direito de decidir com quem você podia ter relações sexuais. A Gestapo – a polícia secreta – podia agora examinar o que acontecia na privacidade de todas as casas. Todos estavam vulneráveis a ser denunciados por um vizinho mais perverso. Quem era aquele estranho do sexo oposto que visitou você ontem à noite? Parecia "judeu", não? Mais que isso, o Estado poderia querer saber exatamente que tipo de atos sexuais você teria praticado a portas fechadas, já que havia sido dada uma definição extraordinariamente ampla de "relação sexual". A Suprema Corte do Reich declarou no ano seguinte que "o conceito de relação sexual não incluía todo ato indecente, mas não ficava restrito à relação como tal, ou seja, além da relação propriamente dita, [incluía] todas as atividades sexuais com um indivíduo do sexo oposto que visassem substituir a relação de fato a fim de satisfazer as premências sexuais de pelo menos um dos parceiros".[16]

Depois, havia o problema insolúvel para os nazistas de definir quem era judeu e quem não era – informação vital a fim de aplicar a nova legislação. Mas, apesar de a sentença inicial da Lei para a Proteção do Sangue e da Honra Alemães declarar que a "pureza do sangue alemão" era "essencial" para a "continuada existência do povo alemão", os nazistas não sabiam dizer, pelo mero exame do "sangue", quem era judeu e quem não era, e não havia outra definição da "condição judaica" em nenhuma parte da legislação de Nuremberg. Como consequência, as leis, do modo como haviam sido sancionadas em 15 de setembro de 1935, eram inaplicáveis. Apenas em meados de novembro de 1935 é que foram anunciadas regulamentações para definir quem era "judeu". Esse documento falava de "sangue judeu" e de "totalmente judeus em termos raciais", mas tinha que recorrer a uma definição religiosa para descrever quem era judeu e quem não era. Declarava: "Judeu é alguém que descende de pelo menos três avós que sejam totalmente judeus em termos raciais". Mas depois afirmava que um "avô deve ser considerado como de raça pura judia se ele ou ela pertencerem à comunidade religiosa judaica".[17] Portanto, os nazistas determinavam sua "raça" pela filiação religiosa de seus avós.

A questão de o que fazer a respeito daqueles alemães que tinham uma ancestralidade mestiça ocupou um bom tempo dos responsáveis pela redação da lei. Alguns alemães, que eram ardorosos nacionalistas – e que pareciam viver uma vida "ariana" –, tinham dois avós judeus. No entanto, outras pessoas com dois avós judeus eram, aos olhos dos nazistas, obviamente judeus. A solução que as autoridades nazistas conceberam era complexa. Apoiava-se, uma vez mais, em examinar a filiação religiosa dos indivíduos em questão. Assim, se você tinha dois avós judeus – pela definição do decreto –, mas não tivesse se casado com um judeu ou judia e levasse uma vida religiosa não judaica, então não era judeu. Mas se tivesse dois avós judeus e fosse casado com um judeu ou judia, ou participasse de cultos judaicos, então era judeu.

Uma confusão. O que o decreto expôs foi a completa falácia de uma definição da condição judaica por meio de sangue ou raça. Porque se os nazistas levassem a sério suas crenças raciais, como explicar que uma pessoa com dois avós judeus fosse considerada não judia, enquanto outra, também com dois avós judeus, fosse enquadrada nessa condição? A ancestralidade de ambas indicava que a quantidade de "sangue judeu" correndo em suas veias era exatamente a mesma.

Mesmo assim, Hitler proclamou que as Leis de Nuremberg eram um sucesso e conclamou a nação a não se "desviar do caminho reto e estreito da lei".[18] Ele sem dúvida viu essas medidas antissemitas não apenas como uma declaração ideológica dos valores do Terceiro Reich, mas também como um meio de restringir os elementos mais selvagens do partido, dedicados a promover seus próprios ataques. No dia seguinte à aprovação das leis, lembrou os membros do partido que deveriam "continuar a evitar" a prática de "ações independentes" contra os judeus.[19]

Emil Klein, que entrou no Partido Nazista no início da década de 1920, não via nada de incomum nessas medidas discriminatórias. "Não era só na Alemanha que havia *apartheid*", diz ele, "ouvia-se falar em *apartheids* na América. Não havia nada de especial acontecendo na Alemanha. Na realidade, era apenas uma parte do que vinha ocorrendo

– aqui e ali – no mundo inteiro".[20] Embora ele esteja certo – e é importante lembrar isso – ao dizer que a discriminação racial não era restrita à Alemanha naquela época, seus comentários pecam por falta de sinceridade. Porque havia, sim, algo de "especial" acontecendo na Alemanha, onde os nazistas tinham acolhido a teoria racial com uma veemência chocante.

Havia também, paradoxalmente, muitos judeus alemães que viam as Leis de Nuremberg sob uma luz quase positiva. Sim, eram obviamente discriminatórias, mas as novas leis pareciam definir os limites da perseguição. "Essas eram as regras",[21] e os judeus alemães tinham que viver dentro das regras. Era como se as novas leis antissemitas oferecessem aos judeus proteção contra a perseguição arbitrária de valentões locais.

Muitos alemães comuns não se preocupavam demais com as medidas tomadas contra os judeus. O que mais importava a eles era a massiva redução do desemprego, ocorrida desde que Hitler assumira o poder – caindo de seis milhões de desempregados em 1933 a menos de dois milhões em 1936. Mesmo que os nazistas maquiassem esses números – por exemplo, as mulheres não eram mais incluídas nos dados –, tratava-se de um sucesso inegável. "Foi em 1934 quando se viu que algo poderia estar mudando", diz Erna Krantz, que crescia então na Baviera. Era "um raio de esperança para todos. Não só para os desempregados, mas, bem, para todos, porque todos sabíamos que éramos explorados, e em 1933 a Alemanha havia desabado. Não podemos esconder os fatos, certo? E era assim mesmo, muitas coisas haviam melhorado. Os salários dos funcionários públicos e dos trabalhadores de colarinho branco melhoraram. Tudo ia um pouco melhor, eu não consigo lembrar exatamente, o que sei dessa época é a partir da nossa situação familiar. Você via que os desempregados estavam sumindo das ruas. Isso já era uma grande melhora. Claro que você sentia que havia uma certa linha por trás, os jovens estavam sendo atraídos para o esporte, para o serviço comunitário acima de tudo, o que era algo muito significativo. Eles começaram a construir rodovias, e tudo isso gerava trabalho e tirava as pessoas da rua. Sim, definitivamente foi uma época positiva, senão, por que afinal as massas seguiriam esse homem? Por quê?".[22]

Esse sucesso econômico foi fruto basicamente de empréstimos em larga escala, principalmente para uma grande expansão nos gastos militares. De 1933 a 1935, os gastos com as Forças Armadas passaram de menos de um por cento da renda nacional alemã para perto de dez por cento – um aumento maior e mais rápido do que jamais fora visto em tempos de paz num Estado capitalista.[23]

O foco principal de Hitler nesse período não era a "questão judaica", mas o poderio das Forças Armadas da Alemanha. Quase todo o resto subordinava-se a esse objetivo. Quanto à política externa, ele queria lidar com as nações estrangeiras uma por uma, e não por meio da Liga das Nações. Para isso – e para levar adiante sua política de rearmamento –, retirou a Alemanha da Liga logo após chegar ao poder em 1933. Dois anos mais tarde, em junho de 1935, o embaixador de Hitler no Reino Unido, Joachim von Ribbentrop, assinou em Londres o Acordo Naval Anglo-Germânico, que definiu o porte permitido à frota alemã como uma proporção do porte da frota britânica. O acordo desrespeitava o Tratado de Versalhes, mas isso não trouxe consequências adversas para a Alemanha. Hitler disse que o dia em que o Acordo Naval Anglo-Germânico foi assinado fora o dia mais feliz de sua vida.[24]

Nada disso deve ter surpreendido aqueles que haviam lido *Minha luta*. Hitler considerava a Grã-Bretanha um possível aliado, e queria forças armadas poderosas para ganhar novos territórios para a Alemanha no Leste. Já dissera isso lá atrás, na década de 1920. No entanto, revelara também o quanto odiava os judeus, encarando-os como uma ameaça mortal. Ainda levaria alguns anos para que agisse de modo decisivo nessa questão – mas esse momento estava ficando cada vez mais próximo.

6. Educação e construção do Império
(1935-1938)

EM BUSCA DO que chamou de "Estado *völkische*",[1] Hitler procurou mudar a consciência de toda a nação alemã. "O Estado *völkische*", escreveu em *Minha luta*, "deve desempenhar uma gigantesca tarefa educacional. E um dia isso vai se afigurar como um feito maior do que a mais vitoriosa das guerras".[2] Uma parte crucial dessa "tarefa educacional" era despertar os alemães "arianos" para o perigo dos judeus. Mas embora Hitler pudesse legislar a respeito da perseguição aos judeus por meio de novas leis, não contava com a mesma facilidade para mudar a mentalidade da nação. E em setembro de 1935, o mesmo mês em que foram anunciadas as Leis de Nuremberg, ficou claro que estava ainda um pouco distante de concretizar essa que ele chamou de "gigantesca tarefa educacional".

Nesse mês de setembro, um apoiador do Partido Social-Democrata na Saxônia escreveu: "A maioria da população, no entanto, ignora a difamação dos judeus; até escolhem abertamente comprar em lojas de departamentos judaicas e adotam uma atitude bastante hostil em relação ao Stormtrooper de serviço ali [...]".[3] A situação não havia mudado quase dois anos mais tarde, quando a Gestapo na Baviera relatou que negociantes de gado judeus ainda controlavam a maior parte do mercado e que um grande número de camponeses se mostrava contente em fazer negócios com eles.[4]

Hitler sempre soube que a "reeducação" da nação demandaria tempo, e que era vital, em particular, colocar como alvo os jovens, deixando-os preparados para as árduas tarefas à frente. "A nosso ver", declarou ele a uma plateia de 54 mil membros da Juventude Hitlerista em Nuremberg, em setembro de 1935, "a juventude alemã do futuro deve ser esbelta e flexível, rápida como *greyhounds*, resistente como o couro e dura como aço Krupp. Devemos cultivar um novo homem, a fim de evitar a ruína de nosso *Volk* pela degeneração manifestada em nossa era".[5]

Muitos jovens eram receptivos à propaganda nazista porque a vida parecia estar melhorando – tanto para eles quanto para seus pais. "Quando Hitler conquistou o poder, de repente passamos a ter trabalho", diz Wilhelm Roes, que cresceu na Alemanha na década de 1930. "O clima ruim em casa [mudou], havia sempre um clima ruim em casa quando eu era criança, porque minha mãe às 11 horas não sabia o que pôr na mesa ao meio-dia. Em 1934, meu pai arrumou trabalho. Acho que ganhava 380 marcos. Nossa situação melhorou muito, e ele disse que era isso o que o Führer havia feito. Bem, então o que eu deveria achar? Na realidade, eu não precisei sofrer nenhuma lavagem cerebral. Eu absorvi isso de criança."[6]

Professores do sistema de educação nazista passavam boa parte do tempo dizendo a seus alunos "arianos" que eles eram superiores aos judeus, portanto o contexto geral no qual se ensinava o antissemitismo era de positividade. Maria Mauth, por exemplo, lembra que seus professores no norte da Alemanha na década de 1930 diziam que "apenas os alemães são seres humanos de valor – havia um livrinho chamado *Inventores alemães, poetas alemães, músicos alemães* –, não existia mais nada. E nós o devorávamos. Estávamos absolutamente convencidos de ser os maiores".[7] Erna Krantz, jovem colegial em Munique na mesma época, achava que "Foi realizada muita coisa na área educacional, os jovens tinham muitas oportunidades [...] tudo estava sendo organizado. Não vivíamos em abundância como hoje, mas havia ordem e disciplina. E também tínhamos muitos modelos para nos inspirar. Isso era estimulado. Bons escritores, eles eram enfatizados, os filósofos também [...] Bem, tenho que dizer que era algo contagiante, vocês costumam afirmar que se dissermos a um jovem todo dia 'Você é alguém especial', então no final ele vai acreditar nisso. Bem, quero dizer que eles tentavam criar a chamada raça alemã. E repetiam muitas vezes, queremos isso, queremos aquilo, queremos gente saudável, pessoas fortes, trabalhadoras, pessoas aptas. Acima de tudo, palpitava a germanidade; o que era exercitado, fortalecido, naqueles anos, era a germanidade".[8]

Embora fosse relativamente fácil passar às crianças que elas eram melhores que outras, a mensagem de que os judeus eram perigosos era mais difícil de transmitir, especialmente se os alunos conhecessem judeus bondosos. Wilhelm Roes, por exemplo, tinha dificuldade em associar o antissemitismo que lhe ensinavam ao mundo real à sua volta. Na cidade em que vivia havia lojas judaicas, e ele lembra que os donos judeus doavam "roupas aos órfãos". O resultado era que ele "não gostava daquelas caricaturas no *Der Stürmer*. Eu não conseguia entendê-las".[9]

Uma maneira que os professores acharam para contrabalancear essa desconexão entre os judeus da propaganda nazista e os de carne e osso que os alunos conheciam era enfatizar uma suposta natureza fraudadora dos judeus.[10] O exemplo mais deplorável disso era o livro infantil *Der Giftpilz* ("O Cogumelo Venenoso"), publicado pela editora do próprio Julius Streicher em Nuremberg, em 1938.[11] A história que dava título ao livro mostra uma criança aprendendo da mãe que, do mesmo modo que é difícil distinguir na floresta um cogumelo bom de um cogumelo venenoso, também pode ser difícil detectar a natureza malévola dos judeus, especialmente porque eles tentam "disfarçar" isso. As vantagens dessa história para o propagandista são óbvias. Os judeus, ao se mostrarem encantadores e solícitos, estariam revelando seu aspecto mais traiçoeiro – assim como, implicitamente, os cogumelos venenosos da floresta se mostrariam como os mais atraentes, embora na realidade fossem os mais danosos.

Os judeus eram apresentados, portanto, como a antítese da "germanidade". Os verdadeiros alemães não tinham necessidade de esconder sua natureza genuína, enquanto os judeus se sentiam obrigados a esconder sua duplicidade. Enquanto os alunos "arianos" eram "alguém especial", os judeus eram uma coisa venenosa. Um panfleto intitulado *A questão judaica na educação*, escrito em 1937 por Fritz Fink e publicado no *Der Stürmer*, orientava professores a "plantar bem fundo o conhecimento sobre os judeus nos corações de nossa juventude, desde a infância", pois era vital que soubessem a "verdadeira depravação e o perigo representados pelos judeus". Para Fink, um inspetor escolar, a "questão racial e judaica" era "o problema central do nazismo". Ele argumentava que a melhor maneira de transmitir a mensagem de que o contato com judeus devia ser evitado era pelo ensino da "ciência". Porque da mesma forma que uma "manada de cavalos selvagens" nunca é liderada por um "porco selvagem", então "cada espécie se liga aos seus, e procura um líder da mesma espécie". As crianças deviam aprender que os animais naturalmente sabiam o que era melhor para eles. Só os seres humanos subvertiam a natureza acasalando-se com raças diferentes. "Somente os membros inferiores das diversas raças se acasalam com raças diferentes", escreveu Fink, "o ruim mistura-se ao ruim. Fica claro, portanto, que o bastardo sempre adquire o pior disso, ou seja, reúne apenas as más características das raças das quais provém. Um professor que apresente a seus alunos essas ideias terá facilidade em explicar o sentido das Leis de Nuremberg aos jovens. As crianças verão as Leis de Nuremberg simplesmente como um retorno à ordem natural, divina".[12]

Hitler compreendeu que era mais fácil para os propagandistas nazistas influenciar crianças impressionáveis do que adultos menos maleáveis. No caso dos adultos, podia ser mais difícil – mas não impossível – conciliar sua compreensão teórica do problema nazista em relação aos judeus com o conhecimento que tinham em nível pessoal dos alemães judeus. Karl Boehm-Tettelbach, por exemplo, jovem oficial da Luftwaffe, tinha em 1935 uma boa razão para ser grato a um judeu alemão. Boehm-Tettelbach espatifou seu avião ao aterrissar num campo de aviação e foi salvo por um judeu alemão. Para agradecer, convidou seu salvador para jantar e foi surpreendido quando o homem "de repente disse que era judeu" e perguntou "se eu tinha medo de estar com judeus". Boehm-Tettelbach disse ao homem que não – afinal, esse homem tinha salvado sua vida. "Essa foi a primeira vez em que percebi que algo podia acontecer com os judeus", diz Boehm-Tettelbach. Mas esse incidente não alterou seu desejo de apoiar o regime. "Em Berlim, especialmente", diz ele, "eles [os nazistas] afirmavam que os advogados eram quase todos judeus, então quando diziam que havia advogados demais, isso era fácil de entender. Ser antissemita não significa que você vai matar gente. Você pode não ter contato social próximo, você pode não gostar muito deles, mas isso não significa que você vai matar pessoas [...]".[13] Apesar de se sentir "triste" pelos judeus alemães em razão das Leis de Nuremberg, Boehm-Tettelbach admite que "isso não me preocupou muito".

Nessa atitude relaxada diante da perseguição aos judeus alemães na década de 1930, Boehm-Tettelbach reflete o sentimento de muitos alemães não judeus. Eles acolhiam a sugestão de que "alguma coisa devia ser feita" a respeito do alegado poder e da influência dos judeus, e se depois se sentiam incomodados com quaisquer excessos das ações antissemitas, simplesmente desviavam o olhar para o outro lado. Quanto aos judeus que já conheciam e de quem gostavam, eram tratados como uma classe à parte.

Nazistas de destaque enfatizavam não só o que alegavam ser os aspectos práticos do "problema judaico" – como o alto número de advogados judeus em Berlim –, mas também a questão subjacente da raça. Para eles, questões como o número desproporcional de judeus do judiciário eram o sintoma desse "problema", mas a causa era sempre a raça. "Devemos colocar junto o melhor sangue", dizia Walther Darré, ministro da Agricultura. "Do mesmo modo que estamos agora criando nosso cavalo Hanover a partir dos poucos descendentes puro-sangue machos e fêmeas que restaram, devemos também ter o mesmo tipo de reprodução na próxima geração de alemães nórdicos de tipo puro."[14]

Declarações como essa não só permitiam que os nazistas promovessem seu virulento antissemitismo, mas também ajudavam a associar seu antissemitismo racial às crenças de eugenia – ou, na terminologia nazista, "higiene racial". A conexão entre a "higiene racial" e a perseguição dos judeus não era imediatamente aparente no início do Terceiro Reich, mas as duas ideias sempre estiveram entrelaçadas para os nazistas. Pois assim como achavam essencial que o sangue judeu não se misturasse ao sangue "ariano", também era vital que aqueles "arianos" mais fracos não tivessem permissão de procriar. Para usar a analogia de Walther Darré, do mesmo modo que um defensor do nazismo não cruzaria um cavalo Hanover com uma raça inferior de cavalos, tampouco cruzaria um Hanover saudável com um doente.

Hitler achava tão importante essa crença de que apenas alemães "arianos" saudáveis deveriam ter permissão de se reproduzir, que na conferência do partido em Nuremberg, em 1929, já advertira: "Por meio de nosso moderno humanitarismo sentimental, fazemos esforços para manter os fracos às custas dos saudáveis [...] Criminosos têm permissão para se reproduzir, faz-se todo esforço para preservar degenerados por meios artificiais. Assim, aos poucos vamos fazendo crescer os fracos e matando os fortes".[15] Ele chegou ao ponto de afirmar: "Se a Alemanha ganhasse um milhão de crianças por ano e eliminasse setecentos mil, oitocentos mil das mais fracas, o resultado final seria provavelmente um aumento da força. Para nós, a coisa mais perigosa é nos excluirmos do processo natural de seleção [...]". A ideia que Hitler sugeria em 1929 – apenas quatro anos antes de se tornar chanceler –, a possibilidade de matar sete ou oito de cada dez novos bebês nascidos na Alemanha, é imensamente reveladora. Para Hitler, a criação do Estado *völkische* significava, em princípio, matar um número enorme de alemães "fracos".

Considerando sua crença de que a Alemanha deveria ser geneticamente remodelada, não surpreende que, menos de seis meses após chegar ao poder, Hitler tenha assinado a Lei para a Prevenção de Descendentes com Doenças Genéticas. Essa legislação pedia que os Tribunais de Saúde Genética ordenassem a esterilização compulsória de quaisquer indivíduos que tivessem uma ou várias das enfermidades elencadas. Algumas dessas doenças não eram de modo algum "genéticas", o que não impediu que alguns alemães considerados socialmente indesejáveis, como os alcoólatras, fossem esterilizados.

Os nazistas não foram os primeiros a aprovar uma legislação sobre esterilização forçada – muitos estados norte-americanos já haviam feito isso –, mas eles ampliaram a ideia com maior zelo do que já fora feito. Paul Eggert, da Renânia, por exemplo, foi esterilizado compulsoriamente quando criança sob essa legislação. Ele não tinha nenhuma doença "genética", mas era simplesmente um cidadão objetável aos olhos dos nazistas. Tinha origem muito humilde e o pai era alcoólatra. Quando criança, mendigava pelas fazendas locais, e era surrado pelo pai quando não trazia comida ao voltar para casa. No final, como ele mesmo afirma, "as pessoas [do local] se encheram disso".[16] Então ele foi afastado dos pais e internado numa casa especial para crianças perto de Dortmund, onde lhe disseram que precisava ser operado de hérnia. Só depois da guerra é que descobriu que não havia sido operado de hérnia, mas esterilizado.

Do ponto de vista de Hitler, a lei de esterilização era apenas o começo. Embora a nova legislação pretendesse que as futuras gerações fossem poupadas do "fardo", segundo Hitler, de cuidar de alguns dos cidadãos mais necessitados do Estado, ela não lidava com a situação imediata. As aspirações do próprio Hitler estão resumidas no filme *Opfer der Vergangenheit* ("Vítimas do Passado"), lançado em 1937. Esse documentário, exibido em todos os cinemas da Alemanha, defendia matar todas as pessoas com sofrimento mental*. Havia duas razões, diz o comentário do filme, pelas quais essa ação era necessária. Primeiro, porque manter essas pessoas vivas ofendia "a lei do Criador de uma seleção e uma ordem natural"; e, segundo, porque "o dinheiro gasto para cuidar dessas pessoas poderia ser mais bem aplicado ajudando crianças fortes e saudáveis".[17]

Alguns médicos alemães aprovavam essa ideia homicida. Em 1935, o psiquiatra Dr. Karl Knab escreveu que os "hospícios" alemães contínham não apenas "idiotas do mais baixo nível", mas também "ruínas espirituais". Além disso, esse "material de pacientes [...] como mero lastro gerador de custos devia ser erradicado com uma morte indolor". Isso era "justificável", disse o doutor Knab, por razões financeiras, no contexto de uma "nação lutando pela própria existência".[18]

Gerhard Wagner, médico-chefe do Reich, falou em apoio a *Opfer der Vergangenheit* na estreia do filme. Ele, mais do que ninguém, conhecia as visões do Führer sobre esse assunto, já que em 1935 Hitler lhe dissera que numa futura guerra eles deveriam planejar matar os

---

* Embora a abrangência do termo "sofrimento mental" seja maior do que a da política nazista, que tinha como alvo pacientes considerados inaptos para o trabalho ou a socialização, não existe um termo equivalente a este recorte que não seja pejorativo, uma vez que essa visão não é sustentada pela psicologia moderna. Dessa maneira, levando em consideração a sensibilidade do tema e as práticas psicológicas atuais, optamos pelo uso do termo "pessoa com sofrimento mental", exceto em caso de citações diretas ou indiretas. [N.E.]

que tivessem casos severos de sofrimento mental.[19] É significativo que Hitler acreditasse que uma outra guerra lhe permitiria adotar uma abordagem tão radical – entre outras coisas, porque seria sob a cobertura dessa outra guerra que ele conduziria o extermínio em massa dos judeus.

Enquanto isso, a esterilização compulsória continuava a ser realizada na Alemanha, numa escala enorme – entre 300 mil e 400 mil pessoas foram esterilizadas.[20] Isso produziu uma mudança sísmica no papel da profissão de médico. A saúde dos pacientes deixou de ser o único interesse dos médicos. Se decidissem que queriam esterilizar um paciente pelos critérios definidos pela nova legislação, estavam legalmente obrigados a ignorar as objeções desse paciente. Gerhard Wagner não via nisso um conflito de interesses, pois acreditava que a preocupação prioritária para os médicos deveria ser o bem-estar da nação.[21] Agora, portanto, os nazistas afirmavam que os médicos tinham uma responsabilidade maior do que antes – não atendiam mais apenas às necessidades do indivíduo, e sim às de todo o *Volkskörper*, o corpo do povo, em busca da meta de um "Estado *völkische*".[22]

O que o "Estado *völkische*" representava era um país onde o Estado tinha agora o direito legal de questionar cada escolha de vida que você fizesse. Os nazistas podiam investigar o histórico detalhado da sua família para determinar com quem você poderia se casar ou não, a fim de avaliar se teria ou não o "direito" de reproduzir. Se você engravidasse e o bebê na sua barriga fosse considerado racialmente útil, seria proibida de abortar. Ninguém mais podia decidir não trabalhar; isso iria torná-lo "indolente" e passível de "custódia protetora". Você não podia sequer escolher seus amigos, pois se seu vizinho não aprovasse a companhia que você havia escolhido, poderia denunciá-lo como "associal" – alguém não confiável como membro da comunidade racial.

No entanto, apesar de todas essas restrições, a maioria dos alemães ainda apoiava Hitler. No referendo de 1934 sobre a fusão dos cargos de presidente e chanceler, por exemplo, 88 por cento do eleitorado quis que Hitler se tornasse o chefe de Estado após a morte de Hindenburg. Nas eleições de 1936, que também incluíam uma questão de referendo – se os votantes aprovavam ou não a ação de Hitler de ordenar a reocupação da Renânia –, o apoio aos nazistas foi superior a 98 por cento. Essas eleições, é bom lembrar, foram realizadas em um Estado não democrático, sem nenhuma das garantias presentes em eleições realmente livres, e os dados não podem ser usados para indicar um nível estatístico preciso de apoio ao regime – mas, mesmo assim, os resultados não deixam de ser esclarecedores. É fácil ver a razão pela qual o principal estudioso de Hitler conclui, a partir de todas as evidências disponíveis, que o resultado de 1936 representou "uma arrasadora mostra de aclamação em favor de Hitler".[23] Muitos alemães na década de 1930 sem dúvida teriam concordado com Erna Krantz, que, num olhar retrospectivo após a guerra, disse, "era, penso eu, uma época melhor [do que hoje]. Dizer isso é, sem dúvida, assumir um risco. Mas vou dizer assim mesmo".[24]

Para uma jovem como Erna Krantz na década de 1930, a questão não era apenas que os aspectos positivos de viver sob os nazistas superavam os negativos. Em grande medida, os pontos negativos do regime, da maneira como os vemos – isto é, os campos de concentração, o isolamento de grupos minoritários visados pelos nazistas e assim por diante – eram percebidos como parte dos positivos. Os campos de concentração eram encarados como necessários para remover os indesejáveis das ruas; o novo ensino com base racial foi bem acolhido, pois dizia aos jovens que eles eram especiais; e quanto à exclusão dos judeus, bem, como disse o banqueiro Johannes Zahn, havia uma percepção entre uma parte da população de que na Alemanha eles haviam "ido longe demais".[25] Assim, desde que você se adequasse ao ideal nazista – e milhões de alemães fizeram exatamente isso –, era possível viver bem no Terceiro Reich de Hitler na década de 1930. Muitos dos que se adaptaram iriam mais tarde alegar não ter ideia de que a perseguição aos judeus, corporificada nas Leis de Nuremberg e em outras leis restritivas, levaria ao Holocausto. E, embora em certo sentido isso seja verdade – não há evidência de que a essa altura Hitler tivesse um plano para o que estava por vir –, é também enganoso. Porque uma razão fundamental para que milhões de alemães pudessem curtir a vida na Alemanha de Hitler era que tinham apoiado entusiasticamente as teorias raciais presentes no cerne do pensamento nazista. Eles abraçaram a ideia de que eram melhores que os outros. Portanto, podiam tratar como seres humanos inferiores aqueles que, segundo

1. Adolf Hitler (sentado, segundo a partir da direita) e um grupo de apoiadores nazistas na década de 1920. Hitler era consciente de sua imagem, e aqui já ensaia um olhar de "grande homem" para a câmera.

2. O mentor de Hitler no início da década de 1920, o alcoólatra dramaturgo Dietrich Eckart. Hitler disse dele: "Brilha a nossos olhos como a estrela polar".

3. Um jovem Joseph Goebbels, como orador de rua e agitador, antes de os nazistas chegarem ao poder.

4. Uma unidade de Freikorps marcha por Munique em 1919. Apesar dos trajes bávaros um pouco cômicos, esses homens eram paramilitares violentos.

5. O presidente Paul von Hindenburg (esquerda) e Adolf Hitler, logo após a nomeação de Hitler como chanceler, em 1933. Suas expressões contrastantes nesse contexto são reveladoras.

6. Representantes máximos do *establishment* – Otto Meissner, uma autoridade próxima do presidente von Hindenburg (esquerda), e o ex-chanceler Franz von Papen. As manobras de Papen ajudaram a levar Hitler ao poder.

7. Prisioneiros de campo de concentração na década de 1930. "Precisávamos salvar essas pessoas!", disse Herman Göring, "trazê-las de volta à comunidade nacional. Tínhamos que reeducá-las". Essa "reeducação" consistia em submeter os prisioneiros a um dos mais brutais regimes prisionais já concebidos.

8. Prisioneiros de Dachau antes da guerra. Muitos desses internos foram enviados ao campo por serem opositores políticos do regime.

9. Adolf Hitler em 1936, ano em que o ex-primeiro ministro britânico David Lloyd George descreveu-o como "um líder nato de homens. Uma personalidade dinâmica e magnética com um propósito obstinado, uma vontade decidida e um coração destemido".

10. Joseph Goebbels casa-se com a loira Magda Quandt, em dezembro de 1931. Hitler está à direita de Goebbels, de chapéu.

11. Theodor Eicke, comandante de Dachau a partir do verão de 1933. Eicke queria que a SS sob seu comando fosse "firme". "Não há lugar entre nós para pessoas gentis", disse ele.

12. Hermann Göring (esquerda) e Heinrich Himmler. Dois homens que não podiam ter sido mais diferentes em temperamento ou caráter – mas eram ambos nazistas ferrenhos.

13. Adolf Eichmann, o oficial da SD que ajudaria a organizar a "Solução Final" dos nazistas – particularmente a matança de judeus húngaros.

14. Heinrich Himmler (esquerda) e Reinhard Heydrich (direita) em Viena, em 1938, logo após os nazistas assumirem o controle da Áustria. Forças de segurança sob seu comando iriam em pouco tempo prender os austríacos considerados "associais", "criminosos" ou simplesmente "desagradáveis".

15. Judeus são obrigados a lavar as ruas na Áustria após a ocupação nazista em 1938. "Você era declarado completamente fora da lei", diz Walter Kammerling, um judeu residente em Viena. "Não havia mais proteção, de lugar algum."

16. Vitrines de loja destruídas na esteira da Kristallnacht – o ataque nazista a casas, negócios e lugares de culto dos judeus, em novembro de 1938.

17. Uma sinagoga incendiada em decorrência da Kristallnacht. Mais de noventa judeus morreram nos ataques de 9-10 de novembro de 1938, e por volta de 30 mil judeus foram subsequentemente enviados a campos de concentração.

18. O campo principal de Auschwitz, local originalmente projetado para disseminar o terror nos corações dos poloneses da região. A primeira grande leva de prisioneiros chegou aqui em junho de 1940. As palavras "Arbeit Macht Frei" ("O trabalho liberta"), que ficaram tristemente famosas por sua utilização aqui, haviam antes sido gravadas num portão em Dachau, na década de 1930.

lhes era dito, não eram como eles. Não se discutia se os outros eram inferiores – isso era aceito por grande número de pessoas. O que se discutia era como essas pessoas "inferiores" deviam ser tratadas.

Quanto aos judeus, as Leis de Nuremberg confirmaram que deveriam ser excluídos da nova Alemanha. Cada vez mais, os judeus passaram a viver confinados em suas comunidades. Ali, a vida era tolerável para muitos deles. Günther Ruschin, um adolescente que vivia no coração da comunidade judaica em Berlim, lembra que tinha uma "boa casa" e que "não passávamos dificuldades [...] Frequentávamos a escola [judaica], voltávamos para casa". O pai, que lutara no Exército Alemão na Primeira Guerra Mundial, era *chazan* na sinagoga local e "dizia a todos, sou um judeu alemão, não vai acontecer nada comigo".[26]

O pai de Günther, ao lado de muitos outros judeus alemães, continuou convencido de que seria melhor para todos que permanecessem no país, seguros – como achavam – no interior da comunidade judaica em Berlim. E, em linhas gerais, as evidências à volta deles, de meados de 1935 a meados de 1937, pareciam sustentar essa visão. Embora ainda houvesse ações isoladas contra os judeus e regulamentações continuassem a ser criadas excluindo-os ainda mais – por exemplo, a partir de outubro de 1936, os servidores públicos foram proibidos de se consultar com médicos judeus –, não havia violência sistemática e massiva contra os judeus alemães. Mas o que muitos interpretaram como um sinal de que o regime estava se assentando era uma mera pausa antes da implementação de medidas mais radicais.

Uma razão para a relativa falta de ação do regime contra os judeus nesse período foi o desejo de Hitler de garantir o sucesso das Olimpíadas de Berlim de 1936. Nos Estados Unidos, houve manifestações – apoiadas por figuras públicas como o prefeito La Guardia, de Nova York – para que a América boicotasse os jogos. Mas o presidente do Comitê Olímpico Americano, Avery Brundage, convenceu a American Athletic Union, o sindicato dos atletas do país, a enviar uma delegação a Berlim. Com a participação não só dos americanos, mas de outros 48 países, os jogos de Berlim foram um sucesso para o Terceiro Reich. A Alemanha não só ganhou a maioria das medalhas, como o evento foi um triunfo em termos de propaganda para os nazistas, pois conseguiram subverter o ideal olímpico e transformá-lo em veículo de enaltecimento do Estado racista. A mensagem nazista estava contida nas imagens de abertura do filme de Leni Riefenstahl sobre os jogos, *Olympia*, enquanto uma tocha olímpica era carregada para dentro do estádio olímpico de Berlim por um atleta loiro, a epítome do ideal "ariano", e recebido pelas saudações nazistas.

Mais extraordinária ainda, dentro da perspectiva atual, é a avaliação de Hitler feita pelo antigo primeiro-ministro britânico, David Lloyd George, depois de visitar o Berghof, o reduto alpino de Hitler perto de Berchtesgaden, em setembro de 1936. Escrevendo para o *Daily Express*, Lloyd George disse que Hitler era "um líder nato de homens. Uma personalidade dinâmica e magnética com um propósito obstinado, uma vontade decidida e um coração destemido".[27] Disse ter observado que Hitler era adorado como "um herói nacional, que salvara o país de profunda depressão e degradação". Na Alemanha, Lloyd George detectara "uma paixão por unidade", e agora "católicos e protestantes, prussianos e bávaros, patrões e operários, ricos e pobres, haviam se fundido num só povo". Ele escreveu que "Havia uma atmosfera revivalista. Ela teve um efeito extraordinário em unificar a nação". Como resultado, "as pessoas estão mais alegres".

Alguém poderia ter perguntado "e quanto aos judeus alemães?". Lloyd George sabia que eles estavam sendo perseguidos na Alemanha – até mencionou isso de passagem em seu artigo.[28] Então, como podia dizer que "as pessoas estavam mais alegres" – a não ser, talvez, que não considerasse os judeus alemães como "alemães" de fato? Até mesmo essa possibilidade pareceria surpreendente, pois Lloyd George apoiara a Declaração de Balfour de novembro de 1917, na qual o governo britânico afirmou ver "com bons olhos o estabelecimento na Palestina de um lar nacional para o povo judeu". Entretanto, os exatos motivos dos políticos por trás da Declaração são há muito tempo um assunto controverso. Na realidade, um historiador concluiu que "os homens que a produziram [a Declaração de Balfour] eram cristãos e sionistas e, em muitos casos, antissemitas. Acreditavam que os judeus controlavam o mundo".[29]

Na Grã-Bretanha, Lloyd George não era o único a enaltecer Hitler, apesar da perseguição nazista aos judeus. Embora seja possível dizer, quase com certeza, que as crenças neonazistas nunca se difundiram amplamente na Grã-Bretanha – a União Britânica de Fascistas de Oswald Mosley não chegou nem perto de conseguir um avanço eleitoral na década de 1930 –, havia ainda uma boa dose de antissemitismo casual. Por exemplo, Johannes Zahn, banqueiro alemão, se lembra de ter ouvido comentários antissemitas de financistas britânicos numa viagem a Londres.[30] Quanto a Eugene Leviné, ele acredita ter encontrado mais antissemitismo na Grã-Bretanha na década de 1930 do que aquele experimentado na Alemanha na década de 1920. "Sinto que no trato social os ingleses são mais antissemitas [que os alemães]. Porque as pessoas com frequência dizem, de maneira educada 'Afinal, não matamos judeus nas câmaras de gás'. Não, [...] mas com certeza não admitem judeus em seu clube de golfe. E, se você pergunta às pessoas com quem tem maior intimidade 'por que eles não admitem fulano e sicrano no clube de golfe?', [eles respondem] 'Bem, veja, meu caro, se você deixar que um deles entre, ele trará todos os seus amigos'."[31] Também nos jornais é possível detectar sentimentos contrários a acolher judeus do exterior – um editorial do *Sunday Express* em 1938, por exemplo, anunciava que "neste exato momento, há um grande influxo de judeus estrangeiros na Grã-Bretanha. Estão invadindo nosso país".[32]

O preconceito que leva a considerar os judeus um grupo à parte – como descrito por Eugene Leviné – estava na base de boa parte da retórica antissemita. Quanto a Lloyd George, ele parece ter endossado a visão de que os judeus eram extremamente poderosos e operavam além das fronteiras nacionais – uma visão também sustentada de maneira extremada por Adolf Hitler.[33] Esse terreno comum pode ter ajudado Lloyd George a formar sua avaliação elogiosa do líder alemão – mas é impossível saber com certeza. O certo é que, embora após os Jogos Olímpicos de Berlim de 1936 Hitler tenha sido capaz de encantar Lloyd George e reassegurá-lo quanto ao desenvolvimento da Alemanha, no ano seguinte iria mostrar uma face totalmente diferente ao mundo.

O ano 1937 foi, sob vários aspectos, um ponto de virada. Após a Olimpíada, a retórica de Hitler voltou aos níveis febris que alcançara no início da década de 1920 nas cervejarias da Baviera. Num discurso na manifestação de Nuremberg de 13 de setembro de 1937, afirmou que o bolchevismo era "o maior perigo pelo qual a cultura e a civilização da raça humana tinham sido ameaçadas desde o colapso das nações na Antiguidade".[34] De modo crucial, Hitler destacou uma vez mais o vínculo que acreditava existir entre os judeus e o bolchevismo. O "crescente levante" que o mundo enfrentava, disse ele, era causado pelos "dirigentes do bolchevismo judeu em Moscou". E, caso alguém não tivesse compreendido esse vínculo, acrescentou, "quando eu de modo bem intencional apresento esse problema como judaico, vocês, meus companheiros de partido, sabem que não se trata de uma suposição não verificada, mas de um fato comprovado por evidências irrefutáveis". Hitler então passou a dar à sua plateia uma lição de história – mesmo que distorcida e deformada –, começando por sua visão da "Rússia" (Hitler insistia em se referir à "Rússia", embora ela fosse apenas uma das várias repúblicas da União Soviética). Ele afirmava que os judeus haviam conseguido "penetrar" na elite governante da "Rússia" e "exterminar" a liderança anterior. Os judeus eram uma "raça estrangeira" que havia assumido "total controle" da civilização russa e agora queria usar a Rússia como "cabeça de ponte" para conquistar outros povos.

Hitler construiu uma fantasia quase depravada, na qual "massas insanas" apoiadas por "associais" iriam enlouquecer e levar os povos nativos aos "abatedouros para sangrar até a morte". E por trás de todo esse caos estariam os judeus. Isso porque os judeus achavam necessário "promover o extermínio" da elite de qualquer país que quisessem controlar. Hitler lembrava à sua plateia que na Alemanha "temos todos experimentado a mesma coisa" –, e com isso referia-se ao levante espartaquista em Berlim, orquestrado pelos comunistas e socialistas em 1919, e à República Soviética da Baviera, declarada mais tarde naquele ano.

Hitler disse que a Alemanha tinha "sério interesse em evitar que essa praga bolchevista se espalhasse ainda mais pela Europa". Lembrou que embora a Alemanha tivesse lutado contra outras nações europeias no passado, essas guerras haviam sido sempre entre nações "civilizadas". Mas o bolchevismo era algo diferente. Os dirigentes em Moscou eram uma "liga internacional incivilizada, judaico-bolchevique, de criminosos". Os nazistas mereciam elogios por terem evitado que a "escória" judaica ditasse suas exigências aos trabalhadores alemães. Além disso, os alemães hoje eram soldados "ainda melhores" do que antes, e estavam prontos para enfrentar qualquer um que almejasse trazer a "ameaça" bolchevique para a Alemanha.

Hitler afirmou que era a situação na Espanha, onde uma guerra civil vinha sendo travada, que havia motivado seu discurso belicoso, especialmente desde que Stalin fornecera armas e um pequeno número de combatentes aos republicanos em sua luta contra os nacionalistas. Mas, de novo, Hitler não estava sendo sincero, pois já sustentava essa visão desde o início da década de 1920, só que, por razões variadas, não achara conveniente expressá-las tão agressivamente todos esses anos. Era tudo uma questão de tática, como explicou numa reunião com líderes do partido em abril de 1937, seis meses antes de seu discurso sedento de sangue de Nuremberg. Em seu foro privado, disse entender aqueles que queriam medidas mais fortes contra os judeus, como "marcar" estabelecimentos comerciais judaicos com uma insígnia especial, mas os ativistas precisavam reconhecer que a "principal preocupação" dele era "sempre evitar dar um passo que eu mais tarde pudesse ter que desfazer e evitar dar um passo que pudesse nos prejudicar em qualquer sentido. Vocês precisam entender que eu sempre vou o mais longe que consigo ousar – mas não vou além disso. É vital ter um sexto sentido que nos diga em termos amplos: 'O que mais posso fazer, o que não posso fazer ainda?'". Assim, embora todos concordassem quanto ao perigo que os judeus representavam, ele sempre tinha que ter em mente o que era possível fazer em cada momento.[35] É uma fala que dá um vislumbre vital da mentalidade de Hitler – ele admitia seu desejo de ser mais radical na perseguição aos judeus, mas via que era politicamente necessário avançar devagar em direção ao seu objetivo final. Goebbels, no registro em seu diário de 30 de novembro de 1937, revela exatamente que objetivo era esse: "Conversei longamente sobre a questão judaica [com Hitler] [...] Os judeus devem ser expulsos da Alemanha, da Europa toda. Isso vai levar um tempo, mas vai acontecer e precisa acontecer. O Führer está totalmente comprometido com isso".[36]

Em paralelo com essa abordagem tática da "questão judaica", Hitler também era cauteloso ao falar sobre outra profunda convicção sua – o desejo de criar um império alemão nas regiões ocidentais da União Soviética. Ele nunca manifestou esse desejo em público na década de 1930, mas reservadamente, no ano anterior ao seu discurso de 1937 em Nuremberg, deixou clara sua intenção de confrontar o "perigo" do bolchevismo. Em um memorando que escreveu em agosto de 1936, na época em que nomeou Hermann Göring chefe do programa econômico conhecido como "Plano Quadrienal", Hitler reiterou que – no *front* militar – era destino da Alemanha lidar com o bolchevismo. Como a Alemanha estava superpovoada, era preciso conquistar mais território, portanto "a solução final [para esse problema] está em estender nosso espaço vital".[37] Vale a pena notar o uso dessas palavras, "solução final", nesse contexto, já que o plano para exterminar os judeus também ficaria conhecido pelas mesmas duas palavras. Aqui elas têm a intenção de distinguir a fase transicional, na qual os alemães iriam construir seu poderio militar, da fase de "solução final", quando teria início o conflito militar de fato.

Numa reunião de gabinete em 4 de setembro de 1936, Göring leu um memorando de Hitler e comentou que a lógica dele era clara – "o duelo com a Rússia é inevitável".[38] Dois meses mais tarde, em novembro de 1936, Goebbels confirmou que também estava ciente de que o momento em que a Alemanha teria que se confrontar com a União Soviética se aproximava rapidamente. Após almoçar com Hitler, teve uma "conversa detalhada a sós com o Führer" e concluiu que "o rearmamento continua. Estamos investindo somas fabulosas. Em 1941, estará concluído. O confronto com o bolchevismo se aproxima [...] É praticamente certo que dominaremos a Europa".[39]

Em seu inflamado discurso em Nuremberg dez meses mais tarde, em setembro de 1937, Hitler fez uma tentativa de encurtar a distância entre o que dizia em privado e o que dizia em público, embora nunca tenha chegado ao ponto de dizer que a Alemanha iria invadir a União Soviética. Em vez disso, declarou ao mundo que a Alemanha precisava não só se rearmar, mas também estar preparada para lutar contra a ameaça bolchevique caso os "russos" atacassem. E como, segundo Hitler, por trás dos bolcheviques estavam os judeus, um conflito militar com os russos significaria também um conflito armado com a "ameaça" judaica. Mesmo nesse estágio inicial, era óbvio que uma guerra entre a Alemanha e a União Soviética não seria um conflito qualquer, mas uma luta entre ideologias diferentes e – segundo a visão de Hitler – entre "raças" diferentes.

Aqueles que faziam parte do governo alemão, mas não aderiram com entusiasmo a essa visão foram logo descartados. Hjalmar Schacht, ministro da Economia do Reich, que tanto fizera para viabilizar o rearmamento com sua criativa reorganização da economia alemã, foi demitido em novembro de 1937. Simplesmente não era radical o suficiente. Schacht continuou a presidir o Reichsbank até ser tirado também desse posto em janeiro de 1939. Foi por fim removido do insignificante cargo de ministro sem pasta no início de 1943. No ano seguinte, depois do atentado a Hitler de 20 de julho, foi enviado a um campo de concentração.

A perda de poder de Schacht foi um destino característico de vários membros da elite tradicional de direita que haviam apoiado Hitler no início da década de 1930. A trajetória de Schacht talvez tenha sido um caso extremo – poucos tiveram cargo tão alto no Estado nazista e caíram depois tão baixo a ponto de ver o interior de um campo de concentração –, mas essa jornada, da euforia inicial na criação do Terceiro Reich à desilusão com as subsequentes políticas agressivas do regime, não foi incomum. Em 5 de novembro de 1937, poucas semanas antes de Schacht perder o cargo de ministro da Economia, Hitler expôs a vários outros membros da elite alemã da velha escola o seu pensamento radical; e quando eles não manifestaram mais tarde uma aprovação ardorosa de suas ideias, suas carreiras sofreram o mesmo destino que a de Schacht. Presentes à reunião na Chancelaria do Reich naquele dia estavam os comandantes-em-chefe do Exército (Generaloberst Werner von Fritsch), da Marinha (Generaladmiral Erich Raeder) e da Força Aérea (Reichsminister da Aviação, Hermann Göring), junto com o ministro da Guerra (Generalfeldmarschall Werner von Blomberg) e o ministro do Exterior (Konstantin von Neurath). O infame Memorando Hossbach – as notas dessa reunião que foram registradas pelo coronel Hossbach, assessor militar de Hitler – revela que Hitler expressou abertamente seu desejo de ganhar mais território para a Alemanha nos anos seguintes, e de correr o risco de deflagrar uma guerra para conseguir esse objetivo. Não mencionou na reunião sua ambição mais grandiosa, a de invadir a União Soviética, muito provavelmente porque quis concentrar-se em metas de prazo mais curto, como a ocupação da Áustria e da Tchecoslováquia.

A declaração que Hitler fez na reunião de que "o objetivo da política alemã era assegurar e preservar a comunidade racial e ampliá-la. Era, portanto, uma questão de espaço [...]" foi coerente com a visão de mundo que já expressara em *Minha luta* em 1924.[40] Hitler disse que a Alemanha deveria promover uma política externa agressiva o mais rápido possível, pois a vantagem obtida com o rearmamento não se manteria por muito tempo. Também revelou ter finalmente entendido o quanto seria improvável que a Alemanha pudesse formar uma parceria com a Grã-Bretanha. Isso não era surpresa, já que Ribbentrop, enviado como embaixador alemão em Londres em meados de 1936, falhara em conseguir a esperada aliança. Hitler disse então que era mais provável ter a Grã-Bretanha como adversária no conflito previsto.

Göring, como sempre, apoiou Hitler na discussão que se seguiu, mas os outros foram céticos. Temiam especialmente, e de maneira presciente, que a Alemanha ficasse presa numa armadilha – uma guerra entre dois *fronts*, o da União Soviética e o dos Aliados ocidentais. Esses argumentos razoáveis não eram o que Hitler queria ouvir de seus subalternos, e aqueles que manifestaram dúvidas na reunião deixariam seus cargos nos próximos meses. Blomberg renunciou em 27 de janeiro de 1938 depois de um casamento inadequado com uma mulher jovem que uma vez havia posado para fotos pornográficas; Fritsch foi obrigado a sair em 4 de fevereiro, depois de ter sido falsamente acusado de uma ligação homossexual; e Neurath foi transferido do Ministério do Exterior no mesmo dia e "promovido" ao cargo de presidente de um novo Conselho do Gabinete, um comitê consultivo que jamais se reuniu.

Todos os que vieram a ocupar esses cargos-chave dentro do Estado nazista acabaram se revelando ou mais complacentes que seus predecessores ou mais belicosos – ou ambas as coisas. Ribbentrop, o antigo embaixador na Grã-Bretanha, virou ministro do Exterior; o prestativo Walther von Brauchitsch assumiu o lugar de Fritsch como chefe do Exército; e o próprio Hitler substituiu Blomberg, abolindo a pasta de ministro da Guerra. Não há evidência de que Hitler planejasse fazer essas mudanças na esteira da reunião de Hossbach, mas ele agarrou as várias oportunidades, como a do casamento inoportuno de Blomberg, quando elas se apresentaram a ele. Como resultado desses movimentos, sua capacidade de propor uma política externa mais radical ficou consideravelmente fortalecida.

A primeira manifestação dessa abordagem mais agressiva deu-se pouco mais de quatro meses após a reunião de Hossbach, à medida que cresciam as tensões entre Hitler e o governo da terra onde nascera – a Áustria. Esses confrontos iriam, por sua vez, levar a uma sísmica mudança na política antissemita nazista.

A história recente dos judeus austríacos era similar, em muitos aspectos, à dos vizinhos judeus alemães no período anterior à Chancelaria de Hitler. O status dos judeus vienenses na primeira metade do século XIX era ilustrado pelo ornamentado edifício do Stadttempel, no centro da cidade, da década de 1820. Enquanto o interior, com colunas jônicas e teto em abóbada, indicava a riqueza e o sucesso da comunidade judaica vienense, a entrada discreta – quase escondida – denotava sua opressão, pois os judeus haviam sido proibidos de construir um local de culto aberto após o Decreto da Tolerância, expedido pelo imperador José II em 1782.

Em 1867, foram por fim concedidos aos judeus austríacos direitos iguais perante a lei, e teve início em Viena uma era dourada da cultura judaica. Foi a época do compositor Gustav Mahler, do escritor Arthur Schnitzler e do psicanalista Sigmund Freud – todos eles judeus de nascença. Mas essa recém-conquistada liberdade dos judeus não foi do agrado de todos os austríacos. Dois políticos em particular manifestaram um virulento antissemitismo. Um deles era Georg von Schönerer, parlamentar obcecado por três ideias: o desejo de uma aproximação maior com a Alemanha, a rejeição do catolicismo e o ódio aos judeus. Seu antissemitismo baseava-se mais em aspectos raciais do que religiosos. "A religião é apenas um disfarce", foi uma de suas afirmações, "é no sangue que está a imundície".[41] O outro político era Karl Lueger, o prefeito populista de Viena. Ele criticava, em termos que teriam soado familiares aos nazistas, o fato de os judeus terem muita presença numérica em certas profissões e a maneira como supostamente corrompiam o corpo político. "Sempre que um Estado permite que os judeus se tornem poderosos", disse ele, "logo desmorona, ao passo que nos Estados onde há entendimento suficiente para isolar os judeus, o princípio monárquico é salvaguardado [...]".[42] Lueger não perdeu tempo em se beneficiar dos medos vienenses a respeito do influxo de judeus do Leste Europeu, particularmente aqueles que fugiam da Rússia. Havia conclamações para que a fronteira austríaca fosse fechada para evitar que judeus entrassem no país, e havia o medo de que trouxessem com eles tanto doenças quanto sementes de uma revolução política. Lueger disse aos judeus de Viena, num discurso em novembro de 1905, que "não admitissem os revolucionários social-democratas [judeus]. Eu faço o alerta aos judeus, com muita ênfase: pode ocorrer [aqui] talvez a mesma coisa que aconteceu na Rússia. Nós em Viena somos antissemitas, mas com certeza não somos inclinados ao assassínio e à violência. Mas se os judeus ameaçarem nossa pátria, então não teremos misericórdia".[43]

Embora grande parte dessa retórica antissemita austríaca tivesse sido reconhecida pelos antissemitas na Alemanha, havia uma grande diferença entre os dois países no que se refere à "questão judaica": a proporção da população de judeus. Na Alemanha, menos de um por cento dos alemães eram judeus, enquanto em Viena, em 1890, cerca de 12 por cento da população era judaica – em torno de 100 mil, de um total de 820 mil. Na época em que os nazistas entraram na Áustria, em março de 1938, havia mais de 180 mil judeus só em Viena, e talvez chegassem até a 200 mil – enquanto em toda a Alemanha havia na época menos que o dobro desse número. Portanto, para os nazistas o "problema" judaico na Áustria era, em proporção, maior ainda do que na Alemanha.

Ao final da Primeira Guerra Mundial, as potências vitoriosas decidiram dividir o Império Austro-Húngaro, e a Áustria tornou-se um país à parte. O novo governo em Viena queria que a Áustria fizesse parte da República Alemã, mas, pelo Tratado de Saint-Germain, de 1919, os vencedores vetaram a união entre os dois países. Os austríacos não esqueceriam que essa solicitação havia sido negada – uma decisão francamente divergente da promessa do presidente Woodrow Wilson de "autodeterminação" dos países.

Mas não havia como escapar da realidade geográfica, e nas décadas de 1920 e 1930 a Alemanha teve papel importante nos assuntos da Áustria. Na década de 1920, a Áustria – como a Alemanha – atravessou dificuldades econômicas, embora não na mesma escala que seu vizinho maior. Em 1934, em meio a uma atmosfera de crise política, os nazistas austríacos assassinaram o chanceler do país, Engelbert Dollfuss. Seu sucessor, Kurt Schuschnigg, lutou para estabelecer uma Áustria independente diante de uma Alemanha agora governada por um chanceler nascido na Áustria, mas que se considerava alemão – do mesmo modo que acreditava que todo "ariano" austríaco era também alemão.

Hitler pressionou a Áustria e também Schuschnigg, mas tinha receio de tomar uma ação militar direta a fim de forçar uma união – ou Anschluss. Sua grande preocupação era que uma aventura desse tipo fosse antagonizá-lo com Mussolini, já que a Itália garantira a independência da Áustria. Hitler esperava que algum tipo de união ainda pudesse ocorrer sem violência, e isso parecia possível após a assinatura, em 1936, de um acordo austro-germânico. Embora, pelos termos do acordo, Hitler tivesse reconhecido a "soberania" da Áustria, Schuschnigg afirmou que incluiria um defensor do nazismo em seu gabinete.

Nas primeiras semanas de 1938, o embaixador alemão em Viena – o ex-chanceler Franz von Papen – sugeriu a Schuschnigg que visitasse Berchtesgaden para um encontro com Hitler, a fim de corrigir quaisquer "mal-entendidos" entre os dois países. A reunião resultante, realizada em 12 de fevereiro daquele ano, é um dos exemplos mais instrutivos de como Hitler desestabilizava seus oponentes. Na primeira discussão entre Hitler e Schuschnigg, no escritório do primeiro andar do Berghof, Hitler lançou uma série de acusações ao líder austríaco: que a Áustria devia ter se retirado da Liga das Nações; que a Áustria havia historicamente sabotado qualquer tentativa de união com a Alemanha; que a Áustria estava agora tentando fortalecer a fronteira com o Reich, e assim por diante. Ele juntou a essas acusações uma ameaça, a de que estava decidido a "colocar um fim a tudo isso", e advertiu que "Talvez você acorde um dia em Viena e encontre a gente lá – como uma tempestade de primavera. E então vai ver uma coisa". Além disso, disse Hitler, após uma invasão bem-sucedida, o país seria ocupado por Stormtroopers nazistas e pela Legião Austríaca, um grupo paramilitar formado por nazistas austríacos, e "ninguém pode deter sua justa vingança – nem mesmo eu".[44]

Como muitos dos opositores políticos de Hitler, Schuschnigg era um tipo intelectual – um graduado em Direito que, após a guerra, se tornou professor de Ciência Política. Para pessoas assim, Hitler era um adversário praticamente impossível de vencer. Ele disparava acusações falsas uma atrás da outra, em sucessão tão rápida que não dava tempo de responder. Schuschnigg foi um dos primeiros estadistas estrangeiros a ser tirado do sério por essa tática – e não seria o último. Ele pareceu não entender que Hitler não respondia a argumentos intelectuais. O líder alemão não era um estadista "normal". Não queria chegar de comum acordo a um meio-termo, e para ele não fazia diferença se os "fatos" que apresentava estavam corretos ou não.

Hitler usou uma tática retórica similar em seus ataques aos judeus. Sua alegação genérica, por exemplo, de que vários "judeus estrangeiros" estavam tramando para desestabilizar a Alemanha nazista era mais ou menos a mesma coisa que sua acusação vaga a Schuschnigg de que "a história toda da Áustria é apenas um ato ininterrupto de alta traição". Do mesmo modo, sua intimidadora declaração de que "nem ele" poderia deter a "justa vingança" de fanáticos do Terceiro Reich que entrassem na Áustria tinha o mesmo teor da declaração que fizera, à época do boicote nazista de 1933 a lojas e negócios judaicos, de que as pessoas poderiam fazer "justiça" com as próprias mãos e atacar os judeus elas mesmas. Em ambos os casos, Hitler apresentava-se como uma força moderadora, que refreava grupos ainda mais radicais. Era uma ameaça óbvia, mas eficaz. Se você não aceitasse o que Hitler oferecia agora, poderia vir algo pior.

Kurt Schuschnigg com certeza ficou desconcertado por esse encontro com Hitler no Berghof. O doutor Otto Pirkham, diplomata austríaco que o acompanhou naquele dia, lembra que "no lanche da tarde, Schuschnigg ficou em total silêncio [...] muito deprimido, e seu silêncio se devia ao fato de que aquilo que ficara sabendo na reunião com Hitler não tinha sido nada agradável".[45] Schuschnigg saiu de Berchtesgaden naquela noite depois de ter sido intimado a assinar um documento que fazia várias concessões a Hitler, entre elas um acordo para que nomeasse um defensor do nazismo, o austríaco Arthur Seyss-Inquart, como ministro do Interior. Em 20 de fevereiro, Hitler fez um longo discurso no Reichstag, no qual elogiou Schuschnigg por sua "grande compreensão e disposição calorosa [...] de encontrar um caminho para avançar nos interesses de ambos os países, e no interesse do *Volk* alemão – esse grande *Volk* alemão, do qual somos todos filhos [...]".[46] Quatro dias mais tarde em Munique, na celebração do aniversário de fundação do Partido Nazista, Hitler emparelhou as questões austríaca e judaica ao falar contra as "indecentes mentiras" da imprensa estrangeira sobre as reais intenções da Alemanha em relação à Áustria. Ele destacou o britânico *News Chronicle*, que, segundo ele, publicara que os soldados alemães estavam se reunindo na fronteira. Essas "insolentes acusações", declarou, conforme reportagem do *Völkischer Beobachter*, serviam para demonstrar "como os envenenadores judeus internacionais fabricam e espalham mentiras". Além disso, "podemos aprender uma lição disso. Devemos combater com todo vigor esses agitadores judeus na Alemanha. Sabemos que são agentes de uma Internacional, e devemos tratar todos eles de acordo".[47]

Como manobra para neutralizar Hitler, Schuschnigg convocou um plebiscito na Áustria sobre a questão da unificação com a Alemanha. Como resposta, Hitler, com Göring insistindo nisso, aumentou a pressão sobre os austríacos e mobilizou tropas na Baviera. Schuschnigg renunciou, e Seyss-Inquart foi nomeado chanceler da Áustria. Ele "convidou" os soldados alemães a entrarem na Áustria, e eles atravessaram a fronteira na manhã de 12 de março. Os soldados austríacos não ofereceram resistência aos alemães que se deslocavam pelo país, e milhões de austríacos comuns deram as boas-vindas à Wehrmacht com guirlandas de flores. Muitos austríacos achavam que a chegada dos nazistas oferecia a esperança de uma nova Áustria, mais forte e livre de problemas econômicos. Por exemplo, Susi Seitz, uma adolescente austríaca, diz que ela e a família viam Hitler como seu "salvador", porque "nós na realidade tínhamos que pertencer à Alemanha".[48] Haviam desejado que a Áustria fosse anexada à Alemanha após a Primeira Guerra Mundial, e agora parecia que finalmente esse "sonho" seria realizado.

Emil Klein, um "velho combatente" do Partido Nazista que participara do Golpe da Cervejaria em 1923, mal podia acreditar no que estava acontecendo agora, 15 anos depois: "Quando ouvi dizer que a marcha da anexação estava a caminho – eu era comandante veterano regional da Juventude Hitlerista –, fiquei muito entusiasmado, pois tinha alguns contatos austríacos daqueles anos, e sem pedir autorização a meus superiores e nem perguntar nada, peguei meu carro e fui até a Áustria, logo atrás das tropas que seguiam por Passau. A experiência que tive lá não vou viver uma segunda vez na vida. Que entusiasmo! Nem eu, nem os soldados, imagino, tínhamos recebido tantos beijos como daquela vez, de garotas que vinham correndo até nós. A Áustria estava virada do avesso".[49]

Hitler cruzou a fronteira e entrou na Áustria na tarde de 12 de março, apenas algumas horas depois de seus soldados terem feito aquela mesma jornada. Seu ponto de cruzamento foi simbólico – pelo Rio Inn, no local onde nasceu, Braunau am Inn. Dirigiu triunfalmente o caminho todo, passando por multidões que o saudavam, até a cidade de Linz, onde frequentara a escola. Reinhard Spitzy, um nazista austríaco que havia ingressado no Ministério do Exterior alemão, estava no sexto carro da comitiva, dirigindo atrás de Hitler. Para Spitzy, esse foi um momento muito emotivo: "Todos os meus sonhos de reunificar a Áustria e a Alemanha – não se esqueçam de que a Áustria governou a Alemanha por seiscentos anos e que a coroa alemã está em Viena no Hofburg. Então, para mim, após a derrota no ano de 1918, para nós era como um sonho [...] Posso dizer que o entusiasmo era, não digo cem por cento, mas vamos supor que fosse de oitenta e cinco por cento, era impressionante [...] Eu vi até policiais e freiras com bandeiras da suástica. Todos achávamos que se tratava de um novo grande Reich, pacífico, porque para os austríacos – eu sou austríaco – a guerra é uma coisa que não apreciamos. Perdemos muitas guerras, contra a Prússia, contra a Inglaterra e a França, e assim por diante, estamos de saco cheio de guerras [...] a Anschluss foi um dos feitos que Hitler obteve sem guerra, assim como a ocupação da Renânia, e o que ele fez está perfeitamente dentro da ordem".[50]

Na época, afirma Spitzy, ele acreditava saber exatamente quais eram as ambições de Hitler: "Hitler, desde o início, queria unir todos os países de fala alemã, exceto a Suíça e Luxemburgo, no velho Sacro Império Romano-Germânico. Queria reparar a injustiça da Guerra dos Trinta Anos, da paz de Münster e Osnabrück, queria tornar a Alemanha tão grande quanto havia sido na Idade Média".

Essa ideia de que o objetivo último de Hitler era reunificar os falantes de alemão, mais do que entrar numa guerra de conquista no Leste, era um conceito errôneo muito comum – e que Hitler estimulava em seus pronunciamentos. Spitzy, que trabalhara na embaixada alemã em Londres na década de 1930, descobriu em primeira mão que muitos membros da elite governante britânica viam poucos problemas em uma Europa onde todos os falantes de alemão vivessem juntos: "Se ele [Hitler] fizesse isso, teria a compreensão de grande parte do *establishment* britânico. Todos tinham essa compreensão. Eles me disseram isso".

Na Áustria, embora o Estado não tivesse imposto medidas antissemitas similares às da Alemanha, havia ainda considerável preconceito "tradicional", do tipo que Kurt Lueger, antigo prefeito de Viena, teria reconhecido. Walter Frentz, por exemplo, viajou para Viena em 1928 e afirmou que havia experimentado a atitude de alguns vienenses em relação aos judeus em uma viagem de bonde. "De repente, o bonde fez uma parada de emergência no meio do trajeto", diz Frentz, que mais tarde se tornaria cinegrafista de Hitler. "E havia um homem parado no meio dos trilhos, que não tinha visto o bonde se aproximar. Depois de frear, o motorneiro disse algo que me chocou e deixou uma profunda impressão. 'Ah, meu Deus, é um judeu. Se eu soubesse, teria passado por cima!' E todos os demais vienenses disseram: 'Sim, é isso mesmo que você devia ter feito, esse porco judeu!'. E sequer conheciam o homem."[51] Susi Seitz, que comemorou quando Hitler entrou em Linz em março de 1938, era outra austríaca que tinha problemas com judeus, embora expresse seus sentimentos de modo bem mais diplomático: "Devo dizer que ninguém gostava muito dos judeus na Áustria [...] Nunca tivemos a sensação de que fossem iguais a nós, eram diferentes, totalmente diferentes".[52]

A partir do momento em que os alemães entraram na Áustria, os judeus passaram a correr riscos. "Ouvíamos o barulho das ruas", diz Walter Kammerling, um judeu de 15 anos que morava em Viena, "a população toda de Viena, quer dizer, obviamente a população não judaica, em festa, divertindo-se. E então começou o primeiro problema, as lojas judaicas foram atacadas". Logo após a invasão alemã, "você já tinha gente incomodando você [...] Você era declarado completamente fora da lei. Não havia mais proteção, de onde quer que fosse. Qualquer um podia chegar em você e fazer o que quisesse, e pronto [...]".[53]

De maneira vergonhosa, valentões nazistas faziam judeus lavarem as ruas esfregando o chão, numa demonstração de humilhação pública. Walter Kammerling se lembra de ter visto uma senhora bem vestida, segurando a filhinha no colo para que ela pudesse ver um Stormtrooper chutando um velho judeu enquanto ele esfregava o chão. "Todos riam", diz ele, "e a menina ria também – era uma diversão maravilhosa [para eles], e isso me chocou".[54]

William Shirer, um correspondente americano, foi testemunha dos abusos em Viena. "Relatos de sadismo de todo tipo, de nazistas e austríacos, me surpreenderam", escreveu em seu diário. "Faziam homens e mulheres judias limparem latrinas. Centenas [...] simplesmente pegavam as pessoas aleatoriamente na rua para limpar os banheiros dos garotos nazistas."[55]

Esse surto inicial de ação antissemita havia sido em grande parte espontâneo – uma desorganizada série de atos de perseguição similares àqueles realizados por Stormtroopers depois que Hitler se tornou chanceler, mas em maior escala. A liderança nazista, no entanto, logo desestimulou essa brutalidade impulsiva, e em vez disso a perseguição se tornou institucionalizada. Heinrich Himmler, Reichsführer da SS, entrou na Áustria logo após os primeiros soldados alemães e estabeleceu seu quartel-general no Hotel Metropol, em Viena. Reinhard Heydrich, seu aliado próximo e chefe da SD – a chamada Sicherheitsdienst, órgão de contrainteligência da SS –, também chegou à cidade logo depois. Na noite de 13 para 14 de março – apenas 36 horas após o Exército Alemão colocar suas botas em solo austríaco –, a Gestapo começou a expropriar obras de arte das casas judaicas. A valiosíssima coleção de arte dos Rothschild, por exemplo, foi repartida entre Hitler, Göring e o museu de Linz. Menos de uma semana após a ocupação da Áustria, os nazistas fecharam os escritórios das organizações judaicas e colocaram seus líderes atrás das grades. No final de março, judeus haviam sido demitidos de seus empregos em setores como o teatro e o círculo acadêmico, além de proibidos de servir no Exército Austríaco. Propriedades e negócios dos judeus também viraram alvo, com os nazistas expropriando apartamentos de judeus e tomando posse de lojas de departamentos e fábricas. Esse processo de "arianização" iria repetir-se em breve na Alemanha.

O primeiro trem da Áustria para o campo de concentração de Dachau partiu em 1º de abril de 1938. Ao final do ano, perto de oito mil pessoas haviam sido enviadas da Áustria para lá.[56] A princípio, a maioria era de opositores políticos dos nazistas, muitos deles de ascendência judaica. Mas, em maio, os nazistas começaram a visar os judeus por eles chamados de "associais", "criminosos" ou simplesmente "desagradáveis".[57] O terror chegou a tal extremo que um judeu austríaco corria risco de ser preso pelo simples fato de estar comendo num restaurante ou sentado num parque público quando as autoridades lançassem uma busca por judeus. Ao todo, em 1938, mais de 75 por cento dos prisioneiros enviados a Dachau pelos nazistas eram judeus. Nos trens para Dachau, os austríacos com frequência eram surrados e abusados de outras formas. Uma estimativa – feita pelos próprios membros da SS – avaliava que cerca de setenta por cento daqueles que estavam num trem investigado por eles haviam sido agredidos.[58]

Alguns judeus austríacos tentavam argumentar com seus torturadores. O doutor David Schapira, um judeu vienense advogado e também dono de loja, ficou cego em decorrência de ferimentos sofridos durante a guerra. Depois de ficar impossibilitado de exercer advocacia e de ter sua loja expropriada, foi com a esposa procurar autoridades nazistas em Viena para entregar uma petição, esperando que vissem suas condecorações de guerra e pudessem demonstrar alguma compaixão por ele. Mas o que lhe disseram foi "Seu patife judeu, pode enfiar esse troço dos Habsburgo [as medalhas] no seu rabo. Caia fora e não volte aqui, senão atiro você escada abaixo – talvez então consiga enxergar de novo".[59]

Os suicídios eram comuns entre os judeus de Viena, pois muitos preferiam morrer a viver sob o domínio nazista. William Shirer escreveu que um amigo dele havia visto "um companheiro de aspecto judeu" em pé num bar. "Depois de um tempo, vi-o tirar uma navalha das antigas do bolso e cortar a garganta".[60] Goebbels registrou cinicamente em seu diário no dia 23 de março de 1938: "No passado, os alemães cometiam suicídio. Agora ocorre o contrário".[61]

Adolf Eichmann, um tenente de 32 anos da SD, teve papel importante nos horrores da Áustria. Ele conhecia o país e havia frequentado escola em Linz – assim como Hitler. Mais tarde, trabalhou por seis anos na Áustria para a Companhia Petrolífera Vacuum. Entrou para o Partido Nazista e para a SS em 1932 e no ano seguinte, depois de perder o emprego, voltou para a Alemanha, onde nascera.

Eichmann, a essa altura especializando-se em "assuntos judaicos" na SD, havia se preparado para a Anschluss durante algum tempo, recolhendo informações sobre os austríacos considerados uma ameaça pelos nazistas. Ele lembra que "com semanas de antecedência, todo homem fisicamente apto que eles conseguissem arrumar era posto para trabalhar em três turnos: escrevendo fichas para um imenso fichário circular, com vários metros de diâmetro, que um homem sentado num banquinho giratório de piano podia operar para encontrar qualquer ficha que quisesse, graças a uma série de orifícios perfurados".[62] Eichmann, portanto, chegou a Viena em março de 1938 com uma lista de pessoas, entre elas vários judeus de destaque, para serem presas. Mas as autoridades nazistas descobriram que prender os líderes da comunidade judaica criava problemas. Como os nazistas estavam tentando obrigar os judeus a emigrar – depois de despojá-los de suas riquezas –, não havia sobrado ninguém do lado dos judeus em posição de liderança para coordenar as expulsões. Então Eichmann teve permissão de seus superiores para soltar alguns judeus importantes, para que ajudassem a organizar o êxodo. Num dos casos, Eichmann reuniu-se com Josef Löwenherz, um advogado judeu, para discutir de que modo as organizações judaicas poderiam ajudar os nazistas, e depois mandou Löwenherz de volta à sua cela para que trabalhasse nos planos.[63]

Logo se chegou a uma solução radical – um sistema que Eichmann chamou de "esteira rolante".[64] Os judeus que queriam emigrar eram reunidos num edifício e depois passavam por oficiais nazistas, até que sua expulsão fosse concluída. Em agosto de 1938, esse Escritório

Central para Emigração de Judeus começou a funcionar, com sede no Palácio Rothschild. Ao todo, 80 mil judeus austríacos saíram do país entre março de 1938 e o final do ano.[65] Na época em que a guerra começou, em setembro de 1939, o número total havia alcançado cerca de 130 mil. Os judeus foram obrigados a pagar por sua própria partida, com os ricos bancando os mais pobres por meio das organizações judaicas.

A invasão da Áustria e a subsequente união do país à Alemanha foram um sucesso inegável para o regime de Hitler. Em particular, a maneira pela qual os judeus na Áustria haviam sido tão rapidamente identificados, perseguidos e expulsos indicou um caminho viável para os nazistas. Com isso, os judeus na Alemanha passaram a correr um risco ainda maior.

7. Radicalização
(1938-1939)

A AUTOCONFIANÇA DE HITLER atingiu novos níveis depois que os nazistas conquistaram a Áustria. Em seus discursos após a Anschluss, ele dizia que havia pessoalmente "prestado o maior serviço ao *Volk* alemão" e que "o período de minha liderança da Alemanha é histórico dentro da grandeza alemã".[1]

Hitler afirmou até que a sua existência era parte de um plano sobrenatural, vangloriando-se de que "Quem quer que acredite em Deus deve admitir: quando o destino de um povo é alterado em três dias, então trata-se de um desígnio divino [...]"[2] e que desde que Deus decretara agora que Alemanha e Áustria deveriam estar unidas, então, "O que o Senhor juntou, a mão do homem não irá separar".[3]

Mas apesar de toda essa conversa sobre "Deus", não há evidência de que Hitler fosse um cristão praticante − como já vimos no contexto do *Minha luta*.[4] Na realidade, ele via o cristianismo como "uma invenção de cérebros doentes".[5] O propósito da existência, na sua visão, era que os seres humanos vivessem e morressem para a "preservação da espécie".[6] Sua tarefa pessoal era conduzir o *Volk* alemão para um novo mundo de prosperidade e pureza racial. Em seu esforço, vinha recebendo ajuda de uma força mística que chamou de "providência". Num trecho memorável de um discurso proferido em 1936, disse que "nem ameaças nem advertências me farão desviar.

Eu trilho o caminho que a providência me atribuiu, com a certeza instintiva de um sonâmbulo".[7]

No entanto, na primeira metade de 1938, Hitler sentiu que seu tempo para cumprir o destino que a "providência" lhe atribuíra estava se esgotando. Em um discurso em Viena em 9 de abril, pouco antes de completar 49 anos, queixou-se de ter "consumido"[8] seus "melhores anos" numa luta para chegar ao poder. Tudo isso – seu medo de que o tempo para alcançar a grandeza que almejava estivesse se esgotando, a grande confiança em sua genialidade após o sucesso na Áustria e sua apreensão de que outros países estivessem agora investindo massivamente nas próprias forças armadas – criou uma mistura inflamável.

Os nazistas começaram a adotar políticas mais radicais na Alemanha. Numa operação iniciada em 21 de abril de 1938, a Gestapo passou a agir contra os alemães "indolentes". Os desempregados que tivessem recusado duas ofertas diferentes de emprego eram levados ao campo de concentração de Buchenwald. A Polícia Criminal instigou um movimento similar contra os "associais" em junho de 1938. Um aspecto significativo dessa operação é que qualquer judeu alemão que tivesse uma condenação criminal anterior também era preso.[9] Não importava se os judeus presos estavam aptos para o trabalho ou não – bastava ser judeu com uma condenação criminal anterior e já ter cumprido um mês ou mais na cadeia.[10] Esse foi um dos primeiros exemplos de como, na realização de ações de âmbito nacional, os judeus eram tratados com maior severidade do que os demais.

Como resultado dessas incursões, mais de dois mil judeus foram presos em condições que eram pavorosas até mesmo para os padrões nazistas. Em Buchenwald, muitos dormiam ao relento. Para alguns guardas da SS, a chegada dos judeus era uma oportunidade para descarregar tanto sua raiva quanto seu sadismo. Depois de admitidos no campo, os judeus eram encarregados das tarefas mais duras, e mais de 90 morreram em meados de 1938. A libertação desses judeus com frequência só era possível se conseguissem convencer a SS de que iriam emigrar imediatamente.

A vida também vinha piorando para os demais judeus alemães. Uma série de regulamentações antissemitas no decorrer de 1938 restringiu ainda mais sua liberdade. Os médicos judeus não podiam mais tratar pacientes "arianos", e os judeus foram proibidos de exercer uma série de ocupações, como a de caixeiro-viajante. Os nazistas também fizeram esforços coordenados para identificar e isolar judeus por meio da aplicação de um decreto de 17 de agosto de 1938, segundo o qual, se eles não tivessem ainda um primeiro nome "especificado" como judaico, tinham que assumir o nome adicional de "Israel", para os homens, ou "Sara", para as mulheres.[11]

Ao mesmo tempo em que eram implementadas essas medidas oficiais de perseguição, os nazistas se voltaram para os judeus nas ruas, particularmente em Berlim, onde Goebbels empenhava-se em ampliar o nível da ação antissemita. Goebbels anotou em seu diário em junho de 1938: "Falei para trezentos policiais em Berlim. Coloquei-os em ação, de fato. Sem sentimentalismo. O mote não é legalidade, mas assédio. Os judeus têm que sair de Berlim. A polícia irá ajudar".[12] Portanto, os judeus passaram a ser visados nas ruas de Berlim de maneiras que não eram vistas desde os primeiros dias do domínio nazista.

Algumas semanas antes de seu discurso de junho, Goebbels pedira ao conde Helldorf, o chefe da polícia de Berlim, que propusesse regulamentações antissemitas mais rigorosas. Em 11 de junho, um dia após o seu discurso, ele recebeu um memorando de Helldorf. Embora não tenha sido aplicado imediatamente, o documento continha muitas ideias para aumentar a perseguição que seriam adotadas pelos nazistas mais tarde durante a guerra – como obrigar os judeus a morar em áreas segregadas da cidade e identificá-los com uma marca especial em suas roupas.

Paralelamente a essas ações contra judeus, "associais" e "indolentes", os nazistas também visaram outros grupos. O primeiro era o dos *Zigeuner* – ou "ciganos". Hoje, esses são termos pejorativos (talvez o alemão *Zigeuner* mais do que o nosso "cigano"). Mas na época, as pessoas de pele predominantemente mais escura, que centenas de anos antes haviam viajado da Índia à Europa e agora tinham um modo de vida itinerante, costumavam ser conhecidas como ciganos. Toda a legislação formulada para persegui-los, e todos aqueles nos campos em que foram mais tarde atormentados, referiam-se a eles por esse nome. No entanto, os termos geralmente aceitos agora em muitos países para denominar aqueles que costumavam ser chamados de ciganos são "sinti" e "roma", pois a maioria era originária de grupos conhecidos por esses nomes.[13]

Como no caso dos judeus, a história da perseguição aos sinti e aos roma é anterior em muitos anos à chegada dos nazistas. No final do século XVI, os sinti e os roma foram acusados de ajudar e incentivar os turcos a desestabilizarem o Sacro Império Romano, e nos séculos XVII e XVIII muitos estados alemães aprovaram leis para controlá-los. Algumas dessas leis, como o decreto do governador de Hesse-Darmstadt em 1734, negavam aos sinti e aos roma o direito de entrar em territórios específicos; outras, como uma ordem aprovada em Mainz em 1714, chegavam a pedir que fossem executados.[14] Os sinti e os roma foram difamados por seu estilo de vida – eram acusados de viver "como cachorros"[15] – e por sua aparência física, tachada de "negra, suja [e] bárbara".[16]

Como os judeus, os sinti e os roma eram percebidos como "andarilhos" vagabundos, sem lar permanente. Mas nunca ficava claro em que medida estavam sendo condenados por traços que não era possível mudar, como sua ancestralidade, ou por atributos sociais que teriam como alterar, como a decisão de muitos sinti e roma de viajar pelo interior em vez de se instalar em algum lugar. Cesare Lombroso, o escritor italiano, foi um dos que acreditaram que as qualidades negativas percebidas nos sinti e nos roma eram inerentes. Em 1902, escreveu que eles tinham uma tendência ao comportamento criminoso por serem "vilões" de nascença.[17] Não obstante, a maior parte da legislação anticiganos que os estados alemães aprovaram no início do século XX tinha mais a intenção de moderar o comportamento do que de levar a um ataque racial de fato. Em julho de 1926, o parlamento da Baviera aprovou uma Lei para o Combate aos Ciganos, Viajantes e Indolentes[18] que estipulava, entre outras restrições, que ninguém poderia viajar de um lugar a outro com caravanas sem a permissão da polícia.

Muitos dos que foram criados em que os nazistas classificaram como famílias ciganas na década de 1930 achavam que seus problemas eram causados não só pelo novo regime, mas também por séculos de preconceito. "A população em geral sempre desprezou os sinti e os roma", diz Franz Rosenbach, que teve a experiência de viver sob o nazismo na Áustria. "Eles sempre foram maltratados, não eram reconhecidos, sempre foram vistos como cidadãos de segunda ou mesmo terceira categoria. Na realidade, costumávamos ter muito pouco contato com a maioria dessa população, primeiro porque eles não queriam ter nada a ver conosco, e segundo porque nossos pais haviam dito para não chegarmos perto deles, porque não gostavam de nós. O preconceito tinha por base a ideia de que os sinti eram pessoas que roubavam crianças e sei lá mais o quê. Mas devo dizer que isso simplesmente não era verdade."[19]

Hermann Höllenreiner, de uma família sinti de Munique, lembra como aqueles que eram percebidos como ciganos sofriam na década de 1930. "Minha mãe chegou a me mandar para a escola", diz ele, "mas eu tinha um professor que não gostava de mim – eu era obrigado a ficar em pé num canto da sala ou sair da aula, e às vezes apanhava dele [...] foi por isso que parei de ir à escola. Ele também maltratava outros sinti". O preconceito contra os sinti e os roma na escola era disseminado. "Na segunda série, assim que souberam que éramos ciganos, as [outras] crianças não tiveram mais permissão de falar conosco – talvez por causa dos pais delas, não sei." Hermann acredita que era consenso entre a maioria dos alemães que "se um cachorro caga em algum lugar, eles dizem: 'Cigano!' [isto é, foi um cigano que fez isso] – sim, é essa a fala comum entre os alemães".[20]

Hitler, no entanto, não parecia muito preocupado com os sinti e os roma – eles sequer são citados em *Minha luta*. Só aos poucos é que medidas dirigidas explicitamente a essa população vieram a ser implementadas pelos nazistas. É quase certo que uma das razões para essa falta de urgência seria que muitos sinti e roma já haviam sido pegos em ações contra "mendigos" ou "antissociais". Só mais tarde é que eles foram incluídos nas Leis de Nuremberg. Wilhelm Frick, ministro do Interior, estabeleceu num decreto de 26 de novembro de 1935 que a Lei de Nuremberg proibindo o casamento de judeus com alemães "puros" incluía também os ciganos.[21] Frick posteriormente esclareceu essa restrição em 3 de janeiro de 1936, dizendo que se um indivíduo cigano tivesse apenas "uma quarta parte, ou menos, de sangue alheio", ele ou ela poderia se casar com um alemão "ariano".

Por meio dessa legislação, os nazistas criaram para eles mesmos outro imenso problema de definição. Não havia nenhum inconveniente em falar, em tese, sobre porcentagem de "sangue cigano", mas na prática não se podia implementar essa ideia – pela simples razão de que era impossível calcular o quanto de "sangue cigano" qualquer indivíduo tinha. Já vimos que, não tendo como achar um modo racial de distinguir entre judeus e não judeus, os nazistas recorreram a uma definição da "condição judaica" baseada na religião. Mas esse método não podia ser usado no caso dos sinti e dos roma, pois, entre eles, a grande maioria dos que praticavam alguma religião era cristã.

Na esteira dessa extensão das Leis de Nuremberg, os nazistas precisavam urgentemente encontrar um modo de determinar a porcentagem de "condição cigana" de um indivíduo, assim como haviam precisado antes avaliar a porcentagem de "condição judaica". Para isso, foi fundada no início de 1936, dentro do Ministério da Saúde do Reich, uma nova organização de pesquisa sob o comando do doutor Robert Ritter. Ele e sua equipe criaram então um vasto índice de fichas, com informações sobre cada potencial sinti e roma na Alemanha – cerca de 30 mil pessoas acabariam sendo cadastradas. Ritter e seus colegas decidiam quem era e quem não era cigano inspecionando registros de nascimento e familiares, e investigando o estilo de vida de cada indivíduo.

As conclusões de Ritter sobre a natureza da vida cigana deram forma ao primeiro pronunciamento de Himmler sobre o assunto, uma circular intitulada "Combatendo a Praga Cigana", expedida em 8 de dezembro de 1938. O documento declarava que o "problema cigano" deveria ser tratado como uma questão de "raça" e exigia que tanto "ciganos assentados quanto os não assentados" fossem registrados pela polícia. A vida dos ciganos precisava ser "regulamentada", disse Himmler, entre outras coisas para impedir "mais mistura do sangue".[22]

Um dos vários aspectos curiosos da circular de Himmler era a declaração de que "a experiência mostra que os parcialmente ciganos têm o maior papel na criminalidade cigana". Essa estranha afirmação baseava-se na crença do doutor Ritter de que uma pequena minoria de ciganos "de raça pura", levando a tradicional vida itinerante de cidade em cidade em caravanas, era menos perigosa que os ciganos que haviam decidido assentar-se e casar com a população alemã "ariana".

Embora não houvesse qualquer evidência empírica confiável para apoiar essa proposição, Ritter sustentava que a distinção era importante. A teoria era que alguns "ciganos puros" poderiam ser considerados como um tipo de "ariano", já que teriam se originado no subcontinente indiano. Mas como grande número de ciganos havia se casado com não ciganos, eles haviam "poluído seu sangue" e, portanto, eram especialmente perigosos. Essa lógica intrincada levou a uma situação bizarra – implícita na circular "Combatendo a Praga Cigana" –, segundo a qual os ciganos de "sangue puro" seriam um problema menor para o Estado nazista do que os de "sangue mestiço". Esse estado de coisas era justamente o inverso do vivido pelos judeus, no qual quanto mais um indivíduo fosse percebido como judeu, mais estaria em risco. Na prática, depois que a guerra teve início e a perseguição aos sinti e aos roma aumentou, a distinção entre ciganos "puros" e "não puros" teria pouco efeito prático, mas mesmo assim permanece como um valioso vislumbre da mentalidade dos perpetradores.

O ano 1938 foi significativo não só pela promulgação da circular "Combatendo a Praga Cigana", mas porque o regime aumentou o nível das ameaças contra os sinti e os roma de outras maneiras. Muitos alemães sinti e roma foram pegos num ataque aos "indolentes", em junho de 1938, e transportados para campos de concentração – um relatório sobre mão de obra no campo de Sachsenhausen, por exemplo, registrou a chegada de 248 ciganos.[23] Os sinti e os roma austríacos também foram visados e levados ao novo campo de concentração de Mauthausen, perto de Linz, onde tiveram que trabalhar em condições terríveis. Adolf Gussak, um austríaco classificado como cigano pelos nazistas, lembra que "na pedreira tínhamos que carregar pedras pesadas. Com elas nas costas, subíamos os 180 degraus [até o campo]. Os SS nos batiam. Com isso, com frequência acontecia algum empurra-empurra: todos queriam escapar das pancadas. Se alguém caía, era executado com uma bala na nuca".[24]

Ao que parece, houve pouca preocupação entre a população em geral com a perseguição aos sinti e aos roma. Na realidade, um relatório da polícia da Áustria em janeiro de 1939 afirmava que a população local queria maior empenho para combater a "praga cigana", porque essa "raça não faz nada além de roubar e fraudar os alemães".[25]

Os membros do outro grupo que os nazistas visaram com maior severidade no final da década de 1930 tinham uma condição única entre todos aqueles perseguidos pelo Terceiro Reich. Isso porque sofreram não devido a um acidente de nascimento, como os judeus ou os sinti e os roma, mas por uma escolha espiritual. Eram as Testemunhas de Jeová – perseguidos por sua fé religiosa. Embora, como já vimos, os nazistas tivessem uma atitude ambivalente em relação à maioria das seitas cristãs, eles achavam as Testemunhas de Jeová absolutamente inaceitáveis: as Testemunhas de Jeová recusavam-se a fazer a saudação nazista, não permitiam que os filhos aderissem à Juventude Hitlerista e se recusavam a votar nas eleições e a entrar no Exército Alemão.

Imediatamente após a chegada de Hitler ao poder, as Testemunhas de Jeová procuraram esclarecer em que pé estavam em relação a uma série de questões, e publicaram uma "Declaração de Fatos". As Testemunhas negaram que recebessem qualquer apoio financeiro dos judeus e alegaram que "os judeus comerciais do império britânico-americano" haviam "construído e levado adiante grandes negócios como um meio de explorar e oprimir os povos de diversas nações".[26]

Else Abt, uma Testemunha de Jeová presa durante a guerra e que sofreu em Auschwitz, se lembra da sua atitude em relação aos judeus antes de ser presa. "Nunca comprei nada em lojas judaicas", diz ela, "porque eles sempre [cobravam] preços altos e então davam um desconto, e o povo estúpido achava que estava pagando só metade do preço. É verdade, vi acontecer em Danzig. Eles punham os preços lá em cima e como sabem que as pessoas gostam de pagar menos – então calculavam os preços de certo jeito, essa é a minha opinião, mas não tenho nada contra os judeus [...] Pessoalmente, posso dizer que nunca morri de amores pelos judeus e que nunca compraria nada numa loja judaica".[27]

Mas a tentativa das Testemunhas de Jeová de mostrar que podiam coexistir com o regime nazista foi infrutífera. Na visão de Hitler e dos nazistas, as Testemunhas de Jeová simplesmente recusavam-se a se submeter às normas na nova Alemanha. Em particular, seu pacifismo era visto como incômodo. Em dezembro de 1933, Heydrich disse que todas as Testemunhas de Jeová que tentavam difundir suas crenças eram "fanáticos inacreditáveis"[28] e deviam ser presas. Theodor Eicke, comandante de Dachau em 1933, resumiu sua visão da religião em geral com as palavras: "Livros de oração são para mulheres e para quem usa calcinha".[29]

As Testemunhas ficaram particularmente vulneráveis depois de uma ordem, expedida em maio de 1937, que autorizava seu envio para campos de concentração pela mera suspeita de má conduta. Assim que entravam nos campos, as Testemunhas de Jeová com frequência eram alvo de maus-tratos terríveis. No julgamento pós-guerra de guardas de Sachsenhausen, um pedreiro que fora interno do campo testemunhou que "No outono de 1938, eu trabalhava numa construção quando o Blockführer Sorge e o Blockführer Bugdalle vieram até o local da obra e mandaram um grupo de prisioneiros abrir um buraco com a profundidade de um homem, e puseram dentro uma Testemunha cujo nome era Bachuba, e o enterraram até o pescoço. O Sorge e o Bugdalle morriam de rir e ridicularizavam o homem. Depois, quando só sobrou a cabeça dele acima do chão, urinaram sobre ela. Deixaram o homem mais uma hora naquela cova. Quando foi desenterrado, puxado para fora e colocado no chão, ainda estava vivo, mas não conseguia ficar em pé".[30]

Rudolf Höss, que mais tarde seria o comandante de Auschwitz, foi ajudante no campo de concentração de Sachsenhausen em 1938, e liderou as brutalidades dispensadas às Testemunhas de Jeová. Mais tarde, escreveu que havia "conhecido muitos fanáticos religiosos no meu tempo", mas que as Testemunhas em Sachsenhausen "superavam qualquer coisa que eu já tivesse visto".[31] Lembrava-se de dois deles em particular, que "foram quase correndo para o local da execução. Pediram para não serem amarrados de jeito nenhum, pois queriam poder levantar as mãos para Jeová. Transfigurados pelo êxtase, ficaram em pé diante do muro de madeira do campo de tiro, parecendo não estar mais nesse mundo. É assim que eu imagino os primeiros mártires cristãos enquanto aguardavam no circo que as feras selvagens viessem destroçá-los".[32]

Segundo Höss, seus chefes Himmler e Eicke ficavam fascinados com o ardente compromisso que as Testemunhas demonstravam com sua religião: "Em muitas ocasiões, Himmler, assim como Eicke, usou a fé fanática das Testemunhas de Jeová como exemplo. Homens da SS deviam ter a mesma fé fanática e inabalável no ideal nacional-socialista e em Adolf Hitler que as Testemunhas tinham em Jeová. Só quando todos os homens da SS acreditassem com o mesmo fanatismo na própria filosofia é que o Estado de Adolf Hitler estaria permanentemente assegurado".[33]

Outros prisioneiros observavam que as Testemunhas de Jeová pareciam capazes de lidar melhor do que muitos outros com o sofrimento que suportavam nos campos. Bruno Bettelheim, historiador da arte e mais tarde psicólogo, foi preso primeiro em Dachau e depois em Buchenwald, pouco antes da Segunda Guerra Mundial, e embora sentisse que as Testemunhas de Jeová – segundo a teoria psiquiátrica – seriam "consideradas extremamente neuróticas e até delirantes e, portanto, vulneráveis à deterioração psíquica em tempos de crise", não foi isso o que viu nos campos. "Não só exibiam um comportamento moral excepcional", escreveu após a guerra, "como pareciam protegidos da influência do ambiente do campo, que rapidamente destruía aquelas pessoas que nossos amigos psiquiatras, e mesmo eu, teriam julgado bem integradas".[34] Foi esse certamente o caso de Else Abt em Auschwitz. "Eu não estava amedrontada", disse ela, "porque achava que meu criador iria me ajudar. Acreditávamos que Deus seria capaz de nos ajudar em qualquer situação difícil".[35]

A maneira cada vez mais radical com que os nazistas procuravam lidar com aqueles que percebiam como inimigos do Reich também afetou outro grupo – os homossexuais. Heinrich Himmler deixou clara sua atitude em relação aos homossexuais num discurso para os líderes da SS em 1937. Afirmou que um homossexual era ao mesmo tempo um "covarde" e um "mentiroso". "Infelizmente, não é tão fácil para nós quanto era para nossos ancestrais" disse ele, porque naquela época o homossexual "era afogado num pântano [...] Não era uma punição, mas simplesmente o cancelamento de uma vida anormal. Tinha que ser eliminado, da mesma maneira que arrancamos urtigas, fazemos uma pilha com elas e tacamos fogo. Não era vingança, era só que a pessoa em questão tinha que desaparecer".

Uma razão prática para lidar com os homossexuais agora, argumentava Himmler, era que "o equilíbrio sexual" da Alemanha havia sido "desarranjado" devido aos dois milhões de homossexuais no país

– somados aos dois milhões de alemães mortos na guerra –, indicando que havia uma "carência de quatro milhões de homens sexualmente capazes" no país. "Entre os homossexuais", disse Himmler, "há aqueles que pensam: 'O que eu faço não é da conta de ninguém, é assunto meu, particular'. No entanto, as coisas do terreno sexual não são um assunto particular de cada indivíduo, mas significam a vida e a morte da nação".[36]

Os nazistas, como temos visto, com frequência tentavam alegar um vínculo entre os judeus e qualquer coisa que não pudessem tolerar. Foi assim também com a homossexualidade. Em 1930, antes de os nazistas chegarem ao poder, Alfred Rosenberg escreveu um artigo no *Völkischer Beobachter*, prometendo que os nazistas iriam punir por meio de "expulsão ou enforcamento" o "maligno impulso dos judeus de evitarem a divina ideia da Criação por meio de relações físicas com animais, irmãos e pessoas do mesmo sexo".[37] Assim, afirmava Rosenberg absurdamente, os judeus estimulavam não só a homossexualidade, mas o incesto e o bestialismo.

A atitude do próprio Hitler em relação à homossexualidade, pelo menos no início, não era tão definida. Embora falasse sobre a importância da família tradicional e o dever dos casais de procriarem, ele tolerou a homossexualidade de Ernst Röhm, o líder dos Stormtroopers. Era também uma fofoca comum entre as lideranças dos Stormtroopers que outra alta figura da organização, o Obergruppenführer (tenente-general) Heines, mostrava-se tão explícito quanto à sua preferência sexual que foi apelidado de "*Fräulein* Schmidt"*.[38]

De início, Hitler não dava importância à questão da homossexualidade de Röhm quando lhe era trazida à sua atenção. Mas isso mudou totalmente quando Hitler decidiu punir Röhm, em junho de 1934, a fim de controlar o poder dos Stormtroopers. Agora era politicamente conveniente condenar a homossexualidade. Depois que Röhm foi detido no *resort* de férias de Bad Wiessee, em junho de 1934 – enquanto num quarto em frente o Obergruppenführer Heines era flagrado na cama com um jovem Stormtrooper –, Hitler passou a discursar contra a corrupção moral da SA.[39]

---

* Senhorita Schmidt. [N.T.]

Atos homossexuais entre homens haviam sido ilegais no período de Weimar, embora as autoridades costumassem fazer vista grossa para os clubes gays de Berlim. Mas os nazistas agora rejeitavam qualquer forma de tolerância, e em 1935 introduziram restrições mais duras no Parágrafo 175 do Código Penal Alemão, atacando o que chamavam de "atos licenciosos e lascivos" entre homens. Anteriormente, os tribunais haviam interpretado a lei como uma proibição da sodomia – algo que se revelava difícil de aplicar, a não ser que dois homens fossem realmente flagrados no ato. Mas a nova definição de "atos licenciosos e lascivos" permitia aos tribunais punir praticamente qualquer forma de contato físico entre homens. Quanto à homossexualidade feminina, embora não houvesse lei que proibisse especificamente o sexo entre mulheres, havia espaço para que o regime tachasse as lésbicas de "associais".

Aqueles que eram sentenciados sob o Parágrafo 175 eram enviados a prisões convencionais ou campos de concentração, onde corriam o risco de ser torturados para revelarem os nomes de outros homossexuais. Podiam até ser castrados. A lei declarava que os homossexuais precisavam dar seu consentimento a uma operação drástica como essa, mas ao entrarem nos campos podiam ser objeto de uma pressão implacável que os levasse a concordar.[40] Ao todo, cerca de dez mil homossexuais foram enviados a campos de concentração durante o Terceiro Reich; ninguém sabe ao certo quantos deles morreram, mas uma estimativa sugere que foram sessenta por cento.[41]

É também significativo, no contexto dessa expansão do terror nazista, que o final da década de 1930 tenha assistido à abertura do primeiro campo de concentração específico para mulheres, em Lichtenburg, na Saxônia, com as primeiras prisioneiras entrando no campo em dezembro de 1937. Até então, as mulheres eram destinadas ao sistema prisional tradicional ou a um campo bem menor em Moringen, administrado pelo estado prussiano. Apenas uma minoria do sistema de campos de concentração era de prisioneiras mulheres – menos de 12 por cento antes da eclosão da guerra.[42] Mas o número de mulheres que viraram alvo das forças de segurança nazistas cresceu à medida que foram adentrando o interior do país em busca de potenciais inimigos – um desdobramento também ilustrado pela abertura do famoso campo de concentração para mulheres de Ravensbrück, ao norte de Berlim, na primavera alemã de 1939. Este – o maior dos campos para mulheres – absorveu todas as prisioneiras de Lichtenburg e foi ainda ampliado posteriormente.

Seria um erro, no entanto, sugerir que Hitler estava preocupado nesse período em expandir o terror no âmbito interno. Essa crescente perseguição teve como pano de fundo outra questão que ocupava muito mais a sua atenção – o impulso em direção à guerra.

Em 30 de maio de 1938, Hitler assinou uma ordem em que declarava: "É minha decisão inalterável invadir a Tchecoslováquia por meio de uma operação militar no futuro próximo".[43] O pretexto para essa afirmação desafiadora era o suposto sofrimento da minoria de fala alemã que vivia na região da fronteira da Tchecoslováquia conhecida como Sudetos. Mas, na realidade, havia mais em jogo. Em 8 de julho daquele ano, num discurso a industriais, Hermann Göring revelou que a Alemanha corria o risco de entrar em guerra com "França e Inglaterra, Rússia [e] América". Além disso, essa era "a grande hora do destino, desde a origem da história alemã".[44]

Com tantas tensões, não surpreende que os nazistas aumentassem seus ataques àqueles que percebiam como seus inimigos dentro do Reich. Mas ainda havia considerações políticas a respeito de táticas – e especialmente sobre o momento ideal para agir. Em 21 de junho de 1938, numa reunião à qual compareceram tanto a polícia quanto representantes do partido, foi tomada a decisão de não adotar as pesadas propostas restritivas sobre os judeus de Berlim, apresentadas, por iniciativa de Goebbels, pelo chefe de polícia de Berlim, conde Helldorf. Era uma época particularmente sensível na relação entre os nazistas e a comunidade internacional, pois os nazistas queriam que os demais países aceitassem centenas de milhares de judeus alemães e austríacos. E essa mesma questão seria debatida em Évian-les-Bains, uma cidade-spa às margens do Lago Genebra, na França.

Essa reunião do Comitê Intergovernamental para Refugiados Políticos havia sido proposta pelo presidente Roosevelt em março de 1938, na esteira da Anschluss, mas levara quatro meses para ser organizada. A essa altura, a situação estava ainda pior para os judeus do que estava na época em que Roosevelt sugeriu a conferência. Pois enquanto os delegados da Conferência de Évian instalavam-se em seus quartos no luxuoso Hotel Royal, ficaram sabendo que o ataque aos judeus austríacos, em vez de levar as nações do mundo a abrir suas fronteiras, em muitos casos resultara em controles de imigração ainda mais rigorosos.

Na esteira da Anschluss, os holandeses haviam se recusado a aceitar passaportes austríacos como documentos válidos. Luxemburgo e Bélgica aumentaram a segurança em suas fronteiras, enquanto o Ministério do Exterior em Londres expressara a ideia de que a Grã-Bretanha era "um velho país" ao mesmo tempo "altamente industrializado" e "densamente povoado", e que, portanto, era implicitamente um destino inadequado para receber grande número de imigrantes.[45] Um deputado do parlamento fez uma advertência num debate em 22 de março de 1938 a respeito da "dificuldade" que a Grã-Bretanha enfrentaria na eventualidade da chegada de grande número de judeus, pois a polícia teria que garantir que "nosso povo esteja protegido contra aqueles que poderiam muito facilmente ter se infiltrado – traficantes de drogas, traficantes de escravas brancas, pessoas com antecedentes criminais".[46] O ministro do Interior, Sir Samuel Hoare, disse numa comissão do gabinete em julho que "existe um sentimento ganhando bastante corpo nesse país [...] contra a admissão de judeus" nas colônias britânicas.[47] Quanto aos suíços, haviam colocado restrições severas à expedição de vistos, a fim de evitar que judeus entrassem em grande número no país. Haviam até se recusado a sediar a conferência intergovernamental em solo suíço. A sugestão original era realizá-la em Genebra, mas depois que os suíços se recusaram a cooperar, o local foi transferido para Évian, mais a nordeste, às margens do Lago Genebra. Nem os Estados Unidos aceitaram relaxar as regras de imigração quando eclodiu a crise austríaca. Na realidade, quando os americanos convocaram a Conferência de Évian, já haviam declarado explicitamente que não seria exigido de nenhum dos países participantes aceitar mais imigrantes do que já vinham fazendo.

A própria atitude de Roosevelt em relação à conferência era ambígua. Embora a reunião tivesse sido ideia sua, ele decidiu enviar como chefe da delegação americana não um membro de seu governo, mas um amigo próximo, Myron C. Taylor, ex-diretor geral da US Steel. Tampouco se tratava oficialmente de uma conferência sobre ajuda aos "judeus" – seu propósito fazia apenas uma menção eufemística a "refugiados políticos".

A mais provável explicação para tudo isso, embora pouco caridosa, é que, apesar de Roosevelt estar preocupado com o destino dos judeus no Reich, ele não necessariamente esperava que a Conferência de Évian resultasse em muito auxílio prático. Essa interpretação é confirmada pelo conteúdo de um memorando confidencial, escrito antes da conferência por George Strausser Messersmith, subsecretário de Estado. Ele disse que não eram muitos os países que estavam "abordando o problema com entusiasmo" e que tinha receio de que os delegados fossem meramente "falar da boca para fora" sobre a ideia de ajudar os "refugiados".[48]

Isso é particularmente relevante porque Messersmith conhecia, melhor do que muitos na administração Roosevelt, a verdadeira natureza do regime nazista. Em carta que escreveu em junho de 1933 da embaixada americana em Berlim para William Phillips, do Departamento de Estado, disse acreditar que o governo alemão pretendia "transformar a Alemanha no instrumento de guerra mais poderoso que já existiu" e que "vem sendo desenvolvida a mentalidade de que o mundo inteiro está contra a Alemanha". Além disso, "com raras exceções, os homens que comandam esse governo têm um jeito de pensar que eu e você não somos capazes de entender. Alguns deles são casos psicopáticos e, em condições normais, estariam recebendo tratamento em algum lugar".[49]

Embora Roosevelt estivesse bem ciente da natureza do regime nazista, ele tinha sempre muito cuidado em não se afastar demais da opinião pública americana. Uma vez confidenciou a seu redator de discursos, Samuel Rosenman: "É uma coisa terrível olhar por cima do ombro quando você tenta liderar e descobrir que não tem ninguém te seguindo".[50] Roosevelt sabia por pesquisas de opinião que a maioria dos americanos era contra aceitar grande número de refugiados no país,[51] e ele não estava disposto a ir diretamente contra os desejos dos eleitores americanos – especialmente quando teria que concorrer à reeleição para presidente em 1940.

No entanto, mesmo que Roosevelt tivesse convocado a Conferência de Évian apenas para dar publicidade ao destino dos judeus, ainda assim demonstrava maior solidariedade ao problema do que vários chefes de Estado do mundo livre. Basta examinar, por exemplo, a visão de Mackenzie King, primeiro-ministro do Canadá. Em 29 de março de 1938, ele escreveu em seu diário: "Há uma questão muito difícil contida no apelo de Roosevelt a diferentes países para que se juntem aos Estados Unidos em admitir refugiados da Áustria, Alemanha etc. Isso significa, em resumo, admitir uma multidão de judeus. Minha sensação pessoal é que não ganharemos nada criando um problema interno no esforço de resolver um problema internacional". King percebeu que o Canadá poderia ser visto como um refúgio para judeus devido aos "nossos grandes espaços abertos e à pequena população", mas, mesmo assim, "Devemos procurar manter essa parte do continente livre de tumultos e de uma miscigenação excessiva com linhagens estrangeiras de sangue [...] Temo que teríamos agitações se concordássemos com uma política que admitisse a entrada de uma multidão de judeus".[52]

King conhecia bem a Alemanha – havia sido estudante em Berlim na virada do século XX. Quando conheceu Hitler, em 29 de junho de 1937, disse-lhe ter testemunhado pessoalmente "o trabalho de construção de seu regime". Além disso, declarou que "esperava que esse trabalho pudesse continuar. Que nada pudesse destruir esse trabalho. Que estava destinado a ser seguido em outros países para o grande benefício da humanidade". King formara a opinião de que Hitler "é realmente alguém que ama de verdade seus companheiros e seu país, e que faria qualquer sacrifício para o bem deles. Que ele sente tratar-se de alguém que veio libertar seu povo da tirania". Em particular, King ficou "impressionado" com os olhos de Hitler: "Havia um aspecto líquido neles, que indicava uma percepção aguda e uma profunda simpatia".[53] O que King não menciona do seu encontro com Hitler, a julgar por seu diário, é a perseguição aos judeus. Nem os campos de concentração, nem a supressão de direitos humanos, nem a eliminação da democracia.

No dia seguinte, King encontrou-se com Neurath, o ministro do Exterior alemão. Neurath disse a King que ele "teria odiado viver em Berlim com os judeus". Ele prosseguiu afirmando que os judeus vinham conquistando o controle dos negócios e das finanças alemães e que, portanto, havia sido necessário conter seu poder.[54] King não parece ter feito nenhuma objeção a esses comentários antissemitas. Ao contrário, ele e Neurath foram junto a um almoço que, segundo ele, "foi dos mais agradáveis de que já participei".

Apesar desses antecedentes, a Conferência de Évian ainda permaneceu como "a única esperança", no entendimento do Congresso Judaico Mundial, para as "centenas de milhares de judeus que estão hoje sendo barbaramente perseguidos e desalojados de posições que têm mantido há séculos". Um memorando dirigido aos delegados da conferência pelo rabino Stephen Wise, presidente do Congresso Judaico Mundial, não só conclamava a comunidade internacional a oferecer refúgio a "no mínimo" 200 mil a 300 mil judeus alemães e austríacos ao longo dos próximos anos, mas também tocava em dois outros assuntos ainda mais controversos. O primeiro era o pedido de que a conferência "fizesse tudo a seu alcance" para convencer o governo alemão a permitir que os judeus saíssem do Reich com alguns de seus bens intactos. O segundo era que a conferência devia aceitar que "o problema dos refugiados judeus não pode ser discutido sem levar em conta as imensas possibilidades da Palestina como uma saída para a imigração judaica. A maioria do povo judeu tem reconhecido há muito tempo que apenas a criação de um Estado Judaico pode restaurar a estrutura normal da comunidade judaica dispersa".[55]

Nunca houve nenhuma possibilidade de os delegados de Évian apoiarem as demandas do Congresso Judaico Mundial. Os britânicos, em particular, não estavam inclinados a anunciar uma mudança radical no *status quo* da Palestina, onde os árabes, no momento, estavam em maior número que os judeus. Na realidade, os britânicos não estavam preparados para discutir nada a respeito da Palestina em Évian. Havia até preocupações dentro do Ministério do Exterior de que qualquer tentativa de facilitar a saída de "refugiados" da Alemanha pudesse fazer com que outros países do Leste Europeu tentassem usar o mesmo mecanismo para expulsar também seus "refugiados" (todos sabiam, é claro, que "refugiados" era um código para "judeus"). Seguindo essa lógica, era possível que autoridades do Ministério do Exterior argumentassem que qualquer tentativa de ajudar os judeus da Alemanha e da Áustria poderia "tornar o problema dos refugiados pior do que é no presente".[56]

Esses temores não eram totalmente infundados. Polônia, Hungria e Romênia haviam aprovado legislação antissemita na década de 1930. Na Polônia, havia em torno de três milhões de judeus – cinco vezes mais do que na Alemanha e na Áustria juntas –, e no início da Conferência de Évian eles viviam sob uma série de medidas restritivas. Em agosto de 1936, por exemplo, todas as lojas polonesas foram obrigadas a exibir o nome de seu dono em suas placas. Com isso, ficava óbvio quais pertenciam a judeus. No ano seguinte, os judeus foram proibidos de entrar na profissão médica, e também foram impostas restrições à prática da advocacia. Em março de 1938, foi anunciada uma nova lei de cidadania, que entraria em vigor em 30 de outubro daquele ano, revogando a cidadania dos poloneses que tivessem vivido no exterior por cinco anos e não tivessem mantido "contato" com a Polônia. Isso teria efeitos devastadores para os judeus poloneses que viviam no exterior.[57]

O governo polonês também estava considerando remover os judeus de vez da Polônia. No início de 1937, os poloneses iniciaram discussões com os franceses sobre a possibilidade de enviar um grande número de judeus poloneses para a ilha de Madagascar, junto à costa sudeste da África. A ideia de que Madagascar, então colônia francesa, pudesse se tornar um assentamento judeu já havia sido proposta no século XIX pelo escritor antissemita Paul de Lagarde. Agora, o governo polonês levava a ideia a sério. Em maio de 1937, uma força-tarefa conjunta polaco-francesa, sob a direção do oficial polonês Mieczysław Lepecki, viajou a Madagascar a fim de avaliar as condições do local. Mas, depois de vários meses na ilha, Lepecki e sua equipe concluíram que no máximo 60 mil judeus poderiam ser acomodados ali – uma fração muito pequena dos três milhões de judeus poloneses.[58] Assim, essa ideia fantástica foi descartada – para ser, como veremos, ressuscitada pelos nazistas três anos mais tarde.

A iniciativa de uma Madagascar polonesa funcionou como um poderoso lembrete aos delegados de Évian de que ações antissemitas não eram privilégio do governo do Terceiro Reich. O desejo de outros países europeus na década de 1930 de perseguir e até remover seus judeus tem ficado largamente de fora da consciência pública de nossos dias – minimizada pela escala e pela ferocidade do posterior Holocausto nazista.

A Conferência de Évian começou no dia 6 de julho de 1938. O tom foi definido pelo discurso de abertura de Myron Taylor, chefe da delegação americana, que reconheceu a dimensão do problema, mas se recusou, em nome dos Estados Unidos, a aumentar o número de refugiados com permissão de entrar nos EUA, além dos já definidos 27 mil ao ano. Depois, um por um, os demais delegados seguiram o mesmo roteiro; todos lamentaram a atual situação, mas não puderam prometer fazer muito para ajudar. As razões apresentadas eram várias – alta taxa de desemprego existente, o risco de "criar intranquilidade racial", a necessidade de trabalhadores agrícolas e não do tipo "administrativo" e assim por diante.

Apenas a República Dominicana ofereceu acolher grande número de "refugiados" alemães e austríacos, mas a proposta muito provavelmente foi uma jogada publicitária do ditador Rafael Trujillo. Sua reputação internacional estava em frangalhos devido ao fato de ter promovido o massacre de 20 mil haitianos no ano anterior. No final, apenas um punhado de judeus foi admitido na República Dominicana, e as grandes promessas de Trujillo não deram em nada.

Golda Meir, que mais tarde seria primeira-ministra de Israel, testemunhou pessoalmente a combinação de palavrório vazio e hipocrisia que caracterizou a Conferência de Évian. Ela escreveu que sentiu "uma mistura de dor, raiva, frustração e horror" e queria ter "gritado" para os delegados que aqueles "números" eram "seres humanos, pessoas que podem passar o resto de suas vidas em campos de concentração, ou vagando pelo mundo como leprosos, se vocês não os deixarem entrar".[59]

Na sessão final da Conferência de Évian, em 15 de julho de 1938, Myron Taylor anunciou que as diversas falas e discussões haviam alcançado algo de concreto – a criação de uma nova comissão: o Comitê Intergovernamental para Refugiados Políticos da Alemanha. Foi uma resposta patética a uma das mais terríveis crises humanas dos tempos modernos.

No entanto, deve-se também reconhecer que os delegados em Évian enfrentaram um duro dilema. Mesmo que seu governo tivesse permitido uma discussão genuína sobre a possibilidade de aumentar o número de refugiados que cada país poderia aceitar, continuaria a existir, como vimos, a preocupação de que alguns países do Leste Europeu pudessem então pedir que fossem concedidos vistos de saída aos seus judeus pelo mesmo processo. E como o resto do mundo não estava disposto nem a aceitar centenas de milhares de judeus alemães e austríacos, que esperança haveria de acomodar vários milhões mais? Do mesmo modo, se os delegados na conferência tivessem sugerido oferecer um reduto seguro apenas aos refugiados da Alemanha e da Áustria, por levar em conta a intensidade da perseguição que sofriam, será que isso não estimularia outras nações do Leste Europeu a intensificar suas ações antissemitas, baseando-se no fato de que a comunidade mundial só aceitava judeus depois de eles serem pavorosamente maltratados?

Contra esse pano de fundo, é difícil ver como qualquer coisa de substancial poderia ter sido alcançada em Évian sem a discussão do status da Palestina. Não era só o Congresso Judaico Mundial que acreditava que "um Estado judeu" poderia resolver o problema: o governo polonês também apoiava a ideia de permitir a emigração de grande número de judeus para a Palestina.[60] A esse respeito, as autoridades britânicas devem assumir a responsabilidade por não permitirem que "as imensas possibilidades da Palestina como saída para a imigração judaica" fossem discutidas. Mas, na época da Conferência de Évian, os britânicos deviam estar achando que já tinham problemas suficientes para controlar a Palestina sem o acréscimo de potenciais conflitos à mistura existente. Uma revolta árabe havia eclodido em 1937, desencadeada pelo relatório de uma Comissão Real Britânica que recomendara a partição do país entre judeus e árabes. Em maio de 1939, depois que a revolta foi finalmente sufocada, os britânicos rejeitaram a ideia de dividir a Palestina e anunciaram que não haveria mais um Estado judaico naquele território. Foram impostos limites estritos à imigração judaica à Palestina a fim de, segundo a suspeita de muitos, assegurar que os árabes continuassem sendo maioria. Essa foi uma notícia devastadora para os milhares de judeus que queriam desesperadamente encontrar uma maneira de escapar do Terceiro Reich. Para os apoiadores do sionismo, que se lembravam das bonitas palavras da Declaração de Balfour de 1917, era nada menos do que uma traição. Winston Churchill, apoiador do sionismo, chamou a decisão de um "lamentável ato de omissão".[61] Além disso, era óbvio que o governo britânico havia agido assim na tentativa de tranquilizar os árabes. Interesses britânicos estratégicos – como o Canal de Suez – ficavam em território árabe, e geopoliticamente os judeus tinham pouco para barganhar em comparação com os árabes. Como o primeiro-ministro britânico, Neville Chamberlain, declarou na reunião de uma comissão do gabinete sobre a Palestina em 20 de abril de 1939, era de "imensa importância" para a Grã-Bretanha "manter o mundo muçulmano conosco". Consequentemente, "se tivermos que ofender um dos lados, é melhor ofender os judeus do que os árabes".[62] Uma vez mais, o pragmatismo político triunfava sobre a compaixão humanitária.

Houve até representantes que, ao rejeitarem as solicitações judaicas, revelavam as próprias crenças antissemitas. Charles Frederick Blair, diretor da Seção de Imigração do Canadá, declarou em um memorando em outubro de 1938 que embora os judeus enfrentassem a potencial "extinção"[63] na Europa, mesmo assim não deveriam ter permissão de entrar em grande número no Canadá. Em carta anterior, escrita após a Conferência de Évian, ele dissera que "talvez fosse algo muito bom" para os judeus se eles fizessem a si mesmos a pergunta "por que são tão impopulares em quase toda parte?".[64]

Os delegados na Conferência de Évian não conseguiram sequer o consenso em condenar a perseguição nazista aos judeus. É provável que alguns temessem se manifestar abertamente e com isso piorar ainda mais a situação dos judeus no Reich. William Shirer escreveu que os britânicos, franceses e americanos pareciam "preocupados em não fazer nada que ofendesse Hitler". Era uma "situação absurda", pensou Shirer, porque eles "querem ficar bem com o homem responsável pelo seu problema".[65]

A visão do regime nazista quanto ao resultado da Conferência de Évian não poderia ter sido mais direta: a manchete do *Völkischer Beobachter* em 13 de julho foi "Ninguém quer ficar com eles", com o subtítulo "Debates infrutíferos na Conferência Judaica de Évian".[66] Hitler, num discurso em Nuremberg em setembro de 1938, ridicularizou as ações "hipócritas" dos "impérios democráticos". A Alemanha, disse ele, foi criticada por agir com "crueldade inimaginável" contra os judeus, mas depois os próprios países democráticos que divulgaram esse ataque recusaram-se a acolher os judeus, dizendo "infelizmente não há espaço" para eles.

Hitler formulava seu argumento contra a presença de judeus – "esses parasitas", como ele os chamava – em termos de densidade populacional. Afirmava que a Alemanha tinha mais de 140 pessoas por quilômetro quadrado, ao passo que os "impérios democráticos mundiais" abrigavam apenas "umas poucas pessoas" por quilômetros quadrado.[67]

Enquanto pronunciava essas palavras, Hitler já planejava ações militares para conquistar maior espaço para a Alemanha: primeiro na Tchecoslováquia e depois, como esboçara 13 anos antes em *Minha luta*, nas regiões ocidentais da União Soviética. As duas obsessões de sua vida política – seu ódio racial aos judeus e seu desejo de que a Alemanha obtivesse mais território – estavam, como vimos, interligadas. Não faria sentido, para Hitler, ganhar o espaço adicional que a Alemanha exigia se esse espaço contivesse uma multidão de judeus, o que era certamente o caso na Polônia e nas partes ocidentais da União Soviética. O potencial destino catastrófico de milhões de judeus estava uma vez mais no subtexto desse discurso de setembro de 1938, um ano antes do início da guerra.

Naquele mesmo mês, setembro de 1938, Hitler encontrou-se com Józef Lipski, o embaixador polonês em Berlim. Numa conversa reveladora – para ambos os lados –, trataram da "questão judaica" na esteira da Conferência de Évian e do fracasso da tentativa polonesa de buscar uma solução em Madagascar. Lipski registrou em suas anotações que Hitler "tem em mente a ideia de resolver o problema judaico por meio da emigração para as colônias, a partir de um entendimento com Polônia, Hungria e talvez Romênia". Depois de ouvir essas palavras, Lipski disse a Hitler que "se ele encontrasse essa solução, ergueríamos a ele um belo monumento em Varsóvia".[68]

Na mesma época em que Hitler conversava com o embaixador polonês a respeito de mandar os judeus para as "colônias", os britânicos tentavam chegar a um acordo diplomático com ele quanto ao destino da Tchecoslováquia. Parte do problema era que o governo britânico parecia acreditar na declaração de Hitler de que ele não queria guerra e que sua principal preocupação era mesmo com a minoria de fala alemã na Tchecoslováquia. Numa tentativa de resolver a disputa, o primeiro-ministro britânico Neville Chamberlain concordou, na conferência de Munique do final de setembro de 1938, que as tropas alemãs ocupassem os Sudetos, a região de fala predominantemente alemã da Tchecoslováquia. Os tchecos, vergonhosamente, não tiveram voz nessa questão. Apaziguando Hitler dessa forma, os britânicos esperavam evitar a guerra.

O problema era que Chamberlain não entendia que Hitler, no fundo, não era um estadista convencional, um líder político sensato que seria contrário a arriscar um conflito militar. Ernst von Weizsäcker, um diplomata alemão, tentou explicar a realidade da situação ao embaixador britânico em Berlim, Sir Nevile Henderson: "Eu disse a Henderson, de novo, que esse não é um jogo de xadrez, mas uma enchente de maré. Não podemos partir do mesmo tipo de suposições que fazemos em tempos normais e com pessoas normais".[69] A metáfora de Weizsäcker de uma "enchente de maré", além de causar impacto, é precisa – pelo menos no que se refere aos judeus alemães, que estavam prestes a ser submergidos.

Qualquer guerra de ampla abrangência num futuro próximo ameaçava atrapalhar os planos que os nazistas tinham para os judeus, pois teria início antes que a maioria deles tivesse sido expulsa do Reich. Para Hitler e os ferrenhos antissemitas do Partido Nazista, esse era um problema perigoso, pois eles acreditavam que os judeus haviam atuado como traidores por trás das linhas na Primeira Guerra Mundial e que poderiam agir do mesmo modo na eventualidade de um novo conflito. Um método prático de lidar com a situação foi proposto pelo chefe do Departamento Judaico da SD, Herbert Hagen. Em setembro de 1938, ele escreveu o memorando "Atividade do Departamento na Eventualidade de Mobilização", propondo a detenção de todos os judeus estrangeiros assim que o Exército Alemão fosse mobilizado para a guerra, bem como de todos os outros judeus, em "campos especiais", onde seriam obrigados a trabalhar na produção de armamentos. Hagen também sugeriu que alguns judeus ficassem sujeitos a "tratamento especial". Não fica claro no contexto desse memorando o que isso significaria exatamente. Talvez a frase quisesse indicar simplesmente que as circunstâncias de alguns judeus teriam que ser examinadas mais de perto, mas também é possível que Hagen imaginasse que os Serviços de Segurança poderiam julgar necessário matar alguns do grupo, já que "tratamento especial" seria, mais tarde, um dos eufemismos correntes para extermínio.[70]

Quanto a Hitler, sua crença numa conspiração judaica mundial não sofrera qualquer prejuízo pelo fracasso da comunidade internacional em oferecer ajuda aos judeus na Conferência de Évian. Num discurso em Saarbrücken em 9 de outubro de 1938, declarou: "Sabemos que o monstro judeu internacional espreita de modo ameaçador nos bastidores [...] e faz isso hoje do mesmo modo que fazia no passado".[71] Portanto, decidia agora que se os países estrangeiros não aceitassem voluntariamente os judeus que viviam no Reich, os nazistas iriam atirar alguns deles na soleira de suas portas. Em 28 de outubro, os nazistas reuniram cerca de 17 mil judeus poloneses que moravam na Alemanha, levaram-nos até a fronteira com a Polônia e tentaram empurrá-los para território polonês.

O momento escolhido para essa ação brutal foi influenciado pela lei que os poloneses haviam aprovado mais cedo naquele ano, que ameaçava negar cidadania aos poloneses que viviam no exterior a partir de 30 de outubro. Nessa tentativa de empurrar de volta os judeus poloneses pela fronteira com a Polônia, dois dias antes da data final, os nazistas pretendiam burlar a nova regra. Um flagelo horrível para esses judeus – que não eram benquistos nem pelos alemães, nem pelos poloneses. Como lembra Josef Broniatowski, que fora tirado de Plauen, a oeste de Dresden, e levado à fronteira polonesa, "milhares de judeus acabaram num prado, marchando encharcados até a cintura pelos campos [depois de terem atravessado uma vala cheia d'água]. Conforme nos aproximávamos de uma vila polonesa, apareceram alguns soldados poloneses que nos fizeram correr de volta para a fronteira alemã, batendo e atirando nas pessoas o tempo todo", e durante a noite "muitos idosos e crianças pequenas morreram". Levados a outro ponto de cruzamento da fronteira, os judeus foram por fim admitidos na Polônia. "O sofrimento foi terrível; na vila onde nos enxotaram, os mineiros, que eram católicos, começaram a chorar quando viram todo aquele sofrimento e tristeza."[72]

Sendel e Riva Grynszpan eram dois outros judeus dos milhares que foram levados até a fronteira com a Polônia. Sendel havia sido dono de uma pequena alfaiataria em Hanover e enfrentara grandes dificuldades econômicas devido às legislações antissemitas nazistas. Ele lembrou que, no final de outubro de 1938, a Gestapo chegou e "nos carregaram em caminhões da polícia, [e] em caminhões de prisioneiros, cerca de vinte homens em cada caminhão, e nos levaram até a estação ferroviária. As ruas estavam cheias de gente gritando: '*Juden raus! Aus nach Palästina!*' ('Fora judeus! Para a Palestina!')".[73]

O filho deles, Herschel, havia se mudado para a França em 1936, aos 15 anos, a fim de fugir à perseguição nazista, mas continuou devotado aos pais. Em Paris, batalhou para sobreviver, vivendo em constante risco de ser deportado. Quando soube o que havia acontecido com os pais, decidiu vingar-se dos nazistas e, na segunda-feira, 7 de novembro de 1938, atirou em Ernst vom Rath, diplomata na embaixada alemã em Paris. Vom Rath morreu dois dias depois, em 9 de novembro, coincidentemente numa das datas mais sagradas do calendário nazista – o aniversário do fracassado Golpe da Cervejaria, em Munique.

Goebbels, como os demais líderes nazistas, estava em Munique para a comemoração, e aproveitou o pretexto oferecido pelo assassinato de Vom Rath para desferir novo ataque aos judeus alemães. "Na tarde [de 9 de novembro] em que a morte do diplomata alemão Vom Rath foi anunciada", escreveu ele em seu diário, "bem, agora está feito". Goebbels encontrou-se com Hitler poucas horas mais tarde na recepção do partido, no velho edifício da Prefeitura de Munique. "Eu apresento a questão ao Führer. Ele decide: 'Deixe que as manifestações [contra os judeus] continuem. Retire a polícia. Os judeus precisam experimentar a raiva do povo'. Está certo. Eu imediatamente dou instruções adequadas à polícia e ao partido. Em seguida, converso rapidamente com a liderança do partido sobre o assunto. Aplausos entusiasmados. Todos correm para os telefones. Agora o povo vai agir."[74]

A entrada no diário de Goebbels era insincera. Para os judeus, não se tratou de "experimentar a raiva do povo", mas a raiva dos

Stormtroopers nazistas. Ao longo da noite de 9 de novembro e nas primeiras horas do dia 10 de novembro, lojas e casas judaicas foram arrebentadas; sinagogas, queimadas; e judeus, espancados, presos e até mortos. Não há cifras precisas sobre quantos judeus morreram naquela noite – com certeza foram mais de noventa. Cerca de 30 mil judeus foram presos e levados a campos de concentração.

Aos 18 anos, Rudi Bamber, em Nuremberg, soube dos ataques somente quando a porta de entrada de sua casa foi arrombada. Foi a primeira de duas visitas dos Stormtroopers naquela noite. O primeiro grupo limitou-se a destruir a casa, e o segundo atacou os residentes. Uma das mulheres idosas que vivia com eles foi arrastada para fora e surrada. Os Stormtroopers então voltaram sua atenção para Rudi e começaram a bater nele. A certa altura, ele foi levado para fora e colocado sob vigia. Em seguida – por razões que nunca entendeu –, os Stormtroopers o deixaram lá e foram embora. Ele voltou para a casa e descobriu que "estava tudo muito caótico [...] o segundo grupo [de Stormtroopers] tinha arrebentado os canos, a água corria pelo piso, e fiquei procurando o registro principal para fazer a água parar de correr, tentando andar por ali – era um pouco, suponho, como após algum tipo de ataque aéreo, sabe, com coisas espalhadas por todo lado e móveis quebrados, vidro, porcelana, por toda parte".[75]

No andar de cima, encontrou o pai – morrendo. Assassinado pelos Stormtroopers. "Fiquei totalmente chocado. Não conseguia entender como aquela situação havia brotado, a partir daquilo que tínhamos antes, o tipo de vida usual, mediana, normal – 'normal' entre aspas. Ver isso acontecer me pareceu algo absolutamente inaceitável e inacreditável [...] Eu realmente não conseguia conceber que uma coisa dessas pudesse acontecer. Já ouvira a respeito de campos de concentração, claro; eles estavam funcionando em Dachau e Buchenwald, mas isso era algo diferente. [Isso era] violência totalmente desnecessária e injustificada. Eu não conhecia aquelas pessoas, elas não me conheciam. Elas não tinham nada contra mim [pessoalmente] – eram apenas pessoas que tinham vindo para fazer seja lá o que achavam que deviam fazer [...] A coisa toda é sem sentido e sem propósito."

O que chocou particularmente Rudi Bamber, enquanto tentava assimilar o assassinato do pai, foram as contradições naquela Alemanha que habitava agora. O ataque nas primeiras horas do dia 10 de novembro havia sido arbitrário e imprevisível – apesar de realizado pelos Stormtroopers sob a proteção do Estado. Na manhã seguinte, a polícia lacrou o edifício, como se fosse oficializado como cena de crime. Eles também queriam evitar os saques, que ainda eram considerados contra a lei. Depois de uns dias, Rudi foi até o escritório da Gestapo e perguntou se a família dele poderia remover os lacres e voltar a morar na casa. "A mim parece estranho", diz ele, "eu não tinha medo de ir até a Gestapo. De algum modo parecia haver alguma legitimidade em algum lugar desse sistema [...] Era um período que para mim agora é incompreensível".

Uma das razões pelas quais Rudi Bamber achou difícil lidar com o que havia acontecido era que "eu não podia expressar a minha raiva", porque "se a gente pudesse realmente dar vazão aos próprios sentimentos, talvez fosse pior para nós [...] Eu não tinha como lidar com isso de maneira sensata ou racional. O histórico da propaganda nazista, da dominação nazista, acho que havia feito com que eu e outros judeus também aceitássemos muitas coisas, e acho que foi isso que aconteceu quando as pessoas foram deportadas e levadas para os campos. Olhando em retrospecto, acho quase inacreditável agora a maneira como lidei – ou melhor, como não lidei – com tudo o que aconteceu, sem ter nenhuma reação particular, que obviamente qualquer pessoa que pensasse direito teria. Mas acho que foi o poder do sistema que me deteve de certa maneira e impediu que eu lidasse com isso de maneira adequada".

Por toda a Alemanha, os ataques a sinagogas e a profanação de Escrituras Sagradas Judaicas alcançaram níveis baixos até mesmo para os nazistas. Em Berlim, Günther Ruschin testemunhou as consequências da destruição da sinagoga na qual seu pai era *chazan*: "Fui até lá e vi as coisas mais sagradas que temos. Estavam sujas de excrementos, e isso foi horrível. Foi a primeira vez que vi meu pai chorar".[76]

Para Rudi Bamber, a falta de apoio por parte de outros alemães ampliava o sofrimento. Ele lembra que sua família não recebeu qualquer conforto da população não judaica. A maioria simplesmente passava ao largo da casa da família devastada, mas "um ou outro" ainda atirava pedras no edifício. Similarmente, Heinz Nassau relatou que em Essen, enquanto o Centro da Juventude Judaica ardia em chamas na cidade, uma enfermeira perguntou a um bombeiro se o zelador e a família dele ainda estavam lá dentro. A reposta que ouviu foi: "Que morram em silêncio! Afinal, deram cabo de Vom Rath. E é bom sair da área antes que a gente acabe com você também".[77]

A reação no restante da Alemanha foi mais variada. Um relatório da polícia registrou que "o populacho tem visões divididas", com a maioria das pessoas acreditando que "toda essa destruição era desnecessária".[78] Outro relato de testemunha ocular judaica da Baviera diz que "O sentimento entre a população cristã de Munique é francamente contra a operação. Houve, de todas as partes, demonstrações da mais viva simpatia e compaixão [...] Uma mulher ariana de classe alta, totalmente desconhecida, abordou minha esposa com o comentário 'Senhora, estou envergonhada de ser alemã'. Outra mulher desconhecida enviou uma garrafa de vinho".[79]

Essas reações diversas à atrocidade que ficou conhecida como "Kristallnacht" – Noite dos Cristais – está também ilustrada nas reações contrastantes dos pais de Uwe Storjohann, em Hamburgo. Embora o pai de Uwe fosse "antissemita", ficou "realmente furioso" com a Kristallnacht porque os "templos sagrados" dos judeus haviam sido "profanados". Mas a mãe não estava tão preocupada – ficou feliz quando seus vizinhos judeus foram embora após o ataque. Dois dias depois chegou uma perua de carga, e um dos altos líderes da SA de Hamburgo se mudou para o apartamento deles. Uwe lembra que a mãe "achou ótimo que o líder da SA, um cara muito jovial e que fingia ser amigo do povo, estivesse ali agora".[80]

Para os milhares de judeus enviados a campos de concentração após a Kristallnacht, a experiência foi obviamente traumática. Um judeu se lembrou de ter visto o comandante de Sachsenhausen tirar suas luvas e esmurrar várias vezes um prisioneiro, chamando-o de "porco judeu imundo". Ele foi também obrigado a assistir à punição de um prisioneiro que tentara fugir: "O tal homem foi amarrado a um *Bock* ['bloco de açoite'] e surrado com um chicote pesado de couro de boi por dois homens da SA, que haviam se oferecido para isso [...] A vítima teve que contar em voz alta cada um dos 25 golpes, até que silenciou, ao perder os sentidos; mas mesmo assim os dois animais não pararam com os maus-tratos. O Stubenälteste [prisioneiro chefe de quarto] relatou que se a vítima se recuperasse, mesmo que de leve, a segunda rodada de 25 chicotadas deveria ser ministrada".[81]

O jornal da SS, *Das Schwarze Korps* ("O Corpo Negro"), vinha incitando o povo contra os judeus com termos cada vez mais radicais nos meses que antecederam a Kristallnacht. E após os ataques houve mais surtos de ódio. "Porque é necessário", declarava um artigo em 24 de novembro, "porque não ouvimos mais o clamor mundial, e porque nenhum poder na Terra será capaz de nos deter, levaremos a questão judaica à sua solução total. O programa é claro. Trata-se de: expulsão total, completa segregação!".[82]

Outro artigo, publicado em 17 de novembro, declarava: "Ai dos judeus se algum deles ou de seus cúmplices, contratado e insuflado de ódio por eles, chegar a erguer sua mão assassina contra um alemão! Não será apenas um deles que julgaremos responsável por um alemão morto ou ferido, mas todos. É isso o que devem ficar sabendo aqueles que ainda não souberam disso após nossa primeira moderada advertência [...] Existe apenas um direito, o nosso direito, a nossa autodefesa, e somos apenas nós que decidiremos a hora e o modo de sua aplicação".[83] Uma edição posterior do *Das Schwarze Korps* fazia a ameaça explícita: "O dia em que uma arma assassina judaica ou comprada por judeus se erguer contra um dos homens de destaque da Alemanha, não haverá mais judeus na Alemanha! Esperamos ter sido suficientemente claros!".[84]

O jornal da SS fez, nessa época, mais duas declarações que são importantes para a nossa compreensão da mentalidade desses adeptos da linha dura. A primeira era que embora a SS concordasse que o antissemitismo não era novo – na realidade, havia sido "vital em todos os povos e raças saudáveis há muitos milhares de anos" –, eles acreditavam que os nazistas eram os únicos que haviam extraído dele as necessárias "conclusões efetivas e práticas, desprovidas de sentimentalismo".[85] A segunda asserção da SS era que os nazistas haviam sido obrigados a empreender ações contra os judeus devido à omissão da comunidade internacional em prestar ajuda, e que portanto julgavam hipócritas as críticas das nações democráticas: "Nem o senhor Roosevelt, nem o arcebispo inglês, nem qualquer outro democrata proeminente poria sua filha na cama com um desmazelado judeu do Leste Europeu; mas quando se trata da Alemanha, eles de repente não dão notícia de nenhuma questão judaica, apenas da 'perseguição de inocentes em função de sua fé', como se alguma vez tivéssemos nos interessado por aquilo em que um judeu acredita ou deixa de acreditar".[86] Assim, mesmo antes do início da guerra, a SS alegava que eles poderiam tomar medidas violentas contra os judeus por duas razões: primeiro, porque todos os povos "saudáveis" do mundo consideravam certo ser antissemitas, embora apenas os nazistas fossem duros o suficiente para realizar as ações necessárias contra os judeus; segundo, porque não era culpa da SS que eles tivessem que atacar os judeus, já que os demais países haviam decidido não lhes oferecer refúgio seguro.

Ao mesmo tempo em que essas visões eram expressas no *Das Schwarze Korps*, nos campos de concentração os SS espancavam, açoitavam e atormentavam de outras formas milhares de judeus após a Kristallnacht. O que tudo isso revela, sem dúvida, é que a SS estava preparada para tomar atitudes radicais contra os judeus quase um ano antes do início da Segunda Guerra Mundial.

No geral, a reação internacional à Kristallnacht foi de condenação, como seria de se esperar. Mas na maioria dos países, como ocorreu em Évian, as palavras de compaixão não levaram a ações compassivas. Roosevelt de fato permitiu que 12 mil judeus austríacos e alemães que já estavam nos Estados Unidos com vistos de curta permanência prolongassem sua estada, mas uma proposta no Congresso para que se permitisse a entrada de mais 20 mil crianças judias na América foi rejeitada. Roosevelt não se pronunciou a favor do projeto de lei e a proposta morreu.

Apenas na Grã-Bretanha houve um aumento substancial no número de refugiados admitidos. Num processo gradual, iniciado após a Anschluss e que prosseguiu após a Kristallnacht, foram levantadas restrições para que 50 mil judeus da Alemanha e de territórios por ela controlados pudessem entrar na Grã-Bretanha antes da eclosão da guerra.[87] Cerca de nove mil crianças viajaram para o país no que ficaram conhecidos como "Kindertransports". Rudi Bamber e sua irmã mais nova foram dois dos que conseguiram obter vistos para ir à Grã-Bretanha pouco antes que a guerra começasse. Rudi lembra que foi preciso "muito planejamento" para a sua emigração. "Cada peça de roupa – tudo o que eu levei – teve que ser listada e aprovada pelas autoridades." Antes que sua saída fosse finalmente autorizada, Rudi teve também que se apresentar diante de um tribunal: "Havia oficiais nazistas e do exército, da Gestapo e da polícia ali sentados [...] Foi absurdo porque o general que estava encarregado dessa triagem disse 'Ah, certo, você trabalha na agricultura. Está indo para as colônias com certeza para trabalhar na terra ali'. Eu disse: 'Sim, exato'. E teria dito sim a qualquer coisa [...] Ninguém mencionava a palavra 'judeu' naquela época".[88]

Depois da Kristallnacht, não havia mais como fingir que Hitler era um político normal no comando de um país que queria relações pacíficas com o resto do mundo. Lorde Halifax, o ministro do Exterior britânico, declarou numa reunião do Comitê de Política Exterior que "pessoas malucas" haviam conseguido "assumir o controle" da Alemanha. Acreditava que "o objetivo imediato [do governo britânico] deveria ser corrigir a falsa impressão de que éramos autoindulgentes, covardes e que podíamos ser agredidos impunemente".[89]

Quanto a Hitler, não há registro de que tenha dito alguma coisa em público ou em privado sobre a Kristallnacht após o evento, embora na época Goebbels tenha deixado claro em seu diário que o líder alemão aprovou a ação contra os judeus. Muito provavelmente Hitler não quis ficar associado à violência. Ele prezava seu prestígio como chefe de Estado, e não queria que líderes estrangeiros o responsabilizassem pessoalmente. Seu silêncio também o deixou com a opção de culpar extremistas dentro do partido pela violência caso houvesse descontentamento na Alemanha com os ataques. Manfred von Schröder, então um jovem diplomata alemão, lembra que muitos achavam que a Kristallnacht havia sido obra de "nazistas radicais e do pessoal da SA" e que o crime não contara com a "aprovação de Hitler".[90] Vendo como Hitler agiu em relação à Kristallnacht, não surpreende que tenha adotado a mesma tática mais tarde, durante a guerra, e que nunca falasse explicitamente em público sobre o fato de as forças de segurança do Terceiro Reich estarem assassinando judeus.

Em 12 de novembro de 1938, Hermann Göring presidiu uma reunião no Ministério da Aviação em Berlim sobre as consequências da Kristallnacht. Trata-se de uma das únicas reuniões nazistas de alto nível sobre a política em relação aos judeus cujo registro estenográfico sobreviveu quase integralmente, e o conteúdo é revelador.[91] Em primeiro lugar, o encontro deixou claro que a hierarquia nazista não havia avaliado bem as consequências das próprias ações. O problema que haviam criado para eles próprios com a Kristallnacht ficou evidente. Agora, não só os judeus podiam pedir ressarcimento pelos danos causados aos seus bens acionando as companhias de seguros alemãs, muitas delas de não judeus, como a considerável quantidade de vidro destruída só poderia ser reposta comprando-o do exterior, e, portanto, gastando altas somas de dinheiro no mercado de câmbio. Göring disse que era "insano, esvaziar e queimar um armazém judaico e depois fazer uma seguradora alemã compensar as perdas". Ele teria preferido que "duzentos judeus" tivessem sido mortos a ver destruídas propriedades de tanto valor.

Os participantes da reunião também discutiram medidas restritivas adicionais contra os judeus. Reinhard Heydrich sugeriu que eles fossem obrigados a usar "alguma insígnia" em suas roupas. Uma das consequências disso, disse ele, seria que judeus estrangeiros "que não têm aparência diferente dos nossos" não seriam "molestados". Isso, por sua vez, impediria que outros governos se queixassem de maus-tratos a seus cidadãos na Alemanha. Göring destacou que essa ação, combinada com a futura expropriação de negócios judaicos e com maiores restrições à capacidade dos judeus de se movimentarem livremente, levaria à "criação de guetos em grande escala, em todas as cidades". Mas Heydrich era contra: "Não teríamos como controlar um gueto onde os judeus se reuniriam em meio a toda a população judaica. Acabaria sendo o esconderijo permanente de criminosos e também um reduto de epidemias e coisas desse tipo. Não queremos os judeus vivendo na mesma casa que a população alemã; mas hoje a população alemã, [em] seus quarteirões ou casas, obriga os judeus a se comportarem. O controle dos judeus por meio do olhar atento de toda a população é melhor do que ter milhares deles em um bairro onde não se possa estabelecer um controle adequado sobre sua vida diária por meio de agentes uniformizados". Essa divergência é significativa à luz do que estava por vir, já que ambas as medidas – a marcação dos judeus por meio de uma "insígnia" e a criação de guetos – seriam implantadas em partes do Leste ocupadas pouco mais de um ano depois.

A transcrição da reunião também mostra a natureza bizarra do debate entre essas figuras da liderança nazista. O que emerge é um mundo no qual qualquer ideia, por mais radical ou excêntrica que fosse, podia ser apresentada e discutida. Goebbels sugeriu que "essa é a nossa oportunidade de dissolver as sinagogas" e substituí-las por outros edifícios ou por "estacionamentos". Também discutiram obrigar os judeus a viajar em compartimentos especiais nos trens, mas Goebbels disse que isso não funcionaria, porque "suponha que houvesse dois judeus no trem e que os outros compartimentos estivessem superlotados. Esses dois judeus teriam então um compartimento inteiro só para eles". Göring rebateu dizendo "Eu daria aos judeus um vagão ou um compartimento. E se surgisse uma situação como a que você menciona e o trem estivesse superlotado, acredite em mim, não precisaríamos de uma lei. As pessoas iriam pôr os dois para fora a pontapés e mandá-los sentar sozinhos no banheiro a viagem inteira!".

Goebbels propôs que eles considerassem proibir os judeus de entrar nas florestas alemãs, pois o "comportamento dos judeus é muito incitador e provocador" com "rebanhos inteiros deles" correndo por Grunewald, uma floresta na periferia de Berlim. Göring pegou a ideia de Goebbels e acrescentou-lhe um toque bizarro, sugerindo que embora os judeus devessem ser banidos da maior parte da floresta, poderiam ter uma área reservada só para eles. Essa seção poderia ser provida de animais que se "parecessem" com os judeus – Göring sugeriu o alce, porque "tem um nariz de gancho".

O comentário de Göring sobre o alce capta bem a atitude dos membros dessa reunião de 12 de novembro. Não havia nenhuma restrição ética para refreá-los. Até um plano para mandar os judeus para a Lua poderia ter sido proposto ali se não fosse pelas dificuldades técnicas de colocá-lo em prática. Esses líderes nazistas sabiam que Hitler gostava de ouvir ideias radicais e, portanto, sentiam-se estimulados e capazes de expor os delírios mais fantásticos.

Ao final da reunião, Göring e seus colegas haviam discutido uma série de novas medidas contra os judeus, como os planos de expropriar – ou "arianizar"– negócios judaicos, instituir no país uma operação de emigração similar à que Eichmann criara na Áustria e – num ato de puro discurso dúplice – fazer com que os judeus pagassem uma absurda multa como penalidade por terem causado a Kristallnacht, já que Vom Rath havia sido morto por um judeu. Por fim, Göring resumiu a situação dos judeus que ainda viviam sob o domínio alemão: "Se, no futuro próximo, o Reich alemão entrar em conflito com potências estrangeiras, é desnecessário dizer que nós na Alemanha deveremos, antes de mais nada, deixar que isso leve a um confronto decisivo com os judeus".[92]

Quanto a Hitler, sua retórica agora era quase apocalíptica. Na sua fala diante do Reichstag em 30 de janeiro de 1939, no sexto aniversário da tomada do poder, fez ameaças explícitas aos judeus. Num discurso que durou mais de duas horas e meia, afirmou que a Alemanha queria apenas viver em paz com os demais países, mas que o "judaísmo internacional" buscava "satisfazer sua sede de vingança". Além disso, "nesse momento, os judeus estão ainda propagando sua campanha de ódio em alguns Estados com a cobertura da imprensa, do cinema, rádio, teatro e literatura, todos em suas mãos". Em declaração infame, Hitler disse ainda que se os financistas judeus "internacionais" dentro da Europa e no exterior tivessem sucesso "em mergulhar a humanidade em outra guerra mundial, então o resultado não seria a bolchevização da Terra e a vitória do judaísmo, mas a aniquilação da raça judaica na Europa".[93]

O que Hitler queria dizer exatamente com isso? Tratava-se sem dúvida de uma grave ameaça aos judeus. Mas queria dizer explicitamente que pretendia matar os judeus na eventualidade de uma guerra mundial? É discutível, especialmente porque não há evidência de que ele tivesse em mente um plano detalhado de destruição dos judeus ao pronunciar essas palavras. Outra interpretação, mais convincente, é que por "aniquilação" Hitler pretendesse dizer "eliminação", e, assim, uma possível "solução" para o "problema" judaico dos nazistas seria a extinção dos judeus na Europa removendo-os à força do continente. Essa visão se sustenta pelas declarações que Hitler fez antes nesse mesmo discurso, ao denunciar "todo o mundo democrático" por sua "não intervenção" e por se recusar a aceitar imigrantes judeus. Esses países "enchiam-se de lágrimas de piedade pelo drama do pobre e torturado povo judeu, mas ao mesmo tempo continuavam insensíveis". Foi nesse contexto que Hitler prometeu que a Alemanha iria "banir esse povo" – ou seja, os judeus.

Um vislumbre adicional das intenções de Hitler são seus comentários num encontro com István Csáky, ministro do Exterior húngaro, em 16 de janeiro de 1938 – duas semanas antes de seu discurso "profético". Csáky não era amigo dos judeus e servia um governo que já havia implementado legislação antissemita. Hitler disse a Csáky ter "certeza" de que "os judeus teriam que desaparecer da Alemanha, até o último deles".[94] Disse ainda que o "problema judaico" existia "não só na Alemanha" e que iria apoiar qualquer outro Estado que buscasse enfrentá-lo. O contexto de seu uso da palavra "desaparecer" nesse encontro sugere que Hitler queria dizer "expulsão", e não "extermínio".

Suporte adicional a essa leitura dos eventos é dado pelos comentários de Hitler em 21 de janeiro de 1938. Durante uma discussão com o ministro do Exterior tchecoslovaco, František Chvalkovský, Hitler disse que os judeus seriam "extintos da Alemanha" como vingança pelo "9 de novembro de 1918", e que uma "possibilidade" era que os países que estivessem "interessados" escolhessem "qualquer localização no mundo" e "colocassem os judeus ali". Os outros "países anglo-saxões, que estão se derramando em humanidade", poderiam então ser alertados: "Aqui estão eles; podem morrer de fome ou vocês podem colocar em prática seus muitos discursos [e, ficava implícito, cuidar deles]".[95]

Mas, embora no fim das contas seja improvável que a profecia de Hitler demonstre que ele tinha um plano definido de assassinar os judeus caso eclodisse uma "guerra mundial", não devemos subestimar a importância do vínculo em sua mente entre o destino dos judeus e qualquer futuro conflito. Se a Alemanha se envolvesse numa guerra, os judeus iriam sofrer pavorosamente – essa foi a garantia que ele deu em 30 de janeiro de 1939. Que forma esse sofrimento viria a assumir – expulsão forçada ou algo pior – ainda estava para ser decidido.

Ao mesmo tempo, Hitler aumentava a pressão sobre seus vizinhos europeus. Os eslovacos, que haviam obtido maior autonomia na Tchecoslováquia após o Acordo de Munique, foram pressionados a declarar independência total do Estado tcheco. Göring, numa reunião com representantes eslovacos, expressou-se com sua típica rudeza: "Vocês querem se tornar independentes?", disse ele, "[Ou] deixo os húngaros ficarem com vocês?".[96] Em março de 1939, os eslovacos fizeram o que lhes havia sido solicitado e se separaram dos tchecos. Sob a presidência de Jozef Tiso, um padre católico, o novo regime na Eslováquia implantou uma série de medidas antissemitas. No mês seguinte, por exemplo, aprovaram o Decreto 63/39, que bania os judeus de várias profissões, numa tentativa de garantir que fossem "excluídos" da "vida nacional".[97] "Nossas vidas foram viradas pelo avesso", diz Linda Breder, uma judia ortodoxa eslovaca que tinha então 14 anos de idade. Linda foi "expulsa da escola" e o pai dela perdeu o emprego. Ela ficou particularmente chocada porque, antes, "judeus e cristãos haviam vivido lado a lado".[98] Otto Pressburger, judeu eslovaco que tinha 17 anos em 1939, confirma que "não costumava haver diferença entre nós, entre jovens judeus e cristãos". Mas depois que foi estabelecido o Estado eslovaco, "fui mandado da escola para casa, e disseram que não poderia mais estudar. Não podíamos ir a lugar nenhum, tínhamos que ficar dentro de casa [...] Antes, costumávamos ir dançar com as meninas – não só com as garotas judias –, algo como uma discoteca dos dias atuais. Mas então colocaram placas dizendo: 'Proibida a entrada de judeus e de cachorros'".[99]

Depois que a Eslováquia, a parte leste da antiga Tchecoslováquia, se separou do resto do país, Hitler ordenou que as tropas alemãs invadissem as demais terras tchecas. A ocupação foi concluída em questão de horas e, em 16 de março de 1939, Hitler viajou até Praga e anunciou a criação do Protetorado Alemão da Boêmia e Morávia. Mais de 110 mil judeus passavam agora também para o controle alemão, e ficariam igualmente sujeitos a uma série de medidas antissemitas, incluindo a "arianização" dos negócios judaicos.

As intenções agressivas de Hitler ficavam óbvias para o mundo. A ocupação das terras tchecas não podia ser defendida como parte de um plano nazista voltado meramente para recuperar o território de fala germânica perdido no final da Primeira Guerra Mundial. Como o subsecretário permanente de Assuntos Exteriores, Sir Alexander Cadogan, escreveu em seu diário em 20 de março de 1939: "Receio que tenhamos chegado a uma encruzilhada. Eu sempre disse que, enquanto Hitler fosse capaz de fingir que estava incorporando alemães ao Reich, poderíamos fingir que ele tinha razão. Se passasse a englobar outras nacionalidades, essa seria a hora de dizer 'Alto!'."[100]

Os britânicos agora ofereciam garantias contra quaisquer futuras agressões nazistas a Polônia, Grécia e Romênia. Roosevelt, reconhecendo a gravidade do que acabara de acontecer com a Tchecoslováquia, decidiu escrever uma carta a Hitler. Em 15 de abril de 1939, convocou uma coletiva de imprensa na Casa Branca e anunciou ter feito um pedido a Hitler para que se comprometesse a resolver os problemas por meios pacíficos. Havia procurado obter dele "promessas" de que as Forças Armadas alemãs não iriam "atacar ou invadir território ou possessões" de mais de trinta diferentes países, da Finlândia à Iugoslávia, da Holanda a Portugal e da Suécia ao Irã.[101]

A carta de Roosevelt foi um presente de propaganda para Hitler. Afinal, que direito teria o presidente dos Estados Unidos de pedir ao líder da Alemanha uma promessa pública de não tentar usar as forças alemãs para invadir a Espanha ou a Suíça? Hitler respondeu a carta de Roosevelt, num *tour de force* de amargo sarcasmo, durante um discurso ao Reichstag em 28 de abril. Destacou que a América tivera um papel em impor o odiado "*Diktat* de Versalhes" ao povo alemão após a Primeira Guerra e que, portanto, estava desqualificada para falar em levantar uma "voz de força e amizade para a humanidade" – especialmente porque os americanos haviam se recusado a apoiar a Liga das Nações. Mas o mais embaraçoso para Roosevelt foi que Hitler destacou que vários países nomeados em sua lista, como a Síria, viviam "presentemente não em posse de sua liberdade, já que seus territórios estão ocupados pelas forças militares de Estados democráticos que lhes roubaram todos os direitos". Além disso, disse Hitler, a Irlanda tinha como ameaça não a Alemanha, mas a "Inglaterra"; e que parecia "ter escapado à mente do senhor Roosevelt que a Palestina não estava sendo ocupada por tropas alemãs, mas por tropas inglesas".[102]

Esse foi o momento em que Hitler incendiou todas as pontes diplomáticas que ainda permaneciam em pé entre a Alemanha e os Estados Unidos. Ele mencionou várias vezes em seu discurso que a América se colocara ao lado dos Aliados na Primeira Guerra Mundial, e sua preocupação, embora não enunciada, era óbvia – os americanos poderiam fazer exatamente o mesmo em qualquer futuro conflito na Europa. Como Hitler acreditava que os judeus tinham profunda influência na América, não admira que o mês de dezembro de 1941, quando finalmente os Estados Unidos entraram na guerra, tenha sido um momento-chave – como veremos – na evolução do Holocausto.

Não que o fato de saber que a América poderia se tornar um adversário em uma futura guerra tivesse dissuadido Hitler de buscar o conflito. Ele sabia que, se a guerra na Europa começasse o quanto antes, o Exército Alemão teria oportunidade de ganhar território suficiente e vencer a guerra antes que a América decidisse tomar parte nela. Era tudo uma questão de agir no momento certo. Como declarou aos seus generais em agosto de 1939, "todas essas circunstâncias favoráveis não irão mais prevalecer daqui a dois ou três anos [...] Um longo período de paz não nos traria nada de bom".[103] Agora era necessário "fechar nossos corações para a piedade" e passar a "agir com brutalidade". Esses eram os sentimentos do autêntico Hitler.

Hitler estava prestes a colocar a Alemanha na guerra, mas não a guerra que havia planejado. Anos antes, teria desejado a Grã-Bretanha como aliada, não como adversária. Mais recentemente, tivera a esperança de ver a Polônia cooperar com a agressão nazista e se juntar aos alemães numa guerra contra a União Soviética. Agora, no entanto, os poloneses também se opunham a ele. Assim, a fim de restringir o número de nações que a Alemanha teria que enfrentar a curto prazo, Hitler despachou Ribbentrop a Moscou para fechar um pacto de não agressão com Stalin, seu maior inimigo ideológico. Mas embora um dos desejos de Hitler – a guerra contra a União Soviética – tivesse que esperar, o outro – um radical ajuste de contas com os judeus – poderia começar imediatamente.

8. O início da guerra racial
(1939-1940)

TROPAS ALEMÃS INVADIRAM a Polônia numa sexta-feira, 1º de setembro de 1939, dando início a um reinado de terror que faria da Polônia o epicentro do Holocausto. Os alemães construiriam em solo polonês todos os seus mais infames campos de extermínio, e a Polônia sofreria uma perda de população proporcionalmente maior que a de qualquer outro país na guerra. Quase seis milhões de pessoas que viviam na Polônia perderiam a vida – e pelo menos metade delas era de judeus. A grande maioria não morreu em batalha, mas em decorrência de uma política deliberada de inanição, deportação e assassínio.

Os alemães derrotaram o Exército Polonês em menos de seis semanas. Parte desse sucesso deveu-se à sua superioridade em armamento e tática, mas os alemães também receberam ajuda de uma fonte improvável – seu inimigo ideológico. Em 17 de setembro, apenas duas semanas após os alemães entrarem na Polônia pelo oeste, o Exército Vermelho invadiu a Polônia a leste. As forças polonesas foram esmagadas entre dois poderosos adversários. Os poloneses não tiveram a menor chance.

Em Moscou, os alemães e os soviéticos decidiram, em espírito de camaradagem, pôr de lado as diferenças ideológicas e discutir os detalhes da divisão da Polônia. Ribbentrop e Vyacheslav Molotov, o ministro do Exterior soviético, beberam à saúde um do outro em um extravagante banquete no Salão Andreevsky do Kremlin em 27 de setembro. "Um viva à Alemanha, ao seu Führer e ao seu ministro do Exterior!", disse Molotov levantando sua taça.[1] Essa "amizade" começara com a assinatura do pacto nazi-soviético em agosto de 1939 – um acordo que incluía um protocolo secreto sobre a alocação, entre eles, de "esferas de influência" na Europa Oriental. Mas, para Hitler, era apenas algo tático – 22 meses mais tarde, a Alemanha invadiria a União Soviética.

Enquanto a Wehrmacht cruzava a fronteira e invadia a Polônia, Reinhard Heydrich acertava com o Alto Comando do Exército Alemão que mais de dois mil "Einsatzgruppen" – "grupos operacionais" ou forças-tarefa especiais – entrariam no país logo atrás do exército, a fim de combater "elementos hostis" à Alemanha. Heydrich, que em setembro fora nomeado chefe da Principal Secretaria de Segurança do Reich, ordenou que "os escalões mais altos da população polonesa precisam ser tornados praticamente inofensivos". O resultado foi que cerca de 16 mil poloneses foram assassinados nas primeiras semanas da invasão – uma mistura de membros da *intelligentsia*, padres, judeus e qualquer outro que fosse considerado "hostil".

As atrocidades cometidas pelas forças invasoras foram muitas, e variadas. Erich Ehlers, um membro do Einsatzgruppen 2, registrou em seu diário em setembro que assassinos poloneses eram sumariamente executados. Escreveu que "um deles ainda comeu um pedaço de pão, com sua cova já aberta e as armas apontadas para ele".[2] Helmuth Bischoff, comandante de um Einsatzkommando, relatou que, logo após sua chegada a Bydgoszcz, decidiu colocar "14 judeus e reféns poloneses diante da entrada do hotel", para que "os passantes poloneses ficassem bem avisados de que, a cada tiro que viesse a ser disparado aquela noite na nossa rua, um deles seria morto. Como nem isso desestimulou os franco-atiradores poloneses, o destino dos reféns estava selado".[3] Um soldado alemão comum, membro de uma unidade de transporte, se lembra de ter testemunhado o Regimento SS "Germania" realizando uma execução em massa de judeus perto de Cracóvia enquanto a banda regimental tocava.[4]

No início de novembro de 1939, os nazistas convocaram acadêmicos até a Universidade Jaguelônica, em Cracóvia, para uma reunião numa das salas de palestras. Assim que chegaram, foram espancados com coronhas de fuzis e, em seguida, transportados para campos de concentração. "Eu tive uma criação muito católica", diz Mieczysław Brożek, professor assistente da universidade, "e não entrava na minha cabeça que alguma coisa má [como essa] pudesse acontecer [...] Foi além da nossa experiência de vida". Uma vez em Dachau, de tão chocado com o sofrimento, passou a sentir uma "completa aniquilação dos valores. Após as experiências que tive no campo, não havia mais valores. Minha visão era que nada mais tinha nenhuma importância. Nada fazia sentido. Isso me atormentou desesperadamente, à beira do suicídio".[5]

Quanto à massa de civis poloneses, eles logo descobriram que os nazistas queriam transformá-los numa nação de escravos. Eram classificados como eslavos pelos nazistas e, portanto, vistos como uma raça inferior. "Não havia [mais] escolas", diz Michael Preisler, que tinha 20 anos de idade em setembro de 1939 e vivia no oeste da Polônia. "As igrejas também foram fechadas. Os poloneses não podiam andar de ônibus junto com os alemães. Eles chegavam a dizer 'não autorizado para poloneses e cães'. Éramos tratados de fato como animais. Tratados como algo diferente de seres humanos."[6]

Alguns membros do Exército Alemão ficavam chocados com as atrocidades que seus compatriotas estavam cometendo na Polônia. O major Helmuth Stieff, por exemplo, escreveu para a família e disse "não nos sentimos como vencedores aqui, e sim como criminosos culpados [...] Essa aniquilação de famílias inteiras, com mulheres e crianças, só pode ser obra de sub-humanos que não merecem mais ser chamados de 'alemães'. Sinto vergonha de ser alemão".[7] É famoso o relatório crítico que o general Johannes Blaskowitz escreveu sobre as atividades das forças de segurança alemãs na Polônia e que chegou a Hitler. Este ficou furioso, dizendo que "não se lidera uma guerra com métodos do Exército da Salvação" e que "nunca havia confiado no general Blaskowitz".[8]

Blaskowitz era uma exceção. A maioria dos altos oficiais não se queixava aos seus superiores a respeito das atrocidades que estavam sendo cometidas na Polônia. O marechal de campo Von Brauchitsch, chefe do Exército, deu o tom quando escreveu em 1º de novembro que o "judeu é o pior inimigo do *Volk* alemão". Poucos meses mais tarde, lembrou seus soldados de que "as medidas étnico-políticas ordenadas pelo Führer para a segurança do espaço vital alemão na Polônia [...] inevitavelmente devem levar a algo que de outro modo seria visto como medidas incomuns, duras, contra a população polonesa no território ocupado".[9]

Em muitos casos, oficiais e homens do Exército Alemão auxiliavam os Einsatzgruppen em seu trabalho – por exemplo, sugerindo grupos que deviam ser visados.[10] O exército também fuzilou reféns como represália por ataques, e isso, por sua vez, deu poder a soldados alemães para matarem civis poloneses inocentes.[11] Cerca de quatrocentos poloneses foram assassinados desse modo em Bydgoszcz no início de setembro.

Toda essa brutalidade não significa, no entanto, que a invasão à Polônia tenha marcado o início do Holocausto como o conhecemos. Embora nos primeiros meses da ocupação milhares de judeus tenham sido assassinados, Hitler e a liderança nazista também tinham como alvo a "liderança" da Polônia, e a política geral no que se refere aos judeus continuou a mesma de antes – perseguição e expulsão. Mas embora a eclosão da guerra desse a impressão de ter fechado uma possível via para a remoção dos judeus – a emigração em larga escala a países que não estivessem sob controle alemão –, ela havia ao mesmo tempo aberto outra: a possibilidade de expulsar os judeus para os domínios mais afastados do novo império nazista. No final de setembro, Heydrich disse que Hitler aprovara a ideia de deportar os judeus para o Leste e, como medida inicial, era preciso concentrar os judeus poloneses nas cidades, a fim de torná-los mais fáceis de controlar.[12]

Hitler anunciou em outubro de 1939 que a Polônia ocupada pelos alemães seria dividida em duas. Uma parte seria incorporada ao Reich e "germanizada", e uma seção do sudeste do país, fronteiriça à Polônia ocupada pelos soviéticos, permaneceria "polonesa", apesar de estar sob ocupação alemã. Essa área, que abrigava cerca de 11 milhões de pessoas e as cidades de Varsóvia, Lublin e Cracóvia, seria chamada de Governo Geral das Áreas Polonesas Ocupadas – mais tarde abreviado para Governo Geral. O potencial dessa área para se tornar, na gíria nazista, uma "lata de lixo" do Reich, era óbvio desde o início. Os governadores do território a ser germanizado, especialmente Albert Forster, de Danzig/Prússia Ocidental, e Arthur Greiser, do Warthegau – a área centralizada em torno de Poznań –, estavam inclinados a "limpar" suas áreas e esperavam enviar os poloneses e judeus indesejados para o Governo Geral. O próprio Hitler observou, no final de setembro, que o território no leste da Polônia entre o Rio Bug – a fronteira com a Polônia ocupada pelos soviéticos – e o Rio Vistula devia acomodar "o judaísmo todo", enquanto um pouco a oeste, mas ainda dentro do Governo Geral, seria criada uma "forma de Estado polonês".

Os judeus que já viviam no Governo Geral logo descobriram que estavam na parte mais baixa da nova ordem racial. Na cidade de Izbica, Toivi Blatt, um colegial judeu de 12 anos de idade, descobriu que o perigo não era apenas os alemães – poloneses não judeus podiam ser quase tão ameaçadores quanto eles: "Eu achava que agora tínhamos todos o mesmo inimigo – os nazistas, que agridem a Polônia, e são os mesmos que agridem católicos e judeus –, e que iríamos nos juntar".[13] Em vez disso, ele viu que para alguns poloneses "os judeus eram de segunda categoria e você podia fazer o que quisesse com eles". Muitos dos comerciantes judeus que trabalhavam em torno de Izbica "foram espancados" e tiveram seu "dinheiro roubado" porque os aldeões poloneses entenderam que os judeus agora não tinham mais a proteção do Estado. Os poloneses católicos também se voltaram uns contra os outros. Duas semanas depois que os alemães assumiram o controle de Izbica, Toivi viu um colaborador polonês "surrando outro polonês porque não havia obedecido a uma ordem alemã".

O primeiro esforço coordenado de expulsar os judeus para o Governo Geral começou em outubro de 1939, pouco mais de um mês após o início da guerra. O chefe da Gestapo, Heinrich Müller, ordenou que Adolf Eichmann – o oficial da SD que organizara a deportação de muitos judeus austríacos no começo da Anschluss – planejasse a expulsão de cerca de 80 mil judeus de Katowice, cidade que ficava numa parte da Polônia a ser germanizada. Quase imediatamente, as deportações planejadas foram ampliadas para incluir judeus do Reich, e Eichmann começou a traçar planos para expulsar judeus de Viena. Em nota que enviou ao Gauleiter nazista da Silésia, mencionou que, após os transportes iniciais, tivera que enviar um relatório "sobre o andamento" a seus superiores, que seria "com toda a probabilidade" enviado "ao Führer", e este decidiria então de que modo muitos outros judeus deveriam ser enviados para o Leste.[14]

O destino exato desses judeus era a cidade de Nisko, no Rio San, cerca de 80 quilômetros ao sul de Lublin, no extremo leste da Polônia ocupada pelos nazistas. No final de outubro, cerca de cinco mil judeus de Viena e de cidades no oeste da Polônia foram enviados para essa nova "reserva" judaica. Quando saíam dos trens, uns pouco judeus recebiam ordens de ajudar na construção de um campo, mas a maioria era simplesmente jogada na zona rural, sem comida ou abrigo. A natureza quase genocida desse esquema ficou óbvia desde o início. Como disse Hans Frank, chefe do Governo Geral: "Que prazer, ser capaz finalmente de lidar com a raça judaica fisicamente. Quantos mais morrerem, melhor".[15]

Dias mais tarde, esses transportes foram interrompidos por ordem de Himmler[16] e a iniciativa Nisko foi abandonada. Muito provavelmente foi uma decisão pragmática, mais do que ideológica. Himmler tinha agora outros problemas – ou "desafios", como ele deve tê-los considerado – que afetavam o transporte de mais judeus da Alemanha e da Áustria para o leste da Polônia. Em 7 de outubro de 1939, ele foi confirmado como Comissário do Reich para o Fortalecimento da Nacionalidade Alemã. Esse título, que soava quase místico, escondia uma realidade brutal. Pois Himmler estava agora encarregado de deportar um grande número de poloneses das áreas da Polônia anexadas pela Alemanha até o Governo Geral, a fim de liberar casas para as centenas de milhares de alemães étnicos. Muitos desses *Volksdeutsche* estavam chegando como parte de um acordo que os nazistas haviam negociado com Stalin para permitir que saíssem de territórios agora controlados pela União Soviética – como os Estados Bálticos – e "voltassem ao Reich" ou "*Heim ins Reich*", como dizia o *slogan*. Transportar todas essas pessoas para o novo Reich e achar casa e emprego para elas – isso no meio de uma guerra – era uma tarefa de logística extremamente difícil. Mas a liderança nazista acreditava que o componente racial da tarefa era tão central que nunca houve qualquer questionamento para adiar esse influxo de novo "sangue" alemão.

O sofrimento dos poloneses que foram arrancados de suas casas para dar espaço a esses recém-chegados, naturalmente, foi imenso. Michael Preisler lembra que, poucas semanas depois da nomeação de Himmler para seu novo encargo, houve uma repentina "batida na porta" às duas da manhã, e um bando de nazistas entrou na casa da família. "Eles entraram em todos os quartos, onde minhas irmãs estavam se vestindo, e ficaram lá em pé, na frente delas, olhando enquanto se vestiam. Nós nos vestimos e não pudemos levar nada, eles disseram 'vocês não levam nada, nada de comida, nada, nem mudas de roupa, nada'. E foi assim – eram impositivos, sabe, do jeito dos alemães. Tudo tinha que ser feito na hora. Então fomos andando pela rua até um salão onde havia outras pessoas. E então, quando finalmente reuniram mais famílias, fomos todos levados para a estação de trem."[17]

Outra polonesa, Anna Jeziorkowska, foi deportada de Posen (nome que os alemães deram a Poznań) com sua família. Ela lembra que quando os alemães "irromperam" no apartamento deles, "houve o maior caos, choro, gritaria. Os alemães nos empurravam, acertaram o pai no rosto, e ficamos tão assustados que começamos a chorar. Meu irmão mais novo, ele era muito sensível, começou a vomitar".[18]

Milhares de poloneses como Michael Preisler e Anna Jeziorkowska eram levados de trem e despejados no Governo Geral. Michael Preisler e sua família foram alojados no oeste do Governo Geral, primeiro num "grande salão", mas depois a família toda foi espremida num quarto de uma casa. Anna Jeziorkowska e sua família foram todos largados na cidadezinha de Golice e ficaram aconchegados juntos, ao relento, na praça da cidade, até que um idoso se compadeceu e ofereceu-lhes espaço para dormirem no chão de sua casa.

Os alemães promoveram as deportações não só com grande brutalidade, mas num clima de caos administrativo. Em janeiro de 1940, o mais alto SS e Líder Policial do Governo Geral, Friedrich-Wilhelm Krüger, estimou que 110 mil poloneses haviam sido enviados para o Governo Geral – 30 mil deles sem o devido acordo.[19] Como Goebbels expressou ao escrever em seu diário naquele mês: "Himmler está agora deslocando populações. Nem sempre bem-sucedido".[20]

Logo depois de Goebbels ter escrito isso, Hans Frank, chefe do Governo Geral, decidiu que essas deportações em massa tinham que parar. Frank não agiu movido por alguma compaixão pelo destino daqueles que eram transportados até o Governo Geral, mas pelo tumulto criado por isso. Como um dos oficiais veteranos de Frank disse: "Como é que você pode organizar alguma coisa quando não sabe [de antemão] se um trem vai chegar a X ou Y ou a qualquer outro lugar? Não havia o que organizar [...] Eu não sabia onde os comboios iam chegar. A liderança do distrito tampouco [...]".[21] Numa reunião com Göring e Himmler em 12 de fevereiro, Frank pediu que a programação das datas de deportação fosse reavaliada. Chegou-se a um constrangedor acordo segundo o qual as futuras deportações a princípio não seriam enviadas ao Governo Geral sem o prévio consentimento de Frank.

Quanto aos novos colonos alemães étnicos, muitos deles não acharam a vida tão cor-de-rosa quanto esperavam. A promessa feita a eles era que estavam "voltando para casa, para o Reich", portanto foi uma surpresa descobrir que embora estivessem – segundo os nazistas – chegando ao "Reich", não era necessariamente o "Reich" que esperavam. Irma Eigi, uma alemã étnica da Estônia, de 17 anos de idade, lembra o quanto ela e a família ficaram insatisfeitas ao descobrir que teriam de começar nova vida não na Alemanha, mas na Polônia. "Não esperávamos que fosse nada disso", diz ela. "Quando nos disseram que estávamos indo para o Warthegau, bem, foi um grande choque, pode ter certeza."[22]

A sensação de decepção a respeito desse empreendimento todo não se restringiu aos *Volksdeutsche* que vinham chegando – os alemães que viviam na parte da Polônia tirada da Alemanha ao final da Primeira Guerra Mundial estavam igualmente descontentes com os recém-chegados. "Muito poucas vezes vimos com bons olhos os trens que transportavam colonos [de Volínia, uma área de fronteira com a Polônia a leste]", diz Charles Bleeker Kohlsaat, de uma família alemã étnica. "Eles falavam mal o alemão, tinham um sotaque terrível que ninguém entendia e quase os confundíamos com poloneses. Lembro com clareza de uma família com um menino – o menino devia ter uns 10 anos, ou talvez 9 ainda [...] E quando esse menino chegou com os pais dele, alemães – 'alemães' entre aspas –, usava um boné de escoteiro polonês, [e] havia pego um lápis e desenhado uma suástica no boné, aquele boné quadrado [...] Basicamente ficamos chocados com a qualidade daqueles colonos, pois andavam muito malvestidos, chegavam com umas trouxas horrorosas. Mais tarde, como refugiados, também carregaríamos trouxas assim, mas na época não sabíamos disso ainda [...] Então, pensávamos, Deus do céu, qual é o sentido de colocar para fora essas famílias polonesas que já estavam assentadas aqui há tanto tempo – famílias de agricultores – e trazer esses colonos semipoloneses? E eles davam a impressão de ser bastante subdesenvolvidos [...] além disso, vestiam-se exatamente do mesmo jeito que os agricultores poloneses. Usavam chapéu alto de pele, cobriam-se de longas peles de carneiro não tosquiadas, calçavam botas de cano alto e enrolavam cigarros do jeito que os poloneses fazem. E falavam polonês entre eles. Bem, a gente dizia: 'Sai um lote, entra outro, e qual é a diferença?' Para nós, não eram alemães de verdade, eram alemães de terceira categoria, quando muito."[23]

Apesar da reunião de fevereiro, e de outros protestos de Hans Frank, as deportações para o Governo Geral nunca cessaram totalmente. Entre maio de 1940 e janeiro de 1941, cerca de 90 mil poloneses e 2.500 judeus foram deportados de Warthegau para o Governo Geral, a fim de dar espaço para a chegada de alemães étnicos.[24] Himmler deixou sua atitude clara em um memorando que escreveu em maio de 1940, quando disse que a população do Governo Geral de fato seria constituída por um "resto inferior".[25]

Em meio a essa disputa administrativa, os nazistas começaram a colocar ênfase maior numa solução de curto prazo para o seu "problema" judaico – os guetos. Como obviamente não era possível transportar de uma vez todos os judeus poloneses para o Governo Geral, e como, segundo um princípio central da crença ideológica nazista, os judeus eram perigosos, quer como supostos agentes de doenças, quer como corruptores espirituais, não admira que tenha se disseminado amplamente a ideia de confiná-los em determinadas áreas das cidades polonesas – apesar das preocupações com a "segurança" dos guetos que Heydrich apontara na época da reunião de novembro de 1938, após a Kristallnacht.[26]

O primeiro grande gueto foi construído na cidade de Łódź – que os judeus renomearam como Litzmannstadt –, no Warthegau. Essa foi uma tarefa imensa para os nazistas, já que um terço dos 700 mil membros da população de Łódź era de judeus. Numa ordem secreta de 10 de dezembro de 1939, o governador alemão da cidade, Friedrich Uebelhoer, escreveu: "Claro que a criação do gueto é um arranjo transitório [...] o objetivo último deve ser arrasar completamente com um incêndio esse foco de praga".[27] A primeira ordem pública exigindo que os judeus fossem viver dentro de uma área designada dentro da cidade foi expedida no início de fevereiro de 1940, e o gueto foi instituído em 1º de maio. Após essa data, qualquer judeu encontrado sem permissão fora da cerca de arame do gueto corria o risco de levar um tiro.

Antes da criação do gueto, os judeus de Łódź já haviam sofrido nas mãos dos nazistas. Soldados do Einsatzkommando 2 entraram na cidade nos primeiros dias da invasão, e, com auxílio de alemães étnicos, instigaram tumultos, atormentaram os judeus que encontravam pelas ruas e levaram embora outros para integrar grupos de trabalhos forçados. Em seu registro de diário de 12 de setembro de 1939, um judeu de Łódź, Dawid Sierakowiak, escreveu que "os alemães locais davam livre curso a seus caprichos". Judeus eram "surrados e roubados", outros eram "sadicamente abusados. Alguns judeus recebiam ordens de parar de trabalhar, eram obrigados a tirar a roupa e ficar em pé diante de um muro, e então alguém dizia que iam ser fuzilados. Disparavam-se tiros na direção deles e, embora ninguém fosse morto, isso era repetido várias vezes".[28]

Logo depois que assumiram o controle da cidade, em setembro de 1939, os nazistas proibiram os judeus de trabalhar no setor têxtil – uma grande fonte de emprego para os judeus – e todos os negócios judaicos foram transferidos para as mãos de alemães. Os judeus foram proibidos de andar de ônibus, possuir rádios, visitar sinagogas ou ter automóveis, e a partir de 12 de novembro tiveram que usar uma Estrela de Davi marcada na roupa.

O gueto de Łódź, porém, seria apenas um passo na intensificação do sofrimento da população judaica. As condições dentro do gueto eram de insalubridade e superlotação. Na época em que o gueto foi isolado, 70 mil judeus já haviam saído de Łódź – muitos haviam ou sido deportados, ou fugido para outras partes da Polônia –, mas restavam ainda 164 mil, todos agora espremidos numa área de 3,8 quilômetros quadrados.

Max Epstein, um colegial de 15 anos de idade, era um dos judeus aprisionados no gueto de Łódź. Antes da guerra, tivera uma vida confortável – o pai era um próspero homem de negócios, dono de um depósito de madeira na cidade. Agora, Max, seu pai e sua mãe estavam confinados num quarto de uma velha casa dentro do gueto. Assim que o pai de Max chegou ao gueto, tomou uma decisão fatal. "Meu pai já tinha uns cinquenta e tantos anos", diz Max Epstein, "e sua filosofia era 'não quero mais viver'. Ele não ousava cometer suicídio porque simplesmente isso não se faz. Mas dizia:'É o fim da linha. Eu realmente não quero isso. Já vivi minha vida e não quero mais viver'. Então fechou as persianas, era sempre escuro no nosso quarto [...] Não se barbeava mais, ficava só sentado com as persianas fechadas. Não queria ver o mundo lá fora". Mas Max, com apoio da mãe, tentou fazer o melhor da sua vida naquele novo mundo. "Quando você é jovem", diz ele,"não pensa na morte. Não estou dizendo que a gente não tivesse consciência da gravidade da situação [...] Mas você ainda pensa nas coisas ridiculamente mundanas".[29]

Estera Frenkiel, também adolescente de origem judaica retida no gueto, sentia-se "simplesmente como se uma bomba tivesse caído nas nossas cabeças [...] Estávamos acostumados com o antissemitismo. Era comum também entre os poloneses [...] O antissemitismo polonês talvez fosse mais financeiro. Mas o antissemitismo alemão era: 'Por que você existe? Não deveria existir! Você deveria desaparecer!'".[30]

Parte do plano nazista era tornar o gueto tão autogerido quanto possível. Eles impuseram um "Conselho Judaico", ou "Conselho de Anciãos", para supervisionar o gueto, e criaram uma força policial judaica para manter a disciplina. As autoridades alemãs disseram ao diretor do Conselho de Anciãos:"Você deve garantir principalmente a ordem na vida econômica, nas provisões de comida, no uso da mão de obra, na saúde pública e no bem-estar geral. Está autorizado a tomar todas as medidas necessárias e expedir todas as instruções voltadas para alcançar essa meta, e impô-las por meio da força policial judaica que está sob seu comando".[31]

Os nazistas procuraram criar comissões judaicas em toda a Polônia após sua invasão, e agora transferiam a ideia para os guetos. Esses grupos de lideranças judaicas ajudavam os nazistas de várias maneiras importantes. O principal era que eles distanciavam os ocupantes alemães do contato com a maior parte dos demais judeus. Isso significava que o risco de "contágio" pela população judaica ficava reduzido. Em janeiro de 1940, quatro meses antes de isolar o gueto, o diretor da polícia de Łódź havia alertado para o "risco" de "febre tifoide" e "disenteria"[32] se espalharem a partir dos bairros da cidade ocupados por judeus. Os nazistas haviam adiantado essa situação, claro, ao terem previamente privado os judeus de comida e cuidados médicos adequados. Uma consequência adicional desse efeito de distanciamento era que os soldados alemães não viam o sofrimento no interior do gueto – havia pouco risco de testemunharem cenas que pudessem causar-lhes transtornos emocionais. Outra vantagem de os nazistas devolverem a responsabilidade administrativa aos judeus era o consequente conflito criado no interior do gueto. Os conselhos judaicos acabavam sendo obrigados pelos alemães a escolher alguns daqueles que seriam deportados do gueto – e, com isso, tinham que decidir quais entre seus companheiros judeus seriam enviados para um destino ainda pior. Os membros dos conselhos judaicos podiam ainda resolver dar a si mesmos uma existência menos onerosa, o que por sua vez deixava muitos outros judeus furiosos. E um gueto internamente dividido era algo que os alemães viam como perfeitamente adequado.

Em Łódź, o diretor do Conselho de Anciãos era um judeu de 63 anos de idade chamado Mordechai Chaim Rumkowski. Ex-diretor de um orfanato em Łódź, tinha uma personalidade impositiva e pouca instrução formal. Em seu papel de diretor do gueto, iria se tornar uma das figuras judaicas mais controversas do Holocausto.

Rumkowski soube desde o princípio que era um empregado dos alemães, e que eles iriam puni-lo severamente se não fizesse o que lhe era pedido. Em 11 de novembro de 1939, cada um dos membros do Conselho Judaico original de Łódź – além de Rumkowski e outros dois – já havia sido detido e enviado para a prisão de Radogoszcz. Mais de vinte deles foram subsequentemente mortos. Seu único crime era não ter funcionado com a eficiência que os alemães desejavam.

Membros do novo Conselho Judaico, formado logo em seguida e ainda sob a direção de Rumkowski, estavam portanto bem cientes de que sua posição de relativo privilégio tinha o potencial de levá-los à tortura e à morte.

Dentro do gueto, o poder de Rumkowski era imenso. "Em relação a seus companheiros judeus", escreveu Yehuda Leib Gerst, um dos sobreviventes do gueto, "ele foi um tirano incomparável, que se comportava exatamente como um Führer e lançava um terror mortal em qualquer um que ousasse se opor aos seus modos rasteiros".[33] Quando Rumkowski mais tarde visitou o gueto de Varsóvia, o líder judeu Adam Czerniaków achou-o "cheio de autoexaltação" e "convencido". Rumkowski era também "perigoso", escreveu Czerniaków, porque "vive dizendo às autoridades que está tudo bem, só para se preservar". Czerniaków chegou à conclusão, depois de ler o jornal publicado pelos judeus no gueto de Łódź, que a "principal preocupação" de Rumkowski parecia ser "que 'seu povo' não o incomodasse na rua apresentando-lhe propostas e petições".[34]

O plano inicial dos nazistas após isolarem o gueto era fazer os judeus pagarem pela própria comida. Como consequência, os judeus foram obrigados a abrir mão do que quer que tivessem por uma fração do seu valor real. Um alemão étnico que lucrou no mercado negro dessas trocas unilaterais confessou mais tarde que "eu via aquilo do ponto de vista de um comerciante. Eles [os habitantes do gueto] não tinham como mordiscar um anel, mas se pudessem trocá-lo por um pedaço de pão, poderiam sobreviver mais um dia ou dois. Se eu conseguisse ter algo na mão por 100 marcos e aquilo valesse 5.000, eu seria estúpido se não comprasse".[35]

Jacob Zylberstein e sua família não tinham dinheiro para comprar comida dos alemães pelos preços inflacionados que eles exigiam. Então ele compreendeu que, se não achasse um jeito de contrabandear comida e driblar os alemães, morreriam todos de fome. Jacob sabia que a vida deles dependia de sua capacidade de contatar algum polonês fora do gueto. Era uma tarefa imensamente difícil, porque os judeus trabalhavam quase exclusivamente dentro dos limites do gueto. Mas Jacob tinha uma vantagem – os fundos de sua casa ficavam junto à cerca. Por causa dessa proximidade, nos primeiros dias do gueto ele foi capaz de fazer um acerto com um polonês do outro lado da cerca de arame. O polonês dava a Jacob um filão de pão; Jacob pegava metade para a sua família comer, vendia a outra metade dentro do gueto e então dava o dinheiro ao polonês. "Ele nos ajudou durante dois meses", diz Jacob. Mas depois o polonês foi pego e morto pelos alemães. "Mesmo assim", lembra Jacob, "dois meses era um tempo bem longo".

Jacob não conseguia acreditar que os alemães pudessem ser tão cruéis: "Não é possível você, como ser humano, compreender isso, que uma coisa dessas possa acontecer com você. Como pode um ser humano normal compreender? Centenas morreram – semanas após o isolamento do gueto [...] Lembro que a fome era tão colossal que minha mãe foi catar mato, e cozinhou mato. Você [até] guardava as cascas de batata – era mais que um luxo, era a melhor das comidas".[36]

A eclosão da guerra aumentou o sofrimento não só dos judeus e dos poloneses. Outras categorias que haviam sido alvo dos nazistas no passado passaram também a correr maiores riscos – principalmente as pessoas com sofrimentos mentais e deficiências físicas. A maneira com que eram agora tratados teria, por sua vez, um impacto no desenvolvimento do Holocausto.

Como vimos, Hitler desprezava as pessoas com deficiência. Mas, embora os nazistas tivessem introduzido a esterilização compulsória, tinham até aqui evitado autorizar o morticínio dessa população – uma política conhecida eufemisticamente como "eutanásia". Isso tudo mudou pouco antes do início da guerra, quando Philipp Bouhler, chefe da Chancelaria do Führer, trouxe à atenção de Hitler uma carta escrita pelo pai de uma criança com deficiência severa. O pai, um defensor da "eutanásia", pediu a Hitler permissão para que seu filho, que tinha poucos meses de idade, fosse morto.

Hitler autorizou seu próprio médico, Karl Brandt, a investigar o caso e, se ele achasse que a descrição que o pai fizera da doença do filho era precisa, que providenciasse a execução da criança. Brandt fez como lhe foi pedido e, mais tarde, organizou a execução. Pesquisas recentes mostram que a morte foi levada a efeito por volta do final de julho de 1939.[37] O fato de isso ter ocorrido vários meses depois do que se imaginava oferece evidência adicional de que Hitler acreditava que a guerra próxima funcionaria como uma cobertura útil para ações drásticas contra as pessoas com deficiência. Estava cumprindo a profecia que fizera a Gerhard Wagner, Líder dos Médicos do Reich lá atrás em 1935, de que iria "resolver radicalmente" o "problema" das pessoas com sofrimento mental na eventualidade de um futuro conflito.[38]

A morte dessa criança levou Hitler a autorizar Bouhler e Brandt a matar outras crianças que tinham deficiências similares – não só bebês, mas crianças mais velhas também. Mais tarde, foi montada toda uma estrutura administrativa para supervisionar o processo. Em agosto de 1939, o ministro do Interior expediu orientações confidenciais pedindo às parteiras que relatassem quaisquer crianças recém-nascidas afetadas por distúrbios como deformidades ou paralisia. Esses relatórios eram então enviados a três médicos separados, que marcavam cada documento com um sinal de mais ou de menos. Se a maioria anotasse um sinal de menos, o bebê era enviado a uma clínica especial. Lá o bebê selecionado para morrer era executado com frequência por meio de uma overdose de morfina ou outro sedativo. No registro oficial, essas mortes eram atribuídas a alguma outra doença plausível, como sarampo.

A operação toda foi realizada em grande sigilo. O público em geral não deveria descobrir o que estava acontecendo com as crianças dentro dessas unidades especiais. Mas, entre as paredes do hospital, era difícil ocultar as evidências dos crimes. Durante a guerra, Paul Eggert – avaliado como "delinquente" – foi mandado para Aplerbeck, um dos hospitais infantis que também servia como centro de execução. Ele lembra que a cada poucas semanas uma enfermeira entrava no refeitório durante o jantar e selecionava crianças. Na manhã seguinte, elas eram levadas ao consultório do médico – supostamente para serem imunizadas contra difteria ou febre escarlatina. Mas Paul notou que essas crianças "nunca mais voltavam" de sua visita ao consultório. Ele lembra que, numa ocasião, as crianças selecionadas se agarraram nas mais velhas para evitar serem levadas, mas "o médico ou a enfermeira diziam 'Vamos lá', ou alguma coisa [do gênero]". Bem depois da guerra, Paul relembrou "os gritos" e os "olhares" aterrorizados que as crianças lançavam para trás ao serem levadas para a morte. "Era desesperador", diz ele, "era terrível".[39]

Hitler não queria matar somente crianças com deficiência – ele também queria matar os adultos. Em junho ou julho de 1939 – não se sabe a data exata –, pediu ao doutor Leonardo Conti, o ministro de Estado da Saúde, para ampliar o esquema da "eutanásia". Philipp Bouhler, da Chancelaria do Führer, não estava satisfeito com o papel planejado para Conti, pois seu departamento já estava envolvido com a operação de eutanásia das crianças. Especialista em política interna nazista, Bouhler logo deu um jeito de tirar Conti do caminho e controlar ambos os esquemas.[40]

O que essa manobra burocrática mostra é a flexibilidade da estrutura administrativa do Estado nazista – especialmente no caso de tarefas secretas como o morticínio das pessoas com deficiência. Médicos alemães já matavam crianças em unidades especiais sem que tivesse sido aprovada uma lei permitindo sua ação, e sem o conhecimento da grande maioria dos alemães – incluindo os dos departamentos do governo que esperariam supervisionar tal política caso fosse aprovada pelo Estado de alguma maneira formal.

Títulos de cargos não significavam nada para Hitler, desde que você fosse capaz de cumprir a tarefa que ele queria. O departamento que dirigia essa grande operação assassina era chamado de Chancelaria do Führer e antes não tivera nada a ver com questões médicas. Bouhler, o chefe da Chancelaria, era um burocrata nacional-socialista de 39 anos que até então trabalhara em negócios relacionados ao partido. Seu subchefe, Viktor Brack, havia sido motorista de Himmler. Nem Brack nem Bouhler tinham qualquer qualificação em medicina.[41] Mas no Estado nazista, isso era irrelevante. O que importava era que esses homens fossem ideologicamente engajados, ambiciosos, ávidos para progredir em suas carreiras e para servir seu Führer. Se Hitler queria que pacientes com sofrimento mental e deficiência física fossem mortos, então eles fariam isso acontecer.

Em 9 de outubro de 1939, Viktor Brack presidiu uma reunião à qual compareceram profissionais de medicina simpáticos à ideia de matar adultos com deficiência. Ali, discutiram a mecânica de funcionamento desse sistema. Decidiram que primeiro devia ser feita uma lista de todas as instituições onde "pacientes mentais, epiléticos e com deficiência mental" estivessem sendo tratados no momento.[42]

As equipes dessas instituições receberiam então ordens de preencher formulários descrevendo a natureza da deficiência de cada um desses pacientes. Profissionais de medicina iriam examinar esses formulários e decidir quem deveria viver e quem deveria morrer. Um fator que esses médicos usariam para chegar ao seu veredito era em que medida esses pacientes tinham condições de realizar trabalho útil. A seleção, portanto, era feita em bases econômicas, e não apenas médicas.[43]

A questão de como exatamente matar o adulto com deficiência também foi discutida na reunião de 9 de outubro. Os nazistas estavam cientes de que haveria gente demais – estimavam-se uns 70 mil – para lançarem mão de medicação, injeção ou inanição. Então Brack consultou Arthur Nebe, chefe da Polícia Criminal, a respeito do melhor método para matar as pessoas com deficiência em grande número. Nebe, por sua vez, sugeriu que Brack falasse com o doutor Albert Widmann, que dirigia o departamento de química do Instituto Técnico Criminal. Como muitos daqueles que acabaram se envolvendo nesses esquemas secretos, Widmann era jovem e relativamente inexperiente. Tinha apenas 27 anos de idade, havia obtido o doutorado em engenharia química apenas um ano antes e foi solicitado a ajudar a conceber métodos para matar esses pacientes. Em seu julgamento após a guerra, Widmann disse ter recebido de Nebe a informação de que no novo esquema deveriam ser mortos "animais em forma humana". Na reunião seguinte, Widmann disse que na sua opinião de especialista "o gás de monóxido de carbono" seria o melhor agente letal. Sugeriu que o gás poderia ser "liberado nas alas à noite, e assim 'eutanasiar' os pacientes mentais".[44]

Na tentativa de assegurar o segredo dessa imensa operação de execução, a ação de eutanásia passou a ser conhecida apenas como "T4" – nome derivado do endereço do quartel-general do esquema, a Tiergartenstrasse 4, em Berlim. Vários dos envolvidos chegaram a adotar pseudônimos. O próprio Brack usou o apelido de "Jennerwein", nome do infame caçador ilegal do século XIX. Mas chegou um ponto, no final de 1939, em que os envolvidos acharam necessário algum tipo de autorização oficial para suas ações. Então Hitler foi abordado, provavelmente por Bouhler, e foi-lhe pedido que confirmasse por escrito ter ordenado o projeto. O resultado foi uma nota curta, assinada pelo Führer, dizendo que Bouhler e o doutor Brandt haviam recebido a "responsabilidade" de autorizar médicos a garantir uma "morte misericordiosa" àqueles que sofriam de doenças "incuráveis". Fato significativo é que Hitler datou a nota retroativamente em "1º de setembro de 1939", dia da invasão da Polônia. Ele, portanto, enfatizava uma vez mais a conexão entre sua decisão de matar as pessoas com deficiência e a eclosão da guerra. Esse vínculo entre o conflito e a criação de um aparato para assassinato em massa daquela população foi importante não só para Hitler. Como se dizia a muitos dos envolvidos nas execuções, por que as pessoas com deficiência e improdutivas deveriam ter permissão de viver numa época em que os saudáveis estavam morrendo no campo de batalha?[45]

O intenso ódio de Hitler pelas pessoas com deficiência – particularmente aquelas com sofrimentos mentais – ficou explícito naquele outono numa reunião com a presença de Hans Lammers, chefe da Chancelaria do Reich e conselheiro jurídico mais próximo de Hitler. Nos julgamentos de Nuremberg após a guerra, Lammers testemunhou: "Naquela ocasião, o Führer discutiu, na minha presença pela primeira vez, o problema da eutanásia. Explicou que achava adequado remover 'vida não merecedora de vida' – isto é, a vida dos doentes mentais graves – por meio de intervenção médica que causasse a morte. Mencionou, se bem me lembro, a título de exemplo, doenças mentais graves, nas quais pessoas mentalmente doentes só conseguiam dormir em cima de areia ou serragem, porque se sujavam constantemente – casos de pessoas doentes que ingeriam o próprio excremento como se fosse comida. E explicou que a coisa certa era acabar com essa 'vida não merecedora de vida'. Também disse que dessa maneira seria possível poupar custos de hospitais, médicos e equipes de enfermagem".[46]

Em 4 de janeiro de 1940, o doutor Widmann realizou um experimento de envenenamento por gás em Brandenburg an der Havel, numa prisão convertida em unidade de eutanásia. O experimento teve lugar em uma sala azulejada com falsos tubos de água no teto. Os pacientes a serem mortos receberam ordens de se despir fora do quarto para tomarem um banho de chuveiro. Depois que eles foram trancados dentro da suposta sala de banho, Widmann pessoalmente abriu o registro de gás dos bujões de monóxido de carbono. O gás fluiu pelos tubos para dentro da sala e os vinte e tantos pacientes foram mortos. Depois disso, o quarto foi ventilado e os corpos, removidos e cremados.

A ideia original do doutor Widmann, de envenenar os pacientes por gás enquanto dormiam em seus quartos, havia sido considerada impraticável, mas esse método do chuveiro falso mostrou ser eficiente para realizar assassinatos em massa. Do ponto de vista nazista, resolvia uma série de problemas práticos. Primeiro, os pacientes a serem mortos mantinham-se calmos praticamente até os últimos instantes de suas vidas. Não precisavam ficar ansiosos diante de algo tão prosaico como tomar um banho. Além disso, era possível matar muitos pacientes ao mesmo tempo, sem precisar envolver uma equipe grande, em comparação com qualquer outro método anterior de execução. Por fim, o uso de falsos chuveiros significava que os executores ficavam distantes do ato de matar. Em vez de terem de olhar nos olhos dos pacientes enquanto aplicavam uma injeção ou atiravam neles, tudo o que os assassinos precisavam fazer agora era abrir um registro. Os assassinos ficavam não só emocionalmente separados do momento do assassínio, mas também fisicamente distantes.

O doutor Karl Brandt, que presenciou os envenenamentos por gás em Brandenburg, não mencionou nenhuma dessas vantagens desfrutadas pelos nazistas ao falar sobre a decisão de executar pacientes com gás em seu julgamento após a guerra. Em vez disso, afirmou que havia conversado com Hitler sobre a escolha entre matar por injeção e por meio de gás, e que Hitler perguntara: "Qual é a maneira mais humana?".[47] Para Brandt, a resposta era "clara" – o gás. Vários outros nazistas que tinham conhecimento desse método de execução alegaram mais tarde que pensavam do mesmo jeito. Nutriam a fantasia de que os executores estavam sendo bondosos com suas vítimas ao poupá-las do tormento de prever a própria morte, e que, ao enganá-las até a hora em que o gás saía dos tubos acima delas, demonstravam um componente de humanidade. Mas a ideia de que a morte em uma câmara de gás era necessariamente menos horrível do que a morte por qualquer outro método era enganosa, como ficou claro pelo subsequente testemunho dos envolvidos na execução por gás nos campos de extermínio.[48]

O doutor Brandt também sustentou que o "experimento" de executar pessoas com deficiência por meio de gás era "apenas um exemplo de [o que acontece] quando estão sendo feitos grandes avanços na história da medicina. Há casos em que uma operação é vista a princípio com desprezo, mas depois a pessoa aprende e passa a adotá-la".[49] E, assim, acreditando fazer parte de um "grande avanço na história da medicina" e com uma "consciência tranquila", Brandt levou adiante o esquema de eutanásia de adultos.

Nenhum médico era obrigado a participar desse projeto. Aqueles que faziam objeções podiam apresentar alguma desculpa – por exemplo, dizer que eram "fracos" demais para a tarefa –, mas a maioria dos que foram convocados prosseguiu com o esquema, com graus variados de entusiasmo. Alguns se apoiavam no argumento de que, ao matar as pessoas com deficiências mais graves, liberavam recursos para outros pacientes. Outros endossavam a crença oficial de que o papel do médico no Estado nazista era cuidar do bem-estar tanto da sociedade quanto do paciente individual – especialmente numa época em que o país estava em guerra. Qualquer que fosse a desculpa dada pelos próprios médicos, eles sabiam que sem a sua participação esse esquema de matança não poderia funcionar. Profissionais de medicina eram essenciais para o processo todo – selecionar os pacientes que iriam morrer, tranquilizá-los enquanto se preparavam para entrar na câmara de gás, abrir o registro, certificar-se de que os pacientes haviam morrido e inventar causas fictícias de morte para colocar na documentação oficial enviada aos parentes do falecido.

Os nazistas criaram seis centros de eutanásia: cinco na Alemanha – Brandenburg, Grafeneck, Bernburg, Hadamar e Sonnenstein – e um na Áustria, em Hartheim, perto de Linz. O de Sonnenstein era típico. Situado numa colina nos arredores da cidade de Pirna, próximo de Dresden, era originalmente uma fortaleza, transformada em hospital psiquiátrico no século XIX. Em 1940, foi iniciado o trabalho de converter vários quartos no porão em instalações para execuções. Um quarto pequeno foi convertido em câmara de gás e disfarçado como se fosse uma sala de chuveiros, com uma porta hermeticamente vedada ligada a um necrotério. Pacientes selecionados eram trazidos de ônibus de outras instituições psiquiátricas da área, e, ao chegarem a Sonnenstein, recebiam ordens de entrar no porão para tomar um banho de chuveiro como parte do procedimento de admissão no novo hospital. Assim que os pacientes entravam na falsa sala dos chuveiros, o registro de gás era aberto e eles eram mortos. Depois de envenenados pelo gás e declarados mortos, seus corpos eram levados ao necrotério, e quaisquer obturações ou dentes de ouro eram removidos de sua boca. Os corpos então passavam para um quarto vizinho provido de dois fornos crematórios, fabricados pela empresa berlinense Heinrich Kori GmbH. Os cadáveres eram colocados em uma estrutura de aço – normalmente dois por vez – e empurrados para dentro do forno. Por fim, suas cinzas eram jogadas numa encosta de montanha pela parte de trás do edifício. Durante a operação do centro de execução de Sonnenstein, de junho de 1940 a agosto de 1941, estima-se que 14.751 pessoas foram mortas desse modo.[50]

As similaridades entre o processo de execução nos centros de eutanásia do Reich em 1940 e nos campos de extermínio na Polônia ocupada pelos nazistas em 1942 eram muitas e variadas, como veremos. Eram utilizadas praticamente as mesmas técnicas para matar, e o número de pessoas envolvidas era equivalente. Estavam presentes na primeira execução experimental no centro de eutanásia de Brandenburg, em janeiro de 1940, dois homens que, de diferentes maneiras, ajudariam a moldar o Holocausto. O primeiro era um profissional médico, o doutor Irmfried Eberl, diretor do centro de execução Brandenburg. Era um austríaco de 29 anos de idade, nascido em Bregenz e formado na Universidade de Innsbruck. A vida de Eberl foi dedicada à causa nazista, tanto no que se refere a aspectos triviais – ostentava um bigode como o de Hitler e penteava o cabelo para trás, bem liso – quanto a aspectos criminosos – estava intimamente envolvido nos assassinatos realizados em Brandenburg. Eberl "sempre considerou" que fosse "sua responsabilidade"[51] abrir o registro do gás, segundo o testemunho de seu subordinado imediato, Aquilin Ullrich. Outro membro da equipe de Brandenburg, um entusiasta da jardinagem, disse que o doutor Eberl lhe dissera que assim como "todas as ervas daninhas precisam ser destruídas", também as "pessoas que não merecem viver devem ser eliminadas".[52] Outro oficial da T4 disse que o doutor Eberl tinha tanto entusiasmo por sua tarefa que "queria matar por gás o mundo inteiro e o próprio irmão".[53]

206 | O HOLOCAUSTO

O doutor Eberl acreditava, como o doutor Brandt, que seu trabalho promovia um avanço da ciência médica. Os cérebros das crianças mortas em Brandenburg eram enviados ao professor Julius Hallervorden, chefe do Departamento de Neuropatologia do Instituto Kaiser Wilhelm para Pesquisa do Cérebro, em Berlim. O caderno de anotações de Eberl registra que o professor Hallervorden chegou a visitar Brandenburg e participou de autópsias realizadas no centro de execução.[54] Hallervorden mais tarde iria declarar nos julgamentos de Nuremberg que "aqueles cérebros ofereceram um material maravilhoso" e que "realmente não me preocupava de onde provinham [...]".[55]

A carreira de Eberl era claramente uma trajetória ascendente dentro do Estado nazista. É difícil imaginar quaisquer outras circunstâncias nas quais um médico recém-formado como Eberl pudesse ter contribuído tanto para as pesquisas de um famoso neurologista como o professor Hallervorden. O doutor Eberl, assim como o doutor Widmann, descobriria que matar podia ser uma maneira de avançar rapidamente.

A segunda pessoa que testemunhou o experimento com gás naquele mês de janeiro, e que mais tarde participaria do Holocausto, não poderia ter sido mais diferente do doutor Eberl em idade, instrução e experiência de vida. Christian Wirth tinha 55 anos quando foi nomeado diretor administrativo do centro de eutanásia de Brandenburg. Quando jovem, trabalhara como carpinteiro e depois se tornou policial. Foi condecorado com uma Cruz de Ferro na Primeira Guerra Mundial e, após a derrota da Alemanha, se juntou ao Partido Nazista enquanto ainda fazia carreira na força policial. Extremamente violento e prático, Wirth era uma figura que dava medo. Seu comportamento era tão execrável que ficou conhecido como "Christian selvagem". Depois que se envolveu com a T4, não teve escrúpulos em participar do processo de matança diretamente uma vez ele mesmo matou, a tiros, quatro pacientes mulheres enviadas a um centro de eutanásia com suspeitas de tifo. Dizia àqueles que trabalhavam para ele que os "doentes mentais" eram um "fardo para o Estado" e, portanto, tinham que ser eliminados. Um dos subordinados de Wirth descreveu-o simplesmente como "um monstro".[56] Franz Stangl, outro policial que aderiu ao programa de eutanásia de adultos e mais tarde comandaria um campo de extermínio, descreveu Wirth como "um homem bruto, de rosto avermelhado. Fiquei de coração apertado quando o conheci". Wirth falava com uma "horrível crueldade verbal": "Falava em 'livrar-se de bocas inúteis' e disse que 'efusões sentimentais' em relação a tais pessoas 'faziam-no vomitar'".[57] Wirth e Eberl, que trabalharam juntos no centro de execução de Brandenburg no início de 1940, iriam se encontrar de novo no Leste ocupado em circunstâncias ainda mais tenebrosas.

Os pacientes com deficiência eram assassinados não só na Alemanha e na Áustria, mas também na Polônia ocupada pelos nazistas. No outono de 1939, membros da Guarda Especial Eimann – uma unidade da SS de Danzig –, junto com os Einsatzgruppen, mataram a tiros milhares de pessoas com sofrimento mental no território da recém-germanizada área de Danzig/Prússia Ocidental. O alvo não foram só os ineptos para o trabalho – foram mortos todos os pacientes poloneses ou judeus, qualquer que fosse a gravidade de sua condição.[58]

No início de 1940, um novo método de matar pessoas com deficiência estava em operação na Polônia. Uma unidade sob o comando de Herbert Lange, um oficial da SS de 30 anos, usava uma máquina móvel de matar – uma van com as palavras "Companhia de Café do Kaiser" escritas na lateral. Depois que pacientes selecionados eram trancados dentro da van, bombeava-se monóxido de carbono de um bujão para o interior do veículo. A van de Lange viajou pelas estradas da Polônia e pelas terras fronteiriças com a Alemanha e matou milhares de pessoas com deficiência.[59] A van do gás tinha uma vantagem óbvia para os nazistas em relação a uma instalação fixa, pois podia se deslocar até o local em que os pacientes estavam hospitalizados. Havia, no entanto, desvantagens igualmente óbvias nesse novo método de execução. Por exemplo, a van corria o risco de ficar conhecida – já que ninguém que entrava pela porta de trás dela reaparecia. Mas desde que ela não fosse muito utilizada em uma determinada área, o segredo podia ser preservado.

Dentro da Alemanha, no começo, os judeus com deficiência eram selecionados mais ou menos do mesmo jeito que os demais pacientes – os médicos levavam em conta, além dos critérios clínicos, se o paciente tinha condições de realizar trabalho útil. Mas isso mudou em abril de 1940, quando Herbert Linden, um médico envolvido em "higiene racial" e um dos funcionários que apoiavam a campanha T4, pediu às autoridades locais que revelassem os nomes de todos os seus pacientes mentais judeus. Todos esses pacientes foram selecionados para morrer.[60]

A eclosão da guerra também teve terríveis consequências para os judeus dos campos de concentração criados em território alemão antes do conflito. Embora não haja evidência de uma ordem vinda de cima pedindo que os judeus desses campos fossem assassinados em massa, a SS dentro dos campos sabia que a atmosfera febril da guerra lhes permitia agir contra os judeus mais ou menos do jeito que bem entendessem. A chegada de muitos judeus poloneses ao sistema apenas exacerbou o desejo da SS de atormentar os internos judeus. Em Sachsenhausen, nos arredores de Berlim, a SS deixou sua imaginação sádica correr solta – prisioneiros judeus sedentos eram obrigados a beber a própria urina, e aqueles que estavam famintos tinham que bater uns nos outros para conseguir comida.[61] Em Buchenwald, perto de Weimar, mais de vinte judeus foram tirados do campo e mortos a tiros em novembro de 1939, como vingança por um atentado à vida de Hitler que ocorrera em Munique um dia antes.[62]

A guerra também levou a um aumento nos abusos a internos não judeus dos campos de concentração. Em janeiro de 1940, por exemplo, Rudolf Höss, então um oficial da SS em Sachsenhausen, ordenou que 800 prisioneiros ficassem em pé durante horas num frio e vento congelantes, na praça da lista de chamada. O prisioneiro mais antigo – o veterano do campo – implorou que Höss tivesse misericórdia, mas não adiantou. Os prisioneiros tiveram que aguentar e sofrer. No total, em 1940, cerca de 14 mil prisioneiros morreram no sistema de campos de concentração. Em 1938, o ano de maiores fatalidades antes da guerra, 1.300 haviam perdido a vida. A guerra, portanto, multiplicara por dez a taxa de mortalidade.[63]

A guerra também levou a uma expansão geral do sistema de campos de concentração, com a abertura de novos campos pelos nazistas no território ocupado. Em 2 de setembro de 1939, um dia após a invasão da Polônia pelos alemães, foi criado um campo de concentração na cidade de Sztutowo (Stutthof para os alemães), perto de Danzig. Mas foi só na primavera alemã de 1940 que se iniciaram os preparativos para abrir, em solo polonês, o campo mais conhecido de todo o sistema nazista – Auschwitz.

Em abril de 1940, quando Rudolf Höss foi transferido de Sachsenhausen e nomeado comandante do campo de Auschwitz, ele não tinha ideia de que a instalação que iria criar e dirigir se tornaria o cenário do maior assassínio em massa da história do mundo. As ordens que recebera não foram de construir um campo de extermínio, mas uma versão mais extrema de Dachau – o campo "modelo" dirigido por Theodor Eicke, no qual Höss fora originalmente treinado. A cidade de Auschwitz, Oświęcim em polonês, ficava na Alta Silésia, uma parte da Polônia que os nazistas queriam germanizar, e o propósito do novo campo de Höss era disseminar o terror entre a população polonesa local.

Este campo, o Auschwitz original, foi estabelecido perto do Rio Sola, junto à cidade de Auschwitz, e montado em torno de vários antigos alojamentos de tijolo vermelho do Exército Polonês. Desde o início, a taxa de mortalidade em Auschwitz foi muito mais alta do que a do campo de Dachau antes da guerra – mais da metade dos primeiros 20 mil poloneses enviados ao campo estava morta no início de 1942.

Jerzy Bielecki, um preso político polonês, estava na primeira leva transportada para o campo em junho de 1940. Ele lembra que os guardas da SS batiam nos prisioneiros o caminho todo, da estação de trem até o portão do campo: "Havia um garoto perto de mim, devia ter uns 16 anos – talvez ainda 15 –, e ele chorava derramando muitas lágrimas. E a cabeça dele estava rachada e escorria sangue pelo seu rosto [...] Estávamos com medo, não sabíamos o que era aquele lugar. A minha impressão era que a gente estava no meio do inferno. Não dá para descrever de outro jeito. E depois vimos que era de fato o inferno".[64] Bielecki, que havia sido mandado para Auschwitz porque os alemães achavam que fosse membro da resistência polonesa, foi posto para trabalhar junto com outros prisioneiros na construção do campo.

Jerzy Bielecki se lembra também da brutalidade dos Kapos – criminosos alemães enviados de Sachsenhausen para Auschwitz – que supervisionavam o trabalho deles: "Eu acabei me acostumando a ver mortes, espancamentos e maus-tratos", diz ele. Depois de "três ou quatro meses, fiquei acostumado a ver essas cenas". Uma vez, quando integrava um "comando" de construção, viu um Kapo, furioso com o trabalho de um dos prisioneiros, pegar uma espada e "cortar o pescoço dele, de tal maneira que o sangue jorrou e a espada ficou encravada no meio do pescoço. Nunca esqueci isso [...] Vejo essa cena nos meus sonhos".[65]

Apenas uma pequena porcentagem dos que foram enviados a Auschwitz em 1940 era de judeus, mas, assim como nos campos das fronteiras pré-guerra do Reich, os judeus presos em Auschwitz eram passíveis de sofrer de modo pavoroso. Kazimierz Albin, que também estava na primeira leva trazida a Auschwitz em junho de 1940, lembra que os alemães "pescavam" quaisquer judeus entre os prisioneiros, junto com "padres e monges", que "eram maltratados quase tanto quanto os judeus".[66]

Wilhelm Brasse, que chegou a Auschwitz em agosto de 1940, lembra que os alemães selecionavam alguns judeus e padres católicos e mandavam-nos "entoar canções e hinos religiosos". Então "batiam nos padres e nos judeus, e ficavam gritando que eles eram preguiçosos, que não cantavam alto o suficiente. A impressão que isso produziu em mim foi simplesmente aterrorizante. Nunca imaginei [que pudesse acontecer] algo assim!".[67]

Desde o dia em que o campo foi aberto, técnicas variadas foram usadas para atormentar os prisioneiros. As punições eram não só cruéis – uma bastante comum era amarrar as mãos do prisioneiro às costas e então suspendê-lo pelos pulsos num poste –, mas com frequência arbitrárias. Todo interno sabia que corria risco permanente de ser espancado, ou coisa pior, e pouco podia ser feito para evitar isso. Para exacerbar ainda mais esse sofrimento, os alemães insistiam para que todos vivessem com pressa. A visão de todos os prisioneiros correndo pelo campo fez com que August Kowalczyk, que havia sido enviado a Auschwitz no final de 1940, a comparasse a um "formigueiro que alguém tivesse chutado. O formigueiro abre e então você vê formigas correndo para todos os lados".[68]

Em maio de 1940, poucos dias depois de Höss chegar a Auschwitz, Himmler descreveu sua visão do Leste inteiramente ocupado. Esse

memorando, que Himmler pretendia submeter a Hitler, tinha o título –
bastante modesto considerando a abrangente natureza de suas propostas
– "Algumas Reflexões sobre o Tratamento à População Estrangeira
no Leste".[69] Um grande trecho do memorando tratava dos planos
de Himmler de realizar uma busca entre a população polonesa para
descobrir crianças "racialmente de primeira classe" e que "atendessem
aos nossos requisitos". Essas crianças seriam então transportadas para a
Alemanha e criadas como cidadãos alemães. Himmler acreditava que
essa política não só daria aos nazistas maior acesso a "sangue" alemão,
como privaria os poloneses de potencial para compor uma classe líder.
Quanto ao resto das crianças polonesas, receberiam o tipo mais básico
de instrução – seriam ensinadas a contar apenas "até quinhentos" e a
escrever o próprio nome. "Considero desnecessário ensiná-las a ler",
disse Himmler. Mais importante, ele sustentou, era que as crianças
polonesas aprendessem que era um "mandamento de Deus obedecer
aos alemães e ser honesto, trabalhar duro e se comportar direito".
Quando crescessem, essas crianças se tornariam parte de uma "classe
trabalhadora sem liderança", que os alemães poderiam usar para "abrir
estradas, pedreiras" e na "construção civil".

Himmler disse ainda em seu memorando que a ideia de "exterminar pessoas fisicamente" era "em princípio uma ideia não germânica
e impossível" – visão que ele modificaria a partir do início do Holocausto. Mas embora ele, no momento, não permitisse o assassínio em
massa, sua proposta para os judeus mesmo assim era radical. "Espero",
ele disse, "ver o termo 'judeu' completamente eliminado por meio
da possiblidade de emigração em larga escala de todos os judeus para
a África ou alguma outra colônia". Ele obviamente tinha em mente
algo como o plano de Madagascar, que, como vimos, os próprios
poloneses haviam considerado implantar pouco antes da guerra. Era
um afastamento impressionante da política expressa por Heydrich no
outono alemão de 1939, de deportar os judeus para a parte leste do
novo Império Alemão.

A razão para Himmler se sentir capaz de lançar essa ideia de
mandar os judeus para a África tinha a ver com o que estava acontecendo em outra parte. Por volta de 15 de maio de 1940, a data do
documento, o Exército Alemão estava no quinto dia de sua grande

ofensiva contra a França e os Países Baixos. Embora ainda não fosse certo que a Wehrmacht alcançaria a vitória, a suposição subjacente à visão de Himmler de relocar os judeus para a África era de que, com o triunfo alemão e a ocupação de França, Bélgica, Dinamarca, Holanda e Luxemburgo, a Grã-Bretanha negociaria a paz. Isso, por sua vez, permitiria que os alemães usassem navios mercantes, a maioria capturada de seus oponentes, para transportar os judeus, quer para Madagascar – que os alemães reivindicariam como território antes controlado pela França – ou para algum outro país africano.

Isso à primeira vista soa como fantasia, especialmente tendo em vista o que aconteceu depois. Mas uma série de documentos que os nazistas produziram em meados de 1940 mostra que sua potencial "solução" para o "problema judaico" estava sendo levada a sério. Pouco mais de uma semana após a derrota da França, em 3 de julho, Franz Rademacher, chefe de Assuntos Judaicos do Ministério do Exterior alemão, escreveu um memorando em que dizia "a França deve tornar a ilha de Madagascar disponível para a solução da questão judaica".[70] Nove dias mais tarde, Hans Frank observou que "não deveria haver mais transporte de judeus para o Governo Geral".[71] A razão é que o plano agora era mandar "o pacote inteiro de judeus" para uma "colônia africana ou americana" e que "está sendo considerada a cessão de Madagascar pela França para esse propósito".

Embora a ideia dos nazistas a respeito de Madagascar não fosse um plano de extermínio imediato dos judeus, teria levado milhões deles à morte. Isso porque a comissão polonesa que investigou antes da guerra a possibilidade de emigração em massa para Madagascar concluiu que apenas 60 mil judeus poderiam sobreviver na ilha. Mesmo assim, o escritório de Eichmann enviou um memorando a Rademacher em 15 de agosto dizendo que "quatro milhões" de judeus seriam instalados ali.[72] E, de acordo com o plano nazista, os judeus tampouco teriam permissão de formar qualquer autogoverno em Madagascar. A ilha ficaria "sob o controle do Reichsführer da SS" e de um "governador policial".[73] Há duas outras indicações de que os planos nazistas eram praticamente genocidas: a primeira, o fato de Philipp Bouhler – um dos originadores do esquema de eutanásia de adultos – ser mencionado como possível "governador" de Madagascar, e a segunda que, por volta de setembro de 1940, Rademacher havia revisado sua estimativa do número de judeus a serem enviados para a ilha. Eram mais ainda – de quatro milhões passou-se para seis milhões e meio.[74]

A razão pela qual esse esquema ainda podia ser discutido em meados de 1940 foi a rápida vitória dos alemães na Europa Ocidental. Em apenas seis semanas, quase na metade de 1940, a Wehrmacht havia conseguido mais do que o Exército Alemão conseguira durante toda a Primeira Guerra Mundial. O mito popular considerava essa vitória inevitável, e as Forças Armadas alemãs estariam fadadas a vencer pois eram mais blindadas, mais motorizadas, mais modernas do que as de seus oponentes em todos os aspectos. Mas isso simplesmente não procede. A verdade é que os Aliados Ocidentais possuíam tanques mais numerosos – e melhores – do que os alemães. A vitória no Ocidente não era um desfecho tido como certo pelas forças de Hitler.

Os antecedentes desse imenso sucesso alemão são significativos no contexto do desenvolvimento do Holocausto devido à mudança na percepção de Hitler causada pela sua vitória. Por volta do final de 1939, altas figuras do Exército Alemão haviam pensado em desbancar Hitler do poder. Não porque estivessem ultrajados pelas terríveis atrocidades que os alemães vinham cometendo na Polônia ocupada, mas por acreditarem que ele estaria levando a Alemanha ao desastre ao planejar invadir a Europa Ocidental. O general Franz Halder, chefe do Estado-Maior do Exército Alemão, escreveu em seu diário em 3 de novembro de 1939: "Nenhum dos Altos QGs [Quartéis-Generais] acha que a ofensiva ordenada pelo OKW [o Supremo Comando da Wehrmacht, que trabalhava diretamente para Hitler] tem alguma chance de sucesso".[75] Um alto oficial expressou sua visão de modo mais sucinto, dizendo que a invasão planejada era simplesmente "maluca".[76]

Em novembro de 1939, essa avaliação era quase correta. Porque se os planos de invadir o Ocidente tivessem sido implantados do jeito que foram concebidos na época, os alemães provavelmente teriam sofrido uma derrota catastrófica. Somente a mudança de estratégia, causada em parte pelo fato de os Aliados terem obtido informações sobre as intenções originais dos alemães, criou a precondição necessária para o sucesso. A nova ideia era uma aposta enorme: um rápido ataque através da aparentemente intransponível Floresta das Ardenas em direção à cidade francesa de Sedan, combinado com uma manobra diversionista mais ao norte, na Bélgica. Hitler apostou todo o seu futuro e o destino da Alemanha na suposição de que os Aliados não identificariam o movimento dos blindados alemães pelas Ardenas, até que fosse tarde demais para evitar que os *panzers* da Wehrmacht cruzassem o Rio Mosa em Sedan e se lançassem pelas planícies do centro da França até o Canal. É inegável tanto a natureza radical desse plano como o risco envolvido. Mas, como sabemos, funcionou – principalmente graças à incompetência da liderança militar Aliada, que, como Hitler apostara, só compreendeu o significado do avanço alemão em direção a Sedan quando já era tarde demais.

Hitler passou a ser festejado por seus comandantes militares. O general Wilhelm Keitel, chefe do OKW, o Supremo Comando da Wehrmacht – promovido a marechal de campo após a vitória sobre a França –, anunciou que Hitler era "o maior líder militar de todos os tempos".[77] A maioria da população alemã estava simplesmente em êxtase; as multidões que receberam Hitler em Berlim em 6 de julho de 1940 quando ele voltou do *front* ocidental estavam quase histéricas ao demonstrarem sua gratidão pela aparente genialidade de seu Führer.

Como resultado de toda essa adulação, Hitler teria se reafirmado, em sua autoavaliação, como um dos indivíduos mais importantes que já haviam existido. Como dissera a seus generais em agosto de 1939, "tudo, essencialmente, depende de mim, da minha existência [...]".[78] Ele também reiterou, em um discurso a seus líderes militares três meses mais tarde, em 23 de novembro, que encarava o conflito no qual estavam todos envolvidos agora em termos igualmente épicos. A escolha era entre "vitória ou derrota"; era, portanto, necessário "aniquilar" o inimigo ou correr o risco de ser aniquilado. Essa "batalha racial" era inevitável, segundo Hitler, porque "a crescente população [da Alemanha] precisa de mais *Lebensraum* [espaço para expansão]".[79]

Era clara a mensagem que a vitória no Ocidente enviou aos milhões de alemães predispostos a apoiar o movimento nazista. Eles não precisavam mais se preocupar com o futuro. Podiam descartar suas dúvidas e ansiedades individuais, pois seu Führer mostrara que estava sempre certo. Hitler não havia "hipnotizado" aquelas pessoas.

Elas concordavam com ele não porque seu próprio julgamento tinha de algum modo sido usurpado. Elas haviam escolhido confiar nele porque os eventos recentes demonstravam que essa parecia ser a coisa mais sensata a fazer. Só que essa postura mental era imensamente perigosa. Implicava que mais tarde, quando os judeus começassem a desaparecer das ruas, os alemães poderiam descartar quaisquer ansiedades que porventura alimentassem escondendo-se uma vez mais atrás da rubrica já familiar – o Führer é que sabe. Hitler havia mostrado no passado que sabia, então saberia também no futuro. Se ordenasse que os judeus tinham que sofrer mais do que já haviam sofrido, então essa seria a coisa certa para a Alemanha, e tal política deveria ser apoiada.

Após a vitória alemã na Europa continental, Hitler esperava que a Grã-Bretanha propusesse a paz. Em seu discurso ao Reichstag em 19 de julho de 1940, apelou para que a Grã-Bretanha usasse a "razão". Disse: "Eu ainda me sinto triste hoje porque, apesar de todos os meus esforços, nenhuma 'amizade' foi estabelecida com a 'Inglaterra'".[80] Churchill, que se tornara primeiro-ministro dois meses antes, era contrário a qualquer acomodação desse tipo, e o governo que liderava, também. E assim que ficou claro que os britânicos continuariam lutando, Hitler enfrentou um dilema. Ele podia dirigir suas forças armadas para invadir a Grã-Bretanha, ou voltar sua atenção para leste e confrontar o inimigo que havia identificado em *Minha luta* em 1924 – a União Soviética. Para Hitler, essa era uma escolha fácil. Ele nunca quis guerra com a Grã-Bretanha, e a Marinha Alemã não tinha navios de guerra capazes de proteger uma frota invasora que cruzasse o canal. Em uma reunião em 31 de julho de 1940, Hitler levantou com seus comandantes militares a possiblidade de invadir a União Soviética – mesmo antes que pudessem derrotar a Grã-Bretanha. Justificou esse curso de ação usando uma lógica um pouco distorcida. Argumentou que uma das razões pelas quais os britânicos haviam continuado a lutar era que esperavam receber ajuda da União Soviética, e afirmou que "a Rússia é o fator no qual a Grã-Bretanha mais confia".[81] Ficava então implícito para Hitler que, se destruísse as chances de a União Soviética entrar na guerra ao lado da Grã-Bretanha, faria Churchill propor a paz. Era um argumento bizarro, até porque o esforço de guerra britânico dependia da ajuda dos Estados Unidos, e não da União Soviética. Não obstante, ninguém se manifestou contra a ideia.

Hitler não rejeitava totalmente invadir a Grã-Bretanha. Foram até elaborados planos de desferir um bombardeio aéreo, e apesar de o grande almirante Raeder ter, na reunião de 31 de julho de 1940, delineado perspectivas sombrias para um ataque cruzando o canal, chegaram a ser feitos preparativos para a Operação Sealion – a invasão do continente britânico. Mas Hitler nunca se comprometeu com essa opção, e suas expectativas de outro triunfo militar se apoiavam nos planos desenvolvidos ao longo do restante daquele ano de 1940 para um massivo ataque à União Soviética no ano seguinte.

Hitler já dissera lá atrás, em 1924, que a Alemanha precisava conquistar território a leste – e a guerra necessária para conseguir esse novo território estava ficando mais próxima.

9. Perseguição no Ocidente
(1940-1941)

ENQUANTO ERAM FEITOS planos para invadir a União Soviética, os nazistas precisavam resolver uma questão premente que surgira como consequência de sua vitória a oeste. Agora que os alemães tinham muito mais judeus sob seu controle, como lidar com eles?

A maneira pela qual responderam essa questão, entre maio de 1940 e a invasão da União Soviética, em junho de 1941, nos diz muito a respeito da flexibilidade de sua política antissemita durante essa primeira fase da guerra. Mostra também, uma vez mais, que nesse estágio não havia sido tomada nenhuma decisão de implementar o assassínio em massa. Isso porque os nazistas ainda se apegavam à crença de que, no longo prazo, a maneira de "resolver" sua "questão judaica" seria por meio da expulsão.

Em 10 de maio de 1940, o Exército Alemão invadiu Luxemburgo, Holanda e Bélgica. Em Luxemburgo, de longe o menor dos três países, havia cerca de 3.500 judeus numa população de 300 mil.[1] Um movimento *Volksdeutsche* dentro do país pedia que Luxemburgo "voltasse para casa" – isto é, para o Reich –, e o Gauleiter Gustav Simon[2] instigava um extenso programa de "germanização", implantando as Leis de Nuremberg já em setembro de 1940. Os judeus foram pressionados a cruzar a fronteira e ir para a França, e os nazistas estipularam várias datas finais, nos últimos meses de 1940, em que queriam que todos os

218 | O HOLOCAUSTO

judeus já tivessem saído do país. Alguns eram simplesmente levados até a fronteira e largados ali.[3]

Na vizinha Bélgica, a situação era diferente. Pouco antes de os nazistas a invadirem, havia cerca de 65 mil judeus no país, de uma população total de 8,3 milhões. A maioria desses judeus não possuía cidadania belga – haviam fugido da Alemanha nazista ou de outros países do Leste Europeu. Ao contrário do que fizeram em Luxemburgo, os alemães não tentaram obrigá-los a deixar o país, mas a partir de outubro de 1940 impuseram legislação antissemita. Novas leis decretaram quem era judeu e quem não era, e os nazistas exigiram que eles fossem excluídos de várias profissões. No entanto, a ausência de qualquer violência orquestrada nas ruas, aliada ao fato de os nazistas permitirem que os judeus continuassem trabalhando na indústria de diamantes de Antuérpia, fez com que parte dos judeus voltasse dos países vizinhos para a Bélgica a partir de meados de 1940. A política nazista começou a mudar em novembro de 1940, quando Göring exigiu que as empresas judaicas fossem "arianizadas", embora esse processo só tenha ganhado força total no ano seguinte.

Houve atos isolados de protesto na Bélgica contra a perseguição alemã aos judeus. Em outubro de 1940, por exemplo, autoridades do governo belga de início se recusaram a obedecer à solicitação alemã de aplicar medidas antissemitas, embora mais tarde acabassem implementando a legislação, obrigadas a tanto pelos alemães. Acadêmicos da Universidade Livre de Bruxelas também protestaram quando os alemães exigiram que os acadêmicos judeus fossem privados de seus empregos – mas suas manifestações foram ignoradas.

O rei dos belgas, Leopoldo III, decidiu permanecer no país e foi colocado em prisão domiciliar pelos alemães. No vácuo de poder resultante, o governo no exílio, sediado em Londres, teve papel influente. Chefiado pelo primeiro-ministro belga pré-guerra, Hubert Pierlot, o governo no exílio declarou em janeiro de 1941 que todos os bens e propriedades roubados seriam devolvidos a seus verdadeiros donos quando os alemães fossem derrotados, e que os belgas que tivessem se aproveitado e roubado propriedade alheia prestariam contas disso. Embora essa declaração não mencionasse especificamente as medidas antissemitas que os alemães haviam imposto na Bélgica, o efeito da declaração foi anunciar uma eventual retaliação àqueles que roubassem dos judeus. Foi desse modo, com certeza, que essas palavras foram entendidas pelo Congresso Judaico Americano, e o rabino Stephen Wise escreveu ao primeiro-ministro Pierlot em Londres para agradecer o apoio.[4]

Na Bélgica ocupada havia também aqueles que acolhiam tanto o racismo quanto o antissemitismo dos nazistas. Os rexistas, por exemplo, um partido político belga de extrema-direita liderado por Léon Degrelle, abraçaram a ideologia nazista. Jacques Leroy, um rexista declarado, confirma que era também "racista" ativo. "A diferença", diz ele, "entre as pessoas que você chama de *Übermenschen* [raça superior] e as que chama de *Untermenschen* [raça inferior] é que as *Übermenschen* são a raça branca [...] Naquele tempo, tínhamos orgulho de pertencer à raça branca".[5] Quanto à sua atitude em relação aos judeus, as visões de Jacques Leroy podem ser deduzidas do fato de ele ter se tornado, após a guerra, um negacionista do Holocausto.

Havia ódio antissemita suficiente na Bélgica para permitir o lançamento de um *pogrom* na primavera europeia de 1941. Em 14 de abril, cerca de 200 colaboracionistas belgas, de unidades paramilitares como as Volksverwering (VNV), incendiaram duas sinagogas em Antuérpia e depois voltaram-se para a casa do rabino chefe.[6] Os alemães impediram que a brigada de incêndio belga e a polícia tomassem qualquer medida para extinguir o fogo e deter os perpetradores. Fato revelador é que os responsáveis pelo ataque tinham acabado de assistir ao filme *Der Ewige Jude* ("O Eterno Judeu"), um filme de propaganda antissemita lançado no ano anterior. O filme chega à infâmia de comparar judeus a ratos. Também ataca banqueiros judeus como os Rothschild, acusando-os de abrir filiais de seu banco em diferentes capitais europeias na tentativa de conseguir uma dominação judaica do sistema bancário. O filme, portanto, visava demonstrar que os judeus deviam uma lealdade uns aos outros que ia além das fronteiras nacionais, em vez de serem leais ao seu país de residência.

Der Ewige Jude era de longe o mais asqueroso filme de propaganda antissemita produzido pelos nazistas, e há evidências de que o próprio Hitler pôs a mão na sua elaboração. Evidências de arquivo, e mais o testemunho do seu diretor, Fritz Hippler,[7] sugerem fortemente que a contribuição de Hitler foi tornar o filme mais radical. Fritz Hippler lembra que, por meio do *Der Ewige Jude*, "Hitler quis apresentar a 'evidência', digamos assim, de que os judeus são uma raça parasita [...] que precisava ser separada do resto dos homens".[8] Comparar judeus a ratos era algo que Hitler teria achado especialmente poderoso, já que ele tinha aversão especial a esses animais. "Aprendi a odiar ratos quando estava no *front*", declarou ele durante a guerra. "Um homem ferido abandonado entre as linhas sabia que seria comido vivo por esses animais nojentos."[9]

Goebbels não acreditava nessas tentativas grosseiras de influenciar o público. Em julho de 1941, descreveu como a sua abordagem da propaganda por meio do cinema diferia da de Hitler: "Algumas divergências em relação aos noticiários de cinema. O Führer quer mais material polêmico no roteiro. Eu preferiria que as imagens falassem por si, e que o roteiro se limitasse a explicar o que o público de outro modo não entenderia. Acho isso mais eficaz, porque o espectador não vê o artifício envolvido".[10]

Em termos de bilheteria, *Der Ewige Jude* foi um fracasso. Mas embora a maior parte do público não gostasse do filme – algumas mulheres desmaiavam ao assisti-lo –, para os fanáticos, como os paramilitares belgas que o viram em abril de 1941, ele confirmava sua visão de que os judeus, como os ratos, tinham que ser expulsos à força.

Enquanto as sinagogas de Antuérpia ardiam em chamas, uma forma muito diferente de ocupação estava sendo imposta a noroeste, na Dinamarca. Em 9 de abril de 1940, um mês antes de invadir a Europa Ocidental, o Exército Alemão se deslocou para o norte e cruzou a fronteira dinamarquesa. Diante da massiva superioridade numérica e de armamento dos alemães, os dinamarqueses tiveram pouca escolha a não ser aceitar o inevitável. Duas horas após a chegada dos primeiros soldados alemães, o governo dinamarquês se rendeu. O que aconteceu em seguida foi surpreendente, especialmente no contexto da governança nazista do território vizinho. Pois os alemães deixaram os dinamarqueses em grande parte por conta deles. O rei Cristiano X continuou como chefe de Estado, e a polícia e o judiciário dinamarqueses seguiram funcionando quase como antes.

Houve várias razões para esse comportamento comparativamente contido da parte dos alemães. Primeiro, os nazistas viam os dinamarqueses como irmãos raciais – não tinham divergências ideológicas com a grande maioria dos habitantes da Dinamarca. Quanto aos judeus, eram apenas 7.500 os que viviam na Dinamarca – apenas 0,2 por cento da população total (esse número pequeno devia-se em parte ao fato de os dinamarqueses terem se recusado a ajudar os milhares de judeus que buscavam fugir dos nazistas na década de 1930). Por fim, os nazistas não queriam fazer nada que atrapalhasse a exportação de produtos agrícolas dinamarqueses para a Alemanha. Consequentemente, a ocupação nazista da Dinamarca foi menos opressiva do que em qualquer outro dos países derrotados.

Às vésperas da invasão alemã, Bent Melchior, um estudante judeu que vivia na Dinamarca, ficou apavorado achando que o pai corria grande perigo por ter sido muito "franco" em suas críticas aos nazistas.[11] Mas depois que os alemães chegaram, o pai de Bent não sofreu nenhuma perseguição, e a vida dos judeus dinamarqueses continuou como antes. Knud Dyby, um policial dinamarquês durante a guerra, confirma que os judeus dinamarqueses continuaram em segurança – no trabalho e em casa. "Os judeus estavam totalmente assimilados. Tinham seus negócios e suas casas, como todos os demais."[12]

Os alemães invadiram a Dinamarca a caminho de outra nação nórdica, a Noruega. Hitler quis assegurar a Noruega por razões estratégicas: para que a Marinha Alemã ganhasse acesso fácil ao Atlântico Norte e protegesse o envio de minério de ferro da neutra Suécia. Apesar da tentativa dos Aliados de evitar que os alemães tomassem a Noruega, o país caiu sob controle nazista no final da primeira semana de junho de 1940. Vidkun Quisling, fundador de um partido quase nazista na Noruega em 1933, tornou-se de início o governante, logo após a chegada dos alemães, mas em questão de dias foi substituído por um nazista genuíno – Josef Terboven, o antigo Gauleiter de Essen.

Assim como a Dinamarca, a Noruega abrigava um pequeno número de judeus – cerca de 1.700 em uma população de três milhões. Mas, ao contrário dos judeus dinamarqueses, eles foram identificados e perseguidos. Isso se deveu em parte à geografia. O longo litoral atlântico da Noruega tornava-a muito mais vulnerável a um ataque

Aliado que a Dinamarca, e os alemães colocaram bases navais e tropas na Noruega em número significativo. Os judeus, como vimos, eram sempre considerados pelos alemães como um "inimigo atrás das linhas", e, portanto, encarados como uma ameaça a qualquer instalação militar. Mas a adoção de uma atitude mais linha dura com os noruegueses deveu-se ao fato de os nazistas contarem com Quisling, um colaborador antissemita dedicado, com uma base política.

Em meados de 1940, Quisling conseguiu convencer Hitler a colocá-lo de novo como chefe do governo norueguês, servindo como Reichskommissar, sob a autoridade de Terboven. Em março de 1941, Quisling fez um discurso em Frankfurt no qual pediu que os judeus fossem expulsos da Noruega. Alegou que era necessário remover os judeus porque estavam pervertendo a sociedade norueguesa e "corrompendo" o sangue dos noruegueses com "bacilos destrutivos".[13] Na época em que pronunciou essas palavras, colaboracionistas noruegueses já haviam fechado várias lojas judaicas e outras empresas comerciais.

Em 10 de maio de 1940, os alemães invadiram outro país que, a exemplo da Noruega, da Dinamarca, de Luxemburgo e da Bélgica, havia tentado evitar a guerra alegando neutralidade. Três quartos dos judeus desse país – a Holanda – seriam mortos no Holocausto: uma proporção maior que a de qualquer outra nação de tamanho considerável na Europa Ocidental. O motivo exato pelo qual cerca de 75 por cento dos judeus holandeses morreram no Holocausto – em comparação com cerca de 40 por cento dos judeus belgas e noruegueses e 25 por cento dos judeus franceses – é uma questão que há muito tempo intriga os historiadores, e mais adiante neste livro serão feitas algumas sugestões das causas dessa disparidade.[14]

Ao contrário do governo belga no exílio, o governo holandês no exílio não estava coeso em sua resposta à ocupação alemã. Enquanto a rainha Guilhermina da Holanda se opunha a qualquer colaboração com os alemães, seu primeiro-ministro, Dirk Jan de Geer, adotava uma visão diferente. Ele acreditava que a guerra contra os alemães não poderia ser vencida, e que os holandeses deveriam cooperar com os nazistas em moldes similares ao do governo de Vichy na França. Fiel a essas crenças, De Geer saiu secretamente da Grã-Bretanha e foi à Holanda em setembro de 1940, publicando depois um panfleto defendendo a colaboração com os alemães.[15]

Na ausência de uma liderança política forte, os funcionários públicos holandeses tiveram um papel crucial. A maioria decidiu auxiliar os alemães na administração do país de uma maneira profissional e diligente. Como o governo holandês no exílio declarou em 1943: "Eles [os funcionários públicos] haviam passado a vida inteira acostumados a obedecer, eram sempre – e com razão – tão orgulhosos da execução impecável de suas tarefas e do cumprimento consciencioso de seus deveres que trouxeram a mesma meticulosidade e o mesmo cumprimento do dever para a escrupulosa organização de um saque ao nosso país, em benefício do inimigo".[16]

Quase todos os funcionários públicos holandeses concordaram em assinar formulários confirmando que eram de ascendência "ariana" – os chamados "atestados arianos" –, e em novembro de 1940 aceitaram a exigência alemã de que os judeus fossem removidos do serviço público. Os funcionários públicos, ciosos em preservar as aparências, consideraram os judeus "suspensos" de suas obrigações em vez de "demitidos".[17] Isso soava menos brutal, mas o impacto era o mesmo.

Qualquer julgamento sobre as ações dos funcionários públicos holandeses durante esse período não deve, é claro, ser influenciada por nosso conhecimento do que estava por vir. Mesmo assim, a eficiência com que eles facilitaram o desejo alemão de que todos os judeus fossem individualmente registrados, a partir de janeiro de 1941, continua sendo algo assustador. Esse sistema de registro abrangente se revelaria de enorme auxílio para os nazistas na época das deportações de judeus holandeses para os campos de extermínio.

Por volta de junho de 1941, toda uma série de medidas antissemitas estava implantada, dirigida contra os 140 mil judeus que viviam na Holanda.[18] Os judeus holandeses não podiam mais ir ao cinema ou a parques e piscinas públicas, não podiam ter aparelhos de rádio, frequentar escolas mistas ou trabalhar como advogados ou médicos a não ser para clientes judeus. O Reichskommissar para a Holanda, Arthur Seyss-Inquart, solicitara todas essas medidas. Ele próprio ferrenho antissemita, era um nazista linha dura que crescera na Áustria e tivera um papel na queda do chanceler Schuschnigg em 1938. Após a invasão da Polônia em setembro de 1939, havia servido como delegado de Hans Frank, ajudando a administrar e oprimir os poloneses no Governo Geral. Assim, na época em que foi nomeado para seu cargo na Holanda, já experimentara pessoalmente a sangrenta realidade da política nazista no Leste. O fato de a Holanda ser governada por um racista brutal como Seyss-Inquart, e a Bélgica, por um governador militar, o general Alexander von Falkenhausen, também explica em parte a subsequente disparidade entre as taxas de mortalidade dos judeus nesses dois países. Não que Falkenhausen fosse de algum modo amigo dos judeus. Ele presidiu atrocidades espantosas na Bélgica, em parte orquestradas por Eggert Reeder, o administrador da SS que trabalhou com ele, mas ainda se manteve como um general da velha guarda – que acabaria sendo mandado para um campo de concentração por cumplicidade no complô contra Hitler de 20 de julho.

Nem todas as instituições na Holanda cooperaram com os nazistas com a mesma eficiência do serviço público. Em 26 de novembro de 1940, o professor Rudolph Cleveringa, da Universidade de Leiden, lançou uma réplica devastadora à ordem alemã de demitir os professores judeus. No grande saguão da universidade, ele condenou a exigência como "abaixo de desprezível", e traçou uma contundente comparação entre um "poder baseado em nada além de força" e o "nobre" exemplo de Eduard Meijers, um dos professores judeus da universidade. O professor Meijers, disse Cleveringa, era esse "filho do nosso povo, esse homem, esse pai para nossos alunos, esse estudioso, que usurpadores estrangeiros suspenderam de suas funções [...]".[19] Logo depois de fazer esse discurso, Cleveringa foi preso. Passou os oito meses seguintes na prisão, e a Universidade de Leiden foi fechada.[20]

Hetty Cohen-Koster, uma estudante judia da Universidade de Leiden, ouviu a fala de Cleveringa naquele dia de novembro. Ela descreveu suas palavras como um "bálsamo para minha alma descrente". Ao mesmo tempo, sentiu que "os mesmos pensamentos e sentimentos estão sendo comunicados entre nós, indo e voltando, sem palavras, mas sendo completa e precisamente entendidos por todos nós. Eu estou numa comunidade de pessoas que compartilham os mesmos sentimentos, as mesmas opiniões. Faço parte disso aqui".[21]

Hetty Cohen-Koster não havia experimentado nenhuma perseguição na Holanda antes da guerra. Em sua escola em Haarlem, não havia "o menor sinal ou vestígio de antissemitismo [...] Ao contrário, a escola tinha uma atmosfera de total tolerância em todos os aspectos: origem, gênero, religião e raça". Muitos judeus na Holanda tinham a mesma sensação. Embora na década de 1930 houvesse alguns incidentes isolados de antissemitismo, a ideia de perseguir os judeus ia contra uma tradição de tolerância holandesa que remontava à emancipação dos judeus no final do século XVIII. Era o legado dessa sensação de segurança que levou muitos a sentir que o futuro talvez não fosse totalmente sombrio. "Nessa época", escreveu Hetty Cohen-Koster, "acreditávamos que os campos de trabalhos forçados na Alemanha eram o pior que podia acontecer".

A experiência holandesa, portanto, demonstra que é um grave erro supor que o grau de antissemitismo preexistente em qualquer país fosse um indício do nível subsequente de sofrimento judaico sob os nazistas. Outros fatores, como o tipo de governança nazista, a presença continuada de um sistema de administração operante e o grau em que os nazistas desejavam empreender a perseguição antissemita dentro de um território específico desempenharam um papel importante.

Havia outras vozes de resistência na Holanda. Em outubro, muitos ministros da Igreja Holandesa Reformada protestaram contra o "atestado ariano" por meio de uma carta de censura, que foi lida para suas congregações. E em fevereiro de 1941, foi realizada uma greve – inicialmente, em Amsterdã – para protestar contra a ocupação alemã. Toda essa corajosa dissensão deve ser lembrada, mas também não se pode esquecer que, em nível burocrático, os alemães foram bem atendidos pelos funcionários públicos holandeses, que colaboraram com as forças de ocupação da maneira mais "escrupulosa" e solícita que se possa imaginar.

A França, o último país que os alemães ocuparam em sua marcha pela Europa Ocidental, foi tratada de forma muito diferente das outras nações conquistadas. A França nunca buscou usar o manto da neutralidade como uma proteção contra os alemães. França e Grã-Bretanha reagiram juntas quando os alemães invadiram a Polônia, e ambas haviam declarado guerra em 3 de setembro de 1939. Os franceses tinham total confiança na vitória antes da invasão alemã. O general Gamelin, comandante-chefe do Exército Francês, disse que Hitler seria "definitivamente" vencido se tentasse atacar a França na primavera europeia de 1940.[22] Era um otimismo compartilhado por muitos cidadãos franceses comuns. Segundo um jornalista estrangeiro que estava em Paris em 10 de maio de 1940, dia em que os alemães desferiram seu ataque, as pessoas estavam "borbulhantes de entusiasmo. Nas ruas e nos cafés, na imprensa e no rádio, havia júbilo em relação ao erro estúpido que a Alemanha acabara de cometer".[23]

Levando em conta esse pano de fundo de excesso de confiança, pode-se imaginar o grau de humilhação nacional dos franceses quando os alemães conseguiram derrotá-los em apenas seis semanas. A França havia sido invadida, o Exército Francês fora desacreditado e mais de 1,5 milhão de soldados haviam sido capturados e levados para campos na Alemanha. Após esse desastre, os franceses voltaram-se para um herói nacional na tentativa de recuperar seu respeito próprio – o marechal Philippe Pétain, vencedor da Batalha de Verdun na Primeira Guerra Mundial. Pétain, com 84 anos de idade na época da derrota da França em 1940, era a personificação da dignidade do país. Solene, sério e intimidador, foi incumbido de salvar os franceses dessa catástrofe física e emocional.

Pétain acertou um armistício com a Alemanha em 22 de junho, seis dias após se tornar primeiro-ministro. Os termos do Tratado de Paz com a França deixaram os alemães ocupando a maior parte do país – o norte e o sudoeste –, enquanto cerca de quarenta por cento do território francês – o sul e o sudeste – continuaram tecnicamente sob o controle do novo governo francês liderado pelo marechal Pétain. Como Paris estava dentro da zona ocupada pelos alemães, a capital desse novo regime francês foi estabelecida na cidade-spa de Vichy. Ao se assentar em Vichy, Pétain – que agora também era chefe de Estado – exercia considerável poder sobre os cidadãos franceses, e colocou a culpa dos problemas que haviam envolvido o país na fraqueza da Terceira República. Ele rejeitou as palavras de ordem revolucionárias "Liberdade, igualdade, fraternidade" e adotou um novo slogan: "Trabalho, terra natal e família".

Vários políticos e administradores do entorno de Pétain eram antissemitas assumidos. Xavier Vallat, por exemplo, que se tornou comissário-geral de Assuntos Judaicos no governo de Pétain na primavera de 1941, disse mais tarde a Theodor Dannecker, o oficial da SS que supervisionava as deportações de judeus da França: "Eu sou antissemita há mais tempo que você".[24] Havia também Louis Darquier, que substituiu Vallat como comissário-geral: ele havia fundado a Assembleia Antijudaica Francesa antes da guerra, cumprira uma sentença na prisão por incitar o ódio racial e costumava confrontar os judeus nos cafés.[25]

O governo de Pétain agiu com rapidez para impor a legislação antissemita. Em outubro de 1940, os Estatutos Judaicos foram aprovados, impedindo os judeus de trabalhar em uma série de profissões. Não podiam mais ser funcionários públicos, policiais, jornalistas ou professores, nem servir como oficiais no exército. Apenas uma pequena faixa de judeus estava isenta dessas restrições severas – aqueles que haviam lutado na Primeira Guerra Mundial, por exemplo. Quanto aos judeus estrangeiros, eram os que sofriam pior tratamento, e agora corriam o risco de serem internados em "campos especiais" dentro da França.[26]

Não há evidência de que os alemães tenham pedido ao governo de Vichy para impor essas medidas antissemitas.[27] Na realidade, o próprio Pétain alterou a redação original dos estatutos de outubro para tornar as regulamentações ainda mais severas.[28] A verdade perturbadora é que as autoridades francesas perseguiram os judeus porque escolheram fazê-lo, não porque sofressem pressão nesse sentido. Para os judeus da França, essa evidência de que cidadãos franceses como eles estavam dispostos a fazê-los de vítimas foi devastadora. "Chorei ontem à noite", escreveu Raymond-Raoul Lambert em seu diário em 19 de outubro de 1940, "como choraria um homem que tivesse sido de repente abandonado pela mulher que é o único amor de sua vida, sua mentora e guia de suas ações".[29]

As medidas de Vichy pareciam ainda mais ultrajantes pelo fato de a França ser o país do Iluminismo, dos Direitos do Homem, a defensora da liberdade de expressão e da democracia liberal – de fato, o primeiro país europeu a emancipar os judeus, já no final do século XVIII.

Mas era mais que isso. Era também o país do Caso Dreyfus, no qual um oficial judeu do exército havia sido falsamente acusado na década de 1890, e o lugar onde o governo de esquerda de Léon Blum na década de 1930 fora atacado exclusivamente pelo fato de Blum ter ancestralidade judaica. Os Estatutos Judaicos com certeza refletiam o espírito desse último legado recente de intolerância. O preâmbulo do estatuto de 3 de outubro de 1940 declara: "Em seu trabalho de reconstrução nacional, o governo está desde o início decidido a estudar o problema dos judeus, assim como o de certos estrangeiros que, depois de abusarem de nossa hospitalidade, contribuíram para a nossa derrota em um grau que não foi pequeno".[30]

Não era acidental que judeus estrangeiros fossem especialmente vulneráveis sob a nova legislação. De um total de cerca de 330 mil judeus na França em dezembro de 1940, cerca de 135 mil não eram cidadãos franceses, mas vinham de outros países para buscar refúgio na França. Esses "forasteiros", como os estatutos os descreviam, eram particularmente odiados pelos franceses antissemitas, e mais tarde sofreriam desproporcionalmente em comparação com os judeus franceses. Enquanto cerca de dez por cento dos judeus franceses perderiam a vida no Holocausto, mais de quarenta por cento dos judeus estrangeiros na França morreriam nas mãos dos nazistas.[31]

Em essência, a política do governo de Vichy era separar e eventualmente julgar e expulsar os judeus "forasteiros" e "neutralizar" – ou de alguma outra forma assimilar – os judeus que fossem cidadãos franceses. Na realidade, havia sempre um elemento ambíguo na atitude de Vichy em relação aos judeus franceses. O almirante François Darlan, que se tornou primeiro-ministro francês em fevereiro de 1941, chegou a ponto de dizer: "Os judeus apátridas que chegaram aos montes em nosso país durante os últimos 15 anos não me interessam. Mas os outros, os bons e velhos judeus franceses, têm direito a toda a proteção que pudermos oferecer-lhes. A propósito, tenho alguns deles na minha própria família".[32]

Portanto, se você fosse judeu na Europa ocupada durante o primeiro ano ou mais da guerra, o tratamento que receberia poderia depender não apenas do país em que vivesse, mas também do fato de você ser ou não nativo do país. Do mesmo modo, embora não houvesse uma política abrangente aplicada pelos nazistas a todos os judeus sob seu controle, certos princípios essenciais eram evidentes ao longo da maior parte da Europa ocupada. Assim como haviam feito na Alemanha, os nazistas queriam – como primeiro passo – identificar os judeus e isolá-los.

Quanto ao longo prazo, os nazistas já haviam demonstrado seu desejo de roubar as riquezas dos judeus e depois expulsá-los de todas as áreas sob seu controle. Madagascar, como temos visto, era um possível destino para os judeus nesse período. Mas como o plano de Madagascar dependia de os navios mercantes alemães serem capazes de carregar os judeus e navegar milhares de quilômetros em segurança, a ideia só poderia ser implementada depois que a frota britânica fosse neutralizada – e a única maneira de fazer isso era tirar a Grã-Bretanha da guerra. Mas isso estava se revelando difícil de fazer. Insatisfeito com a incapacidade da Luftwaffe de bombardear a Grã-Bretanha e levá-la à mesa de negociações, e depois que ficou óbvio que os alemães não poderiam montar uma invasão bem-sucedida à Grã-Bretanha por mar, Hitler voltou sua atenção cada vez mais para o Leste. A Operação Sealion foi postergada – indefinidamente, conforme se veria – após uma reunião que Hitler realizou em 17 de setembro de 1940, quando foi decidido prosseguir com os planos de atacar a União Soviética.

A incapacidade dos nazistas de implementar o plano Madagascar não significava que a ideia de deportar judeus do Reich tivesse sido abandonada. Naquele outono, Robert Wagner, o Gauleiter de Baden, no oeste da Alemanha, expulsou à força 6.500 judeus alemães pela fronteira da França de Vichy. Wagner, Gauleiter também do território da Alsácia-Lorena, já havia presidido previamente a deportação de cidadãos franceses indesejados nesse território "germanizado" recentemente. Essa experiência parece ter dado a ele a ideia de promover a mesma ação contra os judeus dentro de seus domínios na Alemanha. A polícia local deteve judeus alemães em 22 e 23 de outubro de 1940 e forçou-os a embarcar de trem para Vichy. Cada um teve permissão de levar apenas 50 quilos de pertences e um máximo de 100 Reichsmarks. Heydrich observou que "A deportação dos judeus foi conduzida ao longo de Baden e Pfalz sem incidentes. A população em geral mal ficou sabendo da operação".[33]

Foi uma ação que lembrou as deportações feitas pouco tempo antes na Polônia, tirando judeus das terras a serem germanizadas e levando-os para o Governo Geral. E do mesmo modo que Hans Frank fizera no Governo Geral, as autoridades de Vichy tampouco quiseram que seu território fosse usado desse modo. Eles só aceitaram os nove trens de judeus – sete de Baden, dois de Saarpfalz – porque acharam que traziam cidadãos alemães.[34] "O governo francês não pode mais oferecer asilo a esses estrangeiros", declararam as autoridades de Vichy em carta de protesto de 18 de novembro de 1940. "Ele propõe com extrema urgência que o governo do Reich tome imediatamente as medidas necessárias para que sejam transportados de volta à Alemanha e que os gastos decorrentes de sua estada na França sejam reembolsados".[35] Mas os nazistas se recusaram a fazer o que seus vizinhos derrotados pediam, e os judeus alemães continuaram mantidos em campos de internação no sudoeste da França. Uma grande proporção deles foi despachada para o Leste em 1942 e acabou morrendo nos campos de extermínio nazistas da Polônia.

Essa ação pouco conhecida, ocorrida no outono de 1940, é significativa não só por lembrar o sofrimento daqueles cidadãos alemães subitamente arrancados de suas casas, mas porque oferece um vislumbre da maneira pela qual iniciativas locais podiam ajudar a moldar a tomada de decisões. Hitler, como vimos, não teve a ideia de deportar os judeus de Baden e Pfalz para depois ordenar que Wagner implementasse a tarefa. Ao contrário, foi o Gauleiter Wagner que quis despejar os judeus alemães pela fronteira sem avisar os franceses antes. Essa iniciativa então teve o sinal verde de Himmler e, de acordo com um relato, também de Hitler.[36]

Tudo isso só foi possível porque Hitler era um líder visionário, que esperava que seus subordinados demonstrassem grandes doses de iniciativa. Um mês antes dessas deportações, havia dito a Wagner e ao Gauleiter Bürckel do Saarpfalz e da Lorena que "em dez anos, haveria apenas um relatório que ele gostaria de receber dos Gauleiters, ou seja, que as suas áreas eram alemãs, e com isso queria dizer absolutamente alemãs. Não faria perguntas a respeito dos métodos que eles teriam usado para tornar essas áreas alemãs e não daria a menor importância se, em algum momento no futuro, fosse revelado que os métodos usados para ganhar territórios tivessem sido desagradáveis ou não totalmente legais".[37]

Sob vários aspectos, essa era uma típica instrução de Hitler a líderes nazistas de elite. Ou seja, a meta de vocês é essa, cumpram-na pelos meios que acharem melhor. Como consequência, diferentes Gauleiters podiam adotar métodos de implantação muito diversos. Foi isso com certeza o que aconteceu na Polônia quando os Gauleiters rivais Albert Forster, de Danzig/Prússia Ocidental, e Arthur Greiser, do Warthegau, buscaram impor a política de "germanização" desejada por Hitler. Arthur Greiser ordenou um exame dos poloneses para ver se podiam ser classificados como alemães ou não. Os que não fossem considerados alemães ficariam sujeitos a deportação. No *Gau* (região administrativa) vizinho, Albert Forster adotou uma abordagem muito mais *laissez-faire,* e categorizou alguns grupos inteiros de poloneses como alemães. Isso não só gerou uma briga entre Greiser e Forster como levou a uma situação bizarra, em que alguns membros de uma mesma família eram categorizados como alemães no *Gau* de Foster e outros como poloneses no *Gau* de Greiser.[38] Isso fazia muita diferença para os poloneses — na realidade, podia virar uma questão de vida ou morte, pois os classificados como alemães no *Gau* de Forster não estariam sujeitos a deportação e receberiam mais comida do que os classificados como poloneses no *Gau* de Greiser. Mas tanto Forster como Greiser afirmavam estar implantando a visão de Hitler — só que de maneiras diferentes.

A mesma situação — em que dois líderes de distrito adotavam políticas diferentes, mas cada um sustentava estar seguindo o desejo de seu Führer — ocorreu no contexto de uma política nazista em relação aos judeus. O gueto de Łódź, estabelecido por Arthur Greiser, estava em vigência na mesma época em que o Gauleiter da Alta Silésia do Leste, Fritz Bracht, adotava uma política totalmente diferente. Nos domínios de Bracht, Albrecht Schmelt, da SS, obrigou os judeus a realizarem trabalhos forçados em uma variedade de projetos industriais e de construção,[39] e o resultado era que os judeus, nas principais cidades que Bracht controlava, como Katowice e Będzin, não estavam confinados em guetos.[40]

Essa interação entre uma liderança visionária no escalão de cima e iniciativas no escalão de baixo era característica da maneira com que o Holocausto se desenvolveu. E, como veremos, nesse desenrolar os envolvidos foram influenciados não só por sua própria ideologia cheia de ódio, mas também pelo mundo em mutação ao redor deles.

Naquele outono, Hitler também estava lidando com grandes questões estratégicas – e a mais importante delas era se deveria finalmente autorizar a invasão da União Soviética e lançar uma guerra de destruição sem paralelo na história. Esse foi um dilema que ele resolveu depois de um encontro com Vyacheslav Molotov, ministro do Exterior soviético. Molotov foi a Berlim para conversar com Hitler e Ribbentrop em 12 de novembro de 1940. Ele veio armado com uma lista detalhada de perguntas sobre o relacionamento entre os dois países – por exemplo, quais eram exatamente as intenções da Alemanha em relação aos Estados-tampão entre eles, como Hungria, Romênia e Bulgária? Mas Hitler e Ribbentrop não queriam se estender em tais tópicos prosaicos. Em vez disso, conversaram em termos grandiosos – e vagos – sobre um futuro império mundial alemão. Em certa medida como resultado desse descompasso entre a praticidade de Molotov e o enfoque visionário de Hitler, o intérprete soviético oficial nas conversas descreveu o encontro como "cansativo e obviamente fútil".[41] Um mês depois desse diálogo de surdos, em 18 de dezembro de 1940, Hitler assinou o plano para a invasão da União Soviética – com o codinome de Operação Barbarossa, apelido do imperador Frederico I, do Sacro Império Romano, líder da Terceira Cruzada no século XII.

Dessa vez, os comandantes militares alemães levantaram poucas objeções aos planos épicos de Hitler. Em parte, isso se deveu ao sucesso da invasão da França e ao ensinamento ideológico nazista que afirmava que os soviéticos eram "sub-humanos"; mas também teve a ver com as informações da inteligência militar que sugeriam que o Exército Vermelho não constituía uma grande ameaça. As forças soviéticas tinham recentemente mostrado um desempenho ruim na guerra contra a Finlândia, e Stalin havia expurgado o Exército Vermelho de vários dos melhores oficiais da União Soviética na década de 1930, amedrontado com um possível complô contra ele. Tudo isso levou o general Alfred Jodl, chefe da equipe de operações da Wehrmacht, a observar: "O colosso russo vai mostrar que é uma bexiga de porco, você espeta e ela explode".[42]

A decisão de Hitler de se comprometer com uma invasão da União Soviética teve consequências imediatas para a política nazista em relação aos judeus. Como a ideia de despachar os judeus para "uma colônia na África" havia sido posta de lado, era preciso conceber uma nova política para os judeus aprisionados em guetos na Polônia. Os nazistas, como vimos, haviam imaginado que esses guetos eram apenas uma medida temporária até que os judeus pudessem ser expulsos do Reich.

As condições no gueto de Łódź eram desesperadoras em meados de 1940. Houve tumultos por escassez de comida em agosto, com uma multidão de judeus em inanição gritando "Queremos pão, estamos morrendo de fome!".[43] As autoridades nazistas do Warthegau pediram que Hans Frank permitisse deportar os judeus para o Governo Geral, já que "a situação dos judeus no Warthegau piora a cada dia" e o gueto "na realidade havia sido criado apenas com a condição de que a deportação dos judeus tivesse início no máximo no meio do ano".[44]

Fiel a suas ações passadas, Hans Frank recusou os habitantes do gueto de Łódź em sua jurisdição. Portanto, ficou por conta das autoridades no Warthegau encontrar uma solução para o problema que eles mesmos haviam criado. Como os judeus no gueto não tinham mais nenhum dinheiro para comprar comida dos alemães, os nazistas defrontaram-se com uma escolha difícil – deixar os judeus morrerem de fome ou permitir que trabalhassem para ganhar dinheiro para pagar sua comida. Os diferentes lados desse dilema estavam personificados em duas figuras: Hans Biebow, o chefe alemão da administração do gueto, e Alexander Palfinger, um oficial do gueto um pouco abaixo na hierarquia. Estera Frenkiel, uma judia polonesa que trabalhava no escritório do Conselho Judaico dentro do gueto, lidou com esses dois burocratas alemães no verão e no outono de 1940. Palfinger, lembra ela, estava feliz em ver os judeus no gueto "morrendo de fome".[45] Sua lembrança é apoiada por evidência documental da época. "O rápido desaparecimento dos judeus é para nós uma questão totalmente irrelevante", escreveu Palfinger num relatório do final de 1940, "para não dizer desejável, desde que os efeitos concomitantes deixem intacto o interesse público do povo alemão".[46] Biebow, por outro lado, tinha uma visão muito diferente. Como diz Estera Frenkiel, "Biebow era dotado de grande espírito empreendedor. Tinha muitos poderes de persuasão – algo que faltava a Palfinger. Ele ficava tentando convencer as pessoas até que se acumulasse saliva nos cantos da sua boca".[47] Biebow propôs que o gueto se tornasse autossustentado. Era possível criar fábricas e oficinas para os judeus, e os bens que produzissem seriam vendidos para ganhar dinheiro para a comida.

O argumento de Biebow prevaleceu. Os nazistas deram ao Conselho Judaico dentro do gueto um "empréstimo" (do dinheiro previamente roubado dos judeus) de três milhões de Reichsmarks, a fim de montar a necessária infraestrutura. Era exatamente isso o que Rumkowski, o chefe judeu do gueto, queria. Ele vinha solicitando ao Prefeito de Łódź a criação de uma rede de oficinas, dizendo "Há dentro do gueto cerca de oito mil a dez mil especialistas em vários setores [...] Artesãos de sapatos e botas (manuais e mecanizados), seleiros [...] alfaiates (para confecção sob medida ou em série) [...] fabricantes de chapéus e bonés, funileiros, ferreiros, marceneiros, pedreiros, pintores, encadernadores, estofadores. Eu poderia fazer com que eles [artesãos talentosos] trabalhassem para as autoridades [...]".[48]

A vitória de Biebow foi um momento-chave nessa história, pois marcou a transição do gueto de medida temporária – uma área de retenção onde os judeus ficavam confinados, aguardando a deportação para algum outro lugar – para uma instituição que poderia, em tese, se tornar autossuficiente. Rumkowski, em particular, recebeu bem esse desdobramento, pois acreditava que a chave para a sobrevivência do gueto era que os judeus se tornassem úteis aos alemães. Ele chamou isso de "Salvação pelo trabalho". Como consequência, no gueto, aqueles que trabalhavam recebiam mais comida do que os desempregados.[49] Tanto os nazistas quanto os judeus aprisionados tinham interesse em fazer esse novo sistema funcionar. Os judeus, porque haviam visto o quanto os nazistas haviam chegado perto de deixá-los morrer de fome durante o verão, e os nazistas, porque aquilo podia gerar dinheiro.

O novo sistema era corrupto de ambos os lados. Arthur Greiser, o governante do Warthegau, pretendia enriquecer pessoalmente com o gueto. Biebow transferia regularmente dinheiro para uma conta aberta em nome de Greiser.[50] Estera Frenkiel chegou a testemunhar uma mala cheia de valores do gueto sendo enviada a Greiser por meio de Biebow. Do lado judeu, Rumkowski agora tinha ainda mais poder pessoal do que antes, já que tudo o que os alemães forneciam ao gueto sob esse novo arranjo era encaminhado através de seu escritório. Ele decidiu enriquecer às custas dos outros, e no processo criou para si um padrão de vida melhor que o dos demais no gueto. Tinha, por exemplo, até uma carruagem particular com condutor.

Enquanto isso, apenas 110 quilômetros a leste, em Varsóvia, no Governo Geral, o maior gueto de todos estava prestes a ser isolado do mundo exterior. Mais de 400 mil judeus seriam aprisionados numa área de 3,8 quilômetros quadrados no gueto de Varsóvia – havia tantos judeus nessa pequena área quanto na França, na Dinamarca e na Noruega somadas. Cerca de trinta por cento da população de Varsóvia era judaica, e a enorme escala desse empreendimento explica em parte por que esse gueto, o maior de todos, foi criado relativamente tarde.

Os judeus de Varsóvia foram alvo de perseguição no instante em que os alemães entraram na cidade – apenas quatro semanas após o início da guerra. Em questão de dias, os nazistas já haviam mandado os judeus criarem um Conselho Judaico, por meio do qual as medidas antissemitas passaram a ser comunicadas à população judaica. Ao longo dos meses seguintes, os judeus de Varsóvia receberam ordens de se identificar portando uma Estrela de Davi azul sobre uma braçadeira branca, as escolas judaicas foram fechadas e a riqueza dos judeus foi sequestrada. Os judeus eram capturados e colocados em grupos de trabalhos forçados, e com frequência sofriam tormentos dos alemães. "Eis um dos jogos que eles promoviam nas garagens do parque Dinance", escreveu Emmanuel Ringelblum, um judeu de Varsóvia, em fevereiro de 1940. "Mandavam os trabalhadores baterem uns nos outros com suas galochas [...] Mandavam um rabino cagar nas calças. Dividiam os trabalhadores em grupos e punham os grupos para brigar entre si [...] Vi gente muito ferida nesses jogos."[51] Ele também registrou que "Tanto ontem quanto hoje fizeram as mulheres trabalhar. E por acaso algumas delas estavam com casacos de pele. Eles mandaram as mulheres lavar a calçada com suas calcinhas e depois vestirem as calcinhas de novo, molhadas".[52]

Os judeus corriam riscos não só com os alemães, mas também com os poloneses. Adam Czerniaków, engenheiro de formação e agora líder do Conselho Judaico de Varsóvia, escreveu em seu diário em dezembro de 1939 que uma mulher polonesa maluca "molesta os judeus, bate neles e arranca seus chapéus".[53] No mês seguinte, descreveu que um "bando de adolescentes [poloneses] arruaceiros, que nos últimos dias estavam batendo em judeus, desfilaram diante dos escritórios da Comunidade [judaica] quebrando as janelas das casas do outro lado da rua".[54] Alguns poloneses achavam que agora podiam roubar os judeus impunemente. Na Véspera de Ano Novo de 1939, "dois estrangeiros" visitaram Czerniaków e disseram que seu apartamento estava sendo "requisitado". Mais tarde, soube-se que o "requisitante" de seu apartamento era "um motorista que entregava ou distribuía sopas" – o que deixou Czerniaków com o problema de decidir se devia pedir ou não que a SS punisse o polonês que havia tentado roubar sua casa.[55]

Depois que o gueto foi isolado, em novembro de 1940, os nazistas seguiram a mesma política adotada de início em Łódź – obrigar os judeus a pagar por sua comida ou ficar sem comer. Alexander Palfinger, que perdera a discussão em Łódź sobre se era o caso ou não de deixar que um grande número de judeus morresse, foi nomeado diretor da Transferstelle em Varsóvia, o departamento que avaliava o quanto valiam os bens produzidos pelos judeus no gueto e o quanto de comida deveriam receber em troca. A presença de Palfinger era uma notícia ruim para os judeus de Varsóvia. Ele não mudara sua visão – para ele, a questão de quantos judeus poderiam morrer era "totalmente irrelevante".

Como ocorreu no gueto de Łódź, aqueles que tinham objetos valiosos para vender ou conseguiam algum trabalho remunerado dentro do gueto tinham uma chance de adiar a inanição. Os judeus ricos compravam suprimentos que haviam sido contrabandeados para o gueto – uma estimativa avalia que mais de oitenta por cento da comida do gueto era comprada no mercado negro.[56] Se você estivesse desempregado ou não tivesse nenhuma posse, corria risco de morrer logo. No desespero, as mulheres vendiam a si mesmas. Emmanuel Ringelblum registrou em janeiro de 1941 que "a prostituição se tornara perceptível" e que "ontem, uma mulher de aspecto muito respeitável me parou na rua". O vislumbre que ele obteve da natureza humana como resultado dessa experiência foi desolador. "A necessidade leva as pessoas a fazer qualquer coisa."[57]

Halina Birenbaum tinha 11 anos de idade quando sua família foi aprisionada no gueto. No contexto de horrores do gueto, ela teve sorte. Um dos seus irmãos, Mirek, era estudante de medicina e trabalhava num hospital judaico. Ele "costumava aplicar injeções" em esquema privado para judeus ricos dentro do gueto, então ela não passou fome. Assistindo às coisas a partir de sua posição de relativo privilégio, ela ficou chocada com as cenas que viu. As crianças ficavam deitadas "nas calçadas, pelas ruas, nos quintais das casas [...] tão inchadas [de fome] que você mal conseguia ver os olhos no rosto delas". Ela lembra de uma "garota ruiva muito alta" que fazia uma apresentação na rua a fim de tentar ganhar algumas moedas para comprar comida. Ela recitava "em ídiche uma canção que contava como eles [os alemães] a haviam expulsado da sua cidade, como os pais haviam morrido um após o outro e os irmãos dela, também. E dizia a Deus 'Quanto tempo ainda vai levar? O copo ainda não se encheu de nossas lágrimas?'. Nunca vou me esquecer dessa garota".[58]

Assim como em Łódź, em Varsóvia, depois de alguns meses, chegou-se também a um ponto crítico. O chefe da Divisão de Economia do Governo Geral escreveu um relatório para Hans Frank descrevendo a questão fundamental que precisava ser respondida: o gueto de Varsóvia fazia parte de um plano para "liquidar os judeus"[59] ou era uma tentativa de mantê-los vivos por um período não especificado de tempo? Nesse último caso, então era preciso arrumar trabalho para cerca de 60 mil judeus, a fim de assegurar a compra de comida suficiente para alimentar o resto. Como fizera em Łódź, Palfinger fez o possível para desacreditar os partidários de permitir que um grande número de judeus trabalhasse, e do mesmo jeito que ocorreu em Łódź, ele perdeu a discussão. Hans Frank demitiu Palfinger em abril de 1941 e colocou em seu lugar Max Bischoff, que ficou encarregado de tornar o gueto produtivo. Em uma reunião em maio de 1941, Adam Czerniaków, agora o líder judeu do gueto – um cargo equivalente ao que Rumkowski detinha em Łódź –, foi informado de que "fazer os judeus morrerem de fome" não era o objetivo dos nazistas, e que "é possível que as rações de comida sejam aumentadas e que haja trabalho ou pedidos para os trabalhadores".[60] Na mesma reunião, Czerniaków foi informado também de que "os cadáveres que jazem nas ruas criam uma impressão muito ruim" e que "os cadáveres [...] devem ser removidos rapidamente".

Embora agora o assassínio sistemático de judeus por inanição não fosse ocorrer, ainda não havia comida suficiente para alimentar todos no gueto, apesar das promessas nazistas. Em junho de 1941, um mês depois da reunião em que os nazistas prometeram aumentar a ração de comida, Czerniaków registrou que seu trabalho havia sido interrompido por pedintes implorando na sua janela "Pão, pão! Estou com fome, fome!".[61]

Enquanto judeus morriam por falta de comida no gueto de Varsóvia, em outra parte o Estado nazista discutia planos de levar milhões de pessoas à morte após a invasão da União Soviética. Em 2 de maio de 1941, o órgão central de economia da Wehrmacht declarou que, como o Exército Alemão invasor "inteiro" teria que ser "alimentado às custas da Rússia", isso significava que "dezenas de milhões de homens [soviéticos] irão sem dúvida morrer de inanição se tirarmos do país tudo de que precisamos".[62] Mais tarde naquele mês, no dia 23 de maio, o mesmo órgão produziu outro documento intitulado "Orientações Político-Econômicas para a Organização Econômica do Leste", segundo o qual 30 milhões de pessoas poderiam morrer de fome na União Soviética em decorrência do sequestro de sua comida pelo Exército Alemão.[63]

Tal pensamento não era fruto apenas de conveniência. Os planejadores do Exército Alemão não estavam decidindo no vácuo que 30 milhões de pessoas morreriam de inanição. Seu pensamento era apoiado por crenças ideológicas, pois trabalhavam num ambiente no qual os economistas alemães calculavam quantas pessoas nos territórios do Leste eram "excedente em relação aos requisitos".[64] Quais seriam as vantagens, sustentavam os nazistas, de conquistar novas terras se ao mesmo tempo teriam que ficar com milhões de "bocas inúteis"? Himmler com certeza compreendia as consequências genocidas desse tipo de lógica. Dias antes do início da invasão à União Soviética, disse aos seus colegas dos altos postos da SS que "o propósito da campanha na Rússia" era "dizimar 30 milhões da população eslava".[65]

O plano dos nazistas era brutalmente audacioso. Durante a guerra contra a União Soviética, eles planejavam matar de inanição mais do que as populações somadas da Suécia, da Noruega e da Bélgica.[66] Esse objetivo estava na mente deles antes que concebessem a ideia de criar fábricas de morte para exterminar o povo judeu. É compreensível que nos façamos a pergunta: que tipo de ser humano poderia considerar uma ideia como essa? E a resposta é: pessoas profundamente racistas. Já vimos como não apenas Hitler, mas o Estado nazista inteiro funcionava segundo a premissa férrea do valor relativo das raças. Os soldados alemães que estavam prestes a invadir a União Soviética eram considerados seres humanos mais valiosos do que aqueles que encontrariam ali. Os eslavos eram uma "raça" que Hitler considerava uma "massa de escravos natos".[67] Além disso, como alguns dos eslavos na União Soviética eram também "bolcheviques" além de judeus, isso significava que havia três razões distintas para os nazistas engajados odiarem um único cidadão soviético, três razões para desprezarem um ser humano que era, ao mesmo tempo, eslavo, bolchevique e judeu.

Havia também, segundo Hitler, outra justificativa intelectual inquestionável para tirar comida de milhões de pessoas e fazê-las morrer de inanição. "A Terra continua a girar", disse ele, "não importa se é o homem que mata o tigre ou o tigre que devora o homem. O mais forte impõe sua vontade, é a lei da natureza. O mundo não muda; suas leis são eternas".[68] Para Hitler, o sentimento mais básico de humanidade era sinal de fraqueza. Se você quisesse uma coisa, devia arrebatá-la. Se fosse forte o suficiente para pegar o que queria de outra pessoa, então você merecia tê-la. Nada mais havia a dizer a respeito. Os grandes líderes religiosos, os grandes pensadores humanistas – todos eles haviam perdido seu tempo.

Em 30 de março de 1941, Hitler explicou a seus generais que a futura guerra contra a União Soviética seria um "choque de duas ideologias", e reiterou: "O comunismo é um enorme perigo para o nosso futuro". Disso concluímos, afirmava Hitler, que "devemos esquecer a ideia de camaradagem entre soldados. Um comunista não é um camarada nem antes nem depois da batalha. Essa é uma guerra de extermínio. Se não entendermos isso, podemos até vencer, mas daqui a trinta anos teremos que lutar de novo contra o inimigo comunista". Hitler disse que as regras normais da guerra deveriam ser postas de lado na luta contra a União Soviética, e pediu o "extermínio dos comissários bolchevistas e da *intelligentsia* comunista".[69] Na sua visão, a guerra contra o Leste seria uma luta épica em favor da dominação alemã – o conflito transformador de uma época, com o qual vinha sonhando havia anos.

A maioria dos altos comandantes militares não protestou diante da caracterização que Hitler fez do futuro conflito como uma guerra de "extermínio". Um pequeno número, entre eles o marechal de campo Von Bock, fez objeção à ordem de executar comissários políticos soviéticos em vez de fazê-los prisioneiros – a chamada "Ordem dos Comissários" –, mas a principal preocupação de Bock era que esses assassinatos pudessem ter efeito negativo na disciplina militar. Muitos outros oficiais teriam concordado com a visão do coronel-general Erich Hoepner, que afirmara, numa diretriz expedida em 2 de maio de 1941, um mês antes da promulgação formal da Ordem dos Comissários, que a futura guerra seria "a velha luta do povo germânico contra o povo eslavo, a defesa da cultura europeia contra a inundação moscovita-asiática, a repulsa do bolchevismo judaico. Essa luta deve ter como objetivo esmagar a atual Rússia e deve, portanto, ser conduzida com uma severidade sem precedentes. Toda ação militar deve, em sua concepção e execução, ser guiada por uma vontade de ferro de aniquilar o inimigo totalmente e sem misericórdia. Em particular, nenhum adepto do atual sistema bolchevista-russo deverá ser poupado".[70]

A futura guerra no Leste também abria novas possibilidade para a solução de um antigo problema nazista: para onde deveriam ser deportados os judeus? Já em 21 de janeiro de 1941, Theodor Dannecker, o oficial da SD do departamento de Eichmann sediado em Paris, havia sido informado de que "de acordo com o desejo do Führer, após a guerra, será encontrada uma solução final para a questão judaica dentro dos territórios dominados e controlados pela Alemanha".[71] Dannecker acrescentou que Reinhard Heydrich havia sido instruído a conceber um plano para realizar essa "imensa tarefa". Uma ideia era deportar os judeus primeiro para o Governo Geral na Polônia, onde aguardariam posterior remoção para um destino a ser decidido.[72]

A incumbência transmitida a Heydrich de conceber uma "solução final" para a "questão judaica" não significa que se tratasse de uma ordem para o Holocausto. As palavras "solução final" não significam aqui o que mais tarde vieram a significar. Heydrich trabalhava na elaboração de um plano não para exterminar judeus em câmaras de gás, mas para deportá-los a algum lugar sob controle alemão assim que a guerra terminasse. Eichmann já tentara uma operação similar no início da guerra – o plano Nisko. Agora, Heydrich muito provavelmente estava planejando enviar os judeus para mais longe ainda – para a extremidade do novo império nazista, no território conquistado da União Soviética.

Ao mesmo tempo, enquanto Heydrich trabalhava na sua primeira versão da "solução final", Himmler discutia com Viktor Brack outro método de lidar com a "questão judaica" – a esterilização em massa. Para Himmler, havia consideráveis benefícios num método rápido de esterilizar não apenas os judeus, mas qualquer outro grupo visado. De maneira muito óbvia, trabalhadores esterilizados não representavam nenhuma ameaça "racial" às pessoas de seu entorno, já que não seriam capazes de se reproduzir.[73] Como consequência, Brack investigou métodos potenciais de esterilizar pessoas – sem que os operados soubessem o que estava acontecendo com eles. Em uma carta datada de 28 de março de 1941, ele destacou os desafios: "Se um número qualquer de pessoas tem que ser esterilizado permanentemente, esse resultado só pode ser alcançado aplicando raios X em uma dosagem alta o suficiente para produzir a castração com todas as suas consequências, pois as dosagens altas de raios X destroem a secreção interna do ovário ou dos testículos, respectivamente".[74] A dificuldade de realizar esse procedimento em segredo era que se o resto do corpo não fosse protegido por uma cobertura de chumbo, "os demais tecidos do corpo serão danificados". Brack sugeriu que "uma maneira prática de proceder" seria dizer à pessoa a ser esterilizada que se "aproximasse de um balcão" e preenchesse algum formulário durante "dois ou três minutos". Os raios X poderiam então ser emitidos enquanto o resto do corpo da vítima estaria protegido. "Com um equipamento de duas válvulas", escreveu Brack, "cerca de 150 a 200 pessoas poderiam ser esterilizadas por dia e, portanto, com 20 desses equipamentos seriam três mil a quatro mil pessoas por dia [...]".[75] Como temos visto, a esterilização dos grupos de pessoas com deficiência e outros que os nazistas não queriam que procriassem, incluindo crianças de históricos comprometidos,[76] vinham acontecendo desde 1933, mas a proposta de Brack pedia uma expansão radical. Posteriormente, Himmler não levou adiante a ideia de Brack – embora, como veremos, experimentos adicionais de esterilização tenham sido conduzidos mais tarde em Auschwitz. A nota de Brack é mais que um simples adendo nessa altura da história, porque mostra que os nazistas estavam considerando toda uma série de ideias como potenciais "soluções" para a sua "questão judaica". É muito importante reconhecer que todas elas – do plano Madagascar à implantação de guetos e à esterilização em massa – eram em última instância genocidas. Os judeus não seriam destruídos em massa por meio de esterilização, é verdade, mas em uma geração todos desapareceriam. Em Madagascar, desapareceriam depois de algum tempo, porque o território não tinha condições de sustentar um grande número de pessoas, e porque a "reserva" judaica seria supervisionada por fanáticos da SS. No gueto, acabariam perecendo porque os nazistas haviam criado um ambiente onde a taxa de mortalidade era maior que a de natalidade, e as crianças eram tratadas como "bocas inúteis".

Suponhamos por um momento que as circunstâncias tivessem sido tais que os nazistas decidissem adotar um desses métodos, em vez de seguirem adiante como fizeram ao criar campos de extermínio. O mundo teria ficado tão chocado? Será que um desses métodos de extermínio ainda receberia o nome de "Holocausto"? Talvez não, porque as fábricas de morte criadas pelos nazistas no Leste representavam um horror particular – a destruição fria, mecânica e instantânea da vida humana, um crime que simbolizava os piores extremos da era industrial, um meio de extermínio ainda mais assustador em certo aspecto que os fuzilamentos em massa promovidos pelos esquadrões nazistas em outros lugares do Leste na mesma época. Mas devemos lembrar também que os campos de extermínio eram apenas um meio de cumprir o mesmo fim das demais possíveis "soluções" – a eliminação dos judeus.

O foco de Hitler na sua tão desejada guerra no Leste foi momentaneamente desviado na primavera de 1941 por eventos nos Bálcãs – e, como consequência, muitos outros judeus inesperadamente caíram sob o controle alemão antes que a Wehrmacht invadisse a União Soviética. O problema que Hitler enfrentou foi a Iugoslávia. Ele acreditara em março de 1941 que a Iugoslávia, após considerável persuasão, decidira aderir ao Pacto Tripartite, o acordo de cooperação originalmente feito entre a Alemanha, a Itália e o Japão em setembro de 1940 e, mais tarde, assinado por outros aliados da Alemanha, como a Hungria e a Romênia.

Hitler quisera assegurar o consentimento dos iugoslavos a fim não só de evitar quaisquer potenciais problemas atrás das linhas quando seus exércitos avançassem para a União Soviética, mas de facilitar um planejado ataque alemão à Grécia, que seria lançado antes do início da guerra contra os soviéticos. Após a desastrada invasão da Grécia pelos italianos em outubro de 1940, os alemães temiam um contra-ataque dos Aliados através daquele território, a partir do momento em que a Wehrmacht estivesse comprometida com o ataque à União Soviética. Daí a satisfação de Hitler em março de 1941 de ter conseguido pelo menos o não envolvimento da Iugoslávia no futuro conflito.

Portanto, foi com muita raiva que ele recebeu em 27 de março, apenas dois dias depois de a Iugoslávia assinar o Pacto Tripartite, a notícia de que um grupo de oficiais sérvios havia montado um golpe de Estado para depor o regime do príncipe Paulo. Diante daquilo que interpretou como uma total traição, Hitler ordenou a imediata invasão da Iugoslávia. "Isso não é uma brincadeira para o Führer", escreveu Goebbels em seu diário.[77] Mas esse compromisso militar adicional significou um atraso na data programada para a invasão da União Soviética – maio.

Os alemães atacaram tanto a Grécia quanto a Iugoslávia em 6 de abril. A ação militar foi um sucesso impressionante, com a Iugoslávia derrotada em menos de duas semanas, e o continente grego ocupado por volta do final de abril. De repente, cerca de outros 150 mil judeus estavam sob controle alemão.

Na Iugoslávia, os nazistas estimularam tensões étnicas que existiam havia centenas de anos entre as diversas repúblicas que compunham o país. A própria Iugoslávia era uma criação de tratados de paz assinados ao final da Primeira Guerra Mundial, constituída a partir de um amálgama de territórios que haviam sido parte do Reino da Sérvia e terras do Império Austro-Húngaro. Os nazistas agora apoiavam a formação de um Estado da Croácia independente sob a liderança de Ante Pavelić, um homem que havia previamente promovido ações terroristas contra o Estado iugoslavo numa tentativa de forçar a criação de uma Croácia separada. Pavelić e o movimento revolucionário Ustaše, que ele liderava, eram profundamente racistas. Afirmavam que os croatas não eram "eslavos" como os sérvios, mas principalmente de ascendência germânica, e que apenas aqueles que tivessem "sangue" croata de verdade poderiam tomar parte na condução da Croácia. Eles nutriam imenso ódio pelos dois milhões de cristãos ortodoxos sérvios instalados nos limites do novo Estado croata, e o modo brutal e sádico com que os sérvios foram tratados pela Ustaše – que assassinou mais de 300 mil (talvez 500 mil) no decorrer da guerra – é um crime de guerra que mereceria ser reconhecido mais plenamente. Os 40 mil judeus que viviam na Croácia também corriam risco,[78] já que a Ustaše sustentava que tampouco eram verdadeiros croatas. Um editorial de um jornal croata em 1939 declarou que "os judeus não são croatas, e nunca poderiam se tornar croatas porque por nacionalidade são sionistas, por raça são semitas, por religião são israelitas [...] Pergunto aos povos do mundo, por quanto tempo continuaremos nos matando pelos interesses dos judeus? [...] Já que iremos nos matar, vamos matar primeiro os judeus [...]".[79]

Pela Lei da Nacionalidade, assinada em 30 de abril de 1941, os judeus croatas foram privados de sua cidadania. Três semanas mais tarde, em 23 de maio, foi aprovada outra lei que mandava marcar todos os judeus com remendos amarelos em sua roupa. Os negócios pertencentes a judeus croatas foram expropriados – com frequência em benefício de outros croatas, e não do próprio governo – e os advogados, médicos e outros profissionais judeus foram demitidos de seus empregos. Mas o pior estava por vir na esteira da invasão alemã à União Soviética quando, em 26 de junho, Ante Pavelić acusou os judeus de especuladores e ordenou que fossem aprisionados em campos de concentração.

No entanto, Pavelić, embora sem dúvida tenha sido responsável por assassinatos em massa, não era tão consistente em termos ideológicos quanto os nazistas desejavam. Embora acreditasse que "comunismo e judaísmo operam juntos contra a libertação nacional da Croácia",[80] ele deu a si mesmo o poder de decidir quem era judeu. Criou o termo "ariano honorário" a fim de permitir que certo número de judeus – incluindo aqueles que teriam prestado nobres serviços ao Estado croata – escapassem da perseguição. A motivação de Pavelić para esse ato era muito provavelmente o interesse próprio – sua esposa era filha de um judeu, e as esposas de vários de seus colegas eram judias.

Na vizinha Sérvia, os alemães decidiram instalar uma administração militar, que era auxiliada e contava com a cumplicidade de um governo fantoche. Embora o comando militar geral estivesse nas mãos de um general alemão da Força Aérea, o governo civil era administrado por Harald Turner, um oficial da SS que ficaria famoso por seu posterior envolvimento no extermínio de judeus sérvios.

Na época da invasão alemã à Iugoslávia havia cerca de 16 mil judeus na Sérvia, a maioria vivendo em Belgrado. Eram o alvo imediato das forças de ocupação, e os alemães rapidamente lançaram-se em sua perseguição seguindo o velho padrão: emitir decretos para identificar quem era judeu, proibir aos judeus o exercício de várias profissões, ordenar que usassem distintivos de identificação e recrutar os homens judeus para trabalhos forçados.

O restante dos territórios que haviam constituído a Iugoslávia do pré-guerra foi, em sua maioria, tomado por um grupo de vizinhos ambiciosos que já eram aliados dos nazistas. Os italianos tomaram o sul da Eslovênia, um trecho do litoral da Croácia e Montenegro; a Hungria anexou um pedaço da Sérvia, incluindo a cidade de Novi Sad e o território ao norte; e a Bulgária ficou com grande parte da Macedônia.

Após a rendição das forças gregas e a fuga dos soldados britânicos e gregos para a ilha de Creta, a Grécia foi repartida entre a Bulgária, a Alemanha e a Itália. Os italianos tomaram a maior parte do continente grego, além das ilhas Jônicas e Cicládicas; os alemães ocuparam Tessalônica; e os búlgaros, a maior parte da Trácia e outro trecho da Macedônia. Os alemães prenderam muitos judeus na esteira da ocupação, mas embora as comunidades judaicas gregas continuassem em risco, a perseguição imediata na Grécia não se deu na mesma escala que na Croácia.

Com a conquista da Grécia e da Iugoslávia, Hitler assegurou seu flanco sul na preparação de sua invasão à União Soviética. Mas esses eram países que ele teria preferido não conquistar pela força. Foi obrigado a agir desse modo apenas devido ao golpe na Iugoslávia e ao desempenho inepto dos italianos na Grécia, que atraiu tropas Aliadas para a região.

Agora que detinha o controle desse território, Hitler dispensou apenas o mínimo possível de comprometimento militar alemão para manter a população subjugada. Quanto aos judeus na Grécia e na Iugoslávia, ficaram submetidos, como vimos, a graus diversos de perseguição na primavera de 1941. Mas nesse contexto é importante lembrar a questão da escala. Pois embora os nazistas tivessem ganhado cerca de mais 150 mil judeus após a conquista da Iugoslávia e da Grécia, isso era menos da metade do número de judeus aprisionados apenas no gueto de Varsóvia, e uma fração do número que estava prestes a encontrar na União Soviética.

Hitler tinha o seu foco no Leste. E seria no meio dessa sua autoproclamada guerra de "extermínio" no território soviético que nasceria o Holocausto.

10. Guerra de extermínio
(1941)

EM 22 DE JUNHO de 1941, os alemães realizaram a maior invasão isolada da história mundial. Quase quatro milhões de soldados alemães e seus aliados entraram na União Soviética em três grandes investidas que visaram inicialmente Leningrado, Smolensk e Kiev. Para Adolf Hitler, era o momento que ele sonhava ver havia quase 25 anos – o início da luta para criar um grande império alemão no Leste.

Um dia antes da invasão, Hitler escrevera a Mussolini contando-lhe seus planos. Era uma carta cheia de mentiras e meias-verdades: ele disse, por exemplo, que invadir a União Soviética havia sido a "decisão mais difícil" de sua vida, quando provavelmente foi uma das mais fáceis. Também alegou, indo contra uma realidade óbvia, que a "Inglaterra perdeu essa guerra". Mas um de seus comentários na carta soa verdadeiro. Disse que depois de se decidir pela invasão sentia-se "espiritualmente livre".[1] Para Hitler, essa liberdade "espiritual" manifestava-se em seu desejo de travar uma guerra sem regras e sem compaixão pelos derrotados. "O Führer diz que temos que conseguir a vitória, tanto faz se estamos agindo certo ou errado", escreveu Goebbels em seu diário em 16 de junho. "Temos muita responsabilidade nas mãos, não importa como alcancemos a vitória, pois do contrário todo o nosso povo [...] será varrido do mapa."[2]

Embora o plano de invasão alemão superasse qualquer coisa já tentada, Hitler e seus comandantes estavam com tamanho excesso de autoconfiança que previram chegar ao petróleo do Cáucaso, que ficava mais de 2.400 quilômetros a leste, em apenas alguns meses.[3] Capturar o petróleo soviético era apenas uma parte do plano, porque imensas quantidades tanto de comida quanto de terras seriam também tomadas. Quanto ao povo que vivia na União Soviética, a intenção dos nazistas, como vimos, era levar dezenas de milhões à morte por inanição.[4]

No epicentro do ódio nazista estavam, como sempre, os judeus. E para enfrentar diretamente o "bolchevismo judaico", Reinhard Heydrich organizou quatro forças-tarefa especiais, ou Einsatzgruppen – um contingente total de três mil homens – composto por unidades da SD e de outras forças de segurança. Esses Einsatzgruppen deviam seguir logo atrás dos grupos do exército que avançavam pela União Soviética. Em um documento de 2 de julho de 1941, Heydrich deu ordens explícitas a essas unidades para executar "judeus a serviço do Partido [Comunista] ou do Estado", assim como outros comunistas de destaque. Também insistiu que "nenhum passo deve ser dado no sentido de interferir com quaisquer expurgos que possam ser iniciados por elementos anticomunistas ou antijudeus nos territórios recém-ocupados. Ao contrário, estes devem ser secretamente encorajados".[5] Os Einsatzgruppen não seriam as únicas unidades envolvidas nas chamadas "ações de limpeza" atrás da linha do *front*. Em uma ordem de 21 de maio, Himmler descreveu como alguns destacamentos especiais da Polícia da Ordem e das Waffen SS também entrariam na União Soviética após a invasão – mais de 11 mil membros só da Polícia da Ordem.[6] Esses policiais alemães cometeriam assassinatos junto com outras unidades de segurança alemãs.

A aplicação da ordem de Heydrich de que os Einsatzgruppen não "interferissem" caso os habitantes locais se voltassem contra os judeus pode ser vista nas ações dos alemães em Kaunas. As forças alemãs entraram em Kaunas, a segunda cidade da Lituânia, em 24 de junho, apenas dois dias após o início da invasão. Muitos lituanos receberam bem os alemães, vendo-os como libertadores do domínio de Stalin. Os soviéticos haviam ocupado o país em junho de 1940, depois de terem obrigado os lituanos a aceitar, um ano antes, a presença de soldados do Exército Vermelho em seu solo. Ao assumirem o controle, as forças de Stalin adotaram uma política brutal de "sovietização" na Lituânia: milhares de lituanos foram presos como "inimigos do povo"; a terra foi nacionalizada e houve escassez em vários setores da economia – em parte porque os ocupantes soviéticos compravam bens a preços artificialmente baixos. Pouco antes da chegada dos alemães, 17 mil lituanos já haviam sido deportados para a Sibéria.[7]

Os apontados como culpados por todo esse sofrimento não foram apenas as forças soviéticas em geral, mas os judeus em particular. "Muitos judeus lituanos tornaram-se os líderes políticos, entraram para a polícia", diz Petras Zelionka, que depois colaborou com os esquadrões de execução alemães, "e todo mundo dizia que no departamento de segurança as pessoas eram torturadas principalmente por judeus. Eles costumavam pressionar e ameaçar, e era assim que torturavam professores da escola secundária e da universidade".[8] Embora seja absurda essa ideia de que, sob o domínio soviético, os prisioneiros lituanos eram "torturados principalmente por judeus", havia algum fundamento na crença de que os judeus lituanos tendiam a ser receptivos aos soviéticos. Muitos judeus lituanos haviam demonstrado satisfação com a chegada dos soviéticos – sabiam, por exemplo, que na União Soviética os comunistas haviam retirado várias restrições aos judeus, vigentes durante o período czarista. Mas enquanto alguns judeus lituanos mais tarde obtiveram cargos em governos locais e nas forças de segurança, milhares de outros foram deportados para a Sibéria após se recusarem a aceitar a cidadania soviética.[9] Portanto, a experiência dos judeus na Lituânia nas mãos dos soviéticos foi decididamente variada.

Também houve, é claro, muitos lituanos não judeus que colaboraram com os ocupantes soviéticos. À medida que as tropas alemãs invadiam o solo lituano, ficou conveniente para esses colaboradores concentrarem sua atenção nos judeus. Ao culpá-los, esperavam desviar a atenção da própria cumplicidade com os soviéticos. Portanto, a ideia era "limpar a si mesmos com sangue judaico".[10] Nessa história toda, não seria a primeira vez – nem a última – que os judeus funcionariam como um bode-expiatório conveniente.

Em 25 de junho de 1941, um dia após a chegada dos alemães a Kaunas, a população local voltou-se contra os judeus lituanos numa série de assassinatos sangrentos em frente a uma oficina mecânica no centro da cidade. Um grupo de civis, usando braçadeiras e armados com fuzis, obrigaram 45 judeus a irem para o pátio frontal de uma oficina. Wilhelm Gunzilius, membro de uma unidade de reconhecimento da Força Aérea alemã, testemunhou o que ocorreu em seguida. "Aquele homem puxou alguém do grupo [de judeus] e usou seu pé de cabra, 'Bóim!'. E o homem caiu. A vítima ainda levou outro golpe quando estava caída no asfalto."[11] Cada um dos judeus foi morto do mesmo jeito: "Os homens eram levados um por um até ele, que com um golpe ou mais na nuca foi matando todos".[12] Gunzilius fotografou a chacina, e suas fotos mostram o morticínio acontecendo diante de um grupo grande de civis e membros das Forças Armadas alemãs. "A conduta dos civis", diz ele, "entre os quais havia mulheres e crianças, foi inacreditável. Depois de cada golpe da barra de ferro, eles aplaudiam [...]".[13]

Viera Silkinaitė, uma lituana de 16 anos, também foi testemunha dos assassinatos e lembra como alguns da multidão gritavam "Bata nesses judeus!" enquanto o assassino rompia os crânios deles. Um homem chegou a erguer o filho para que pudesse ver melhor. "Que tipo de pessoa seria ele [aquela criança] depois de adulto?", pergunta Viera. "Isso, claro, se chegasse a entender o que havia visto. E o que você poderia esperar do homem que estava gritando [incentivando]? Era como se ele estivesse a ponto de entrar no pátio e se juntar ao espancamento." Chocada com o que havia visto, Viera saiu em disparada até um cemitério perto dali. "Estava envergonhada", diz ela. "Ao chegar ao cemitério, sentei e pensei: 'Deus Todo-Poderoso, eu já tinha ouvido falar em janelas [de judeus] arrebentadas e coisas desse tipo, isso ainda era concebível, mas uma atrocidade dessas, bater num homem indefeso [...] foi demais."[14] Na oficina, depois que todos os judeus haviam sido mortos, o homem que havia arrebentado os crânios de todos eles subiu em cima de seus corpos e tocou o hino nacional lituano no acordeão.[15]

O doutor Walter Stahlecker, comandante do Einsatzgruppe A que operava nos Estados Bálticos, revelou a cumplicidade dos nazistas em ações como essas. Ele escreveu em um relatório que "elementos locais antissemitas foram induzidos a se envolver em *pogroms* contra os judeus [...] Devia-se criar a impressão de que a própria população local havia dado os primeiros passos de sua concordância, como uma reação natural a décadas de opressão pelos judeus e ao mais recente terror exercido pelos comunistas [...] A tarefa da Polícia de Segurança era colocar esses expurgos em movimento e na trilha certa, de modo a garantir que as metas de liquidação que haviam sido traçadas fossem alcançadas no menor tempo possível".[16] Portanto, a instrução de Heydrich de que "judeus a serviço do Partido ou do Estado" deviam ser mortos era obviamente uma declaração do número mínimo de assassinatos que seria aceitável.

Foi dada considerável liberdade aos comandantes locais para decidir a melhor maneira de seguir as instruções de Heydrich, e como resultado disso as taxas de assassinatos variavam entre os diferentes Einsatzgruppen. Isso é outro exemplo de como ordens fixas e claras nem sempre eram cumpridas no caso de perseguição e morte de judeus. Ao contrário, via-se uma vez mais uma relação complexa entre as iniciativas locais e as instruções imprecisas vindas de cima. Havia, porém, um princípio-guia que um comandante individual de Einsatzgruppe podia usar para orientar suas ações – a opção mais homicida era quase sempre a mais segura. Não matar pessoas suficientes, ou pior ainda, demonstrar misericórdia, era visto como um sinal de que você não estava fazendo seu trabalho. Por isso, quando Himmler e Heydrich visitaram Grodno, 144 quilômetros ao sul de Kaunas, não ficaram satisfeitos com o número de assassinatos. Apesar de Grodno ter uma grande população judaica, o Einsatzkommando 9 havia matado "apenas" 96 judeus.[17] Significativamente, não há exemplo registrado de Himmler e Heydrich terem demonstrado insatisfação porque algum Einsatzkommando tivesse eliminado judeus "demais".

Quatro dias após os assassinatos em Kaunas, os romenos também demonstraram estar preparados para matar judeus. Como na Lituânia, os judeus eram muitas vezes acusados de simpatizar com os soviéticos, e o governo romeno pré-junho de 1941, sob a liderança do marechal Ion Antonescu, havia demonstrado um virulento antissemitismo.

Os romenos, aliados dos nazistas, participaram com entusiasmo da invasão à União Soviética. O número enorme de soldados romenos que entraram em território soviético em 22 de junho, lutando junto com os alemães, era parcialmente motivado por interesse próprio. Em 1940, os soviéticos haviam ocupado a Bessarábia e outros territórios no leste do país, e agora o marechal Antonescu comprazia-se com a oportunidade de tomar essa terra de volta.

Antonescu era um oportunista que acreditava que os alemães venceriam os soviéticos. Quando conheceu Hitler, em 12 de junho, pouco antes da invasão, Antonescu comentou com ele que "enquanto Napoleão e até os alemães em 1917 ainda tinham que lidar com os imensos problemas criados pela distância, agora os motores no ar e em terra eliminaram a distância como aliada da Rússia".[18]

Um dos primeiros sinais de que as forças romenas usariam a invasão como oportunidade para visar os judeus foi a ação homicida que teve lugar em Iaşi, leste da Romênia, no final de junho. Antonescu queria ver os judeus expulsos da cidade, e assim que a invasão foi iniciada começaram os rumores de que os 45 mil judeus de Iaşi estavam de algum modo ajudando os soviéticos.[19] A partir da noite de 28 para 29 de junho, uma mistura de romenos – incluindo grande número de policiais, membros da Guarda de Ferro antissemita e cidadãos comuns – percorreu selvagemente a cidade matando judeus. Os alemães também estavam envolvidos, com o major Hermann von Stransky fazendo a conexão com os locais. Stransky era casado com uma romena e conhecia bem o país.

Um destacado membro da população judaica de Iaşi lembrou: "Vi a multidão fugir num caos total, alvejada por fuzis e metralhadoras. Caí na calçada depois de ser atingido por duas balas. Fiquei lá deitado várias horas, vendo conhecidos e estranhos morrendo à minha volta [...] Vi um judeu idoso, incapacitado após a guerra de 1916-1918 e ostentando no peito a condecoração Bărbăţie şi Credinţă [Hombridade e Fé]; ele também vinha carregando documentos que oficialmente o isentavam das restrições antissemitas. No entanto, seu tórax estava crivado de balas, e ele passou seus últimos momentos numa lata de lixo, como um cão". Mais adiante na rua jazia o filho de um comerciante de couro que "estava morrendo e gritando 'Mãe, pai, onde estão vocês? Deem-me água, estou com sede' [...] Soldados [...] perfuravam [os moribundos] com suas baionetas para acabar com eles".[20] Quando Vlad Marievici, do Departamento Sanitário da cidade, chegou ao quartel-general da polícia na manhã de 30 de junho, encontrou "uma pilha de cadáveres amontoados como troncos" tão grande que dificultou a entrada de seu caminhão no pátio. Haviam sido mortos tantos judeus na noite anterior que "o chão estava coberto de sangue até o portão; o sangue subia às solas dos meus sapatos".[21]

Pelo menos quatro mil judeus foram mortos na cidade nesse *pogrom* – algumas estimativas elevam a cifra a oito mil.[22] Outros cinco mil judeus foram obrigados a embarcar em dois trens e deportados para o sul. Espremidos em vagões de carga, construídos com tábuas de madeira seladas, os judeus tinham dificuldade para respirar, e os guardas romenos não deixaram que tomassem um gole de água sequer. Após vários dias, a sede ficou absolutamente insuportável. Nathan Goldstein, um judeu de Iaşi, testemunhou o que ocorreu quando seu trem parou perto de um rio: "Um garoto de 11 anos saltou da janela para poder beber um pouco d'água, mas ele [o subcomandante do trem] derrubou-o com um tiro nas pernas. O garoto gritava 'Água, água!' e então esse auxiliar pegou-o pelos pés e gritou: 'Quer água? Bem, então beba o quanto quiser!', e baixou a cabeça do menino na água do Rio Bahlui até afogá-lo, e então atirou-o no rio".[23]

O morticínio de judeus em Iaşi foi só o começo. Após a invasão da União Soviética, os romenos prosseguiram matando mais de 100 mil judeus na Bessarábia, antigo território romeno, e na Bucóvina do Norte. A brutalidade empregada casualmente pelos romenos foi tamanha que até os alemães reclamaram de seu comportamento. O general von Schobert, por exemplo, mostrou-se insatisfeito com o fato de os romenos não enterrarem os corpos daqueles que matavam, e o comandante do Einsatzkommando 10a criticou os romenos pela "falta de planejamento" em suas ações contra os judeus.[24] Fato revelador, os judeus que sofreram o grosso da violência foram os que viviam em território romeno "recém-libertado" dos soviéticos. De novo, a percepção do vínculo entre judeus e "bolchevismo" foi um fator de legitimação dos assassinatos, segundo a visão dos assassinos.

No verão de 1941, a guerra contra a União Soviética também repercutiu nos campos de concentração. A diretriz de Heydrich de 2 de julho convocou os Einsatzgruppen que atuavam logo atrás da linha do *front* a matar "Comissários do Povo" – funcionários políticos soviéticos. No entanto, alguns desses comissários não eram identificados logo após sua captura – só eram descobertos depois de transferidos para campos de prisioneiros de guerra, longe da área de operação dos Einsatzgruppen. Isso criava um problema para os nazistas. Após identificar esses comissários em meio às centenas de milhares de outros prisioneiros soviéticos, qual seria a maneira mais eficiente de matá-los? Foi para resolver essa questão que teve início o assassinato em massa sistemático nos campos de concentração, em uma ação secreta de codinome 14f13.

Em julho de 1941, algumas centenas de comissários soviéticos foram enviados a Auschwitz. Kazimierz Albin, um interno polonês do campo, lembra que "usavam uniforme, mas os uniformes não eram de soldados [comuns], mas uniformes de oficiais, bem esfarrapados. Estavam com a barba por fazer e muito magros. Davam a impressão de pessoas que haviam passado por condições muito difíceis. E não pareciam soldados simples, pareciam pessoas inteligentes".[25] Os comissários trabalhavam num canteiro de produção de cascalho perto do portão principal. Ali, literalmente morriam de trabalhar. "Eram espancados o tempo todo", diz Kazimierz Smoleń, outro prisioneiro polonês. "Dava para ouvir aqueles gritos o tempo todo. Os homens da SS gritavam, os Kapos gritavam e as pessoas que apanhavam gritavam também."[26] Os comissários eram obrigados a trabalhar no canteiro de cascalho horas a fio, sem alívio. Se diminuíssem o ritmo, eram espancados ou mortos a tiros. "Bastavam uns poucos dias", diz Kazimierz Smoleń, "e então eles deixavam de existir. Era tortura e execução de centenas de pessoas. Morriam de morte cruel. É como um filme de terror, mas um filme desses jamais será exibido".

Os comissários soviéticos também eram enviados a outros campos de concentração para serem assassinados, e unidades individuais da SS com frequência concebiam o próprio método de execução. Por exemplo, em Sachsenhausen, arredores de Berlim, os SS preparavam uma elaborada farsa a fim de enganar os comissários a respeito do seu destino. Eram levados a um alojamento especialmente adaptado e recebiam ordens de tirar a roupa para serem submetidos a um suposto exame médico. Depois que ficavam nus, eram levados um por um a uma sala que pretensamente seria o consultório de um médico. Um homem da SS, vestindo avental branco, examinava-os. O que os comissários não sabiam era que o homem da SS estava interessado apenas em saber se tinham ou não dentes ou obturações de ouro que pudessem ser removidos após a morte. Em seguida, eram levados a uma terceira sala onde lhes diziam que seriam medidos. Ficavam então encostados numa vara de medição e então, por meio de uma pequena portinhola basculante que ligava aquela sala a outra contígua, recebiam um tiro na nuca. Kapos levavam o corpo embora e rapidamente limpavam a câmara de execução, deixando-a pronta para a vítima seguinte. Na sala de espera, era tocada música em alto volume para abafar o som da arma de fogo.

Apesar da natureza de trabalho intensivo desse processo de execução, os SS conseguiam matar cada prisioneiro em poucos minutos. Num período de dez semanas em 1941, mataram vários milhares de prisioneiros de guerra soviéticos, mas não conseguiram manter os crimes em segredo.[27] Um interno escreveu uma nota, colocada num jarro, e conseguiu mantê-la escondida da SS. Datada de 19 de setembro de 1941, dizia: "Acabamos de descobrir que outros quatrocentos Guardas Vermelhos foram trazidos para o campo. Estamos todos sob o peso esmagador desses homicídios, que já tiraram mais de mil vidas. Não temos condições de ajudá-los no momento".[28]

Na época em que o assassínio de comissários soviéticos já estava em curso, o esquema de eutanásia de adultos também havia se disseminado nos campos de concentração. Sob a ação 14f13, prisioneiros de campos de concentração que tivessem sido classificados como ineptos para trabalhar eram transportados para centros de execução por eutanásia. Em Auschwitz, na noite de 28 de julho de 1941, cerca de quinhentos prisioneiros foram embarcados num trem e levados para Dresden. Os SS disseram-lhes que estavam saindo do campo para recuperarem suas forças em outra parte. "Eles tinham alguma esperança", diz Kazimierz Smoleń, que os viu partir. "A esperança é a última coisa que morre."[29] Os prisioneiros doentes foram levados ao centro de eutanásia de Sonnenstein e mortos por intoxicação com monóxido de carbono. Foram os primeiros prisioneiros de Auschwitz que morreram por gás. Foram escolhidos não por serem judeus, mas por estarem doentes, e morreram não em Auschwitz, mas no coração da Alemanha.

Apenas alguns dias mais tarde, em agosto de 1941, o programa T4 de eutanásia ficou ameaçado. Em uma das mais famosas declarações de resistência da história do Terceiro Reich, Clemens von Galen, bispo de Münster, lançou um poderoso ataque à prática da "eutanásia". Na Catedral de Münster, no primeiro domingo de agosto, ele disse: "Há vários meses estamos ouvindo relatos de que pessoas adoentadas há algum tempo e que aparentam ser incuráveis têm sido retiradas de instituições psiquiátricas e casas de doentes mentais por ordens de Berlim. Pouco tempo depois, seus parentes recebem a notificação de que o paciente morreu, que o corpo foi cremado, e que as cinzas poderão ser enviadas a eles. Há uma suspeita disseminada, beirando a certeza, de que esses numerosos casos de mortes repentinas de doentes mentais não ocorrem naturalmente, mas estão sendo causadas de modo intencional, seguindo aquela doutrina que clama estarmos autorizados a destruir as chamadas 'vidas não merecedoras de vida' – isto é, de matar seres humanos inocentes quando se julga que a vida deles não tem valor para o povo [*Volk*] e para o Estado".[30] Galen acreditava firmemente que "não estamos lidando com máquinas, não se trata de cavalos ou vacas cujo único propósito é servir a humanidade, produzir bens para o povo! Estes, podemos aniquilá-los, retalhá-los, assim que não cumpram mais com seu propósito. Não, trata-se de seres humanos, como nós, nossos irmãos e irmãs! Pessoas pobres, doentes, improdutivas se quisermos! Mas será que por essa razão têm de ter confiscado seu direito à vida?". Ele disse que se o mesmo princípio fosse amplamente aplicado poderia levar também à eliminação de "inválidos" e, numa advertência que tinha especial relevância dada a violenta luta que ocorria no Leste, até mesmo de "bravos soldados" que voltavam para casa "com graves incapacitações".

O *timing* dessa intervenção de Galen foi particularmente inconveniente para Hitler. Mais cedo em 1941, o Gauleiter da Baviera, Adolf

Wagner, ordenara que todos os crucifixos fossem retirados das escolas dentro da sua área de controle. Hitler não pedira que essa ação fosse realizada, e nunca ficou totalmente esclarecido se Wagner agiu apenas por iniciativa própria. Com certeza havia apoio para ataques contra a Igreja nos altos níveis do Partido Nazista. Martin Bormann, chefe da Chancelaria do partido, escrevera uma nota a todos os Gauleiters em junho de 1941 – algumas semanas após as ações de Wagner na Baviera –, na qual dizia ser importante romper o poder da Igreja. Tanto Wagner quanto Bormann faziam críticas abertas ao cristianismo, e é possível que Bormann, em seu entusiasmo de agir contra as autoridades da Igreja, tenha interpretado equivocadamente alguma referência de passagem feita por Hitler como um sinal para a ação.[31]

Qualquer que tenha sido a origem da decisão de ordenar a retirada dos crucifixos das escolas da Baviera, ela se revelou um grande erro tático para os nazistas. Os bávaros, muitos deles católicos fervorosos, protestaram em grande número, com uma enxurrada de petições, manifestações e reuniões públicas. Escreveram para seus filhos e maridos na linha do *front*, queixando-se do que vinha acontecendo em casa. "Claro que ficamos furiosos", diz Emil Klein, um ferrenho nazista da Baviera que havia participado do Golpe da Cervejaria em 1923 e lutava então no *front* oriental, "quando lá nas trincheiras ouvimos que estavam tirando os crucifixos das paredes na Baviera. Ficamos incomodados com isso!".[32]

Hitler não podia se dar ao luxo de perder o apoio de homens como Emil Klein, e a ordem sobre os crucifixos foi retirada. Uma vez mais a reputação pessoal de Hitler foi parcialmente preservada pela ideia popular de que ele não sabia nada a respeito da conduta de alguns de seus subordinados. "Vocês vestem uma camisa marrom por cima", diz uma carta anônima de protesto atacando os nazistas locais, "mas por dentro são bolcheviques e judeus. Caso contrário, não seriam capazes de prosperar às costas do Führer".[33]

Somando-se ao desastrado episódio do crucifixo, o sermão do bispo Von Galen condenando as mortes por eutanásia foi especialmente problemático para Hitler. Embora quisesse ver Galen punido, ele sentiu que seria impossível agir contra o religioso sem despertar o descontentamento entre aqueles cristãos que o apoiavam. Além disso, o transporte pela Alemanha de pacientes incapacitados para serem mortos havia agora se tornado algo perigosamente público.

Em 24 de agosto de 1941, Hitler decidiu cancelar a ação T4. Isso não significou a cessação de todas as execuções por eutanásia – alguns hospitais continuaram a matar seus pacientes incapacitados por inanição e com injeções letais –, mas o uso sistemático do gás em centros especiais de execução não continuou como antes. Por outro lado, isso significou que muitos dos indivíduos do programa T4 que tinham expertise em execuções em massa, como Christian Wirth e Irmfried Eberl, ficaram sem emprego. Mas não iria demorar para que fossem solicitados a usar seus talentos particulares em outras partes.

Não é possível afirmar que a intervenção de Galen tenha levado diretamente ao cancelamento da operação T4, pois Hitler já estava preocupado com o estado de espírito da população civil, afetado pela controvérsia do crucifixo e também por outras questões.[34] Mesmo assim, esse episódio demonstrou não só a coragem pessoal do bispo Von Galen, mas que era possível uma resistência aberta no Terceiro Reich – arriscada, é claro, mas possível. É significativo que nada similar tenha sido tentado, quer pelo bispo Von Galen em particular ou pelo público alemão em geral, a respeito do tratamento aos judeus. O antissemitismo subjacente na maioria da população não foi a única razão para essa falta de ação. Os protestos também deixaram de ocorrer porque a Igreja Católica da Alemanha havia se distanciado da perseguição aos judeus, temendo consequências para ela própria caso protestasse. Além disso, a maior parte dos alemães não judeus não era pessoalmente afetada pela maneira como os judeus estavam sendo tratados. A essa altura, os judeus viviam quase isolados do restante da população. Viviam em casas judaicas e seus filhos estudavam em escolas judaicas. Em contrapartida, a maioria dos civis alemães tinha algum parente nas Forças Armadas, e portanto o esquema de eutanásia de adultos afetava-os diretamente. Afinal, e se seus entes queridos fossem assassinados pelo Estado depois de voltar seriamente feridos em batalha?

Hitler sabia que muitos de seus apoiadores eram cristãos e que sem seu suporte suas ambições seriam afetadas. Emil Klein era tanto um católico fervoroso quanto um nazista fervoroso. Seria uma tolice forçá-lo a escolher uma dessas duas coisas. Hitler não tinha esse problema no caso dos judeus. Um número muito pequeno de seus soldados na linha do *front*, ou dos parentes deles em casa na Alemanha, importava-se o suficiente com os judeus para arriscar protestar contra o tratamento que sofriam.

Enquanto a controvérsia do crucifixo ganhava corpo na Alemanha, os soldados de Hitler pareciam estar vencendo a guerra contra a União Soviética. Minsk, a capital da Bielorrússia, caiu nas mãos dos alemães no final de junho, e perto de 300 mil soldados do Exército Vermelho foram capturados. A essa altura, apenas uma semana após lançado o ataque, os *panzers* alemães já tinham percorrido quase um terço do caminho até Moscou. Essa era não só a maior invasão da história, mas também a mais rápida. Em conversas com seus acólitos, Hitler vangloriava-se. Dizia: "Àqueles que me perguntam se será suficiente chegar aos Urais como fronteira, eu respondo que no momento basta que a fronteira seja estendida até lá. O que importa é que o bolchevismo seja exterminado". Seus planos para Moscou eram simples: a cidade deve "desaparecer da superfície da Terra".[35] Dez dias mais tarde, em 16 de julho, Hitler reuniu-se com figuras importantes do nazismo, entre eles Göring, Bormann e Rosenberg, e anunciou que pretendia construir um "Jardim do Éden" nos territórios do Leste, usando "todas as medidas necessárias", como "caçadas" e "reassentamentos". Qualquer um que "ouse olhar de lado para nós", disse ele, deverá ser morto.[36]

Logo após a reunião de 16 de julho, Himmler ordenou um grande aumento no número do pessoal de segurança envolvido em execuções em massa de judeus na União Soviética. Mais de 16 mil soldados, principalmente de unidades da SS, tinham agora ordens de ajudar nos assassinatos. Himmler não estivera presente quando Hitler disse querer construir um "Jardim do Éden" em território soviético usando "todas as medidas necessárias", mas mesmo assim entendeu o que seu chefe queria. Afinal, era assim que o Reichsführer da SS havia prosperado no Terceiro Reich. Nas semanas seguintes, visitou esquadrões de execução atuantes atrás da linha do *front* – visitas que muitas vezes coincidiam com um aumento não apenas no número de pessoas mortas, mas também nas categorias de pessoas executadas. Aos poucos, ao longo do verão e início do outono de 1941, mulheres e crianças judias iam sendo mortas junto com os homens. Agora que os bebês também passavam a ser visados, não era mais possível alegar o pretexto de que os nazistas estavam matando apenas os judeus que constituíam uma ameaça imediata à sua segurança.

Por mais monstruosos que esses assassinatos nos pareçam hoje em dia, a ampliação das execuções para incluir mulheres e crianças judias não foi um grande desvio ideológico para os nazistas. Eles já tinham consciência de estar travando uma guerra de "extermínio". O Exército Alemão, como vimos, já havia sido orientado a deixar que "milhões" morressem de fome à medida que os soldados fossem roubando dos habitantes locais a comida de que precisassem. E em 24 de junho, dois dias após o início da invasão, Himmler ordenou que o professor Konrad Meyer elaborasse um "Plano Geral para o Leste" – uma visão épica para o Leste ocupado pelos nazistas, que exigiria a morte de dezenas de milhões de homens, mulheres e crianças soviéticos. Como Himmler dissera pouco antes do início da guerra no Leste: "É uma questão de existência, portanto será uma batalha racial de cruel severidade".[37]

Havia ainda uma razão prática, segundo a visão dos nazistas, pela qual mulheres e crianças judias da União Soviética tinham que ser mortas. Pois com a execução dos homens judeus, muitas mulheres e crianças haviam perdido quem as sustentasse, e portanto teriam uma lenta morte por inanição. No distorcido mundo do Terceiro Reich, um nazista chegou a argumentar que seria mais humano matar logo os judeus do que deixá-los morrer de fome. Na Polônia, em 16 de julho – mesmo dia em que Hitler realizou sua reunião sobre a criação do "Jardim do Éden" no Leste –, o SS Sturmbannführer Rolf-Heinz Höppner escreveu um memorando a Adolf Eichmann sobre a situação no Warthegau: "Há o perigo de que, no próximo inverno, fique impossível alimentar todos os judeus. Deve ser considerado seriamente se a solução mais humana é acabar com os judeus ineptos para o trabalho por meio de algum meio de ação rápida. Isso seria definitivamente mais agradável do que deixá-los morrer de fome".[38]

No entanto, uma coisa era falar em ampliar o morticínio em termos abstratos, e outra bem diferente era os homens da SS chegarem perto e puxarem o gatilho, a poucos metros de mulheres e crianças judias nuas. Não obstante, no verão e outono de 1941, milhares de homens da SS tornaram-se assassinos pela primeira vez ao matarem dessa maneira tão íntima. A 1ª Brigada SS de Infantaria, por exemplo, assassinou judeus em Ostrog, no oeste da Ucrânia, no início de agosto de 1941. Ostrog era uma cidade predominantemente judaica, com uma população de dez mil judeus, agora inflada por vários milhares que haviam procurado refúgio na cidade vindo de áreas vizinhas. Em 4 de agosto, a SS expulsou judeus de Ostrog para a zona rural. "Eles nos trataram como gado", diz Vasyl Valdeman, então um garoto judeu de 12 anos. "Eles [os SS] estavam armados e traziam cães com eles. Fizeram os [judeus] fortes carregarem as pessoas doentes, e aqueles que tinham barba eram espancados, porque achavam que eram rabinos, e vimos muito sangue no rosto deles. Eles [os judeus] gritavam, lembro das palavras deles, 'Estão batendo em nós, batendo em nós como se fôssemos cães'."

Quando os judeus chegaram a um grande campo de areia, os SS deram ordens para que ficassem sentados. Disseram aos judeus que haviam sido levados ali que teriam que cavar fortificações, mas logo ficou claro que seriam assassinados. "Olhávamos para nossos pais", diz Vasyl, "e quando vimos nossa avó e mãe chorando, percebemos que aquilo era algo horrível".[39]

Os judeus ficaram horas aguardando sob um calor escaldante, até receberem ordens, um grupo por vez, de tirar a roupa. Tinham então os seus pertences roubados e em seguida eram obrigados a marchar até uma vala aberta, onde eram executados a tiros. Mas a SS não dispunha de mão de obra para matar todos os judeus num só dia, então à noite os remanescentes foram trazidos de volta a Ostrog. No dia seguinte, o morticínio foi retomado e continuou até que o comandante militar de Ostrog disse que precisava dos judeus restantes para trabalhos forçados.[40] Quase toda a família de Vasyl foi morta pelos nazistas – o pai, dois irmãos, dois tios, a avó e o avô. Vasyl e sua mãe foram escondidos por vizinhos não judeus e sobreviveram à guerra. "Eles chegaram a correr riscos para que pudéssemos sobreviver", diz ele. "Ninguém contou aos alemães que estávamos escondidos."

"Não havia problemas entre ucranianos e judeus em Ostrog", diz Oleksiy Mulevych, um ucraniano não judeu que tinha 16 anos quando os alemães chegaram. "O que os alemães fizeram com os judeus não pode ser perdoado. Eu não via diferença entre mim e os judeus. Compreendi que o próximo seria eu." Oleksiy percebeu que ele e a família morreriam de fome, pois os nazistas "levaram embora toda a nossa comida. Na época, tínhamos dois hectares de terra e eles levaram o milho e as vacas [...] Os alemães eram os inimigos do povo inteiro. Eram como animais".[41] Oleksiy não conhecia os detalhes do plano alemão de alimentar suas Forças Armadas "às custas" da população local, mas ele e a família sentiram o impacto desse plano ao terem que lutar para sobreviver dos restos que conseguiam encontrar.

Embora Vasyl Valdeman e sua mãe tivessem sido protegidos por ucranianos não judeus, nem todos na Ucrânia foram tão solidários. Houve muitos casos de ucranianos não judeus que se aproveitaram da destruição de seus vizinhos judeus. Em Horokhiv, por exemplo, oitenta quilômetros ao sul de Ostrog, os habitantes locais faziam fila para comprar a preços bem baixos os bens dos judeus assassinados.[42] Em Lwów, houve cenas horríveis nas ruas no final de junho de 1941, quando ucranianos participaram do assassinato de cerca de quatro mil judeus.[43] Essa orgia de violência foi desencadeada pela descoberta de que forças de segurança soviéticas, pouco antes da chegada dos alemães, haviam executado vários milhares de prisioneiros.

Com certeza houve *pogroms* aprovados pelos nazistas, como os de Lwów e Kaunas – uma das estimativas afirma que houve pelo menos sessenta deles na União Soviética ocupada[44] –, mas a maioria dos judeus que morreram naquele verão e outono sucumbiu em ações como a de Ostrog, onde a morte se deu a curta distância. Hans Friedrich, um alemão étnico da Romênia, participou pessoalmente desses assassinatos em "valas" como membro da 1ª Brigada SS de Infantaria. Friedrich diz que "não sentia nada" enquanto atirava nos judeus. Ele afirma que essa ausência de "empatia" – na realidade, seu "ódio" genérico pelos judeus – decorria do fato de eles terem previamente "prejudicado" sua família comprando animais de sua fazenda por preço muito baixo. Segundo ele, o "lema" de sua guerra era "contra o comunismo", e como "havia conexões entre os judeus e o bolchevismo", ele achava compreensível que os judeus fossem considerados um alvo, especialmente levando em conta que a União Soviética era apenas "meio civilizada".[45]

Nos Estados Bálticos em particular, muitos dos que mataram judeus eram habitantes locais, que participaram dos assassinatos junto com forças de segurança alemãs. Petras Zelionka, por exemplo, era membro de uma unidade lituana que tomou parte nas execuções. Ele se sentiu justificado a matar judeus civis inocentes em parte por acreditar que eles haviam torturado lituanos durante a ocupação soviética do país – "contaram a nós o que eles haviam feito, que costumavam matar até mulheres".[46] Ele também revela que seus companheiros ficavam felizes com a oportunidade de roubar os judeus. A mera avareza podia ser uma razão para cometer assassinato tanto quanto qualquer argumento ideológico.

Um destacado historiador lituano identificou cinco fatores motivacionais naqueles que participaram das matanças: vingança (contra aqueles que supostamente teriam ajudado os soviéticos a oprimir a população), expiação (para aqueles que queriam mostrar sua lealdade aos nazistas depois de terem colaborado com os soviéticos), antissemitismo, oportunismo (um desejo de se adaptar rapidamente à nova situação na Lituânia) e autoenriquecimento. Tendo conhecido Petras Zelionka, acredito que ele se encaixa em quatro desses critérios. Apenas a "expiação" é duvidosa no seu caso.[47]

Um fator motivacional adicional, não mencionado nesta lista, muito provavelmente esteve presente tanto em Petras Zelionka como em Hans Friedrich – o sadismo. Mesmo bem depois do final da guerra – Zelionka foi entrevistado em 1996 e Friedrich, oito anos mais tarde –, nenhum dos dois expressou qualquer remorso por suas ações, e ambos falaram sobre os assassinatos como se tivessem tido algum ganho vil, sádico, ao terem matado dessa maneira mais íntima. Friedrich, por exemplo, diz que os judeus "ficavam muito chocados, profundamente assustados e petrificados, e você podia fazer o que quisesse com eles",[48] e Zelionka disse ter uma sensação de "curiosidade" enquanto matava crianças – "você simplesmente puxa o gatilho, o tiro é disparado e pronto".[49]

A unidade de Zelionka também cometeu assassinatos no Sétimo Forte, em Kaunas, embora ele afirme não ter participado pessoalmente dessa ação em particular. Sobre esse caso, há relatos de que os assassinos eram sádicos sexuais. "Noite após noite, os comparsas lituanos procediam à seleção de suas vítimas: as jovens, as mais bonitas", relembra Avraham Tory em seu diário. "Primeiro estupravam, depois torturavam e por fim matavam suas vítimas. Chamavam isso de 'ir descascar batatas'."[50]

O prazer pervertido que alguns membros dos Einsatzgruppen tinham no processo de matar era óbvio para quem observasse. "Havia um bando de sádicos asquerosos no Kommando de extermínio", declarou Alfred Metzner, um motorista e intérprete. "Por exemplo, mulheres grávidas eram baleadas na barriga por diversão e depois atiradas nas valas [...] Antes da execução, os judeus tinham que passar por uma revista corporal, durante a qual [...] o ânus e os órgãos sexuais eram vasculhados em busca de objetos de valor e joias."[51]

Na Ucrânia, Dina Pronicheva, uma judia que escapou de uma zona de execuções, testemunhou como assassinos alemães se divertiam em cometer o que sua própria ideologia considerava um "crime racial": "Do lado oposto da ravina, uns sete alemães trouxeram duas jovens judias. Desceram a ravina, escolheram um lugar plano e começaram a estuprar essas mulheres, revezando-se. Quando ficaram satisfeitos, apunhalaram as mulheres com adagas [...] E deixaram os corpos assim, nus, com as pernas abertas".[52]

Havia sádicos desse tipo não apenas na SS, mas também no Exército Alemão regular. Na guerra dos *partisans* atrás da linha de combate do *front* oriental, Adolf Buchner, membro de um SS Pionierbataillon, viu tanto SS quanto soldados do exército tendo prazer em torturar mental e fisicamente civis soviéticos. "Havia alguns filhos da puta entre eles", conta. "Tiravam a roupa deles [dos aldeões] até deixá-los nus, e matavam-nos assim que ficavam sem roupa [...] Entre os nossos havia aqueles que realmente gostavam disso, de serem capazes de impor-lhes aquilo [...] Por exemplo, será que havia necessidade de matar as crianças na frente das mulheres e então matar as mulheres depois? Isso aconteceu também. É sadismo. Havia oficiais assim, gostavam de coisas sádicas, gostavam quando as mães gritavam ou as crianças gritavam — eles realmente sentiam prazer com isso. A meu ver, essas pessoas não são humanas."[53]

Para Walter Fernau, que serviu no *front* oriental com a 14 Panzerjäger-Kompanie, a razão das atrocidades era simples. "Se você dá a uma pessoa uma arma e poder sobre outras pessoas", diz ele, "e depois permite que tome bebida alcoólica, ela então se torna uma assassina". Houve também, segundo ele, uma "rudeza" e uma "brutalização" dentro do Exército Alemão durante a guerra no Leste, particularmente depois que começou a "guerra dos *partisans*": "Então a pessoa encontrava alguém que parecesse um *partisan* [...] [e] ele era simplesmente morto a tiros". O elemento final desse coquetel tóxico de emoções era, segundo Walter Fernau, o simples "medo". "Você não acredita que tipo de sentimento é realmente estar com medo", diz ele. "Quando eu alguma vez chegava a falar com os jovens [...] a respeito da guerra ou coisas assim, sempre dizia a eles o quanto eu estava apavorado."[54]

Já em 3 de julho de 1941, Stalin havia pedido que "As condições nas regiões ocupadas devem ser tornadas insuportáveis para o inimigo e todos os seus cúmplices".[55] Os alemães interpretaram isso como significando que todos os civis no território soviético por eles controlado eram agora potenciais *partisans*. Como um tema recorrente da ideologia nazista era considerar os judeus como uma ameaça à segurança, era fácil para as forças alemãs juntar "*partisan*" e "judeu". Foi o que fez o general von Manstein, comandante do 11º Exército, quando emitiu a seguinte ordem no dia em 20 de novembro de 1941: "O judaísmo constitui o mediador entre o inimigo na retaguarda e os combatentes ainda remanescentes do Exército Vermelho e da liderança vermelha". Manstein segue adiante e enfatiza a natureza racial da guerra: "O sistema judaico-bolchevista deve ser erradicado de vez. Nunca mais deve interferir em nosso espaço vital europeu. O soldado alemão, portanto, está encarregado não só da tarefa de destruir o instrumento de poder desse sistema; ele avança também como um defensor da concepção racial e como um vingador de todas as atrocidades que têm sido cometidas contra ele e contra o povo alemão".[56]

Embora vários comandantes do Exército Alemão expedissem ordens insistindo para que seus soldados não participassem das matanças da SS e dos Einsatzgruppen, o envolvimento da Wehrmacht nas ações de pacificação contra os *partisans* no Leste era disseminado. Por exemplo, Wolfgang Horn, um oficial subalterno de uma unidade *panzer* de artilharia, ordenou pessoalmente o incêndio de uma vila inteira durante um combate contra *partisans*, mas não deu importância a isso, dizendo que as casas "não valiam muita coisa [...] não achamos que fosse nada muito sério incendiar uma casa russa [...] nós não os respeitávamos como se fossem tão civilizados quanto nós [...] o estilo de vida deles era primitivo demais a nosso ver".[57]

Após anos de doutrinação na ideologia nazista, muitos soldados comuns tinham poucas dúvidas de que lutavam contra seres humanos inferiores. "Todos, mesmo os que mais duvidavam", escreveu um soldado em julho de 1941, "sabem hoje que a batalha contra esses sub-humanos, que foram atiçados até o frenesi pelos judeus, não apenas era necessária como veio na hora exata. Nosso Führer salvou a Europa do caos certo."[58]

Embora houvesse assassinos que gostavam do que estavam fazendo, também havia quem tivesse problemas em participar dos assassinatos. Himmler descobriu isso pessoalmente em uma visita a Minsk no verão de 1941. Em 15 de agosto, assistiu enquanto cerca de cem pessoas – uma mistura de "*partisans* e judeus",[59] segundo seu diário de trabalho – foram mortos a tiros pelo Einsatzgruppe B. As vítimas eram obrigadas a deitar de bruços em uma vala e eram mortas pelas costas. O grupo seguinte então tinha que descer na vala e deitar em cima das pessoas que haviam acabado de ser executadas.

Walter Frentz, um operador de câmera da Força Aérea que estava locado no quartel-general do Führer na Prússia Oriental, havia pedido para acompanhar o grupo de Himmler até Minsk, pois queria "ver algo diferente, para variar – e não as mesmas quatro paredes de sempre do QG". Frentz ficou "muito chocado" com o que viu, porque "não sabia que esse tipo de coisa acontecia".[60] Depois que as execuções terminaram, "o comandante da polícia auxiliar chegou perto de mim, porque eu era da Força Aérea. 'Tenente', disse ele, 'Eu não aguento mais. Você poderia me tirar daqui?'. Então eu disse 'Bem, eu não tenho nenhuma influência sobre a polícia. Sou da Força Aérea, o que eu poderia fazer?'. 'Bem', ele disse, 'É que não estou aguentando mais isso – é terrível!'."[61]

O SS Obergruppenführer (tenente-general) von dem Bac-Zelewski afirmou ter dito a Himmler após as matanças em Minsk: "Reichsführer, esses foram apenas uma centena [os que haviam sido executados] [...] Olhe para os olhos dos homens desse Kommando, como estão profundamente mexidos. Esses homens estão acabados pelo resto de suas vidas. Que tipo de seguidores estamos treinando aqui?".[62]

Himmler reuniu os matadores em torno dele após as execuções e fez um discurso breve, explicando que "Ele e somente ele assumia responsabilidade diante de Deus e do Führer por aquilo que precisou acontecer". Disse que, sem dúvida, seus homens deviam ter percebido que ele não estava feliz por aquele trabalho precisar ser feito, mas era uma tarefa necessária. Himmler, segundo Bach-Zelewski, disse também aos seus homens que eles "deveriam olhar para a natureza, havia luta por toda parte, não apenas entre humanos, mas na flora e na fauna também. Aqueles que não querem lutar simplesmente perecem [...] nós humanos estamos no nosso direito quando nos defendemos contra gentalha [...]".[63] Himmler acrescentou que embora a tarefa que lhes havia sido dada fosse "difícil", ele "não via nenhum modo de evitá-la. Eles têm que ser duros e resistir. Ele não podia aliviá-los desse dever, não podia poupá-los".[64] Naquela noite, Frentz ouviu Himmler dizer: "Talvez você esteja se perguntando por que algo como isso foi feito. Mas se não tivéssemos feito, o que fariam eles conosco?". Frentz diz que achou essas palavras "terríveis".[65] Himmler forneceu outro vislumbre de sua mentalidade assassina no mês seguinte, ao dizer: "Mesmo os filhotes no ninho devem ser esmagados como um sapo inchado. Estamos vivendo um tempo férreo e precisamos varrer com vassouras de ferro. Todos, portanto, têm que cumprir seu dever sem examinar previamente sua consciência".[66]

Depois de assistir aos assassinatos em Minsk em agosto, Himmler foi até um hospital psiquiátrico em Novinki e muito provavelmente deu ordens para que os pacientes fossem mortos. Também é provável que durante ou logo após essa visita ele tenha debatido com Arthur Nebe, comandante do Einsatzgruppe B e ex-chefe da Polícia Criminal, sobre outros possíveis métodos de extermínio em massa. Himmler acabara de testemunhar, obviamente, em dramáticos termos pessoais, os potenciais problemas psicológicos que executar judeus com tiros a curta distância podia provocar.[67]

268 | O HOLOCAUSTO

Nas semanas seguintes à visita de Himmler, Nebe testou diferentes técnicas de homicídio com a ajuda do doutor Albert Widmann, do Instituto Técnico da Polícia Criminal. A presença de Widmann em Minsk era sinal do crescente envolvimento que a equipe que trabalhara no esquema T4 de eutanásia vinha tendo com as matanças do Leste. Widmann, como vimos, ajudara a conceber as câmaras de gás nos centros de eutanásia.

Logo ficou claro que as técnicas homicidas do T4 não poderiam ser facilmente replicadas no Leste. As câmaras de gás dos centros de execução da Áustria e da Alemanha haviam utilizado monóxido de carbono envasilhado, e era impraticável – em parte por questões de custos – transportar bujões de monóxido de carbono até os vários locais de execução espalhados pela União Soviética ocupada. A van de gás móvel havia sido uma maneira de contornar esse "problema", mas sua capacidade física era limitada. O que os nazistas precisavam era de um método barato e simples de assassínio em massa que poupasse os matadores do estresse psicológico causado por terem de olhar nos olhos de suas vítimas.

Nesse contexto, há uma concepção falsa, mas bastante disseminada, de que as câmaras de gás emergiram como o método de execução preferido do Holocausto simplesmente pelo desejo que os nazistas tinham de matar judeus em grande número. Não foi esse o caso. Durante os infames assassinatos em Babi Yar, nos arredores de Kiev, em setembro de 1941, por exemplo, uma combinação de soldados dos batalhões de polícia da SS, Einsatzgruppen e colaboradores locais assassinou a tiros cerca de 34 mil judeus em apenas dois dias. Foi um morticínio numa escala que nenhum campo de extermínio jamais igualou num período similar. O que as câmaras de gás ofereciam não era uma maneira de matar mais pessoas num único dia do que as executando a tiros, mas um método de facilitar o morticínio para os matadores.

No verão de 1941, não era imediatamente óbvio para os nazistas que as câmaras de gás fossem o caminho mais adequado a seguir. Widmann e sua equipe também tentaram – o que é quase inacreditável – aprisionar pacientes com sofrimento mental em um bunker e explodi-los. O experimento não foi um sucesso do ponto de vista dos nazistas. "A visão era atroz", disse Wilhelm Jaschke, um oficial do

Einsatzkommando 8. "Alguns feridos saíam do abrigo rastejando e chorando [...] Partes do corpo ficavam espalhadas pelo chão e dependuradas nas árvores."[68] Após o fracasso dessa tentativa de assassinar pessoas, Widmann, Nebe e seus colegas voltaram sua atenção de novo para o monóxido de carbono. Haveria uma maneira de usar esse gás, tão eficaz para matar os deficientes na Alemanha, sem precisar usar bujões? A resposta mostrou estar à volta deles – nos gases expelidos pelo escapamento de automóveis e caminhões. Num hospital psiquiátrico em Mogilev, na Bielorrússia, os nazistas trancaram pacientes numa sala vedada e introduziram os gases do escapamento exalados de um motor de automóvel. Quando, no fim das contas, isso não produziu gás venenoso suficiente, tentaram com um motor maior de um caminhão, até que tiveram sucesso em matar todos dentro da sala.

Esses experimentos com diferentes métodos de matar não foram conduzidos apenas na União Soviética ocupada. Em Auschwitz, na Alta Silésia, a SS concebeu outra maneira de matar prisioneiros. No início do outono de 1941, Karl Fritzsch, auxiliar do comandante Rudolf Höss, tentou matar prisioneiros doentes e prisioneiros de guerra soviéticos com um produto químico poderoso à base de cianureto, em forma cristalizada, usado para matar insetos. Os cristais, armazenados em latas seladas, viravam um gás venenoso quando expostos ao ar. Esse produto químico era chamado de Zyklon Blausäure – ou, abreviadamente, Zyklon B.

A SS experimentou trancar prisioneiros escolhidos no porão do Bloco 11 de Auschwitz. O Bloco 11 era uma prisão dentro da prisão, o edifício mais temido do campo, o lugar onde a SS interrogava e torturava prisioneiros. Mas do mesmo modo que as tentativas iniciais de matar com monóxido de carbono de escapamento não haviam sido tão eficazes quanto os nazistas esperavam, a primeira tentativa de Fritzsch de matar com Zyklon B tampouco foi um completo sucesso – segundo seu ponto de vista.

August Kowalczyk, um prisioneiro político polonês em Auschwitz, testemunhou como a SS tentou vedar a área no Bloco 11, onde os prisioneiros seriam envenenados por gás, fechando-a com terra e areia. Mas ou o processo de vedação era ineficiente, ou não foi usado Zyklon B suficiente, porque no dia seguinte ele viu um homem da SS correndo para cima e para baixo de modo agitado. Soube-se que alguns prisioneiros ainda estavam vivos e então despejaram mais cristais de Zyklon B naquele arremedo de câmara de gás. As terríveis agonias enfrentadas por esses prisioneiros de guerra soviéticos e internos doentes desconhecidos, que passaram a noite semissufocados no Bloco 11, mal podem ser imaginadas.[69]

Por meio desses experimentos criminosos de tentativa e erro, a SS definiu a quantidade exata de cristais de Zyklon B exigidos para matar um determinado número de prisioneiros. No processo, descobriram que o gás era mais eficaz quanto mais aquecida estivesse a sala, e quanto mais gente fosse espremida dentro dela. Também concluíram que o Bloco 11 estava longe de ser o lugar ideal para esses homicídios em massa. A dificuldade que enfrentaram, segundo o testemunho de August Kowalczyk, era "como evacuar os cadáveres". Era preciso que outros prisioneiros entrassem no porão e desembaraçassem os corpos para trazê-los de volta para cima, colocá-los em carrinhos de mão e então empurrá-los até a outra ponta do campo principal, onde eram cremados. Esse processo não só era trabalhoso e demorado como tornava impossível manter os homicídios em segredo para o resto do campo. Depois de refletir um pouco sobre o assunto, a SS percebeu que era possível abreviar o processo transformando uma das salas de armazenagem de corpos do crematório em câmara de gás. Os prisioneiros então poderiam ser mortos junto aos fornos que seriam usados para queimar seus restos.

Esses vários experimentos no verão e outono de 1941 foram realizados contra o pano de fundo de outra campanha de execuções que, em termos de escala, superou enormemente os envenenamentos por gás. Trata-se do morticínio de um número espantoso de prisioneiros de guerra soviéticos pelos nazistas, na segunda metade de 1941. Ao final de 1941, dos 3,35 milhões de prisioneiros soviéticos capturados pelos alemães desde o início da guerra em 22 de junho, haviam sido mortos mais de dois milhões. Cerca de 600 mil foram executados como consequência da Ordem dos Comissários, e os demais morreram por maus-tratos diversos, com grande número de mortos por inanição.[70] Como observou um historiador desse período, se a guerra tivesse terminado no início de 1942, "esse programa de execuções em massa teria permanecido como o maior crime isolado cometido pelo regime de Hitler".[71]

Georgy Semenyak foi um dos poucos sobreviventes entre os prisioneiros de guerra soviéticos capturados no início do conflito. Foi aprisionado pelos alemães num campo a céu aberto junto com outros 80 mil prisioneiros de guerra e sobreviveu graças a uma ou outra sopa rala servida, que, pelo fato de os alemães não darem tigelas ou taças, ele teve que tomar do seu quepe. "Esse quepe era fornecido pelo Exército Soviético", diz ele, "e era indumentária de verão, e a sopa rala vazava direto pelo tecido". Depois de algumas semanas, foi transferido para um campo maior. Ali enfrentou outro problema: uma infestação de piolhos. "Isso ocasionou uma epidemia de tifo. E as pessoas começaram a morrer de tifo. Além disso, havia tantos piolhos que o cabelo de muitas pessoas ficava tão cheio deles que se mexia. Não era só o cabelo; as roupas e o corpo das pessoas também ficavam cobertos de piolhos, e se você agachasse e pegasse um punhado de areia, via ela se mexer por causa de todos os piolhos no meio dela."[72]

Os prisioneiros soviéticos tentavam capturar ratos para comer. "Às vezes um homem pegava um rato pelo rabo", diz Georgy Semenyak, "então o rato virava e mordia a mão dele. Os bichos tinham dois dentes incisivos – dentes muito fortes. Então o rato mordia a mão do homem, mas ele não largava. Ficava batendo no rato até matá-lo, para conseguir um pedaço de carne para cozinhar ou fritar". Os prisioneiros soviéticos estavam tão desesperados que chegavam a comer pedaços de seus companheiros mortos. Semenyak revela que vários de seus companheiros cortavam nádegas, fígado e pulmões de cadáveres e depois fritavam e comiam.

Semenyak também lembra que os alemães faziam jogos sádicos com os prisioneiros de guerra soviéticos, que se assemelhavam a alguns dos tormentos infligidos aos judeus: "Um alemão chega perto de um grupo de pessoas e pergunta: 'Quem quer um pouco de comida aí?'. Uma pergunta idiota! Quando você sabe que as pessoas estão sem comer direito há meses, como é que chega e pergunta: 'Quem quer comida?'. Todos queriam. 'OK [diz o alemão], então quem é que consegue comer um balde inteiro de mingau?'. Alguém ergue a mão e diz: 'Eu consigo'. 'Então dê um passo à frente.' E o alemão dá a ele um balde de mingau. Mas é claro que o homem não consegue comer o balde inteiro. Mas fica em pé ao lado do balde e começa a comer. Come uma, duas tigelas cheias, no máximo [...] Isso já é bem impressionante. Ele não consegue de jeito nenhum comer mais que isso. Então diz: 'Chega!'. E o balde ainda tem três quartos cheios. Então eles espancam o cara. Ou seja, ele levou uma surra, mas pelo menos comeu".[73]

A fome dominou a vida de milhões que viveram sob a ocupação nazista no verão e no outono de 1941. Fiéis às intenções que haviam manifestado em segredo naquela primavera, os nazistas assassinaram aqueles que desprezavam, não apenas com balas e câmaras de gás, mas também por inanição. Isso não significa, no entanto, que os nazistas mostrassem a mesma atitude em relação a matar prisioneiros de guerra soviéticos que tinham em relação aos judeus. O processo mental que lhes permitiu justificar os assassinatos foi diferente. Wolfgang Horn, por exemplo, era um típico soldado no sentido de que, embora visse os soviéticos como "incivilizados, quase selvagens", não achava que os judeus fossem "selvagens", e sim inteligentes. Horn fora informado de que os judeus estavam "governando a Rússia" e que também eram a razão de os alemães terem perdido a Primeira Guerra Mundial.[74]

Portanto, seguia-se logicamente da ideologia nazista que os judeus eram inimigos mortais – não meros sub-humanos, mas uma "raça" inteligente o suficiente para tramar em segredo contra a Alemanha. Como consequência, era preciso remover – de um jeito ou de outro – cada um deles. Quanto aos prisioneiros de guerra soviéticos, se pudessem trabalhar como burros de carga, então ganhariam permissão de servir o Estado nazista. Quando se tornavam "bocas inúteis", era hora de serem mortos. Essa mentalidade explica por que a taxa de mortalidade dos prisioneiros de guerra soviéticos nas mãos dos alemães caiu depois que Hitler ordenou, em 31 de outubro de 1941, que os prisioneiros soviéticos fossem empregados em grande número em trabalhos forçados.[75] Significativamente, ele não estava preparado nesse estágio da guerra para permitir que os judeus fossem usados como trabalhadores dentro do Reich. Na primavera de 1941, Arthur Greiser estava tão ansioso para expulsar judeus do Warthegau que sugeriu enviar 70 mil deles para a Alemanha como trabalhadores escravos, mas Hitler vetou.[76] A ideia era expulsá-los do Reich, e não trazê-los de volta como trabalhadores.

Hitler, é claro, não foi quem tomou todas as decisões quanto à natureza do morticínio que teve lugar na esteira da invasão da União Soviética. É até incerto se a instrução de Himmler para os Einsatzgruppen, de ampliar as execuções na União Soviética em julho de 1941 de modo a incluir mulheres e crianças judaicas, foi decorrente de uma ordem direta de Hitler. Mas é certo que Hitler sabia o que os matadores dos Einsatzgruppen faziam. Ele recebia informações diretas detalhando quantas pessoas estavam sendo mortas. Em 1º de agosto de 1941, o chefe da Gestapo, Heinrich Müller, transmitiu uma mensagem aos comandantes dos Einsatzgruppen: "O Führer deve receber relatórios regulares a respeito do trabalho dos Einsatzgruppen no Leste. Para esse propósito, é requerido material ilustrativo de particular interesse, como fotos, pôsteres, panfletos e outros documentos".[77] Também é igualmente certo que Hitler aprovava plenamente as matanças. Mais tarde naquele mesmo mês, Goebbels escreveu em seu diário, após uma reunião com ele: "Conversamos sobre o problema judaico. O Führer está convencido de que a profecia que fez no Reichstag – que se os judeus conseguissem provocar uma nova guerra mundial, ela resultaria no extermínio deles – está hoje virando realidade [...] com uma certeza quase misteriosa. No Leste, os judeus têm tido que acertar as contas; na Alemanha, já pagaram parcialmente e terão que pagar ainda mais no futuro".[78]

O mais provável é que, quando ampliou as execuções na União Soviética ocupada no verão de 1941, Himmler soubesse muito bem que agia dentro de uma permissão geral dada a ele por Hitler sobre o destino dos judeus nessa guerra de extermínio. Também devia estar ciente de que Hitler seria informado quando a operação estivesse em curso, e que se o Führer não ficasse satisfeito a ação poderia ser detida. Mas, como se sabe, não foi.

Essa flexibilidade na maneira com que o processo de extermínio operou pode ser vista em toda a cadeia de comando. É provável, por exemplo, que quando Himmler foi para o Leste no verão de 1941 para visitar os Einsatzgruppen *in loco* ele não tenha dado muitas ordens escritas, mas os incentivado oralmente a ampliarem as execuções onde e quando possível. E nas ocasiões em que as ordens escritas eram expedidas, pode ser que elas fossem formuladas em termos imprecisos. Em 1º de agosto, por exemplo, o 2º Regimento de Cavalaria da SS, que operava nos Pântanos de Pinsk da União Soviética ocupada, recebeu a seguinte mensagem expedida por Himmler: "Todos os judeus devem ser mortos a tiros. Leve as judias para o pântano." O SS Obersturmbannführer (tenente-coronel) Magill respondeu: "Levar mulheres e crianças para o pântano não foi bem-sucedido porque o pântano não era fundo o suficiente para cobri-las".[79]

Se tivesse havido uma ordem explícita por escrito de Himmler circulando entre as unidades de SS e os Einsatzgruppen, esse tipo de comunicação ambígua não teria ocorrido. Nesse exemplo, Himmler não quis ser explícito por escrito em relação a matar mulheres e crianças judias, e esperava que seus homens lessem nas entrelinhas. Mas então essa unidade em particular interpretou a ordem em termos bem literais. Magill corretamente entendeu essa instrução como uma maneira eufemística de dizer "mate as mulheres e as crianças" e então mandou sua resposta explicando que o método de execução que fora orientado a usar – afogamento no pântano – não havia funcionado.

Podemos aprender duas coisas importantes dessa breve troca de mensagens. Primeiro, que os funcionários da SS achavam necessário usar uma linguagem camuflada ao escrever, mesmo entre eles mesmos. Segundo, como as ordens de cima eram às vezes transmitidas com um elemento de ambiguidade, alguns oficiais de mais baixo escalão podiam ficar sem saber o que exatamente estava sendo exigido deles.

Esse nível de subterfúgio até levou outros funcionários nazistas a tentar deter o que viam como ações homicidas não autorizadas. Hinrich Lohse, por exemplo, comissário do Reich para os Estados Bálticos, escreveu em 15 de novembro de 1941: "Proibi as execuções indiscriminadas de judeus em Libau porque não estavam sendo realizadas de modo justificável". Ele pediu esclarecimentos para saber se havia ou não uma "instrução de liquidar todos os judeus no Leste" porque era incapaz de "detectar uma diretriz como essa".[80] A resposta que recebeu do chefe do departamento político do Ministério do Reich para os Territórios do Leste teve o cuidado de não se referir a uma tal "diretriz" por escrito, e disse apenas que a preocupação de

Lohse com a "questão judaica" deveria a essa altura ter sido "esclarecida" em "discussões orais".[81]

Não temos como saber ao certo a razão exata pela qual os nazistas administravam sua política de execuções em massa dessa maneira. Mas a explicação mais convincente é que tinham ciência de que o conhecimento público do que estavam fazendo poderia criar-lhes problemas futuros. A lição a ser extraída pelos nazistas dos protestos do bispo Von Galen contra a eutanásia teria sido se esforçar mais para manter projetos de execução em sigilo. Não era tanto que eles estivessem preocupados com protestos públicos na Alemanha – embora isso fosse um risco a se levar em conta –, e sim com as consequências no exterior se o resto do mundo soubesse em detalhes o que estava acontecendo. Hitler, em particular, teria se preocupado com os danos ao seu prestígio. Ele vislumbrava uma vida para a Alemanha após a vitória na guerra, e seria diplomaticamente mais fácil para o chefe de Estado alemão se o extermínio de judeus fosse mantido em segredo – ou pelo menos que ele próprio conseguisse manter uma distância plausível disso. Ao decidir assinar, em 1939, um documento autorizando o esquema da eutanásia, e ver depois a maneira com que a igreja atacou os nazistas, Hitler deve ter ficado duplamente preocupado em manter seu nome fora de outras ações de matança que pudessem atrair publicidade negativa. Embora conseguisse postar-se diante do Reichstag e prever em teoria o extermínio dos judeus se houvesse uma guerra mundial, isso não era o mesmo que revelar em detalhes a maneira como judeus, homens, mulheres e crianças, estavam sendo assassinados. Muito melhor, da perspectiva de Hitler, assegurar que nenhuma ordem em seu nome sobre esse projeto sensível jamais existisse. Sabia muito bem que ordens por escrito poderiam voltar e assombrar seu autor. Essa é uma das razões pelas quais enfatizou em outubro de 1941: "É melhor se reunir do que escrever, pelo menos quando algum assunto de capital importância está em pauta".[82]

Mas nenhum Estado sofisticado pode funcionar se toda ordem tiver que ser apenas falada, por isso às vezes foi necessário se referir por escrito às matanças. Como resultado, uma série de eufemismos ficou associada à destruição dos judeus. "Manipulação especial", por exemplo, foi uma das maneiras de se referir ao homicídio nos documentos.

Do mesmo modo, o termo "Solução Final" veio a indicar um plano de exterminar os judeus, embora as palavras de início significassem apenas sua deportação. Ainda tinham esse sentido original num documento assinado por Göring e dirigido a Heydrich, datado de 31 de julho de 1941. "Para suplementar a tarefa que lhe foi atribuída", reza o documento, "em 24 de janeiro de 1939, que lidava com a solução ao problema judaico por meio da emigração e evacuação da maneira mais adequada, eu por meio desta encarrego-o de preparar um plano abrangente de medidas práticas organizacionais e preliminares relacionadas ao assunto, necessárias à execução da pretendida solução final à questão judaica".[83] Sabemos que a "solução final" mencionada nesse documento não era a erradicação em massa dos judeus em campos de extermínio, pois discussões anteriores entre Heydrich e Göring sobre um possível "plano" para a "solução final" remontam a março de 1941, época em que os nazistas planejavam deportar os judeus para o Leste após a guerra. Portanto, a explicação mais convincente para essa troca de mensagens de julho de 1941 é, de longe, que Heydrich ainda estivesse trabalhando num plano para deportar os judeus para os domínios mais afastados da União Soviética ocupada, e que os grandes deslocamentos de população necessários ocorreriam apenas depois que a guerra no Leste fosse concluída. Essa interpretação também bate com o impulso da política anterior nazista pré-guerra contra os judeus, que era a deportação com consequências genocidas a médio ou longo prazo. Da mesma maneira que um grande número de judeus enviados para Nisko no Governo Geral no início da guerra havia morrido de inanição, de doenças e outros maus-tratos, e que os judeus que tivessem sido enviados a Madagascar pereceriam com o tempo, o destino dos judeus mandados para as terras devastadas da União Soviética ocupada teria sido similarmente catastrófico.

No entanto, no final do verão e início do outono de 1941 houve discussões para alterar o cronograma da Solução Final. Vários dos mais leais seguidores de Hitler queriam que os judeus fossem deportados para o Leste não após o fim da guerra, mas imediatamente. Quando Goebbels encontrou-se com Hitler em 19 de agosto, pediu que os judeus de Berlim fossem removidos da capital alemã. Goebbels achava inconcebível que 70 mil judeus ainda fossem capazes de viver na cidade enquanto soldados alemães lutavam e morriam no *front* oriental. Hitler não concordou em deportar os judeus de Berlim de uma vez, mas aceitou uma das propostas – que os judeus alemães fossem marcados. Os judeus na Polônia haviam sido obrigados a usar distintivos de identificação por algum tempo, e agora era a vez de os judeus alemães serem sujeitos a esse tipo de humilhação.

A partir de 1° de setembro de 1941, judeus maiores de 6 anos na Alemanha, na Áustria e em outros territórios incorporados tinham que usar sobre a roupa um distintivo amarelo no formato da Estrela de Davi. O efeito dessa medida era não só identificar os judeus e torná-los mais passíveis de assédio, mas tornar a perseguição aos judeus óbvia a todo alemão não judeu. Embora alguns alemães abusassem dos judeus, agora facilmente identificáveis nas ruas, havia outros que se sentiam mal com esse novo desdobramento. Uwe Storjohann, por exemplo, lembra que a mãe – que, segundo ele diz, "provavelmente acolhia bem" a ideia da deportação dos judeus – mesmo assim fazia objeções à sua "estigmatização". Logo depois que os judeus de Hamburgo foram obrigados a usar o distintivo amarelo, Uwe estava andando um dia com a mãe por uma área judaica da cidade quando viram "um judeu idoso andando com um terno muito puído e carregando uma mala muito velha, e ele a carregava de maneira que sua Estrela de Davi ficasse encoberta. E então deve ter sido tomado por uma necessidade humana, e ficou espiando em volta furtivamente, pensando se poderia entrar num banheiro público [onde havia a placa 'proibido para judeus']. Então entrou ali. E minha mãe parou, e eu pensei, por que será que parou? E ela disse 'Bem, você viu o homem, não? Era um judeu, certo? Ele entrou ali, e vinha com sua maleta com a estrela judaica escondida embaixo dela'. Ela esperou ele sair. E quando ele viu minha mãe, de repente assumiu uma expressão muito ansiosa. Nunca vou esquecer esse pânico, essa ansiedade. Ele baixou sua maleta e ali você podia ver a Estrela de Davi. E eu sabia o que minha mãe pensava a respeito dessas coisas, e fiquei imaginando o que iria acontecer em seguida, o que ela iria fazer. E o judeu também, claro, [devia estar pensando] e se ela agora for atrás de um policial, eu estou frito. Minha mãe então vai até ele, aponta para a Estrela de Davi e diz 'Nós não queremos isso'. E eu disse a mim mesmo, bem, eu nunca esperaria tal coisa. Portanto, naquela hora, ela deve ter sentido pena dele. Tenho certeza que ela imaginava que a gente só excluía os judeus da vida dos negócios e os deixava em empregos inferiores, ou quem sabe reinstalava-os em cidades onde pudessem viver bem entre eles, ou algo desse tipo, ou no seu próprio Estado, como é Israel hoje [...] Mas essa estigmatização, ela achou aquilo terrível. Fiquei muito pensativo, e concluí que, bem, talvez ela não fosse tão fortemente antissemita como eu pensava. Mas era também algo característico de grande parte da população, que dizia 'Ah, não, isso já é ir longe demais, não gostamos disso'. Mas eles não faziam nada. Nada. Tampavam os olhos e os ouvidos [...]".[84]

Erna Krantz, uma apoiadora do nazismo que vivia em Munique, sentiu emoções similares depois que os judeus foram obrigados a usar a Estrela de Davi: "Na rua paralela à nossa tínhamos uma baronesa Brancka, casada com um barão, mas era filha de um dono de loja judeu de Hamburgo [...] e ela tinha que usar uma estrela judaica. Fiquei com dó disso, era muito terrível, porque essa mulher era uma mulher muito boa, era isso o que você sentia. Mas, na realidade, é como hoje em dia, quando você se afasta de pessoas necessitadas, porque não dá para ajudar todo mundo; naquela época era a mesma coisa".[85]

Como vimos, Goebbels havia pedido que os judeus fossem não só marcados, mas também deportados. E logo outros nazistas destacados manifestaram também seu desejo de que os judeus fossem mandados embora. Em 15 de setembro de 1941, o Gauleiter de Hamburgo, Karl Kaufmann, escreveu a Hitler perguntando se os judeus da cidade podiam ser deportados. Kaufmann queria que as propriedades deles abrigassem alemães não judeus que haviam sofrido nos recentes ataques aéreos. Hitler agora decidia reverter sua política anterior e autorizar a deportação de judeus do interior do Reich imediatamente, e não apenas depois do fim da guerra. Por que teria mudado de ideia nesse momento, quando havia dito a Goebbels apenas algumas semanas antes que os judeus não poderiam ser enviados para o Leste? Ninguém sabe ao certo. Uma explicação possível é que tenha agido por vingança, após a decisão de Stalin em agosto de deportar várias centenas de milhares de alemães étnicos que viviam na região do Volga para as terras desertas da Sibéria e do Cazaquistão. Esse ato específico de Stalin pode ter sido ou não o disparador da ação de Hitler, mas de qualquer modo o contexto geral da guerra contra a União Soviética certamente teve um papel em sua decisão.

A guerra ainda parecia estar indo bem para os alemães. Embora os soldados da Wehrmacht não tivessem derrotado o Exército Vermelho em questão de semanas, como tinham planejado, estavam no processo de vencer a maior batalha de cerco da história em sua luta nos campos em volta de Kiev, capital da Ucrânia. Em 19 de setembro de 1941, a cidade foi tomada pelas forças alemãs e 600 mil soldados soviéticos foram capturados. "O soldado alemão provou uma vez mais que é o melhor soldado do mundo", disse Hitler, falando com seus mais íntimos e deleitando-se com o triunfo. "A operação agora em curso, um cerco com um raio de mais de mil quilômetros, tem sido considerada por muitos como impraticável. Precisei colocar toda a minha autoridade na balança para obrigar sua implementação." O que esse sucesso demonstrava, dizia dele, era que "Os eslavos são uma massa de escravos natos que precisa de um senhor". Além disso, era "melhor não ensiná-los a ler". Hitler não acreditava que seriam necessários grandes contingentes de soldados alemães para ocupar e administrar esse novo território, já que os "eslavos" eram tão claramente inferiores. "O espaço russo é a nossa Índia", disse ele. "Como os ingleses, deveremos governar esse império com um punhado de homens."[86]

Apenas algumas semanas mais tarde, em 3 de outubro, Hitler afirmou num discurso em Berlim que o Exército Vermelho estava "destroçado" e "não irá se reerguer jamais".[87] Essa crença de que a guerra já estava ganha deve ter tido um papel em sua decisão de adiantar o cronograma para a deportação dos judeus. Em vez de mandá-los para o Leste quando a guerra contra a União Soviética terminasse, por que não os deportar agora que Stalin estava efetivamente derrotado? Ele sabia que seu aliado, o marechal Antonescu da Romênia, havia definido uma política agressiva de assassinato de judeus no Leste. O centro das execuções era uma região além do Rio Dniester, mais tarde conhecida como Transnístria. Por volta de setembro, com a Transnístria ocupada pela Romênia como província oriental, Antonescu preparou-se para

280 | O HOLOCAUSTO

expulsar milhares de judeus de Bucóvina e Bessarábia para campos desse novo território. O editor do jornal romeno *Porunca Vremii* escreveu no verão de 1941: "A morte foi lançada [...] A liquidação dos judeus na Romênia entrou na fase final, decisiva [...] À alegria por nossa emancipação devemos acrescentar o orgulho da [pioneira] solução para o problema judaico na Europa. A julgar pela satisfação com que a imprensa alemã está registrando as palavras e decisões do marechal Antonescu, entendemos [...] que a Romênia de hoje prefigura as decisões que serão tomadas na Europa no futuro".[88]

Como seria de se esperar, Hitler aprovou as ações do marechal Antonescu. "No que se refere ao problema judaico", disse ele a Goebbels no final de agosto de 1941, "devemos dizer que um homem como Antonescu está adotando políticas muito mais radicais nessa área do que fizemos até agora".[89] Seis semanas depois, Hitler ainda elogiava Antonescu ao declarar em outubro que "Tirando o Duce [Mussolini], entre nossos aliados Antonescu é o homem que causa a impressão mais forte. É um homem em escala grande, que nunca deixa nada o tirar do caminho [...]". Além disso, a "primeira coisa" que Antonescu precisava fazer a fim de criar uma Romênia forte, segundo Hitler, era "livrar-se dos judeus".[90]

Hitler agora resolvia "livrar-se" dos judeus no Velho Reich. Mas embora fosse fácil decidir deportá-los, restava uma questão prática vital. Para onde deveriam ir? Himmler, de novo, apresentou uma solução. Em 18 de setembro de 1941, escreveu a Arthur Greiser do Warthegau informando que o Führer decidira esvaziar o "Velho Reich e o Protetorado" de seus judeus. Como resultado, Himmler queria enviar 60 mil judeus para o gueto de Łódź, dentro do Warthegau de Greiser, onde ficariam antes de serem enviados a algum destino não especificado "mais a leste", na primavera seguinte.[91] Depois de protestos dos oficiais nazistas no Warthegau sobre a impossibilidade de o gueto de Łódź absorver mais judeus, Himmler reduziu o número para 20 mil.

Em outubro de 1941, saíram de Hamburgo os primeiros judeus rumo à Polônia. Lucille Eichengreen, uma das judias de Hamburgo enviadas a Łódź, lembra que, quando marchavam para a estação para iniciar sua viagem até a Polônia, alguns poucos alemães gritaram-lhe comentários antissemitas, mas a maioria da população não judaica da cidade reagiu com indiferença.[92] Em outras partes, alguns judeus disseram que seus vizinhos não judeus expressaram simpatia por eles, que em Frankfurt trouxeram-lhes "biscoitos, e outros, comidas" e em Viena choraram "abertamente" quando eles foram mandados embora.[93]

Os judeus da Europa Ocidental não estavam preparados para o que os aguardava em Łódź. Um judeu polonês, já instalado no gueto, escreveu referindo-se a um grupo de deportados tchecos que chegou em outubro de 1941: "Dizem que eles perguntaram se seria possível conseguir apartamentos de dois quartos com água corrente".[94] Mas essa ingenuidade não durou muito, e os judeus ocidentais logo descobriram a chocante realidade da vida e da morte no gueto. A maioria não tinha amigos entre os judeus poloneses, nenhum conhecido que pudesse ajudá-los a arrumar um emprego ou um quarto para morar. Muitos eram espremidos em escolas do gueto, onde não tinham o que fazer, e quase nada para comer. "Sua barriga vai ficando flácida, aos poucos afunda", escreveu Oskar Rosenfeld, que foi deportado de Praga para Łódź. "De modo hesitante, quase com medo, a pessoa passa a mão pelo corpo inquieto, depara com ossos, costelas, percorre com a mão as pernas e se descobre, constata de repente que até há bem pouco tempo era mais gorda, tinha mais carne – e fica impressionada com a rapidez com que o corpo se deteriora [...] Uma palavra, uma ideia, um símbolo confronta todo mundo: pão! Por um pedaço de pão a pessoa vira um hipócrita, um fanático, um desgraçado. Dê-me pão e você será meu amigo."[95]

Em muitos casos, o choque dessa transição revelava-se acima da capacidade que os judeus ocidentais tinham de suportá-lo. "Eles de fato ficaram muito deprimidos", diz Jacob Zylberstein, um judeu polonês que já vivia no gueto. "Acho que porque normalmente eles [judeus do Reich] desprezavam os judeus poloneses – temos sido de fato uma categoria diferente em relação a eles. E de repente eles se dão conta de que caíram no mesmo nível ou talvez mais baixo que nós, porque não conseguem viver nas condições em que vivemos."[96] Consequentemente, os judeus do Reich e do Protetorado tiveram uma taxa de mortalidade mais alta que a dos judeus poloneses que já viviam no gueto.[97]

Os judeus não eram mandados apenas para o gueto de Łódź. Várias levas foram transportadas mais para leste, até as zonas de execução dos Einsatzgruppen na União Soviética ocupada. Alguns ficaram alojados em campos, onde muitos morreram devido ao frio. Outros foram assassinados assim que chegaram. No final de novembro de 1941, por exemplo, cinco trens saíram da Alemanha e da Áustria rumo à Lituânia. Todos esses judeus foram mortos por esquadrões de execução assim que desembarcaram em Kaunas. Em outra parte, Wilhelm Kube, comissário nazista para a Bielorrússia, questionou em dezembro se judeus de "nossa própria esfera cultural" deviam ser tratados da mesma maneira que "as hordas nativas embrutecidas"[98] do Leste. Apenas duas semanas antes, no final de novembro, Himmler chegou ao ponto de tentar evitar — muito provavelmente em caráter temporário — o assassinato de judeus alemães que haviam chegado a Riga num trem lotado, enquanto o assunto era decidido, mas sua comunicação chegou tarde demais. Os judeus já haviam sido mortos.[99] Tudo isso demonstra que havia um elemento de incerteza quanto ao destino imediato pretendido para os judeus do Velho Reich.

Ao mesmo tempo em que esses judeus da Europa Ocidental eram mortos na União Soviética ocupada, estavam sendo feitos preparativos para duas instalações de execução na Polônia. A primeira, em Chełmno, 64 quilômetros a noroeste de Łódź, foi criada basicamente para matar judeus do gueto de Łódź que tivessem sido selecionados como ineptos para o trabalho. Segundo a visão de Arthur Greiser, governante do Warthegau, a necessidade imediata de uma instalação de execução como essa era óbvia. Ele precisava ter como aliviar a intensa superlotação do gueto de Łódź, uma situação que se agravara desde a chegada dos judeus do oeste. Mas mesmo bem antes, em julho de 1941, como vimos, Rolf-Heinz Höppner, o SS chefe do Escritório Central de Emigração em Posen, no Warthegau, escrevera que a questão do destino dos judeus no *Gau* havia sido objeto de muita "discussão". Ele perguntara – já que talvez não fosse possível alimentar todos os judeus naquele inverno – se não seria mais "humano" decidir "eliminar" os judeus que não pudessem trabalhar "lançando mão de algum meio de ação rápida".[100]

Tal "meio de ação rápida" – na forma de uma van de gás – já operava no Warthegau, percorrendo hospitais e matando os incapacitados. Então, no outono de 1941, foi posto em ação um plano de usar vans de gás para matar judeus de Łódź. Herbert Lange, que comandara a unidade responsável por matar os incapacitados, procurava agora um local adequado para abrigar as vans. Seu motorista, Walter Burmeister, confirmou mais tarde um comentário feito por Lange naquele outono, de que "temos uma missão dura, mas importante a cumprir".[101] A vila de Chełmno acabou sendo escolhida como base para as vans, e os judeus eram depois enterrados numa floresta vizinha.

A segunda instalação para execuções que estava sendo construída na Polônia em novembro de 1941 ficava na vila de Bełżec, 120 quilômetros a sudeste de Lublin, no Governo Geral. Antes da invasão da União Soviética, os alemães haviam criado um campo de trabalho em Bełżec para alojar os judeus que trabalhavam em fortificações de fronteira entre a Alemanha e as zonas soviéticas da Polônia, mas ele foi fechado no final de 1940. O novo campo em Bełżec seria a primeira instalação fixa, ao invés de móvel, construída especialmente para matar judeus. A localização de Bełżec era vantajosa para os nazistas por vários motivos. Ficava relativamente afastada, distante dos grandes centros populacionais, mas perto da linha férrea principal e a curta distância de três cidades – Lublin, Cracóvia e Lwów –, cada uma delas contendo grande número de judeus.

Além dessas duas instalações em construção na Polônia, há também evidências de discussões na mesma época sobre a possibilidade de construir outros centros de extermínio fixos em Riga e Mogilev, na União Soviética ocupada.[102] Himmler visitou Mogilev, na Bielorrússia, em outubro, e no mês seguinte foi encomendada à Topf & Söhne a construção de uma grande instalação de cremação em Mogilev, com 32 câmaras de incineração.[103] É possível que esse imenso crematório – que acabou não sendo construído – fosse a peça principal de um campo com as funções combinadas de instalação de execução e campo de concentração mais convencional.[104] Claramente estava em curso uma mudança de patamar na abordagem dos nazistas à "questão judaica".

Mas será que tudo isso quer dizer que Hitler tomou a decisão de exterminar os judeus no outono de 1941? Será que foi nesse momento que o Holocausto como o conhecemos teve início? Várias novas iniciativas convergiram nessa época, não só a decisão de deportar judeus do Velho Reich e do Protetorado para o Leste e de construir centros de execução em Chełmno e Bełżec na Polônia, mas também os próprios comentários que Hitler fez em privado sobre os judeus naquele outubro. Como um presságio, ele citou o discurso sobre "extermínio" que havia feito em janeiro de 1939. "Da tribuna do Reichstag", disse ele em 25 de outubro de 1941, "profetizei ao judaísmo que, na eventualidade de a guerra se mostrar inevitável, os judeus iriam desaparecer da Europa. Essa raça de criminosos tinha em sua consciência os dois milhões de mortos da Primeira Guerra Mundial, e agora centenas de milhares mais [...] A propósito, não chegam a ser uma má ideia os rumores públicos que nos atribuem um plano de exterminar os judeus".[105]

Além disso, de acordo com o testemunho pós-guerra de Adolf Eichmann, Heydrich disse a ele no outono de 1941 que "O Führer ordenou a destruição física dos judeus".[106] E Kurt Möbius, um dos guardas da SS que trabalhou em Chełmno nos primeiros dias do campo, declarou em interrogatório após a derrota da Alemanha: "O capitão Lange nos disse que a ordem de exterminar os judeus vinha de Hitler e Himmler. E como oficiais de polícia, éramos treinados a encarar qualquer ordem do governo como legal e correta [...] Na época, eu achava que os judeus não eram inocentes, e sim culpados. O tempo inteiro era despejada em cima de nós propaganda dizendo que os judeus eram criminosos e sub-humanos, que haviam sido a causa do declínio da Alemanha após a Primeira Guerra Mundial".[107]

Mais evidências parecem surgir de um artigo do jornal nazista *Das Reich,* de novembro de 1941, no qual Goebbels proclama publicamente que "Os judeus quiseram guerra, e agora conseguiram. Mas também sentem os efeitos da profecia feita pelo Führer no Reichstag alemão em 30 de janeiro de 1939, de que se o judaísmo financeiro internacional tivesse sucesso em forçar as nações a outra guerra mundial, o resultado não seria a bolchevização da Terra, mas a aniquilação da raça judaica na Europa [...] Todos os judeus fazem parte por nascimento e raça de uma conspiração internacional contra a Alemanha Nacional-Socialista. Eles desejam a nossa derrota e destruição, e fazem tudo a seu alcance para ajudar a concretizar isso. Todo soldado alemão que é morto nessa guerra é responsabilidade dos judeus. Eles o carregam na sua consciência, e é por essa razão que terão que pagar por isso [...]".[108]

No entanto, apesar de todos esses indícios, não cabe necessariamente concluir que tenha sido tomada no outono de 1941 alguma decisão absoluta de matar todos os judeus que naquela época viviam no território ocupado pelos nazistas.[109] Uma interpretação menos categórica dos eventos do outono de 1941 é que Hitler teria autorizado o envio de judeus para o Leste, mas apenas se e quando fosse praticável, com prioridade sempre para as necessidades da Wehrmacht. Hitler desejava deportar os judeus do Reich desde o outono de 1939 – era só uma questão de decidir a hora certa. Naquele momento, compartilhando a raiva de tenentes-chave como Goebbels e Kaufmann diante do fato de que os judeus ainda permanecessem no Reich, e acreditando que a guerra no Leste estava perto do fim, Hitler resolveu se "livrar" dos judeus de uma vez por todas. Sabia muito bem que os judeus soviéticos estavam sendo assassinados no Leste e, portanto, ao mandar outros para as zonas de matança calculava o que provavelmente aconteceria com eles. Mas se seriam mortos a tiros na chegada, ou por gás, ou por inanição em guetos, ou trabalhando um longo período até morrer – esses eram todos detalhes definidos por outras figuras. O crucial era que, depois de expulsos, os judeus nunca mais voltassem. Assim, embora Hitler autorizasse o envio de judeus para o Leste ao encontro da morte, não era ele que ditava o método preciso de matá-los, ou definia um cronograma para a sua eliminação.

Portanto, esse foi um momento importante na evolução do Holocausto, mas não chega a constituir uma decisão única e abrangente que marque o início do empreendimento todo. Ainda havia no outono de 1941 uma série de questões não resolvidas. Por exemplo, os judeus na Europa Ocidental ocupada também deveriam ser mandados para o Leste para morrer? Nesse caso, quando? E o resto dos judeus que ainda estavam no Velho Reich? Quarenta e dois mil judeus foram deportados do Velho Reich e do Protetorado entre outubro e dezembro de 1941, mas a maioria ainda ficou lá. Qual era o cronograma para a sua destruição? E, o mais revelador de tudo, o que dizer dos quase três milhões de judeus da Polônia? Seria realmente esse o momento de selar seu destino? Pois se havia, a essa altura, uma decisão de matar todos os judeus poloneses, por que os dois únicos centros de execução que estavam sendo construídos na Polônia eram de porte tão reduzido? Não seria possível explicar ambos – Bełżec e Chełmno – também como iniciativas locais criadas sob a égide de Himmler para lidar com "problemas" locais? Em resumo, não dá a impressão de que aqueles no escalão mais baixo estavam em certa medida tentando descobrir o que fazer, por não contarem com ordens precisas de cima?

Essa interpretação é apoiada pelas próprias palavras de Hitler naquele outono. Em meados de outubro de 1941, ele perguntou "o que aconteceria comigo se não tivesse ao meu redor homens em quem confio completamente para fazer o trabalho para o qual não consigo arrumar tempo? Homens firmes, que agem com a mesma energia que eu mesmo teria. Para mim, o melhor homem é o que remove o máximo possível dos meus ombros, o homem que pode tomar 95 por cento das decisões por mim".[110] Um exemplo de como essa atitude influenciou eventos reais pode ser encontrado numa nota que Greiser escreveu a Himmler na primavera de 1942 sobre a execução de pacientes com tuberculose no Warthegau. Quando a autoridade de Greiser para proceder às execuções foi questionada, ele disse a Himmler: "Eu pessoalmente não acho que se tenha que consultar o Führer de novo nessa questão, ainda mais depois que ele comentou, na última reunião sobre os judeus, que eu deveria agir da maneira que achar melhor".[111] Tudo isso sugere que a posição de Hitler naquele outono a respeito da deportação e do subsequente tratamento a ser dispensado aos judeus pode muito bem ter sido similar à sua posição em relação aos planos de "germanização", quando, como vimos, disse aos seus Gauleiters que "não faria perguntas sobre os métodos que eles tivessem usado" para tornar sua visão uma realidade.[112]

Similarmente, em Auschwitz, no outono de 1941, o pessoal da SS "fazia o que achava melhor" para aprimorar os métodos improvisados de execução que vinham usando até então. Ao discutirem os planos para a construção de um novo crematório no campo, decidiram introduzir uma série de mudanças – pequenas, mas significativas – que permitiriam transformar o edifício num centro de execuções. Em algum momento entre outubro de 1941 e janeiro de 1942, as saídas de ventilação no menor dos dois necrotérios no semiporão do edifício foram embutidas no concreto da parede, e os ventiladores, modificados para que o ar fosse expulso mais rapidamente. A única explicação plausível para essas mudanças nos planos era que esse necrotério seria agora transformado em câmara de gás, com os dutos embutidos de modo que os moribundos não conseguissem arrancá-los da parede, e o sistema de ventilação, alterado de modo a permitir que o gás venenoso fosse expelido depois que os assassinatos tivessem terminado.[113] Mas é absolutamente impossível encarar a criação dessa única câmara em Auschwitz como parte de um grande plano já existente de assassinar todos os judeus da Europa. Ao contrário, com certeza podemos ver nisso outro exemplo de iniciativa local, motivada pelo fato de já se ter conhecimento do uso do gás Zyklon B nas execuções realizadas no crematório do campo principal. Portanto, faria sentido, do ponto de vista da SS em Auschwitz, assegurar que esse novo crematório fosse também capaz de realizar a mesma função.

Enquanto a SS em Auschwitz travava essas discussões, 1.200 quilômetros a leste os alemães iniciavam a talvez mais importante série de batalhas de toda a guerra. Foram esses eventos no campo de batalha – e mais uma dramática decisão de um dos aliados de Hitler – que formaram o pano de fundo sobre o qual a política nazista em relação aos judeus iria endurecer ainda mais.

19. Hitler e seus generais. O oficial de casaco de pele à esquerda de Hitler é Heinz Guderian, apelidado de "Schneller Heinz" ("Heinz Veloz") porque os *panzers* que ele liderava avançavam com extrema rapidez. À esquerda de Guderian, olhando para a câmera, está Alfred Jodl, chefe do Estado-Maior de Operações da Wehrmacht.

20. Uma *Legitimationskarte* de um judeu do gueto de Łódź – ou gueto de Litzmannstadt, como os alemães o chamavam. O documento, que identificava Elazer Jakubowicz como sapateiro, também traz o nome do líder do gueto, Rumkowski, embaixo à direita.

21. O doutor Robert Ritter (direita) verifica a "condição cigana" desta mulher sinti. A partir do final da década de 1930, Ritter liderou uma equipe que tentou definir quem poderia ser classificado como "cigano puro", quem era "de sangue mestiço cigano" e quem não era "cigano" de modo algum.

22. Uma das assistentes de Ritter aplica um questionário a uma família roma na Áustria. Os nazistas acabariam criando um vasto fichário de 30 mil sinti e roma. Milhares de pessoas acabariam sendo assassinadas com base nessa classificação precária.

23. Judeus tomam banho de chuveiro no gueto de Łódź. Era vital tentar manter-se livre de doenças dentro do gueto, pois aqueles que não pudessem trabalhar recebiam menos comida.

24. Crianças no gueto de Łódź. Em setembro de 1944, milhares de crianças do gueto foram deportadas e assassinadas.

25. Soldados alemães marcham em Paris após sua vitória no verão de 1940. Em apenas seis semanas, os alemães haviam alcançado mais sucesso no *front* ocidental do que em toda a Primeira Guerra Mundial.

26. Judeus holandeses preparam-se para embarcar em trens que os levariam para o leste, onde a maioria seria assassinada em campos de extermínio nazistas. Os nazistas tiveram mais facilidade para deportar judeus na Holanda do que em qualquer outro país ocidental.

27. Heinrich Himmler (sentado no banco dianteiro esquerdo do carro) visita o gueto de Łódź, em junho de 1941. Ele conversa com Mordechai Chaim Rumkowski (de cabelo grisalho e usando uma estrela amarela), o líder do gueto.

28. Mordechai Chaim Rumkowski sentado em sua carruagem particular. Uma das figuras judaicas mais controversas do Holocausto, Rumkowski foi acusado de explorar sua posição como líder do gueto em benefício próprio – inclusive para assediar sexualmente algumas mulheres.

29. Adolf Hitler com Jozef Tiso (à esquerda de Hitler), presidente da Eslováquia. Tiso era um padre católico romano e – apesar de seu envolvimento na deportação de judeus eslovacos – nunca foi excomungado.

30. Adolf Hitler e Benito Mussolini. A ascensão de Mussolini ao poder no início da década de 1920 foi uma inspiração para os nazistas.

31. O doutor Irmfried Eberl, diretor do centro de execução de Brandenburg e mais tarde comandante do campo de extermínio de Treblinka. Ele comandou o mais intenso período de assassínio já visto nos campos de extermínio da Operação Reinhard.

32. Christian Wirth, um dos mais infames perpetradores do Holocausto. Veterano do programa de "eutanásia" T4, foi o primeiro comandante do campo de extermínio de Bełżec e mais tarde inspetor de todos os campos da Operação Reinhard.

33. O papa Pio XII. Sua recusa de condenar publicamente a deportação e o extermínio de judeus compromete até hoje sua reputação.

34. Quando a guerra começou a ir mal para Adolf Hitler, ele passou a fazer cada vez menos aparições públicas. Mas em muitos dos discursos que proferiu, culpou – absurdamente – os judeus pelo fato de a Alemanha estar perdendo a guerra.

11. A estrada para Wannsee
(1941-1942)

EM OUTUBRO DE 1941, os alemães ainda pareciam estar vencendo a guerra contra a União Soviética. Na gigantesca ação de cerco em Viazma e Bryansk, fizeram 660 mil prisioneiros, e parecia que a estrada para Moscou estava aberta. Houve pânico na capital soviética, e o trem de Stalin aguardava para levá-lo mais para leste, até um local mais seguro. "Como faremos para defender Moscou?", perguntou Lavrenti Beria, chefe da NKVD, a polícia secreta do Kremlin, em 19 de outubro. "Não temos mais absolutamente nada. Fomos arrasados [...]"[1]

Mas o curso da guerra no Leste estava prestes a mudar drasticamente. Stalin decidiu ficar em Moscou e reunir suas tropas – uma decisão que coincidiu com as chuvas de inverno, que transformaram a paisagem em volta da capital num lamaçal. De repente, parecia improvável que os alemães conseguissem derrotar a União Soviética antes do começo da pior fase do inverno russo. Isso era potencialmente desastroso para os alemães: suas linhas de suprimento haviam sido forçadas quase ao ponto de entrar em colapso e os soldados alemães tinham pouca roupa de inverno, pois a suposição havia sido que a guerra contra a União Soviética duraria poucas semanas.

Nesse momento vital da guerra, Hitler saiu de seu quartel-general de campanha na Prússia Oriental e voltou para Munique, para as celebrações do aniversário do Golpe da Cervejaria, e em 8 de novembro de 1941 fez um discurso no Löwenbräukeller – o restaurante da cervejaria Löwenbräu, uma das mais famosas da cidade – para os fiéis do partido. Não estava numa posição das mais confortáveis. Apenas um mês antes havia dito à sua plateia que o Exército Vermelho "jamais iria se reerguer", e agora ele parecia ter feito exatamente isto. Lá estava Hitler, encarando seguidores que queriam se deleitar com mais notícias boas, e ele não tinha nenhuma a oferecer. Não podia anunciar que a guerra no Leste havia sido vencida – não podia sequer dizer que Moscou havia caído, ou que provavelmente cairia em questão de dias ou semanas. Nessas difíceis circunstâncias, precisava culpar alguém pelo acontecido. E para Hitler, é claro, foi sempre fácil encontrar um bode expiatório – os judeus. Em seu discurso, disse que embora os judeus tivessem influência em França, Bélgica, Holanda, Noruega e Grã-Bretanha, o "maior escravo" dos judeus era a União Soviética, onde "restam apenas sub-humanos estúpidos, proletarizados à força. Acima deles há uma gigantesca organização de comissários judeus, que na realidade são os senhores desses escravos". Afirmou que as forças alemãs no Leste combatiam em nome de uma nobre meta: "Nesta luta, queremos finalmente libertar a Europa do perigo representado pelo Leste e [...] ao mesmo tempo, [queremos] impedir que o Leste, com sua imensa fertilidade, sua imensa riqueza de recursos naturais e minerais, seja mobilizado contra a Europa, a fim de colocá-lo em vez disso a serviço da Europa". Em busca desse objetivo, concluiu, com palavras ditas em tom de ameaça, que iria "fazer uma distinção entre os franceses e os judeus deles, entre os belgas e os judeus deles, entre os holandeses e os judeus deles".[2]

Em 15 de novembro, os alemães continuaram seu avanço em direção a Moscou depois que a lama congelou, mas sua energia estava quase exaurida. Num esforço final no início de dezembro, algumas unidades alemãs avançadas conseguiram chegar a menos de 40 quilômetros de Moscou. Mas isso seria o mais longe que conseguiriam ir. O curso inteiro da guerra no Leste – e como consequência todo o panorama da guerra – estava prestes a mudar. De fato, há fortes indícios para afirmar que os eventos de dezembro de 1941 foram não o ponto de virada da Segunda Guerra Mundial, mas um dos períodos mais decisivos para a evolução do Holocausto.

Em 5 de dezembro, o Exército Vermelho contra-atacou. Vasily Borisov, um soldado de uma das divisões siberianas recém-lançadas na batalha por Moscou, lembra que "quando eles [os alemães] viram siberianos lutando homem a homem, ficaram assustados. Os siberianos eram caras muito fortes [...] Eles [os alemães] haviam sido criados de uma maneira branda. Não eram tão fortes quanto os siberianos. Então seu pânico aumentou nesse tipo de luta. Os siberianos não sentem pânico algum. Os alemães eram pessoas fracas. Não gostavam muito do frio e eram fisicamente mais frágeis também".[3]

Enquanto Hitler absorvia a notícia do contra-ataque do Exército Vermelho, foi informado do ataque japonês a Pearl Harbor em 7 de dezembro. Quatro dias depois, em 11 de dezembro, a Alemanha declarou guerra aos Estados Unidos. À primeira vista, parece uma decisão desconcertante. Por que trazer para a guerra um poderoso novo inimigo situado a vários milhares de quilômetros de distância, do outro lado do Atlântico? Mas Hitler sentiu que estava meramente reconhecendo o inevitável. Desde a conferência do Atlântico no verão de 1941, quando o presidente Franklin Roosevelt e Winston Churchill se reuniram no litoral de Terra Nova e assinaram a Carta do Atlântico, o compromisso dos Estados Unidos de ajudar no esforço de guerra britânico era óbvio. Em seu discurso de novembro, um mês antes de declarar guerra aos Estados Unidos, Hitler já acusava Roosevelt de tomar partido contra a Alemanha. Afirmou que Roosevelt havia sido "responsável" pela entrada da Polônia na guerra e que estivera também por trás da decisão da França de tomar parte no conflito.[4]

Ponto crucial, Hitler achava que Roosevelt era controlado pelos judeus. Em seu discurso no Reichstag em 11 de dezembro de 1941, disse que por trás da decisão de Roosevelt de apoiar a Grã-Bretanha e se opor à Alemanha estava "o Eterno Judeu". Em volta de Roosevelt, afirmou ele, havia "um círculo de judeus" que era "movido pela cobiça do Antigo Testamento". Era a "satânica perfídia" dos judeus a responsável pelo atual estado das coisas.[5] Na visão de Hitler, os judeus haviam por fim alcançado seu objetivo secreto – criar um conflito mundial do qual esperavam se beneficiar.

Em 12 de dezembro, um dia após seu discurso no Reichstag e a declaração de guerra da Alemanha aos Estados Unidos, Hitler falou a uns 50 líderes nazistas na Chancelaria do Reich em Berlim. Goebbels registrou o que ele disse em seu diário: "Quanto à questão judaica, o Führer decidiu esclarecer as coisas. Profetizou aos judeus que se eles vierem trazer outra guerra mundial, irão experimentar seu extermínio. Não foi uma frase vazia. A guerra mundial está aí, a destruição dos judeus deve ser a consequência inevitável. A questão precisa ser vista sem sentimentalismo. Não estamos aqui para ter pena dos judeus, mas apenas para simpatizarmos com nosso povo alemão. Como o povo alemão uma vez mais sacrificou cerca de 160 mil caídos na campanha do Leste, aqueles que iniciaram esse sangrento conflito terão que pagar com suas vidas".[6] Goebbels não poderia ter sido mais explícito. Já que "agora" havia uma "guerra mundial" – com a entrada dos Estados Unidos no conflito –, "a destruição dos judeus" era "inevitável". Tratava-se, portanto, de um momento de virada. Não havia ambiguidade nas palavras de Hitler.

Hans Frank, chefe do Governo Geral, estava entre os líderes nazistas que ouviram a fala de Hitler na Chancelaria do Reich. Quatro dias depois, em 16 de dezembro, ele se dirigiu a figuras-chave do Governo Geral a respeito do destino próximo dos judeus. "Quanto aos judeus", disse ele, "serei muito franco com vocês, eles terão que ser liquidados de um jeito ou de outro. O Führer disse uma vez: se o judaísmo unido tiver uma vez mais sucesso em desencadear uma guerra mundial, então os sacrifícios de sangue não serão feitos apenas pelos povos que foram acossados para entrar na guerra. Os judeus na Europa [também] verão seu fim [...] Como um velho nacional-socialista, tenho que dizer que se a ralé judaica sobreviver à guerra na Europa, enquanto nós sacrificamos nosso melhor sangue para a preservação da Europa, então essa guerra irá representar apenas um sucesso parcial. Com relação aos judeus, portanto, vou partir do pressuposto de que irão desaparecer".[7]

Além de destacar as razões ideológicas pelas quais os judeus deviam "desaparecer", Frank também mencionou um motivo prático para a sua destruição. "Os judeus", disse ele, "são também tremendamente prejudicais a nós devido à quantidade de comida que devoram". De novo, a noção de que os judeus estavam pondo em risco a vida dos alemães "arianos" simplesmente por respirar o mesmo ar desempenhou um papel na explicação de por que deveriam morrer. Se, como um nazista, você tivesse qualquer dificuldade em acreditar que os judeus, por meio de alguma conspiração internacional, haviam sido os causadores da guerra – uma ideia que podia forçar a imaginação de algumas pessoas, dadas as reais circunstâncias por trás da irrupção das hostilidades –, então restava a justificativa de que estavam consumindo comida que, de outro modo, nutriria alemães não judeus. Tratava-se de uma questão, como Hitler sempre gostava de dizer, do tipo "ou uma coisa ou outra". Se os judeus não passassem fome, os alemães passariam.

Em 7 de dezembro de 1941 – dia do ataque japonês a Pearl Harbor e nove dias antes de Frank fazer esse discurso em Cracóvia –, começou a operar na Polônia a primeira instalação de extermínio fixa construída basicamente para matar judeus. O local ficava em Chełmno, no Warthegau, 250 quilômetros a noroeste de Cracóvia. Greiser, chefe do Warthegau, havia dado prosseguimento aos planos de assassinar judeus mais rapidamente do que seu vizinho barão nazista, Hans Frank. Enquanto Frank apenas falava a respeito de "liquidar" os judeus em massa, Greiser já iniciara isso de fato. Uma grande parte da motivação de Greiser em criar uma instalação de extermínio em Chełmno era, na sua visão, a necessidade prática. Como vimos, o gueto de Łódź estava com uma imensa superpopulação, em grande parte porque em setembro Himmler decidira enviar dezenas de milhares de outros judeus do Velho Reich para o gueto, além de milhares de sinti e roma. Chełmno foi a saída encontrada por Greiser para o "problema" de superlotação do gueto, criado pelos próprios nazistas.

Greiser compreendeu que já tinha à sua disposição uma máquina mortífera que poderia rapidamente ser direcionada para matar judeus – a van de gás. Em 7 de dezembro de 1939, dois anos antes que essa mesma máquina fosse baseada em Chełmno, a van operada pelo Sonderkommando Lange já começara seu trabalho matando poloneses com sofrimento mental no Hospital Psiquiátrico Dziekanka, em Gniezno, no oeste da Polônia.[8] Agora com a aprovação de Himmler e Greiser, Lange e sua van de gás trabalhariam matando judeus poloneses. Semanas antes que as instalações de Chełmno ficassem prontas, a van de Lange já começara a matar judeus, levando-os das instituições em que viviam. No final de outubro de 1941, ela estacionara junto a uma casa de idosos judeus perto de Kalisz, 96 quilômetros a oeste de Łódź, e retirara os pacientes – cerca de cinquenta na época – para serem mortos por gás.[9] No mês seguinte, a van foi usada para matar várias centenas de judeus do campo de trabalhos forçados vizinho, em Bornhagen (Koźminek).[10]

Da perspectiva nazista, ampliar o trabalho da van de gás para atender à tarefa que Greiser impunha trazia agora alguns desafios. O primeiro era óbvio – uma questão de capacidade. Lange tinha apenas uma van de gás, um caminhão grande com as palavras "Kaiser's Kaffee-Geschäft" (Companhia de Café do Kaiser) impressas na lateral. Era a mesma que havia circulado pela Polônia quase dois anos antes matando pessoas com deficiência. Assim, para aumentar o número de pessoas que Chełmno poderia matar, Lange obteve a promessa de que receberia mais vans de gás.[11] Elas finalmente chegariam e se tornariam operacionais no campo no início de 1942. Ao contrário da primeira van, que usava bujões de monóxido de carbono para intoxicar por gás os que ficavam presos em seu interior, esses veículos matavam ao fazer vazar o monóxido de carbono dos gases do escapamento de um motor na parte de trás do compartimento. Esse aprimoramento do método de matar usado pelas vans de gás imitava a evolução das câmaras de gás fixas, que também haviam passado dos bujões de monóxido de carbono para o gás de escapamento.

Mas aumentar a capacidade de matar por meio do acréscimo de mais vans não resolvia um problema mais fundamental que os nazistas enfrentariam ao usar esse método de aniquilação para matar os judeus "improdutivos" de Łódź. A van original de Lange viajara pela Polônia, levando a câmara de gás para os locais onde as vítimas viviam, mas isso era claramente impraticável para matar judeus do gueto de Łódź. Surgiriam os problemas de como se dispor dos corpos e como manter segredo caso as vans fossem até o gueto todo dia para recolher judeus. Por isso, escolheu-se Chełmno como base para as vans de gás. A vila ficava na zona rural, afastada de qualquer grande cidade, mas tinha boas conexões de transporte com o resto da Polônia, e ficava apenas sessenta quilômetros a noroeste de Łódź. Uma velha mansão em frente à igreja da vila seria convertida em base para a operação da van de gás, e os corpos dos judeus mortos seriam enterrados em uma floresta vizinha. O principal benefício das vans no processo de matar – a mobilidade da máquina mortífera – foi, portanto, deixado de lado. Em contrapartida, os nazistas acreditaram ter outro ganho, mais importante – o sigilo.

Após quatro a seis semanas de preparativos, a instalação para execuções em Chełmno estava pronta para operar. Os primeiros judeus a serem mortos eram das vilas vizinhas, e cerca de setecentos judeus foram transportados a Chełmno em 7 de dezembro de 1941.[12] Eles ficaram aprisionados na mansão durante a noite, tendo sido informados de que precisavam ser desinfetados antes de viajar para trabalhar na Alemanha.[13] No dia seguinte, obrigados a entrar em grupos na van de gás, foram mortos, tendo seus corpos enterrados numa floresta a alguns quilômetros dali.

Um dos guardas da SS em Chełmno, Kurt Möbius, descreveu em detalhes, depois da guerra, como funcionava a fábrica de morte: "As pessoas judias tiravam a roupa [na mansão da vila] – elas não eram separadas por sexo – sob minha supervisão. Já haviam tido que abrir mão de seus objetos de valor; esses eram recolhidos em cestas por trabalhadores poloneses. Havia uma porta na passagem que levava até o porão. Nela, uma placa dizia: 'Para o banheiro' [...] Dessa porta na passagem descia uma escada até o porão, de onde saía outra passagem que, de início, seguia em frente, mas depois de alguns metros era cortada por mais uma passagem perpendicular a ela. Ali as pessoas precisavam virar à direita e subir uma rampa onde as vans de gás ficavam estacionadas com as portas abertas. A rampa era bem vedada com uma cerca de madeira até as portas da van. Em geral, os judeus obedeciam e entravam logo, acreditando na promessa que havia sido feita a eles [que ali seriam 'desinfetados']".[14]

Algumas vezes, admitiu Möbius, os judeus não iam de maneira "rápida e obediente" para as vans. Então trabalhadores poloneses, obrigados a trabalhar para os alemães, açoitavam-nos para que subissem a rampa e entrassem. Zofia Szałek, uma garota de 11 anos que vivia em Chełmno, lembra-se de ouvir os judeus sendo empurrados para dentro das vans. "Eles gritavam de modo terrível – era impossível suportar aquilo. Uma vez trouxeram crianças e as crianças gritavam. Minha mãe ouviu. Ela disse que as crianças gritavam, 'Mamãe, me salve!'".[15]

Vários dos poloneses que eram obrigados a ajudar os alemães no processo de matança parecem ter tirado vantagem de sua situação de uma maneira chocante. Segundo Walter Burmeister, um dos motoristas da van de gás, "às vezes acontecia de uma mulher ser selecionada entre os judeus entregues para morrer por gás [...] provavelmente os próprios poloneses a escolhiam. Acho que os poloneses perguntavam se ela concordaria em ter relações sexuais com eles. No porão [da mansão] havia um quarto reservado para esse propósito, onde as mulheres passavam uma noite, ou às vezes vários dias, e ficavam à disposição desses poloneses. Depois, ela seria morta nas vans de gás como os demais".[16] Outra fonte sugere que havia também pelo menos outro exemplo de membros da SS estuprando uma mulher judia em Chełmno, antes de assassiná-la.[17]

Chełmno havia sido criado basicamente para matar judeus selecionados do gueto de Łódź. Mas a primeira leva transportada de Łódź para Chełmno, em 2 de janeiro de 1942, não continha judeus, e sim o que os nazistas chamavam de "ciganos". Vindo da Áustria, esses roma haviam sido mandados a Łódź em novembro de 1941, e lá foram mantidos em condições particularmente horrendas. Isolados por arame farpado numa área especial dentro do gueto, cerca de cinco mil roma permaneceram ali sem receber comida e água suficientes. Mais de 600 haviam contraído tifo. Como resultado, os nazistas quiseram destruir o campo cigano com urgência. Por volta de 9 de janeiro, cerca de 4.500 roma de Łódź haviam sido enviados a Chełmno, assassinados e enterrados na floresta.[18]

Os primeiros judeus de Łódź chegaram a Chełmno em 16 de janeiro de 1942. Haviam sido selecionados no gueto pela administração judaica dirigida por Mordechai Chaim Rumkowski. Num discurso que fez em 20 de dezembro de 1941, Rumkowski anunciou que "uma comissão especial, formada por meus mais confiáveis colegas de trabalho, definiu a lista de candidatos a serem despachados",[19] e essa prioridade foi dada a deportar "elementos indesejáveis" que viviam dentro do gueto. Embora nesse estágio ninguém pudesse afirmar com certeza que aqueles que eram enviados do gueto seriam assassinados, a deportação era um destino temido também pela maioria dos judeus de Łódź. Melhor o terror conhecido do gueto do que o terror desconhecido que os aguardava nas mãos dos alemães lá fora.

Em Chełmno, as vans de gás não proporcionavam uma morte rápida. Podia demorar vários minutos até que as pessoas presas dentro fossem por fim asfixiadas, e os aldeões às vezes ouviam os gritos que provinham das vans quando passavam por ali. Assim que elas chegavam à floresta e as portas eram abertas, uma equipe de judeus – obrigados pelos alemães a trabalhar sob pena de serem executados sumariamente – tinha que desembaraçar os corpos antes de atirá-los em valas comuns. Um dos alemães que supervisionava o Waldkommando (comando florestal) ficou instalado na casa de Zofia Szałek, e ela lembra como os sapatos dele fediam "terrivelmente"[20] a corpos decompostos.

As estimativas sobre quantos morreram em Chełmno variam entre 150 mil e 300 mil – números imensos, que representam um crime terrível, embora sejam apenas uma fração dos três milhões de judeus que morreram na Polônia. Se os nazistas realmente pretendiam matar não apenas os judeus da Polônia, mas também os judeus da Europa, não podiam confiar apenas em iniciativas locais como Chełmno – precisavam de uma grande ação coordenada, emanada dos mais altos escalões do Estado. Então, em 20 de janeiro de 1942, quatro dias após a chegada dos primeiros judeus do gueto de Łódź a Chełmno, foi celebrada uma reunião em Wannsee, na periferia de Berlim, que muitos acreditam ter sido convocada apenas para esse propósito.

Não é difícil entender por que a conferência de Wannsee é, na cultura popular, considerada a reunião mais importante sobre o Holocausto – na realidade, o momento em que o crime foi finalmente decidido. A evolução do Holocausto é complexa e às vezes contraria o senso comum. Seria muito mais simples se tivesse havido um momento-chave em que tudo tivesse sido resolvido – fosse uma decisão de Hitler no outono de 1941, ou uma reunião junto a um lago na periferia de Berlim em janeiro de 1942. Mas é um erro supor que a história se deu desse modo. Wannsee nada mais foi do que um dos estágios da jornada.

Reinhard Heydrich escreveu aos secretários de Estado, a oficiais escolhidos da SS e a outros funcionários relevantes, e pediu que comparecessem a uma reunião na Am Grossen Wannsee, 56-58, nos arredores de Berlim. Anexou ao convite uma cópia da carta de Göring de 31 de julho de 1941, autorizando-o a organizar uma Solução Final para a "questão judaica". Portanto, nenhuma das 15 pessoas que compareceram poderia ter dúvidas a respeito do propósito da reunião ou do direito de Heydrich de convocá-la. Os oficiais da SS convidados variavam de veteranos – o SS Gruppenführer (major-general) Heinrich Müller, chefe da Gestapo; o SS Gruppenführer (major-general) Otto Hofmann, chefe do Escritório de Raça e Assentamento da SS; e Heydrich, um SS Obergruppenführer (tenente-general), além de chefe do Escritório Principal de Segurança do Reich – a oficiais relativamente jovens – o SS Obersturmbannführer (tenente-coronel) Adolf Eichmann, tido como o "especialista" em judeus da SD, e o SS Sturmbannführer (major) doutor Rudolf Lange. Este último fora convidado devido à sua experiência direta, pessoal, de matar judeus na Letônia com o Einsatzgruppe A. Outros participantes eram Martin Luther, subsecretário do Ministério do Exterior; o doutor Roland Freisler, do Ministério da Justiça do Reich; e o secretário de Estado do Governo Geral de Hans Frank, doutor Josef Bühler. A data original da reunião era 9 de dezembro de 1941, mas ela foi adiada para 20 de janeiro de 1942.

As decisões tomadas em Wannsee tinham que ser implantadas por diferentes departamentos dentro do governo do Reich, portanto era necessário que fossem registradas. Meros comandos orais não teriam sido suficientes. Uma cópia das atas, feita por Adolf Eichmann, sobreviveu à guerra, e embora essas tivessem sido escritas em linguagem propositalmente eufemística, oferecem ainda assim um vislumbre do pensamento de figuras importantes envolvidas na implantação da Solução Final.

Heydrich anunciou que, com a "permissão" de Hitler, havia agora a possibilidade de "evacuar" os judeus "para o Leste" em vez de forçar sua "emigração".[21] Essa informação não seria novidade para os presentes na sala. Milhares de judeus do Velho Reich já haviam sido deportados – o que era novo era a escala da "evacuação" que Heydrich agora descrevia. Ele disse que mais de 11 milhões de judeus da Europa estavam potencialmente sujeitos à Solução Final, incluindo aqueles de países que os nazistas ainda sequer controlavam, como Espanha e

Grã-Bretanha (à qual se referiam como "Inglaterra"). Ele descreveu como os nazistas pretendiam agora mandar todos esses judeus – ou quantos fossem capazes de capturar – para o Leste, para servirem como mão de obra em "grandes grupos de trabalho". No decorrer desses trabalhos, um "grande número" de judeus iria, segundo Heydrich, "cair fora" por "desgaste natural". Ele destacou como menção especial o pequeno número de judeus que sobreviveria a essa "seleção natural", porque provariam ser os mais "aptos" e poderiam formar uma "célula germe" a partir da qual a raça judaica teria como "regenerar-se". Consequentemente, esses judeus deveriam ser "tratados de acordo" – e com isso ele só poderia estar querendo dizer que deveriam ser mortos.

Heydrich, portanto, anunciava não uma nova estratégia, mas a ampliação de uma já existente. Era a evolução de uma política iniciada com o desejo de ver judeus expulsos do Reich para um país estrangeiro, que depois se transformara num plano de deportar judeus para os confins de um território controlado pelos nazistas quando a guerra terminasse, e agora se tornava um esquema de levar os judeus à morte no Leste nazista, enquanto a guerra ainda era travada. Heydrich admitiu que o momento ideal de cada "evacuação em larga escala" dependeria de como a guerra evoluísse. Não havia um cronograma definido para cumprir essa vasta tarefa. Na realidade, os nazistas iriam apenas aos poucos, nos seis meses seguintes, desenvolver a capacidade de matar necessária para exterminar grande número de judeus.

Josef Bühler, o representante de Hans Frank, perguntou se a Solução Final poderia começar no Governo Geral. Os judeus a serem mortos já estavam ali, disse ele, por isso não haveria nenhum "problema de transporte" mais sério. Após o pedido de Bühler, a reunião discutiu "várias" possíveis "soluções" para implantar a Solução Final – um eufemismo óbvio para a variedade de maneiras potenciais de matar os judeus. Boa parte do resto da reunião foi consumida numa discussão inconclusiva sobre definições, principalmente sobre o que deveria ser feito com os que fossem considerados Mischlinge – ou parcialmente judeus. Heydrich também anunciou que um pequeno número de judeus – como aqueles com condecorações de guerra – poderia ser transportado a um "gueto" especial em Theresienstadt, norte de Praga, em vez de irem direto para o Leste. Essa observação confirmou, apesar da natureza eufemística das atas, que quase todos os judeus estavam fadados a ser enviados para um destino terrível.

Vale a pena ressaltar aquilo que não foi dito na reunião de Wannsee. Heydrich não disse que os judeus seriam levados a campos na Polônia e "tratados de acordo" ali. Disse explicitamente que os judeus seriam enviados para o Leste a fim de compor grupos de trabalhos forçados. Se a intenção dele fosse dizer que os judeus seriam mortos na Polônia ocupada pelos nazistas, então as atas com certeza refletiriam essa realidade de maneira eufemística. Mas elas não o fizeram. O que Heydrich de fato mencionou foi que os judeus deveriam ser "inicialmente" enviados a "guetos transitórios" antes de serem transportados "mais para o leste".[22] Por isso não é difícil imaginar que, nos meses que se seguiram a Wannsee, a Polônia se tornaria por necessidades práticas o ponto mais a leste para onde os judeus seriam enviados, e que consequentemente eles viriam a ser mortos em solo polonês. No entanto, no momento em que presidiu a conferência de Wannsee, parece que Heydrich ainda acreditava que os judeus talvez fossem deportados para a União Soviética ocupada.

A conferência de Wannsee foi também uma oportunidade para a SS afirmar seu papel proeminente na Solução Final. Heydrich, por exemplo, deve ter ficado satisfeito com o fato de Josef Bühler, em nome de Hans Frank, ter apoiado o papel de destaque que a SS assumiria na nova grande operação. Bühler fora um acréscimo tardio à lista dos convidados, feito depois que o representante da SS no Governo Geral advertira Himmler de que Hans Frank poderia querer controlar a polícia judaica em sua área.[23] Heydrich e Himmler não teriam desejado a repetição do conflito entre Frank e a SS na época das deportações de poloneses para o Governo Geral. Também era importante para Heydrich e Himmler assegurar que o Ministério do Exterior – representado na reunião pelo subsecretário Martin Luther – aceitasse a posição de liderança da SS na Solução Final. Heydrich e Himmler devem ter lembrado que o Ministério do Exterior, a certa altura do verão de 1940, buscara assumir um papel proativo no plano Madagascar. Assim, reunir todas as partes interessadas em Wannsee era uma tentativa óbvia de Heydrich de desobstruir o caminho pela selva burocrática que havia pela frente.

Segundo Eichmann, Heydrich ficou satisfeito com o desenrolar da reunião: "Após a reunião [...] Heydrich, Müller [o chefe da Gestapo] e eu sentamos aconchegados em volta da lareira. Vi pela primeira vez Heydrich fumando um charuto ou cigarro, algo que nunca vira antes; e tomou conhaque, o que não o via fazer há muito tempo. Normalmente não tomava álcool".[24]

Não admira que Heydrich estivesse contente – ninguém colocara qualquer objeção ao predomínio da SS. A impressão é que não haveria disputas internas na liderança nazista a respeito dessa questão política crucial. Tampouco ninguém protestara contra o princípio de deportar os judeus da Europa para o Leste para serem exterminados. Não que Heydrich esperasse alguma oposição. Afinal, deve ter pensado, os judeus soviéticos vinham sendo executados no *front* oriental desde junho, e os judeus alemães e austríacos estavam morrendo nos guetos da Polônia e em outras partes desde outubro. Restavam apenas questões práticas que tinham a ver com a ampliação das deportações para a Europa Ocidental e com o aumento da capacidade de matar exigida para se eliminarem ainda mais judeus do que antes.

Longe de ter sido a reunião mais significativa da história do Holocausto, a conferência de Wannsee foi um fórum para que funcionários de segundo escalão discutissem maneiras de implantar os desejos de seu mestre. Nenhum dos principais planejadores compareceu à reunião. Nem Himmler, nem Frank, nem Goebbels – com certeza, nem o próprio Hitler. Decisões vitais a respeito do destino dos judeus haviam sido tomadas nas semanas e meses anteriores à conferência de Wannsee. Mesmo assim, não houve uma decisão isolada – como Hitler anunciar, por exemplo, que "todos os judeus devem morrer, desse modo e dentro desse cronograma" –, e sim uma série de decisões acumulando-se, umas sobre as outras, até os presentes reunidos na mesa em Wannsee sentirem o extermínio dos judeus como inevitável. Eles ainda não sabiam ao certo como esse fim seria alcançado, ou quanto tempo iria levar. Restava, por exemplo, a questão da destruição de três milhões de judeus poloneses – um cronograma final para o seu assassinato, como veremos, ainda demoraria meses para ser anunciado.

A reunião ilustra também outro aspecto dessa história. A palavra "Holocausto" nos leva a pensar que havia um único plano para exterminar os judeus, mas não foi desse modo que os nazistas encararam a questão em Wannsee. Do seu ponto de vista, havia diferentes "soluções" para o "problema judaico". Havia, é verdade, uma visão geral, emanada de Hitler – o desejo de eliminar os judeus. Mas como isso seria conseguido era algo que podia assumir muitas formas. Em Wannsee, Heydrich falou primeiro de uma "solução" – remover os judeus da Europa para as extensões da União Soviética, onde eles abririam estradas em condições terríveis e acabariam morrendo após um tempo. Essa ideia não diferia muito do plano Madagascar – mandar os judeus embora e deixá-los definhar e morrer, mesmo que isso levasse anos. Depois havia outro tipo de "solução", também discutida em Wannsee, que dizia respeito ao problema mais imediato para os nazistas – o imenso número de judeus no Governo Geral. Provavelmente seriam mortos num tempo mais curto e de modo diferente, embora essa questão não tenha sido resolvida na reunião. Tudo isso corria contra o pano de fundo de outra "solução" já adotada – o assassinato a tiros de judeus na União Soviética. Hoje, todas essas ações nazistas de extermínio recebem o nome coletivo de "Holocausto", mas não eram tratadas como uma entidade na época. Cada uma evoluía em seu próprio ritmo.

No entanto, mesmo que saibamos de tudo isso, ainda há algo a respeito da conferência de Wannsee que lhe concede imensa importância emocional. Trata-se, com certeza, do fato de seus participantes não serem malucos. Não eram dementes. Eram todos homens bem-sucedidos, detentores de funções duras e difíceis. A maioria tinha alta instrução – dos 15 que se sentaram em volta da mesa em Wannsee, oito tinham doutorado. Discutiam o extermínio de judeus num ambiente elegante e sociável. O convite que Heydrich enviara para a reunião mencionava que seria providenciado almoço e servido conhaque durante as discussões. O edifício em que estavam era uma mansão refinada, com um terraço de frente para o lago – num dos pontos de recreação mais bonitos e populares para os berlinenses.

Não se trata apenas do óbvio contraste entre as circunstâncias desses homens em Wannsee e o horror experimentado pelos judeus que, nessa mesma hora, viviam e morriam no gueto de Łódź. Não se trata apenas do fato de que, enquanto esses homens sentavam num ambiente luxuoso e bebericavam seu conhaque, suas vítimas sufocavam até a morte na parte de trás de uma van de gás em Chełmno. Mas é que essa reunião parece indicar aquilo de que são capazes seres humanos sofisticados, elegantes e instruídos. Talvez muitos deles não conseguissem matar um judeu pessoalmente – Eichmann afirmou que tinha uma "natureza sensível" e que ficava "mexido" com a visão de sangue[25] –, mas eram capazes de apoiar com entusiasmo uma política para eliminar 11 milhões de pessoas deste mundo. Se seres humanos são capazes disso, do que mais não serão capazes?

Por fim, é importante compreender a conferência de Wannsee no contexto da guerra. Enquanto Heydrich e seus colegas se reuniam nos arredores de Berlim, o Exército Alemão lutava para sobreviver a oeste de Moscou. Sem roupas quentes e sem equipamento capaz de operar de modo adequado em temperaturas frias demais, e lutando contra soldados vigorosos e descansados da Sibéria, os soldados alemães ficaram muito perto de serem arrasados pelo Exército Vermelho. O mito da invencibilidade da Wehrmacht havia sido destruído.

"O Exército Alemão perto de Moscou era uma visão muito triste", diz Fyodor Sverdlov, um comandante de companhia que lutava contra a Wehrmacht no *front* oriental naquele inverno. "Lembro-me muito bem dos alemães em julho de 1941. Eram confiantes, fortes, uns caras altos. Marchavam com as mangas arregaçadas e carregando suas metralhadoras. Mais tarde, porém, tornaram-se caras miseráveis, curvados, com o nariz escorrendo, enrolados em lenços de lã roubados de velhinhas de aldeia [...] Claro, ainda disparavam e se defendiam, mas não eram mais os alemães que havíamos conhecido antes, em 1941."[26]

Nesse cenário, pode parecer surpreendente que a liderança nazista gastasse tempo planejando a deportação de milhões de judeus. Será que não teria feito mais sentido para eles dedicar todo o seu tempo a vencer a guerra? Por que alocar quaisquer recursos num ambicioso plano de deportação em massa de civis enquanto o Exército Alemão lutava para evitar a catástrofe?

A resposta é que homens como Hitler, Goebbels, Himmler e Heydrich não viam isso, de modo algum, como uma contradição. Acreditavam que os judeus atrás da linha do *front* eram tão inimigos quanto os soldados do Exército Vermelho que a Wehrmacht enfrentava nos arredores de Moscou. Talvez mais ainda, pois os judeus já haviam demonstrado durante a Primeira Guerra Mundial, pelo menos segundo a visão de Hitler e seus colegas, que podiam minar o moral em casa e "apunhalar" o Exército Alemão "pelas costas".

Como declarou Hermann Göring: "Essa é a grande guerra racial. Em última análise, é para vermos se os alemães e arianos irão prevalecer aqui, ou se os judeus dominarão o mundo [...]".[27] Göring repetia como um papagaio a crença essencial de Hitler. Este sempre sustentara que essa guerra não era um conflito como outro qualquer, mas uma luta existencial pelo futuro da nação germânica. "Temos claro em nossas mentes que a guerra só pode terminar ou com a erradicação dos povos arianos, ou com o desaparecimento dos judeus da Europa", disse Hitler num discurso em Berlim em 30 de janeiro de 1942, no aniversário de sua nomeação como chanceler. "Já falei sobre isso em 1º de setembro de 1939 no Reichstag alemão." Hitler, é claro, não havia feito essa "profecia" em 1º de setembro de 1939, mas sete meses antes, em 30 de janeiro. Achou conveniente mudar a data para 1º de setembro porque era o dia em que o Exército Alemão invadira a Polônia e iniciara a guerra. Para Hitler, o vínculo entre a guerra e o destino dos judeus transcendia qualquer desejo que pudesse ter de precisão histórica. "O resultado dessa guerra será a aniquilação do judaísmo", prosseguiu em 30 de janeiro de 1942. "Dessa vez, a genuína e antiga lei judaica será aplicada pela primeira vez: 'Olho por olho, dente por dente!'. E quanto mais a luta se expandir – o judaísmo mundial pode anotar essas palavras –, tanto mais o antissemitismo irá se espalhar. Encontrará alimento em cada campo de prisioneiros, em cada família cujos membros forem informados da razão pela qual têm que fazer sacrifícios no final do dia. E chegará o momento em que o pior inimigo do mundo em todos os tempos será aniquilado por pelo menos um milênio."[28]

Portanto, os presentes na conferência de Wannsee, realizada apenas dez dias antes do discurso de Hitler, devem ter estado bem conscientes da importância de seu trabalho – estavam tomando parte num confronto com "o pior inimigo do mundo". Não que a conferência de Wannsee resultasse num repentino surto de atividade bem diverso do clima sereno da mansão de Am Grossen Wannsee. Embora as vans de gás continuassem operando em Chełmno, e as primeiras câmaras fixas de gás para matar judeus estivessem sendo construídas em Bełżec, em Auschwitz não havia sido empreendida ainda nenhuma ação para construir novas instalações de extermínio. O crematório no campo principal, que havia sido local de matanças experimentais no outono, continuava funcionando como uma câmara de gás improvisada.

A essa altura, além de prisioneiros de guerra soviéticos, também morriam no crematório de Auschwitz judeus da região que tivessem sido identificados como ineptos para o trabalho. Ninguém sabe ao certo quando chegou a primeira leva deles, mas foi em algum momento entre o outono de 1941 e o início de 1942. Suas mortes marcaram uma mudança na função de Auschwitz, já que esses judeus nunca haviam sido admitidos formalmente no campo como prisioneiros, mas foram levados à câmara de gás diretamente do distrito vizinho.

Józef Paczyński, um prisioneiro político polonês, testemunhou como um grupo de judeus do sexo masculino foi morto no crematório do campo principal. Ele trabalhava no edifício da administração da SS bem em frente ao crematório; deu um jeito de subir ao sótão, puxou uma telha de lado e viu o que acontecia embaixo. "Eles [os SS] eram muito educados com aquelas pessoas", diz. "'Por favor, tirem a roupa, juntem suas coisas.' E as pessoas tiraram a roupa, e então fizeram-nas entrar [no crematório] e as portas foram trancadas. Em seguida, um homem da SS subiu engatinhando no teto raso do edifício. Colocou uma máscara de gás, abriu uma fresta [no telhado], jogou o pó lá dentro e fechou a fresta. Quando fez isso, embora aquelas paredes fossem grossas, dava para ouvir muitos gritos."[29] Por causa dos gritos, o SS ligou "duas motocicletas" para tentar abafar o ruído, mas Józef ainda ouviu "pessoas gritando durante 15 a 20 minutos e então os gritos foram ficando mais fracos. Se alguém tivesse me visto ali, eu teria sido morto por gás também".[30]

Hans Stark, um membro da SS em Auschwitz, disse a seus interrogadores após a guerra que em outubro de 1941 presenciara essa mesma execução. Na realidade, recebera "ordens" de "jogar Zyklon B na abertura", já que "apenas um auxiliar médico havia comparecido". Ele disse que como o Zyklon B "era em forma granulada, ele gotejava sobre as pessoas conforme era despejado. Então elas começavam a gritar terrivelmente, pois sabiam o que estava acontecendo com elas [...] Depois que passava um tempo [...] a câmara de gás era aberta. Os mortos estavam espalhados desordenadamente pelo lugar. Era uma visão horrorosa".[31]

A câmara de gás no campo principal de Auschwitz havia sido improvisada, como vimos, dentro de um necrotério no crematório. O lugar sempre criou problemas para a SS, tanto de barulho e sigilo quanto de capacidade. Eram problemas que Christian Wirth, que recentemente participara do esquema de eutanásia de adultos e agora supervisionava a construção das câmaras de gás em Bełżec, gostaria de evitar.

Pelo fato de Bełżec ser o modelo para outros campos de extermínio especializados – como Sobibór e Treblinka –, vale a pena examinar o pensamento por trás de sua construção. Em sua concepção, Bełżec era muito diferente do lugar que se tornaria o campo mais infame – Auschwitz-Birkenau. Bełżec, ao contrário de Auschwitz, era pequeno. O campo era mais ou menos quadrado, com cerca de trezentos metros de cada lado, e paralelo à linha férrea vizinha. Dentro desse espaço, o campo era dividido em dois. A área mais próxima da linha férrea continha uma pracinha onde se fazia a chamada da lista de prisioneiros, os alojamentos onde os judeus que chegavam tiravam a roupa, e as acomodações para os guardas e para uma pequena força de trabalho de judeus, além da área para armazenar os bens roubados deles. A segunda parte do campo era o local de extermínio. Essa parte era separada da área de chegada por uma cerca e ligada a ela por uma passagem estreita, conhecida como "tubo". Dentro da seção de extermínio do campo havia um espaço para os corpos serem queimados e enterrados, bem como três câmaras de gás. Essas haviam sido colocadas em cabanas de madeira disfarçadas como blocos de chuveiros, e – numa tentativa de selar o espaço hermeticamente – as paredes duplas haviam sido preenchidas com areia e revestidas de estanho por dentro.

Ao construir o campo, Wirth e sua equipe de construção haviam claramente aproveitado sua experiência anterior com o esquema de eutanásia de adultos. Assim como ocorria com os pacientes dos centros de eutanásia, os judeus a serem mortos em Bełżec eram também informados de que iriam tomar uma ducha. A única diferença era que o gás que saía dos tubos para matá-los não provinha dos bujões de monóxido de carbono, mas de um motor de tanque, a diesel, colocado do lado de fora dos supostos blocos de chuveiros.

Ao contrário de Auschwitz, Bełżec era exclusivamente um local de execução. O campo tinha uma singularidade de propósito que sempre faltou a Auschwitz. Isso, sem dúvida, explica por que Bełżec podia ser tão pequeno. Não havia necessidade de espaço, já que praticamente todas as pessoas que chegavam ao campo eram mortas em questão de horas. Do mesmo modo, como havia um número finito de pessoas que os nazistas pretendiam matar, um campo de extermínio especializado como Bełżec inevitavelmente teria um período finito de existência. Ao contrário de Auschwitz, planejado como uma instalação praticamente permanente do domínio nazista, Bełżec era um local temporário. Muitas das edificações de Auschwitz eram de tijolo sólido, enquanto as de Bełżec eram principalmente de madeira. Todos os campos de extermínio especializados teriam esse ar transitório – locais que foram construídos precariamente.

Além disso, ao contrário do que ocorreu em Auschwitz, os nazistas queriam manter totalmente secreta a existência de Bełżec e dos outros campos de extermínio. Auschwitz, seguindo a tradição de campos de concentração como Dachau e Sachsenhausen, foi construído perto de uma cidade grande. Não havia intenção de esconder. Na realidade, como local de terror, era um ponto positivo para os nazistas que o público em geral soubesse de sua existência. Somente quando o campo ficou envolvido em assassinatos em massa por meio de câmaras de gás é que foi preciso ocultar parte da função do lugar. Bełżec, por outro lado, era um local clandestino desde o início, a ponto de os 150 judeus que haviam sido obrigados a construir o campo terem sido mortos após a conclusão do trabalho. Foram os primeiros a morrer num teste das novas câmaras de gás.[32]

Assim como Chełmno foi criado para matar os judeus "improdutivos" do gueto de Łódź, Bełżec também foi criado para matar os judeus "improdutivos" da área de Lublin, que se estendia até Cracóvia a oeste e Lwów a sudeste. Em março de 1942, o campo estava pronto para começar a matar. Judeus foram deportados para Bełżec naquele mês, tanto de Lublin como de Lwów, e, em meados de abril, cerca de 45 mil judeus haviam sido mortos nas câmaras de gás do campo, e seus corpos, enterrados ali perto.

Bełżec funcionou como centro de extermínio de março de 1942 até o final de 1942. Ninguém sabe com exatidão quantas pessoas morreram em Bełżec, mas uma estimativa confiável aponta que entre 450 mil e 550 mil pessoas perderam a vida ali. A grande maioria era de judeus poloneses, embora um número de sinti e roma também tenha perecido nas câmaras de gás de Bełżec. Apenas um punhado – segundo relatos, foram apenas duas pessoas – dos que foram enviados a Bełżec conseguiram sobreviver à guerra. Isso marca outra diferença em relação a Auschwitz. Por uma variedade de razões – especialmente porque o complexo de campos que hoje conhecemos coletivamente por Auschwitz era tanto de campos de trabalho quanto de campos de extermínio, e porque Auschwitz nunca se concentrou totalmente na destruição dos judeus –, muitos milhares de pessoas sobreviveram ao seu encarceramento ali. Mas praticamente a única chance de sair vivo de Bełżec era fazer parte do pequeno número selecionado para trabalhar no campo na chegada e depois conseguir fugir de algum modo.

Rudolf Reder, enviado do gueto de Lwów para Bełżec em agosto de 1942, foi a única pessoa a escrever um relato pessoal sobre o campo. Enquanto viajava num trem de carga para Bełżec, imaginou saber o que o aguardava ali. Apesar do desejo dos nazistas de manter suas atividades em segredo, havia boatos sobre "o que estava acontecendo em Bełżec".[33] A bordo do trem, a caminho do campo, "Ninguém dizia uma palavra. Sabíamos que estávamos indo para a morte, que nada poderia nos salvar, não se ouvia um único lamento". Ao chegarem a Bełżec, receberam ordens de saltar dos vagões – mais de um metro de altura até o chão – no meio de uma massa enorme de gente. Alguns, particularmente os idosos e as crianças mais novas, "quebravam braços e pernas".

Os judeus foram reunidos e um homem da SS fez um discurso. "Todos queriam ouvir", escreveu Rudolf Reder, "de repente, nasceu uma esperança em nós – 'Se estão falando conosco, quem sabe iremos viver, talvez haja algum tipo de trabalho a fazer, quem sabe apesar de tudo [...]'."[34] Os judeus foram avisados pela SS que primeiro teriam

que tomar uma ducha, e depois seriam destinados a trabalhos forçados. "Era um momento de esperança e de alimentar ilusões. Por um
instante, as pessoas respiraram de alívio. Fez-se uma calma total."

Os homens eram separados das mulheres. Mandavam os homens
tirar a roupa e depois os obrigavam a seguir direto pelo "tubo" até as
câmaras de gás. As mulheres eram levadas até um alojamento onde
lhes cortavam o cabelo. Os alemães usavam os cabelos das mulheres
que eram mortas em diversos processos industriais – por exemplo, na
confecção de feltro. Era na hora em que tinham a cabeça raspada, diz
Reder, que as mulheres se davam conta de que iam morrer, e então
"havia lamentos e gritos".

Depois de terem o cabelo cortado, as mulheres seguiam os homens nas câmaras de gás. Assim como a morte na traseira das vans de
gás, a morte nas câmaras de Bełżec não era rápida. Reder lembra de
ouvir os "lamentos" e "gritos" daqueles que estavam presos dentro das
câmaras de gás, "por até 15 minutos".[35]

Reder escapou da morte imediata pelo simples fato de ter sido
selecionado como membro da equipe de centenas de judeus obrigados a trabalhar no campo, fazendo tarefas como esvaziar as câmaras
de gás dos mortos e enterrar os corpos. Se os SS achassem que alguns
trabalhadores não tinham trabalhado direito durante o dia, levavam-
nos ao anoitecer para a beira da vala comum para fuzilá-los. No dia
seguinte, outros judeus eram selecionados de uma leva que chegasse
e tomavam seu lugar.

O trabalho era um pesadelo. Quando Reder e os outros trabalhadores judeus iam enterrar os mortos, "tínhamos que andar de uma
beirada do túmulo até a outra para chegar ao túmulo seguinte. Nossas
pernas afundavam no sangue de nossas mães, pisávamos em montes
de cadáveres – isso era o pior, a coisa mais horrível de todas [...]".[36]
O efeito de tudo isso era que "andávamos por ali como pessoas que
não tinham mais vontade própria. Éramos uma massa [...] Seguíamos
mecanicamente os movimentos daquela vida horrível".[37]

A notícia do extermínio de judeus logo chegou a Goebbels.
Em seu diário, em 27 de março de 1942, ele dá um vislumbre não
apenas do quanto tinha conhecimento do destino dos judeus, mas do
contexto geral em que a decisão de matá-los havia sido tomada. Um

aspecto crucial é que ele destaca o papel de Hitler como força motriz por trás do genocídio: "Um procedimento muito bárbaro, que não é o caso de explicitar, está sendo aplicado aqui, e não vai restar muito dos judeus. Em resumo, podemos dizer que sessenta por cento deles têm que ser liquidados, enquanto apenas quarenta por cento ainda poderão ser usados para trabalhar [...] Está sendo imposto aos judeus um julgamento que é de fato bárbaro, mas que eles fazem totalmente por merecer. A profecia na qual o Führer disse o que os judeus receberiam caso tivesse início uma nova guerra mundial começa a se tornar realidade da maneira mais terrível. Não devemos deixar que o sentimentalismo predomine nessas questões. Se não repelirmos os judeus, eles irão nos destruir. É uma luta de vida ou morte entre a raça ariana e o bacilo judaico. Nenhum outro governo ou regime seria capaz de reunir força suficiente para resolver essa questão dessa maneira abrangente. Nisso também o Führer é o firme defensor e o porta-voz de uma solução radical, necessária sob as circunstâncias e que, portanto, parece inevitável. Felizmente, agora durante a guerra temos toda uma série de possibilidades, que estariam bloqueadas em tempos de paz. Os guetos que haviam ficado vagos nas cidades do Governo Geral estão agora sendo preenchidos com judeus deportados do Reich, e daqui a algum tempo o procedimento será repetido aqui. A vida dos judeus não está sendo um mar de rosas, e o fato de seus representantes na Inglaterra e na América organizarem e propagarem hoje uma guerra contra a Alemanha fará com que seus representantes na Europa paguem caro por isso; é algo simplesmente apropriado".[38]

Após a conferência de Wannsee, os primeiros judeus de um país estrangeiro a serem entregues em massa para os nazistas vieram da Eslováquia. Mas a história de por que os judeus eslovacos foram enfiados em trens de carga lotados e enviados para Auschwitz na primavera de 1942 mostra uma vez mais que o desenvolvimento da Solução Final dos nazistas pode ter sido tudo, menos simples.

Já vimos como a Eslováquia foi formada apenas na primavera de 1939, quando a Tchecoslováquia se desmembrou sob a pressão nazista. O governo eslovaco, desde o início, apoiou os nazistas de modo geral, especialmente sua visão antissemita. Já em 20 de outubro de 1941, por exemplo, Himmler havia sugerido durante uma reunião com o presidente eslovaco e o primeiro-ministro do país que seria possível deportar em torno de 90 mil judeus do país para o Governo Geral.[39]

Em iniciativa paralela, os alemães queriam muito que os eslovacos lhes cedessem trabalhadores que pudessem ser usados em trabalhos forçados. O governo eslovaco não estava muito disposto a ajudar – até que conceberam uma alternativa. Perguntaram se talvez 20 mil desses trabalhadores poderiam ser judeus. O governo eslovaco, claramente antissemita, ficaria feliz com a oportunidade de deportá-los. O Ministério do Exterior alemão respondeu a essa proposta em 16 de fevereiro de 1942, dizendo que estariam dispostos a aceitar esses judeus "no decorrer de medidas tomadas com vistas a uma Solução Final da questão judaica na Europa".[40] Mais tarde, porém, ocorreu que os eslovacos queriam entregar famílias judaicas inteiras, e que os alemães não tinham interesse em aceitá-las. Queriam apenas judeus que pudessem trabalhar. À luz da conferência de Wannsee, esse parece ser um desdobramento curioso. Será que os nazistas não queriam mesmo que todos os judeus fossem deportados para o Leste? Mas isso ainda faz parte de um padrão. Eichmann e outros encarregados da aplicação prática da estratégia esboçada em Wannsee estavam bem cientes de que simplesmente não havia, por ora, capacidade suficiente nos campos da Polônia para aceitar judeus da Eslováquia não aptos ao trabalho. Em fevereiro de 1942, por exemplo, ainda faltava um mês para que Bełżec fosse aberto.

As autoridades eslovacas bateram o pé. A questão foi discutida numa reunião naquele mês de fevereiro entre o representante de Eichmann na Eslováquia, Dieter Wisliceny, e o primeiro-ministro da Eslováquia, Vojtech Tuka, junto com o doutor Izıdor Koso, chefe de seu escritório. Os eslovacos sustentavam que era "não cristão" separar famílias. Wisliceny entendeu isso como uma observação hipócrita, que na realidade significava que as autoridades eslovacas enfrentariam custos e problemas para cuidar dos judeus que ficassem depois que os responsáveis por seu ganha-pão tivessem sido deportados.[41] Talvez, sugeriam os eslovacos, eles pudessem reembolsar os alemães pelas "despesas" que estes teriam ao levar embora não apenas os aptos para trabalhar, mas famílias judaicas inteiras.

Os dois lados acabaram fechando um acordo que foi marcante por seu cinismo. Os eslovacos pagariam aos alemães quinhentos marcos alemães por judeu que levassem embora. Em troca, os alemães prometiam não reclamar a posse das propriedades que os judeus abandonassem, e também que os judeus eslovacos nunca mais voltariam à Eslováquia. Isso significava que um país europeu, cujo chefe de Estado era um padre católico – Jozef Tiso –, concordava em pagar os nazistas para que levassem os judeus embora com a condição de que nunca mais voltassem. Embora, na época em que discutiram esse acordo, as autoridades eslovacas não tivessem um conhecimento detalhado do que aconteceria exatamente com esses judeus, sem dúvida sabiam que eles estavam sendo mandados para algo estarrecedor. Afinal, como os eslovacos poderiam fingir outra coisa se, alguns dias antes da sua reunião com Wisliceny, Hitler afirmara num discurso no Sportpalast de Berlim que "O resultado dessa guerra será a aniquilação dos judeus"?[42]

Heydrich só assinou o acordo com os eslovacos em 10 de abril, portanto as primeiras levas da Eslováquia para Auschwitz eram apenas de jovens e aptos. Linda Breder, uma judia eslovaca de 18 anos de idade, foi uma das primeiras a serem deportadas à força. "Em 24 de março de 1942", diz ela, "os guardas da Hlinka [a milícia do Partido do Povo Eslovaco] vieram casa por casa recolher todas as moças de 16 a 25 anos". Linda e as outras moças foram mantidas num saguão na cidade de Stropkov, leste da Eslováquia. Ela não estava "assustada" porque "eles nos disseram que estávamos indo para a Alemanha a trabalho e que iríamos mandar dinheiro a nossos pais, que então viriam se juntar a nós. Portanto, como é que eu poderia me sentir? Fiquei feliz. Porque iríamos trabalhar e então meus pais teriam dinheiro e depois viriam se juntar a nós".[43]

A Guarda Hlinka tinha agora os judeus sob seu poder – e a oportunidade de humilhá-los. "Alguns daqueles soldados eslovacos comportaram-se de maneira realmente estúpida", lembra Silvia Veselá, outra jovem judia levada pela Guarda Hlinka em março de 1942. "Por exemplo, eles cagavam de propósito no chão e nós tínhamos que limpar com as mãos. Eles nos chamavam de 'putas judias' e nos davam pontapés. Eles se portavam de uma maneira realmente perversa. Diziam também 'Nós vamos ensinar vocês judeus a trabalhar'.

Mas todas nós éramos mulheres pobres, habituadas ao trabalho [...] É um sentimento realmente humilhante quando sua personalidade está sendo tirada de você. Não sei nem se você é capaz de entender isso. De repente, você não significa nada. Éramos tratadas como animais."[44]

Michal Kabáč era um dos guardas da Hlinka que vigiavam as mulheres judias e mais tarde as obrigaram a embarcar em vagões de trens de carga para sua viagem até o norte da Polônia. Ele tinha por volta de trinta e poucos anos, era um nacionalista eslovaco ferrenho que acreditava na propaganda antissemita de seu partido. "Era tudo política", diz ele. "O Estado nos dizia que os judeus eram mentirosos e que estavam roubando os eslovacos e que nunca se dispunham a trabalhar, queriam ficar só na boa vida. Por isso é que não sentíamos pena deles." O próprio antissemitismo de Kabáč era mais oportunista que ideológico. "Veja", diz ele, "eu namorava uma garota judia. O pai dela tinha uma loja grande. Ele me deu um presente. Era um retrato de um judeu. Eu sabia que seria preso se eles descobrissem que eu tinha um retrato como aquele. Precisei jogá-lo fora no rio".[45]

Kabáč diz que tinha uma "vida boa" na Guarda Hlinka: "Tínhamos um bom salário, hospedagem e comida. Não podíamos nos queixar". Os guardas também tinham a chance de roubar os pertences dos judeus. O próprio Kabáč admite ter roubado um par de sapatos. "Quando os judeus chegavam aos campos, costumávamos pegar seus pertences e roupas", diz ele. "Todos os judeus tinham que nos mostrar seus pertences, e os guardas pegavam as coisas mais valiosas."[46] Kabáč mostra-se tranquilo em relação ao seu papel no Holocausto. "Eu não estava transportando-os para as câmaras de gás! Estava apenas levando-os para as fronteiras polonesas, onde os alemães assumiam o transporte. Sabe Deus para onde eram levados depois disso."[47]

Enquanto estava sob a custódia da Guarda Hlinka, Linda Breder aferrou-se à crença de que ia ser enviada para a Alemanha para trabalhar. Mas em 26 de março, ao ser levada à estação para embarcar num trem, viu apenas "vagões de gado". "Onde está o trem normal?", perguntou. "Começamos a sentir que alguma coisa estava errada. No vagão de gado, quando você entrava havia dois baldes. Um cheio de água e o outro vazio, para usar como penico." Pouco depois, ela percebeu: "Não estamos indo para a Alemanha, estamos indo para a Polônia".

Linda Breder fazia parte da primeira leva da Eslováquia para Auschwitz, no final de março. Eram também as primeiras mulheres prisioneiras a entrar no campo. Na chegada, foram obrigadas a marchar sob o portão com a inscrição *Arbeit macht frei* – "O trabalho liberta" –, no campo principal de Auschwitz, e ficaram espremidas num dos blocos da prisão. Havia muita briga, com centenas de mulheres eslovacas "gritando e empurrando" na tentativa de usar os poucos banheiros do bloco. Ela e outras mulheres dormiram no chão, aconchegadas para se aquecer, já que "fazia muito frio na Polônia em março". No dia seguinte, ela teve que se desnudar diante da SS, e um "ginecologista" revistou suas partes íntimas para checar se "escondia ouro", antes de obrigá-la a se banhar nua em água gelada desinfetada: "O SS dizia a nós: 'Vocês judeus são sujos, têm piolhos, precisam ser limpos'".[48]

Todas as mulheres eslovacas foram diretamente admitidas no campo. O infame processo de seleção na chegada a Auschwitz, por meio do qual uma parte de cada nova leva ia diretamente para a morte, ainda não havia começado. Não só porque as primeiras levas contivessem apenas judeus que haviam sido julgados aptos para o trabalho antes de sair da Eslováquia, mas também porque a única câmara de gás em Auschwitz, no crematório do campo principal, era um recurso pouco prático de matar pessoas em larga escala. Uma dificuldade dos nazistas, como vimos, era a impossibilidade de realizar as matanças de modo discreto no crematório, pois o edifício ficava próximo não só dos escritórios da administração da SS, mas também dos alojamentos onde os prisioneiros viviam.

Esse "problema" estava prestes a ser resolvido pela SS em Auschwitz, porque havia um novo campo em construção a uns dois quilômetros do principal, numa vila que os poloneses chamavam de Brzezinka e os alemães de Birkenau. Em setembro de 1941, Himmler ordenara a criação de um campo em Birkenau capaz de abrigar 100 mil prisioneiros. Birkenau havia sido concebido originalmente para os prisioneiros de guerra soviéticos, mas no final de outubro de 1941 Hitler decidira utilizar esses prisioneiros para trabalhos forçados em outras partes do Reich. Por isso Himmler dizia agora que Birkenau podia ser um lugar para enviar judeus. Mais tarde, em 27 de fevereiro de 1942,[49] o comandante do campo, Rudolf Höss, reuniu-se com outros oficiais da SS e decidiu que o local do novo crematório proposto seria transferido daqueles arredores apertados do campo principal para os amplos espaços do novo Auschwitz-Birkenau.

Enquanto aguardava que o novo crematório fosse construído em Birkenau, a SS em Auschwitz concebeu uma medida do tipo quebra-galho – que tinha a intenção não só de aumentar o número de prisioneiros que podiam ser mortos por gás, mas de garantir que os assassinatos fossem realizados com maior privacidade. Num canto afastado de Birkenau, distante de qualquer outro local habitado, a SS lacrou com tijolos as janelas de um pequeno chalé – conhecido como "Casinha Vermelha" ou "Bunker I" – e converteu dois de seus quartos em câmaras de gás. Bem alto nas paredes do chalé, construíram aberturas por onde podiam jogar os cristais de Zyklon B. Era uma máquina de morte primitiva, mas ao contrário do que ocorria na câmara de gás do crematório do campo principal, ali ninguém ouviria os gritos dos judeus enquanto eram asfixiados. Mas embora a SS resolvesse um de seus problemas, criava outro – como descartar os mortos? Os corpos da Casinha Vermelha não podiam ser queimados nos fornos de um crematório, pois não havia nenhum por perto. A única opção parecia ser enterrá-los em valas, mas isso implicava um trabalho intensivo e um risco potencial à saúde, tanto para os internos quanto para a SS – especialmente porque o terreno em Birkenau tinha sabidamente uma drenagem muito ruim.

Apesar das dificuldades da SS para o descarte dos corpos, a criação da Casinha Vermelha significou que era possível matar um número maior de judeus "improdutivos". Especialmente quando, poucas semanas após o início das execuções na Casinha Vermelha, outro chalé a cerca de cem metros dela, conhecido como "Casinha Branca", foi convertido de maneira similar em câmaras de gás.

No início do verão de 1942, começaram a chegar as primeiras levas de famílias da Eslováquia. A SS agora começava um processo de seleção no poeirento terreno junto à linha de trem, a meio caminho entre o campo principal de Auschwitz e Auschwitz-Birkenau. Nessa área, conhecida como a "rampa", os médicos da SS gastavam alguns segundos avaliando cada recém-chegado, colocando os escolhidos para trabalhos forçados de um lado e os que iam morrer, de outro.

Em julho de 1942, Eva Votavová era uma garota de 16 anos quando chegou a Auschwitz como, com sua família. Era a culminação de anos de perseguição. Quando estudante, ouvira os guardas da Hlinka celebrarem a independência eslovaca gritando "A Eslováquia pertence aos eslovacos, a Palestina pertence aos judeus". "Era óbvio à primeira vista", diz ela, "que se tratava de militantes sem valores morais".[50] Ela se sentiu rejeitada pelo país onde nascera e ficou atormentada. "Não conseguia lidar com isso", diz ela, "até hoje não consigo". Em 1942, um comandante da Guarda Hlinka que morava em sua aldeia quis a casa da família. Então, ele arranjou para que fossem uma das primeiras famílias judaicas a serem deportadas. Com isso, Eva, junto com o pai e a mãe, deixaram a Eslováquia em 17 de julho, espremidos num "vagão de carga de animais".

Ao chegarem à rampa de Auschwitz, seu pai foi escolhido para se juntar a uma fila, e ela e a mãe foram para outra. "Depois daquele momento, não soube mais nada do meu pai", diz ela. "Quando o vi pela última vez, parecia preocupado, triste e sem esperança."[51] O pai de Eva foi levado e morto na câmara de gás, e ela e a mãe, destinadas a uma unidade de construção. O trabalho era fisicamente árduo e os prisioneiros recebiam pouca comida e água. Com isso, a mãe de Eva adoeceu: "Ela tinha febre e uma película escura nos dentes de cima – o que era um sinal inconfundível de febre tifoide fatal. Claro, eu não sabia disso na época. Ela me disse que naquela noite precisava ir ao hospital [no campo]. Eu chorei e implorei que não fosse, pelo menos que esperasse mais um dia. Nunca ninguém voltava de lá". A essa altura, Eva sabia que do hospital "as pessoas eram levadas diretamente para as câmaras de gás". Quando voltou do trabalho no dia seguinte, soube que a mãe, apesar dos seus pedidos, havia sido internada no hospital. Três dias depois, alguém que trabalhava no hospital contou a Eva que a mãe "havia ido embora". Em seguida, Eva foi destinada à "unidade dos cadáveres" e ficou recolhendo corpos do campo inteiro. No meio da pilha de restos humanos, ela encontrou um par de óculos. "Eu vi que eram os da minha mãe – a lente esquerda havia se partido quando um Kapo alemão lhe deu um tapa." Segurando os óculos, Eva chorou e viu "toda a sua dor [da mãe], doença e infelicidade diante dos meus olhos". Guardou "os óculos como a última memória da minha mãe, até que a febre tifoide estomacal me infectou. Então eles tiveram que queimar o travesseiro onde eu costumava escondê-los. Foi assim que perdi a última lembrança da minha mãe".[52]

Mesmo que tivessem sido selecionados para trabalhar, muitos dos recém-chegados a Auschwitz agora morriam em questão de semanas – particularmente na recém-criada seção de mulheres do campo principal. Auschwitz se tornara, num curto espaço de tempo e com pouca ou nenhuma preparação, um dos maiores campos de mulheres do sistema nazista. Mais de 6.700 mulheres eram mantidas no campo principal em abril de 1942, e na época em que o campo de mulheres foi transferido para Auschwitz-Birkenau, em agosto de 1942, estima-se que uma de cada três dessas mulheres já havia morrido.[53] Em Birkenau, as condições não eram melhores. Doenças eram corriqueiras, os Kapos costumavam ser brutais, a comida era inadequada e o trabalho com frequência era extenuante – especialmente para aqueles que eram obrigados a cavar grandes valas para a ajudar a drenagem.

"De repente, estávamos em Birkenau", diz Frico Breder, um judeu eslovaco enviado a Auschwitz em 1942. "Eu não sabia nada a respeito do campo na época. Mas assim que cheguei, vi que estava no inferno." Uma noite, logo após a chegada de Frico a Birkenau, seu Kapo foi até ele e disse que precisava de alguém "para carregar" – sem dizer o que precisava ser "carregado". Ele prometeu que aqueles que concluíssem a tarefa iriam receber um pouco de pão. Frico logo descobriu que a tarefa consistia em "carregar corpos mortos" num carroção. Quando começou a transportá-los, viu o corpo de "uma mulher muito bonita". "Ela ainda está na minha cabeça", diz Frico. "Ela devia ter acabado de chegar ao campo – devia ter se suicidado, algo assim [...] Era uma noite clara e a lua brilhava em cima dela [...] Era muito bonito de ver."[54]

Desde o momento em que o campo foi criado, na primavera de 1940, a morte foi uma presença constante em Auschwitz. Mas a chegada das famílias eslovacas e as consequentes seleções na rampa anunciavam uma nova era de horror. Os escolhidos para morrer eram os visitantes mais temporários que se pode imaginar. Velhos, doentes, crianças, todos aguardavam junto aos chalés convertidos para serem mortos por gás. "Eles costumavam ficar sentados ali", diz Otto Pressburger, um judeu eslovaco que trabalhou na "unidade de cadáveres". "Deviam estar se alimentando com a comida trazida de casa. Os homens da SS ficavam em volta com seus cães. Eles [os prisioneiros], é claro, não sabiam o que ia acontecer. Nós não queríamos contar. Teria sido pior para eles. Achávamos que as pessoas que os tinham levado até lá não eram humanos, mas algum tipo de criatura selvagem."[55]

Rudolf Höss, o comandante de Auschwitz, escreveu em suas memórias que os judeus caminhavam para a morte sob as "árvores carregadas de frutas do pomar do chalé". Ele registrou que uma mulher, que claramente percebera o que a aguardava, cochichou-lhe: "Como é que você se permite matar crianças tão bonitas, encantadoras? Você não tem coração?".[56] Höss afirmou que achava essas cenas "comoventes", mas que esses incidentes não alteravam minimamente seu compromisso absoluto com o processo de execução.

Os judeus da Eslováquia não eram deportados só para Auschwitz. Pelo menos 24 mil judeus eslovacos foram transferidos para uma nova instalação de extermínio em Sobibór, cerca de oitenta quilômetros a nordeste de Lublin. Sobibór era, depois de Bełżec, o segundo campo construído como centro de extermínio com câmaras de gás fixas. Assim como Bełżec, o campo ficava perto de uma linha de trem, mas a localização era ainda mais remota – numa floresta alagada, a poucos quilômetros do Rio Bug. A área rural em torno de Sobibór era tranquila e pitoresca, e o campo foi projetado para parecer convidativo. "Eu imaginara Sobibór como um lugar onde eles queimavam pessoas, matavam-nas com gás, e que, portanto, deveria parecer o inferno", diz Toivi Blatt, que foi enviado ao campo em abril de 1943, época em que "rumores" sobre a verdadeira função do lugar vinham circulando havia meses. "E agora o que eu via eram na realidade belas casas, mais a mansão do comandante, pintada de verde, com uma pequena cerca e flores."[57]

Em maio de 1942, quando as primeiras grandes levas de judeus chegaram para serem mortas por gás, o comandante de Sobibór era Franz Stangl, 34 anos de idade, veterano da operação T4 de eutanásia. Antes de assumir Sobibór, ele havia visitado Bełżec e ficara impactado com o "cheiro – ah, meu Deus, o cheiro. Estava em toda parte". Ele viu valas com "milhares de cadáveres" dentro, e conheceu em primeira mão os problemas práticos de gerenciar um campo de extermínio. Contaram-lhe que "uma das valas havia transbordado. Haviam colocado cadáveres demais nela e a putrefação progrediu muito rápido, de modo que o líquido no fundo empurrou os corpos para cima, até saírem, e os cadáveres rolaram pela encosta".[58]

Em Bełżec, Stangl voltou a ter contato com Christian Wirth, que ele conhecera nas ações de eutanásia – e com quem antipatizara. Wirth era agora o chefe de Stangl, e quando o visitou durante a construção de Sobibór, disse não estar satisfeito com o andamento do trabalho. Stangl ficou sabendo que Wirth, ao chegar, "deu uma olhada nas câmaras de gás nas quais eles ainda estavam trabalhando e disse: 'Certo, vamos experimentar agora mesmo com aqueles 25 peões judeus: tragam eles aqui'". Wirth mandou que empurrassem os judeus para dentro da câmara e matou todos eles. Segundo um dos colegas de Stangl, "Wirth portou-se como um maluco, batia forte na própria equipe com o chicote para que andassem logo. E depois ficou lívido de raiva porque as portas não tinham funcionado direito".[59]

Após a guerra, Stangl afirmou que ficara chocado com a tarefa que lhe fora atribuída e que não quis completá-la. Mas testemunhas que o viram no campo na época contam uma história diferente. "O que era especial nele era sua arrogância", disse Stanislaw Szmajzner, um sobrevivente judeu do campo. "E o prazer óbvio que sentia por seu trabalho e sua situação. Nenhum dos outros – embora fossem, de várias maneiras, bem piores que ele – mostrava isso. Ele tinha aquele sorriso perpétuo no rosto [...] Não, não acho que era um sorriso nervoso; era simplesmente que ele estava feliz."[60] Erich Bauer, o homem da SS responsável pelo funcionamento das câmaras de gás em Sobibór, oferece outra visão de Stangl que também contradiz a noção de que o comandante fazia seu trabalho a contragosto. "Na cantina de Sobibór, entreouvi uma vez uma conversa entre Frenzel, Stangl e Wagner [todos membros da SS no campo]. Estavam discutindo o número de vítimas nos campos de extermínio de Bełżec, Treblinka [o último campo de morte a ser construído] e Sobibór, e expressaram seu pesar pelo fato de Sobibór 'estar em último' na competição."[61]

Apesar da experiência adquirida na construção e na operação do campo de morte de Bełżec, a SS não criou uma instalação de execução eficiente em Sobibór. Embora sua localização remota fosse uma vantagem para eles, a linha de trem tinha uma única via. Isso obviamente limitava sua capacidade. Um problema maior ainda eram as características da região rural. Durante agosto e setembro de 1942, nenhum trem conseguia ir para Sobibór porque trechos da linha férrea ficavam mergulhados em pântanos e exigiam constantes reparos.

Mesmo quando o campo já estava em operação, a SS criou um gargalo no processo de execução. Nos primeiros dias de funcionamento do campo, quando um trem chegava à estação de Sobibór, a SS aguardava até que os judeus que fossem capazes de andar sem auxílio entrassem no campo. Então, recolhia aqueles que haviam sobrado – idosos, deficientes e feridos – e os colocava numa carroça puxada a cavalo. A SS dizia a esses judeus que eles seriam levados a um hospital. Fazia isso para acalmá-los, mas era também uma piada de mal gosto. Porque o "hospital", uns duzentos metros floresta adentro, consistia num grupo de carrascos em pé junto a uma vala. Todos aqueles que haviam sido levados ao "hospital" na carroça puxada a cavalo eram assassinados à vista uns dos outros.

Esse processo não funcionou tão bem quanto a SS queria. Gastava-se tempo demais para colocar os idosos e os doentes na carroça e fazê-la chegar ao "hospital", e por isso a SS alterou o seu procedimento operacional. Foi construída uma linha férrea de bitola estreita, da estação de Sobibór até a zona de execução do "hospital", para que os judeus mais fracos pudessem ser levados à morte de modo mais eficiente. Cavalos e carroça tornaram-se obsoletos, substituídos por uma tecnologia mais moderna.[62]

Apenas uns trinta SS eram necessários para compor a equipe de Sobibór, apoiados por apenas uns cem ex-prisioneiros de guerra soviéticos. Muitos desses homens eram da Ucrânia, e havia sido oferecida a eles a oportunidade de sair de seus campos de prisioneiros, onde corriam o risco de morrer de doença ou fome, e trabalhar para os nazistas. Treinados no campo de Trawniki, a sudeste de Lublin, eram muitas vezes os mais brutais dos guardas. Em parte, isso ocorria porque os alemães tendiam a dar aos ucranianos as tarefas mais sangrentas.[63]

Em Sobibór, por exemplo, a maioria dos que fuzilavam os judeus no "hospital" eram ucranianos.

Assim como em Bełżec, a maior categoria de pessoas que trabalhavam no campo era a dos Sonderkommandos judaicos. Em todo grande campo de extermínio, prisioneiros selecionados entre os recém-chegados eram obrigados a realizar uma série de tarefas do processo de execução – desde o Bahnhofskommando, que levava os judeus da estação até o campo, às tarefas mais horrendas, a cargo dos Sonderkommandos, de retirar os corpos das câmaras de gás e enterrá-los. Também como em Bełżec, todos os membros dos Sonderkommandos estavam apenas a poucos passos da morte. Os Sonderkommandos que não se portassem como a SS exigia eram mortos e substituídos por judeus selecionados da próxima leva.

Toivi Blatt, que com 15 anos de idade foi selecionado como Sonderkommando em Sobibór, ficou impressionado ao ver como a horrível realidade do campo podia alterar o caráter daqueles que trabalhavam ali. "As pessoas mudam sob certas condições", diz ele. "Elas me perguntam: 'O que você aprendeu?' e acho que tenho certeza apenas de ter aprendido uma coisa – ninguém conhece a si mesmo [...] Todos podemos ser boas pessoas ou más pessoas nessas [diversas] situações. Às vezes, quando alguém se mostra realmente bom comigo, eu me vejo pensando 'Como seria essa pessoa em Sobibór?'."[64]

Aproximava-se o primeiro aniversário da invasão da União Soviética, e Hitler e seus seguidores haviam trilhado um longo caminho em curto tempo – não só nos progressos físicos do Exército Alemão dentro da União Soviética, mas nas decisões conceituais que a SS e outros haviam tomado em relação ao destino dos judeus e aos meios pelos quais pretendiam matá-los.

Por volta de junho de 1942, as primeiras fábricas de morte do Holocausto já estavam instaladas, e os nazistas haviam criado um método de execução que lhes permitia matar um número considerável sem experimentar muitos tormentos psicológicos. Procuravam agora mais judeus para matar. Mas, para localizar judeus estrangeiros, precisavam da ajuda de colaboradores motivados. O relato de como conseguiram esses colaboradores é uma das partes mais perturbadoras de toda essa história.

12. Procurar e matar
(1942)

EM SEU ESFORÇO para deportar os judeus da Europa Ocidental para as fábricas de morte no Leste, os nazistas enfrentaram enormes dificuldades. Nenhum país poderia ser tratado da mesma maneira que outro. Os países ocupados – Bélgica, Holanda, Noruega e Dinamarca – eram administrados cada um de uma forma, a Itália era um aliado, e a França era um estranho cruzamento entre um quase aliado e uma nação subjugada. Mas não era só isso. No verão de 1942, as forças alemãs estavam concentradas na conquista da União Soviética – o conflito definidor da história, na visão de Hitler. Consequentemente, a SS recebia recursos mínimos para cumprir sua missão de deportar os judeus. Só poderia ter sucesso com a ajuda de outros.

Na França, em particular, os nazistas puderam explorar muitos preconceitos já existentes – não só crenças antissemitas, mas o medo de estrangeiros e a antipatia por imigrantes. Mesmo antes da criação do governo de Vichy, as autoridades francesas haviam aberto campos a fim de deter estrangeiros indesejados. Em 1939, em Gurs, nos Pireneus, os franceses montaram um campo para aprisionar pessoas que fugiam da Guerra Civil espanhola; não apenas espanhóis que haviam lutado do lado republicano e perdido, mas muitas outras nacionalidades foram detidas em condições terríveis em Gurs.

No entanto, a pior espécie de estrangeiro indesejado, do ponto de vista das autoridades francesas, eram os judeus. "O judeu não é só um estrangeiro inassimilável, cuja implantação tende a formar um Estado dentro do Estado", disse Xavier Vallat, o Comissário Geral para Assuntos Judaicos do governo de Vichy. "Ele é também, por temperamento, um estrangeiro que quer dominar e que tende a criar, com sua parentela, um Superestado dentro do Estado."[1]

As autoridades de Vichy não só impuseram uma série de leis restritivas contra os judeus a partir de 1940, mas eram simpáticas em princípio à ideia de deportar grande número de seus judeus estrangeiros – muitos dos quais haviam fugido da Alemanha e da Áustria devido à opressão nazista. O governo de Vichy reconhecia, porém, que, em função de questões meramente práticas, a expulsão de todos esses judeus estrangeiros teria que constituir um objetivo de longo prazo. "Mandá-los para onde?" perguntou Vallat num discurso em 1942. "Com que recursos, já que a guerra está em andamento? Na realidade, caberá ao vencedor, se ele tiver a intenção de organizar uma paz duradoura, encontrar os meios, se possível em termos mundiais, ou europeus se for o caso, de instalar os judeus itinerantes."[2]

Não obstante a antipatia de Vichy pelos judeus estrangeiros, o primeiro trem cheio deles que deixou a França com destino a Auschwitz em 1942 foi enviado não como parte de um plano orquestrado de expulsar os judeus estrangeiros, mas como um ato de represália. As razões pelas quais mais de mil homens judeus estavam naquele trem em março de 1942 podem remontar ao verão de 1941. Em agosto de 1941, comunistas franceses atiraram em dois alemães em Paris, matando um e ferindo gravemente o outro. A invasão da União Soviética pelos alemães havia liberado os comunistas franceses dos entraves colocados a suas ações pelo pacto entre Stalin e Hitler. No mês seguinte, outro alemão foi morto a tiros. Em represália, as autoridades militares alemãs mataram três reféns comunistas. Hitler ficou irado. Achou que essa era uma resposta trivial. "O Führer considera que um soldado alemão vale muito mais do que três comunistas franceses", escreveu o marechal de campo Wilhelm Keitel num despacho do quartel-general de Hitler, no leste da Prússia. "O Führer espera que se reaja a essas situações com as mais duras represálias [...] No próximo assassinato, devem ser realizadas pelo menos cem execuções para cada alemão [morto], sem demora. Sem essa represália severa, as coisas não poderão ser controladas."[3]

No entanto, o general Otto von Stülpnagel, comandante militar alemão na França, acreditava que tais "métodos poloneses" simplesmente não funcionavam na França.[4] E as evidências práticas pareciam apoiar a essa visão. Muitos cidadãos franceses sentiram-se ultrajados, por exemplo, com a represália alemã de matar 98 reféns em Nantes em outubro de 1941. Em janeiro de 1942, Stülpnagel apresentou sua demissão. Estava particularmente ressentido por ter que abandonar seu cargo, pois, como descreveu em uma carta ao marechal de campo Keitel, pensava ter encontrado uma maneira melhor de evitar futuros ataques aos alemães: "Eu acreditava que era possível consumar as represálias, claramente necessárias pelos assassinatos de pessoal, por outros meios, isto é, através de execuções limitadas, mas principalmente transportando números massivos de judeus e comunistas para o Leste, o que, na minha opinião versada, tem um efeito muito mais assustador sobre a população francesa do que esses fuzilamentos em massa, que os franceses não chegam a compreender".[5]

O sucessor de Stülpnagel, seu primo Carl-Heinrich von Stülpnagel, conseguiu aprovação para tentar essa política de represálias por expulsões em massa. Houve então a primeira deportação, em março de 1942, como reação a ataques de opositores, de 1.112 judeus de Compiègne para Auschwitz. Para os alemães, não importava que nenhum desses 1.112 judeus tivesse sido culpado de atos de oposição assassina. Devido à crença nazista num vínculo férreo entre comunismo e judaísmo, era suficiente o simples fato de serem judeus.

O trem com os judeus franceses chegou a Auschwitz em 30 de março de 1942, poucos dias após a primeira leva de judeus eslovacos. Os judeus franceses, como ocorreu com as primeiras levas de eslovacos, não foram selecionados na chegada e acabaram admitidos no campo, mas mesmo assim praticamente todos eles morreram em Auschwitz. Mais de mil foram mortos nos primeiros cinco meses.

Foi somente a partir do verão de 1942 que teve início a deportação em massa de judeus da França, como consequência da Solução Final. Essa ação era parte de um padrão aplicado à Europa Ocidental como um todo. Em 11 de junho, o SS Obersturmbannführer (tenente-coronel) Adolf Eichmann, do Departamento de Assuntos Judaicos, marcou uma reunião em Berlim para discutir a implantação da Solução Final com seus vários representantes da França, da Holanda e da Bélgica. Disse-lhes que Himmler ordenara a deportação de grande número de judeus do Ocidente, mas que noventa por cento desses judeus tinham que ser aptos e saudáveis. Apenas dez por cento podiam ser "incapazes de trabalhar".[6] Também foram definidas na reunião metas específicas sobre o número de judeus a serem deportados – dez mil da Bélgica, 15 mil da Holanda e 100 mil da França. A cifra francesa era obviamente a mais ambiciosa, e constituía um desafio para o representante de Eichmann em Paris, Theodor Dannecker, um SS Hauptsturmführer (capitão) de 29 anos de idade.

Dannecker sabia que teria que contar com a colaboração das autoridades francesas para poder cumprir sua tarefa. Havia apenas cerca de três mil policiais alemães em toda a França em 1942, uma força completamente inadequada para implantar o objetivo definido por Eichmann – mas havia perto de 100 mil policiais franceses.[7] Numa reunião entre oficiais alemães e franceses, em 2 de julho de 1942, René Bousquet, o chefe da Polícia Nacional francesa, descreveu a posição do país. Na zona ocupada da França – a área sob o controle administrativo dos alemães – apenas judeus estrangeiros poderiam ser deportados. Na zona não ocupada – a área controlada pelo governo de Vichy –, a polícia francesa não tomaria parte em qualquer tentativa de prender judeus. "Do lado francês, não temos nada contra as prisões em si", disse Bousquet, mas o envolvimento da polícia francesa "seria embaraçoso".[8] Bousquet mudou sua posição após o chefe da Polícia de Segurança alemã, Helmut Knochen, destacar que Hitler faria fortes objeções à atitude francesa. Bousquet passou entao a dizer que a política francesa cooperaria tanto na zona ocupada quanto na não ocupada, mas que ainda assim iriam visar apenas judeus estrangeiros, e não judeus franceses. Ele mais tarde confirmou que o marechal Pétain concordara com a deportação de judeus estrangeiros em todas as partes da França "como um primeiro passo".[9] Não havia um acordo com os alemães para que os judeus franceses fossem poupados às custas dos judeus estrangeiros – apenas uma declaração das autoridades francesas de que os judeus estrangeiros seriam mandados primeiro.

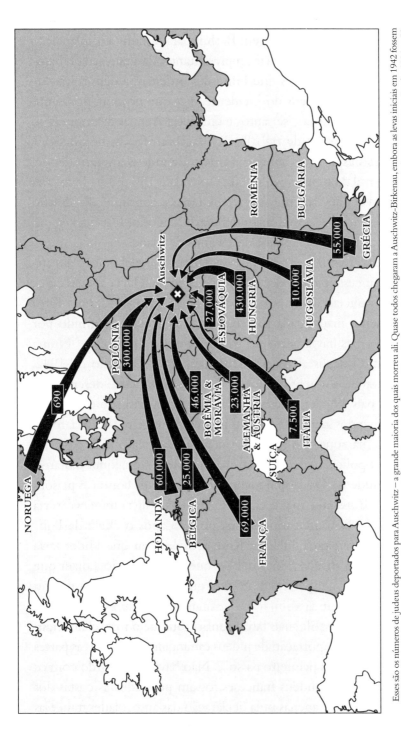

Esses são os números de judeus deportados para Auschwitz – a grande maioria dos quais morreu ali. Quase todos chegaram a Auschwitz-Birkenau, embora as levas iniciais em 1942 fossem para o campo principal de Auschwitz. Os números foram extraídos do detalhado estudo analítico de Franciszek Piper, *Auschwitz: How Many Perished*. Oswiçcim: Frap Books, 1996, p. 53. O doutor Piper fornece uma cifra adicional de 34 mil judeus deportados para Auschwitz de campos de concentração e "locais desconhecidos". É importante notar também que sua cifra original de 438 mil judeus da Hungria foi subsequentemente revisada para 430 mil, e uma Comissão Real Norueguesa fornece uma estimativa mais exata para o número de judeus da Noruega que morreram em Auschwitz, e não deportados, como sendo de 747 (ver p. 343).
Finalmente, deve sempre ser lembrado, é claro, que os judeus eram deportados pelos nazistas a muitos outros campos e destinos, e não apenas a Auschwitz.

Em 4 de julho, o primeiro-ministro francês, Pierre Laval, encontrou-se com Dannecker para discutir o próximo aprisionamento. Laval disse que, para os franceses, "durante a evacuação de famílias judaicas da zona não ocupada, menores de 16 também podem ser levados".[10] Ele prosseguiu e expressou indiferença pelo destino das crianças na zona ocupada. Laval, portanto, abriu mão voluntariamente das crianças judias. Os nazistas não haviam pedido sua inclusão – até aquele momento, pareciam não fazer questão delas. Mas o primeiro-ministro da França, país com uma bonita história de proteção dos direitos do indivíduo, tomou a iniciativa e sugeriu que os nazistas levassem embora crianças inocentes. Laval mais tarde tentou apresentar suas ações como um ato humanitário, mas foi sempre uma desculpa insustentável, entre outras coisas porque ele sabia que Hitler havia se comprometido publicamente a "exterminar" a raça judaica da Europa no caso de uma guerra mundial. Laval – como os eslovacos – muito provavelmente foi motivado pela simples conveniência. Se pais judeus tivessem permissão para deixar suas crianças ao serem deportados, seus herdeiros se tornariam um problema para as autoridades francesas. Laval não queria esse problema, então tentou se livrar deles. Laval sequer era um antissemita fanático, mas era um político cínico e frio.

Em dois dias, 16 e 17 de julho de 1942, nove mil policiais franceses tomaram parte numa das mais infames ações da história de Paris – o aprisionamento conhecido como a *grande rafle*. No 10º *arrondissement*, Annette Muller – então com apenas 9 anos de idade – se lembra da polícia invadindo seu apartamento e de sua mãe "implorando que poupassem seus filhos, que a levassem embora [em vez deles] [...] Conservo a visão de minha mãe sendo humilhada pelo oficial de polícia que a empurrou. Lembro-me da cena e a vejo diante dos meus olhos". Annette, seu irmão mais novo Michel e a mãe foram levados a um salão próximo, onde a polícia francesa estava reunindo temporariamente os judeus. "Vi pessoas deitadas em cima de mesas e tendo convulsões", diz Annette, "e outras vomitando".[11] Seus dois irmãos mais velhos haviam conseguido fugir no meio do caos – a mãe de Annette incentivou-os a fugir, pois não tinha ilusões a respeito do que podia aguardar a família no cativeiro. O marido, que estava fora de casa naquela noite, era polonês e soubera vários meses antes que muitos de seus parentes próximos na Polônia tinham sido fuzilados pelos alemães.

Ao todo, 12.884 judeus foram retirados de suas casas pela polícia francesa durante a *grande rafle* – cerca de dez mil no primeiro dia da ação, o restante no segundo dia. Milhares de judeus – incluindo Annette, Michel e a mãe deles – foram levados até o Vélodrôme d'Hiver, um ginásio de ciclismo na margem esquerda do Sena, onde ficaram confinados em condições atrozes. Michel, que tinha apenas 7 anos de idade na época, ainda se lembra do terrível fedor de diarreia que envolvia o Vélodrôme.

Do Vélodrôme d'Hiver, foram mandados a Beaune-la-Rolande, um campo de detenção no Loiret, sul de Paris. Embora a experiência toda fosse assustadora, Annette e Michel sentiam-se confortados por estarem com a mãe. "Ela estava lá", diz Annette, "ela era carinhosa. Sentíamo-nos protegidos. Sentíamos que desde que ela estivesse ali, nada poderia acontecer conosco". Mesmo assim, Annette preocupava-se com "o que aconteceria quando voltássemos à escola", porque eles poderiam "perder o início das aulas".

Ficaram retidos em Beaune-la-Rolande por três semanas. Não sabiam disso, mas durante esse tempo os nazistas estavam discutindo o que deveria ser feito com as crianças capturadas nas ações. Dannecker havia pedido orientações a Eichmann, e numa ligação telefônica em 20 de julho Eichmann finalmente passou-lhe o veredito – as crianças podiam também ser enviadas para o Leste, mas só depois que as complicações de transporte tivessem sido resolvidas. As autoridades francesas agora decidiam – em vez de esperar até que as famílias pudessem ser deportadas juntas – mandar embora primeiro os pais das crianças. E com isso ia por água abaixo a afirmação de Laval de querer, por razões humanitárias, deportar as crianças junto com seus pais.[12]

No início de agosto, os pais em Beaune-la-Rolande foram separados de seus filhos. "Eles reuniram todos nós no meio do campo", lembra Annette, "e a polícia fazia as mulheres recuarem com muita violência. As crianças ficavam agarradas nas roupas delas [...] houve uma grande gritaria, choradeira, realmente muito barulho". Sua última lembrança da mãe é que "ela fez um sinal com os olhos e ficamos observando. Tive a impressão de que os olhos dela sorriam para nós, como se ela quisesse dizer que voltaria".[13]

As mães foram enviadas a Drancy, nos arredores de Paris, e também para um campo montado num conjunto residencial parcialmente construído. A maioria dos judeus deportados da França – cerca de 69 mil pessoas – foi para o Leste partindo de Drancy. Em 1942, o campo era administrado pelas autoridades francesas, e as condições eram pavorosas. Não só as condições de higiene e comida eram totalmente inadequadas, mas era também um lugar de desespero emocional, especialmente quando chegaram as mães que haviam sido separadas dos filhos. Odette Daltroff-Baticle, uma mulher adulta que foi aprisionada em Drancy naquele verão, lembra: "Aquelas mulheres naturalmente estavam magoadas por terem sido obrigadas a abandonar os filhos, e algumas delas se atiraram pelas janelas. Uma delas se salvou por cair em cima do arame farpado que cercava o pátio [sua queda, portanto, foi amortecida]. Mas algumas delas morreram".[14]

Para Anette e seu irmão, depois que a mãe deles foi levada embora, a vida em Beaune-la-Rolande tornou-se insuportável. "Depois da partida dela", diz Anette, "durante alguns dias eu não quis sair do alojamento, estava muito triste. Não conseguia parar de chorar. Ficava dormindo em cima da palha, e dizia a mim mesma que eu era culpada por minha mãe ter ido embora, que eu não tinha sido boa com ela. Todo esse tipo de coisa que eu podia usar para me recriminar [...] Foi um período de medo constante. Os *gendarmes* haviam se tornado perigosos, ameaçadores, e tínhamos que ficar bem quietos".

Restara um doloroso lembrete físico daquelas mães que haviam sido separadas dos filhos. "Todas as crianças tinham ido olhar a latrina", diz Annette, "e diziam 'Olhe, venha ver, venha ver', porque no fundo da latrina, junto com os excrementos, havia um monte de coisas brilhantes, cintilantes. Eram anéis. Anéis de casamento que as mães tinham preferido jogar na latrina a ceder, pois tinham recebido ordens de entregar todas as suas joias".[15]

Depois de umas duas semanas em Beaune-la-Rolande sem as mães, as crianças foram mandadas para Drancy. A essa altura, suas mães já haviam sido deportadas para Auschwitz. Em Drancy, Annette e o irmão dormiam sobre o piso de concreto num apartamento inacabado, e tentavam "não escorregar na escada, porque havia muito excremento ali. Todos tínhamos diarreia". Embora ela se lembre de ter visto alguns policiais franceses "chorando" diante da infelicidade das crianças, a maioria fazia seu trabalho "com muito zelo".[16]

Odette Daltroff-Baticle tentou cuidar das crianças da melhor maneira: "Quando elas chegaram, estavam realmente em péssimo estado. As crianças viviam rodeadas de insetos e estavam muito, muito sujas e tinham disenteria. Tentamos dar-lhes banho, mas não tínhamos com o que secá-las. Depois tentamos alimentá-las – estavam sem comer há dias –, e era a maior dificuldade fazê-las comer. Além disso, tentamos anotar seus nomes numa lista, mas muitas não sabiam o sobrenome da família, e então diziam apenas algo como 'Eu sou o irmão mais novo do Pierre'. Então insistíamos para tentar descobrir seus sobrenomes; as mais velhas, sim, é claro, mas com as menores era absolutamente impossível. As mães haviam amarrado pequenos pedaços de madeira nelas com os nomes, mas muitas haviam arrancado esses pedaços de madeira para brincar com eles [...] As crianças sempre falavam dos pais, claro, falavam principalmente da mãe. Falavam da hora em que haviam se separado dela, mas sentíamos em tudo o que diziam que elas sabiam que nunca mais veriam a mãe de novo, é o que me parecia".[17]

Num aspecto, Michel e Annette foram afortunados. Sem que soubessem, seu pai vinha havia semanas tentando sua libertação. Por um intermediário, conseguiu subornar oficiais franceses para que os filhos fossem transferidos de Drancy para um centro de detenção em Montmartre. Ali a segurança era mais frouxa, e ele conseguiu tirá-las e escondê-las num orfanato católico. A maioria das outras crianças detidas em Drancy não teve esse esforçado salvador para protegê-las – ficaram por sua própria conta. Se o pai de Michel e Annette não tivesse se safado do primeiro aprisionamento em 16-17 de julho, muito provavelmente eles teriam sido colocados num dos sete trens que saíram de Drancy para Auschwitz no fim de agosto, levando os recém-órfãos para a morte.

Odette Daltroff-Baticle se lembra que antes de saírem de Drancy as crianças sofreram uma última degradação no campo: "Tiveram a cabeça raspada. Era horrível. Lembro-me de um garotinho que tinha um cabelo loiro mais ou menos comprido e que disse: 'Ah, mas minha mãe gosta tanto do meu cabelo, não vamos cortar, não'. Mas eu o vi um tempo depois de cabeça raspada e [parecia] totalmente infeliz [...] Era verdade – o cabelo dele era especialmente bonito. Para as crianças, especialmente para as garotas pequenas, de 10 ou 12 anos de idade, ter a cabeça raspada era realmente uma humilhação [...]".[18]

Houve protestos na França por essas deportações, especialmente por parte do clero. O arcebispo Jules-Géraud Saliège, de Toulouse, disse em 23 de agosto: "Que crianças, mulheres e homens, pais e mães, viessem a ser tratados como uma vil manada de gado, que membros da mesma família fossem separados e enviados para destino desconhecido – foi reservado para a nossa época testemunhar esse trágico espetáculo".[19] Outros homens importantes da Igreja, como o arcebispo de Marselha, também protestaram. Mas não houve uma única palavra pública de apoio a esses sentimentos por parte do papa Pio XII, e essas demonstrações de compaixão dos clérigos franceses não deram em nada.

Um total de 42,5 mil judeus foi deportado da França para a Polônia no final de 1942. O primeiro-ministro Laval deu todos os sinais de que estava feliz em vê-los ir embora. "Laval não fez menção a nenhuma eventual pressão alemã", relatou um grupo de americanos visitantes que se encontrou com ele em agosto de 1943, "apenas declarou sem rodeios que 'esses judeus estrangeiros sempre foram um problema na França, e o governo francês está contente pelo fato de essa mudança de atitude dos alemães em relação aos judeus proporcionar à França uma oportunidade de se livrar deles'."[20]

A abordagem das autoridades francesas em relação à perseguição e deportação de judeus estava em forte contraste com a de seus vizinhos do sul – os italianos. Muitas pessoas se surpreendem ao saber que o regime fascista de Benito Mussolini não deportou nenhum judeu italiano. Somente a remoção de Mussolini do cargo de primeiro-ministro da Itália no verão de 1943, e a subsequente ocupação alemã, mudaram essa situação. Por ironia – já que Hitler viu a chegada de Mussolini ao poder na Itália, em 1922, como inspiração para o movimento nazista –, muitos judeus italianos eram também fascistas, e Guido Jung foi ministro das Finanças do gabinete de Mussolini de 1932 a 1935. Uma das mais íntimas parceiras de

Mussolini era também judia – Margherita Sarfatti, sua amante durante quase 25 anos. A despeito disso, porém, ainda há controvérsias quanto à opinião do próprio Mussolini sobre os judeus nesse período, e se era ou não um antissemita convicto, mesmo nessa época.[21] O certo é que não importa quais fossem suas opiniões pessoais, elas não o impediram de trabalhar – e dormir – com judeus.

Talvez não deva surpreender que os fascistas de Mussolini tolerassem os judeus italianos. Os judeus haviam lutado ao lado de Giuseppe Garibaldi – grande herói italiano e uma inspiração para Mussolini – na luta pela unificação da Itália na segunda metade do século XIX, e após a vitória de Garibaldi a discriminação oficial contra os judeus italianos havia cessado. Os judeus italianos podiam agora chegar aos mais elevados cargos no Estado – por exemplo, em 1902, Giuseppe Ottolenghi tornou-se ministro da Guerra, e em 1905 Alessandro Fortis foi primeiro-ministro.

Só depois que Mussolini se comprometeu a manter uma amizade duradoura com a Alemanha de Hitler no final da década de 1930 é que seu regime se tornou abertamente antissemita. Em 1938, foram introduzidas diversas leis, incluindo disposições para proibir casamentos entre judeus e não judeus e para impedir que judeus italianos servissem às Forças Armadas. Mas essas medidas eram motivadas basicamente pelo oportunismo, e não por uma profunda convicção antissemita. Embora sem dúvida alguns fascistas italianos odiassem os judeus, a maior parte do país achava difícil compreender por que seus vizinhos judeus haviam de repente virado vítimas de perseguição. Mesmo dentro da administração fascista, havia considerável flexibilidade na aplicação da legislação antissemita. Em julho de 1939, por exemplo, foi estabelecida uma comissão com poderes para "arianizar" alguns judeus escolhidos – principalmente aqueles que pagassem propinas suficientemente vultosas.

A entrada da Itália na guerra em 1940 não anunciou um surto massivo de perseguição aos judeus italianos, embora a polícia italiana tenha começado a aprisionar judeus estrangeiros que viviam no país. Nas áreas fora da Itália ocupadas pelo Exército Italiano, a política em relação aos judeus era relativamente benigna. Na Croácia, por exemplo, onde os italianos ocuparam a maior parte do litoral, o Exército

Italiano protegeu os judeus das investidas da Ustaše croata, a milícia antissemita. Em 1942, o governo croata concordou com os nazistas em deportar os judeus que haviam restado vivos no país.

Mas os italianos não abririam mão dos milhares de judeus que haviam buscado refúgio na zona italiana. Os alemães pediram que Mussolini negociasse a cooperação de seus representantes na Croácia. Mussolini disse que tentaria, mas ainda assim as autoridades italianas na Croácia procrastinaram e ficaram inventando razões para não atender às exigências alemãs.[22]

Em novembro de 1942, em resposta aos desembarques aliados no norte da África, os alemães ocuparam a área da França que estava antes sob o controle do governo de Vichy. Ao mesmo tempo, os alemães não se opuseram a que os italianos enviassem suas forças para oito departamentos franceses no antigo território de Vichy, perto do litoral do Mediterrâneo. Isso criou um confronto direto entre os administradores italianos e franceses, e no processo revelou atitudes muito diferentes em relação ao tratamento dispensado aos judeus. O general italiano Carlo Avarna di Gualtieri disse às autoridades de Vichy que os italianos procurariam governar a área deles na França com uma "legislação humana".[23] Em busca desse objetivo, os italianos frustraram o desejo de Vichy de perseguir os judeus. Por exemplo, permitiram que judeus estrangeiros continuassem vivendo no litoral – as regulamentações de Vichy diziam que eles deveriam se mudar para o interior – e se recusaram a implementar uma demanda francesa de que a documentação dos judeus deveria ser estampada com uma marca de identificação. As autoridades francesas não receberam bem essa abordagem mais "humana" da "questão judaica". Pierre Laval queixou-se com os italianos por esse seu comportamento e chegou ao ponto de pedir às autoridades alemãs um "apoio adequado"[24] a fim de reafirmar o controle francês.

Como explicar a "humanidade" dos italianos nessas áreas ocupadas? Em parte, porque os italianos queriam demonstrar que estavam no mesmo nível dos aliados alemães. Não queriam ser intimidados. Ao contrário dos franceses, os italianos não eram uma nação derrotada, obrigada a uma relação não desejada com os alemães, e sim súditos de um país orgulhosamente independente, que escolhera ser ativamente beligerante. Além disso, a Itália, ao contrário da França, não havia absorvido grande número de judeus estrangeiros, e tampouco os italianos haviam sido educados para odiar judeus, como ocorrera com os alemães. Os italianos podiam agora proteger os judeus no território que haviam ocupado sem que isso lhes trouxesse grandes riscos. Então, por que não os ajudar? Mas isso não é dizer que os soldados italianos fossem santos – uma série de testemunhos orais de soldados italianos no *front* oriental revela que, às vezes, soldados individuais exploravam sexualmente as mulheres judias.[25]

Ao mesmo tempo em que os italianos protegiam judeus nas áreas que controlavam, milhares de holandeses estavam a caminho de Auschwitz – por volta de 1942, cerca de 40 mil judeus haviam sido enviados da Holanda para o Leste. Tudo isso foi possível não só devido à contínua cooperação das autoridades holandesas, mas como resultado do abrangente sistema de registro que os alemães haviam implantado. Em janeiro de 1941, todos os judeus holandeses haviam sido instruídos a se registrar junto às autoridades, e praticamente todos haviam feito isso – no total, eram quase 160 mil registros.

Ao contrário do que ocorria na França, os alemães foram capazes também de lidar com os judeus holandeses por meio de uma única organização abrangente – o Conselho Judaico. Os líderes do Conselho Judaico – doutor David Cohen e Abraham Asscher – foram mais tarde difamados. Muitos viram sua cooperação com os alemães no processo de deportação como traição. Em parte, isso se deu pelo fato de os alemães terem concedido ao Conselho Judaico, em 1942, cerca de 17,5 mil certificados de isenção, o que significava que os membros do conselho e suas famílias foram poupados da deportação, mesmo que apenas temporariamente. Quando Cohen e Asscher foram eles mesmos deportados, em vez de irem para campos de extermínio do Leste, seguiram para campos de concentração dentro do Velho Reich e do Protetorado, e ambos sobreviveram à guerra.

Na reunião de Berlim de 11 de junho de 1942, Eichmann havia originalmente planejado deportar 15 mil judeus da Holanda no lote inicial de transportes, mas ao final do mês elevara esse pedido a 40 mil. É possível que Eichmann tenha tomado essa decisão porque os nazistas encontraram maior facilidade em deportar judeus holandeses do que o previsto. Isso contrastava com a situação na França, onde Dannecker demonstrara preocupação quanto à sua capacidade de cumprir a quota, ao questionar as autoridades de Vichy quanto à deportação de judeus franceses em vez da deportação dos judeus estrangeiros.[26]

Em 4 de julho de 1942, foram enviadas as primeiras cartas solicitando a judeus holandeses que se apresentassem para uma deportação em massa. No Liceu Judaico de Amsterdã, o doutor Hemelrijk, um dos professores, se lembra da atmosfera: "A sombra da morte pairava pesadamente sobre a primeira cerimônia de formatura (foi também a última) da minha escola. Moças com mais de 15 anos tinham todas elas recebido ordens de comparecer ao transporte na Estação Central, à uma da manhã. O destino era desconhecido. Tudo o que seus pais sabiam era que tinham que mandar suas filhas partirem à noite, como presas indefesas, para nunca mais vê-las. Ninguém tinha permissão de acompanhar essas crianças. As moças iam embora, com frequência após cenas de despedida domésticas de cortar o coração, na esperança de que fazendo isso estariam poupando seus pais. Mas não era o que acontecia".[27]

Ninguém no Conselho Judaico, ou dentro da comunidade judaica como um todo, sabia ao certo o que aconteceria com aquelas garotas ou com os milhares de outros judeus que estavam prestes a ser enviados para um "destino desconhecido". Mas dias após o início das deportações, começaram a circular boatos. O jornal clandestino *De Waarheid* imprimiu um pedido aos policiais holandeses em 3 de agosto, dizendo "pense nos seus deveres humanos e profissionais – não prenda judeus, apenas finja estar cumprindo as ordens voltadas contra eles. Deixe que fujam e encontrem esconderijo. Lembre-se de que cada homem, cada mulher e cada criança que você prender serão mortos e que você será o assassino".[28] Em 29 de julho, a Rádio Oranje, irradiando de Londres, havia dito: "Qual é exatamente o tipo de ajuda que se presta ao esforço de guerra alemão ao se arrebanhar milhares de judeus poloneses indefesos e dar cabo deles em câmaras de gás? Que tipo de ajuda constitui para o esforço de guerra arrastar milhares de judeus holandeses para fora de seu país?".[29]

A referência a "câmaras de gás" demonstra que até nesse primeiro estágio do processo de deportação havia algum conhecimento público do que estava ocorrendo com os judeus. Em Londres, em 9 de julho, numa coletiva de imprensa realizada pelo governo polonês no exílio e à qual compareceu Brendan Bracken – o ministro britânico da Informação –, os jornalistas foram informados de que os alemães estavam "deliberadamente pondo em prática seu monstruoso plano de exterminar judeus" na Polônia.[30] Mas os Aliados ainda não tinham certeza das intenções mais amplas dos alemães – será que eles, por exemplo, queriam matar apenas os judeus poloneses? Será que os judeus holandeses e outros judeus europeus estariam de fato sendo destinados a trabalhos forçados?

A primeira advertência firme de que Hitler tinha um plano geral de extermínio foi feita em agosto de 1942 por Gerhart Riegner, do Congresso Judaico Mundial, em Genebra. Com acesso a informações de fontes alemãs na Europa Central, Riegner concluiu que "um plano está sendo discutido, e considerado, pelo qual todos os judeus de países ocupados ou controlados pela Alemanha, num total de três e meio a quatro milhões, deverão, após sua deportação e concentração no Leste, ser exterminados de um golpe só, a fim de resolver de uma vez por todas a questão judaica na Europa. Foi relatado que a ação está planejada para o outono. Os meios de execução ainda estão sendo discutidos, e incluem a utilização de ácido da Prússia. Transmitimos essa informação com a necessária reserva, já que sua exatidão não pôde ser confirmada por nós".[31]

Quando os líderes do Congresso Judaico Mundial em Nova York receberam essa notícia, não tiveram "dúvida de que a informação é no mínimo substancialmente correta", mas tiveram receio de publicá-la porque poderia "ter o efeito de baixar o moral daqueles que estão marcados como vítimas irremediáveis". Portanto, procuraram "o melhor conselho possível" sobre o que fazer.[32] O telegrama de Riegner chegou ao governo britânico em meados de agosto e ao governo americano logo depois. De início, houve descrença. Demorou quase quatro meses para os Aliados aceitarem que a notícia era, sem dúvida, verdadeira, e fazerem uma declaração conjunta ao mundo sobre as ações nazistas. Só depois de terem recebido informações de outras fontes – entre elas a de uma testemunha ocular do gueto de Varsóvia – é que se comprometeram a condenar o crime de forma conjunta.[33]

Em 17 de dezembro de 1942, os britânicos, os americanos e os soviéticos emitiram declarações expressando seu ultraje com a agressão assassina dos nazistas aos judeus. Na Câmara dos Comuns, Anthony Eden, o secretário britânico do Exterior, chamou a atenção para os "numerosos relatos da Europa de que as autoridades alemãs, não contentes em negar às pessoas de raça judaica, em todos os territórios sobre os quais seu bárbaro governo foi estendido, os mais elementares direitos humanos, estão agora levando a efeito a intenção frequentemente repetida por Hitler de exterminar o povo judeu da Europa. Os judeus estão sendo transportados de todos os países ocupados, em condições de um horror e uma brutalidade espantosos, para a Europa Oriental [...] Não se teve mais notícia daqueles que foram levados". Eden disse que os Aliados "condenam nos termos mais fortes possíveis essa política bestial de extermínio a sangue-frio" e que irão "assegurar que aqueles responsáveis por tais crimes não escapem de retaliações [...]".[34]

Meses antes de Anthony Eden tomar a palavra na Câmara dos Comuns e revelar o que se sabia dos planos dos nazistas, Gerhart Riegner e seus colegas haviam levado pessoalmente informações sobre a destruição dos judeus ao núncio papal na Suíça, monsenhor Philippe Bernardini. "Dissemos a ele, por favor, peça ao Vaticano para intervir", diz Riegner, "para preservar, ao menos naqueles países [onde ainda fosse possível], o que ainda pudesse ser preservado da comunidade judaica".[35] Ele lembra que a resposta do Vaticano foi "hesitante" e que "a tentativa de envolver o Vaticano foi um fracasso". Além disso, o papa Pio XII se recusou a condenar publicamente o extermínio dos judeus – embora na sua mensagem de Natal de 1942 tenha de fato falado daqueles "que sem nenhuma falta de sua parte e às vezes apenas em função de nacionalidade ou raça são destinados à morte ou à lenta deterioração".[36] Mas não se dispôs a pronunciar a palavra "judeus".

Aqueles que procuram defender a falta de ação do papa Pio XII costumam apontar eventos na Holanda no verão de 1942 como uma das razões-chave de seu silêncio. Quando os nazistas souberam que o arcebispo Johannes de Jong de Utrecht pretendia condenar a deportação de judeus, advertiram-no que se fizesse isso deportariam também os judeus da Holanda que haviam se convertido ao cristianismo. O arcebispo De Jong permaneceu firme diante dessa chantagem, e em

20 de julho de 1942 sua carta pastoral foi lida dos púlpitos do país inteiro. A carta fazia menção direta à "perseguição aos judeus" e incluía as palavras de um telegrama que havia sido enviado às "autoridades das forças de ocupação" nove dias antes, dizendo que "As igrejas holandesas signatárias abaixo" estavam "já profundamente chocadas pelas ações tomadas contra os judeus na Holanda, excluindo-os de participar da vida normal em sociedade", e que agora eram "informadas com horror das novas medidas pelas quais homens, mulheres, crianças e famílias inteiras seriam deportadas para território alemão e anexos". Essa ação era "contrária ao mais profundo senso de moralidade do povo holandês" e, portanto, as igrejas conclamavam os alemães a "não executarem essas medidas".[37]

Como seria de esperar, as "autoridades ocupantes" ignoraram o apelo das igrejas para que agissem com o senso comum de humanidade em relação aos judeus holandeses. Como se não bastasse, os nazistas ainda cumpriram sua ameaça de deportar os judeus holandeses que tivessem se convertido ao cristianismo. Não há cifras exatas sobre quantos deles foram enviados para o Leste – podem ter sido centenas,[38] e podem não ter sido mais do que 92.[39] Seja qual for a cifra exata, argumenta-se que houve um número de pessoas que perderam a vida em consequência da decisão do arcebispo De Jong de mandar ler sua carta de protesto nas igrejas holandesas. Dizem que essa foi uma razão-chave para o papa Pio XII ter se mantido em silêncio. "A perseguição aos judeus na Holanda teve um enorme efeito na linha que o papa Pio XII adotou em seguida", diz o arcebispo Emanuele Clarizio, que trabalhou no Vaticano durante a guerra. "Isso é óbvio." Além do mais, diz o arcebispo Gennaro Verolino, na época diplomata papal, o papa "tentou tudo o que podia. E se às vezes parece que não fez tudo o que seria possível, é porque temia piorar a situação, que suas ações fossem mal interpretadas e levassem a represálias maiores".[40]

À primeira vista, essa parece uma justificativa sólida – era preciso manter silêncio para evitar mais mortes. Mas é muito importante lembrar que o arcebispo De Jong não foi responsável pela morte de judeus convertidos – os nazistas é que foram. Eles é que decidiram matá-los, não De Jong. O que o arcebispo muito provavelmente entendeu é que se você ignora os próprios sentimentos a respeito do que é certo ou errado, você se apoia sobre areia movediça. E, de qualquer modo, quem garantiria que os nazistas teriam mantido sua promessa de não deportar os holandeses convertidos se o arcebispo De Jong tivesse ficado quieto?[41] Não só isso: suponhamos que os nazistas dissessem que matariam uma criança inocente por dia a não ser que o arcebispo De Jong renunciasse publicamente à sua fé? Mereceria ele ser condenado se decidisse permanecer fiel às suas crenças?

Similarmente, uma desculpa comum dos burocratas que colaboraram com os nazistas era que eles "tinham intenção de mudar o sistema a partir de dentro" e que se houvessem sido substituídos a situação teria ficado "ainda pior". Após a guerra, por exemplo, funcionários públicos holandeses conseguiram listar uma série de medidas nazistas que haviam sido atenuadas graças ao seu envolvimento. Só que um exame mais detido dos indícios revela que essa desculpa não é válida. Isso porque a prática do Reichskommissar nazista era fazer exigências propositalmente excessivas, pois isso levava os funcionários públicos a acreditar que haviam conseguido alguma coisa quando ele, mais tarde, reduzia suas exigências ao nível que pretendia alcançar desde o início. Por meio desse truque simples, a liderança nazista ajudou a garantir a cooperação administrativa dos funcionários públicos.[42]

Quanto ao papa, ele não só ficou em silêncio em relação à deportação de judeus, mas sequer manifestou publicamente seu ultraje diante das atrocidades que os nazistas vinham cometendo contra os católicos poloneses. "Todos esperávamos alguma coisa – uma palavra", diz Witold Złotnicki, que lutou no Exército Nacional Polonês. "Algum reconhecimento por aquilo que estávamos passando. Alguma palavra de incentivo. Alguma expressão de esperança. E não o absoluto silêncio."[43]

O papa e a Igreja Católica possuíam enorme poder latente – em particular na Eslováquia. O presidente da Eslováquia, Jozef Tiso, era um padre católico ordenado, e havia muitos católicos na Guarda Hlinka. Na época das primeiras deportações, na primavera de 1942, líderes da comunidade judaica na Eslováquia pediram que a Igreja Católica protestasse contra a expulsão dos judeus. Mas se decepcionaram com a resposta. A prioridade da Igreja como um todo parecia ser tentar salvar os judeus que haviam sido batizados como cristãos.

Alguns membros individuais do clero, como Augustín Pozdech, um padre paroquiano de Bratislava, chegou a protestar contra a desumanidade do processo de deportação. Seu ultraje com as ações do governo eslovaco e dos nazistas foi transmitido ao Vaticano por meio do núncio apostólico de Budapeste. "Sinto uma aflição no fundo do meu coração", escreveu Pozdech, "ao ver seres humanos cuja única culpa é terem nascido judeus, serem roubados de todas as suas posses e banidos – despojados dos últimos vestígios de sua liberdade pessoal – para um país estrangeiro [...] Não é possível que o mundo veja passivamente crianças pequenas, idosos doentes à beira da morte, moças arrancadas do seio de suas famílias e pessoas jovens, todos deportados como animais: transportados em vagões de gado para local desconhecido, rumo a um futuro incerto".[44] Mas Pozdech era uma exceção. A maior parte dos católicos na Eslováquia não fez nenhum protesto contra a deportação de judeus em 1942.

Um dos auxiliares mais próximos do papa no Vaticano, monsenhor Domenico Tardini, reconheceu o problema que a Igreja enfrentava por não tomar nenhuma atitude contra o presidente Tiso. "Todos entendem que a Santa Sé não é capaz de deter Hitler", escreveu em março de 1942. "Mas quem consegue entender que ela não saiba como controlar um padre [isto é, Jozef Tiso, presidente da Eslováquia]?"[45] Quanto ao papa, a preocupação dele era que a União Soviética triunfasse na guerra, e seu temor eram as consequências para a Igreja Católica de uma Europa dominada pelo comunismo. Em tais circunstâncias, na primavera de 1942, ele pode muito bem ter duvidado que o rompimento público com Tiso tivesse algum valor, já que Tiso era um chefe de Estado católico que enfrentava os exércitos ímpios de Stalin.

Pregando numa missa em agosto de 1942, o presidente Tiso disse que a expulsão da "peste" judaica havia sido um ato cristão. Ele também seguiu a linha nazista e declarou que era impossível que os judeus se convertessem ao cristianismo – "um judeu continua sendo judeu", disse Tiso, "mesmo que seja batizado por uma centena de bispos".[46] De qualquer modo, apenas dois meses depois, Tiso suspendeu as deportações. Não fica claro por que exatamente fez isso. Uma provável resposta é que tenha julgado que a Eslováquia já havia deportado o número acertado de judeus e que o acordo com a Alemanha já fora

340 | O HOLOCAUSTO

cumprido.[47] Também é possível que estivesse reagindo não só a protestos estrangeiros, mas à crescente consciência no mundo de que a maioria dos judeus havia sido enviada para a morte. Mas mesmo em seu julgamento após a guerra, Tiso nunca afirmou ter interrompido as deportações em função de algum sentimento de humanidade em relação aos judeus.

Por volta de outubro, quando as deportações cessaram, cerca de 58 mil judeus haviam sido entregues às mãos dos alemães, e 24 mil haviam ficado na Eslováquia. Esses judeus remanescentes ainda não estavam em segurança, já que – como veremos – em 1944 a situação na Eslováquia mudou e as deportações foram retomadas.

Nesse ponto, é enorme a tentação de nos perdermos em história contrafactual. E se o papa tivesse tomado uma ação pessoal contra Tiso assim que as deportações começaram na primavera de 1942? Como padre católico, Tiso era especialmente vulnerável. Suponhamos que Pio XII tivesse ameaçado excomungá-lo – será que isso não teria feito com que Tiso repensasse as coisas? Houve um precedente de excomunhão durante a guerra. Léon Degrelle, líder dos Rexistas na Bélgica, foi excomungado no verão de 1943 por usar um uniforme da SS na missa. Os crimes de Tiso eram certamente mais graves, e embora por volta do final da guerra ele recebesse duras críticas do Vaticano, continuou como padre católico até seu último suspiro. Ainda se vestia como padre na prisão, aguardando sua execução por traição, em abril de 1947.

Os judeus que definhavam no gueto de Varsóvia também estavam cientes de que o Papa tinha a poderosa arma da excomunhão a seu dispor. Sabemos disso por causa das experiências de um homem excepcional chamado Jan Karski. Membro da resistência polonesa, Karski foi contrabandeado para o gueto de Varsóvia em 1942, pois queria testemunhar pessoalmente as condições horríveis do local. "Vi coisas terríveis", diz ele, "Vi corpos mortos estendidos na rua. Estávamos andando pelas ruas, [e] meu guia dizia de tempos em tempos 'Lembre-se disso'. E eu lembrei". Karski encontrou dois líderes judeus no gueto que informaram ter uma solicitação dirigida ao papa. Disseram a ele: "'Mas não sabemos como é que uma pessoa consegue falar com o seu papa, nós somos judeus. Mesmo assim, compreendemos que seu papa tem o poder de abrir e fechar as portas do paraíso. Vamos deixar que feche todas as portas daqueles que nos perseguem. Ele [o papa] não precisa dizer que isso compete aos alemães [todos]. Apenas àqueles que perseguem e matam os judeus. [Que] eles estão sujeitos a excomunhão automática. Talvez isso ajude. Talvez o próprio Hitler pense melhor. Quem sabe? Talvez alguns alemães católicos reflitam e exerçam alguma pressão. Em nome de nossas raízes comuns. Viemos das mesmas raízes [...] Você poderia fazer isso?' Eu disse 'Farei isso, claro'. E fiz".[48] Depois de ver as condições atrozes do gueto de Varsóvia, Karski conseguiu fugir da Polônia e cruzar a Europa ocupada. Por volta do final de 1942, chegou à Grã-Bretanha e falou pessoalmente com Anthony Eden. Também tentou influenciar o Vaticano para que se pronunciasse mais firmemente contra os nazistas. Mas sentiu que "nada importante aconteceu a partir de minha missão. Não consegui ajudar em nada".

À medida que os nazistas ampliavam sua busca de judeus no verão de 1942, sua atenção voltou-se para a Bélgica. Na infame reunião de Eichmann em 11 de junho, ficou definida uma cota de dez mil judeus da Bélgica, e o primeiro trem cheio de judeus partiu do país em 4 de agosto. A rainha Elisabeth da Bélgica havia pedido às autoridades alemãs que excluíssem os judeus belgas das deportações, e pelo menos esse pedido foi atendido. Mas concordar com os desejos da rainha Elisabeth não foi nada difícil para os nazistas, pois noventa por cento dos 52 mil judeus do país não eram cidadãos belgas.[49]

Na Bélgica, o processo de deportação não foi tão fácil para os nazistas quanto fora na Holanda. Isso se deveu em parte ao conflito entre a administração militar e a SS, e também porque muitos dos judeus não belgas – que já haviam fugido de outros lugares para escapar dos nazistas – não tinham razão para confiar nos alemães quando estes anunciaram que queriam judeus para trabalhos forçados no Leste. Embora fosse difícil encontrar um lugar para se esconder num país estrangeiro, muitos judeus não belgas preferiram encarar essa batalha do que colocar seu destino de novo nas mãos de seus perseguidores. Os nazistas também enfrentaram uma dura tarefa administrativa na Bélgica porque, ao contrário da Holanda, o país não tinha um serviço público totalmente operante e cooperativo.

Apesar disso, a cota inicial de dez mil judeus foi alcançada em meados de setembro de 1942, e no final do ano os nazistas haviam enviado perto de 17 mil para o Leste.

No outono de 1942, os alemães também ordenaram a deportação de judeus da Noruega, e Vidkun Quisling e a polícia norueguesa colaboraram nas questões práticas de seu aprisionamento.[50] Em dezembro de 1942, Quisling disse num discurso que sua administração havia "protegido a si mesma dos judeus" ao cooperar com os nazistas.[51] Além disso, as autoridades norueguesas se beneficiaram financeiramente das deportações. Ao final de outubro de 1942, Quisling assinou uma lei que permitia ao Estado norueguês sequestrar propriedades e ativos judaicos.

Em 26 de novembro, o navio mercante *Donau* partiu de Oslo para Stettin, no Báltico, com 532 judeus a bordo. No final, após outras deportações, um total de 747 judeus noruegueses foram executados em Auschwitz. Mas a maior parte dos dois mil judeus noruegueses conseguiu escapar dos nazistas, quase sempre fugindo pela fronteira até a neutra Suécia.[52]

Os nazistas sabiam que precisavam adaptar suas exigências não só às circunstâncias particulares de cada país, mas também ao fato de lidarem com aliados ou com nações conquistadas. Assim, no caso da deportação de judeus de Noruega, Holanda e Bélgica, podiam decidir isso eles mesmos – embora precisando da assistência das administrações locais –, mas era mais difícil agir de modo tão decisivo em relação a países como Itália, Romênia, Bulgária, Hungria e Croácia, que eram tratados não como nações conquistadas, mas como parceiros menores numa aliança.

Um dos exemplos mais intrigantes da cautela com que os nazistas lidavam com seus aliados é o caso da Bulgária. Havia cerca de 50 mil judeus vivendo na Bulgária — menos de um por cento da população. Apesar de tumultos episódicos contra os judeus no início do século XX e de ainda haver antissemitas ferrenhos no governo búlgaro, o país não manifestava o virulento antissemitismo que existia, por exemplo, na Eslováquia. O regime aderiu ao Eixo em março de 1941, somente depois que Hitler concordou em devolver ao país os territórios perdidos para a Romênia na Primeira Guerra Mundial. Os búlgaros ganharam mais território em abril de 1941 por terem participado com os alemães da invasão da Grécia. Agora a Trácia e a Macedônia passavam a fazer parte da "Grande Bulgária".

Os búlgaros demonstraram sua independência ao se recusarem a participar da guerra contra a União Soviética, decisão motivada pela longa e histórica associação da Bulgária com a Rússia. No entanto, o governo búlgaro foi muito mais transigente na questão dos judeus. Em janeiro de 1941, os búlgaros promulgaram uma Lei para a Proteção da Nação, com várias medidas antissemitas – entre elas, proibir casamentos entre búlgaros judeus e não judeus e excluir judeus de empregos no serviço público. Mas, como veremos, apenas em março de 1943 é que os primeiros judeus de territórios búlgaros ocupados foram deportados para a morte.

As circunstâncias eram muito diferentes na Croácia, outra nação dos Bálcãs, a oeste da Bulgária. Lá, de modo surpreendente, membros da SS ficaram chocados com o nível de brutalidade demonstrado pela milícia croata, a Ustaše – dirigida não aos judeus, mas aos sérvios. O chefe da Polícia de Segurança e da SD na Croácia relatou a Himmler, em fevereiro de 1942, que as unidades da Ustaše haviam cometido atrocidades contra "idosos, mulheres e crianças indefesos, de maneira bestial".[53] O modo primitivo pelo qual os croatas matavam seus inimigos parece ter tido um efeito particular nos alemães. Outro relatório do serviço de segurança da SS descreveu de que maneira a Ustaše havia perfurado lavradores com "varas semelhantes a lanças".[54] Lá atrás, em julho de 1941, o embaixador alemão na Croácia havia chamado a atenção das autoridades croatas para os inúmeros "atos de terror" cometidos contra os sérvios que "despertaram sérias preocupações".[55] Nos julgamentos da guerra em Nuremberg em 1946, Alfred Jodl, chefe da Equipe de Operações da Wehrmacht, disse ter ciência das "atrocidades inimagináveis" cometidas por uma determinada companhia da Ustaše em junho de 1942. O diário de guerra da Equipe de Operações da Wehrmacht confirmou que as ações dessa unidade da Ustaše foram consideradas tão horrendas que a polícia de campo do Exército Alemão havia entrado em ação para desarmá-los.[56]

Ao que parece, no entanto, os nazistas não fizeram objeções às atrocidades cometidas pela Ustaše contra os judeus. Em 1942, a maioria dos 40 mil judeus na Croácia foi aprisionada em campos de concentração dentro do país – grande parte, no vergonhoso campo de Jasenovac. Os alemães agora pediam aos croatas para deportar os judeus sobreviventes, e em 13 de agosto partiu a primeira leva para Auschwitz.

Não obstante a imensa brutalidade da Ustaše, a SS nunca conseguiu implantar a Solução Final na Croácia como desejava. O problema fundamental para os nazistas, como vimos, era a relação entre certos líderes croatas e alguns indivíduos judeus. O adido policial alemão na Croácia, SS Obersturmbannführer (tenente-coronel) Helm, descreveu num relatório de abril de 1944 que "em grande medida, a liderança croata está ligada aos judeus por casamento". A prerrogativa que os líderes croatas tinham de declarar judeus individuais como "arianos honorários" tornou impossível declarar a "questão judaica" totalmente "resolvida". Enquanto a Croácia continuasse como aliada, havia pouco que os nazistas pudessem fazer a respeito disso, exceto, como sugeriu o SS Obersturmbannführer Helm, tentar "persuadir" o governo croata a "eliminar por iniciativa própria os judeus que ainda estão em cargos públicos" e "aplicar um padrão mais severo na concessão dos direitos de Ariano Honorário".[57]

Os alemães também tiveram problemas com a atitude dos húngaros em relação aos judeus, embora as autoridades do país já tivessem intensificado a perseguição antissemita. Bem antes, em agosto de 1941, os húngaros haviam expulsado cerca de 17 mil judeus que não tinham cidadania húngara, enviando-os para o redemoinho do Leste, onde quase todos foram mortos por Einsatzgruppen e unidades da SS em Kamenets-Podolsk, no oeste da Ucrânia. Os húngaros também comandaram uma brutal ocupação de território na Iugoslávia, e em janeiro de 1942 massacraram centenas de judeus em Novi Sad, na Sérvia. Além disso, obrigaram vários judeus húngaros a servir em Batalhões de Prestação de Trabalhos, onde seu destino dependia dos caprichos do comandante de cada unidade. Segundo um relato, vários judeus de uma unidade de trabalho foram molhados com uma mangueira de água fria no inverno, de modo que pareciam "estátuas de gelo".[58] Outro oficial húngaro decidiu fazer uma execução em massa em sua unidade. Noventa e seis foram mortos, trinta deles assassinados pelo próprio oficial. Segundo uma estimativa, mais de 30 mil judeus húngaros jamais voltaram do *front* leste.

No entanto, o governo húngaro ainda não estava disposto a deportar todos os judeus que viviam em seu país e nos territórios vizinhos sob controle da Hungria – um total de mais de 750 mil. O almirante Horthy, regente húngaro e chefe de Estado, era um político refinado, e tentou equilibrar a necessidade de amizade com seu aliado alemão com a insatisfação que se seguiu ao desaparecimento dos judeus entregues pelos húngaros aos alemães em 1941 e assassinados em Kamenets-Podolsk. Em março de 1942, Horthy substituiu o primeiro-ministro antissemita e pró-nazista, László Bárdossy, pela figura bem mais pragmática de Miklós Kállay. Horthy decidiu fazer um jogo mais lento, esperando para ver de que maneira a guerra iria se desenvolver. Compreendeu que não era necessariamente do interesse da Hungria entregar um grande número de judeus aos nazistas. Afinal, deve ter pensado, vamos supor que os Aliados ganhem: qual será a retaliação que poderá advir?

As ações húngaras, embora decepcionantes para os nazistas, não eram de todo surpreendentes, já que o almirante Horthy jamais escondera sua atitude pragmática. O mais inesperado foi o comportamento da Romênia. O governo romeno havia demonstrado enorme comprometimento em matar judeus. Os soldados romenos, trabalhando junto com Einsatzgruppen, haviam assassinado 160 mil judeus na Ucrânia após a invasão da União Soviética em 1941, e as autoridades romenas deportaram 135 mil judeus do Leste da Romênia para a Transnístria, onde cerca de 90 mil morreram em campos.[59]

No verão de 1942, parecia que os romenos iriam cooperar com os alemães e expulsar judeus da área central romena. Em 8 de agosto de 1942, o *Bukarester Tagblatt*, um jornal publicado na Romênia pela embaixada alemã, anunciou que havia preparativos em curso para limpar a Romênia "definitivamente" dos judeus.[60] Logo depois, o *Völkischer Beobachter* confirmou a notícia, publicando que "no decorrer do próximo ano, a Romênia ficará totalmente purgada de judeus".[61] Mas então as discussões sobre as deportações começaram a desandar.

O marechal Antonescu se esquivou. Ele não chegou a dizer que não estava mais disposto a deportar os judeus que ainda restavam na

Romênia, mas tampouco se comprometeu a definir uma data exata de início das deportações. Hesitava por uma série de razões. Como vimos, o mundo já fora informado do destino dos judeus. Isso significava que qualquer chefe de Estado que entregasse judeus aos alemães dificilmente poderia alegar ignorância ao final da guerra. Não que isso fizesse diferença para os romenos se os alemães vencessem, mas esse desfecho não parecia tão certo. Apesar dos ganhos que a Wehrmacht vinha obtendo em seu avanço em direção ao Rio Volga e às montanhas do Cáucaso, a entrada dos Estados Unidos na guerra fez com que muitos aliados dos alemães reavaliassem o que o futuro poderia trazer. Até alguns membros da liderança alemã expressavam dúvidas. Em setembro de 1942, por exemplo, o general Friedrich Fromm, encarregado do suprimento de armamentos para o Exército Alemão, enviou um relatório a Hitler pedindo que negociasse com os Aliados e pusesse fim à guerra. A Alemanha, na visão de Fromm, simplesmente não era capaz de competir com o poder de fogo agora à disposição dos Aliados.[62]

Havia também uma crescente falta de confiança dos romenos em relação aos alemães. O governo romeno estava descontente com o que encarou como falta de respeito para com Radu Lecca, o Comissário de Assuntos Judaicos da Romênia, quando este visitou Berlim no verão de 1942. Ao mesmo tempo, Gustav Richter, o agente de Eichmann em Bucareste, relatou suas suspeitas de que alguns políticos romenos estivessem aceitando propinas de judeus.[63] Antonescu também enfrentava o lobby de grupos de pressão dentro da Romênia a respeito do destino dos judeus, particularmente do arcebispo Andrea Cassulo, núncio apostólico em Bucareste. Antonescu, assim como o almirante Horthy, estava tomando uma decisão política pragmática no verão de 1942. Não que de repente se sentisse envergonhado pelos 250 mil judeus que condenara à morte no ano anterior. Estava apenas reagindo à mudança das circunstâncias.

Hitler comportava-se de modo muito diverso. Mostrava-se mais intransigente do que nunca, e deu rédea solta a seu fanatismo num discurso em 30 de setembro de 1942. Chamou então os judeus de "os que puxam os cordõezinhos desse homem insano na Casa Branca [isto é, Roosevelt]", e declarou, de maneira agourenta, "Os judeus antes riram das minhas profecias na Alemanha. Não sei se ainda estão rindo hoje ou se não têm mais vontade de rir. Hoje, também, posso assegurar a vocês uma coisa: eles logo não terão mais vontade de rir em lugar nenhum".[64] Muitos de seus seguidores eram tão beligerantes quanto ele. Em outubro de 1942, pouco depois de o general Fromm ter apresentado seu memorando a Hitler dizendo que a Alemanha estava rumando para a catástrofe, Robert Ley, chefe do *Front* de Trabalho Alemão (a organização sindical nazista), disse numa reunião em Essen, na Alemanha: "Queimamos todas as pontes atrás de nós, e o fizemos de propósito. Praticamente resolvemos a questão judaica na Alemanha. Só isso já é algo inacreditável".[65] E, naquele mesmo mês, Göring declarou num discurso em Berlim "Que o *Volk* alemão compreenda uma coisa: o quanto essa luta se tornou necessária! A situação terrível em que vivíamos [antes] era insuportável".[66]

A divergência agora era entre os que acreditavam que haveria uma chance de sair da guerra antes da derrota absoluta e aqueles que entendiam ter "queimado todas as pontes" e seguiriam lutando até o fim. Esses fanáticos continuariam matando judeus por convicção – praticamente sem medir as consequências. Reveses no campo de batalha nunca iriam desviá-los desse seu curso. Na realidade, à medida que o tempo passava, muitos desses mesmos ideólogos sentiriam sua decisão de matar os judeus fortalecer-se à medida que as dificuldades militares aumentavam. Porque a guerra contra os judeus, sentiam eles, era uma luta que poderiam vencer.

13. Campos de extermínio nazistas na Polônia
(1942)

NA GUERRA NAZISTA contra os judeus, o principal campo de batalha era na Polônia – e o auge de sua intensidade foi em 1942. Não só porque todos os principais campos de extermínio foram construídos em solo polonês e a Polônia foi o destino da grande maioria das levas que vinham de toda a Europa, mas porque no Holocausto morreram mais judeus poloneses do que de qualquer outra nação – cerca de três milhões.[1] Isto é, metade de todos os judeus mortos no decorrer de toda a Solução Final.

Em 19 de julho de 1942, numa visita à Polônia, Himmler ordenou que a "reinstalação de toda a população judaica do Governo Geral" deveria ser "efetuada e concluída até 31 de dezembro de 1942".[2] Segundo Himmler, era necessária uma "desocupação abrangente". Era uma maneira eufemística de dizer que ele queria que praticamente todos aqueles judeus fossem mortos até o final daquele ano.

Um número enorme de judeus poloneses seria então enviado diretamente para campos de extermínio, onde a grande maioria seria executada horas após a chegada. Apenas alguns seriam temporariamente poupados da deportação, por seu trabalho ser considerado essencial ou por terem sido selecionados para as unidades de Sonderkommando judaicas ao chegarem ao campo de extermínio, obrigados então a ajudar a SS no processo de extermínio.

A ordem de Himmler é um momento-chave na história do Holocausto – uma parte vital de um processo evolucionário. No início de 1942, os nazistas não sabiam ao certo quantos judeus matariam a curto prazo. Para Heydrich, em Wannsee, o embate com os judeus ainda era potencialmente um processo de desgaste a longo prazo, com grande número de judeus levados à morte durante um certo período de tempo. Na realidade, o que Himmler fez em julho de 1942 foi dizer "Vamos matar grande número de judeus imediatamente". Embora fosse um salto adiante, isso só se tornou possível porque os nazistas haviam previamente embarcado num processo gradual de matar judeus selecionados. Foi apenas graças a esse histórico, e à experiência adquirida com ele, que Himmler podia agora confiar que seria possível cometer um extermínio em massa nessa escala.

Essa foi, sem dúvida, uma decisão tomada nas semanas e nos meses posteriores à conferência de Wannsee, e não a implementação de uma decisão tomada em Wannsee ou antes. Sabemos disso em parte pelas mudanças físicas que foram necessárias nos dois campos de extermínio especializados dotados de câmaras de gás fixas. Nem Bełżec nem Sobibór tinham capacidade para matar o número de judeus que Himmler agora pretendia eliminar. Só nesse momento os dois foram expandidos. Em Bełżec, em junho, suspenderam-se temporariamente todos os transportes, para permitir a construção de câmaras de gás maiores, capazes de matar mais de mil pessoas simultaneamente. Na segunda semana de julho, os transportes foram retomados, a tempo de cumprir o programa de expansão de Himmler. Similarmente, em Sobibór houve uma suspensão do programa de extermínio – dessa vez no final de julho –, em parte para permitir realizar reparos na linha férrea que transportava judeus para o campo, mas também para ampliar as câmaras de gás existentes. A capacidade de matar agora passava de seiscentas pessoas por vez no interior das câmaras de gás para mil e duzentas. O mais significativo de tudo foi a abertura, em 23 de julho, de um campo de extermínio totalmente novo em Treblinka – perto da principal linha férrea para Varsóvia, quase cem quilômetros a sudoeste –, apenas quatro dias após o anúncio de Himmler. Em Treblinka seriam mortos mais judeus do que em qualquer outro campo, com a exceção de Auschwitz.

Vários outros fatores convergiram a essa altura – todos atuantes a partir da conferência de Wannsee. O primeiro foi uma mudança administrativa de consequências consideráveis. Nos primeiros meses de 1942, Hans Frank, chefe do Governo Geral, foi chamado a responder por acusações de corrupção. Com o enfraquecimento do poder de Frank, Himmler assumiu o controle da política em relação aos judeus no Governo Geral, subordinado apenas aos desejos de Hitler. Isso foi especialmente importante, porque viviam mais judeus no Governo Geral do que em qualquer outra parte – cerca de 1,7 milhão. Himmler já tinha um oficial locado em Lublin no Governo Geral – o Alto SS e Chefe de Polícia, Odilo Globocnik –, a quem era possível confiar a organização do lado prático de qualquer expansão no plano de extermínio.

Havia também a questão da disponibilidade de comida. Um corte nas rações do povo alemão, em abril de 1942, havia se mostrado obviamente impopular, e a liderança nazista determinou que, antes que qualquer alemão ficasse sem comida, outros teriam que passar fome. Göring expressou essa opinião numa reunião em 6 de agosto de 1942, quando impôs novas exigências aos territórios ocupados. "Essa preocupação perene com povos estrangeiros deve cessar agora, de uma vez por todas", disse ele a um grupo de veteranos oficiais. "Tenho aqui à minha frente relatórios sobre o que é esperado de vocês. Não é nada de mais quando considero os seus territórios. Não faz diferença para mim quanto a isso se vocês disserem que seu povo irá passar fome. Podem deixá-los em inanição, desde que nenhum alemão desmaie de fome."[3] Alguns dias antes dessa reunião, Himmler ordenara que as remessas de comida para Varsóvia em agosto fossem restringidas, e que quaisquer agricultores que não entregassem a produção exigida pelos alemães fossem executados.[4] Outra maneira, claro, de reduzir a demanda de comida nos territórios ocupados era matar muitas das pessoas que os consumiam. Nesse caso, os judeus do Governo Geral.

Um evento externo adicional que pode ter intensificado a determinação homicida tanto de Hitler quanto de Himmler foi o assassinato de Reinhard Heydrich. Na operação planejada pelos britânicos da SOE (*Special Operations Executive*), dois agentes tchecos atacaram o

Mercedes conversível de Heydrich quando ele dirigia por Praga na manhã de 27 de maio 1942. Heydrich morreu em decorrência de seus ferimentos oito dias mais tarde. No seu funeral, em 9 de junho, Himmler declarou "Temos o dever sagrado de reparar sua morte, de levar adiante seu trabalho, e agora, mais ainda do que antes, aniquilar sem misericórdia os inimigos do nosso povo, sem demonstrar qualquer hesitação".[5] Naquela noite, numa reunião de altas figuras da SS, Himmler declarou que "dentro de um ano [...] ninguém [isto é, nenhum judeu] vai mais migrar. Pois agora as coisas finalmente precisam ser resolvidas".[6] A ação destinada a matar os judeus do Governo Geral ganharia o nome de Operação Reinhard, em homenagem a Heydrich.

Himmler encontrou-se várias vezes com Hitler nessa época, e uma análise convincente é que nos dias 23 de abril e 3 de maio tenham ocorrido discussões importantes entre ambos a respeito de ampliar as matanças. Himmler encontrou-se também com Hitler em julho, um dia antes de anunciar a "abrangente limpeza" dos judeus no Governo Geral, e é inconcebível que os dois não tenham conversado de novo a respeito do morticínio que estava para acontecer.[7] Quando Hitler vociferou dois meses mais tarde que os judeus "logo não teriam mais vontade de rir", é bem possível que estivesse se referindo de maneira indireta ao grande aumento do programa de extermínio na Polônia que tivera início a partir de julho.

Por volta dessa época, Himmler e Hitler estavam também considerando assassinar em massa milhões de não judeus. Em 16 de julho, três dias antes de ordenar matar praticamente todos os judeus do Governo Geral até o final do ano, Himmler comentou reservadamente ter tido "o dia mais feliz da minha vida" ao debater com Hitler "o maior exemplo de colonização que o mundo jamais terá visto"[8] e seu próprio papel na sua criação. Tratava-se do infame Plano Geral para o Leste, por meio do qual dezenas de milhões de povos eslavos seriam condenados à escravidão e à morte. De fato, uma indicação do grau de brutalidade com que Himmler promoveria em breve a "limpeza" racial ocorreu nos meses que se seguiram ao seu "dia mais feliz". Numa massiva ação de "germanização" que não tem recebido a atenção pública pós-guerra que merece, Himmler ordenou a expulsão de grande número de poloneses da região em torno de Zamość, no sudeste da Polônia. O alto comandante de Himmler em Lublin, Odilo Globocnik, supervisionou a deportação forçada de mais de 50 mil poloneses. A ideia era que essa grande área, rica em solo fértil, fosse colonizada por alemães étnicos. Mas, uma vez mais, os nazistas superestimaram sua capacidade de cumprir essa tarefa, e sua arrogância racial trabalhou contra eles. Muitos poloneses fugiram para as florestas, formaram unidades de resistência e lutaram. Ficou obviamente impraticável para os nazistas implantar esse plano simultaneamente à deportação dos judeus, e a ideia de Himmler de colonizar essa região foi abandonada.[9]

Havia no Governo Geral mais judeus aprisionados no gueto de Varsóvia do que em qualquer outro lugar. Nessa pequena área da capital polonesa vivia mais que o dobro dos judeus que Eichmann disse querer, naquele verão, deportar da França, da Bélgica e da Holanda. Não admira, portanto, que no verão de 1942 os mais de 300 mil judeus do gueto de Varsóvia fossem o alvo imediato da SS. Adam Czerniaków, presidente do Conselho Judaico do gueto, escreveu em seu diário em 18 de julho que havia "boatos" sobre a deportação. No dia seguinte, registrou que havia feito o seu melhor para tranquilizar os judeus que estivessem ansiosos. "Tentei encorajar as delegações que vieram me ver", escreveu ele. "O que isso me custa eles não veem. Hoje tomei dois pós para dor de cabeça, mais um analgésico e um sedativo, mas minha cabeça ainda está estourando. Faço o maior esforço para que o sorriso não abandone meu rosto." No dia seguinte, um oficial da SS mandou Czerniaków dizer à população do gueto que toda aquela conversa sobre deportações não passava de "pura bobagem". Mas isso era mentira. Dois dias depois, em 22 de julho, Czerniaków escreveu: "Disseram-nos que todos os judeus, não importa sexo ou idade, com algumas exceções, serão deportados para o Leste. Por volta das 16 horas de hoje, um contingente de seis mil pessoas será colocado à disposição. E essa (como mínimo) será a cota diária".[10] O desespero de Czerniaków concentrava-se particularmente no que ele chamava de "dilema trágico" das crianças nos orfanatos. Deveria também entregá-las? A resposta, é claro, estava fadada a ser afirmativa. A SS via as crianças como um alvo particular – para eles, eram as mais "inúteis" das "bocas inúteis".

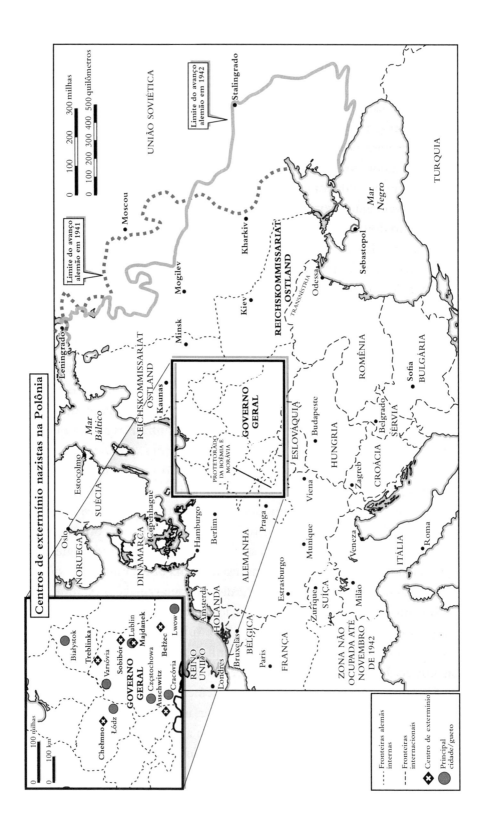

Sem que Adam Czerniaków soubesse, um dos oficiais de Odilo Globocnik já havia chegado alguns dias antes para planejar as deportações, com a ajuda dos SS que supervisionavam o gueto. Eles agora buscavam a cooperação do Conselho Judaico para organizar os transportes, por meio de uma combinação de incentivos e ameaças. O incentivo era simples: a SS oferecia poupar os membros do Conselho Judaico e seus familiares das deportações. A ameaça era ainda mais direta – se o Conselho Judaico não cooperasse, seus entes queridos seriam mortos. Czerniaków foi informado em 22 de julho que "se a deportação fosse impedida de alguma maneira", sua esposa "seria a primeira a ser executada como refém".[11]

Tudo isso foi demais para Adam Czerniaków. Em 23 de julho, ele cometeu suicídio engolindo uma cápsula de cianeto. Isso não fez nenhuma diferença para a SS ou para as deportações. Nomearam outro chefe do Conselho Judaico, Marek Lichtenbaum, e seguiram em frente como antes. Mais de dois mil membros da polícia judaica da ordem, dentro do gueto, passaram agora a organizar as deportações. Assim como os membros do Conselho Judaico, ao fazerem isso salvavam – pelo menos temporariamente – a própria vida e a de suas esposas e filhos.

Nenhum morador do gueto sabia ao certo o que aconteceria com os judeus que fossem deportados. Mas algumas informações sobre o que estava acontecendo com os judeus haviam vazado e chegado a Varsóvia. Emmanuel Ringelblum estava particularmente bem informado a respeito de um dos campos de extermínio. Escreveu em seu diário em junho de 1942, pouco antes do início das deportações, que os alemães estavam "seguindo esse plano: os 'elementos não produtivos', crianças até a idade de 10 anos e idosos com mais de 60, eram enfiados em vagões de trem fechados, guardados por um destacamento alemão e levados para destino desconhecido [...] onde qualquer vestígio dos judeus 'realocados' desaparece. O fato de que até agora ninguém tenha conseguido fugir de um campo de extermínio em Bełżec, e de que até agora nenhum judeu ou polonês testemunha da operação de extermínio em Bełżec tenha sobrevivido, é a mais clara indicação do cuidado que estão tendo para que a notícia não se espalhe entre seu próprio povo".[12]

Ringelblum criticou particularmente o papel da polícia judaica nas deportações, pois eles "não emitiram uma única palavra de protesto contra essa revoltante tarefa de levar os próprios irmãos para a morte". Em sua avaliação, e com base em suas próprias observações, "A maior parte do tempo, a polícia judaica mostrou uma brutalidade incompreensível [...] Impiedosos e violentos, batiam naqueles que tentavam resistir".[13]

A ação contra os judeus do gueto de Varsóvia, que começou em 23 de julho, foi um dos horrores mais atrozes do Holocausto. "O tumulto e o terror são pavorosos", escreveu Abraham Lewin em seu diário em 1º de agosto. "Mães perdem seus filhos. Uma senhora idosa frágil é carregada no ônibus. As tragédias mal podem ser expressas em palavras. O rabino da Rua Dzielna 17 foi pego e ao que parece executado com um tiro. Crianças são capturadas andando pela rua."[14]

Halina Birenbaum, então com 12 anos, lembra: "A cada dia havia menos pessoas, a cada dia havia mais apartamentos vazios". Os judeus começaram a se esconder dentro das estruturas de seus apartamentos "atrás dos guarda-roupas ou debaixo da cama", mas logo "os alemães e seus auxiliares ucranianos, junto com a polícia judaica", começaram a "ir de andar em andar em cada um dos apartamentos, arrebentando as portas com barras de ferro [...] Ouvi quando botavam os judeus para fora, e os gritos, e os tiros. Todo dia é a mesma coisa – de manhã até de noite".[15]

Sessenta e cinco mil judeus foram deportados para Treblinka nos primeiros dez dias da ação. No início, a SS não deportou aqueles a quem havia sido garantida isenção, mas logo depois, caso tivessem dificuldades para preencher um trem, pegavam qualquer um que encontrassem. Foi dito aos membros da polícia judaica que se cada um não entregasse cinco pessoas – por dia –, então seus entes queridos seriam enviados em lugar dessas pessoas. Usando tais métodos, ao final de setembro a grande maioria dos judeus havia sido expulsa do gueto.

Quase todos os judeus do Gueto de Varsóvia foram enviados para o campo de extermínio de Treblinka. Este, o último campo de extermínio especializado a ser construído, era o maior e o mais letal.[16] Cerca de 850 mil pessoas – algumas estimativas falam em mais de 900 mil – foram assassinadas lá entre o verão de 1942 e o outono de 1943. E nesse intervalo de tempo, o período mais mortífero foi do final de julho até o final de agosto de 1942, quando se estima que 312.500 pessoas foram mortas – por volta de 250 mil provenientes do Gueto de Varsóvia.[17] A SS alcançou esse espantoso recorde de matança em parte pelo fato de Treblinka ter sido construído com um ramal ferroviário que desembocava diretamente no campo. Isso foi de grande ajuda para os membros da SS, que assim puderam acelerar o desembarque dos judeus e sua condução para as câmaras de gás. Quanto à disposição interna do campo, era similar à de Bełżec e Sobibór. Havia uma área de chegada e uma área de extermínio com as câmaras de gás, as duas áreas ligadas por um estreito caminho ou "tubo", e mais seções separadas para acomodações dos guardas e dos Sonderkommandos.

Outra razão para a impressionante escala do morticínio em Treblinka no verão de 1942 não era técnica, mas pessoal – a ambição do doutor Irmfried Eberl, de 31 anos, comandante de Treblinka e o único médico a dirigir um campo de extermínio. O doutor Eberl já apareceu nesta história, quando era o diretor do centro de eutanásia de Brandenburg. Ele, portanto, tinha muita experiência em assassinato em massa antes de começar a trabalhar em Treblinka. E da mesma forma que mostrou todos os sinais de gostar de seu trabalho em Brandenburg, também pareceu ter prazer com a oportunidade de matar judeus. Em junho de 1942, enquanto preparava o campo de extermínio para a chegada da primeira leva de Varsóvia, escreveu para a esposa, Ruth, que sua vida era "muito ocupada" e que ele "gostava disso".[18] Em outra carta para ela no final de julho, pouco depois que os judeus começaram a chegar, disse: "Sei que não tenho escrito muito ultimamente, mas não pude evitar, já que as últimas 'semanas de Varsóvia' foram uma correria inimaginável". Disse que nem que o dia tivesse "cem horas" seria "suficiente" para ele concluir seu trabalho, e que para poder cumprir suas obrigações dera um jeito de ganhar "nervos de aço". Era também capaz, afirmava, de fazer com que sua equipe "o acompanhasse" e que estava "contente e orgulhoso do que havia alcançado".[19]

A SS aprendera por experiência que a chave para operar com eficiência um campo de extermínio era a dissimulação. Assim, Treblinka foi disfarçada para parecer um campo de trânsito, com os recém-chegados sendo submetidos a um acelerado processo de execução, conduzidos o mais rápido possível para os "chuveiros" no bloco da "desinfecção". Uma pré-condição óbvia para esse engodo era que a presença de grande número de cadáveres fosse ocultada dos judeus que chegavam. Conseguia-se isso não só procurando enterrar os cadáveres o mais rápido possível, mas também entrelaçando ramos mortos nas cercas de arame que dividiam as diferentes áreas dentro do campo, a fim de ocultar o que estava acontecendo.

No início, o morticínio parecia progredir com eficiência para a SS, com cerca de cinco mil a sete mil judeus mortos por dia. Mas em meados de agosto os sistemas na fábrica da morte de Treblinka começaram a degringolar. A razão foi, em parte, o aumento do número de judeus enviados ao campo – as levas quase dobraram para mais de dez mil por dia. Isso significava que os SS e seus auxiliares não conseguiam limpar adequadamente o campo entre uma leva e outra, a fim de preservar a ficção de que se tratava de um mero campo de trânsito. O fato de não se cumprir essa tarefa no devido tempo teve consequências imediatas para o restante do processo de matança. A SS era obrigada a mandar os trens que chegavam aguardarem na estação de Treblinka antes de desviar os vagões pelo ramal até o interior do campo. Isso apenas exacerbava o colapso do engodo, pois significava que grande número de judeus morria dentro dos vagões de carga. Limpar os vagões dos cadáveres levava mais tempo do que simplesmente conduzir os judeus para as câmaras de gás, e acrescentava mais atrasos ainda no funcionamento do campo.

Havia também, para os nazistas, o problema do cheiro. O ar em volta do campo era cheio de odores insalubres. Eugenia Samuel, então uma estudante que vivia em área próxima, lembra que "o cheiro de corpos em decomposição era simplesmente terrível. Não dava para você abrir a janela ou sair de casa por causa do fedor. Você não imagina como era esse fedor".[20]

Oskar Berger foi um dos judeus que chegaram a Treblinka exatamente quando a estrutura do campo degringolava. Ao desembarcar do trem, em 22 de agosto de 1942, viu "centenas de corpos espalhados por toda parte".[21] A SS e seus auxiliares ucranianos tentaram controlar os recém-chegados atirando neles dos telhados dos edifícios. Isso apenas piorou o pânico, com o "ar preenchido por gritos e choros".

Outro recém-chegado, Abraham Krzepicki, foi "confrontado" no campo "com uma visão desconcertante: um imenso número de cadáveres, estendidos um ao lado do outro. Calculo que havia 20 mil cadáveres ali [...] a maioria deles sufocada nos vagões de carga. As bocas permaneciam abertas, como se arfassem em busca de um pouco de ar". Ele foi selecionado pela SS para ajudar a desfazer aquela cena de pesadelo. Mas, apesar da terrível situação do campo, a programação contínua de chegada dos trens não foi interrompida: "À noite, chegou mais uma leva ao campo. Fomos correndo até os vagões. Era chocante. Todos os vagões estavam cheios, mas só de cadáveres – asfixiados. Empilhados uns por cima dos outros, em camadas, até o teto do vagão de carga. A visão era muito horrível, é difícil de descrever".[22]

A imensa autoconfiança de Irmfried Eberl, assim como o aumento no número de levas transportadas em agosto, estava por trás desse horror. "A ambição do doutor Eberl", disse August Hingst, um membro da SS em Treblinka, "era conseguir os números mais altos e superar os outros campos. Chegavam tantas levas que não era mais possível lidar com o desembarque e a execução das pessoas por gás".[23] Havia também boatos de que a disciplina havia sido quebrada em Treblinka e que alguns valores roubados dos judeus não tinham sido enviados para o Reich, e sim levados pelos guardas do campo – e até que o doutor Eberl, uma vez em que se embebedou, havia mandado uma judia dançar nua para ele.[24]

Quando os relatos sobre a desintegração de Treblinka chegaram aos superiores do doutor Eberl, eles decidiram fazer-lhe uma visita. No final de agosto, Odilo Globocnik viajou até o campo com um grupo de altos oficiais, entre eles Christian Wirth, o primeiro comandante de Bełżec e recém-nomeado inspetor dos campos de extermínio da Operação Reinhard. "Em Treblinka, era tudo um caos", disse o membro da SS Josef Oberhauser, que trabalhava para Wirth e viu o que aconteceu quando a delegação chegou ao campo. "O doutor Eberl seria demitido imediatamente [...] Globocnik disse em sua conversa que se o doutor Eberl não fosse seu compatriota, o prenderia e levaria para um tribunal da SS e da polícia".[25]

Wirth escolheu Franz Stangl, na época comandante de Sobibór, para ocupar o lugar do doutor Eberl. Como Sobibór havia sido fechado temporariamente para reparos na linha de trem que corria junto ao campo e para ampliação das câmaras de gás, Stangl estava disponível para assumir imediatamente. Mesmo assim, Wirth decidiu ficar no campo algumas semanas, para supervisionar o processo de limpeza, junto com Stangl. Era uma tarefa e tanto, como testemunhou em sua chegada uma das figuras mais cruéis que trabalhou nos campos de extermínio, o SS Oberscharführer (major-sargento de Companhia) Kurt Franz, oficial apelidado de "Boneca" por sua face supostamente parecida com a de um bebê: "No campo havia corpos espalhados por toda parte [...] Esses corpos foram arrastados pelo campo até sua parte superior pelos judeus. Os trabalhadores judeus eram obrigados a prosseguir em sua tarefa pelos guardas [ucranianos], e também pelos alemães [...] Havia tremenda confusão e um alarido horrível [...] Durante a minha caminhada, mandei alguns dos esquadrões de guardas incluírem mulheres e abaixarem seus rifles".[26] A especialidade de Kurt Franz em Bełżec tinha sido lidar com os auxiliares – guardas selecionados entre os prisioneiros de guerra soviéticos para trabalhar em campos de extermínio –, que, como vimos, eram chamados coletivamente de "ucranianos". Portanto, Franz agora tentava colocar ordem entre eles.

Os transportes para Treblinka tiveram que ser suspensos entre 28 de agosto e 3 de setembro, enquanto eram removidos os milhares de cadáveres do campo. Os corpos mortos foram incinerados em valas, e a fumaça que encheu o céu era visível a quilômetros de distância. Ao longo de todo esse processo, Christian Wirth foi a força dominante. "Wirth tinha conversas com a equipe alemã, em geral às 11 da manhã", disse o SS Scharführer (major-sargento) Franz Suchomel. "Essas conversas aconteciam na presença de Stangl [...] As suas instruções [de Wirth] eram detalhadas."[27]

Assim como acontecera em Sobibór, havia tensões entre Stangl e Wirth. Segundo Suchomel, depois que Stangl examinou a operação de extermínio em Treblinka, recomendou colocar baldes no tubo – o caminho que levava da área de chegada do campo às câmaras de gás – porque as mulheres "todas defecavam, sabe como é, enquanto corriam ou ficavam ali em pé esperando". Stangl disse que já havia colocado baldes no tubo antes e que isso se revelara útil. Wirth respondeu: "Não ligo a mínima para o que você fez com a merda em Sobibór. Deixe que se caguem. Depois a gente limpa".[28]

Christian Wirth, como o doutor Eberl, dava todas as indicações de ter prazer com seu trabalho. Seu assistente, Josef Oberhauser, observou que "suas características mais destacadas eram uma crueldade ferrenha, obediência incondicional, crença no Führer, insensibilidade e brutalidade absolutas. Esses traços já eram típicos dele na eutanásia [operação], onde eu o conheci; mas ele realmente se sentia à vontade em relação ao extermínio de judeus".[29] Com Wirth "à vontade", o processo de extermínio em Treblinka foi retomado com a volta dos transportes do gueto de Varsóvia, em 3 de setembro.

Kalman Taigman era um dos judeus do gueto de Varsóvia espremido num vagão de carga naquele mês de setembro, a caminho de Treblinka. Embora alguns judeus no trem acreditassem que iam para a morte, ele ainda achava que os nazistas diziam a verdade sobre o que havia pela frente. "Ainda no gueto", lembra ele, "disseram que estávamos indo para o Leste para trabalhar em todo tipo de fábricas. Então achei que como eu era jovem e saudável provavelmente estaria sendo levado para trabalhar".[30] Mas na chegada a Treblinka essas ilusões logo caíram por terra. "Era inacreditável", diz ele. "Eles abriram os vagões de carga e começaram a gritar 'Saiam!', em alemão, é claro, aos berros, e muitas das pessoas que ainda conseguiam ficar em pé e respirar saíram, mas havia alguns que já tinham virado cadáveres dentro dos vagões de carga, e esses não saíam." Entre os judeus saudáveis que chegaram, a SS fez uma seleção, e Kalman Taigman foi um dos escolhidos. Uma proporção relativamente grande de judeus dessas primeiras levas para Treblinka em setembro foi escolhida para trabalhar no campo, a fim de deixá-lo desimpedido e garantir que não se repetisse o caos do regime de Eberl. Desses escolhidos na leva de Kalman, um grupo começou a esvaziar os vagões de carga dos cadáveres e outro passou a selecionar os pertences dos judeus que haviam sido levados para as câmaras de gás.

Kalman mais tarde fez parte de um comando que limpava os alojamentos onde as mulheres tinham o cabelo raspado antes de entrarem nas câmaras de gás. "Quando limpávamos esses alojamentos das roupas", ele lembra, "às vezes encontrávamos bebês debaixo dessas pilhas. Acho que as mães os deixavam ali na esperança de que alguém pudesse resgatá-los". Quando ele e seus companheiros encontravam esses bebês, levavam-nos até uma área cercada do campo onde eram recolhidos os doentes, conhecida como *Lazarett* ("hospital militar" em alemão). Mas quando os judeus chegavam ao *Lazarett* descobriam que, como ocorria em Sobibór, não se tratava de nenhum hospital, mas de uma área de execução onde os doentes eram mortos a tiros e depois jogados numa vala. "Havia uma cerca branca em volta dali", diz Kalman, "e nessa cerca uma placa da Cruz Vermelha, então as pessoas que chegavam ali não tinham a menor ideia de onde estavam indo [...] é difícil descrever coisas como essas". Ele lembra que os bebês encontrados nos alojamentos eram mortos a tiros, ou jogados na vala, ou – se já houvesse corpos sendo incinerados – atirados diretamente no fogo. "Como eu me sentia?", diz Kalman. "Não sentia nada [...] Eu virei um autômato. Sem pensamentos. Minha preocupação era apenas não ser espancado, e às vezes me preocupava em encher a barriga de alguma coisa e pronto. Não pensava e não sentia. Eu vi o inferno, se é que existe."[31]

O novo regime da SS em Treblinka assegurou que o campo fosse mantido impecável, na medida do possível. "O caminho que levava às câmaras de gás precisava estar limpo e arrumado", diz Kalman. "Toda vez tínhamos que trazer areia amarela limpa e espalhar por ali." Durante seu tempo no campo, diz ele, "a máquina da morte funcionou ali com muita eficiência".

Por volta do final da terceira semana de setembro, a maior parte dos judeus de Varsóvia já havia morrido nas câmaras de gás de Treblinka. As autoridades alemãs decidiram então interromper por um tempo as deportações de Varsóvia, depois que uma grande seleção final permitiu que permanecessem momentaneamente no gueto 35 mil judeus – cerca de dez por cento da sua população antes das deportações. Havia também mais de 25 mil outros judeus no gueto – aqueles que tinham dado um jeito de se esconder, em geral nos porões, sótãos e atrás de paredes.

A pausa nas deportações de Varsóvia permitiu que os nazistas enviassem judeus de outros guetos da Polônia para a morte em

Treblinka. A maior deportação de gueto nessa nova fase ocorreu em Częstochowa, a oeste de Lublin, onde cerca de 35 mil judeus foram obrigados a embarcar em trens e enviados a Treblinka. Judeus de muitos outros guetos, grandes e pequenos, foram também enviados para campos de extermínio. Samuel Willenberg, por exemplo, então com 19 anos, foi capturado em Opatów, no sudeste da Polônia, e levado para Treblinka nessa nova fase. A essa altura – outono de 1942 – os boatos sobre o destino dos judeus já haviam se espalhado, e quando seu trem passou por uma estação ele ouviu crianças polonesas gritarem: "Judeus! Vocês vão virar sabão!".[32] Mas, como muitos outros judeus transportados para campos de extermínio durante o Holocausto, os que vinham espremidos no vagão de carga de Samuel Willenberg achavam difícil aceitar que os nazistas quisessem matar todos eles. Muitos tinham ainda a ilusão de que um lugar assim não existisse na realidade. "Era difícil acreditar", diz Samuel. "Eu cheguei aqui [Treblinka] e de início ainda não conseguia acreditar."

Quase todos da leva de Samuel Willenberg morreram poucas horas depois de chegar ao campo. Ele sobreviveu apenas devido a um encontro fortuito. Um dos Sonderkommandos judaicos que já trabalhavam no campo perguntou-lhe de onde era. Samuel, que achou que o homem lhe parecia familiar, respondeu que era de Opatów, mas que também havia passado um tempo em Varsóvia e em Częstochowa, onde nascera. "Częstochowa", replicou o prisioneiro, que obviamente era do mesmo lugar. O prisioneiro perguntou a Samuel seu nome, e acrescentou de modo enigmático: "Diga que você é pedreiro".

Como resultado dessa curta conversa, Samuel Willenberg escapou das câmaras de gás. A SS fez uma fila dos judeus que haviam acabado de entrar no campo e perguntou se havia pedreiros entre os recém-chegados. Samuel imediatamente apresentou-se. Achou – de modo correto como viria a constatar –, que seria capaz de aprender rapidamente o bastante do ofício para poder enganar o SS. E virou membro do Sonderkommando.

Samuel observou pessoalmente a eficiência da SS em lidar com os recém-chegados. Viu que quando as mulheres tinham a cabeça raspada "ganhavam esperança, já que ter o cabelo cortado significava que haveria alguma vida em seguida [...] pois a higiene é necessária num campo". Fazer os judeus tirarem a roupa também favorecia os SS. "Um homem que tira seus sapatos e depois ouve a ordem 'Tire a roupa!' e fica nu – esse homem não é mais um ser humano", diz Samuel, "não é mais dono de si. Ele cobre certas partes do corpo, está embaraçado. De repente, passa a ter mil problemas dos quais não tinha consciência em sua vida normal, problemas que ele não conhecia por nunca ter sido obrigado a andar nu – exceto talvez quando criança – no meio das pessoas, entre os amigos. De repente, todos estão nus! E os alemães, veja bem, eles sabiam tirar partido disso. E ainda por cima, o açoite, 'Rápido! *Schnell*!'. A essa altura a pessoa queria correr para qualquer lugar o mais rápido que podia, correr para algum lugar, não importava para onde".

Em Treblinka, Samuel passava a maior parte do seu tempo selecionando pertences dos judeus mortos. "Parecia um mercado persa", diz ele, "malas abertas, lençóis estendidos, e em cada lençol havia coisas diferentes. Separar calças das camisas, das coisas de lã, tudo tinha que ser posto em ordem. O ouro ficava separado nas bolsas [...] Cada um de nós tinha um lençol aberto do lado para colocar fotos, documentos, diplomas". Samuel e o resto do seu comando eram muitas vezes supervisionados por Kurt Franz. Ele se lembra de Franz como "O pior deles [da SS] [...] Era um homem bonito, fazendo pose de Napoleão e exigindo constante admiração. Aqueles foram os dias mais felizes da sua vida! Ele teve ótimos momentos ali. Era um bandido, bandido de verdade".[33]

Franz tinha prazer em atiçar seu cão, um são-bernardo enorme chamado Barry, contra os prisioneiros. Também gostava de provocar dor nos outros, pessoalmente. "Era um especialista em açoitar, vinte e cinco ou cinquenta chicotadas", escreveu Oskar Strawczynski, outro Sonderkommando. "Fazia isso com gosto, sem pressa. Tinha a própria técnica para erguer o açoite e golpeá-lo."[34]

Franz era um nazista engajado e havia trabalhado no campo de concentração de Buchenwald antes da guerra. Como vários outros guardas nos campos de extermínio, também passara um tempo no programa de eutanásia T4. Portanto, vinha havia alguns anos trabalhando num ambiente e para uma organização que pregavam absoluto ódio aos judeus e afirmavam ser legítimo matar aqueles que o Estado

364 | O HOLOCAUSTO

julgava "não merecedores de vida". Como resultado, muito provavelmente achava que as pessoas que dominava, torturava e matava não eram de fato "humanas", de modo algum. Mas isso não pode ser a única explicação para as suas ações sádicas, já que outros SS na mesma situação não pareciam sentir o mesmo prazer em infligir dor. É um lembrete de que os membros da SS que decidiam trabalhar num campo de extermínio ainda tinham uma escolha a respeito de como se comportar – uma escolha entre se tornar um assassino sádico, ou um assassino meramente frio. A opinião de Kalman Taigman, a partir da observação dos SS e de seus auxiliares ucranianos em Treblinka, é que "toda pessoa tem os instintos de um animal, mas como vivemos uma vida normal não mostramos isso – isso não vem para fora. Mas há períodos em que a pessoa se torna outra coisa e o que sai dela é aquilo que estava escondido [o tempo todo]".

Apenas uma fração muito pequena de todos os que foram enviados aos campos de extermínio de Sobibór, Bełżec e Treblinka sobreviveu à guerra – talvez não mais de 150 pessoas. E cada um desses indivíduos sobreviveu em grande medida graças à boa sorte. Samuel Willenberg, por exemplo, diz: "Podia ter havido outro desfecho, de mil maneiras diferentes. Não importava o que eu tivesse dito ou feito – eu poderia ter sido incinerado do mesmo jeito. Eu teria terminado como um monte de cinzas. Era tudo uma questão de sorte [...] e talvez de um pouco de obstinação".[35] A sorte foi uma das razões que o levaram a sobreviver, mas não a única. Tanto Samuel Willenberg quanto Kalman Taigman possuíam também atributos particulares que os ajudaram a suportar sua experiência em Treblinka. Ambos eram jovens na época – menos de 30 anos quando chegaram ao campo – e os dois eram fortes e determinados. Ambos eram também homens – selecionavam-se muito menos mulheres para trabalhar nos Sonderkommandos. Taigman resistiu em parte, como vimos, ao se transformar num "autômato", e Willenberg tinha uma capacidade extraordinária de enxergar o lado positivo – mesmo num campo de extermínio. Após a guerra, comentou que "os outros sofriam mais. Eu não era um daqueles obrigados a trabalhar nas câmaras de gás. Esses trabalhavam em condições terríveis. Tinham que arrastar os cadáveres para fora das câmaras o mais rápido possível".[36] Assim, por surpreendente que pareça, ele extraía algum conforto do fato de outros trabalhadores judeus em Treblinka estarem sofrendo ainda mais do que ele. Tanto ele quanto Taigman acabaram fugindo do campo durante a revolta de agosto de 1943.

Além de Treblinka, Sobibór e Bełżec, Odilo Globocnik tinha sob sua supervisão um quarto campo de extermínio, em operação em 1942. Esse local, chamado Majdanek, ficava a apenas cinco quilômetros do escritório de Globocnik em Lublin. Majdanek era um local incomum naquele sistema: não era nem campo de prisioneiros de guerra, nem campo de concentração, nem especializado em extermínio, nem uma massiva combinação de campo de concentração e de extermínio como Auschwitz; era uma mistura, em escala menor, de todos eles. Os próprios nazistas pareciam não saber direito como rotular o campo. Até o início de 1943, o local era oficialmente o "Campo de Prisioneiros de Guerra da Waffen SS em Lublin", enquanto outros documentos alemães chamavam-no na mesma época de "campo de concentração".[37]

A evolução de Majdanek refletiu de várias maneiras o desenvolvimento da Solução Final nazista. Assim como Auschwitz-Birkenau, foi originalmente concebido como campo para prisioneiros de guerra soviéticos. A construção começou no outono de 1941, e os alojamentos para cerca de 20 mil prisioneiros foram concluídos no final do ano. Desde o início, Majdanek foi um campo onde a morte era lugar-comum. Prisioneiros em estado de inanição dormiam no chão em alojamentos sem aquecimento durante todo o rigoroso inverno polonês de 1941-1942. Corriam o risco de pegar uma série de infecções, entre elas o tifo. Mas na época em que novos prisioneiros chegaram ao campo, na primavera de 1942, a função de Majdanek havia mudado. Não era mais um campo de prisioneiros de guerra – tornara-se um centro de triagem para a Solução Final. Milhares de judeus eslovacos foram enviados ao campo entre final de março e meados de junho de 1942. Às vezes, trens que transportavam judeus para Sobibór paravam perto e era feita uma triagem, e alguns judeus ficavam em Majdanek para trabalhos forçados.

As câmaras de gás foram construídas atrás dos blocos de chuveiros em Majdanek. Nenhum outro campo tinha as câmaras de gás tão próximas dos chuveiros de verdade, usados pelos judeus que chegavam depois de passar pela seleção inicial. A posição das câmaras de gás significava que, como ocorria com as mortes por gás no crematório do campo principal de Auschwitz, a SS tinha dificuldade em manter as matanças secretas, e – como em Auschwitz – precisava pôr motores funcionamento em Majdanek, perto das câmaras de gás, a fim de abafar os gritos dos que estavam presos dentro.[38]

Embora circulassem boatos sobre a verdadeira função de Treblinka e de alguns outros campos de extermínio, Majdanek continuou relativamente desconhecido. Quando, por exemplo, Halina Birenbaum e sua mãe foram enviadas do gueto de Varsóvia para o campo, na segunda leva de deportações na primavera de 1943, ela lembra que houve "abraços e beijos" entre os judeus quando descobriram que não estavam indo para Treblinka. "Se não é Treblinka", diz ela, "e se não ouvimos falar de Majdanek, então é sinal de que estamos indo para um campo de trabalhos forçados, e não para a morte. Então, vamos festejar muito!".[39] Halina sentiu-se mais segura ainda ao ter sua primeira visão de Majdanek. "Há um campo, e há alojamentos, e iremos trabalhar. Agora vão nos mandar tomar uma ducha e nos dar outras roupas, e seremos levados àqueles alojamentos e quem se dispuser e puder irá trabalhar, e nada vai acontecer com você. Nos alojamentos que você vê ali adiante, provavelmente há camas e comida e água e tudo vai correr bem."

A SS levou Halina e um grupo de outros judeus para um dos blocos de chuveiros do campo. Ao entrar na edificação, ela de repente ficou ansiosa: "Minha mãe não entrou, e tudo revira no meu estômago. O quê? Ela não vai vir? Ela nunca mais estará aqui, a minha mãe?". Halina olhou em volta desesperada tentando encontrar a mãe, mas sem sucesso. De repente, percebeu que a mãe devia ter sido levada embora, e que Majdanek, como Treblinka, era um lugar de extermínio: "Fiquei totalmente sem palavras. Não chorei. Era algo além das lágrimas. O fim de tudo. Não há mais nada. Não há mais céu. Não há mais chão. É como se tivessem levado e quebrado minhas pernas e minhas mãos. Então comecei a rodear o chuveiro. 'Minha mãe foi embora. Minha mãe foi embora. Minha mãe foi embora'".[40]

Halina foi admitida em Majdanek, e depois de um curto tempo consolava a si mesma com a consciência de que pelo menos a mãe fora poupada da experiência de viver no campo. Quando via de que modo os prisioneiros eram espancados, não conseguia suportar a ideia de que sua "distinta, modesta e limpa" mãe pudesse ser machucada daquela maneira. "O que poderia ser pior do que Majdanek?", diz ela.[41]

Stefania Perzanowska, uma médica polonesa aprisionada em Majdanek, confirmou a brutalidade do regime no campo. "Bater era o principal", disse ela. "Bater por qualquer motivo ou mesmo sem motivo. Bater na cabeça com um chicote de couro quando se fazia a chamada, com um soco na cara, em cima de um banquinho especial usando um pedaço de borracha ou de bambu [...] Todos batiam em nós." Ela se lembra de um guarda da SS "que era capaz de vir ao hospital até mesmo às 2 horas da manhã para nos bater no rosto porque estava bêbado e precisava descontar em alguém, e até em membros das fileiras mais baixas do campo". Mas foi uma guarda chamada Else Ehrich que "provavelmente superou todos os recordes. Ela batia nas mulheres com uma paixão de fria crueldade nos olhos. Nenhuma mulher da SS se igualava a ela em força ou em infligir dor. Ela batia sempre em nós, até conseguir tirar sangue".[42]

Outro sobrevivente de Majdanek confirma o quanto Else Ehrich podia ser violenta com os internos. "Tínhamos a impressão de que ela nos acertava com total intenção, de modo curto e grosso", disse Hanna Narkiewicz-Jodko, "e empregava uma linguagem particularmente humilhante e desrespeitosa. Costumava nos dar pontapés e acertar-nos com seu chicote de equitação, e isso muitas e muitas vezes".[43]

Esse testemunho nos lembra de que não eram só os homens que abusavam dos prisioneiros nos campos – as mulheres também participavam dos maus-tratos. Conhecidas como Aufseherinnen, "supervisoras", várias mulheres foram usadas como guardas em campos como Majdanek e Auschwitz – e seu surgimento coincidiu com a chegada de prisioneiras. Himmler nunca deu às Aufseherinnen um status pleno de SS, embora mesmo assim elas detivessem um poder de vida e morte sobre os internos. Mas as mulheres constituíam apenas uma pequena porcentagem da guarnição total desses campos – por exemplo, houve apenas 28 no período de operação de Majdanek, e menos de dez por cento dos guardas de campos de concentração eram mulheres em todo o sistema nazista durante a guerra.[44]

Embora o regime fosse particularmente brutal, Majdanek sempre foi pequeno em relação a Auschwitz. Pouco menos de 25 mil prisioneiros foram encarcerados em Majdanek no auge de sua capacidade, na primavera de 1943. E, caso único entre os campos que continham câmaras de gás, os assassinos de Majdanek podiam matar tanto com monóxido de carbono em bujões – como era feito nas câmaras de extermínio do esquema de eutanásia de adultos – quanto com Zyklon B – como nas câmaras de gás de Auschwitz. Por que Majdanek, de todos os campos, foi o único capaz de matar com ambos os métodos nunca foi esclarecido.

Por muitos anos após a guerra, só foi possível calcular de modo aproximado o número de mortos dos campos de Majdanek, Treblinka, Bełżec e Sobibór. Mas em 2000, foi encontrado um telegrama alemão em arquivos mantidos no Escritório de Registros Públicos de Londres que, decodificado, revelou a estimativa dos próprios nazistas. Esse telegrama, com data de 11 de janeiro de 1943, escrito pelo SS Sturmbannführer (major) Hermann Höfle, um dos organizadores da Operação Reinhard, registrou com detalhes o número de mortos de cada um dos campos até o final de 1942. Os números são: 24.733 em Majdanek, 101.370 em Sobibór, 434.508 em Bełżec e 713.555[45] em Treblinka – um total de 1.274.166 seres humanos assassinados.[46]

Os nazistas conseguiram cometer assassinato em massa nessa escala incrível contando com um pequeno número de membros da SS para supervisionar o processo. Treblinka, o campo onde mais da metade desse vasto total morreu, exigiu apenas cerca de duas dúzias de SS supervisionando toda a operação de extermínio. É enorme o contraste com os milhares de SS, Einsatzgruppen e outras forças de segurança necessárias para executar judeus em massa na União Soviética. De modo significativo, Majdanek, o lugar da lista de Höfle que matou menos gente, precisou de uma guarnição da SS maior que os outros, porque mais prisioneiros eram mantidos vivos por mais tempo.

O *insight* que o telegrama de Höfle nos oferece é, portanto, muito claro. Um pequeno punhado de SS podia matar um grande número de seres humanos, seus semelhantes, em uma pequena área, desde que fossem usados meios mecanizados e que os recém-chegados fossem mortos poucas horas após seu desembarque.

No início de 1942, os nazistas não sabiam se seria possível matar tantas pessoas em tão curto tempo. Ao final do ano, haviam descoberto a resposta – sim, era possível.

14. Matar – e persuadir outros a ajudar
(1942-1943)

TODOS ESSES HOMICÍDIOS tiveram como pano de fundo a mais sangrenta guerra da história. E o curso dessa guerra, por sua vez, influenciou a medida na qual os aliados nazistas se dispuseram a cooperar com o Holocausto. Mas nem sempre foi fácil para os observadores, no decorrer de 1942, calcular com alguma exatidão o provável desfecho da guerra.

Embora o Exército Vermelho tivesse evitado que os alemães tomassem Moscou em dezembro de 1941, essa vitória soviética havia sido seguida por uma derrota. Em maio de 1942, os soviéticos atacaram os alemães nos arredores de Kharkiv, na Ucrânia, num momento em que o Exército Vermelho tinha grande vantagem, superando em número os alemães numa proporção de dois para um. Mas, numa ação que mostra que a superioridade numérica não garante o sucesso quando a tática é deficiente, os soldados soviéticos logo encontraram dificuldades. Os alemães recuaram e permitiram que o Exército Vermelho avançasse, mas em seguida moveram-se para os flancos e cercaram grande número de soldados soviéticos. Estes entraram em pânico. Muitos tentaram correr, mas já haviam caído na armadilha alemã. Mais de 250 mil soldados do Exército Vermelho foram mortos, feridos ou capturados.

Boris Vitman, oficial do 6º Exército Soviético, foi um dos capturados. Ele lembra como os alemães deixavam claro estar lutando uma guerra brutal, ideológica. Primeiro, procuraram identificar os judeus e os comissários entre os prisioneiros do Exército Vermelho, e ao encontrá-los formaram dois grupos. Levaram os comissários embora e Boris Vitman nunca mais soube deles, mas testemunhou o que aconteceu com uma dezena de judeus que haviam sido identificados: "Deram pás aos judeus e ordenaram que cavassem uma trincheira. Começou a chover. Depois de um tempo, eu só conseguia enxergar a cabeça deles. Um homem da SS ficava batendo neles, fazendo-os cavar mais depressa. Quando a trincheira ficou funda o suficiente, pegou uma metralhadora russa e abriu fogo, disparando várias rajadas dentro da trincheira. Podíamos ouvir os gemidos deles. Então vieram outros homens da SS e liquidaram todos. Foram mortos apenas porque eram judeus. Isso teve um efeito chocante em mim, porque vi naquela hora o que era o nazismo. Disseram [os alemães] que os judeus e os comissários agora não tinham mais controle sobre nós, que os alemães tinham vindo nos libertar e que logo voltaríamos para casa. Mas a única coisa que eu sabia é que precisava lutar contra os alemães até o fim".[1]

Depois de humilhar o Exército Vermelho em Kharkiv, Hitler agora lançava a própria ofensiva com o codinome de Operação Azul. A ideia era que a Wehrmacht avançasse em direção ao Rio Volga, no sudeste da União Soviética, para depois entrar pelas montanhas do Cáucaso e pelos campos de petróleo soviéticos que ficavam além. Era um plano incrivelmente ambicioso − e no início pareceu funcionar. Mas o problema enfrentado pelos alemães era que quanto mais avançavam para leste, mais suas linhas de suprimentos ficavam distantes, e essa dificuldade foi exacerbada pela decisão de Hitler de separar suas forças e mandar uma parte para o sul, até o Cáucaso, e a outra para leste, até o Volga. Na opinião do general Halder, chefe do Estado-Maior do Exército Alemão, Hitler corria o risco de deixar que a autoconfiança prejudicasse seu julgamento. "Essa tendência crônica de subestimar a capacidade do inimigo assume, aos poucos, proporções grotescas e se torna um perigo explícito", escreveu Halder em seu diário em 23 de julho de 1942. "A situação está cada vez mais intolerável."[2] As palavras de Halder eram proféticas. Poucos meses depois, o Exército Alemão estava envolvido numa luta obstinada, definidora da guerra, nas ruas de uma cidade na margem ocidental do Volga − Stalingrado.

Os alemães não tinham recursos nem expertise para retirar os soldados do Exército Vermelho das ruínas de Stalingrado. "Os russos eram superiores em guerra de trincheiras e em combate corpo a corpo − quanto a isso não há dúvida", diz Joachim Stempel, oficial alemão que lutou em Stalingrado. "Como unidade de tanque, estávamos acostumados a dirigir tanques e tentar derrotar o inimigo com tanques e depois parar, limpar a área e seguir adiante. Mas isso virou um passado distante."[3] Agora era a vez de o Exército Vermelho mostrar que era capaz de montar operações de cerco em larga escala. Em 19 de novembro de 1942, os soviéticos lançaram a Operação Urano, uma tentativa de cercar o 6º Exército Alemão em Stalingrado. O plano funcionou, e o 6º Exército Alemão finalmente se rendeu em 2 de fevereiro de 1943.

Hitler havia dito ao povo alemão, num discurso em 30 de setembro de 1942: "Podem estar certos, nenhum homem irá nos tirar desse lugar [Stalingrado]".[4] Agora, sua promessa revelava-se vazia. Para piorar as coisas para os alemães, a derrota em Stalingrado fazia parte de um padrão que por volta do início de 1943 parecia indicar que estavam perdendo a guerra. No outono de 1942, as forças do marechal de campo Erwin Rommel foram derrotadas em El Alamein − menos pelo talento do comandante britânico Bernard Montgomery do que pelo fato de os soldados de Rommel, em menor número que os Aliados, não terem combustível suficiente para manobrar seus tanques com eficiência. No mar, a frota alemã estava prejudicada por uma combinação de falta de combustível e cobertura aérea inadequada. Por fim, em 8 de novembro de 1942, os Aliados desembarcaram no norte da África e iniciaram a longa luta que os acabaria levando, no verão e outono de 1943, primeiro à Sicília e depois ao continente italiano.

Em janeiro de 1943, os Aliados haviam proclamado publicamente na conferência de Casablanca que não aceitariam dos alemães nada menos que uma "rendição incondicional" e que pretendiam "impor punição e retaliação integrais" aos "líderes culpados e bárbaros"[5] dos países que estavam se opondo a eles. Mas nos bastidores as coisas não eram tão definidas. Tome-se o caso do almirante François Darlan, ex-primeiro-ministro da França de Vichy e colaborador dos nazistas. Ele foi capturado durante a invasão aliada do norte da África, mas não foi preso, nem julgado por qualquer delito. Em vez disso, num exemplo extremo de pragmatismo político, foi confirmado pelos Aliados como chefe do governo civil no norte francês da África. Os Aliados precisavam assegurar a cooperação das antigas forças de Vichy na França o mais rápido possível, e essa foi uma das maneiras de fazê-lo. O almirante Darlan continuou profundamente impopular entre os britânicos e americanos, e foi morto na véspera de Natal de 1942 por um assassino anti-Vichy.

Pouco após a morte de Darlan, o presidente Roosevelt revelou o mesmo lado profundamente pragmático de sua natureza nas discussões sobre os judeus com o general Charles Noguès, antigo comandante de Vichy no Marrocos. Na época da conferência de Casablanca, o general Noguès observou que seria "triste" se após a guerra os judeus conseguissem dominar a economia do norte da África. Roosevelt procurou amainar a ansiedade do general dizendo que se os judeus fossem restringidos a uma determinada proporção das profissões, isso iria "eliminar as queixas específicas e compreensíveis que os alemães têm a respeito dos judeus na Alemanha, ou seja, que embora eles representassem uma pequena parte da população, havia mais de cinquenta por cento de judeus entre os advogados, médicos, professores de ensino secundário e superior etc.".[6] Deixando de lado as óbvias inexatidões factuais na declaração de Roosevelt — a proporção de judeus nessas profissões na Alemanha com certeza não era de cinquenta por cento — suas palavras mostravam o quanto até mesmo o líder da maior democracia ocidental tendia a endossar difamações contra os judeus.

Esse tipo de conversa confidencial não veio a público durante a guerra. Assim, a mensagem que saiu de Casablanca continuou sendo a de uma inabalável resolução de punir os líderes "culpados" e "bárbaros" dos países que se opunham aos Aliados. Para a liderança nazista, é claro, tais ameaças eram insignificantes, pois já sabiam que não era possível voltar atrás. Em março de 1943, Goebbels registrou em seu diário uma conversa com Hermann Göring que revelava seu pensamento: "Göring tem plena consciência do que iríamos enfrentar se fraquejássemos nessa guerra. Não tem ilusões a esse respeito. Particularmente no que se refere à questão judaica, estamos tão envolvidos que não há mais saída para nós. E isso é uma coisa boa. A experiência mostra que um movimento e um povo que tenham queimado todas as pontes lutam com maior determinação do que aqueles que ainda têm oportunidade de recuar".[7]

Para aqueles que colaboravam com os alemães, a situação não era tão clara. Muitos deles não pareciam achar que tivessem necessariamente "queimado todas as pontes". Na França, por exemplo, a polícia francesa mostrava-se menos cooperativa com os alemães do que no ano anterior. A polícia não gostava particularmente de prender e mandar cidadãos franceses para a Alemanha para trabalhos forçados – medida introduzida pelos alemães em fevereiro de 1943.[8]

Na Romênia, os eventos no inverno de 1942-1943 haviam fortalecido a resolução do marechal Antonescu, e ele agora se recusava terminantemente a entregar os judeus romenos remanescentes aos nazistas. Encontrou-se com Hitler em abril de 1943 e resistiu às pressões de continuar cooperando na questão judaica. O encontro foi um confronto entre um líder político – Hitler – para quem quaisquer reveses no campo de batalha deveriam funcionar como um incentivo para tratar os judeus com maior rigor ainda, e outro líder – Antonescu – que buscava um meio de sair da lama em que ele e seu país estavam agora chafurdando. Alguns membros do governo de Antonescu até tentaram contato com os Aliados a fim de desvencilhar seu país da guerra – um gesto que chegou ao conhecimento de Hitler.[9]

Hitler foi mais direto ainda nas discussões que teve logo depois com outro aliado, o almirante Horthy. Na visão de Hitler, a Hungria de Horthy havia sido extremamente protelatória em seu tratamento com os judeus. E como ocorrera com Antonescu, colegas de Horthy vinham sondando os Aliados a respeito de uma maneira de sair da guerra. Não se tratava de um desdobramento surpreendente, já que Horthy conhecia melhor do que a maioria a escala da derrota de Stalingrado. O 2º Exército Húngaro, lutando ao lado dos alemães no *front* leste perto de Stalingrado, havia sido praticamente aniquilado. De um exército de 200 mil soldados, metade foi morta, e a maioria dos restantes estava ferida ou aprisionada. Uma unidade de judeus da Hungria em trabalhos forçados, ligada ao 2º Exército, também sofrera baixas terríveis. Foi uma das piores derrotas em campo de batalha da história da Hungria.

Hitler empregou todos os seus poderes de persuasão para tentar convencer Horthy a continuar lutando. Disse que a "Alemanha e seus aliados estavam num barco em mar tormentoso. Era nítido que qualquer um que quisesse saltar fora nessa situação iria se afogar imediatamente". Hitler também atacou a política de Horthy em relação aos judeus, dizendo que "a política pró-judeus da Hungria era para ele totalmente incompreensível [...] Por que tratar os judeus com luvas de pelica? Afinal, eles haviam incitado a guerra mundial". Quando a reunião foi retomada no dia seguinte, Horthy quis saber o que mais lhe seria exigido fazer, pois já havia impedido os judeus de ganhar a vida e "ele não podia matá-los". Joachim von Ribbentrop, ministro do Exterior nazista, replicou que os judeus deviam ser aprisionados em campos ou "aniquilados". Hitler destacou em tom de aprovação que a situação dos judeus na Polônia havia passado por "uma profunda limpeza", e explicou a Horthy que os judeus "deviam ser tratados como bacilos de tuberculose que podiam infectar um corpo saudável. Isso não era cruel, bastava considerar que mesmo criaturas inocentes da natureza, como os coelhos e os cervos, deveriam ser mortos [em tal situação] a fim de não produzirem nenhum dano. Então, por que essas pessoas cruéis que queriam nos impor o bolchevismo deveriam ser poupadas?".[10]

As conversações com Horthy não foram bem-sucedidas do ponto de vista de Hitler, e Goebbels achava que sabia a razão disso. Como escreveu em seu diário em 7 de maio de 1943, os "húngaros têm muito claro em sua mente que a guerra não pode ser vencida apenas com palavras. Eles obviamente sabem de nossa posição fragilizada e estão aos poucos se ajustando a ela".[11] Além disso, um relatório de 30 de abril a cargo de Edmund Veesenmayer, oficial da SS enviado à Hungria para avaliar a situação, revelou que as autoridades húngaras "veem os judeus como uma garantia para a proteção dos 'interesses húngaros', e acreditam que por meio dos judeus podem oferecer uma prova de que travaram essa guerra ao lado das Potências do Eixo apenas por necessidade, mas que na prática fizeram uma contribuição indireta aos inimigos das Potências do Eixo por meio de uma sabotagem velada [ao não entregarem os judeus]".[12]

Hitler reagiu às hesitações dos húngaros e romenos de modo característico. Concluiu – como disse aos seus Gauleiters em maio de 1943 – que "Estados pequenos" deveriam ser "liquidados o mais rápido possível". Afinal, ponderou, "vivemos hoje num mundo em que destruímos e somos destruídos".[13] Foi um sinal precoce de que Hitler pensava em ocupar a Hungria caso Horthy não fizesse o que lhe era mandado.

Hitler teve problemas similares com outro aliado na primavera de 1943 – a Bulgária. O comunicado oficial após o encontro entre Hitler e o rei Bóris da Bulgária em 3 de abril declara que tiveram "uma longa e cordial conversa", que se caracterizou pelo "espírito tradicional de amizade" existente entre a Alemanha e a Bulgária.[14] Mas a realidade era que os búlgaros, como os romenos e os húngaros, hesitavam em dar apoio – especialmente quanto à questão dos judeus. Em fevereiro de 1943, Alexander Belev, o comissário para a Questão Judaica do governo búlgaro, acertara com o representante de Eichmann, Theodor Dannecker, que os búlgaros entregariam 20 mil judeus aos alemães. Assim como os franceses, as autoridades búlgaras acharam muito mais aceitável oferecer judeus que não fossem cidadãos búlgaros. Os búlgaros sabiam – ou no mínimo devem ter tido fortes suspeitas – que estavam enviando esses judeus para a morte, ainda mais depois das declarações públicas dos Aliados no último mês de dezembro sobre o programa de extermínio dos nazistas. Mesmo sabendo disso, por volta do final de março de 1943 os búlgaros cooperaram com a deportação de cerca de 11 mil judeus dos territórios da Trácia e da Macedônia, ocupados pelos búlgaros. Quase todos esses judeus morreram nas câmaras de gás de Treblinka.

No entanto, quando as autoridades fizeram menção de deportar judeus do interior das velhas fronteiras da Bulgária, houve manifestações públicas. O antissemitismo nunca fora uma tradição da Bulgária, e quando o governo, no final de 1941, introduziu legislação que perseguia os judeus, sua motivação foi menos ditada por convicção ideológica do que pela tentativa de satisfazer seu aliado alemão.[15] Agora, confrontados com a deportação de muitos judeus que viviam entre eles, muitos cidadãos búlgaros e membros do governo ficaram contrariados – e, é claro, saber que os alemães haviam acabado de perder em Stalingrado certamente teve um papel nessa sua insatisfação. Em vez de enviar os judeus para a morte, as autoridades búlgaras então aprovaram legislação para expulsar os judeus de suas casas na capital Sofia, espalhando-os por várias cidades do interior. Isso tornou praticamente impossível sua deportação, mas também trouxe consideráveis dificuldades para os judeus. Após a guerra, alguns búlgaros buscaram retratar de maneira nobre a história do seu país, alegando que os "seus" judeus haviam sido poupados. Era apenas uma história bonita, especialmente levando em conta o destino dos judeus da Trácia e da Macedônia.

Em abril e maio de 1943, Hitler já estava ciente não só da atitude de seus aliados em relação aos judeus, mas também da resistência que os próprios judeus vinham demonstrando em Varsóvia. Em 19 de abril, as forças alemãs entraram no gueto para iniciar a deportação dos judeus remanescentes e foram recebidas com pequenas armas de fogo, granadas e bombas caseiras. Marek Edelman, então com 24 anos de idade, foi um dos judeus que lutou contra os alemães, e revela que ele e seus companheiros da Organização de Combate Judaica eram motivados pelo conhecimento de que os alemães queriam transportá-los para a morte – informação que haviam obtido de uma testemunha dos eventos em Treblinka que conseguira voltar a Varsóvia e contou-lhes o que os aguardava no campo. "Era difícil acreditar que você estava sendo morto por nada", diz Marek Edelman. "Mas era assim."[16] Depois do choque inicial de saber sobre Treblinka, Marek e seus companheiros resolveram lutar. "É óbvio", diz ele, "que foram os campos de extermínio o fator que levou à resistência". A decisão dos alemães de separar as famílias e mandar os idosos e crianças para Treblinka, deixando apenas os judeus saudáveis e aptos no gueto, também teve seu papel. Os combatentes dessa resistência podiam, agora, lutar livres de quaisquer responsabilidades familiares.

Membros da resistência dentro do gueto haviam se equipado com armas obtidas do Exército Nacional Polonês e roubadas dos alemães. Segundo Marek Edelman, eles também "faziam granadas com canos de metal e pólvora". De início, as forças alemãs que entraram no gueto se surpreenderam com o nível de resistência e fizeram poucos progressos na consolidação de seus objetivos. Como Marek Edelman expressa, "os primeiros poucos dias foram de vitória nossa". Muitos dos combatentes da resistência, como Aharon Karmi, outro jovem judeu, entusiasmaram-se com a oportunidade de confrontar o inimigo: "Atirei com minha pistola na massa [de alemães] que estava passando. Os alemães gritaram 'Socorro!' e se abrigaram atrás de um muro. Foi a primeira vez que vimos alemães fugindo. O habitual era nós fugirmos dos alemães. Eles não esperavam que judeus pudessem lutar desse modo. Havia sangue e eu não conseguia tirar meus olhos dele. Eu disse 'sangue alemão'".[17]

Nem Marek Edelman nem Aharon Karmi, assim como a maioria dos outros judeus que atacaram os alemães no gueto, tinham treinamento prévio como soldados. Mas isso não os impediu. "É muito fácil aprender a atirar", diz Marek Edelman. "Você não precisa ter treinado. Não é um *front* onde o general planeja uma batalha. É uma guerra de guerrilha. O alemão passa andando pela rua e quando tem a oportunidade você atira nele. E se ele não vê a pessoa que está atirando, melhor ainda. Você só precisa ter vontade de lutar e as armas, e pronto."[18] Contra o poder de fogo superior dos alemães, os combatentes da resistência sabiam que não tinham chance de uma eventual vitória. "Sim", diz Marek, "sabíamos que não iríamos vencer, mas tínhamos que mostrar aos alemães que éramos seres humanos como todos [os demais]. Durante a guerra, você é um ser humano quando mata o inimigo".

Sob o comando do SS Brigadeführer (general de brigada) Jürgen Stroop, as forças alemãs entraram no gueto e começaram a atear fogo aos edifícios, quarteirão por quarteirão. Marek Edelman se lembra das chamas tomando o gueto enquanto os alemães tentavam tirá-los de lá, e que ele e seus companheiros tiveram que passar de uma casa a outra conforme o fogo os perseguia. "Até deixarmos o gueto, não houve paz, [mas] os alemães só puderam dizer que haviam vencido depois que fomos embora." No final, tanto Marek Edelman quanto Aharon Karmi conseguiram escapar do gueto – apenas dois do punhado de judeus que passaram para o lado não judeu de Varsóvia. A maioria deles bandeou-se para fora por esgotos ou túneis.

O levante do gueto foi sufocado em meados de maio, e no seu relatório Stroop disse que ele e seus soldados haviam capturado 56.065 judeus – uma cifra que parece ter sido superestimada[19] –, com o custo de apenas uma centena mais ou menos de baixas alemãs. Em termos puramente militares, os judeus de Varsóvia haviam conseguido pouco além de retardar por um breve tempo a inevitável destruição do gueto e o assassinato da maioria dos judeus. Mas simbolicamente a importância de sua resistência foi imensa. Os judeus haviam revidado em grande número e demonstrado tremenda coragem. "Quando eles começaram a liquidar o gueto, tivemos que resistir", diz Marek Edelman. "Não era um levante, era uma defesa do gueto. Quando os alemães quiseram nos liquidar, encontraram resistência – esse foi o ponto [...] O que você queria que eu dissesse [a eles]? 'Por favor, mate-me logo'?"

Poucos dias antes de os alemães entrarem no gueto de Varsóvia para tentar tirar os judeus da área, ocorreu um evento de enorme importância para o desdobramento de Auschwitz. Em março de 1943, foi aberta a primeira de uma série de instalações de extermínio em Auschwitz-Birkenau. Originalmente, como vimos, a SS pretendia colocar seu crematório/câmara de gás no campo principal, mas depois mudou sua localização para Birkenau. No estágio de projeto, foram feitas várias mudanças para que o edifício pudesse funcionar não apenas como crematório, mas também como câmara de gás. Em agosto de 1942, mais três crematórios haviam sido encomendados – um praticamente igual ao da encomenda existente e dois com um projeto diferente. Esses dois novos crematórios, que ficaram conhecidos como Crematórios IV e V, marcaram uma mudança radical.

A revolução contida no projeto dos Crematórios IV e V era simples. Foram as primeiras construções de Auschwitz que desde seu projeto inicial tinham a única função de locais de extermínio. Eram compostas por quartos de despir, câmaras de gás e fornos crematórios, todos no mesmo nível – uma espécie de linha de montagem da morte. Os outros dois novos crematórios ainda traíram em seu projeto sua origem como locais para cremar restos humanos, e não incluíram igualmente sua execução. Os Crematórios II e III tinham a sala de despir e a câmara de gás numa espécie de semiporão, pois a função desses espaços originalmente era armazenar os corpos dos mortos. Agora, com a sua conversão, a ideia era que depois que as pessoas tivessem sido executadas seus corpos fossem transportados por um elevador de cadáveres e subissem até o nível dos crematórios para serem incinerados.

Essas quatro construções em Auschwitz-Birkenau – chamadas de Crematórios II a V, pois já existia o Crematório I no campo principal de Auschwitz – representaram um novo estágio na evolução do Holocausto. Em parte porque eram sólidas, e vistas de fora pareciam fábricas. Os campos de extermínio da Operação Reinhard – Bełżec, Sobibór e Treblinka – eram todos locais temporários, e a ideia era que depois que seu trabalho homicida estivesse concluído eles fossem destruídos. Mas os novos edifícios de tijolo vermelho do tipo crematório/câmara de gás em Auschwitz eram parte integrante da crescente presença da SS na Alta Silésia. Estavam no centro de uma ampla rede de quase trinta subcampos de Auschwitz que forneciam trabalhos forçados para uma série de instalações industriais, entre elas as fábricas de cimento e de armamentos e – a maior de todas – as instalações químicas da IG Farben em Monowitz, nos arredores da cidade de Auschwitz. Os crematórios/câmaras de gás de Birkenau eram – em essência – a expressão física da ideia do extermínio por meio do trabalho forçado. Quando os operários judeus de Monowitz, por exemplo, não conseguiam mais funcionar como se exigia, eram transportados por aquela curta distância até Birkenau e liquidados. Essas construções eram algo mais que um meio de matar aqueles homens, mulheres e crianças que os nazistas odiavam e temiam; simbolizavam um sistema no qual apenas os produtivos mereciam viver. Eram a desumanidade num memorial de tijolos.

Todos os quatro novos complexos de crematórios/câmaras de gás de Birkenau estavam operando no verão de 1943. Karl Bischoff, o oficial da SS encarregado de sua construção, escreveu que no total os fornos podiam descartar 4.416 cadáveres em 24 horas – o que equivalia a dizer que Auschwitz-Birkenau agora tinha capacidade de transformar em cinzas 1,6 milhão de pessoas por ano.[20] Essa, cabe ressaltar, era uma estimativa modesta. Segundo testemunhas oculares, o número de incinerados podia chegar a oito mil por dia, simplesmente colocando mais de um cadáver no forno por vez.[21]

O processo de matar era muito similar ao empregado nos campos da Operação Reinhard. Os recém-chegados, conduzidos à sala de despir, recebiam ordens de tirar toda a roupa para tomar uma ducha. Em seguida, iam para a câmara de gás, que os guardas diziam ser a sala de duchas. Assim que a porta vedada hermeticamente era fechada e todos ficavam presos lá dentro, cristais de Zyklon B eram inseridos pelas ranhuras no teto (no caso dos Crematórios II e III) ou pela parte superior das paredes (nos Crematórios IV e V). Quando todos haviam morrido, o gás residual era removido e os Sonderkommandos entravam. A única diferença significativa em relação à maneira pela qual a operação era conduzida nos campos Reinhard era o meio de intoxicar por gás – usava-se Zyklon B em vez de monóxido de carbono – e o fato de que o cabelo das mulheres era raspado após sua morte, não antes.

Do mesmo modo que nos campos Reinhard, as fábricas de extermínio em Birkenau exigiam apenas um punhado de homens da SS para supervisionar todo o processo. O trabalho manual – incluindo a horrenda tarefa de desembaraçar e remover os mortos da câmara de gás – era realizado pelos Sonderkommandos. Mas, fato revelador, era sempre o pessoal da SS que deixava cair o Zyklon B nas câmaras de gás.

Henryk Mandelbaum, um judeu polonês, trabalhou como Sonderkommando nos novos crematórios/câmaras de gás de Auschwitz em 1944. "Não dá para você pensar nisso realmente", diz ele. "Eu achava que estava no inferno. Lembro-me das vezes em que fazia alguma coisa errada em casa e meus pais diziam 'não faça isso, senão você vai para o inferno'. Mas quando você vê vários cadáveres humanos, pessoas que foram mortas por gás e estão sendo incineradas [...] Isso ia além de qualquer coisa que eu fosse capaz de imaginar, e na realidade eu não sabia o que fazer. Se me recusasse [a trabalhar ali], seria meu fim, certo? Eu sabia que eles me matariam. Era jovem. Havia perdido a família. Morreram todos na câmara de gás – meu pai, minha mãe, minha irmã e meu irmão. Então eu tinha consciência disso e queria viver, e lutei por isso. Eu batalhava para viver o tempo inteiro."

Henryk Mandelbaum lembra que, apesar dos esforços da SS para manter uma atmosfera de calma enquanto os judeus eram introduzidos na câmara de gás, às vezes as pessoas "começavam a sentir que havia algo errado. Havia gente demais e alguns queriam sair, mas os homens da SS batiam na cabeça das pessoas com cassetetes e começava a jorrar sangue. Depois não havia como sair ou fugir, pois as pessoas eram empurradas à força nas câmaras de gás. Quando estava lotada, trancavam a porta – eram portas herméticas, como as de geladeiras". Ele lembra que atrás de cada leva "havia uma ambulância com uma cruz vermelha [nela]" e, numa atitude cínica, "era naquela ambulância

com a cruz vermelha que eles [a SS] traziam o gás Zyklon B [cristais]".
Depois que os cristais eram jogados na câmara de gás, "a intoxicação por gás durava de vinte minutos a meia hora. Passados os vinte ou trinta minutos, abríamos as portas. Você podia ver como aquelas pessoas tinham morrido – em pé. As cabeças estavam viradas para a esquerda ou para a direita, caídas para frente ou para trás. Algumas haviam vomitado ou sofrido hemorragias, e estavam cagadas porque o intestino soltava. Antes de cremá-las tínhamos que cortar o cabelo e arrancar os dentes de ouro. E também procurar para ver se tinham algo dentro das narinas, ou coisas de valor dentro da boca – nas mulheres, também dentro da vagina".[22]

Na primavera de 1944, acabaram construindo um ramal ferroviário até o centro de Birkenau, que permitia que os trens desembarcassem as levas bem perto das câmaras de gás dos Crematórios II e III. Antes disso, as levas chegavam só até a rampa – a área de desembarque a meio caminho entre o campo principal de Auschwitz e Auschwitz-Birkenau. Para muitos daqueles que chegavam a Auschwitz, esse era o primeiro estágio em sua jornada até as câmaras de gás. Günther Ruschin, um jovem judeu alemão, lembra que quando chegou à rampa viu mulheres com crianças sendo separadas: "Fiquei achando, tonto como eu era, que estivessem indo para um campo de famílias". As triagens na rampa eram sempre feitas por um médico da SS. Isso preservava a ficção de que Auschwitz era uma instituição orientada por princípios científicos – que aqueles que seriam mortos eram escolhidos a partir não de um espírito vingativo arbitrário, mas por critérios médicos. Era mentira, claro, mesmo em termos nazistas, já que nunca era feito qualquer exame médico de fato, apenas uma rápida olhada em cada indivíduo. A SS também enganava os recém-chegados perguntando se alguém queria uma carona de carro até Birkenau, para não ter de cruzar o campo a pé. Às vezes, homens e mulheres em condições de andar aceitavam a carona. Mas todo aquele que escolhia não ter que andar pelo campo era enviado direto para a câmara de gás.[23] Porque, segundo a visão da SS, teriam mentido a respeito de sua fraqueza e, portanto, não mereciam viver.

Günther Ruschin foi levado com outros selecionados até o campo de trabalhos forçados de Monowitz, perto das instalações industriais da

IG Farben. Dias depois, o pai dele, também selecionado para trabalhar, feriu-se num acidente. Günther foi informado que o pai deveria ir até um "hospital" para tirar "um raio X". Mas em seguida um judeu polonês contou-lhe que o pai não receberia tratamento médico, que em vez disso seria "intoxicado por gás". A reação imediata de Günther foi querer que o mandassem também a Birkenau para ficar perto do pai, pois talvez, por algum milagre, ainda estivesse vivo. "Esse é o sentimento", diz ele, "de um garoto que era muito próximo do pai". Mas o judeu polonês convenceu Günther de que seu pai já estava morto e que ele deveria continuar trabalhando em Monowitz. Então Günther decidiu ficar onde estava e prometeu tentar sobreviver. "Nós íamos trabalhar em grupos, com filas de cinco homens", conta ele. "Eu sempre tentava ir no meio, para não apanhar dos SS, e isso ajudava. E evitava sempre ser visto pelos soldados. Não sou do tipo que acha que deve fazer alguma coisa, uma sabotagem, algo assim, não. Eu queria continuar vivo, para tentar ajudar outras pessoas."

A caminho de Auschwitz, quando o trem de Günther parou numa estação no leste da Alemanha, os judeus nos vagões de carga gritaram: "Por favor, um pouco de água". Mas "as pessoas que estavam ali [disseram] 'Malditos judeus! Ainda não mataram vocês?'". Günther ficou "deprimido e perturbado" com o que viu na estação, mas ainda não acreditava que seus camaradas alemães pudessem querer matá-lo. "Sabíamos que não estávamos indo de primeira classe", diz ele. "Mas não imaginávamos que a maioria de nós ia para as câmaras de gás. Não sabíamos da existência de câmaras de gás."[24]

A SS fazia o possível para manter os novos prédios de crematórios/ câmaras de gás em Birkenau isolados do resto do campo. As construções eram cercadas e os Sonderkommandos viviam no local. Paradoxalmente, os Sonderkommandos — que tinham o pior trabalho de todo o campo de Auschwitz — viviam em melhores condições que a maioria dos demais presos. "Tínhamos boas instalações, com camas", confirma Dario Gabbai, um dos Sonderkommandos que trabalhou em Birkenau em 1944. "Comíamos bem. Não tomávamos a sopa do campo."[25] A SS costumava deixar que os Sonderkommandos levassem a comida que era largada na sala de despir pelos judeus conduzidos à câmara de gás. Isso criou uma atmosfera de fartura nas dependências dos Sonderkommandos no crematório. O doutor Miklós Nyiszli, um judeu romeno aprisionado em Auschwitz, descreveu um jantar memorável com eles. "A mesa que nos aguardava", escreveu, "estava coberta com uma toalha de seda pesada [...] A mesa estava cheia de opções e pratos variados, tudo que um povo deportado podia carregar para um futuro incerto: todo tipo de conservas, bacon, geleias, vários tipos de embutidos, bolos e chocolate."[26]

Alguns Sonderkommandos ficavam com os pertences dos judeus que haviam sido mortos – em particular joias que tivessem ocultado em suas roupas ou nos orifícios de seu corpo. Então tentavam trocar esses valores por outros bens que desejassem. Tinham como fazê-lo porque, apesar do isolamento dos crematórios, os Sonderkommandos ainda podiam ter contato com outros prisioneiros do campo. Otto Pressburger, enviado da Eslováquia para Auschwitz em 1942, lembra que tinha a oportunidade de visitar os Sonderkommandos pelo fato de dirigir uma carroça a cavalo, transportando várias mercadorias por Birkenau. E estava sempre disposto a "negociar" com eles. "Eles [os Sonderkommandos] queriam bebida alcoólica e cigarros, e tinham bastante ouro [para pagar por isso]. O 'negócio' no crematório era o melhor. Eu sempre queria entregar cargas no crematório. Você sempre podia comprar coisas ali [...] Uma vez, fui ao crematório e perguntei se tinham algo para vender. Ofereceram-me uma aranha cravejada de pedras preciosas. Naquela época, chegavam ao campo judeus muito ricos, donos de lojas de joias. Perguntei o que [os Sonderkommandos] queriam em troca da aranha. Disseram que queriam cem cigarros. Eu disse que se a aranha valia aquilo então eu traria os cigarros. Costumávamos confiar uns nos outros. A aranha era linda. Tinha uma pedra grande no meio e as pernas dela eram cobertas de brilhantes [pedras preciosas]. Levei a aranha para os nossos civis poloneses [peões de construção que moravam fora do campo, mas de dia trabalhavam lá] e lhes ofereci [...] Todos lucramos."

Esse comércio era estritamente proibido, e Otto Pressburger arriscou a vida ao fazê-lo. "Havia sempre um homem da SS nos portões para o crematório", diz ele. "Eu costumava inventar razões para a minha ida até lá. A maioria das vezes, dizia que haviam me mandado levar areia para o crematório. Mas, claro, eu vinha para 'negociar'.

Então me deixavam entrar. A areia nunca era a razão e eu sempre a descarregava. O problema era esconder os bens. Eles [os outros prisioneiros envolvidos nos negócios] fizeram para mim uma pequena caixa de madeira [na carroça] debaixo dos meus pés [...] Uma vez, eu fui entregar mil cigarros no crematório. Enquanto eu tirava os cigarros da minha caixa, alguém me acertou nas costas e na cabeça. Era um velho membro da SS. Ele costumava andar de bicicleta por ali para tentar flagrar prisioneiros fazendo 'negócios' [...] Ele perguntou onde eu havia conseguido os cigarros e me acusou de estar fazendo 'negócios'. Mas eu menti. Disse que estava apenas com fome e roubara uma mochila achando que havia sanduíches dentro. Em vez disso, encontrara os cigarros. Ele disse que era mentira [...] Era um simples cabo, mas eu o chamei de oficial, e parece que isso ajudou bastante. Ele me deu um soco na cara e eu fingi que havia doído muito mais do que doera de fato. No final, ele pegou meus cigarros e me deixou ir. Se ele tivesse relatado o incidente, eu teria sido morto no mesmo dia." Na visão de Otto Pressburger, ele "não tinha escolha" a não ser se envolver em "negócios" no campo, pois "queria sobreviver".[27]

Os Sonderkommandos estabeleciam relações não apenas com prisioneiros do resto do campo, mas também com os SS que supervisionavam seu trabalho nos crematórios/câmara de gás. Os SS já haviam descoberto em outros campos de extermínio, como Sobibór, que era contraproducente para eles matar todos os Sonderkommandos após um breve período e depois selecionar um novo grupo. Do mesmo modo, em Auschwitz era comum os Sonderkommandos serem mantidos vivos por vários meses. Como resultado, e devido à proximidade com que trabalhavam com os SS, criou-se certo tipo de intimidade, e os supervisores da SS com frequência tratavam os Sonderkommandos melhor do que os demais prisioneiros de Auschwitz. O doutor Miklós Nyiszli chegou a vê-los jogando futebol – um time de Sonderkommandos contra um time de SS.[28] Dario Gabbai se lembra de um membro holandês da SS quase com afeto, descrevendo-o como "um cara muito legal".[29] Morris Venezia, outro Sonderkommando, confirma que esse holandês era "o melhor guarda que tínhamos nos crematórios. Às vezes nos dava um cigarro. Às vezes éramos nós que lhe dávamos um. Era um homem muito, muito bom, muito amigo nosso". Mas até mesmo esse "cara legal", diz Morris, "estava sempre disposto a matar pessoas. E era um dos melhores dos nossos guardas. Eu não conseguia entender isso – por quê?".[30]

Outros SS que trabalhavam nos crematórios/câmaras de gás não perdiam a oportunidade de satisfazer seus desejos sádicos. Em testemunho escrito na época por um membro do Sonderkommando e descoberto somente após a guerra, o relator dos fatos descreve como um determinado SS gostava de apalpar as partes sexuais das jovens nuas que passavam por ele a caminho da câmara de gás.[31]

O maior desses sádicos era Otto Moll, o membro da SS que supervisionava a operação dos crematórios. Dario Gabbai lembra como esse homem gostava de matar garotas nuas atirando nelas "nos seios". Em 1944, quando a chegada de um número enorme de judeus húngaros obrigou a incinerar os corpos a céu aberto, em imensas valas – já que os crematórios não conseguiam dar conta do volume –, Moll uma vez atirou crianças diretamente às chamas para incinerá-las vivas.[32] Alter Feinsilber, um dos Sonderkommandos, testemunhou outros atos sádicos de Moll. Ele ordenou que uma mulher nua ficasse pulando e cantando sobre uma pilha de cadáveres perto da vala em chamas, enquanto ele disparava em prisioneiros e jogava seus corpos no meio do fogo. Depois que terminou de executá-los a tiros, apontou sua arma para a mulher e matou-a.[33] Era tal o sadismo de Moll que, muito tempo após o fim da guerra, o coração de Dario Gabbai ainda "bate talvez a duzentas pulsações por minuto" toda vez que ele ouve o motor de uma motocicleta – porque Moll costumava chegar aos crematórios de moto. "Quando você vê esse cara [Moll]", diz Dario, "é só encrenca – e mais nada. Você não quer ficar perto. Em 1951, eu frequentava a faculdade em Los Angeles para aprender inglês, e a primeira coisa que o professor me pediu foi que escrevesse algo sobre os campos em que estivera. A primeira coisa que escrevi – e ainda tenho isso guardado desde 1951 – foram duas páginas sobre Moll."[34]

Muitos Sonderkommandos ficaram profundamente perturbados devido ao seu trabalho. Não só pela natureza pavorosa dele, mas por saber que estavam auxiliando a SS na destruição de camaradas judeus. "Viramos animais", diz Morris Venezia. "A sensação era que deveríamos matar a nós mesmos em vez de trabalhar para os alemães. Mas o suicídio não é algo tão fácil." Dario Gabbai descobriu que "depois de um tempo você não sabe mais de nada. Nada o incomoda. É por isso que sua consciência se recolhe dentro de você e fica ali até hoje. O que aconteceu? Por que fizemos uma coisa dessas?". A única explicação que Dario consegue dar é que "você sempre arruma forças para viver o dia seguinte", porque o desejo de viver é muito "poderoso".[35]

Um relato escrito por um membro do Sonderkommando durante a guerra descreve como crianças da Lituânia, pouco antes de morrer, repreendiam os judeus que estavam ajudando os alemães. Uma garota gritou para um Sonderkommando que tentava tirar a roupa de seu irmão mais novo, chamando-o de "assassino de judeus". Ela disse que era a "mãezinha boa" de seu irmão e que ele "vai morrer nos meus braços, junto comigo". Outra criança perguntou a um Sonderkommando porque outros judeus estavam levando as crianças para serem mortas – seria, sugeriu a criança, para que eles "simplesmente pudessem continuar vivos"? Será que a vida deles no meio dos "assassinos" realmente valia "a vida de tantos outros" judeus?[36]

"Fomos libertados", diz Morris Venezia. "E para quê? Para nos lembrarmos de todas essas barbaridades? Na realidade, não queríamos mais viver. Era assim que nos sentíamos – e nos sentimos ainda. Até hoje continuo apenas dizendo, por que Deus me deixou vivo, para quê? Para me lembrar de todas essas coisas? Sempre, até hoje, quando vou dormir, vem tudo isso na minha mente antes de eu fechar os olhos. Tudo, tudo, toda noite, toda noite."[37]

Os crematórios/câmaras de gás de Birkenau, especialmente construídos para essa finalidade, iniciaram sua operação homicida depois que a maioria dos judeus havia morrido no Holocausto. Cerca de 1,1 milhão haviam sido mortos em 1941 e 2,7 milhões em 1942.[38] A maioria desses judeus morreu ou nas ações de Einsatzgruppen no Leste, ou nos campos de extermínio Reinhard dentro da Polônia. Auschwitz foi responsável por 200 mil mortes em 1942, uma fração do catálogo total de assassinatos. Em 1943, o número de mortos caiu para 500 mil – com cerca da metade desse número sendo executada em Auschwitz. A recém-criada máquina mortífera de Auschwitz-Birkenau funcionava, portanto, bem abaixo de sua capacidade. Em parte, essa cifra reduzida de 1943 reflete as dificuldades dos nazistas para encontrar e transportar judeus para os campos de extermínio depois que ficou evidente que os alemães estavam perdendo a guerra.

Em 1943, os nazistas não transportavam apenas judeus para Auschwitz. Também enviavam outras categorias de pessoas que consideravam uma ameaça, incluindo membros das etnias sinti e roma – que os nazistas chamavam de "ciganos". Foi criado um campo cigano dentro de Birkenau, e a primeira leva de várias centenas de sinti e roma chegou a Auschwitz em fevereiro de 1943. No seu auge, o campo cigano de Birkenau continha 15 mil pessoas. Algo incomum, os sinti e roma não eram selecionados na chegada, e lhes era permitido ficar em grupos familiares. A razão mais provável disso é que a decisão final sobre seu destino coletivo ainda não havia sido tomada, mas o fato de que pudessem ficar juntos não significa que os sinti e os roma recebessem algum tratamento preferencial em qualquer sentido físico – eram tratados com brutalidade. Hermann Höllenreiner, que tinha ascendência sinti e foi enviado a Birkenau ainda criança, lembra que ele e outras crianças sentiam tanta fome que "arrancávamos a grama como coelhos, para ter o que comer. E se os SS nos vissem, batiam em nós. Isso também era ruim. Mas então tudo o que acontecia em Birkenau era ruim [...] Vivíamos num medo constante. A toda hora pensávamos 'agora vão bater no meu pai ou na minha mãe até matá-los', ou que iríamos para a câmara de gás; sabíamos que qualquer momento poderia ser aquele em que seríamos mortos por gás".[39]

Franz Rosenbach, também de família sinti, tinha 15 anos de idade quando foi enviado com sua mãe para Auschwitz-Birkenau. Ele lembra que, ao chegar ao campo, ficou chocado com o fato de ele e a mãe terem que ficar completamente nus um na frente do outro. "Talvez você não saiba, mas temos nossos costumes", diz ele. "Uma mãe nunca fica nua diante do filho, nem o pai. Existe uma espécie de sentido de pudor e respeito. Mas nessa situação, fomos obrigados a isso. Estávamos nus e eu disse 'Mãe, onde você está?'. Ela estava em pé, atrás de mim, escondida atrás de mim. E quando o cabelo dela foi cortado – a sua trança –, eu quis pegá-lo. Então me acertaram mais algumas vezes nas costas com um cassetete de borracha ou algo assim, um tipo de mangueira. Veja bem, é uma visão que você não pode imaginar. O SS entrava com uma bengala e acertava os pênis dos homens, fazendo questão de [dizer] [...] por favor, me perdoe a expressão, não consigo dizer, algo do tipo 'pau de cigano' ou seja lá o nome que você dá [...] esse tipo de coisa, termos pejorativos, termos discriminatórios."[40]

Aprisionado com a mãe no campo cigano, Franz Rosenbach ficava "absolutamente chocado" com as condições em que os sinti e os roma viviam. "A atmosfera era terrível, porque muitas das crianças pequenas e [outras] pessoas nos blocos estavam doentes, ficava todo mundo misturado. As crianças gritavam 'Mãe, tô com fome, mãe, [me dê] alguma coisa pra comer, não tem nada pra beber?'. Não deixavam as crianças tomarem água por causa do risco de [contrair] febre tifoide e esse tipo de coisa. 'Mãe, [me dê]' isso e aquilo. E as mulheres não tinham o que dar às crianças, não tinham nada. Eles batiam em nós, chutavam, humilhavam, mas você não sabia por que, não tinha ideia do porquê [...] Sabe, aqueles jovens da SS, os mais velhos também, haviam sido treinados [a achar] que nós, os sinti e os roma, não éramos seres humanos. Não éramos gente. Tínhamos que ser destruídos. Todos podiam fazer o que quisessem conosco. Os sinti eram um alvo legítimo para eles, você entende?"

As mulheres aprisionadas no campo cigano eram particularmente vulneráveis a abuso sexual. Hermann Höllenreiner lembra que havia Kapos que entravam no campo à noite, escolhiam algumas mulheres – as "belas ciganas"[41] – e então as levavam para fora, para estuprá-las. Franz Rosenbach lembra que membros da SS cometiam o mesmo crime. "Testemunhei isso duas vezes", diz ele. "À noite, membros jovens da SS entravam com uma tocha e chegavam perto das mulheres. Geralmente as mulheres não sabiam o que estava acontecendo, elas tinham que tirar o lenço da cabeça para que pudessem olhar para eles. Às vezes, escolhiam algumas mulheres jovens e [levavam-nas] atrás do bloco [...] você não ouvia barulho de tiro, não ouvia nada. Na manhã seguinte, elas estavam lá estendidas, mortas. Tinham sido assassinadas."[42] Segundo o Sonderkommando Alter Feinsilber, havia também casos de mulheres no campo cigano que se vendiam, por desespero. Ele conta que prisioneiros fora do campo cigano, "que podiam pagar uma propina", davam cigarros ao Blockführer do campo cigano e então entravam no campo "com a permissão do homem da SS. Ali tinham relações sexuais com as ciganas, que passavam fome e se dispunham ao ato sexual para arrumar alguns cigarros ou qualquer outra ninharia. Os maridos ou pais das ciganas toleravam esse estado de coisas, pois estavam passando fome também [...]".[43]

Embora cerca de 23 mil sinti e roma tivessem sido enviados a Auschwitz, a política nazista em relação aos ciganos continuou confusa. Os nazistas, por exemplo, nunca exerceram com seus aliados o mesmo tipo de pressão para que mandassem sinti e roma para os campos, como haviam feito com os judeus. Não que os sinti e roma tenham escapado da perseguição. Embora a considerável população de sinti e roma da Romênia não estivesse sujeita a um extermínio sistemático, por exemplo, milhares deles foram deportados para a Transnístria. Na Croácia, no mesmo período, a Ustaše elegeu como alvo os "ciganos", aprovando legislação discriminatória, aprisionando-os em campos e matando cerca de 26 mil sinti e roma.[44] Sem dúvida, um enorme número de sinti e roma morreram durante a guerra – a cifra exata é desconhecida, mas com certeza foram mais de 200 mil.

Parte da razão da falta de clareza na política nazista em relação aos sinti e aos roma era que o próprio Himmler não deu orientações precisas àqueles sob seu comando. Por um lado, os Einsatzgruppen no Leste matavam regularmente sinti e roma junto com os judeus, e milhares de sinti e roma do Velho Reich foram deportados para guetos da Polônia; mas, por outro lado, Himmler expediu um decreto em 13 de outubro de 1942 declarando que sinti "de raça pura" poderiam ter permissão de circular por áreas específicas sob o comando de "chefes ciganos".[45] Essa ordem surgiu a partir do trabalho realizado pelo doutor Robert Ritter, o "especialista" em ciganos de Himmler. Ritter concluíra que "ciganos de raça pura" vivendo no Reich não eram uma ameaça, mas que o número bem maior de sinti e roma que haviam "misturado" seu sangue com outras raças era potencialmente perigoso. Não se tratava apenas de ciência equivocada, foi algo que produziu uma política discriminatória quase impossível de implementar na prática.

Mesmo assim, quando Himmler promulgou outro decreto em 29 de janeiro de 1943, que resultou na deportação dos sinti e roma para

Auschwitz, foram feitas exceções específicas – por exemplo, para os considerados "de raça pura", para ciganos casados com alemães cuja condição pudesse ser atestada pela polícia e assim por diante. Estavam também sujeitos à esterilização, mas contavam – pelo menos em tese – com a possibilidade de escapar de Auschwitz e de outros campos. Na prática, porém, todas essas várias distinções foram em grande medida ignoradas durante o processo de deportação.[46]

Na mesma época em que os sinti e os roma sofriam em Auschwitz, Hitler tentava assimilar o que para ele eram notícias desanimadoras – quase desastrosas – provenientes do *front* militar. A rendição do 6° Exército em Stalingrado já fora ruim o suficiente para os alemães no início de 1943, mas a série de derrotas que se seguiu tornou as coisas ainda piores. Em meados de maio daquele ano, a Wehrmacht perdeu a campanha no norte da África, e Hitler – segundo Goebbels – receava que a derrota dos alemães em Túnis pudesse "ter a mesma escala que a de Stalingrado".[47] Naquele mês, o grande almirante Dönitz ordenou que as ações de U-boats no Atlântico Norte fossem cessadas – já que contramedidas Aliadas haviam tornado praticamente impossível para os U-boats produzir ataques bem-sucedidos.

Nenhum desses reveses, por graves que fossem, alterou o desejo de Hitler de matar judeus. Ele disse a Goebbels em 13 de maio de 1943 que, pelo fato de eles serem "parasitas", não havia "nada mais que pessoas modernas pudessem fazer além de erradicar os judeus". E acrescentou:"O judaísmo mundial acredita estar à beira de uma vitória mundial. Essa vitória mundial nunca irá acontecer [...] Os povos que forem os primeiros a reconhecer e combater os judeus ganharão o domínio do mundo".[48] A obsessão de Hitler com os judeus não diminuíra. Na realidade, parecia ter se intensificado – como os eventos no verão e no outono de 1943 iriam confirmar, e das formas mais perturbadoras imagináveis.

15. Opressão e revolta
(1943)

UM DOS ASPECTOS trágicos dessa história é que muitos judeus perderam a vida mesmo morando em países que, àquela altura, já haviam decidido que queriam sair da guerra. Mas não havia uma saída fácil desse conflito, e a vingança de Hitler contra seus parceiros do Eixo que buscavam romper com ele podia ser devastadora.

Os italianos, por exemplo, com certeza reconheceram no verão de 1943 o quanto havia sido desastroso vincular-se à Alemanha nazista. Em 10 de julho de 1943, os aliados desembarcaram na Sicília e em 19 de julho Roma foi bombardeada. "Todos entenderam que a guerra estava perdida", diz Mario Mondello, diplomata italiano e membro do Partido Fascista. "E, é claro, todos achavam que a Itália tinha que sair [da guerra] e não apoiar Mussolini [...] Às vezes, somos mais realistas do que os próprios alemães. Obviamente, sendo mais realistas, não somos fiéis ao chefe atual, e assim por diante. Não digo que seja uma coisa nobre, mas é nosso caráter."[1]

Em 24 de julho de 1943, numa reunião do Grande Conselho Fascista, Mussolini foi criticado por seus colegas, e suas políticas sofreram ataques. No dia seguinte, numa audiência com o rei, o Duce foi informado de que seus serviços como primeiro-ministro não eram mais necessários. Foi preso ao deixar a sala.

O marechal Badoglio substituiu Mussolini como primeiro-ministro e tentou negociar uma saída da guerra. Em 3 de setembro de 1943, mesmo dia em que as primeiras tropas aliadas passaram da Sicília ao continente, o novo governo italiano aceitou um armistício, e em 8 de setembro o general Eisenhower transmitiu a notícia de que os italianos haviam se rendido incondicionalmente.

A saída da Itália da aliança do Eixo revelou-se calamitosa para os judeus que viviam no país. O lapso de tempo entre a remoção de Mussolini e a rendição final dos italianos permitiu que os alemães preparassem sua resposta, e assim que os italianos saíram da guerra as forças alemãs tomaram as bases e instalações italianas. Em 10 de setembro, os alemães detinham o controle de Roma, e a maior parte dos soldados italianos havia sido desarmada. No mesmo dia em que os alemães ocuparam a capital italiana, Hitler gravou um discurso, transmitido naquela noite. Nele denunciou a duplicidade do novo governo italiano e disse que a Alemanha nunca iria se render dessa maneira. "Todos sabemos", disse ele, "que nessa impiedosa luta o perdedor será aniquilado, segundo os desejos de seus inimigos, e que apenas o vencedor preservará os meios de viver."[2]

Não deve ter passado despercebido – especialmente para os outros aliados da Alemanha – que uma maneira de interpretar os eventos era que os italianos haviam conseguido escapar de lutar até o fim por não serem partícipes do crime de extermínio em massa. Embora o regime de Mussolini tivesse perseguido judeus dentro da Itália, os italianos não haviam mandado judeus em massa para serem mortos nos campos de extermínio nazistas. Não só isso, mas até o momento de sua rendição, os italianos haviam protegido os judeus de deportações nos territórios fora da Itália. Na primavera de 1943, por exemplo, na mesma época em que os búlgaros estavam deportando judeus da Trácia e da Macedônia, o cônsul italiano na Tessalônica ocupada pela Alemanha organizou a transferência de judeus gregos para a relativa segurança de Atenas, e depois para a zona italiana da Grécia.[3] Houve até casos de soldados italianos visitando os campos em que os alemães mantinham judeus em Tessalônica e alegando que algumas mulheres dali eram suas "esposas", e que, portanto, não poderiam ser deportadas.[4]

A rendição dos italianos significou que essa proteção estava sendo instantaneamente removida. A vida de judeus tanto nas antigas zonas de ocupação como dentro da própria Itália mudou de repente para pior. Por exemplo, assim que os alemães entraram em Nice, no sul da França – cidade que havia estado sob controle da Itália –, começaram a procurar judeus numa ação que se tornou infame por sua brutalidade. Milhares de judeus haviam se refugiado em Nice, protegidos nos últimos dez meses desde a queda de Vichy pelos italianos. Mas agora os alemães se vingavam. E quando entraram em território italiano, foram também cruéis. Em volta do Lago Maggiore no norte da Itália, a SS começou a procurar judeus, e em Meina, no extremo sul do lago, depararam com vários judeus num hotel. Mataram 16 deles e atiraram seus corpos no lago.[5]

Menos de um mês depois, em 16 de outubro de 1943, forças alemãs voltaram-se contra os judeus de Roma. Alguns poderão achar que para eles essa deve ter sido uma operação arriscada, já que estavam pegando judeus perto do Vaticano. Afinal, embora o papa Pio XII de fato não tivesse condenado publicamente o extermínio dos judeus, com certeza não iria ignorar esse ultraje. Ernst von Weizsäcker, embaixador alemão na Santa Sé, com certeza achou que o papa não deixaria isso passar em branco. Acreditava que deportar judeus de Roma provocaria forte censura do papa e acabaria sendo prejudicial à Alemanha.[6] Mas Weizsäcker estava equivocado. O papa não só não ameaçou condenar nenhuma tentativa de deportar os judeus de Roma, como jamais se manifestou contra a ação depois que ela aconteceu.

De manhã bem cedo no dia 16 de outubro, Settimia Spizzichino, uma judia romana de 22 anos, suspeitou que havia algo errado: "Aquela noite era um pouco diferente das demais. Dava para sentir que havia algo no ar. Uma espécie de silêncio eloquente. Não consigo descrever. E por volta de 4 horas da manhã começamos a ouvir passos, passos pesados. Passos de soldados, marchando. Então fomos até as janelas para ver o que estava acontecendo e vimos os alemães invadindo as casas e levando os judeus embora. Ficamos assustados ao ver que vinham para o nosso prédio".[7] Settimia foi levada com sua família para uma prisão colada ao Vaticano, cujas condições ela descreve como "horrendas", e de lá para Auschwitz. Ela foi uma dos 1.800 judeus deportados de

Roma durante ocupação alemã. "Voltei de Auschwitz sozinha [ao final da guerra]", diz ela. "Perdi minha família lá. Minha mãe. Duas irmãs, minha sobrinha pequena e depois um irmão. Se o papa tivesse se manifestado, muitos judeus teriam fugido. Eles teriam reagido. Em vez disso, ficou quieto. Fez o jogo dos alemães. O papa estava muito perto. Estávamos debaixo do seu nariz. Mas não ergueu um dedo. Era um papa antissemita. Não correu o menor risco."

Embora seja compreensível, dado o que aconteceu com ela, que Settimia Spizzichino acredite que o papa era antissemita, a acusação é difícil de sustentar. Não só porque o papa com certeza não impediu que padres e freiras escondessem judeus na Itália. "O papa expediu ordem para que os conventos ficassem abertos", diz a irmã Luisa Girelli das Irmãs de Sion. "Ele suspendeu a regra de reclusão – abrindo a porta a qualquer fugitivo".[8] Enrichetta Di Veroli foi uma das muitas judias escondidas pelas Irmãs de Sion, e nunca esquecerá que elas lhe salvaram a vida. "Fomos aceitos aqui sem problemas", diz ela, "as freiras eram muito boas. Essas freiras boas representaram nove meses da minha vida. Foram importantes. Sinto por elas muito mais do que gratidão".[9] Mais de quatro mil judeus foram protegidos pela Igreja Católica e escondidos em conventos, mosteiros e outras instalações da Igreja. Várias centenas encontraram refúgio até dentro do Vaticano.[10]

Mas o que o papa não fazia, mesmo tendo sido informado de que os nazistas certamente estavam exterminando os judeus, era se manifestar a respeito do crime. O mais provável é que estivesse assustado, por uma série de razões. Tinha medo, em primeiro lugar – como ressaltamos –, da vitória dos "bolcheviques" ímpios e da subsequente ameaça para a Igreja Católica. Em segundo lugar, receava que, se condenasse o ataque nazista aos judeus, os alemães poderiam entrar nas propriedades da Igreja, e ao fazer isso capturariam os judeus que estavam escondidos ali. Por fim, tinha medo que os alemães bombardeassem o próprio Vaticano.[11] Então manteve a boca fechada. Por meio desse curso de ação, ele sem dúvida também atendeu, segundo sua visão, aos interesses da Igreja Católica enquanto instituição. Mas, como vimos no caso dos judeus holandeses, não podemos saber ao certo o que teria acontecido se assumisse uma linha mais firme. Talvez os alemães tivessem se voltado contra a Igreja, ou – dada a relutância que Hitler já demonstrara em atacar a Igreja na Alemanha – talvez não tivessem feito nada. O que sabemos, de qualquer modo, é que se o papa tivesse se manifestado, teria oferecido uma orientação moral ao mundo.

Não foram só os alemães que promoveram deportações de judeus na Itália. Os italianos também estavam envolvidos, particularmente os membros de grupos fascistas como as Brigate Nere ("Brigadas Negras") e outras unidades militares ligadas à chamada República Social Italiana – a área do norte da Itália ainda governada por Benito Mussolini, que havia sido resgatado da prisão por paraquedistas alemães.

Ao todo, cerca de sete mil judeus foram deportados da Itália e assassinados.[12] Portanto, mais de oitenta por cento dos judeus na Itália sobreviveram à guerra – a maior parte escondendo-se ou fugindo pela fronteira até a neutra Suíça. De início, mesmo depois que os alemães ocuparam a Itália, os suíços sustentavam que os judeus italianos não tinham direito a asilo na Suíça a não ser que se "qualificassem" de alguma maneira – por exemplo, se fossem filhos, pensionistas ou casados com um cidadão suíço. Essas instruções foram relaxadas em dezembro de 1943, e só inteiramente substituídas por medidas mais liberais em julho de 1944. Durante toda a guerra, boa parte dos judeus italianos que buscavam refúgio na Suíça dependia da compaixão individual – ou da falta dela – dos guardas de fronteira suíços.[13]

O fato de terem sido mortos menos de vinte por cento apenas dos judeus na Itália permanece perturbador, dado que num país como a Holanda morreram 75 por cento dos judeus. A razão é que, ao contrário do que se deu na Holanda, a perseguição em larga escala de judeus na Itália começou relativamente tarde na guerra, e em boa parte do país a ameaça foi neutralizada pelo avanço dos Aliados. Roma, por exemplo, foi tomada pelos Aliados em 4 de junho de 1944, menos de nove meses após a rendição italiana. Com isso, a oportunidade que os alemães tiveram para identificar, capturar e deportar os judeus ficou necessariamente limitada.

A história do Holocausto na Itália torna-se especialmente sombria quando comparada aos eventos em outro país ocupado pelos alemães, 1.100 quilômetros ao norte. A Dinamarca abrigava cerca de

7.500 judeus, e os nazistas planejaram uma primeira perseguição no outono de 1943, mais ou menos na mesma época em que estavam deportando judeus italianos. A relativa mão leve da ocupação nazista na Dinamarca encerrou-se no verão, após greves e outros protestos. Quando o governo dinamarquês renunciou em agosto, os alemães impuseram um Estado de emergência, e o plenipotenciário nazista Werner Best fez pressão para que fossem realizadas ações contra os judeus. A ideia era deter os judeus dinamarqueses na noite de 1º para 2 de outubro de 1943, e depois deportá-los. Mas poucos dias antes da ação planejada, Werner Best fez algo extraordinário. Por meio de um intermediário, Georg Duckwitz, adido naval alemão, Best alertou os judeus dinamarqueses sobre o que estava prestes a acontecer. Best revelou a Duckwitz as deportações planejadas, sabendo que Duckwitz, simpático ao drama vivido pelos dinamarqueses, passaria a informação a membros da elite do país, e estes por sua vez avisariam os judeus.

"Ficamos sabendo disso [a notícia da iminente deportação] na delegacia de polícia", diz Knud Dyby, um policial dinamarquês. "Claro, soubemos ao mesmo tempo que os jornalistas e os políticos. Foi uma grande surpresa para todos. Nunca imaginamos – após mais de dois anos – que os alemães iriam prender judeus dinamarqueses."[14] Knud Dyby, que como seus colegas "não acreditava em discriminação", sentiu-se movido a ajudar os judeus, em parte por saber do provável destino deles a partir de notícias da "imprensa clandestina".

Até o momento em que os alemães decidiram a deportação, "A situação dos judeus na Dinamarca era bem tranquila", diz Bent Melchior, que tinha 14 anos em 1943. "Nós judeus nunca fomos grande número e estávamos bem integrados à sociedade dinamarquesa. Ao longo dos séculos, houve muitos casamentos inter-raciais, e pessoas que não eram judias podiam ter um bisavô ou uma mãe judeus. Então eu diria que havia uma atmosfera pró-semítica, e que não éramos uma ameaça – nem para a Igreja, nem para o país. Ao contrário, muitos judeus tinham papel muito importante na vida pública da Dinamarca, nas artes, na ciência, mesmo na política."[15]

Bent Melchior lembra que, se você sentisse algum perigo, podia "pedir a qualquer policial da rua para ajudá-lo, sem receio de que ele fosse entregá-lo aos alemães". A atmosfera na Dinamarca era muito mais marcada pela união dos dinamarqueses como nação contra os alemães – independentemente de sua religião.

Depois de saber da ação proposta pelos alemães, os líderes judaicos lançaram alertas nas sinagogas e por toda a comunidade judaica. Como resultado, muitos dos judeus que viviam em Copenhague saíram da cidade e se esconderam em casas na área rural ou passaram a viver com vizinhos não judeus.

Os dinamarqueses não judeus também fizeram um grande esforço para alertar os judeus. "Eu fui de casa em casa pelas ruas do meu bairro", disse Robert Pedersen, então com 17 anos. "Toda vez que eu via uma plaquinha na porta indicando uma família judaica, tocava a campainha e pedia para conversar com eles. Às vezes, não acreditavam em mim. Mas conseguia convencê-los a fazer as malas e virem comigo até o Hospital Bispebjerg, que tinha virado um local de acolhimento para refugiados judeus [...] A partir daí, os médicos e enfermeiras cuidavam deles. E então voltava ao meu bairro e recolhia mais judeus."[16]

A via de fuga mais comum era cruzando o estreito canal até a Suécia. Guias voluntários, como Knud Dyby, acompanhavam grupos pequenos de judeus pelas ruas de Copenhague até o porto pesqueiro. "Era sempre feito à noite", diz ele. "Escolhíamos dias de tempo ruim, porque nas noites claras todos poderiam nos ver." Ao chegarem ao porto, "procurávamos nos esconder nas pequenas cabanas que os alemães normalmente usavam para guardar redes e ferramentas", até sermos chamados a embarcar por um pescador. "Eu ficava em pânico o tempo todo", diz ele. "Precisei mudar muitas vezes de lugar para poder descansar meu corpo dolorido e não tive problemas em encontrar dinamarqueses que me arrumassem um quarto e comida, sem pagar nada, só para me ajudar, como alguém clandestino."[17]

A Igreja na Dinamarca também buscou proteger os judeus. "Onde quer que os judeus sejam perseguidos por razões raciais ou religiosas", disse o bispo de Copenhague, numa declaração inequívoca de apoio em 3 de outubro, "é dever da Igreja Cristã protestar contra tal perseguição [...] Não importa quais sejam as opiniões religiosas divergentes, devemos lutar pelo direito de nossos irmãos e irmãs judeus de manterem a liberdade que nós prezamos mais que a própria vida."[18]

Como resultado dessa resistência, a ação alemã entre 1º e 2 de outubro fracassou em larga medida – a maioria dos judeus não estava em casa quando os alemães apareceram. Dos cerca de 7.500 judeus dinamarqueses, menos de 500 foram deportados. Os que foram capturados pelos alemães não foram para os campos de extermínio do Leste, mas para o campo de concentração de Theresienstadt em território tcheco, e a maioria sobreviveu à guerra.

A experiência dinamarquesa do Holocausto é singular. Foi o único país sob dominação nazista em que um grande número de judeus – cerca de 95 por cento – foi salvo por seus compatriotas. Não há uma explicação simples para o fato de isso ter ocorrido apenas na Dinamarca – houve nesse caso uma combinação de fatores convergentes. Em primeiro lugar, a cultura histórica do país levava os dinamarqueses a se unirem contra seu poderoso vizinho, a Alemanha. Havia também um profundo senso da importância dos direitos humanos individuais. "Tratava-se daquilo que eu chamo de equidade e justiça dos dinamarqueses", diz Rudy Bier, um adolescente judeu que foi salvo por seus compatriotas dinamarqueses no outono de 1943. "Acho que queremos proteger um ao outro e não cedemos ou desistimos com facilidade das coisas."[19] A proximidade de um país neutro também teve seu papel. A Suécia ficava perto e constituía um local de refúgio imediato – especialmente depois que os suecos transmitiram mensagem por rádio, em 2 de outubro de 1943, dizendo que acolheriam qualquer judeu dinamarquês que conseguisse fazer a travessia.

Outro fator – apesar de haver cerca de mil judeus estrangeiros na Dinamarca na época – foi a percepção, como expressou Knud Dyby, de que os judeus eram "todos dinamarqueses". Resta, portanto, a suspeita de que os dinamarqueses não estavam exatamente salvando judeus, mas salvando companheiros dinamarqueses que por acaso eram judeus. Se a Dinamarca não houvesse colocado restrições tão fortes à entrada de judeus estrangeiros no país na década de 1930, e tivesse permitido que muitos mais se refugiassem no país, a situação talvez fosse diferente no outono de 1943. Claro, é impossível saber ao certo.

Por fim, temos a razão mais crucial para explicar por que os judeus na Dinamarca foram salvos – a atitude dos alemães. O resgate foi possível apenas porque Werner Best, o principal representante alemão no país, enviou um alerta sabendo que ele chegaria à comunidade judaica. Além disso, a Marinha Alemã fez poucos esforços para policiar as águas entre a Dinamarca e a Suécia, o que permitiu a fuga dos judeus. "Eu sempre sustento", diz Rudy Bier, "que se os alemães quisessem deter a operação, poderiam tê-lo feito com extrema facilidade, porque a distância de água entre a Dinamarca e a Suécia não é tão extensa, e bastariam quatro ou cinco lanchas torpedeiras para que a operação toda fracassasse."[20] Isso não quer dizer que os alemães tenham ignorado totalmente a fuga dos judeus. No continente dinamarquês, alguns membros da segurança alemã tentaram capturar judeus – e a quantidade de esforço dependeu, ao que parece, do entusiasmo de cada uma das unidades alemãs.

No entanto, no topo da hierarquia alemã na Dinamarca, a posição era clara. Werner Best quis permitir que os judeus fugissem, embora antes dessa ação não tivesse se mostrado amigo dos judeus. Era um nazista ferrenho, que havia trabalhado próximo de Reinhard Heydrich, ajudando a conceber e implementar a política racial nazista na França. Não há indícios de que tenha de repente desenvolvido um sentido de compaixão pelo drama dos judeus. Agia por interesses pessoais, não por algum senso de humanidade. Um indício do que realmente pensava está num documento que escreveu para as autoridades em Berlim, datado de 5 de outubro de 1943: "Como a meta objetiva da Judenaktion na Dinamarca era a 'dejudeização' do país, e não uma caçada bem-sucedida, deve-se concluir que a Judenaktion alcançou sua meta".[21] Em suma, Best estava argumentando que como sua tarefa era colocar os judeus para fora da Dinamarca, ele a havia cumprido. O caso é que havia sido bem-sucedido não por meio da deportação dos judeus para a sua morte, mas deixando que fugissem para a Suécia. Seria possível também acrescentar que a situação política da Dinamarca sempre fora diferente da de outros países ocupados pelos nazistas. Em grande medida, os nazistas permitiram que os próprios dinamarqueses impusessem sua ocupação, a fim de garantir que os suprimentos de comida dinamarqueses continuassem chegando ao Reich, e a deportação forçada de judeus também teria produzido considerável mal-estar. Best deve ter achado muito melhor alcançar a "meta" desejada por meios mais sutis do que os usados em outros lugares.

É quase certo que havia uma razão adicional para as ações de Best – uma que ele jamais teria confessado a seus companheiros nazistas. Best era um homem sofisticado. Advogado competente, fora nomeado juiz ainda na casa dos 20 anos. Portanto, é razoável supor que no outono de 1943 estivesse antevendo a derrota dos nazistas e sentindo que precisava melhorar seu currículo aos olhos dos Aliados. Foi uma estratégia que deu resultado, porque apesar de sua associação íntima com Heydrich e de sua ficha corrida de crimes, ficou preso apenas por um breve tempo após o fim da guerra. Posteriormente, tornou-se executivo de um grande conglomerado industrial alemão.

É, portanto, equivocado achar que o exemplo dinamarquês indica que a resistência heroica foi o fator mais importante para determinar quantos judeus sobreviveriam em cada país. Houve outro elemento mais importante ainda: o grau em que, nas diversas situações, os nazistas estavam determinados a deportar os judeus. Essa conclusão é apoiada pelo estudo da experiência dos judeus gregos. Na Grécia, apesar dos vários exemplos de resistência, cerca de 80 por cento dos 70 mil judeus do país morreram durante a guerra.[22] Em grande parte, isso se deveu, ao contrário do ocorrido na Dinamarca, à determinação dos alemães de expulsar os judeus da Grécia.

Os alemães entraram na zona italiana da Grécia em setembro de 1943 e imediatamente começaram a planejar as deportações em massa. Houve protestos de gregos não judeus. O arcebispo Damaskinos, bispo da Igreja Ortodoxa Grega de Atenas, não só enviou representações aos alemães, como convocou o clero de seu país a esconder judeus. Acadêmicos da Universidade de Atenas também protestaram. Os alemães reagiram fechando a universidade e prendendo centenas de membros do clero.

Embora o antissemitismo não fosse desconhecido na Grécia e algumas comunidades judaicas tivessem poucos amigos não judeus com quem pudessem contar, o quadro geral na Grécia foi de simpatia e apoio aos judeus. Como concluiu um dos estudiosos da história do Holocausto na Grécia, "a massa de gregos ofereceu hospitalidade aos judeus que pediam auxílio".[23]

O ato de resistência mais famoso ocorreu na ilha de Zakynthos. Quando os alemães solicitaram uma lista de todos os ilhéus judeus, o prefeito local e o bispo entregaram um pedaço de papel com apenas dois nomes – os seus. Enquanto isso, os judeus se esconderam nas casas dos habitantes não judeus. Todos os 275 judeus sobreviveram. Não sabemos por que exatamente os alemães decidiram não perseguir os judeus em Zakynthos. O mais provável é que simplesmente tenham concluído que havia poucos judeus na ilha para justificar os recursos necessários para encontrá-los. Mas o crucial, mais uma vez, foi a decisão dos alemães de não tentar levar os judeus embora. O incidente em Zakynthos é famoso porque os judeus sobreviveram. Mas houve muitos outros casos na Grécia em que, apesar de esforços heroicos similares, os judeus foram capturados e deportados.

Tessalônica, a região da Grécia com a percentagem mais alta de perdas, ficara sob controle alemão desde a primavera de 1941. Cerca de 95 por cento dos judeus de Tessalônica morreram na guerra – 48.500 homens, mulheres e crianças. O fato de haver tantos judeus concentrados num mesmo lugar e o fato de os alemães terem controlado a região por dois anos antes das deportações ajudam a explicar a alta porcentagem de mortes de judeus gregos nessa área. Além disso, ao contrário do que ocorria em muitas outras partes da Grécia, os judeus de Tessalônica não estavam tão amplamente integrados à população local. Antes da guerra, um pequeno grupo de pessoas – muitas delas bem-sucedidas economicamente – havia manifestado abertas críticas aos judeus, e os alemães tiraram partido dessas tensões.[24]

Foram muitos os judeus enviados da Grécia para Auschwitz – no total, cerca de 55 mil. A maioria foi assassinada imediatamente, e a taxa de sobrevivência dos demais dentro do campo foi notavelmente baixa. Os judeus gregos tiveram dificuldades com o rigor do clima polonês e poucos falavam alemão, a língua em que todos os comandos do campo eram transmitidos.

O que a história dos judeus gregos e dinamarqueses mostra uma vez mais é que os alemães podiam implementar sua Solução Final de maneiras radicalmente diferentes conforme o país. E nessa definição da intensidade com que queriam localizar e deportar judeus em cada lugar – algo que, como vimos, foi um elemento crucial para determinar quantos judeus acabariam sendo mortos –, os alemães, é claro, eram influenciados por vários outros fatores, como as facilidades existentes em termos práticos para deportar os judeus, as consequências políticas da deportação, o quanto aqueles judeus em particular eram considerados "racialmente" perigosos, se os judeus viviam perto da linha do *front* ou não, e assim por diante.

Ao contrário dos judeus da Grécia, os da Dinamarca sobreviveram em proporção bem maior em grande parte porque os alemães decidiram – por razões variadas – não os perseguir impiedosamente. Cabe ressaltar que nada disso diminui a bravura daqueles que ajudaram os judeus dinamarqueses. O heroísmo dos dinamarqueses que resistiram permanece intocado. Mas cabe lembrar também a coragem dos gregos que ajudaram os judeus de seu país – apesar do grande número de judeus gregos que foram depois assassinados pelos nazistas.

Pouco antes de os judeus dinamarqueses cruzarem o mar para a segurança da Suécia, alguns judeus no maior campo de extermínio do sistema Reinhard na Polônia estavam planejando a própria fuga. No verão de 1943, em Treblinka, a SS estava prestes a enfrentar pela primeira vez a resistência armada dos internos. Nos meses que antecederam a tentativa de fuga, tudo parecia correr normalmente para a SS. A caótica gestão de Irmfried Eberl fora substituída por um novo regime de ordem e dissimulação – tudo projetado para acalmar os judeus que eram enviados para lá. "Eles transformaram a plataforma onde as pessoas chegavam numa espécie de estação de trem do interior", diz Kalman Taigman, membro do Sonderkommando de Treblinka. Puseram placas onde se lia "primeira classe, segunda classe, terceira classe" e "sala de espera". Havia uma porta com uma placa com os dizeres "chefe da estação".[25] Oskar Strawczynski, outro judeu prisioneiro em Treblinka, também assistiu à transformação do campo. "Num lugar bem visível", escreveu ele, "dependuraram um relógio falso, com 70 centímetros de diâmetro. Toda essa decoração claramente servia para desorientar os recém-chegados, dar-lhes a impressão momentânea de terem simplesmente chegado a uma estação de passagem".[26] Samuel Willenberg, também interno no campo, ficou horrorizado com a fraude empregada pela SS. Na sua visão, os judeus agora "desembarcavam na plataforma da maneira usual, como se tivessem chegado a uma estação para tratamento da saúde. E aqui, nesse pequeno lote de terra, tinha lugar o maior assassinato que já ocorrera na Europa, no mundo inteiro".[27] Além da transformação da área de chegada, outras instalações do campo foram ampliadas. "Havia também oficinas", diz Kalman Taigman, "havia alfaiates que faziam novas roupas para a SS. Havia uma serralheria e uma oficina de carpintaria e uma loja de materiais elétricos."[28]

Mas apesar desse ar de aparente normalidade, os judeus que trabalhavam dentro do campo de extermínio sabiam que a intenção dos alemães era – nas palavras de Oskar Strawczynski – que "nunca saíssemos vivos de Treblinka".[29] Temendo por seu futuro, um grupo de Sonderkommandos começou a tramar uma maneira de sair do campo. Nessa iniciativa foram ajudados pela arrogância da SS e pela complacência de seus auxiliares ucranianos, que estavam acostumados a ver os judeus aterrorizados e acovardados. Além disso, como vimos, a SS decidira que era pouco prático matar todos os judeus que trabalhavam no campo a intervalos regulares e então substituí-los – entre outras coisas, porque treinar novos trabalhadores e instruí-los quanto à mecânica do campo era algo que consumia tempo. Manter o Sonderkommando vivo por um período mais longo facilitava a vida dos SS, mas o risco de um levante era consequentemente maior – especialmente porque com o tempo a segurança tendia a afrouxar.

Mesmo tendo a seu favor a arrogância de seus supervisores da SS, as dificuldades enfrentadas pelos conspiradores dentro do Sonderkommando eram imensas. Se os SS tivessem o menor indício de que estava sendo planejada alguma resistência, torturariam os suspeitos a fim de descobrir os detalhes do complô. Essa foi uma das razões pelas quais um dos organizadores da revolta, o doutor Julian Chorążycki, ingeriu veneno em abril de 1943 ao ser descoberto com uma grande quantia de dinheiro, com a qual pretendia subornar um dos guardas. Preferiu suicidar-se a correr o risco de trair os companheiros.

No verão de 1943, os Sonderkommandos em Treblinka estavam ficando cada vez mais alarmados. Achavam que o campo seria fechado em breve e, como parte desse processo, inevitavelmente seriam mortos. Por fim, em 2 de agosto, decidiram agir. "Estávamos fartos daquela nossa miserável existência", escreveu Yankel Wiernik, um interno de Treblinka, "e tudo o que importava era nos vingarmos de nossos torturadores e fugir [...] Aquelas longas procissões, aquelas horripilantes caravanas da morte, ainda estavam diante de nossos olhos, clamando por vingança. Sabíamos o que se escondia debaixo da superfície daquele solo. Éramos os únicos que restavam vivos para contar a história. Em silêncio, despedimo-nos das cinzas de nossos companheiros judeus e prometemos que, de seu sangue, surgiria um vingador."[30]

Os conspiradores conseguiram roubar armas do arsenal do campo, e na tarde de 2 de agosto atacaram a SS e os demais guardas. Ao mesmo tempo, outros prisioneiros espalharam gasolina nas construções de madeira e atearam fogo nelas. Várias centenas de prisioneiros correram então até o arame farpado. "Alguns de nós foram moídos pelas metralhadoras", diz Samuel Willenberg, que fugiu de Treblinka naquele dia. "E eu corri por cima daqueles cadáveres." A cerca no perímetro de Treblinka não era eletrificada, e usando cobertores para cobrir as farpas, Samuel e os demais prisioneiros correram para a floresta próxima, o tempo todo sob fogo dos guardas. Samuel lembra que enquanto corria "gritava como um louco": "Tacamos fogo no inferno!".[31]

Cerca de 300 prisioneiros conseguiram fugir, mas − como veremos − passar pelo arame farpado era apenas o primeiro de muitos desafios perigosos que os prisioneiros que fugiam de um campo de extermínio tinham pela frente.

Surpreendentemente, a SS não aprendeu as lições do levante em Treblinka, e uma fuga similar ocorreu em Sobibór menos de três meses depois. Como ocorreu em Treblinka, os Sonderkommandos do campo de extermínio de Sobibór intuíam que, assim que deixassem de ser úteis para os alemães, seriam assassinados. A sua própria existência dependia de que a fábrica de morte continuasse funcionando. Essa trágica dicotomia − suas vidas sendo prolongadas pela morte de outras pessoas − não passou despercebida para eles. "Por algum tempo, houve de novo uma trégua nos transportes", escreveu Toivi Blatt, um membro do Sonderkommando de Sobibór. "A comida era escassa, e passávamos fome, porque antes era possível complementar nossa dieta com a comida que achávamos na bagagem dos recém-chegados. De repente, os nazistas nos mandaram ficar a postos para uma leva que chegaria no dia seguinte. Em algum lugar nas longínquas vias férreas da Polônia, um fatídico trem rumava em direção a Sobibór. Karolek [outro Sonderkommando] virou-se para mim e disse 'Amanhã teremos bastante comida'. Pensei: será que ainda somos humanos?"[32]

Entre março e julho de 1943, a deportação de cerca de 35 mil judeus holandeses para Sobibór trouxe considerável riqueza ao campo. Aqueles judeus traziam com eles, diretamente da Holanda, comida e joias. Era incomum que grandes levas da Europa Ocidental chegassem a um campo de extermínio Reinhard. A decisão de deportar judeus holandeses para Sobibór foi tomada provavelmente porque milhares de judeus acabavam de ser enviados da Grécia para Auschwitz, e Sobibór ficara com capacidade ociosa de extermínio. Mas qualquer que fosse o motivo exato, essa decisão foi uma das razões da alta taxa de mortalidade geral dos judeus que provinham da Holanda. Ao contrário do que ocorria em Auschwitz, onde uma proporção dos recém-chegados era selecionada na rampa para trabalhos forçados, em Sobibór mais de 99 por cento das pessoas de cada leva eram mortas em questão de horas após sua chegada. Dos 35 mil judeus holandeses enviados a Sobibór, menos de duas dúzias sobreviveram. Portanto, embora seja compreensível que os historiadores se concentrem nos fatores domésticos da Holanda que podem ter contribuído para essa grande proporção de judeus holandeses mortos no Holocausto – como a atitude colaborativa do serviço público holandês –, é importante lembrar que essa decisão alemã de mandar os judeus holandeses para Sobibór também teve algum impacto, mesmo que limitado.[33]

Quando os judeus holandeses entraram no campo, muitos deles acreditaram na dissimulação nazista e pensaram ter chegado a uma parada de higiene. "Essa fraude era tão perfeita", diz Toivi Blatt, um dos Sonderkommandos que lidou com as levas de holandeses, "que tenho certeza de que quando foram para as câmaras de gás e viram sair gás em vez de água pensaram que fosse algum tipo de mau funcionamento [...] Depois que o serviço foi concluído, quando já haviam sido removidos da câmara de gás para a cremação, lembro que pensei comigo que fazia uma noite bonita [com], estrelas, realmente tranquila [...] Três mil pessoas haviam morrido [só naquela leva]. Nada havia acontecido. As estrelas continuavam no mesmo lugar".[34]

Em Sobibór, a chegada de um grupo de prisioneiros de guerra soviéticos em setembro de 1943 – todos eles enviados ao campo por serem também judeus – foi o que agiu como catalisador de uma fuga em massa. Cerca de oitenta daqueles prisioneiros de guerra haviam sido selecionados para trabalhar como pedreiros no campo, e logo perceberam a natureza especial de Sobibór. Um deles, Arkadiy Vajspapir, declarou: "Sabíamos que os alemães não iam deixar nenhum de nós vivo, ainda mais naquele campo".[35] Sob a liderança de um oficial do Exército Vermelho chamado Alexander Pechersky, conceberam um plano ousado. A ideia era pedir que membros individuais da SS viessem até a oficina do sapateiro e do alfaiate para algumas provas. Os prisioneiros partiram do pressuposto – que depois revelou-se correto – de que os alemães, solicitados a comparecer a intervalos estipulados, chegariam exatamente no horário. Depois que sentassem para aguardar a prova, seriam mortos por um prisioneiro escondido nos fundos da cabana.

Em 14 de outubro de 1943, colocaram o plano em ação. Às três e meia da tarde, Arkadiy Vajspapir, junto com um companheiro chamado Yehuda Lerner, escondeu-se atrás de uma cortina no fundo da cabana do sapateiro. "O alemão chegou para experimentar os sapatos", diz Arkadiy. "Sentou-se bem à minha frente. Então saí de detrás da cortina e o acertei. Não sabia que isso devia ser feito com a parte plana do machado. Acertei-o com a lâmina. Tiramos ele de lá e pusemos um pano em cima. E então veio outro alemão. Este dirigiu-se até o cadáver, deu-lhe um pontapé e disse 'O que é isso? O significa essa bagunça?'. E então, quando percebeu [o que estava acontecendo], eu também o acertei com o machado. Então pegamos as pistolas deles e fugimos. Logo em seguida, eu tremia. Fiquei um bom tempo sem conseguir me acalmar. Eu estava com náuseas. Todo sujo de sangue".[36]

Enquanto Arkadiy Vajspapir e Yehuda Lerner matavam os dois alemães na oficina do sapateiro, seus companheiros atacavam três outros membros da SS na loja do alfaiate. No final da tarde, a maior parte dos homens da SS do campo haviam sido mortos, mas o comandante da SS, Karl Frenzel, ainda estava vivo. "Encontrei Sasha [Alexander Pechersky, o líder do levante] e disse a ele que tínhamos liquidado dois alemães", conta Arkadiy. "E ele disse que deveríamos matar Frenzel.

Devíamos ir até a sala dele [...] e eu disse que não conseguiria. Minhas mãos tremiam. Meu corpo inteiro tremia, eu disse que não ia conseguir [...] Ele entendeu, e não [...] não me pressionou. Então não matei mais ninguém."[37]

Pouco antes das 18 horas, os prisioneiros dirigiram-se ao portão principal. Nessa hora, ficaram sob fogo não apenas dos guardas das torres, mas também de Frenzel, que dirigiu uma metralhadora contra eles. Muitos dos prisioneiros correram direto para a cerca de arame, mas quando Toivi Blatt chegou até lá, a cerca caiu em cima dele: "Meu primeiro pensamento foi 'Isso é o fim!'. As pessoas pisavam em cima de mim, e as pontas do arame farpado ficaram enfiadas no meu casaco. Mas então tive um lampejo de gênio. Deixei meu casaco de couro no arame farpado e deslizei para fora dele. Comecei a correr. Caí umas duas ou três vezes; a cada uma delas achava que tinham me acertado, mas levantava, via que não tinha acontecido nada comigo, e finalmente cheguei à floresta".[38]

Como ocorreu em Treblinka, a maioria dos prisioneiros que fugiu de Sobibór não sobreviveu à guerra. Dos trezentos que cruzaram a cerca do campo, talvez sessenta tenham chegado ao final do conflito. Precisavam sobreviver menos de dois anos no país onde muitos haviam nascido – falavam a língua, conheciam a paisagem. Mesmo assim, muitos morreram. As razões disso são complexas, mas a experiência de Toivi Blatt engloba muitas das dificuldades enfrentadas pelos que fugiram. Ele estava bem ciente, por exemplo, de não ter alcançado nenhuma "tranquilidade" ao chegar à floresta, pois "ela não era nem um pouco segura".[39] Não só corria o risco de ser pego pelos alemães que o perseguiam, ou por agricultores locais que poderiam capturá-lo em troca de uma recompensa, mas preocupava-se também com a possibilidade de deparar com grupos de "bandidos" armados – poloneses que teriam buscado refúgio na floresta e agora viviam de roubar os outros.

Toivi queria desesperadamente ficar com Sasha, o oficial do Exército Vermelho que havia liderado a revolta, pois se sentia bem mais seguro sob sua proteção. Mas, no dia seguinte à fuga, Sasha anunciou que ele e outros oito membros de sua unidade estavam partindo por conta própria. "Sasha disse 'Precisamos agora descobrir onde estamos,

então um grupo nosso irá checar a área e talvez comprar comida'",
lembra Toivi, "e mandou que lhe déssemos algum dinheiro [...] Ele
prometeu voltar, e então partiu e nunca mais voltou".[40] Toivi ficou
arrasado. Depois da guerra, foi tirar satisfações com Sasha a respeito do
que havia acontecido. Toivi disse-lhe que embora ele sempre tivesse
sido um herói "não só para mim, mas aos olhos dos outros sobreviventes", havia feito "algo que eu acho que você não devia ter feito",
porque "você pegou nove pessoas com nove armas e nos deixou praticamente sem nada. Então ele respondeu: 'Ouça, eu era um soldado,
minha primeira obrigação era voltar para o meu exército'. Explicou
isso um pouco envergonhado. Mas mesmo assim repetiu: 'Eu era um
soldado e um soldado precisa voltar'".

Sasha levou seu grupo armado para o leste e conseguiu fazer
contato com um bando de *partisans* soviéticos. "Apenas aqueles que se
agrupam conseguem sobreviver", diz Arkadiy Vajspapir, um dos membros da unidade de Sasha. "A única coisa que nos ajudou a sobreviver
foi ficarmos juntos todos os nove. Tínhamos muita gente guerreira e
corajosa, mas não eram tão respeitadas quanto Sasha."[41]

No entanto, ao salvar seus camaradas, Sasha deixara o resto de seu
grupo, de uns quarenta fugitivos, totalmente desordenado. Formaram-
se pequenas facções, que ficaram discutindo entre si. Sem liderança,
alguns dos mais fortes quiseram se livrar dos mais fracos. No final,
Toivi e dois outros se separaram do grupo principal e foram até sua
cidade natal, Izbica. Com o inverno se aproximando, veio o desespero
para encontrar abrigo. Quando finalmente chegaram a Izbica, Toivi
aproximou-se de uma aldeã, que ele sabia ser admiradora do seu pai,
e implorou que o escondesse. Ela recusou, temendo represálias dos
alemães. Disse que o marido havia sido levado para Auschwitz e que
ela queria salvar o filho. "Pelo terror estampado em seu rosto", escreveu Toivi, "percebi com clareza que nós representávamos uma praga
mortal, a Peste Negra do século XX".[42]

Eles seguiram adiante e encontraram um agricultor que se dispôs, em troca do ouro e das joias que os fugitivos traziam do campo
com eles, a escondê-los num fosso no fundo de seu celeiro. Mas o
agricultor estava interessado apenas no que podia tirar deles, e após
vários meses – depois de ter "tomado emprestadas" muitas das roupas

deles – tentou matá-los com a ajuda de alguns amigos. Toivi escapou apenas porque, quando dispararam um tiro que pegou de raspão no seu queixo, ele se fingiu de morto. Depois de fugir da fazenda, Toivi escondeu-se numa fábrica de tijolos abandonada e sobreviveu graças a alguns conhecidos que lhe levavam comida. Mas corria praticamente tanto risco ali quanto nas mãos do agricultor homicida. Grupos armados da floresta às vezes vinham vasculhar a área – alguns eram *partisans* e outros eram simplesmente bandidos. Toivi tinha medo de ambos. Muitos dos *partisans* eram antissemitas – um desses grupos, mesmo abrigando um dos conhecidos de infância de Toivi, recusou-se a incorporá-lo pelo simples fato de ele ser judeu.

Morrendo de fome, Toivi procurou sua antiga professora e implorou-lhe ajuda. Ela respondeu que estava assustada, porque os alemães haviam acabado de capturar um judeu e o torturaram para que revelasse o nome das pessoas que o haviam ajudado. Toivi virou as costas para ir embora, mas a mulher ficou com pena dele e deu-lhe um filão de pão. Em seguida, fora de Izbica, Toivi encontrou um agricultor que o conhecia desde criança. O agricultor concordou que Toivi ficasse com ele – desde que fingisse ser um polonês não judeu e cuidasse das vacas.

Toivi foi protegido pelo agricultor até o Exército Vermelho libertar a Polônia. "Eu deveria ter pulado de alegria", escreveu Toivi a respeito de sua reação por ter sobrevivido à guerra. "Então, por que sentia tanta tristeza, tamanha dor, tamanho vazio na minha alma? Aquilo que meu instinto de sobrevivência havia suprimido me atingia agora com força total. Meus entes queridos haviam sido destruídos, meu mundo também. Sentia-me vazio, triste e sozinho."[43]

Olhando em retrospecto, Toivi acredita que existem "três ingredientes básicos" no antissemitismo, e que os três estavam presentes na Polônia durante a guerra: "O preconceito religioso, que era muito forte na Polônia; as dificuldades econômicas e sociais – o país tinha muitos problemas – e, é claro, era muito fácil apontar para [isto é, culpar] os judeus. E o terceiro é simplesmente a inveja, pois a maior parte dos judeus ganha a vida por si".[44] Mas Toivi também concorda, apesar do antissemitismo amplamente disseminado, que foi apenas graças à bondade de vários católicos poloneses que conseguiu sobreviver.

A história de Toivi Blatt ilustra muitas das dificuldades que os judeus poloneses enfrentavam mesmo quando conseguiam escapar das mãos dos alemães.

A destruição das comunidades judaicas significava que eles não tinham local seguro para se esconder – não dispunham de companheiros judeus com quem pudessem contar. Além disso, um decreto alemão de 15 de outubro de 1941 proclamava que os alemães iriam executar não só os judeus que fossem encontrados fora de um campo ou gueto sem permissão, mas também quaisquer poloneses que os tivessem ajudado. Assim, dar um pedaço de pão a um judeu significava a morte se você fosse pego. Os judeus também corriam risco de serem chantageados por poloneses não judeus, e muitas vezes tinham que pagar altas somas de dinheiro por um lugar para se refugiar. Como resultado, judeus sem recursos financeiros eram extremamente vulneráveis. As judias que procuravam algum lugar para se esconder corriam o risco de serem exploradas sexualmente. Havia também fortes incentivos para que os poloneses denunciassem os judeus. Em algumas áreas do Governo Geral, por exemplo, qualquer polonês que traísse um judeu podia esperar receber como recompensa até um terço das posses desse judeu.[45]

Israel Cymlich fugiu de um campo de trabalho perto de Treblinka em abril de 1943 e – assim como Toivi Blatt – teve dificuldade para sobreviver na Polônia ocupada pelos nazistas. Ele conseguiu chegar a Varsóvia, mas logo concluiu que, mesmo quando os judeus conseguiam sobreviver além da cerca do gueto, "em muitos casos, depois de fracassar em achar um abrigo, mortos de fome e percebendo a falta de perspectivas de sua situação, a pessoa voluntariamente se entregava à polícia".[46]

Mas isso é apenas parte da história, pois Israel Cymlich – assim como Toivi Blatt – deve a vida à compaixão de poloneses não judeus. Um casal polonês, o senhor e senhora Kobos, abrigaram-no no sótão de sua casa em Varsóvia e o deixaram ficar ali mesmo depois que o dinheiro dele acabou. Arriscaram sua vida, motivados pelo fato de sentirem que aquilo que estavam fazendo era o certo. Israel Cymlich escreveu que ficou "desconcertado" com "o fato de aquelas pessoas terem feito tanto por mim e me mantido por tanto tempo. Para pessoas tão pobres quanto elas, foi um fardo muito pesado".[47]

Eram muitos os poloneses não judeus que ajudavam os judeus, usando métodos muitas vezes engenhosos. O doutor Eugene Lazowski, por exemplo, conseguiu convencer os alemães de que havia um surto de febre tifoide na área em torno de Rozwadów. Fez isso injetando na população – inclusive em vários judeus – uma substância segura que imitava os sintomas da febre tifoide, de modo que quando os alemães fizeram exames de sangue acreditaram que o distrito inteiro estava contaminado. Com isso, mantiveram-se longe da área e milhares de judeus e poloneses evitaram ser deportados.[48]

Em Varsóvia, cerca de 28 mil judeus desafiavam as restrições alemãs vivendo fora do gueto. A maior parte era ocultada por poloneses não judeus. Desses 28 mil judeus, cerca de 11.500 sobreviveram à guerra. Uma estimativa confiável diz que entre sete e nove por cento da população não judaica de Varsóvia auxiliou os judeus – ou seja, entre 70 mil e 90 mil pessoas.[49] É uma estatística que desmente o preguiçoso estereótipo de que os poloneses fizeram pouco para ajudar os judeus. Na realidade, como conclui um estudioso, a taxa de sobrevivência dos fugitivos judeus de Varsóvia "não foi muito menor que a observada em um país da Europa Ocidental como a Holanda".[50]

Um julgamento similar e com as devidas nuances deve contemplar as ações das forças de resistência que lutavam na Polônia, especialmente do Exército Nacional Polonês. Isso porque, embora houvesse sem dúvida várias unidades antissemitas no Exército Nacional, havia também aquelas que aceitavam judeus em suas fileiras. Samuel Willenberg, por exemplo, que fugira de Treblinka, juntou-se ao Exército Nacional e participou do levante de Varsóvia no verão de 1944. Ele lembra que correu riscos ao revelar que era judeu aos poloneses não judeus, e que queria "morrer com meu próprio nome". Diz ele: "Embora houvesse gente no Exército Nacional que me criava problemas", na seção particular a que ele pertencia havia "boas pessoas", que apesar de "saberem que eu era judeu" não viam nisso um inconveniente para elas.[51]

O Exército Nacional às vezes ajudava também os combatentes da resistência judaica. Eles forneceram algumas das armas que os judeus usaram no levante do gueto de Varsóvia, por exemplo, apesar de alguns judeus acharem que o Exército Nacional deveria ter ajudado bem mais. A verdade, como diz um estudioso, é que "como o Exército Nacional era uma reunião abrangente de organizações polonesas díspares, que somavam ao todo mais de 300 mil pessoas, de domínios que iam dos socialistas aos nacionalistas, sua atitude e seu comportamento em relação aos judeus variava amplamente".[52] A história – como Samuel Willenberg a vivenciou pessoalmente – era, portanto, multifacetada.

No ano de 1943, a liderança nazista viu o moral da população alemã cair ainda mais. O bombardeio de Hamburgo pela Força Aérea Real no final de julho teve efeito devastador; 40 mil alemães morreram – mais do que as perdas britânicas no conjunto das Blitz. "As perdas em Hamburgo foram grandes", disse Albert Speer, ministro do Armamento nazista, após a guerra, "as maiores que havíamos sofrido em qualquer ataque aéreo, particularmente pelas casas incendiadas. E a depressão entre a população foi extraordinária".[53] Em tais circunstâncias, era vital para Hitler que a liderança nazista ficasse firme. Como ele disse em seu discurso de 10 de setembro, "o partido deve dar o exemplo em tudo".[54] Havia uma preocupação óbvia por trás dessas palavras – a de que alguns nazistas pudessem tentar seguir o exemplo dos italianos e saíssem da guerra.

Himmler conhecia uma maneira de contrabalançar esse derrotismo – aumentar o conhecimento a respeito do extermínio de judeus. Esse crime, que até então havia sido tratado com muito sigilo, passaria agora a ser tratado em reuniões frequentadas por mais de uma centena de líderes nazistas. Constituía uma guinada notável na política, mas o pensamento por trás dela era claro. A partir do momento em que muito mais nazistas soubessem a extensão das atrocidades que haviam sido cometidas em seu nome, que outra escolha teriam a não ser "queimar seus navios" e não desistir mais? A elite italiana – o rei e os fascistas do alto escalão   haviam sido capazes de cair fora da guerra sem terem sido maculados pelo crime de assassinato em massa, mas essa não seria uma opção à disposição da liderança nazista mais ampla.

Em outubro de 1943, Heinrich Himmler fez dois discursos em Posen, na Polônia – um para cerca de noventa veteranos líderes da SS e outro para altas figuras do partido, entre elas vários Reichsleiters e Gauleiters. Nesses discursos, Himmler falou abertamente sobre o extermínio dos judeus, e com isso transformou cada um dos que o ouviam em um cúmplice conspirador. Por exemplo, disse aos Reichsleiters e Gauleiters em 6 de outubro: "Eu não acredito que seja justificável erradicar os homens [judeus] – ou seja, matá-los ou ordenar sua morte – e depois deixar que seus filhos cresçam para se vingarem de nossos filhos e netos. A dura decisão de fazer esse povo desaparecer da face da Terra teve que ser tomada. Para a organização que precisou realizar a tarefa, foi a mais difícil que já tivemos que empreender".[55] Himmler dificilmente poderia ter sido mais explícito.

Paralelamente à revelação aos líderes nazistas da verdadeira extensão de sua culpa coletiva, Himmler queria também concluir a operação de extermínio nos campos Reinhard. As revoltas em Treblinka e Sobibór, além da resistência judaica em vários guetos – não apenas em Varsóvia em abril, mas mais recentemente em Białystok em agosto – haviam reforçado seu desejo de centralizar a maior parte do processo de matança na mais segura instalação de Auschwitz.[56] Ele também foi influenciado por questões burocráticas. Queria eliminar a possibilidade de que os judeus da área fossem usados em trabalhos forçados por outros órgãos alemães além da SS.[57] Por isso, em outubro de 1943, mandou Friedrich-Wilhelm Krüger, o SS e chefe de polícia do Governo Geral, liquidar os grandes campos que ainda operavam no distrito de Lublin.[58]

A ordem de Himmler de matar os judeus que restavam em Majdanek, nos arredores de Lublin, foi cumprida em novembro de 1943 com uma série de massacres conhecida como as matanças da Festa da Colheita. Henryk Nieścior, um preso político polonês em Majdanek na época, testemunhou os preparativos para o crime. "Perto do crematório do Campo V [as diferentes áreas dentro de Majdanek eram conhecidas como 'campos'], no final de outubro de 1943, os alemães mandaram os judeus cavarem valas, abertas em forma de ziguezague."[59] Ele lembra que os alemães tentaram convencer os judeus que as valas não eram nada sinistro – meras obras de defesa, necessárias porque a linha do *front* estava ficando cada vez mais próxima. Em 3 de novembro, os alemães mandaram todos os judeus do campo se "aproximarem" e então levaram-nos para a área onde as valas haviam sido cavadas. Pouco depois, a SS passou a alvejar os judeus com metralhadoras, enquanto os alto-falantes tocavam música.

Judeus de campos da área também foram mortos em Majdanek. Eram divididos em pequenos grupos, recebiam ordens de deitar em fossos e eram mortos a tiros. Os membros do grupo seguinte a ser morto tinham que deitar em cima dos cadáveres daqueles que acabavam de ser assassinados, e então as armas eram disparadas contra eles. Nem todos morriam na hora, e para abafar seus gritos – e os gritos dos judeus que estavam prestes a morrer – dois "carros com rádios" tocavam música popular em alto volume.[60] Em 3 de novembro, cerca de 18 mil pessoas foram mortas em Majdanek – o maior número de mortes em um só dia num campo de extermínio. É outro lembrete de que as câmaras de gás não eram indispensáveis para se cometer assassínio em massa.

A operação Festa da Colheita também promoveu execuções em dois outros campos próximos, Trawniki e Poniatowa. Em Poniatowa, alguns judeus opuseram resistência quando os alemães tentaram matá-los. Conseguiram apanhar algumas armas e abriram fogo em seus captores, mas os alemães incendiaram o alojamento em que haviam buscado refúgio, e eles foram então queimados vivos. Sua brava resistência deve apenas ter confirmado a Himmler que ele estava certo ao julgar que os judeus nesses campos deviam ser liquidados. No total, cerca de 43 mil judeus morreram como resultado da operação Festa da Colheita.

Treblinka e Sobibór pararam de operar como campos de extermínio por volta da mesma época. Ambos foram desmantelados e foi feita uma tentativa de eliminar todos os vestígios do crime. Esses campos – junto com Bełżec, a primeira instalação de extermínio fixa da Operação Reinhard – sempre foram vistos pelos nazistas como locais transitórios, e como agora quase não restavam judeus vivos no Governo Geral, e Auschwitz tinha capacidade mais do que suficiente para matar os judeus da Europa Ocidental, eles não eram mais necessários. Bełżec já parara de matar pessoas em larga escala em dezembro de 1942 e foi totalmente desativado no verão de 1943. Quanto a Treblinka, a última leva havia chegado em agosto de 1943, duas semanas após a revolta, e o campo foi destruído depois, no outono. Sobibór foi o último campo de extermínio Reinhard a ser desativado. E como os prisioneiros que não conseguiram fugir haviam sido mortos no dia seguinte à revolta, outra unidade de Sonderkommandos foi enviada para desmontar o campo. Depois que concluíram a tarefa, foram mortos também.

Em dezembro de 1943, todos esses campos haviam desaparecido. No lugar deles havia fazendas e extensões de terra. "Por razões de vigilância", escreveu Globocnik a Himmler, "foi criada uma pequena fazenda em cada campo, ocupada por um guarda. Ele deve receber regularmente uma pensão a fim de que possa manter a fazenda".[61] Mas havia um problema que persistia para os nazistas: um bom número de habitantes do local sabia o que havia acontecido ali. Muitos acreditavam que, escondidas no solo e nas cinzas do lugar, poderia haver joias, ouro e outros objetos de valor, deixados pelos judeus assassinados. Então uma das funções do "fazendeiro" era impedir que os locais viessem vasculhar e saquear.

A Operação Reinhard estava oficialmente encerrada. Em 30 de novembro de 1943, Himmler escreveu a Globocnik agradecendo pelos "grandes e únicos serviços que você prestou ao povo alemão ao implementar a Operação Reinhard".[62] No total, cerca de 1,7 milhão de pessoas haviam sido mortas nessa ação entre março de 1942 e novembro de 1943. A maioria havia morrido num destes três campos – Bełżec, Sobibór ou Treblinka.

Quando se recorre a imagens para simbolizar o Holocausto, a de Auschwitz é a que mais aparece. A centralidade de Auschwitz na memorialização do crime é quase onipresente. Na Grã-Bretanha, a data do Dia Memorial do Holocausto é a do aniversário da libertação de Auschwitz. Claro, Auschwitz de fato se tornou, como veremos, o mais mortífero de todos os campos de extermínio. Mas há o perigo de que esses três campos Reinhard – Bełżec, Sobibór e Treblinka – sejam, se não esquecidos, pelo menos de algum modo negligenciados. Os nazistas teriam aprovado isso. Não queriam que ninguém se lembrasse desses lugares. Mas em muitos aspectos são esses os campos que simbolizam a singularidade do crime. Foi necessário apenas um punhado de alemães para comandar o assassinato de 1,7 milhão de pessoas. Cada um desses indivíduos morreu não por algo que tivesse feito, mas simplesmente por quem seus avós acidentalmente eram. Depois que suas vidas foram riscadas do mapa, os lugares em que foram assassinados foram igualmente suprimidos. Ninguém vê imagens de Bełżec, Treblinka ou Sobibór na memorialização do Holocausto porque não há imagens desses campos para mostrar. De uma maneira que ilustra, tanto quanto todo o resto, a face lúgubre desse crime, aqueles que foram mortos viraram nada, e os locais em que morreram viraram nada junto com eles.

Quanto aos principais criminosos, eles logo abandonaram a cena do crime. Em setembro de 1943, Globocnik foi para o norte da Itália, onde havia sido nomeado alto oficial da SS e líder da Polícia. Levou vários de seus cúmplices com ele, entre eles Christian Wirth e Franz Stangl. E logo passaram a usar seus talentos particulares em Trieste, região agora anexada ao Reich. Em Risiera di San Sabba, uma fábrica no sul da cidade, ajudaram a criar um dos mais notórios campos de concentração e prisões do Mediterrâneo. A maioria dos que foram mortos ali não era de judeus, e sim de *partisans*. Pelo menos três mil pessoas foram assassinadas em Risiera di San Sabba – a maioria espancada até a morte ou executada por pelotões de fuzilamento no pátio do edifício. Assim como ocorria em Majdanek, tocava-se música em alto volume a fim de abafar o ruído do morticínio. A partir de abril de 1944, os corpos dos executados foram incinerados em um crematório especialmente construído no local – criado por Erwin Lambert, que antes já havia construído as câmaras de gás não só do programa T4, mas também de Sobibór e Treblinka. Depois de cremados os corpos, as cinzas eram jogadas no porto vizinho.[63]

Franz Stangl, ex-comandante de Treblinka, acreditava saber a razão pela qual ele e outros membros da equipe da Operação Reinhard haviam sido mandados para essa região perigosa – designada como *Bandenkampfgebiet*, um "distrito de luta contra bandidos". "Eu percebi muito bem", disse ele após a guerra, "que éramos um embaraço para as autoridades: eles queriam encontrar maneiras e meios de 'incinerarnos'. Então nos designavam para os trabalhos mais perigosos – qualquer coisa que tivesse a ver com o combate contra os *partisans* naquela parte do mundo era muito perigosa".[64] Mas embora seja verdade que Christian Wirth foi morto em maio de 1944 por *partisans*, tanto Stangl quanto Globocnik sobreviveram à guerra – Globocnik apenas alguns dias, pois suicidou-se após ser capturado pelos britânicos em 31 de maio de 1945. Quanto a Franz Stangl, fugiu para a América do Sul, onde acabou preso em 1967. Mais tarde, na Alemanha Ocidental, foi condenado à prisão perpétua.

A era dos campos Reinhard chegava ao fim. Mas o período mais infame da existência de Auschwitz – que faria dele o local do maior assassinato em massa da história – estava apenas começando.

16. Auschwitz
(1943-1944)

SOMENTE AGORA AUSCHWITZ tornava-se central para o Holocausto. Mas é importante lembrar que mesmo depois que os novos complexos de câmaras de gás haviam sido inaugurados em Birkenau, aumentando muito a capacidade de matar do campo, Auschwitz continuou a desempenhar uma série de funções no Estado nazista – e não apenas a de extermínio.

Uma das mais surpreendentes, dada a realidade do que teve lugar ali, foi oferecer um possível álibi propagandístico para os nazistas. No início de setembro de 1943, cinco mil judeus de Theresienstadt, noroeste de Praga, foram enviados a Auschwitz-Birkenau.[1] Caso único entre os prisioneiros judeus, eles tiveram permissão de viver em um "campo familiar" dentro de Birkenau. Embora os homens ficassem em alojamentos separados das mulheres, as crianças não eram mandadas diretamente para as câmaras de gás, tinham permissão de viver com um dos pais. Os judeus eram então instruídos a escrever cartões-postais para seus parentes que estavam ainda no campo de Theresienstadt. A ideia era fazer com que a equipe da Cruz Vermelha que inspecionava Theresienstadt, por meio desse truque, acreditasse que Birkenau era apenas um campo de trabalhos forçados. Vários meses mais tarde, depois de os judeus terem sido usados dessa maneira pelos nazistas, quase todos no campo familiar foram assassinados nas câmaras de gás.

Outra função de Auschwitz, que distinguia o lugar dos campos Reinhard, era a crescente ocorrência de experimentos médicos. O médico mais infame de Auschwitz chegou ali na primavera de 1943 – o doutor Josef Mengele. Sua "pesquisa" de gêmeos e anões chocaria o mundo ao ser revelada em toda a sua crueldade. Mengele foi assistido em seu trabalho por um certo número de prisioneiros. Um deles era Wilhelm Brasse, mandado a Auschwitz como prisioneiro político polonês em 1940 com a idade de 22 anos, e que, portanto, em 1943 era um dos internos mais veteranos do campo. Ele dominava um pouco a fotografia, e foi essa habilidade que os médicos alemães em Auschwitz procuraram explorar. "Conversei com o doutor Mengele", diz ele. "Ele me explicou que iria mandar mulheres para mim, mulheres judias, gêmeos e trigêmeos e todo tipo de casos, e que queria fotos que mostrassem as pessoas de frente, de lado, de perfil e de costas. E também nus [fotos] [...] Essas mulheres ficavam muito envergonhadas e intimidadas. As crianças mostravam-se terrivelmente arredias. Tinham medo até de falar entre si. Quanto à aparência, eram mulheres jovens, mocinhas começando a se desenvolver – não estavam desgastadas. Ele [Mengele] as selecionava das levas [...] Eu sentia vergonha e era uma coisa dolorosa, desagradável [...]" Wilhelm Brasse fez fotos de algumas cenas terríveis. "Ele [Mengele] explicou que me mandaria do campo de ciganos um caso de câncer de boca. Esqueci o outro nome dessa doença, o nome técnico [é uma doença conhecida como noma, que ocorria com frequência no campo cigano] [...] Eles mandaram uma jovem cigana que tinha câncer, câncer de boca, dava pra ver o queixo todo dela, você conseguia ver o osso, e ele [Mengele] explicou que eu deveria fotografar de perfil, para que o osso ficasse visível [...] Essas coisas vêm a toda hora diante dos meus olhos. Depois da guerra, eu tinha sonhos recorrentes, às vezes de alguém que me era trazido pelo doutor Mengele, ou então sonhava que estavam me procurando, me levando para ser fuzilado."[2]

O doutor Mengele e suas atividades têm dominado a memória do público a respeito da corrupção dos ideais médicos em Auschwitz. E não é difícil entender por quê. Mengele tinha 32 anos de idade quando chegou a Auschwitz. Era um veterano de guerra, condecorado, um homem bonito. Sem dúvida era corajoso – havia recebido a Cruz de Ferro por resgatar dois soldados de um tanque em chamas – e andava sempre muito bem trajado. Os sobreviventes costumam observar, por exemplo, que ele sempre vestia um uniforme impecável e botas muito bem engraxadas. Era o oposto da imagem caricatural de um assassino da SS, transpirando, com o rosto afogueado.

Mengele era um nazista ferrenho. Havia se filiado ao partido em 1937 e demonstrara comprometimento com a causa nacionalista mesmo antes de Hitler chegar ao poder. Era também um racista declarado e acreditava ser membro de uma raça superior. Mas nada de seu histórico anterior a Auschwitz sugere que tivesse a capacidade de ser sádico em escala gigantesca – ainda assim, isso foi o que demonstrou no campo. Parecia se deleitar com o seu poder durante as triagens, não só na rampa, mas nas alas do hospital, quando escolhia quem morreria entre os internos.

Para Mengele, Auschwitz era um enorme playground médico. Ele podia conceber quaisquer experimentos que desejasse em nome de sua pesquisa "racial", limitado apenas por sua imaginação. Seu interesse especial era sempre a genética, e de que maneira os genes são transmitidos dentro das famílias – portanto, inclinava-se particularmente para os experimentos com gêmeos. Vera Alexander, uma Kapo que cuidou de gêmeos selecionados por Mengele, lembra que eles muitas vezes voltavam para o alojamento gritando de dor depois de suas intervenções. Tendo-o observado bem de perto, ela diz que simplesmente não conseguia "entender sua crueldade".[3] A claríssima vantagem do estudo de gêmeos para o doutor Mengele era que, uma vez concluído um experimento num dos gêmeos, ambos podiam ser mortos e seus corpos dissecados, para se efetuar uma comparação. Como declarou o doutor Miklós Nyiszli, um prisioneiro que auxiliava o doutor Mengele, "Onde, em circunstâncias normais, você pode encontrar dois gêmeos que morrem no mesmo lugar ao mesmo tempo?". Mas em Auschwitz "havia várias centenas de pares de gêmeos, e, portanto, todas essas possibilidades de dissecação".[4]

Mengele não era o único médico nazista que fazia experimentos em Auschwitz. Por exemplo, num bloco médico especialmente equipado, o professor Carl Clauberg e o doutor Horst Schumann realizavam pesquisas sobre esterilização. Wilhelm Brasse, que batia as fotos para Mengele, também fez fotos de mulheres sob anestesia que haviam sido submetidas a esses experimentos de esterilização. As mulheres eram colocadas em uma cadeira ginecológica especial e os médicos "expandiam a vagina e removiam o útero a fórceps, e então eu tirava fotos disso. Não da pessoa inteira, mas apenas das partes sexuais e do útero. Em vários casos, usei filme colorido. Não revelávamos as fotos no nosso laboratório, já que não tínhamos um laboratório para filmes coloridos, nós mandávamos para Berlim [...] Para mim isso era o pior – ver essas cenas terríveis. Eu tinha a informação de que em muitos casos essas mulheres operadas recebiam [em seguida] uma injeção e eram mortas".[5]

Carl Clauberg havia ocupado o cargo de professor de ginecologia na Universidade de Königsberg, e era, como Mengele, um nacional-socialista engajado. Himmler havia se interessado pelo seu trabalho e pessoalmente aprovara utilizá-lo em Auschwitz, num laboratório de pesquisa humana. Como vimos antes nessa história, a esterilização era um tema de considerável interesse para o Reichsführer SS. Em seus experimentos, Clauberg injetava várias substâncias nas mulheres a fim de evitar a fertilização. "Aquelas mulheres sofriam dores horríveis, e tinham febre muito alta", diz Silvia Veselá, uma judia eslovaca que auxiliava Clauberg. "Eu media a temperatura delas, fazia raios X, esse tipo de coisa."[6]

Enquanto Clauberg experimentava com o uso de injeções, seu colega doutor Schumann dava aos seus sujeitos doses massivas de radiação. Silvia Veselá lembra que "o impacto da intensidade dos raios X no intestino delgado era testado. Era mais do que horrível. Aquelas mulheres vomitavam o tempo inteiro. Era realmente terrível".[7] Durante seu tempo em Auschwitz, Silvia confessa que ficou emocionalmente insensível ao sofrimento alheio: "Se você apanha muito forte, depois de um tempo não sente mais nada. Você conhece essa sensação? Não, você não conhece, porque não experimentou um tratamento desse tipo. Mas, como eu disse antes: se você apanha muito forte, depois de um tempo não sente mais nada, porque fica apático. Essa era a única salvação [...] Tornar-se apático".[8] Ela mesma foi obrigada a participar de um dos testes médicos de Clauberg. "Eu estava doente e eles fizeram alguns experimentos em mim [...] Infelizmente, após a guerra, quando casei, apesar de todos esses experimentos, eu engravidei. Tive um aborto muito repulsivo. Os médicos disseram 'Chega! Não ouse engravidar de novo'".[9]

Experimentos médicos em internos não eram exclusividade de Auschwitz. Médicos em outros campos de concentração também se dedicavam a eles. Logo após o início da guerra, médicos de Sachsenhausen expuseram prisioneiros ao gás mostarda a fim de medir os efeitos do veneno. Mas foi em Dachau que alguns dos experimentos mais infames tiveram lugar, supervisionados pelo doutor Sigmund Rascher. Em 1942, alguns prisioneiros foram trancados em câmaras vedadas e testados para ver o quanto de pressão seus corpos podiam aguentar. Outros prisioneiros foram enfiados em água gelada para avaliar o quanto uma tripulação de um avião abatido poderia sobreviver num mar gelado.

O valor potencial desses experimentos para a Luftwaffe era óbvio. Mas nem todos na Força Aérea alemã estavam satisfeitos com o fato de seres humanos morrerem no decorrer desses testes. Quando, em outubro de 1942, o doutor Rascher apresentou seus achados a altas figuras do Ministério da Aeronáutica, ele detectou sinais de inquietação entre a plateia. Pouco antes da reunião, Himmler havia declarado sua posição sobre o tema numa carta ao doutor Rascher: "Acredito que as pessoas que ainda hoje fazem objeções a esses experimentos com humanos, e que preferiam ver soldados alemães morrendo das consequências de uma hipotermia, são altos traidores, e não vou deixar de mencionar os nomes desses cavalheiros às autoridades em questão".[10] Existe até evidência de que Himmler buscou a aprovação de Hitler para essa pesquisa, e que Hitler endossou a opinião de que "em princípio, no que se refere ao bem-estar do Estado, experimentos com humanos têm que ser tolerados".[11]

Em um dos episódios mais sombrios e bizarros da experimentação nazista com humanos, o doutor Rascher tentou reviver um prisioneiro que estava inconsciente depois de ser exposto a condições de frio extremo, colocando-o entre duas mulheres prisioneiras nuas. Himmler foi um dos que sugeriram a ideia, pois imaginou que "a mulher de um pescador poderia muito bem levar seu marido semicongelado para a cama dela e revivê-lo dessa maneira".[12]

Em Dachau e em Sachsenhausen, muitos dos prisioneiros selecionados para serem torturados em experimentos médicos eram não judeus, mas isso não surpreende muito, já que no início de 1943 havia menos de 400 judeus nos campos de concentração do Reich construídos antes da guerra.[13] Mesmo em Auschwitz, como vimos, o doutor Mengele podia escolher também sinti e roma para morrer, com a mesma facilidade com que escolhia judeus. Para alguém como Mengele, a ideologia nazista justificava uma série de esquemas assassinos, desde o extermínio de judeus a experimentos médicos mortíferos. Era tudo parte de um mundo no qual profissionais médicos eram os árbitros da vida e da morte dentro de um Estado racial.

Auschwitz se tornara a essa altura um vasto empreendimento, que abrangia diversas funções e metas – e as linhas entre elas às vezes ficavam nebulosas. Foi esse certamente o caso do tratamento dispensado a prisioneiros políticos poloneses. A história pessoal de Tadeusz Smreczyński, por exemplo, demonstra de que maneira o sofrimento de poloneses não judeus estava ligado, nas câmaras de gás de Birkenau, ao dos judeus. Tadeusz tinha 15 anos quando os alemães invadiram a Polônia em setembro de 1939. Ele vivia com a família em Zator, a poucos quilômetros de Auschwitz. Os alemães impediram que poloneses como ele recebessem educação e ele foi obrigado a abandonar a escola. Em setembro de 1940, aos 16 anos, Tadeusz foi enviado à Alemanha para trabalhos forçados, mas em novembro fugiu e foi para a Cracóvia, onde morou com uma tia. Cinco meses depois voltou para Zator, na esperança de que os alemães tivessem se esquecido dele. Então começou, por iniciativa própria, a trabalhar contra os alemães. Ajudava pessoas a cruzar a fronteira próxima entre a Alta Silésia, incorporada ao Reich, e o Governo Geral. Também produziu panfletos criticando os alemães. Em dezembro de 1943, criou um plano para ajudar poloneses aprisionados nos campos próximos e, como primeiro passo, deu vários cartões de racionamento de pão a um amigo. "Ele estava planejando conseguir pão", diz Tadeusz, "e entregá-lo aos prisioneiros numa hora em que os homens da SS não estivessem por perto. Eu arrumei alguns cupons para ele. Infelizmente, ele bebia um pouco demais e acabou envolvido numa briga na estação de trem em Auschwitz. Foi então preso e encontraram aqueles cupons com ele. Mais tarde, ele me contou que havia apanhado e que não tivera outra opção a não ser confessar que eu havia fugido da Alemanha e distribuído os panfletos e auxiliado os fugitivos".[14]

Tadeusz foi encontrado, preso e levado para a prisão de Mysłowice – um lugar onde os internos eram "espancados e obrigados a confessar". Ali, assinou a confissão que os alemães colocaram na frente dele, já que "não fazia sentido negar nada". Em Mysłowice, eram feitas avaliações e se definia para onde os prisioneiros seriam mandados em seguida. O lugar que Tadeusz mais temia era Auschwitz, pois sabia que lá, no Bloco 11 do campo principal, era encenada uma "corte policial", com uma fama terrível. Na primavera de 1944, soube o seu destino. Ele e cerca de cinquenta outros prisioneiros foram tirados da prisão e enfiados num caminhão, sob escolta de policiais em motocicletas. "Quando o comboio virou à esquerda", diz ele, "soubemos que estávamos indo para Auschwitz. Ficamos todos sentados quietos, pensando no nosso destino e nas nossas famílias, porque sabíamos que seria o último dia da nossa vida".

Chegaram ao campo principal de Auschwitz e marcharam sob o portão de entrada, com a inscrição *Arbeit macht frei*. Viraram à direita, passando pelos edifícios de tijolo vermelho onde viviam os internos, até chegar ao pátio murado entre os Blocos 10 e 11. Ali se juntaram a mais de cem prisioneiros que haviam sido trazidos das celas do Bloco 11. Pouco depois, diz Tadeusz, "O comandante da Gestapo, um doutor em Direito de Katowice, com dois oficiais atrás dele, chegou e teve início a dispensação de justiça. Cada um de nós era chamado a fazer um relato individual. Tínhamos que subir uns degraus que levavam do pátio até o bloco e então aguardávamos num corredor. Quando chegou minha vez, entrei na sala e pediram que eu fornecesse meus detalhes pessoais. Todas as acusações contra mim foram lidas em voz alta". Então mandaram Tadeusz se juntar a um de três grupos de prisioneiros. Não havia "julgamento", nenhuma chance de ele se defender; o "tribunal" meramente anunciava a qual grupo cada indivíduo devia se juntar. "Eles [os membros do tribunal] faziam pausas para almoço e jantar, e então tudo durou até de noite." Quando terminou a seleção de todos os prisioneiros, o primeiro dos três grupos foi imediatamente enviado para Birkenau e morto nas câmaras de gás. Nesse grupo estava um professor que havia compartilhado cela com ele na prisão de Mysłowice.

"Antes de sair, ele me disse", prossegue Tadeusz, "'se você sobreviver, conte à Polônia de que jeito nós morremos'".[15] O segundo grupo de prisioneiros foi enviado para as câmaras de gás de Birkenau dois dias depois. Apenas o pequeno número de prisioneiros do terceiro grupo, em que Tadeusz estava, foi admitido no campo.

Àquela altura da evolução de Auschwitz, a morte por gás de prisioneiros políticos poloneses não era incomum. Em 29 de fevereiro de 1944, por exemplo, 163 poloneses que haviam sido mandados de Mysłowice para o Bloco 11 foram levados ao Crematório IV em Birkenau, junto com 41 outros prisioneiros de Auschwitz. Entre os condenados havia uma jovem polonesa que, ao chegar ao crematório, disse aos membros da SS que todos ali sabiam que iam morrer na câmara de gás, portanto o sigilo que antes cercava o crime não existia mais. Os alemães, disse ela, seriam um dia chamados a prestar contas pelo que haviam feito. Enquanto entravam na câmara de gás, os poloneses cantaram "A Polônia ainda não foi perdida" e "Para as barricadas".[16] É um lembrete não só da bravura desses indivíduos face a face com a morte certa, mas também que não eram apenas os judeus que morriam nas câmaras de gás de Birkenau.

Tadeusz Smreczyński ficou "surpreso" por não ter sido morto imediatamente após seu "julgamento" no Bloco 11. Depois de admitido no campo principal, foi beneficiado por um golpe de sorte. Encontrou dois prisioneiros influentes que sentiram uma conexão pessoal com ele. O primeiro era um Kapo: "Aquele homem ao que parece me reconheceu de Mysłowice, onde eu costumava levar latões de comida para os vários blocos. O homem disse que cuidaria da minha segurança, o que era algo extraordinário e me fortaleceu psicologicamente".

No dia seguinte, Tadeusz conheceu o segundo homem que iria oferecer-lhe apoio: "Ele apresentou-se e disse que havia conhecido meu pai, com o qual trabalhara quando meu pai era prefeito. Deu-me sua ração diária de pão, o que era um gesto de extremo valor [...] e disse pra mim: 'Não deixe que o matem. Lembre-se de não ficar nunca nas laterais, nem à frente ou atrás das colunas quando marchar ou quando se formarem grupos. É nesses lugares que acertam as pessoas com maior frequência. Fique sempre no meio da coluna', e repetiu antes de ir embora 'Não deixe que o matem'. Ele não sobreviveu ao campo. O início para mim foi, no sentido psicológico, muito favorável, porque tive consciência de que não estava sozinho". Tadeusz também logo aprendeu que era vital tentar trabalhar "dentro" do campo. Os comandos de trabalho que saíam para cavar valas ou abrir estradas tinham que suportar o frio congelante ou a chuva pesada, e poucos sobreviviam muito tempo. Tadeusz foi colocado num comando de obras que ficava dentro dos limites do campo principal e conseguiu evitar esse destino.

Tadeusz Smreczyński estava bem ciente de que uma das funções de Auschwitz era matar judeus. De fato, certa vez, no meio da noite, testemunhou os desdobramentos emocionais de um assassinato em massa quando ouviu "alguma comoção" fora do seu bloco: "Espiei pela janela, muito discretamente, para não ser visto e alvejado. Havia homens – apenas jovens e homens de meia-idade –, todos nus. Suas famílias haviam sido mortas nas câmaras de gás e eles tinham sido trazidos para o campo principal. A ordem era que ficassem em pé em grupos compactos de cinco, mas estavam em pânico e cada um queria ficar com quem lhe era mais próximo: irmão, pai ou amigo. Homens da SS com cães e Kapos batiam neles. Era uma massa agitada de corpos humanos refletidos na luz das luminárias. Era uma visão horrível". Ele imaginou como teria se sentido se "meus pais tivessem acabado de ser mortos na câmara de gás e eu tivesse continuado vivo. Devia ser uma experiência terrível – aquele sentido de total desamparo diante do destino. Não tinham como fazer absolutamente nada para salvar seus entes queridos".

Ele tentou entender como os membros da SS podiam ser responsáveis por aquela pavorosa crueldade que via diante dele e mesmo assim considerarem-se civilizados. Em Birkenau, ele ouviu "a orquestra do campo tocando obras-primas de compositores alemães, austríacos e italianos. Os homens da SS sentaram-se ao lado do crematório onde crianças, mães, mulheres e homens eram incinerados, mas ficavam lá, tranquilamente sentados. Penso agora que deviam estar satisfeitos depois de ter feito seu trabalho direito, e dedicavam-se agora a um entretenimento cultural. Não tinham dilemas. O vento de Birkenau levava embora a fumaça do campo de extermínio, e eles simplesmente lá, sentados, ouvindo Mozart e outros. É disso que um ser humano é capaz [...]". Experiências como essa confirmaram a visão de mundo que ele formara desde criança. "Quando era um garoto de 13 anos, costumava ler muito e ouvia o rádio, e tinha a convicção de que a Terra estava envolta em crime e que havia muita maldade entre as pessoas. Cheguei à conclusão de que a vida não tem sentido."[17]

Mas para Oskar Gröning, um membro da guarnição da SS em Auschwitz, o que acontecia no campo fazia pelo menos um pouco de sentido. Em 1943, ele tinha 22 anos e trabalhava na seção financeira do campo, contando o dinheiro roubado dos judeus que chegavam. Nacionalista convicto, havia absorvido os princípios-chave do nazismo: "Estávamos convencidos por nossa visão de mundo de que havia uma grande conspiração do judaísmo contra nós, e esse pensamento era expresso em Auschwitz – que devia ser evitado, que aquilo que acontecera na Primeira Guerra Mundial devia ser evitado, ou seja, que os judeus nos colocassem de novo na pobreza. Os inimigos que temos dentro da Alemanha estão sendo mortos – exterminados, se necessário. E entre essas duas lutas, uma aberta, na linha do *front*, e outra no *front* doméstico, absolutamente não há diferença – portanto não estávamos exterminando nada além de inimigos".[18]

Uma coisa, porém, era acreditar nessa teoria, e outra bem diferente era assistir na prática ao assassinato em massa. Normalmente, Oskar Gröning conseguia evitar o horror, já que passava a maior parte do expediente no escritório; mas ao ver as evidências sangrentas das matanças, ficou chocado. Uma vez se deparou com corpos sendo incinerados ao ar livre em Birkenau: "O fogo ardia e o Kapo ali me contou depois os detalhes da incineração. E foi terrivelmente desagradável – pavoroso. Ele se divertia ao ver que os corpos, quando começavam a arder, obviamente expeliam gases dos pulmões ou de outras partes, e então pareciam saltar, e as partes sexuais dos homens de repente ficavam eretas, de um jeito que ele achava engraçado".[19] Mas em geral a vida no campo era confortável para Gröning – quase luxuosa, em comparação com outros postos que ele poderia estar ocupando. Assim como muitos dos três mil SS que serviam no complexo de Auschwitz, ele nunca teve que sujar as mãos de sangue, já que apenas uma pequena fração de SS trabalhava na fábrica de morte dos crematórios. Para ele, essa "distância" dos homicídios era "a coisa

decisiva" que lhe permitiu continuar trabalhando de maneira relativamente tranquila.[20] Tanto assim que em suas horas de lazer gostava de
participar de atividades esportivas. Por exemplo, representava a equipe
de atletismo da SS Auschwitz no salto em altura.

Em muitos aspectos, portanto, Auschwitz era uma colocação
atraente para um membro da SS. Não só havia pouco perigo de ser
morto ali, como a comida e a bebida eram excelentes – a maior parte
roubada dos judeus que chegavam. Havia também a oportunidade de
enriquecer. Um oficial da SS encarregado de investigar a corrupção
no campo em 1943 declarou mais tarde que "a conduta da equipe
da SS estava além de qualquer padrão que você pudesse esperar de
soldados. Eles davam a impressão de ser parasitas brutais e sem moral.
Um exame dos armários mostrou uma fortuna em ouro, pérolas, anéis
e dinheiro em todos os tipos de moedas".[21]

Mas não era apenas a oportunidade de enriquecer que motivava
os membros da SS a trabalhar em Auschwitz. Como declara Oskar
Gröning, passavam-lhes a ideia de que seu trabalho era importante para
a segurança do Reich, que os judeus estavam por trás do bolchevismo
e que era preciso continuar lutando nessa guerra para impedir que o
Exército Vermelho destruísse a Alemanha. Como resultado, Gröning
e seus camaradas continuaram engajados em participar do assassinato
em massa de civis – dos mais idosos aos muito jovens.

Oskar Gröning provavelmente entendia as razões por trás dos
sentimentos que Adolf Hitler expressou num discurso de 30 de janeiro
de 1944 – o décimo primeiro aniversário da sua nomeação como chanceler. Hitler decidiu proferir o discurso de seu quartel-general do leste
da Prússia, com suas palavras transmitidas pelo rádio. Já iam longe os dias
das obsequiosas multidões no Sportpalast de Berlim. Havia pouquíssi-
mas boas notícias para celebrar, e por isso Hitler preferiu esconder-se
das massas. Em seu discurso, mostrou-se ainda intrigado com o fato
de a "Inglaterra" – como insistia em se referir à Grã-Bretanha – ter
escolhido se aliar à União Soviética e não à Alemanha. "A vitória da
Alemanha significa a preservação da Europa", declarou, "e a vitória da
União Soviética significa sua aniquilação". O problema era, segundo
Hitler, que "os culpados criminosos de guerra de Londres" haviam

agora descoberto que não tinham como "se libertar de sua própria encrenca", porque dar um "passo atrás" estava agora sendo impedido pelos "judeus que manipulavam suas cordinhas". Segundo Hitler, haviam cometido o erro de lidar com os judeus, já que "todo Estado, depois que se volta para o judaísmo, como fez a Inglaterra, morre dessa peste, a não ser que se recupere no último minuto e remova à força essas bactérias de seu corpo. A visão de que seja possível viver em paz, ou mesmo conciliar os próprios interesses com os desse fermento da decomposição dos povos, nada mais é do que esperar que o corpo humano seja capaz de assimilar bacilos da peste".[22]

A visão de mundo de Hitler, como ele demonstrou em seu discurso de 30 de janeiro de 1944, continuava tão consistente quanto deturpada e homicida. Os judeus eram os culpados pelos infortúnios da Alemanha. Assim como haviam sabotado o esforço de guerra entre 1914 e 1918, sabotavam-no também agora. Tudo isso era claro para Hitler. A única coisa incompreensível era por que os "ingleses" não caíam em si e percebiam que estavam sendo enganados pelos judeus.

É impossível quantificar quantos alemães de fato acreditaram nessa fantasia ao ouvirem essas palavras de Hitler em janeiro de 1944. O certo é que a aprovação de Hitler e seu regime estava em declínio após a derrota em Stalingrado no início de 1943. Uma série de indicadores demonstravam essa verdade – até os relatórios do próprio Partido Nazista sobre a atmosfera popular. Um deles, característico, declarava que membros do público agora "ousavam expressar críticas abertas à pessoa do Führer e atacá-lo de uma maneira cheia de ódio e maldade".[23] Uma das várias piadas que circulavam era que Hitler estava escrevendo uma continuação do *Minha luta*, intitulada *Mein Fehler* – "Meu erro".[24] Claro, se tais opiniões tivessem chegado à Gestapo, a retaliação infligida aos envolvidos teria sido severa.

Mas a ameaça dos "bolcheviques" no Leste continuava real, quer a pessoa acreditasse ou não na retórica de Hitler – e talvez até mesmo se a Alemanha se rendesse ou não. Os italianos tiveram como mudar de lado nessa guerra e enfrentar uma ocupação relativamente benigna por parte dos Aliados ocidentais. Os alemães sabiam que seus soldados lutavam uma "guerra de extermínio" no *front* oriental e que o Exército

Vermelho se aproximava. Essa realidade significava que a advertência de Hitler de que uma Alemanha derrotada iria se deparar com sua "aniquilação" soava menos como um exagero de retórica e mais como uma previsão exata do futuro. Em tais circunstâncias, para muitas pessoas a opção de simplesmente continuar lutando afigurava-se pouco prática. Como disse Fritz Darges, membro da SS assistente de Hitler, você não pode "saltar de um trem em movimento".[25]

Hitler, em conversas privadas com seus generais em 26 de maio de 1944, enfatizou a importância da batalha contra os judeus no contexto do restante da guerra. "Com a remoção dos judeus", disse ele, "eliminei as possibilidades de formação de qualquer núcleo revolucionário. Claro, vocês podem retrucar: 'Bem, não poderíamos ter resolvido isso de maneira mais simples – ou não mais simples, porque tudo mais teria sido mais complicado, mas de maneira mais humana?'. Senhores oficiais, estamos numa luta de vida ou morte".[26]

Consequentemente, a guerra contra os judeus prosseguiu – na realidade, foi intensificada. A capitulação da Itália, combinada com a ocupação pela Alemanha de toda a França e com as resultantes mudanças no pessoal de segurança francês, significou que os alemães estavam agora em posição mais forte para obrigar a deportação de judeus em diversos territórios. Na França, a nomeação de Joseph Darnand em dezembro de 1943 como secretário geral da Polícia refletiu o desejo dos alemães de se voltarem rapidamente contra os judeus franceses.[27] Darnand, líder da Milice – os colaboradores paramilitares franceses –, havia previamente aceitado o grau hierárquico de SS Sturmbannführer (major). Isso queria dizer que, no final de 1943, um francês da SS comandava a força policial francesa. De repente, houve um aumento no número de judeus deportados da França – entre 20 de janeiro e 17 de agosto de 1944, cerca de 15 mil judeus foram enviados a Auschwitz.[28] Todo o fingimento de que as forças de segurança francesas estivessem de algum modo protegendo os judeus franceses foi abandonado.

No início de 1944, Ida Grinspan, uma adolescente judia escondida na vila de Le Jeune Lié, no sudoeste do país, ficou chocada quando a polícia francesa veio buscá-la. "Eu não entendia", diz ela. "Achei que seriam policiais alemães. Não sabia que a polícia francesa fazia detenções. Então, quando o policial chegou, eu disse: 'Como é possível que um policial francês prenda alguém como eu, uma garota francesa que nasceu aqui?'. Senti uma espécie de desprezo. E foi por isso que contive as lágrimas, não quis chorar, fiquei firme."[29]

Quando chegou a Auschwitz, essa mesma força de vontade lhe permitiu lidar com a situação: "Você tinha que se adaptar àquele modo de vida. Entende o que estou dizendo? Tinha que se adaptar a dormir em condições como aquelas, tinha que se adaptar a trabalhar duro, tinha que se adaptar a passar horas e horas com gente mandando em você, andar muito malvestida. Sim, quando a mente está ali, o corpo se adapta. Se você não está ali mentalmente, o corpo não acompanha [...] É por isso que o pessoal jovem lidou muito melhor do que os de 35, 40 anos de idade. Quarenta era o limite. A vontade de viver era mais forte em nós jovens".

Logo depois que chegou, ela foi informada por outros internos de que "há câmaras de gás aqui", mas simplesmente não parecia possível que existissem tais lugares. "Ninguém acreditava", diz Ida. "Nenhum de nós acreditou. Não dava para acreditar. Dizíamos que estavam brincando ou então que haviam enlouquecido." Só depois de sentir os odores insalubres vindo dos crematórios de Birkenau é que ela "finalmente" aceitou que "talvez eles estivessem certos a respeito do cheiro, talvez estivessem de fato queimando gente".

Ida diz que nunca sentiu que coubesse perguntar "por que eu?" enquanto tentava sobreviver em Auschwitz. Sempre soube quem era o real culpado por sua prisão e subsequente sofrimento. E até hoje, como uma francesa orgulhosa, nunca esqueceu o papel de seus compatriotas em facilitar o ataque homicida dos nazistas aos judeus.[30]

Embora a essa altura morressem judeus de toda a Europa ocupada nas câmaras de gás de Birkenau, e todo o mecanismo do que agora chamamos de Holocausto estivesse estabelecido havia muito tempo, o quadro geral ainda não era evidente. Por exemplo, embora a maior parte dos guetos da Polônia tivesse sido liquidada, restava uma grande exceção – o gueto de Łódź, onde um grande número de judeus ainda sobrevivia. A existência do gueto de Łódź ainda em 1944 demonstra uma vez mais como a maneira de implantar o Holocausto podia mudar conforme o lugar. No início de 1944, ainda havia mais de 75 mil judeus no gueto de Łódź, que tiveram permissão de viver porque Arthur Greiser, o governador do Warthegau, convencera Himmler de que o trabalho produzido por eles justificava continuarem vivos.

Mordechai Chaim Rumkowski, o líder do gueto, havia feito tudo o que julgava necessário a fim de satisfazer os alemães. Notoriamente, em setembro de 1942, colaborara com os alemães na deportação de milhares de judeus mais vulneráveis. Em 4 de setembro de 1942, fez um discurso no gueto dizendo: "Nunca imaginei que seria obrigado a fazer esse sacrifício no altar com minhas próprias mãos. Na minha avançada idade, devo estender as mãos e implorar: irmãos e irmãs, entreguem-nos a mim! Pais e mães, deem-me seus filhos!".[31] Rumkowski disse isso porque os nazistas o haviam informado que pretendiam reduzir o número de "bocas inúteis" no gueto – e, como crianças pequenas não podiam trabalhar, eram "inúteis" aos olhos dos nazistas. A reação dos presentes foi um "lamento aterrador" diante da notícia de que crianças seriam tiradas de seus pais e removidas do gueto. Mas Rumkowski não disse apenas que as crianças seriam deportadas. Os doentes também teriam que ir embora. "Existem, no gueto", disse ele, "muitos pacientes que só podem esperar viver mais alguns dias, talvez poucas semanas. Não sei se a ideia é diabólica ou não, mas devo dizer: 'Deem-me os doentes. Retirando-os, poderemos salvar os saudáveis'".[32] Rumkowski pediu aos habitantes do gueto que "pensassem de maneira lógica" e se pusessem no lugar dele. "Então", afirmou, "chegarão à conclusão que não posso proceder de outra maneira".[33]

Muitos daqueles que o ouviam tinham um sentimento muito diferente em relação ao plano. "Eu tinha 17 anos quando ouvi aquele discurso", diz Lucille Eichengreen. "Eu não conseguia compreender como alguém podia pedir aos pais que lhe dessem seus filhos. Ainda não compreendo. As pessoas gritavam 'Como você é capaz de nos pedir isso? Como é que podemos fazer uma coisa dessas?'."[34] Jacob Zylberstein era outro judeu do gueto que ouviu esse discurso, e também se sentiu ultrajado. "Rumkowski era muito covarde", diz ele. "Deveria ter se suicidado antes de entregar as crianças."[35]

Quando a polícia judaica veio buscar as crianças e os doentes, as cenas foram – como seria de se esperar – de uma intensidade emocional devastadora. "E não adianta a criança ficar agarrada com suas mãozinhas ao pescoço da mãe", escreveu Josef Zelkowicz em seu diário. "Não adianta o pai se atirar no chão diante da porta uivando como um boi moribundo: 'Só por cima do meu cadáver vocês levarão meu filho'. Não adianta o velho com seus braços magros e ossudos se agarrar às paredes e à cama: 'Deixem que eu morra aqui tranquilo' [...] Não [adianta] a senhora idosa cair aos pés deles, beijar-lhes as botas e implorar: 'Eu tenho netos crescidos [do tamanho de vocês]'. Não adianta o homem doente enterrar a cabeça febril no travesseiro úmido, coberto de suor, e ficar soluçando, derramando talvez suas últimas lágrimas. Não adianta. A polícia precisa entregar sua encomenda."[36]

As forças de segurança alemãs, que trabalharam junto com a polícia judaica na organização das deportações, foram extremamente brutais durante a ação. Quando uma mãe se recusava a entregar sua filha de 4 anos, tinha três minutos para reconsiderar sua decisão. Se ainda assim se recusasse, tanto ela quanto a filha eram mortas a tiros.[37]

Estera Frenkiel, uma jovem que trabalhou na administração do gueto, lembra que quando as crianças eram arrancadas de seus pais "seus gritos chegavam até o céu". Quanto a ela, dentro do contexto do gueto, era relativamente afortunada. Embora não tivesse filhos, recebera dez formulários de liberação que iriam salvar a vida de dez crianças ou pessoas doentes – e ela podia escolher a quem dá-los. Do mesmo modo que a polícia judaica que participara da ação, membros da equipe de administração do gueto podiam igualmente salvar os entes queridos. "Eu também tinha familiares próximos", diz ela. "Tinha um tio que precisava ser salvo. Um primo. Para mim, a própria família é sempre mais importante. Tinha que cuidar de todos eles. Com aqueles certificados, eu tinha primeiro que levar em conta meus próprios parentes [...] nesses casos derramam-se muitas lágrimas, mas quando as lágrimas são tantas, então as pessoas pensam apenas na própria situação."[38]

O fato de uma pequena parcela dos judeus poder salvar seus familiares – e que os beneficiados muitas vezes fossem os próprios encarregados de levar embora as crianças dos outros – causou considerável ressentimento. A crônica do gueto de Łódź, um registro da vida no gueto compilado por judeus na época, mencionou que aqueles que eram salvos desse modo da deportação "não eram pessoas que estivessem fazendo nenhuma contribuição à sociedade, sequer pessoas capazes de desempenhar algum trabalho especialmente valioso no gueto; eram, repetimos, pessoas com 'contatos'".[39]

Durante a ação, Jacob Zylberstein descobriu que sua mãe estava prestes a ser deportada de um hospital interno do gueto. Em pânico, correu até o hospital e descobriu dois policiais judeus em pé do lado de fora da entrada. Por sorte, um deles era um amigo seu chamado Romek. Ele e Romek entraram no hospital e Jacob começou a chamar "Mãe, mãe, mãe!". O hospital estava lotado, e era difícil localizá-la. Mas acabou ouvindo sua mãe chamando de volta "Aqui! Aqui!" de trás de uma porta trancada. Jacob abriu a porta, e com isso soltou uma avalanche de pessoas. "Agarrei minha mãe", diz Jacob, "e fui até o segundo andar, porque a polícia judaica veio correndo para colocar todo mundo de volta na sala". Usando Romek como intermediário, ele tentou, oferecendo um relógio, subornar o policial alemão que agora guardava a entrada do hospital. Mas não deu certo. "A única saída" era pela janela. Então, com a mãe dependurada nele, Jacob desceu por um cano de drenagem de ferro fundido até o chão e levou-a de volta para casa. Então, diz Jacob, aconteceu "a maior celebração que já havíamos feito".[40]

Embora ninguém no gueto tivesse certeza de que as crianças e os doentes estavam de fato sendo enviados para a morte, sabiam que algum destino horrível os aguardava. Afinal, raciocinavam eles, por que os nazistas iriam querer cuidar de crianças e doentes? Assim, aqueles que foram deixados no gueto – os pais, em particular – ficaram atormentados pela ideia do sofrimento que seus entes queridos seriam obrigados agora a suportar sozinhos.

Com o tempo, a existência de campos de extermínio vazou pelo gueto. No início de 1944, por exemplo, Jacob Zylberstein sabia de tudo a respeito de Auschwitz. Conhecera um carpinteiro polonês num canteiro de obras que lhe disse: "Eu estive em Auschwitz". Jacob não deu importância, "porque nunca tinha ouvido falar da cidade de Auschwitz. E segui em frente. Na volta, ele me parou e disse: 'Você sabe o que é Auschwitz?'. E eu disse: 'Onde fica Auschwitz?'. E ele: 'Não é longe de Cracóvia. Mas você sabe o que eles fazem lá? Estão matando e levando judeus para a câmara de gás'. E eu disse: 'Como você sabe?'. Ele respondeu: 'Eu estive lá, trabalhando como carpinteiro'. É claro, para mim foi o maior choque que já tive". Jacob foi correndo ter uma audiência com Rumkowski para lhe contar o que ficara sabendo. Depois de ouvi-lo, Rumkowski deu-lhe um tapa no rosto e "começou a gritar comigo, 'Vou mandá-lo embora do gueto [disse ele], se você disser uma palavra a alguém, vou mandá-lo embora do gueto'".[41]

Depois das deportações de setembro de 1942, o gueto entrou num período de relativa calma. Mas dentro da liderança nazista surgiu uma disputa de poder a respeito do futuro do lugar. Arthur Greiser queria mantê-lo sob sua proteção. Muito provavelmente, era motivado em grande parte por ambição pessoal, já que desviava dinheiro do gueto. Até mesmo o pessoal da administração do gueto, como Estera Frenkiel, sabia que o nazista diretamente encarregado de Łódź, Hans Biebow, mandava pagamentos a Greiser por fora. "Biebow sabia muito bem", diz Estera, "que se viesse com presentes para o pessoal do alto escalão, teria permissão de manter o gueto e continuaria sendo o senhor da vida e da morte".[42]

Em 1943, Himmler tentou ganhar o controle do gueto transformando-o num campo de concentração. Mas se deparou com oposição não só de Greiser, mas da Wehrmacht, que via o gueto como uma fonte útil de trabalho forçado. A disputa continuou, com a equipe de Greiser a certa altura pedindo uma soma grande de dinheiro para ceder o gueto – pedido que foi recusado.[43] Em maio de 1944, Himmler finalmente perdeu a paciência com as negociações e ordenou o fim do gueto. Eventos externos logo tornaram esse desfecho inevitável, já que no mês seguinte o Exército Vermelho iniciou uma grande ofensiva e ameaçava abrir caminho em direção a Łódź. Como consequência, em 23 de junho, a primeira de dez levas, que transportaram ao todo cerca de sete mil pessoas, partiu para a viagem de sessenta e poucos quilômetros até as vans de gás de Chełmno – a instalação de matança que havia sido reaberta para a tarefa de matar os judeus de Łódź.

Em 1942, as instalações fixas de Chełmno haviam sido desmanteladas, depois que cessaram os transportes iniciais de judeus selecionados de Łódź e de outros lugares da Polônia, e da criação dos campos Reinhard de extermínio. Essa tentativa de apagar as provas do crime levou à demolição do edifício conhecido como "mansão", que servira de base para as vans de gás na vila de Chełmno. Agora, com a volta do esquadrão da morte sob o comando do oficial da SS Hans Bothmann, foi preciso repensar o processo de assassínio. Foi decidido que, em vez de colocar as vans de gás na vila, a operação de matança seria transferida para a floresta próxima, onde antes eram enterrados os corpos. Construíram-se alojamentos, que supostamente seriam parte de um campo maior, e um crematório perto deles. Quando a primeira leva chegou de Łódź em junho de 1944, os judeus passaram a noite na igreja da vila. No dia seguinte, foram transferidos em grupos para os alojamentos na floresta – o número de cada grupo era determinado pela capacidade das vans de gás que estavam agora na floresta. Depois de reunidos fora do alojamento, os judeus foram informados que seriam enviados à Alemanha para trabalhar. Sempre se nomeava uma cidade específica como seu destino. Era uma tentativa mais sofisticada de tranquilizar os judeus, já que o nome da cidade era o mesmo que havia sido mencionado a eles como seu destino final na sua saída do gueto de Łódź. Os SS diziam que os judeus passariam por um exame médico e seriam desinfetados numa estação de remoção de piolhos, e, portanto, tinham que tirar a roupa. Do interior do alojamento, após uma simulação de exame feita por um homem da SS vestido de avental branco (para se passar por médico), os judeus eram conduzidos a um espaço que imaginavam ser a câmara de desinfecção. Na realidade, era a traseira da van de gás. "As portas eram fechadas e trancadas", diz Szymon Srebrnik, um membro do Sonderkommando de Chełmno. "O motor era ligado. O gás de exaustão era dirigido para dentro da van por um cano de escape especial e intoxicava as pessoas lá dentro [...] Havia gritos e batidas nas laterais da van [...] Quando os gritos cessavam, a própria van levava os corpos aos crematórios."[44]

Uns poucos judeus eram poupados da morte imediata e instruídos a escrever e mandar postais para o gueto, como se já estivessem na Alemanha. Depois que faziam isso, eram mortos também. Esse truque sinistro parecia funcionar. "Chegaram 31 postais", lê-se numa entrada na crônica do gueto de Łódź do dia 25 de julho de 1944, "todos com data do correio de 19 de julho de 1944. Felizmente, fica evidente por esses postais que as pessoas estão bem e, o que é mais importante, que as famílias continuaram juntas [...] O gueto está feliz e espera que relatos similares cheguem logo de todos os outros trabalhadores relocados".[45]

Embora as vans de gás, do ponto de vista dos nazistas, tivessem muitas vantagens como método de execução, principalmente porque podiam ser posicionadas com rapidez, também tinham vários pontos fracos – o mais óbvio, o de não serem capazes de matar grande número. Isso já acontecera na primavera de 1942, quando as vans de gás haviam sido incapazes de competir com as câmaras de gás fixas de lugares como Bełżec e Sobibór, e era o caso também agora, em comparação com o potencial de matar de Auschwitz-Birkenau. A SS concluiu que levaria um tempo considerável para que Chełmno conseguisse matar todos os judeus que restavam em Łódź, e então o plano foi alterado. As deportações para Chełmno pararam em 15 de julho e foram retomadas em agosto, mas agora o destino dos judeus de Łódź não era mais Chełmno, e sim Auschwitz-Birkenau.[46]

Pouco mais de 70 mil judeus do gueto de Łódź chegaram a Auschwitz naquele verão. Entre eles, Max Epstein e sua mãe.[47] "O gueto não era um piquenique", diz Max, "e não estou querendo defender o seu estilo, mas ainda assim era um lar. Ainda havia famílias [...] por mais patético que fosse, era alguma coisa."[48] Bastaram meros "vinte minutos" para que Max percebesse que Auschwitz era um lugar totalmente diferente. "O cheiro", diz ele, "era como se estivessem queimando filme ou cabelo, sabe, orgânico. Por isso era muito nítido [que a SS estava matando gente]". Como a leva de Max continha trabalhadores especializados no reparo de equipamentos de comunicação, não foram selecionados na chegada, mas admitidos diretamente no campo.

Logo que chegaram, Max lembra: "Eu estava sentado com minha mãe e eles nos trouxeram água. Bem, no gueto tínhamos muita febre tifoide, por isso nunca tomávamos água sem fervê-la antes. Então virei para minha mãe e disse: 'Acho que não foi fervida'. Então ela começou a rir histericamente, quer dizer, ela tinha com ela um idiota de um garotinho, que agora dera de ficar preocupado se a água havia sido ou não fervida. As pessoas em volta, sentadas ali, acharam que o riso histérico dela era porque ouvira falar do crematório".[49] A mãe de Max foi enviada ao campo de quarentena de mulheres de Birkenau. Embora ele tenha ficado "perturbado" ao ver a mãe ir embora, não "começou a gritar". Percebeu que precisava controlar suas emoções, se não "não viveria dois minutos depois disso". Mais tarde, chamou a mãe pela cerca de arame e gritou: "Por que você está chorando, por que está chorando? Vamos morrer de qualquer jeito, então, que diferença faz?".

Max e sua mãe foram exceções, pois sobreviveram à guerra. A maioria dos judeus do gueto de Łódź enviados a Auschwitz morreu ali – incluindo Mordechai Chaim Rumkowski. No final, toda a sua colaboração, todas as suas maquinações, não o pouparam da câmara de gás. Mas, em última instância, que outras opções realistas ele teria a não ser concordar com as exigências dos alemães? Seu equivalente em Varsóvia, Adam Czerniaków, suicidou-se quando começou a deportação do gueto, mas isso pouco ajudou seus companheiros judeus.

É discutível se Rumkowski merece ser criticado ou não por sua sequiosa colaboração com os alemães. O certo é que ele tem que ser totalmente condenado por sua conduta pessoal com seus companheiros judeus – especialmente pela maneira com que usou seu imenso poder dentro do gueto para assediar sexualmente jovens mulheres. Antes da guerra, já havia rumores sobre seu comportamento sexual quando ele dirigia um orfanato, e a partir do momento em que deteve poder no gueto assediou mulheres com impunidade.[50] Lucille Eichengreen, por exemplo, lembra bem como Rumkowski a "molestava" quando ela era uma adolescente no gueto. Ela sentia que, se não o deixasse fazer o que ele queria, "sua vida estaria em perigo" já que ele tinha o poder de mandar deportá-la. Ele escolheu explorar a grande vulnerabilidade dela para o seu prazer sexual.[51] Outros judeus confirmam que Rumkowski era um predador sexual.[52] Seu abuso dos judeus que liderava foi um crime terrível, pelo qual, se tivesse continuado vivo, acabaria sendo chamado a prestar contas.

Na época em que judeus de Łódź chegaram a Auschwitz-Birkenau no verão de 1944, o campo abrigava internos de vários países – Itália, Bélgica, Polônia, Alemanha, Holanda, França, Eslováquia e Grécia. Até judeus das Ilhas do Canal haviam sido enviados a Auschwitz. Mas foram as deportações de um lugar em particular – a Hungria – que dominaram o campo em 1944. E, por uma variedade de razões, a história do extermínio de centenas de milhares de judeus húngaros em Birkenau lança luz no pesadelo sem paralelo do Holocausto.

17. A catástrofe húngara
(1944)

AO FINAL DE fevereiro de 1944, Adolf Hitler saiu do ambiente claustrofóbico de seu quartel-general militar numa floresta no leste da Prússia e viajou para o Berghof, sua casa nas montanhas, no sul da Baviera. A razão dessa mudança de local ilustra os destinos da Alemanha a essa altura da guerra – seu quartel-general no leste da Prússia não era mais seguro contra um ataque aéreo e precisou ser fortificado. Assim, enquanto esses trabalhos eram feitos, ele voltou para casa, para a paisagem que o inspirara desde a década de 1920.

Quando Hitler chegou ao terraço do Berghof, pôde admirar ao longe a Untersberg, a montanha onde, segundo a lenda, o poderoso guerreiro Frederico Barbarossa jaz adormecido. Mas àquela altura, seu próprio sonho de se tornar um grande herói conquistador tinha pouca chance de virar realidade. A Wehrmacht havia abandonado as vitais minas de minério de ferro da Ucrânia, e o suprimento de petróleo da Romênia estava ameaçado. No final de fevereiro de 1944, os americanos haviam lançado intensos bombardeios aéreos contra a base industrial da Alemanha. Esses ataques, mais tarde conhecidos como "Big Week", não só destruíram fábricas-chave, mas provaram que as defesas aéreas da Alemanha eram totalmente inadequadas para lidar com a ameaça Aliada.

No entanto, Hitler não perdia a autoconfiança. Apesar de todos esses reveses, quando Goebbels foi visitá-lo no Berghof no início de março, encontrou seu Führer "renovado e relaxado" – quase animado. A nova linha do *front* no Leste ficara mais curta, disse Hitler, e isso era bom para a Alemanha. Além do mais, estava "absolutamente seguro" de que os previstos desembarques Aliados na França seriam repelidos. Os soldados alemães então poderiam ser deslocados do oeste para uma nova ofensiva no Leste. "Espero que esses prognósticos do Führer estejam corretos", escreveu Goebbels no seu diário. "Ultimamente, temos tido decepções tão frequentes que acabamos sentindo o ceticismo crescer dentro de nós."[1]

A raiva de Hitler era dirigida, como sempre, contra os judeus. Na semana anterior a seu encontro com Goebbels, ele falara a líderes nazistas no salão de banquetes da Hofbräuhaus em Munique, no vigésimo quarto aniversário da fundação do partido. Em seu discurso, prometera que os judeus da Grã-Bretanha e dos Estados Unidos seriam "destruídos" da mesma maneira que os da Alemanha. Suas palavras foram recebidas com "estrondoso aplauso".[2] Agora, de volta ao Berghof, tratou de novo com Goebbels da questão dos parceiros problemáticos – para começar, das dificuldades da Alemanha com a Finlândia. Os finlandeses, que Hitler sempre considerara amigos não muito confiáveis, pareciam querer sair da guerra, como os italianos haviam feito. Ele não precisou mencionar – já que tanto ele quanto Goebbels sabiam disso – que os finlandeses, mais ainda que os italianos, haviam se recusado a cooperar com a deportação de seus judeus. Não que os alemães tivessem exercido uma pressão particular, pois sabiam de antemão que o governo finlandês seria contrário às exigências alemãs de uma "solução" abrangente para a "questão judaica" na Finlândia. Embora os finlandeses tivessem entregue aos alemães alguns milhares de prisioneiros de guerra soviéticos – um bom número deles certamente judeus – e oito refugiados judeus não finlandeses, os restantes judeus na Finlândia – menos de dois mil – haviam sido poupados. Além disso, os finlandeses não impuseram uma legislação antissemita, e havia até judeus finlandeses servindo no Exército Finlandês e lutando contra os soviéticos. Isso levou a uma situação ideologicamente estranha, para a visão dos nazistas, de judeus lutando do mesmo lado que os alemães contra o bolchevismo, uma ideologia que os nazistas acreditavam ser apoiada por judeus.[3]

Do mesmo modo que percebia o pouco que podia fazer para levar os finlandeses a cooperar na deportação de judeus, Hitler aceitava também que não tinha muito como impedir que saíssem da guerra.[4] Do seu ponto de vista, com certeza não valia a pena tentar usar meios militares para obrigá-los a fazer o que queria. Mas, como disse a Goebbels, não era esse o caso com os demais parceiros teimosos dos alemães. Em particular, disse Hitler, a situação na Hungria era muito diferente. Embora os húngaros – como os finlandeses – estivessem tentando se safar da guerra, a Hungria – ao contrário da Finlândia – tinha não só um enorme número de judeus mas também matérias-primas valiosas, além de estoques de comida e de outros suprimentos úteis aos alemães. Então Hitler decidiu confrontar o líder húngaro, almirante Horthy, e ocupar o país, tomando o que os alemães quisessem e lidando com os judeus húngaros de uma vez por todas.

Hitler encontrou-se com o almirante Horthy no Castelo Klessheim, perto de Salzburgo, em 18 de março de 1944. Horthy achou que Hitler viria preparado para discutir o retorno de soldados húngaros do *front* leste para casa. Equivocou-se. Hitler queria tratar de algo totalmente diferente. Assim que se encontraram, Hitler lançou-se numa diatribe. Disse estar a par das continuadas tentativas dos húngaros de renegar sua aliança com os alemães, e afirmou que o melhor caminho para avançar seria a Hungria contribuir mais para a guerra, e não menos. O problema, como Hitler já afirmara várias vezes, era que o governo húngaro recusava-se a lidar com os judeus que viviam na Hungria. A Alemanha não toleraria essa ameaça à segurança em local tão próximo do inimigo que se aproximava. Como resultado, disse Hitler, ele estava prestes a ordenar a ocupação alemã da Hungria e exigiu que Horthy concordasse com esse curso de ação. Horthy recusou e começou a discutir com Hitler. Quando Horthy disse que preferiria renunciar a aceitar, Hitler ameaçou-o, dizendo que se isso acontecesse não poderia garantir a segurança da sua família. Horthy, ultrajado, saiu da sala.

No final, depois que os alemães usaram vários subterfúgios para impedir que Horthy fosse embora – fingiram que as linhas de telefone estavam cortadas e simularam um ataque aéreo ao palácio –, ele foi persuadido a concordar que a Wehrmacht entrasse na Hungria e deportasse 100 mil judeus. No dia seguinte, 19 de março, tropas alemãs ocuparam a Hungria, e dois dias depois Adolf Eichmann instalava-se em Budapeste, pronto para implementar a destruição dos judeus.

A ocupação da Hungria não era, na visão dos nazistas, um ato motivado apenas pelo desejo de vingança contra os judeus, embora Hitler certamente acreditasse que eles haviam sabotado a vontade dos húngaros de lutar. Os nazistas tinham muito a ganhar em termos práticos na Hungria. Não só as matérias-primas e a vantagem militar estratégica – dado que o Exército Vermelho avançava cada vez mais para perto das fronteiras húngaras –, mas também as riquezas dos judeus húngaros. Não só os judeus poderiam ser roubados a partir de então como aqueles que fossem considerados suficientemente aptos poderiam também ser usados em trabalhos forçados. Dado o imenso número de judeus da Hungria, essa perspectiva mostrava-se atraente para os nazistas.

Para muitos dos judeus da Hungria, a repentina chegada dos alemães, embora assustadora, não parecia significar necessariamente a sua aniquilação. "Eu conseguia ver o medo no rosto dos meus pais", lembra Israel Abelesz, um adolescente que vivia no sul da Hungria, "e pude ver que a atmosfera toda havia mudado. [Quem sabe] era o início de algo horrível. Mas esperávamos que fosse apenas uma manobra militar e que a população judaica não fosse afetada". Ele leu no jornal que "os alemães tiveram que ocupar a Hungria a fim de poder levar a guerra adiante da melhor maneira. Achávamos que isso não afetaria a população judaica. A esperança era essa. Isso era o lado otimista. Quer dizer, numa situação desse tipo há sempre esperança e desespero – eles ficam alternando-se na mente das pessoas".[5]

Apesar da ocupação alemã, Eichmann e sua equipe sabiam que seria impossível deportar os judeus sem o apoio das autoridades húngaras. Eichmann tinha examinado o que acontecera na Dinamarca e sabia que a falta de assistência local trouxera imensas dificuldades, e que portanto era vital para os nazistas contar com a ajuda da administração e da polícia húngaras. E foi exatamente o que obtiveram. O novo primeiro-ministro, Döme Sztójay – ex-embaixador húngaro em Berlim –, foi nomeado somente após os alemães terem dado sua aprovação, e os dois ministros de Estado responsáveis pela "questão" judaica eram ambos antissemitas engajados. Um deles, László Endre, estava particularmente ansioso para ajudar os nazistas. Endre colaborara ativamente com os alemães e implantara uma série de medidas restritivas contra os judeus – como proibir-lhes a posse de veículos e de telefone e obrigá-los a listar todos os seus bens. Também muito disposto a ajudar estava um comandante da *gendarmerie* húngara, outro antissemita, chamado László Ferenczy,[6] e Eichmann logo estabeleceu um relacionamento caloroso com ele.

O recente histórico de antissemitismo na Hungria deve ter sido do conhecimento de Eichmann. Os antissemitas húngaros – como os antissemitas alemães e austríacos – haviam destacado a influência que os judeus supostamente teriam na mídia e em profissões-chave, e também os supostos vínculos entre o judaísmo e a odiada doutrina do comunismo. No final da Primeira Guerra Mundial, a Hungria tivera um governo comunista por breve período, dominado pelo revolucionário Béla Kun, de ascendência judaica.

Apesar desse histórico e de contar com um grupo de antissemitas húngaros dispostos a auxiliá-lo, Eichmann sabia que embarcava numa empreitada de fôlego, cheia de dificuldades. Havia, segundo os nazistas, grande probabilidade de que esse projeto todo fracassasse. Suponhamos que os judeus tivessem ciência de estarem todos prestes a ser despachados para Auschwitz, onde a maioria – particularmente os mais vulneráveis – seria assassinada. Não fariam então todo o possível para se esconder e até mesmo resistir? Eichmann sabia do precedente do levante do gueto de Varsóvia – e se algo similar ocorresse em Budapeste?

Eichmann, tendo a oportunidade pela primeira vez de instalar-se no local em vez de dirigir as operações de seu escritório em Berlim, decidiu evitar os problemas que haviam atrapalhado os planos nazistas tanto na Dinamarca quanto em Varsóvia. Para isso, não só colocou antissemitas obedientes em posições-chave na nova administração húngara como procurou acalmar a ansiedade dos judeus a respeito de seu destino. Como primeiro passo, líderes judeus receberam ordens de formar um Conselho Judaico. Em 31 de março, Eichmann reuniu-se com quatro membros do recém-formado conselho em seu escritório no Hotel Majestic, em Budapeste, e disse que, apesar das medidas a serem introduzidas contra os judeus – como o uso de uma estrela amarela –, eles não deveriam se preocupar com o que iria acontecer com eles, desde que se comportassem bem. Disse que "os judeus precisam compreender que não se está pedindo nada deles exceto disciplina e ordem. Se houver disciplina e ordem, então os judeus não só não terão o que temer como serão defendidos e viverão sob as mesmas boas condições que todos os demais trabalhadores no que se refere a remuneração e tratamento".[7]

Os membros do Conselho Judaico pareceram tranquilizados por Eichmann. De certo modo, as medidas restritivas contra os judeus implicavam que os alemães não tinham intenção de matá-los, e talvez buscassem uma acomodação mais a longo prazo. Ou seja, por que fariam os judeus usar uma estrela amarela se a intenção fosse simplesmente matá-los? Essa certamente foi a interpretação que Israel Abelesz e sua família preferiram. "Depois de alguns dias, impuseram as restrições", diz ele. "Pensamos, tudo bem, isso é algo com que podemos conviver. Porque sabíamos que a guerra corria mal para os alemães. É apenas questão de tempo. Eles serão derrotados. Veja bem – havíamos sido criados conhecendo bem a história judaica e sabendo que, ao longo de todas as gerações, em diferentes lugares, os judeus haviam sofrido por serem judeus. Quer dizer, o antissemitismo original, é claro, nasce do fato de os judeus não aceitarem Jesus como salvador, e esse tipo de hostilidade contra os judeus vem de séculos. Então não estávamos nem um pouco surpresos com a discriminação. A questão era apenas o grau dela."[8]

Aprendendo mais uma vez com os erros cometidos pelos nazistas em outras ocasiões e lugares, Eichmann planejou realizar as deportações não numa grande operação, mas aos poucos. Começaria com os judeus do leste da Hungria, longe de Budapeste. Isso teve a vantagem dupla, para os nazistas, de lidar primeiro com os judeus mais próximos da linha do *front* avançado, com o pretexto da segurança militar, e de evitar a difícil tarefa de deportar os inúmeros judeus de Budapeste, que tinham mais oportunidades de se esconder que os do interior.

Os judeus do leste da Hungria – incluindo muitos que viviam em terras anexadas pelos húngaros – foram obrigados a ir para guetos já no início de abril. Numa operação extremamente rápida, que teria sido impossível sem a cooperação da *gendarmerie* húngara, em menos de duas semanas cerca de 200 mil judeus foram aprisionados em guetos ou campos temporários, construídos às pressas.

Pelo acordo inicial com as autoridades húngaras, os alemães deportariam 100 mil judeus, mas, depois de iniciado o projeto de colocá-los em guetos, os próprios húngaros fizeram pressão para que todos eles saíssem. Um elemento crucial de seu pensamento foi a questão de o que fazer com os judeus que não fossem escolhidos para trabalhos forçados. Como na Eslováquia dois anos antes, as autoridades húngaras acharam melhor pedir aos alemães que levassem embora todos os judeus, incluindo idosos e crianças.

A maioria dos judeus húngaros que aguardavam nos guetos ainda não sabia direito o que tinha pela frente. No entanto, às vezes descobriam indícios. Alice Lok Cahana, uma estudante de 15 anos que vivia com a família no oeste da Hungria, lembra-se de um húngaro, não judeu, que lhe dizia: "'Sabe, nós fazemos sabão com vocês'. Eu respondi: 'Verdade? Então quando tomar banho com um sabonete perfumado lembre-se de mim'". Mais tarde, ela "chorou" e se sentiu "muito humilhada por ele ter ousado dizer algo assim, tão grosseiro, tão horrível para mim".[9] Mas tais observações ofensivas ainda não eram suficientes para provar que seriam mortos. Muitos judeus, como Israel Abelesz e sua família, ainda achavam que seriam mandados para trabalhos "compulsórios". "Essa era a esperança mais otimista", diz ele, "as famílias vão continuar juntas e só teremos que sobreviver por mais alguns meses, porque a guerra está no fim. Quer dizer, estávamos sendo levados embora no estágio final da guerra".[10]

À primeira vista, parece estranha essa falta de certeza dos judeus húngaros a respeito do destino que enfrentariam nas mãos dos alemaes. Milhares de judeus húngaros, por exemplo, haviam voltado para casa em 1943, depois de integrarem batalhões de trabalho no coração da zona de execuções na Ucrânia, e com certeza deviam saber o que vinha acontecendo. De fato, um escritor húngaro confirmou que por volta de 1943 "já tínhamos ouvido falar muito de massacres de soldados húngaros e de judeus alistados que aconteceram no *front* oriental".[11]

No entanto, não só devia haver um nível de conhecimento diferente entre os sofisticados judeus de Budapeste e os das remotas áreas agrícolas como restava ainda na mente de muitas pessoas uma forte combinação de incerteza e esperança. Sempre havia maneiras de racionalizar o que estava acontecendo. Por exemplo, mesmo que os alemães estivessem matando judeus no Leste, será que essa política de morticínio não poderia ser algo aplicado apenas aos judeus soviéticos? Um dos argumentos era que simplesmente não fazia sentido para os alemães matar judeus agora que a guerra estava indo mal para eles. Com certeza, agora precisariam mais do que nunca de trabalhadores, não? Eram pensamentos desse tipo que Eichmann incentivou com sua promessa de segurança para os judeus que mantivessem a "disciplina e a ordem".

O que os judeus sem dúvida sabiam era que a *gendarmerie* húngara, assim como muitos outros húngaros, vinham enriquecendo às suas custas. Israel Abelesz viu membros da *gendarmerie* revistando judeus e roubando "dinheiro e joias", e a família de Alice Lok Cahana perdeu não só sua casa, mas seu negócio inteiro – vendido por uma ninharia a um não judeu, o senhor Krüger. "Fiquei muito constrangida", diz, ao ver que ela e sua família estavam sendo obrigados a sair de sua cidade. "Veio à minha mente a cena da fuga para o Egito. E ali estava o senhor Krüger vendo-nos ir embora, não com compaixão, mas com alegria – dono da nossa fábrica, dono da nossa casa."[12] Em outros lugares da Hungria, havia até relatos de que a *gendarmerie* torturou judeus para fazê-los revelar onde haviam escondido seu dinheiro.[13]

Crucial para o plano de Eichmann de deportar os judeus húngaros foi o papel de Auschwitz. Esse lugar diferia da rude "solução" do "problema judaico" nazista oferecida pelos campos Reinhard. O complexo de campos em Auschwitz possibilitou uma resposta multifacetada à perene questão nazista de como lidar com os judeus. Em parte, isso se devia, como vimos, à sensação de permanência do lugar e ao desenvolvimento de um processo de matar mais eficiente em 1943, com a abertura de quatro novos complexos de crematórios/câmaras de gás em Birkenau. Mas havia também "melhorias" mais recentes. Por exemplo, acabava de ser concluído um ramal ferroviário que permitia aos recém-chegados entrarem pelo arco no posto de guarda de tijolo vermelho de Birkenau e ir direto até o campo. Antes, a rampa de chegada ficava junto à linha férrea principal, mais ou menos a meio caminho entre o campo principal de Auschwitz e Birkenau. Mas com a nova linha férrea dentro de Birkenau, o trajeto até os crematórios e as câmaras de gás para os selecionados a morrer era uma caminhada de poucos minutos. Auschwitz levara quatro anos para evoluir a esse ponto, mas as imagens de Auschwitz-Birkenau desse curto período de meses se tornaram emblemáticas não só de Auschwitz, mas do Holocausto todo – em grande medida porque as fotos tiradas pela SS da chegada de levas de judeus húngaros a Birkenau sobreviveram à guerra.

No entanto, mais importante do que quaisquer melhorias no procedimento de assassínio era aquilo que Auschwitz se tornara em termos conceituais. Pois Auschwitz era não só a maior fábrica de morte já construída – onde as pessoas viravam cinzas poucas horas depois de sua chegada –, mas também, àquela altura, uma eficiente máquina de triagem de seres humanos. A ideia era primeiro selecionar os judeus húngaros que chegavam ao campo de Auschwitz-Birkenau e mandar os velhos, crianças e outros que parecessem ineptos diretamente para as câmaras de gás. Os remanescentes geralmente eram mantidos num campo de "quarentena", dentro de Birkenau, por várias semanas, e depois alocados a campos de trabalho na área de Auschwitz ou enviados mais para longe, com frequência para campos perto de instalações industriais dentro do Reich. Aqueles que trabalhassem nos campos perto de Auschwitz voltariam a Birkenau para serem mortos quando se avaliasse que não eram mais úteis.

Himmler, atuando segundo os desejos de seu Führer, havia finalmente concebido uma instituição física que parecia resolver a questão que teimava em perturbar a política nazista sobre os judeus desde o início do processo de extermínio – como conciliar a utilidade dos judeus como trabalhadores com o desejo ideológico de eliminá-los? Heydrich, na conferência de Wannsee em janeiro de 1942, falou em provocar a morte dos judeus fazendo-os construir estradas no Leste, mas os detalhes práticos de como fazer isso nunca haviam sido discutidos. Em vez disso, houve uma série de disputas entre aqueles que queriam preservar os judeus para explorar sua força de trabalho e os que queriam matá-los. Auschwitz não só juntou esses dois objetivos aparentemente irreconciliáveis – desde que restasse um suprimento constante de trabalhadores de reposição – como fez isso num ambiente seguro. Havia pouco risco de revolta em Auschwitz – a área segura no entorno, conhecida como "zona de interesse", estendia-se bem além das cercas de Birkenau e do campo principal, e dentro de Birkenau as várias seções do campo eram cercadas e isoladas umas das outras. Uma fuga em massa no estilo dos levantes de Treblinka ou Sobibór era absolutamente inconcebível. Auschwitz e sua rede de subcampos, que atendiam a várias instalações industriais, compunham um universo autossuficiente. Depois que os internos entravam, podiam viver, trabalhar e morrer ali – e, em todos os estágios, ficavam sob o olhar controlador da SS. É isto – o fato de Auschwitz àquela altura ter se tornado a manifestação prática do imperativo ideológico dos nazistas – o que ajuda a fazer da instalação o mais potente símbolo do Holocausto.

Em julho de 1944, Israel Abelesz vivenciou na pele o impacto de Auschwitz sobre os judeus húngaros. Ele e sua família chegaram a Auschwitz-Birkenau num trem de carga, depois de uma viagem de vários dias, partindo do oeste da Hungria. Seu trem seguiu pelo novo ramal ferroviário e passou sob o arco do posto da guarda, indo direto até o campo. As portas foram abertas, e mandaram todos saírem dos vagões. "Ordenaram que as pessoas saíssem", diz ele, "mas deixando a bagagem nos vagões – a bagagem seria distribuída mais tarde". Ele lembra que embora "tudo fosse muito rápido", o processo de chegada parecia bem organizado. "Os prisioneiros que vieram nos receber", diz ele, "trouxeram água. Então todos os que tinham sede puderam tomar água". Ele acredita que se fazia isso para que os recém-chegados não entrassem em "pânico". "Nós apenas perguntamos", conta ele, "'o que é isso aqui?'. Eles disseram, 'É um campo de trabalho'."[14]

Na rampa, o Sonderkommando ajudou a organizar a separação dos judeus em dois grupos: "Eles disseram: 'as crianças com suas mães devem formar uma fila'" e os homens, outra. "Foi quando vi meu irmãozinho de 11 anos indo com a minha mãe, ele era uma criança, e foi a última vez que vi os dois. Eu estava em pé diante de um oficial alemão bem-apessoado, com meu pai e meu irmão mais velho, que tinha 16 anos na época. E o oficial alemão olha para mim e diz em alemão 'que idade você tem?' Então eu digo 'tenho 14'." Israel acrescentou que seu aniversário havia sido alguns dias antes. O homem da

35. Soldados alemães roubam porcos durante a guerra contra a União Soviética. Pouco antes da invasão, a agência central de economia da Wehrmacht declarou que "dezenas de milhões" iriam morrer "se tirarmos do país tudo de que precisamos".

36. Unidades alemãs avançam contra uma vila no *front* leste. Hitler dissera durante os estágios de planejamento da invasão que essa seria uma guerra de "extermínio".

37. Mulheres judias aguardam ser assassinadas pelas forças de segurança nazistas na União Soviética ocupada. Cada vez mais, a partir de julho de 1941, os esquadrões da morte nazistas visavam mulheres e crianças, tanto quanto homens judeus adultos.

38. Forças de segurança nazistas em ação na União Soviética ocupada. No *front* leste, a crença nazista de que qualquer civil poderia também ser um *partisan* significou que os alemães podiam matar, como disse Hitler, "qualquer um que sequer olhe torto para nós".

39. Uma fração dos 5,7 milhões de soldados soviéticos capturados pelos alemães no decorrer da guerra contra a União Soviética. A maioria – cerca de 3,3 milhões – iria morrer no cativeiro alemão.

40. Civis judeus capturados pelos alemães após o levante no gueto de Varsóvia, na primavera de 1941. Embora militarmente o levante conseguisse pouco, a ação teve imensa importância como declaração do desejo dos judeus de lutar contra os alemães.

41. Judeus húngaros chegam a Auschwitz-Birkenau em 1944. A maioria das pessoas desta foto – incluindo as crianças pequenas – seria morta em questão de horas.

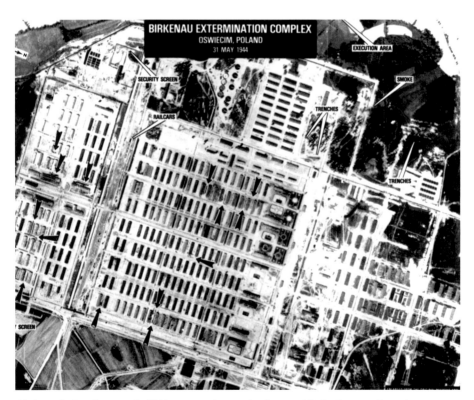

42. A partir da primavera de 1944, os voos de reconhecimento Aliados bateram fotos de Auschwitz. Esta foto é de Auschwitz-Birkenau durante a ação de deportação dos húngaros.

43. Esta foto captura o momento da seleção – de vida ou morte – em Auschwitz-Birkenau, durante a ação húngara. A maior parte dos recém-chegados iria receber ordens de se juntar a um grupo destinado a ir imediatamente para a câmara de gás.

44. A equipe de Auschwitz, num momento de descontração. Oskar Gröning, ex-membro da SS em Auschwitz, mais tarde observou que trabalhar no campo "levou a amizades que ainda hoje eu digo que gosto de relembrar com alegria".

45. O Crematório III, em Auschwitz. Essa fábrica da morte, inaugurada em 1943, tinha as câmaras de gás e a sala de despir numa espécie de semiporão do edifício.

46. O Crematório IV de Auschwitz. Ao contrário dos Crematórios II e III, que foram alterados no estágio de projeto para incorporar câmaras de gás, este edifício (junto com o Crematório V) foi concebido desde o início como local para assassínio em massa. As câmaras de gás e a sala de despir ficavam no mesmo nível que os fornos onde os corpos eram cremados.

47. O médico nazista Fritz Klein em pé sobre uma pilha de mortos do campo de concentração de Bergen-Belsen. Klein foi obrigado pelas forças britânicas a ajudar a enterrar os mortos após a libertação do campo.

48. Oskar Gröning, um membro da guarnição da SS em Auschwitz. Ele trabalhou na administração financeira, contando o dinheiro roubado daqueles que os nazistas haviam matado.

49. Petras Zelionka, lituano que participou com os Einsatzgruppen alemães do assassinato de civis judeus na União Soviética ocupada. Após a guerra, cumpriu vinte anos numa prisão soviética.

SS "sorriu, '*Oh, Geburtstag, sehr gut* [aniversário, muito bem]. Você vai com o seu irmão'. E meu pai também fez menção de nos acompanhar, e ele diz [ao meu pai] 'Não, não, você vem por aqui'. [De maneira] Gentil, apenas indicando com um pequeno bastão".

Israel Abelesz lembra que o SS queria que "todo mundo" ficasse "tranquilo", que ninguém fizesse "nenhuma cena". "O objetivo deles", diz Israel, era "na realidade, agilidade, como numa fábrica. Era como uma linha de montagem, e não devia ocorrer nenhum problema no sistema da esteira rolante". Quando viu o que estava acontecendo, ele pensou "vai dar tudo certo. Nós vamos trabalhar aqui – como todos os demais. Vi aqueles judeus prisioneiros, [e pensei] vamos ser prisioneiros como eles e vão nos mandar trabalhar em algum lugar perto daqui". Quanto à sua mãe, o pai e o irmão mais novo, que haviam sido selecionados para outro grupo, ele achou "que eles também ficariam bem. Iriam para outro campo". Afinal, era o que os judeus recém-chegados tinham ouvido da boca dos prisioneiros que foram encontrá-los na rampa. "Eles disseram 'estão indo para outro campo'."

Quando já fazia umas três semanas que Israel estava em Birkenau, um evento dramático convenceu-o de que sua mãe, pai e irmão mais novo haviam sido mortos. Na noite de 2 de agosto, ouviu "gritos e choros [...] e cães latindo". O barulho vinha da direção do campo cigano, perto da sua prisão-alojamento. E "de manhã, não havia mais ciganos no campo". Durante a noite, por ordens de Himmler, o campo inteiro de ciganos havia sido liquidado – cerca de 2.800 roma e sinti foram assassinados. "Então percebi", diz Israel, "que se eles fazem isso com os ciganos, também podem fazer conosco – ou têm feito conosco. E aos poucos me convenci que, sim, aquelas pessoas que não eram aptas para trabalhar iam para as câmaras de gás".

Durante todo o verão de 1944, Israel viveu numa seção de Birkenau que ele descreve como uma "reserva de trabalhadores". Eram feitas seleções regulares entre os membros desse grupo, e os prisioneiros escolhidos eram levados para trabalhos forçados, tanto dentro da zona de interesse de Auschwitz como em outras partes do império nazista. Agora que sabia que Birkenau tinha câmaras de gás, Israel ficou desesperado para "cair fora de Auschwitz". Por isso, "sempre se apresentava como voluntário" toda vez que a SS anunciava que estavam selecionando trabalhadores. Mas não era escolhido. Era pequeno – mesmo para um garoto de 14 anos –, e prisioneiros maiores e mais fortes sempre eram selecionados antes dele.

Israel foi ficando cada vez mais ansioso. Não só nunca era escolhido como estava ficando cada vez mais fraco. "Todo dia havia racionamento de comida – simplesmente não era suficiente, era uma dieta de inanição. E o sentimento mais arrasador além do medo da morte é a sensação de fome. A sensação de fome é uma sensação tão esmagadora que encobre qualquer outra sensação, quaisquer outros sentimentos humanos [...] [você fica] como um cão procurando comida."[15]

Após três meses em Birkenau, Israel assistiu a outra cena aterradora. Bem do lado de fora de sua cabana, os alemães montaram uma barra de medição. Aqueles que alcançassem a altura requerida seriam enviados a um grupo, os que ficassem abaixo daquela altura, iriam para outro. Israel simplesmente "não foi capaz de alcançar a medida", e então o puseram no grupo que não havia passado no teste. Era quase todo composto por crianças entre 12 e 16 que haviam sobrevivido à seleção inicial na rampa porque, como Israel testemunhara, "sempre havia alguns poucos casos limítrofes. Quer dizer, tanto entre os de idade maior quanto entre os de idade menor".

Israel e os outros "foram informados que estavam indo para o campo das crianças. Onde iriam receber um tratamento muito melhor. Eu não acreditei nisso". Alguns outros do grupo tampouco acreditaram na promessa, mas "suponho que estavam em tal desespero a essa altura que simplesmente disseram 'não adianta. Não adianta lutar, estamos desistindo', algo assim. Quer dizer, havia pessoas que iam até a cerca eletrificada e simplesmente se matavam. Simplesmente não queriam mais viver daquele jeito [...] elas desistiam. Não fazia sentido, a vida. Quer dizer, era uma situação terrível. Pessoas que faziam parte de uma família, viviam numa família, de repente eram atiradas na pior parte do inferno [...] seus familiares estavam sendo mandados para a câmara de gás. Não era uma transformação gradual, era de repente. E era um choque muito grande para as pessoas, elas não conseguiam suportar [...] Na minha experiência, não havia histeria. As pessoas aceitavam de modo fatalista o que viesse a acontecer com elas. Ninguém gritava. Talvez – eu ouvia à noite, quando eles vinham levá-las para a câmara de gás, havia um pouco de gritaria. Afinal, gritar para quê? Para quem você está gritando? Você aceita seu destino. Afinal, um homem condenado fica a noite inteira gritando na sua cela? Não, não acredito que fique".

Determinado a sobreviver, Israel aproveitou a confusão do processo de seleção e simplesmente "correu para o lado certo", onde se escondeu no grupo que havia passado no teste. Mas foi um alívio apenas temporário. Logo depois ele falhou em outra seleção. Dessa vez, foi salvo porque começou a "chorar" e a implorar ao homem da SS, dizendo: "Mas eu sou apto para o trabalho, eu posso trabalhar". Um Kapo deu-lhe um tapa e mandou-o calar a boca, mas então o alemão da SS disse ao Kapo: "Ah, deixe ele, deixe ele pra lá". O resultado foi que "ele pegou outro em vez de mim. Eu simplesmente não sei por que fui poupado [...] Mas foi isso o que aconteceu comigo. Então eu tinha a sensação de ter sido destinado por Deus a sobreviver. Tinha esse sentimento forte na época, de que de algum jeito eu iria sobreviver. Depois que eu conseguia passar pelas seleções, sempre tinha uma sensação muito forte [...] Quer dizer, é por uma série de golpes de sorte que eu estou aqui".

No entanto, Israel não confiava totalmente na crença de que estava "destinado por Deus a sobreviver". Ele também cuidava de si. "Eu tinha comigo meu irmão mais velho", diz ele, "que era dois anos mais velho que eu e mostrava mais sentimentos [pelos outros] [...] Eu nunca tinha sentimentos. Era um pouco mais egoísta. Por exemplo, lembro que uma manhã uma das crianças estava chorando porque sua ração de pão havia sido roubada durante a noite e ele tinha muita fome. Lembro que meu irmão deu um pedaço de pão para esse garoto [...] Eu disse a meu irmão 'mas por que você deu esse pedaço de pão, você não precisava [fazer isso]'. 'A necessidade dele é maior que a minha' [disse o irmão dele]. Isso é algo que sempre admirei no meu irmão".

Por uma combinação de sorte com astúcia, Israel Abelesz conseguiu sobreviver até os campos serem libertados. Mas mesmo não estando mais nas mãos dos nazistas, ainda era atormentado pelo que havia vivido. "Eu não sei como lidar com isso [...] é raro passar um dia em que eu não deite na cama e perca o sono por um motivo ou outro, sempre vejo aqueles rostos das crianças [selecionadas para morrer] e minha imaginação sai voando: o que será que aconteceu no seu último minuto? Quando estavam na câmara de gás e o Zyklon B começou e elas não conseguiam mais respirar? E elas perceberam 'estamos sendo sufocados pelo gás'. O que será que corria pela mente delas?"

A realidade letal da vida em Auschwitz obrigou muitos a reconsiderarem sua fé. "Eu me tornei ateia logo após a deportação", diz Ruth Matias, outra judia húngara enviada a Auschwitz em 1944. "Meu pai nunca fez mal a ninguém, e não foi só ele que sofreu, mas muitas outras crianças inocentes. Vi isso com os próprios olhos, eles as seguravam pelos pés e arremessavam-nas contra a parede e o cérebro delas abria [...] Hoje sou uma fatalista." Em Auschwitz, ela também viu como os tradicionais laços familiares de cuidados eram testados ao limite. "Vi uma garota batendo na mãe. A mãe não comia nada, tinha que dar a ração inteira para a filha, e ainda assim, se a mãe pegava mesmo que fosse uma única colher de comida, a filha batia nela [...] A mãe defendia a filha; ficava zangada com a nossa interferência, 'Não se intrometam, eu não tenho fome'."[16]

Como os judeus húngaros descobriram, os nazistas selecionavam-nos para que fossem trabalhar não só nas fábricas em torno de Auschwitz, mas também dentro do território do Reich pré-guerra. Isso apesar de a ideologia nazista manter durante anos como um de seus princípios básicos que os judeus deviam ser expulsos de suas terras. Portanto, uma vez mais os nazistas demonstravam que não havia nenhuma clareza ideológica na sua maneira de implementar a Solução Final, pois essa mudança de política era puramente pragmática e voltada para resolver uma escassez de mão de obra. Também significava, é claro, que ao contrário dos judeus que trabalhavam na rede de fábricas e minas das imediações de Auschwitz, os que trabalhavam no Reich ficavam fora do âmbito das câmaras de gás de Birkenau. Mesmo assim, muitos deles iriam morrer de inanição, doenças ou por espancamento, mas isso ocorria fora da órbita de Auschwitz.

Enquanto judeus húngaros sofriam em Auschwitz-Birkenau, a dois quilômetros e meio dali Tadeusz Smreczyński tentava sobreviver no campo principal de Auschwitz. A maioria dos poloneses com os quais ele chegara poucas semanas antes já havia sido enviada para as câmaras de gás, e no início de julho de 1944 ele achou que era sua vez de morrer. No meio da noite, a SS ordenou que se juntasse a um grupo de várias centenas de prisioneiros e marchassem para Birkenau. "Ninguém nos disse o que iria acontecer", conta ele. "Durante nossa marcha, íamos rodeados por homens da SS, e um dos meus amigos propôs atacá-los caso estivessem nos levando para as câmaras de gás, pois uma morte rápida por um tiro é melhor do que sufocar durante dez minutos."[17]

Mas Tadeusz e o resto de seu grupo não estavam a caminho das câmaras de gás. Foram colocados em vagões de carga na plataforma de Birkenau e levados embora, cruzando a fronteira da Áustria para um destino quase tão horrível quanto Auschwitz. Pois Tadeusz Smreczyński foi transferido para um dos mais conhecidos campos de concentração de todo o Reich – Mauthausen, perto de Linz, na Áustria. Mauthausen foi inaugurado no verão de 1938, e concebido desde o início como uma espécie de campo muito diferente do modelo tradicional de Dachau. Para começar, ao contrário de Dachau, a localização do campo de Mauthausen havia sido definida basicamente por razões econômicas. O campo ficava junto a uma grande pedreira de granito, e os prisioneiros eram obrigados a trabalhar sob as condições mais pavorosas, carregando blocos e subindo pelos "degraus da morte" desde o chão da pedreira.

Antes da guerra, poucos judeus eram mandados para Mauthausen. Os internos consistiam basicamente naqueles que os nazistas consideravam criminosos "incorrigíveis" ou "antissociais". Mas essa política mudou em 1941, quando centenas de judeus holandeses foram deportados para o campo como represália por atos de resistência na Holanda. A maioria desses judeus holandeses morreu em questão de semanas. A experiência dos judeus holandeses em Mauthausen foi tão pavorosa que mais tarde os nazistas na Holanda usaram o lugar como ameaça – se os judeus não concordassem em ser deportados para o Leste, então mais judeus seriam enviados a Mauthausen. A realidade desse campo de concentração austríaco era, portanto, apresentada como uma perspectiva mais aterradora do que o destino desconhecido que aguardava os judeus holandeses embarcados em trens de deportação. Os próprios nazistas reconheciam a particular brutalidade de Mauthausen. Quando Reinhard Heydrich dividiu os campos de concentração em categorias, Mauthausen foi colocado no grupo mais severo. Assim, embora muitos internos em Birkenau quisessem ser selecionados para outra leva que não Auschwitz, o simples fato de sair da zona de interesse de Auschwitz não garantia melhores perspectivas de sobrevivência.

Mauthausen estava no meio de um grande grupo de empresas comerciais – algumas de propriedade da SS, outras de empreendedores privados. A pedreira de granito era dirigida pela Deutsche Erd-und Steinwerke GmbH (DEST, ou Companhia Alemã de Terra e Pedra), empresa comercial gerida pela SS. Mas Mauthausen também fornecia trabalhadores para outras empresas voltadas a uma variedade de ne- gócios de manufatura – desde armamentos a indústrias farmacêuticas. Assim, foram criados muitos subcampos para atender a essas fábricas, e o complexo rivalizava com Auschwitz em escala e variedade. Mauthausen também era similar a Auschwitz em outro aspecto – uma câmara de gás havia sido construída no campo. Foi usada pela primeira vez na primavera de 1942, por volta da época em que as mortes por gás começaram na Casinha Vermelha de Birkenau. Assim como as câmaras de gás de Auschwitz, a de Mauthausen, embora menor, também usava Zyklon B. Mas apesar da presença da câmara de gás, Mauthausen nunca foi um campo que tivesse como função principal a Solução Final, mesmo no auge do processo de extermínio em outras partes. Cerca de 200 mil prisioneiros foram enviados a Mauthausen durante a sua existência. Os poloneses eram o maior grupo étnico, com cerca de 40 mil prisioneiros poloneses deportados para o campo. Ao todo, cerca de metade dos enviados a Mauthausen morreu ali, entre eles, estima-se, 14 mil judeus.[18]

"Eles nos levaram a Mauthausen", lembra Tadeusz Smreczyński. "Homens da SS de Mauthausen rodearam nosso trem. Ao mesmo tempo, a escolta armada da SS de Auschwitz, em pé na plataforma, dava o melhor de si chutando ou batendo com a coronha do rifle em todo mundo que saía do trem, como se dissessem adeus. Fiquei vendo o que acontecia. Esperei na parte de trás do vagão, ganhei velocidade e saltei do vagão a alguns metros dos guardas da escolta. Fiz isso para evitar ser golpeado, e consegui. Novos guardas da SS escoltaram-nos até o campo de Mauthausen. O dia raiava. As janelas [das casas] estavam fechadas, mas você via as cortinas se abrindo um pouco, com os austríacos discretamente tentando ver o que estava acontecendo. Chegamos ao campo. Ficava num monte, com um belo cenário em volta e os Alpes ao fundo – uma região de beleza excepcional, onde as pessoas encontravam seu trágico destino."[19]

Uma vez no campo, Tadeusz e os outros receberam ordens de ficar nus e tiveram a cabeça raspada. "Os homens da SS voltaram do seu café da manhã", diz ele, "e inspecionaram os prisioneiros em pé, em filas. Estávamos nus. Eles andaram para cima e para baixo ao longo das nossas filas dando tapas no nosso rosto, socos no abdome e pisões nos pés. Esperei chegar minha vez. Pelo canto do olho, vi um homem da SS, jovem, loiro de olhos azuis, talvez nos seus vinte e poucos anos. Ele deu um passo na minha direção. Continuei olhando firme nos olhos dele, e ele olhando direto nos meus por alguns segundos; ele não me bateu. Passou para o próximo prisioneiro e bateu nele. Mais tarde, meus amigos me perguntaram como era possível que ele não tivesse me acertado. Eu não sei. Não sei o que se passava na mente daquele garoto".[20]

Tadeusz encontrou condições piores ainda nos alojamentos de Mauthausen que as do campo principal de Auschwitz. Não só não havia camas vagas para dormir, mas "o espaço era muito restrito, e uns 60 de nós tinham que passar a noite em pé. Podiam deitar [somente] se alguém saísse de seu lugar para ir ao banheiro, e quando voltava tinha que se juntar aos que estavam em pé". Na manhã seguinte, receberam ordens de se reunir na praça de chamada. "Era um dia muito quente e os prisioneiros relutavam em ficar horas na fila, pois aqueles que caíam por causa do calor eram mortos. Eu estava em pé na primeira fila. Quem demorasse muito para entrar em fila recebia golpes de cassetete. As agressões foram ganhando tal ímpeto que eles começaram a bater até nos que estavam em fila, e de repente me acertaram na parte de trás da cabeça. Caí no chão. Por sorte, o golpe não foi tão forte e não aconteceu nada comigo, mas na mesma hora lembrei do prisioneiro polonês [em Auschwitz], que me avisara para não ficar em pé nas partes mais expostas das filas de prisioneiros e para não deixar que me matassem."[21]

Tadeusz ficou num grupo destinado a viajar vinte quilômetros para oeste de Mauthausen, até a cidade de Linz. Ali, receberam ordens de construir um novo campo – parte de uma rede de campos de trabalho da área. Embora já houvesse um ou dois alojamentos de madeira e uma cerca de arame farpado, os prisioneiros tiveram que construir todo o resto. O trabalho era tão debilitante fisicamente que Tadeusz percebeu que teria pouca chance de sobreviver por muito tempo. Mas então soube que alguns prisioneiros estavam sendo selecionados para um trabalho mais leve na cozinha. "Corremos para o portão da cozinha, onde o *chef* e um homem da SS – um Rapportführer – estavam em pé escolhendo dez de um grupo de sessenta candidatos. Quando chegamos já haviam selecionado nove, então eu tinha apenas uma chance. Perguntaram-me em alemão minha idade e se estava saudável e forte e qual era a minha ocupação. Respondi em alemão e disse que era padeiro, porque tinha trabalhado numa padaria antes de ser preso. Após alguma deliberação em voz baixa, eles me escolheram como o décimo. Para mim foi o momento mais feliz da guerra."

Pelo fato de trabalhar na cozinha, ele foi capaz de escapar das piores vicissitudes da vida no campo – em particular, a fome. "As condições [no restante do campo] eram horrendas", diz ele. "A fome crescia e os prisioneiros desmaiavam de fome e morriam. Uma vez vi prisioneiros carregando uma tigela de sopa, que parecia água de uma poça [...] Enquanto andavam, a sopa derramava no chão, coberto de neve pisada [...] e as pessoas lambiam a sopa caída em cima da neve. Uma visão horrível."

Os prisioneiros corriam riscos não apenas pelo tratamento recebido das mãos dos nazistas, mas também devido aos bombardeios Aliados. Pouco depois que Tadeusz chegou ao campo de Linz, bombardeiros americanos alvejaram fábricas militares próximas. De repente, explodiram bombas dentro do campo. "Fiquei tomado de um pânico enorme", diz ele. "Os que estavam correndo à minha frente simplesmente sumiram – foram destroçados e [seus corpos] se espalharam. Vi um buraco na cerca e seis prisioneiros do outro lado dos arames, e me juntei a eles, sem ligar para o fato de que qualquer saída voluntária do campo significava uma sentença de morte para os prisioneiros."

Tadeusz e os outros prisioneiros afastaram-se do campo correndo cerca de um quilômetro e meio, e então descansaram na grama perto de um dique. "Depois de uns 15 ou 20 minutos, de repente ouvimos 'Hände hoch!'. Ficamos em pé, de mãos levantadas. Soldados da Wehrmacht estavam atrás das árvores com as metralhadoras apontadas na nossa direção. Eram parte da artilharia antiaérea, e depois de derrubarem alguns bombardeiros tomaram-nos por paraquedistas americanos. Eles gritavam 'Paraquedistas americanos!'. Na hora, tive uma espécie de revelação e gritei de volta que não éramos americanos, mas prisioneiros do campo de Mauthausen, Linz 3, que havia sido bombardeado pelos americanos [...] e que estávamos esperando ali que nossos homens da SS viessem levar-nos de volta. Mais tarde, isso salvou nossas vidas." Outros prisioneiros que haviam fugido do campo foram executados, mas a pronta explicação de Tadeusz de sua conduta fez com que ele e os prisioneiros que estavam junto fossem poupados. Ele lembra que no dia seguinte ao bombardeio "dois jovens russos que haviam fugido comigo" vieram "agradecer-me por ter salvado suas vidas".

O bombardeio do campo teve outro impacto duradouro em Tadeusz Smreczyński. Ao ver os médicos, que eram também prisioneiros, cuidando dos feridos, teve um vislumbre repentino: "Senti que a vida só pode recuperar o sentido se você tenta fazer bem às outras pessoas. Decidi que se sobrevivesse, seria médico. Fiquei inspirado por aqueles prisioneiros, que eram médicos e estavam ajudando os outros no campo".[22] Após a guerra, Tadeusz de fato se tornou médico em seu país natal. Mas como não quis se filiar ao Partido Comunista Polonês, teve sua carreira arruinada e foi-lhe negada a oportunidade de trabalhar com pesquisa médica. "Eu rejeitava totalmente o comunismo da forma como existia", diz ele. "Não tinha nada a ver com os pobres, com as classes trabalhadoras e com os camponeses; era para o benefício dos chamados líderes." Ele manteve-se fiel à filosofia de vida que desenvolvera como prisioneiro dos nazistas. "A vida tem sentido apenas se você faz o bem. Se eu estou certo? Não sinto necessidade de ter uma vida social. Não ligo para incentivos financeiros que poderiam me fazer comparar meu carro com o carro de outra pessoa. Não sinto necessidade de impressionar ninguém."[23]

Em Auschwitz, a chegada dos judeus húngaros na primavera e no verão de 1944 levou ao mais intenso período de matanças na história do campo. Cerca de 430 mil judeus da Hungria foram transportados para Auschwitz entre maio e julho de 1944.[24] A maioria deles era assassinada na chegada, e a proporção dos que eram selecionados para a morte imediata variava de 70 a 90 por cento de cada leva. Para acomodar o grande número de pessoas mortas, foram cavadas grandes valas de incineração perto dos crematórios/câmaras de gás IV e V, não muito longe dos improvisados centros de extermínio originais de Birkenau na Casinha Vermelha e na Casinha Branca.

Em meio a esse vasto número de pessoas que chegavam a Birkenau, alguns membros da SS sentiam-se à vontade para dar vazão à sua imaginação sádica. Morris Venezia, um dos Sonderkommandos judeus que trabalhava nos crematórios, lembra que duas jovens irmãs judias e uma amiga delas perguntaram a um homem da SS se poderiam ser mortas juntas. Ele ficou "muito feliz" em fazer o que lhe pediam, e aproveitando a sugestão pensou em ver se era capaz de matar as três com apenas uma bala. Pôs as três em fila e puxou o gatilho. As três desabaram e pareciam ter morrido. "Na mesma hora", diz Morris, "pegamos as garotas e atiramos nas chamas [da vala aberta]. E então ouvimos algo como gritos [vindo da vala]". O que aconteceu foi que uma das garotas havia apenas caído no chão sem ter sido atingida, e então foi queimada viva. "E aquele oficial alemão estava feliz da vida por que havia matado pelo menos duas com um só tiro. Esses animais [...] Nenhum ser humano consegue acreditar nisso ou entender. É impossível. Mas nós vimos".[25]

Nem todos os judeus da Hungria foram para Auschwitz. Em Budapeste, Eichmann e outros membros da SS adotaram uma estratégia paralela a fim de extorquir as riquezas dos judeus. Kurt Becher, chefe do Departamento de Economia da SS na Hungria, dedicava-se a espoliar grandes quantias de dinheiro, joias e outros bens dos judeus, em troca da promessa de que sua vida seria poupada. Ele permitiu, por exemplo, que membros da família Weiss, uma das famílias judaicas mais ricas e destacadas da Hungria, fugissem para um país neutro depois de transferirem a propriedade da enorme Metalurgia e Aciaria Weiss para os nazistas.

Eichmann estava também diretamente envolvido nessas tentativas de extorquir bens de judeus húngaros, e nesse processo fez uma das mais extraordinárias propostas da Solução Final. Em 25 de abril de 1944, conheceu um influente judeu de Budapeste chamado Joel Brand e comunicou-lhe que os nazistas se dispunham a deixar livres "um milhão" de judeus, desde que fosse pago um resgate adequado. "Estamos interessados em bens, não em dinheiro", disse Eichmann. "Viaje para o exterior e trate diretamente com as suas autoridades internacionais, e com os Aliados. E depois volte com uma proposta concreta."[26] É provável que Eichmann soubesse que uma oferta como essa estaria condenada desde o início ao fracasso. Afinal, por que os Aliados barganhariam por vidas de judeus, apoiando assim os nazistas com equipamentos que poderiam ser usados para prolongar a guerra? Especialmente depois que os nazistas disseram que qualquer material que os Aliados entregassem a eles em troca de judeus não seria usado no *front* ocidental – uma tentativa óbvia de dividir a aliança. Mas mesmo que a negociação tivesse pouca chance de dar certo, Eichmann deve ter pensado que ainda assim poderia obter benefícios dela. Isso porque, ao sugerir essa oferta, demonstraria a Himmler que poderia ser tão flexível quanto Becher, seu colega de SS, numa época em que a máquina de guerra alemã precisava de todas as matérias-primas que fosse capaz de arrumar.

Em 17 de maio de 1944, Brand – junto com uma figura obscura chamada Bandi Grosz – partiu da Hungria para Istambul a fim de fazer contato com os Aliados e propor um negócio pelo qual um milhão de judeus poderiam ser "salvos" se os Aliados fornecessem aos alemães dez mil caminhões. Em Istambul, Brand encontrou-se com os representantes turcos da liderança judaica da Palestina. Em seguida, em 26 de maio, o alto comissário britânico para a Palestina, Sir Harold MacMichael, foi informado da troca proposta. Os americanos também ficaram sabendo do plano nazista, e teve início uma divergência entre britânicos e americanos em relação à proposta. Embora ambos os lados rejeitassem a proposta em princípio, tinham diferentes opiniões a respeito de usá-la ou não para abrir negociações. Nos Estados Unidos, o Conselho de Refugiados de Guerra, criado por Roosevelt em janeiro de 1944 para dar assistência aos perseguidos pelos nazistas, mostrou interesse pela ideia. A percepção dos britânicos, expressa numa reunião de uma comissão do gabinete de guerra sobre refugiados em 30 de maio, era que Henry Morgenthau, a força motriz por trás do Conselho de Refugiados de Guerra, prometera que os Estados Unidos "resgatariam" judeus, e que isso poderia levar a uma "oferta" dos alemães de "descarregar um número ainda maior de judeus nas nossas mãos".[27] Morgenthau, como sabiam os britânicos, era judeu, e esse pensamento, junto com outros fatores, como as dificuldades que as autoridades britânicas já enfrentavam na Palestina e o desafio de transportar grande número de judeus em tempo de guerra, deve ter deixado os britânicos receosos com a ideia.

Britânicos e americanos já haviam discutido o problema de resgatar judeus na Conferência das Bermudas no ano anterior, em abril de 1943. Essa reunião de políticos do segundo escalão e consultores rivalizava com a Conferência de Évian de 1938 na relutância demonstrada em oferecer refúgio seguro a grande número de judeus. Assim como em Évian, a conferência sequer foi oficialmente sobre os judeus, mas sobre "refugiados". E como em Évian, os britânicos não se comprometeram a aceitar números substanciais de judeus na Palestina. Apenas um punhado de jornalistas teve permissão de entrar nas Bermudas para cobrir a conferência, e as "propostas" acordadas foram mantidas "confidenciais" – em tese, porque precisavam ser discutidas pelos respectivos governos, mas também porque, suspeitava-se, equivaliam a praticamente nada. Havia sido após essa reação ineficaz diante do extermínio dos judeus que Roosevelt decidira criar o Conselho de Refugiados de Guerra.

No início de julho de 1944, a divergência nas visões de britânicos e americanos sobre a missão de Brand se aprofundou. Os americanos achavam que se devia conceder abrigo a "judeus e pessoas similares em perigo iminente de morte", enquanto os britânicos contrapunham a sugestão de que tal oferta deveria ser feita apenas a certas categorias de judeus – como crianças e líderes religiosos.[28] Essa discussão acabou tendo pouca importância prática, pois em 7 de julho os americanos decidiram notificar os soviéticos da missão Brand.

Não é difícil imaginar por que os americanos acharam importante que os soviéticos ficassem a par da proposta de Eichmann.

Tratava-se de um momento particularmente sensível no relacionamento entre os Aliados ocidentais e a União Soviética. Não só o Dia D havia sido lançado a oeste, como a leste o Exército Vermelho iniciara a Operação Bagration – um ataque massivo ao Grupo de Exércitos Centro das forças alemãs em escala muito superior à do Dia D. Havia também questões políticas não resolvidas diante do avanço soviético, relacionadas ao futuro dos países da Europa do Leste que o Exército Vermelho estava prestes a libertar. Os americanos, portanto, sentiram que não era hora de manter os soviéticos no escuro em relação à proposta dos nazistas, pois isso poderia desestabilizar a aliança. Os soviéticos, como esperado, rejeitaram totalmente a proposta de Brand.

Mas havia outro elemento – sensacional – na missão de Brand, que os britânicos só descobriram no Cairo, depois que começaram a interrogar Bandi Grosz, o agente de informações secundário que acompanhara Brand em sua viagem. Grosz disse ter recebido ordens de figuras importantes da SS em Budapeste de aproveitar a missão para "combinar uma reunião, em algum país neutro, entre dois ou três altos oficiais de segurança alemães e dois ou três oficiais americanos de igual nível, ou, como último recurso, com oficiais britânicos, a fim de negociar uma paz em separado entre a Sicherheitsdienst [SD] e os Aliados ocidentais".[29] Essa ideia de que o real propósito da missão era abrir negociações com o Ocidente a respeito de uma maneira de sair da guerra foi, com certeza, a ideia em que Joel Brand acabou acreditando. "Minha impressão era", disse Brand em 1961 no julgamento de Eichmann, "que Himmler usara os judeus como uma forma de suborno, digamos assim, a fim de ter um cartão de visitas para entrar em assuntos de maior importância. [Eichmann] Deixou claro para mim que o negócio tinha origem em Himmler".[30]

Para confirmar que Himmler sabia do negócio da troca de "judeus por caminhões", há o testemunho de Kurt Becher após a guerra e documentos da época.[31] De fato, é muito pouco provável que a missão tivesse ido adiante sem seu conhecimento e aprovação. Himmler deve ter sentido que podia buscar uma abordagem desse tipo porque, em dezembro de 1942, Hitler o autorizara a cobrar resgate de judeus em dinheiro vivo – desde que tal ação trouxesse substanciais quantias de moeda estrangeira.[32] Mas é improvável que Himmler também tivesse autorização de Hitler para iniciar discussões a respeito de uma paz em separado com os Aliados ocidentais, mesmo que fosse apenas numa tentativa de provocar dissensões entre os Aliados ocidentais e Stalin. Embora Hitler fosse receptivo a espalhar falsas informações – ele autorizara, por exemplo, que se vazasse na Espanha uma fictícia tentativa da parte dos soviéticos de buscar uma paz em separado[33] –, é difícil aceitar que poderia entrar em negociações de paz concretas, especialmente porque, se a notícia dessas conversas vazasse, as consequências para o moral alemão seriam desastrosas.

Quanto a Himmler, é provável que tenha de fato tentado a essa altura iniciar discussões sobre uma saída da guerra. Nesse sentido, há um mistério intrigante: o registro de uma decodificação britânica de um telegrama de "Himmler" de 31 de agosto de 1944. A mensagem foi enviada diretamente a Churchill, que claramente não queria que o documento existisse. "Telegrama de Himmler. Mantido e destruído por mim",[34] escreveu ele num bilhete no arquivo. Esse é o único registro de uma mensagem decodificada de Himmler, e ao que parece o único dos milhares de documentos alemães que foi destruído por Churchill. O que havia nessa mensagem – uma oferta de negociações de paz? Parece que nunca saberemos.

Poucos meses mais tarde, em dezembro de 1944, Theodor Ondrej, um oficial de inteligência da SS, ficou chocado ao saber por meio de seu superior, o chefe nazista de inteligência estrangeira Walter Schellenberg, que Himmler queria encontrar uma maneira de sair da guerra. "Um dia, em meados ou fim de dezembro de 1944, Schellenberg me contou que Himmler estava querendo assinar uma paz em separado", diz Ondrej. "Schellenberg confiava em mim, então me contou também que Himmler confiava nele porque, como mais alto oficial de inteligência da Alemanha, de qualquer modo ele acabaria sabendo de indícios de paz por meio de seus agentes no exterior. É por isso que resolveu se abrir com ele. Meu primeiro pensamento foi que Himmler era o homem menos adequado para acertar um acordo de paz em separado. O general da SS Schellenberg sorriu e disse 'É impressionante, não? Eu apoio isso, mesmo sabendo que ele é o homem menos indicado para a tarefa'. Portanto, Schellenberg tinha absoluta clareza a respeito, mas ao mesmo tempo estávamos nos agarrando a qualquer coisa."[35]

Como veremos adiante, por volta da primavera de 1945, Himmler procurava diferentes opções para lidar com o Ocidente, e em última instância na visão de Hitler, estava "traindo" a Alemanha. Portanto, não é exagerado imaginar que estivesse por trás da sugestão de Bandi Grosz no verão de 1944. Talvez nessa época pretendesse apenas criar uma divisão entre os Aliados ao sugerir uma paz em separado, ou quem sabe buscasse de fato uma saída da guerra e quisesse avançar nas conversações. Ou, igualmente possível, não tivesse ainda se decidido entre essas duas opções e aguardasse para ver qual delas evoluiria. O que é extraordinário, como Schellenberg e Ondrej observaram, é que o homem que num discurso em Posen em outubro de 1943 gabara-se de ajudar a fazer "desaparecer" os judeus pudesse imaginar que, cerca de um ano depois, teria um pedido de negociação aceito pelos Aliados. Mas a capacidade de Himmler de iludir a si mesmo era imensa.

Em Budapeste, no final de maio e em junho de 1944, Eichmann aguardava notícias da missão de Brand. Enquanto isso, a esposa de Brand, Hansi, e um judeu empresário húngaro chamado Rudolf Kasztner, haviam feito várias reuniões com ele. Sua ideia era tentar persuadir Eichmann a fazer um gesto para os Aliados, mostrando que os nazistas de fato estariam empenhados em libertar judeus. Essas discussões cristalizaram-se em torno de uma proposta de enviar um trem inteiro de judeus para a Suíça. Do ponto de vista de Eichmann, não era uma ideia ruim. Demonstraria boa-fé aos Aliados e seria também um meio de extorquir mais dinheiro dos judeus húngaros, já que os nazistas poderiam pedir pagamento para cada um dos assentos do trem. Dado o interesse de Eichmann, Rudolf Kasztner assumiu a tarefa prática de tentar fazer isso se concretizar. Assim, o "trem de Kasztner" se tornou o foco das críticas da comunidade judaica – e as repercussões levariam ao assassinato de Kasztner em Israel após a guerra.

Parte das críticas a Kasztner concentrava-se no fato de o trem conter muitos parentes e conhecidos dele – incluindo a mãe e o irmão –, além de um número desproporcional de judeus de sua cidade natal, Cluj. De um total de 1.684 passageiros, 388 eram dessa pequena cidade da Transilvânia. Éva Speter, então com 29 anos, foi selecionada para o trem de Kasztner, junto com o marido e o filho. Seus lugares haviam sido garantidos porque o pai dela era um dos que escolhia, junto com Kasztner, quem iria viajar. "Todo mundo lutava para continuar vivo", diz ela. "Se você quer salvar a vida, tenta de todos os jeitos, até mesmo de um modo criminoso se a coisa chegar a isso, mas tem que se salvar. Sua vida vem primeiro, você é quem está mais próximo de si mesmo, não importa o que os outros digam."[36]

Éva Speter e sua família sabiam muito bem o destino dos judeus húngaros deportados. Ela sabia que os alemães queriam "matar todos os 11 milhões de judeus que estão vivendo na Europa, incluindo os judeus da Rússia". Sabia até que os alemães matavam os judeus em câmaras de gás depois de fazê-los acreditar que iam apenas tomar uma ducha. E, pouco antes de sair de Budapeste, descobriu que muito mais gente sabia também que os alemães deportavam judeus para a morte: "Veio uma trabalhadora, e ela viu meu filho, estávamos todos com a estrela amarela, e [ela] disse: 'Dê-me seu filho, eu tomo conta dele. Ele vai crescer, não o leve para ser morto com você'. Eu não dei meu filho a ela, é claro, mas pensei – essa trabalhadora, que eu nunca vi na vida, queria que essa criança linda crescesse: uma criança judia. Por causa disso eu não posso realmente ficar com raiva dos húngaros".[37]

Quando partiu de Budapeste em 30 de junho no trem de Kasztner, Éva Speter não confiava que os alemães fossem manter sua palavra, e quando o trem parou em Linz, na Áustria, ficou ainda mais preocupada com o que poderia acontecer com eles. Mandaram então os judeus desembarcarem, pois teriam de ser examinados por médicos e tomar uma "ducha". Ela lembra: "Eu estava em pé, nua, diante do médico, e mesmo assim olhei com muito orgulho nos olhos dele, e pensei que ele precisava ver de que modo uma judia orgulhosa de si encara a morte". Uma vez nos chuveiros, saiu das torneiras "uma excelente água quente [...] uma experiência muito tranquilizadora depois de nos sentirmos prestes a morrer ali".[38] Os nazistas, como se soube depois, haviam uma vez na vida contado a verdade a respeito dos chuveiros.

Mas pelo menos numa coisa Eichmann havia mentido, porque o destino imediato do trem não foi a Suíça, mas o campo de concentração de Bergen-Belsen, no norte da Alemanha. Uma parte do campo era reservada aos chamados "judeus de troca" – aqueles que os nazistas tentariam usar como resgate –, e esses recebiam melhor tratamento que os demais. Por exemplo, Shmuel Huppert, que fora mandado para esse campo de troca com a mãe em 1943, lembra que não só recebeu comida suficiente para sobreviver em Bergen-Belsen como aprendeu a jogar xadrez no campo.[39] Os judeus do trem de Kasztner receberam tratamento preferencial similar, e após meses de protelação nas negociações a grande maioria conseguiu chegar em segurança à Suíça.

Após a guerra, Kasztner foi criticado não só por dar lugares no trem a amigos e parentes, mas por causar a morte de grande número de outros judeus húngaros ao não avisar que os nazistas planejavam deportá-los para Auschwitz. Da primeira acusação, é justo considerá-lo culpado, mas no caso da segunda a evidência é menos clara. Embora ao visitar sua cidade natal de Cluj ele de fato não tenha alertado as pessoas sobre as verdadeiras intenções dos nazistas, é duvidoso se uma intervenção sua poderia ter feito alguma diferença. Movimentos jovens dentro da Hungria, como Hashomer Hatzair, Maccabi Hatzair e Bnei Akiva, fizeram um esforço conjunto para alertar os judeus das províncias a respeito dos perigos que corriam, mas suas advertências foram ignoradas.[40] Em parte isso se deveu à falta de opções dos judeus – havia poucas montanhas ou florestas densas onde pudessem se esconder, e muitos não judeus locais eram antissemitas –, e em parte havia também o desejo dos judeus de afastar a ideia de que aqueles terríveis boatos pudessem ter fundamento. "As pessoas não escutam tudo aquilo que ouvem", diz Éva Speter, "porque não querem acreditar no pior – nunca querem acreditar. Elas sempre tentam acreditar em algo melhor [...] A esperança é uma das melhores qualidades que os homens adquirem ao nascer".[41]

Kasztner soube dos assassinatos em massa em Auschwitz ao ler o relato escrito por dois ex-internos, Rudolf Vrba e Alfred Wetzler. Os dois haviam fugido do campo em abril de 1944 e voltaram à sua terra natal, a Eslováquia. Ali, registraram o que acontecia em Auschwitz-Birkenau. Antes disso, pouca gente no mundo sabia a verdadeira função de Birkenau. Como era, em parte, um campo de trabalho no centro de toda uma rede de outros campos com essa mesma função, muitos observadores fora do Reich não sabiam qual era seu propósito principal. Richard Lichtheim, por exemplo, da Agência Judaica de Genebra, achava – antes de ler o relatório Vrba-Wetzler – que os alemães estavam deportando judeus para Auschwitz a fim de "explorar mais trabalho judaico nos centros industriais da Alta Silésia".[42] Mas o relatório Vrba-Wetzler não deixava margem a dúvidas sobre o real propósito de Auschwitz. Ele descreve com precisão a abertura de novos complexos de crematórios/câmaras de gás em Birkenau em 1943 e a maneira pela qual o morticínio era conduzido. Não surpreende que o relato fosse tão autêntico, porque um dos Sonderkommandos que trabalhava nos crematórios, Filip Müller, descrevera aos dois eslovacos exatamente o que ocorria lá dentro. "Eu passei a Alfred [Wetzler] uma planta dos crematórios e das câmaras de gás, assim como uma lista de nomes dos homens da SS que estavam de serviço ali", escreveu Müller depois da guerra. "Além disso, dei aos dois as anotações que havia feito durante um tempo sobre quase todas as levas intoxicadas por gás nos crematórios 4 e 5. Descrevi aos dois, com todos os detalhes, o processo de extermínio, para que fossem capazes de relatá-lo ao mundo [...]"[43]

O relatório Vrba-Wetzler circulou em Budapeste em maio de 1944. Ao final de junho, a notícia chegou a Londres, e no início de julho as autoridades de Washington já haviam sido informadas. Armadas com essa informação autêntica, uma gama variada de pessoas – de Roosevelt ao rei da Suécia – foi tirar satisfações com o almirante Horthy a respeito da deportação dos judeus húngaros. Até o papa escreveu uma carta a Horthy em 25 de junho, apelando para que reconsiderasse suas ações.[44] O arcebispo Gennaro Verolino, diplomata papal em Budapeste, lembra que mesmo antes de o relatório Vrba-Wetzler vir à tona, "aos poucos chegamos à conclusão de que 'trabalho compulsório no exterior' significava deportação. E deportação significava extermínio, aniquilação. Então protestamos com muito vigor, de início por meio do próprio núncio, e depois com os demais diplomatas".[45] O núncio apostólico da Hungria expediu 15 mil cartas com salvo-condutos a judeus em Budapeste. "Isso salvou minha vida uma vez", diz Ferenc Wiener, um judeu húngaro. "Salvou minha vida quando o mostrei a um oficial alemão. Eles estavam executando todos os demais. Eu era o próximo a ser morto. Então mostrei minha carta e o oficial me mandou embora."[46] À luz de incidentes como esse, Gerhart Riegner, o representante em tempos de guerra do Congresso Judaico Mundial na Suíça, sustenta que a intervenção do Vaticano na Hungria foi "o único exemplo na história do Holocausto em que o Vaticano sistematicamente tomou a decisão certa".[47]

O almirante Horthy agora tinha que decidir o que fazer. Deveria tentar interromper os transportes para Auschwitz e assim despertar a ira dos alemães, ou deixar que continuassem, apesar dos protestos? Nazistas importantes como Joseph Goebbels antes se sentiam seguros de ter Horthy sob controle – não só devido ao seu sucesso em intimidá-lo para que "convidasse" tropas alemãs a entrar na Hungria em março e cooperasse com a deportação de judeus, mas porque acreditavam que ele agora via com bons olhos a oportunidade de expulsar os judeus de seu país. "Seja como for", escreveu Goebbels em seu diário em 27 de abril, "ele agora não coloca mais obstáculos aos depuradores da vida pública na Hungria; ao contrário, tem agora uma raiva homicida dos judeus e não faz objeção a que sejam usados por nós como reféns. Até sugeriu isso ele mesmo [...] Seja como for, os húngaros não escaparão do ritmo da questão judaica. Quem disser A terá que dizer B, e os húngaros, por terem iniciado a *Judenpolitik*, não poderão mais detê-la. A partir de certo ponto, a *Judenpolitik* anda por si mesma".[48] Essa entrada de diário é particularmente reveladora, pois Goebbels declara, de modo inequívoco, acreditar que os nazistas podiam manipular seus aliados na questão dos judeus. Se os nazistas conseguissem colocar sangue nas mãos de seus aliados, estes não teriam escolha a não ser permanecer com o Terceiro Reich, não importa o que acontecesse.

Mas Horthy não reagiu como previsto. Embora estivesse muito comprometido, voltou atrás em sua posição e, em 6 de julho, disse aos alemães que queria encerrar as deportações. Os transportes para Auschwitz foram interrompidos oficialmente três dias depois. A pressão que Horthy vinha sofrendo era agora excessiva. Embora tivesse se sentido capaz de sancionar as deportações quando havia apenas rumores – se bem que fortes e irrefutáveis – de que os judeus estavam sendo mortos, agora que havia clara evidência de que eles estavam sendo enviados para uma fábrica de morte ele não foi capaz de permitir que continuassem. Ainda mais porque além dos protestos da comunidade internacional, Budapeste agora estava sob ataque direto dos Aliados – em 2 de julho os americanos bombardearam a capital húngara. A essa altura, com os Aliados ocidentais lutando na França e o Exército Vermelho avançando na Europa do Leste, não havia como esconder a realidade – os alemães estavam perdendo a guerra, e um dia as potências vitoriosas obrigariam os que haviam colaborado com eles a prestar contas. Assim, ao deter agora as deportações, Horthy talvez achasse que tinha alguma chance de construir um álibi para si. Seu julgamento foi correto. Apesar da participação húngara em atrocidades anteriores contra os judeus, Horthy ao final da guerra escapou de ser punido. Retirou-se para uma cidade litorânea perto de Lisboa e morreu em 1957, aos 88 anos.

Os alemães, depois de deportarem 430 mil judeus da Hungria para Auschwitz, aceitaram fazer uma pausa antes de deportar os restantes. Afinal, esse era apenas um dos muitos reveses sofridos pelos nazistas naquele verão. Tiveram que lidar não só com a situação desesperadora na linha de frente, mas com uma crise no topo do Estado nazista quando, em 20 de julho, oficiais desafetos da Wehrmacht tentaram matar Hitler explodindo uma bomba em seu quartel-general no leste da Prússia. Hitler não sofreu ferimentos graves, mas a perseguição aos perpetradores era agora alta prioridade dos serviços de segurança alemães.

Após o atentado à sua vida, Hitler – um homem colérico – tornou-se ainda mais raivoso. Segundo declara o general Heinz Guderian, recém-nomeado Chefe de Estado-Maior do Exército Alemão, "a profunda desconfiança que ele [Hitler] já sentia pela humanidade em geral, e pelos oficiais do Estado-Maior em particular, transformou-se agora em profundo ódio [...] Já havia sido muito difícil lidar com ele; mas isso agora virou uma tortura, que ia ficando pior a cada mês. Ele com frequência perdia totalmente o autocontrole e sua linguagem tornava-se cada vez mais violenta".[49]

Um mês depois, outro desastre espreitava os alemães – dessa vez no *front* diplomático. Os romenos quiseram sair da guerra. Em 5 de agosto, Hitler encontrou-se com o líder romeno, marechal Antonescu, e usou todos os seus talentos de retórica para tentar convencê-lo a continuar lutando, mas meras palavras não podiam alterar a desesperadora realidade dos soldados romenos na linha de frente. Em 20 de agosto, grandes seções do Exército Romeno simplesmente foram arrasadas pelo ataque do Exército Vermelho na Ofensiva Jassy-Kishinev. Em 23 de agosto, Antonescu foi removido do cargo. Os romenos agora mudavam de lado e anunciavam estar em guerra contra a Alemanha.

Hitler, porém, como era de seu feitio, não mudou seu curso. E sua determinação de prolongar a guerra até que os soldados do Exército Vermelho estivessem nas ruas de Berlim levou inevitavelmente a um período final de estarrecedora destruição.

18. Matar até o final
(1944-1945)

COM A RESOLUÇÃO de Hitler de lutar até o fim, os Aliados passaram a enfrentar problemas políticos controversos – entre eles, o que fazer a partir do conhecimento detalhado que tinham agora dos assassinatos que os nazistas cometiam em Auschwitz.

Um ponto a respeito do qual todos concordavam era a magnitude do horror. "Não há dúvida de que esse é talvez o maior e mais horrível crime já cometido em toda a história do mundo", escreveu Churchill em 11 de julho de 1944, "e tem sido cometido por meio de uma maquinaria científica, por homens que se dizem civilizados, em nome de um grande Estado e de uma das principais raças da Europa [...] Devem ser feitas declarações públicas para que todos os envolvidos nisso sejam capturados e mortos".[1] Mas palavras de ultraje e ameaça por si sós, é claro, não eram auxílio direto aos judeus que morriam em Auschwitz.

Vários grupos judaicos sugeriram uma reação prática ao crime – lançar bombas no campo. O Congresso Judaico Mundial em Genebra pediu em junho que os americanos destruíssem as câmaras de gás, e Churchill, quando soube da ideia, escreveu em 7 de julho a Anthony Eden: "Pegue tudo o que precisar da Força Aérea e me chame se for preciso".[2] Mas em última instância os pedidos de bombardear Auschwitz foram rejeitados. Na Grã-Bretanha, o Ministério do Ar não se entusiasmou com a ideia por razões práticas. Um dos problemas era a dificuldade de bombardear câmaras de gás e ao mesmo tempo evitar matar vários dos prisioneiros em Birkenau. Os britânicos sugeriram que o pedido fosse considerado pelos americanos, que eram especialistas em bombardeios diurnos. Em nome dos americanos, John McCloy, o secretário adjunto da Guerra, foi resistente. Expressou dúvidas quanto à viabilidade do plano e disse que, de qualquer modo, não desviaria bombardeiros de outras operações mais importantes.[3]

No entanto, mesmo que as imensas dificuldades práticas pudessem ser superadas e as câmaras de gás de Auschwitz fossem bombardeadas, é difícil acreditar que isso teria interrompido o morticínio. O massacre da Festa da Colheita em Majdanek, um ano antes, mostrara que os alemães não precisavam de câmaras de gás para matar grande número de judeus – metralhadoras podiam igualmente servir para isso.

Não obstante, a maneira indiferente com que muitos dos envolvidos no processo de tomada de decisões trataram a questão de bombardear Auschwitz – um membro da equipe de McCloy chegou a escrever um memorando interno admitindo que McCloy queria "matar" a ideia[4] – reflete um problema maior. Ele está expresso numa pergunta feita aos Aliados por David Ben-Gurion, presidente da Agência Judaica e mais tarde um dos fundadores do moderno Estado de Israel, num discurso em 10 de julho de 1944: "Se em vez de judeus, milhares de mulheres, crianças e idosos ingleses, americanos ou russos estivessem sendo torturados todos os dias, incinerados até a morte, asfixiados em câmaras de gás – vocês teriam agido do mesmo modo?".[5]

A resposta à questão de Ben-Gurion, muito provavelmente, é não. Os Aliados certamente não "teriam agido da mesma maneira" se, por exemplo, prisioneiros de guerra britânicos estivessem sendo mortos nas câmaras de gás de Auschwitz. Esse é um julgamento que encontra apoio em fatos concretos. Como vimos, os Aliados não quiseram se comprometer na Conferência das Bermudas em 1943 a aceitar grande número de judeus em seus países – mesmo tendo condenado no final de 1942 o extermínio de judeus pelos nazistas. Em Washington, em março de 1943, um mês antes da Conferência das Bermudas, Anthony Eden, o ministro do Exterior Britânico, havia dito numa reunião que era imperativo "agir com muita cautela em relação a oferecer levar todos os judeus embora de um país", porque "nesse caso, os judeus do mundo solicitarão esforços similares na Polônia e na Alemanha. Hitler pode muito bem concordar com qualquer oferta desse tipo, e então simplesmente não haverá navios ou meios de transporte suficientes no mundo para lidar com eles".[6] Parafraseando a pergunta de Ben-Gurion à luz das palavras de Eden, será que alguém acha que tal desculpa para não se fazer nada seria julgada aceitável se os alemães estivessem matando prisioneiros de guerra britânicos ou americanos? Os britânicos e americanos deixariam que seus soldados fossem massacrados só porque não seria possível deslocar navios para fazê-los cruzar o Canal da Mancha em segurança, ainda mais considerando que durante a guerra muitos navios cruzaram o Atlântico para levar à América do Norte centenas de milhares de prisioneiros inimigos capturados? Não, a desculpa de Eden simplesmente não é crível.

Linda Breder, uma interna judia de Auschwitz, achava que "Deus se esqueceu de nós e [as] pessoas da guerra se esqueceram de nós, não se importam com o que está acontecendo e sabem o que está acontecendo [em Auschwitz]". Ela diz: "Queríamos que jogassem bombas no campo, pelo menos poderíamos correr, e centenas e centenas de aviões estavam chegando [para bombardear outros alvos na Polônia] e olhamos para cima e não há bombas. E isso nós não conseguimos entender".[7]

A posição dos Aliados em relação aos judeus continuava muito simples – a única maneira segura de interromper seu extermínio era derrotar os nazistas. No verão de 1944, essa estratégia pareceu desfrutar de algum sucesso quando o Exército Vermelho capturou o campo de Majdanek no final de julho. Majdanek foi uma revelação ao mundo. A maior parte da maquinaria de extermínio não havia sido destruída pelos alemães em retirada, e as câmaras de gás e crematórios que restaram eram provas incontroversas das atividades homicidas dos nazistas. "O que estou prestes a relatar agora é imenso demais e horripilante demais para que possa ser devidamente concebido", escreveu Konstantin Simonov, um correspondente de guerra soviético, depois de examinar o campo. Simonov descreveu como funcionavam as câmaras de gás, com "operadores especialmente treinados usando máscaras de gás" que "despejavam o 'ciclone [sic]' das latas cilíndricas dentro da câmara".

Ele se impressionou também com a imensa quantidade de sapatos que viu, tirados daqueles que haviam sido mortos. "Eles transbordavam da cabana pelas janelas e pelas portas. Em um ponto, o peso deles acabou empurrando parte da parede, que caiu para fora junto com pilhas de sapatos [...] é difícil conceber algo mais pavoroso do que essa visão."[8]

Em Auschwitz, depois que os transportes de húngaros cessaram no início de julho e que a maioria dos judeus do gueto de Łódź foi morta poucas semanas depois, o auge do período de morticínio estava superado. Com isso, a SS decidiu reduzir o número de Sonderkommandos no campo, do máximo de novecentos – alcançado na época das levas de húngaros – para uma cifra bem menor. Planejaram fazer isso matando os Sonderkommandos excedentes. "Sabíamos que nossos dias sempre haviam estado contados e não imaginávamos quando seria o fim", diz Dario Gabbai, um Sonderkommando de Birkenau. Os nazistas, especialmente em razão da publicidade a respeito de Majdanek, não queriam que nenhum Sonderkommando sobrevivesse à guerra, pois sabiam demais a respeito dos detalhes íntimos do processo de extermínio. Assim, no final de setembro, o SS Scharführer (major-sargento) Busch pediu que duzentos "voluntários" do Sonderkommando do Crematório IV se adiantassem. Disse que seriam transportados para um novo campo. Mas os Sonderkommandos estavam cientes de que o número de transportes para o campo vinha decrescendo, e não tinham dúvidas do que isso implicava para o seu destino. "Será que Busch era de fato tão ingênuo, pensei eu", escreve Filip Müller, um dos Sonderkommandos de Auschwitz, "a ponto de achar que qualquer um de nós iria se apresentar como voluntário para seu próprio assassinato?".[9] Como era de se esperar, ninguém se adiantou. Então o Scharführer Busch foi obrigado a escolher os duzentos Sonderkommandos ele mesmo. Claro, não havia nenhum "novo campo", e os prisioneiros escolhidos foram levados embora e assassinados. Naquela noite – num evento sem precedentes –, os próprios SS queimaram os corpos dos Sonderkommandos nos fornos crematórios, longe das vistas dos outros prisioneiros. Sua desculpa foi que estavam incinerando os corpos de pessoas mortas num bombardeio aéreo aliado. Os Sonderkommandos restantes não se deixaram enganar, e suas suspeitas sobre o destino de seus companheiros foram confirmadas quando encontraram vários daqueles corpos nos fornos na manhã seguinte, incinerados, mas ainda reconhecíveis. Assim, quando a SS disse aos Kapos nos crematórios que apresentassem uma lista de outros trezentos Sonderkommandos a serem supostamente transferidos para "fábricas de borracha", os Sonderkommandos decidiram promover um levante.[10]

Como vimos, a segurança em Auschwitz era superior à de outros campos de extermínio, como Sobibór e Treblinka. Os edifícios dos crematórios/câmaras de gás ocupavam subcampos cercados dentro do complexo gigante de Auschwitz-Birkenau, que por sua vez ficava dentro da área de segurança da zona de interesse de Auschwitz. Haviam ocorrido tentativas de levante em massa – como a famosa revolta dos poloneses dentro da companhia penal de Birkenau em 10 de junho de 1942. Mas daqueles cinquenta e tantos prisioneiros que tentaram fugir, sabe-se com certeza de apenas um sobrevivente.

De qualquer modo, embora as chances de sucesso de um levante fossem de muito pequenas a nulas, em 7 de outubro de 1944 os Sonderkommandos do Crematório IV voltaram-se contra seus guardas da SS. Lutaram com machados e martelos contra membros da SS equipados com armas de fogo e conseguiram incendiar o crematório. Ao ouvirem o barulho que vinha do Crematório IV, os Sonderkommandos do Crematório II também atacaram seus vigias SS, e mataram dois – um deles foi atirado num dos fornos. Chegaram os reforços da SS e começaram a caçar os prisioneiros que haviam conseguido escapar do perímetro do campo. Quando localizavam algum Sonderkommando escondido dentro de um celeiro, ateavam fogo à construção. Nenhum Sonderkommando que se insurgiu contra os SS naquele dia sobreviveu à tentativa de fuga. Cerca de 250 Sonderkommandos haviam participado da revolta, e a SS assegurou que fossem todos mortos. Mas a vingança da SS não parou aí. A fim de aterrorizar os demais Sonderkommandos, selecionaram outros duzentos e também os executaram.[11] Henryk Mandelbaum, um dos Sonderkommandos de Auschwitz, lembra que "mandaram-nos ficar deitados de bruços no chão, segurando as mãos nas costas, e uma de cada três pessoas era morta a tiros. Alguns dos meus amigos no Sonderkommando perderam a vida e os demais tiveram que voltar ao trabalho. Nunca havia muita esperança para nós. Estou contando como foi, sem rodeios".[12] Embora tenha suportado essa provação e testemunhado a morte de tantos companheiros, Henryk Mandelbaum ainda sente que aqueles que lutaram "fizeram uma boa coisa", porque "éramos como mortos-vivos, é bom lembrar disso. Agora estamos falando livremente, em paz, e podemos fazer nossas suposições, colocar questões, podemos aumentar, diminuir, mas na hora era muito diferente. Seres humanos estavam condenados [...]".[13]

Depois da guerra, os sobreviventes de Auschwitz tiveram às vezes que suportar provocações, às quais não tinham coragem de reagir. Halina Birenbaum lembra que ao chegar a Israel em 1947 ficou perturbada quando outros membros do *kibbutz* lhe disseram: "Vocês simplesmente obedeceram como carneirinhos. Não souberam se defender. Por que não se defenderam? O que aconteceu com vocês? Vocês são os culpados. Não fizeram nada. Uma coisa dessas não aconteceria conosco. É melhor não contarem nada. É um vexame. Não contem aos jovens, vocês acabariam com o espírito de luta deles".[14]

A história da revolta dos Sonderkommandos em Auschwitz em outubro de 1944 demonstra a injustiça dessas acusações. Os Sonderkommandos não iam como "carneiros" para o abate. Reagiram e morreram por causa disso. Perderam a vida porque resistir de modo efetivo em Auschwitz era quase impossível. Auschwitz durou como instituição quatro anos e meio, e nesse período, das mais de um milhão de pessoas enviadas para lá, cerca de oitocentos tentaram fugir. Mas menos de 150 dessas chegaram a escapar da área, e um número desconhecido desses fugitivos bem-sucedidos morreu depois na guerra.[15] Portanto, não foi tanto a falta de coragem que impediu a massa de internos de fugir, mas a falta de oportunidade.

Na época da revolta dos Sonderkommandos, em outubro de 1944, os alemães haviam perdido outros aliados. Em 8 de setembro o Exército Vermelho entrou na Bulgária, e horas mais tarde os búlgaros seguiram o exemplo de italianos e romenos – mudaram de lado e declararam guerra à Alemanha. Menos de duas semanas mais tarde, a Finlândia também saiu da guerra.[16] Os antigos amigos de Hitler reconheciam o inevitável – os alemães haviam perdido a guerra. Até membros da elite nazista queriam especular maneiras de escapar. Não só Himmler, mas Joseph Goebbels também. Quando Goebbels ouviu dos japoneses rumores de que Stalin poderia considerar uma paz em separado, escreveu uma carta a Hitler apoiando a ideia. "O que iríamos alcançar", escreveu ele em 20 de setembro de 1944, "não seria a vitória com que sonhávamos em 1941, mas mesmo assim seria a maior vitória da história alemã. Os sacrifícios feitos pelo povo alemão nessa guerra ficariam, portanto, plenamente justificados".[17] Mas Hitler sequer se deu ao trabalho de considerar a sugestão de Goebbels e nunca quis discuti-la com ele. Para Hitler, a Alemanha ou triunfaria, ou seria destruída. Aquilo que fora a maior força de Hitler aos olhos de apoiadores como Goebbels — sua recusa em fazer concessões — revelava-se agora sua maior fraqueza.

Uma consequência óbvia da intransigência de Hitler foi que o sofrimento dos judeus prosseguiu. Na Eslováquia, por exemplo, as forças de segurança alemãs deportaram mais de 12 mil judeus entre setembro e dezembro de 1944, depois que os alemães sufocaram um levante da resistência eslovaca. Na Hungria, a determinação de Hitler de impedir que o almirante Horthy tirasse o país da guerra gerou outra crise para os judeus húngaros. Depois de encerrar as deportações para Auschwitz no início de julho, Horthy havia uma vez mais tentado uma paz com os Aliados. No início de outubro, uma delegação húngara chegou a assinar um acordo como os soviéticos em Moscou. Em 15 de outubro, os alemães reagiram. Otto Skorzeny, o oficial SS líder da equipe que resgatou Mussolini da prisão no ano anterior, capturou o filho de Horthy, Miklós, em Budapeste, enrolou-o num tapete e levou-o ao campo de Mauthausen na Áustria. Em seguida, os alemães chantagearam Horthy para que passasse o poder a Ferenc Szálasi, chefe do partido fascista húngaro, o Cruz Flechada. Horthy, para salvar o filho, colaborou com os alemães uma vez mais, e depois passou o resto da guerra como "convidado" de Hitler num castelo na Baviera.

Com Horthy fora do caminho e a Hungria nas mãos dos fascistas, os judeus ficaram de novo vulneráveis. Em 18 de outubro, Eichmann retomou discussões com Szálasi a respeito de deportar judeus — agora não mais para Auschwitz, mas direto para o Reich, para trabalhos forçados. O problema de Eichmann era que não havia meio de transportar dezenas de milhares de judeus para o oeste. Mas sugeriu uma solução.

Se os judeus não podiam ser levados de trem ou caminhão, podiam andar – mais de 160 quilômetros. No final de novembro, 27 mil judeus estavam seguindo a pé para o Reich, e mais 40 mil deveriam ir em seguida. As condições dessa marcha, como seria de se esperar, eram pavorosas. Tão ruins que, quando oficiais da SS passaram pelos judeus em marcha, ficaram muito preocupados com o que viram e foram reclamar com Otto Winkelmann, alto oficial da SS e chefe de polícia da Hungria. Por incrível que pareça, um dos que expressaram essas objeções foi Rudolf Höss, ex-comandante de Auschwitz e agora ocupando um cargo administrativo na SS. Não que Höss tivesse de repente sido tocado por um sentimento de humanidade, mas é que não via sentido em mandar para o Reich judeus que, ao chegarem, não teriam condições de trabalhar.[18] Outro oficial da SS, Kurt Becher, que estivera envolvido nas negociações sobre os judeus mais cedo naquele ano, queixou-se com Himmler das ações de Eichmann. Isso levou a um encontro extraordinário no trem privado de Himmler, na Floresta Negra, em novembro de 1944. Himmler mandou Eichmann parar de deportar judeus de Budapeste, e acrescentou: "Se até o momento você exterminou judeus, a partir de agora, se eu mandar, você deverá ser um protetor de judeus".[19]

Essa observação aparentemente bizarra de Himmler foi motivada, como a de Höss, não por uma mudança de postura ideológica, mas por preocupações meramente práticas – não só pelo desejo de usar os judeus como fonte potencial de trabalho e como reféns em quaisquer discussões futuras com os Aliados, mas também pela compreensão de uma realidade militar. Como Himmler relatou a Eichmann, o Exército Vermelho avançava ainda mais em direção à Hungria. Assim, discussões sobre qualquer potencial deportação de judeus húngaros logo teriam um interesse apenas teórico.

No final de dezembro, o Exército Vermelho cercou Budapeste. Hitler declarou a cidade um "lugar fortificado" e conclamou os defensores a lutarem até a morte. A batalha que se seguiu durou até 13 de fevereiro de 1945, e cerca de 40 mil civis morreram. Após a vitória soviética, soldados do Exército Vermelho atacaram as mulheres de Budapeste e estupraram milhares delas – uma estimativa fala em 50 mil. Barna Andrásofszky, um estudante de medicina, testemunhou as consequências de um desses ataques a uma vila nos arredores de Budapeste. Ele foi chamado a ajudar uma jovem que havia sido estuprada por um grupo de "uns dez ou quinze homens". Barna não conseguiu estancar a forte hemorragia interna da mulher, e ela foi levada a um hospital. "Era muito difícil aceitar que isso estivesse acontecendo no século XX", diz ele. "Era muito difícil ver como realidade o que a propaganda nazista vinha espalhando. Mas aqui estávamos vendo isso na realidade. E também soubemos de muitas outras situações terríveis como essa."[20]

Esse testemunho é relevante para uma história do Holocausto porque nos lembra, uma vez mais, que o extermínio dos judeus teve lugar no contexto de uma guerra marcada pela mais horrenda brutalidade – embora isso não deva, é claro, ser considerado nenhum atenuante para o crime dos nazistas. É significativo que as cenas aterradoras de Budapeste não tenham se repetido em Bucareste, na Romênia, nem em Sófia, na Bulgária, após a chegada do Exército Vermelho. Em larga medida, Hitler havia sido responsável por esse sofrimento dos húngaros. Afinal, uma precondição necessária das atrocidades do Exército Vermelho na Hungria havia sido a decisão de Hitler de que os húngaros deviam ser impedidos, ao contrário dos romenos e búlgaros, de mudar de lado, na época em que os soviéticos se aproximavam. Seja como for, a obstinação de Hitler acabou sendo inútil. No final de dezembro, com Budapeste cercada, o novo governo húngaro, apoiado pelos soviéticos, declarou guerra à Alemanha.

Mesmo diante do avanço Aliado, Hitler continuou a expressar seu ódio aos judeus. Em um decreto de 25 de setembro de 1944, referiu-se ao "desejo de aniquilação total de nossos inimigos judeus internacionais",[21] e numa proclamação em Munique em 12 de novembro falou do "desejo satânico [dos judeus] de perseguir e de destruir".[22] Num sinal da relutância de Hitler em enfrentar uma plateia quando os eventos lhe eram desfavoráveis, o discurso de Munique foi na realidade proferido por Himmler, mas os sentimentos eram inegavelmente os de Hitler. E, novamente, o líder alemão admirou-se com o "incompreensível absurdo" das democracias ocidentais em se aliar às forças do "bolchevismo", e afirmou que essa posição aparentemente insensata podia ser explicada "quando você compreende que os judeus estão sempre por trás da estupidez e da fraqueza do homem, de sua falta de caráter por um lado e de suas deficiências, por outro". A realidade, disse ele, era que "os judeus são quem move as cordinhas nas democracias, e também os criadores e a força motriz da besta bolchevista internacional do mundo". Hitler, portanto, continuava um fantasista. Pois esse era o mesmo argumento que havia defendido nas cervejarias de Munique no início da década de 1920, quando dizia que os judeus estavam por trás tanto do "bolchevismo" quanto dos excessos do capitalismo.

Num exemplo da lógica mais distorcida imaginável, Hitler chegou a argumentar em sua proclamação aos soldados alemães, no feriado de Ano Novo de 1945, que a razão de a Alemanha estar envolvida agora numa "cruel luta entre a existência e a não existência" era que a "meta da conspiração mundial do judaísmo internacional ao se opor a nós é exterminar nosso *Volk*". A explicação correta, claro, era que os alemães agora corriam riscos porque Hitler travou uma guerra racista de expansão que se voltara contra ele, e não que "o bolchevismo judeu oriental reflete em suas tendências de extermínio as metas do capitalismo judaico-ocidental".[23]

Enquanto Hitler transmitia essa mensagem de Ano Novo aos soldados alemães, seus inimigos "bolcheviques" aproximavam-se de Auschwitz, onde restavam ainda cerca de 67 mil internos. Numa nova ofensiva, iniciada em 12 de janeiro, os soldados soviéticos do Primeiro e Quarto *Fronts* Ucranianos cercaram Cracóvia, pouco menos de 50 quilômetros a leste do campo. Em Auschwitz, os alemães cumpriam agora ordens de não deixar que seus prisioneiros caíssem nas mãos do inimigo. A SS fez a maioria dos prisioneiros que ainda estavam em Auschwitz – cerca de 58 mil – marcharem no vento gelado e na neve do inverno polonês. Os prisioneiros que ficaram, menos de nove mil, foram considerados doentes demais para enfrentar a marcha. A ideia era que seriam fuzilados pelo SS Sturmbannführer (major) Franz Xaver Kraus e seus homens antes que o Exército Vermelho libertasse Auschwitz. Unidades da SS na realidade mataram cerca de 300 prisioneiros em Birkenau, e outras centenas de quatro subcampos, mas a maioria dos doentes de Auschwitz sobreviveu. De novo, isso não ocorreu porque a SS tivesse de repente se sentido envergonhada por suas ações homicidas, mas porque a disciplina da SS começava a ruir à medida que o Exército Vermelho se aproximava. Em vez de perder tempo matando os internos, os SS preferiram aumentar sua chance de salvar a própria pele, e muitos fugiram da área. Prisioneiros lembraram que durante a "evacuação" houve "caos" e "pânico" entre os "SS bêbados".[24]

No meio dessa confusão, até alguns dos Sonderkommandos conseguiram sobreviver. Morris Kesselman, um membro de 18 anos do Sonderkommando, lembra que enquanto milhares de prisioneiros perambulavam por ali, antes do início da marcha, o "rapaz encarregado" do seu bloco – "um judeu francês" – veio informar que a SS parecia ter abandonado a área, pois o campo estava sendo "desmontado". "Então todos saímos", diz Morris, "e nos misturamos [aos demais prisioneiros] e fomos embora marchando".

Durante o tempo em que ficou no Sonderkommando de Auschwitz, Morris Kesselman tentara "fortalecer-se" com "qualquer coisa [comida] que estivesse à mão". Ele também aprendera a obter uma vantagem durante as seleções em Birkenau, procurando ficar ao lado de alguém que parecesse debilitado. "Se ele não fosse escolhido, eu é que seria", diz ele. "Se me sinto culpado? Claro, mas eu não teria como ajudá-lo. E àquela altura só pensava em mim. Não estava em condições de ajudar ninguém."[25] Depois de escolhido para o Sonderkommando, embora horrorizado pelo trabalho a ser feito, ele acredita que suas chances de sobreviver aumentaram pelo fato de ser jovem e porque "não sabia de muita coisa a respeito de nada". Ele lembra que era quase sempre o "pessoal mais velho, as pessoas inteligentes" que cometiam suicídio atirando-se contra as cercas eletrificadas. Ele acredita que os jovens e os menos instruídos tinham maior facilidade para lidar com aquilo. Como membro do Sonderkommando, ele teve acesso às roupas dos judeus executados e por isso, em janeiro de 1945, "quando saí em marcha do campo [...] estava muito bem vestido. Tinha um chapéu russo, de pele, um casaco pesado, e bons sapatos. E a única coisa é que, não sei o que me levou a fazer isso, mas eu tinha os bolsos cheios de cubos de açúcar. Por que fiz isso, não sei – outras pessoas levavam carne. O açúcar e a neve [misturados], foi graças a isso que sobrevivi".[26]

As condições da marcha que partiu de Auschwitz eram uma ameaça à vida. Dario Gabbai, outro Sonderkommando que conseguiu se juntar ao êxodo, lembra que "o Exército Alemão estava matando qualquer um que não conseguisse mais andar".[27] Silvia Veselá, uma judia eslovaca que já estava havia mais de dois anos em Auschwitz, confirma que "aqueles que não conseguiam mais seguir adiante eram mortos a tiros. Estávamos todos misturados, homens e mulheres. A estrada ficou coberta de mortos [...]"[28]

Os guardas matavam prisioneiros não só quando não eram mais capazes de acompanhar o ritmo da marcha, mas por terem parado para urinar, ou por se abaixarem para amarrar os sapatos. À noite, não havia espaço para todos os prisioneiros nos celeiros ou outros abrigos, então muitos dormiam ao relento.[29] Depois de vários dias pelas estradas, Ibi Mann, um judeu tcheco, lembra: "Para mim parecia que já era o fim do mundo, era muito duro [...] Havia cada vez menos gente marchando [...] não tínhamos fome, mas tínhamos sede. Tínhamos uma sede terrível, e as pessoas simplesmente caíam. Elas caíam ou eram mortas a tiros".[30]

A maioria dos prisioneiros seguiu para um de dois destinos – Gliwice, cinquenta quilômetros a noroeste, ou Wodzisław, uma distância similar a oeste. Ali, foram enfiados em vagões abertos de trens de carga e começou a etapa seguinte de seu calvário. Morris Venezia, um judeu grego, lembra que era "terrível" nos vagões, porque "a neve caía em cima de nós" e "o vagão estava lotado". Com isso, "muitas pessoas morreram" na viagem até campos que estivessem mais afastados da linha do *front*.[31]

Poucos dias após a marcha que partiu de Auschwitz, no campo de concentração de Stutthof, no oeste da Prússia, milhares de outros prisioneiros foram obrigados a sair e encarar a neve. Cerca de 11 mil internos, a maioria judeus, foram retirados de Stutthof e de campos-satélite menores e obrigados a marchar. Alguns foram em direção a Königsberg, no leste da Prússia, outros no sentido oeste.[32] Durante a viagem, os guardas que acompanhavam a marcha mataram a tiros cerca de dois mil prisioneiros. "De ambos os lados da estrada", lembra Schoschana Rabinovici, uma das que foram obrigadas a marchar no frio congelante, "víamos os cadáveres de prisioneiros das colunas que marchavam à nossa frente. Dava para ver que alguns dos mortos tinham caído e morrido de fome, outros haviam sido mortos a tiros, e o sangue que jorrava de seus ferimentos tingia a neve de vermelho".[33] Em 31 de janeiro, vários milhares de prisioneiros foram metralhados na praia de Palmnicken, na península Sambiana, extremo leste da Prússia, depois de uma tentativa frustrada de prendê-los numa mina de âmbar e explodi-los.[34] Acredita-se que apenas 200 sobreviveram ao massacre.

Seis meses antes, o comandante de Stutthof recebera ordens do departamento econômico e administrativo da SS de assegurar que nenhum prisioneiro judeu do campo fosse deixado vivo até o final de 1944. Para isso, foram improvisadas câmaras de gás no campo. A partir do início do outono de 1944, o morticínio por gás teve lugar numa sala de desinfecção de piolhos reformada, mas depois de pouco tempo foi criada uma nova instalação de execução por gás num vagão ferroviário, que ficava num desvio perto do crematório. A ideia era fazer os prisioneiros que seriam executados acreditarem que estavam embarcando num trem, e não que entravam numa câmara de gás. Para ajudar na simulação, um homem da SS vestia um uniforme da ferrovia "com apito e tudo" e mandava os prisioneiros se apressarem a embarcar, pois o trem estava de partida para Danzig.[35] Mas a capacidade dessas câmaras de gás improvisadas era limitada, e havia vários milhares de judeus ainda vivos em Stutthof no final do ano.

O que o massacre de Stutthof confirmou foi que, apesar de toda a conversa de Himmler a respeito de "proteger" os judeus, ainda havia dentro do Estado nazista um desejo de assassiná-los, mesmo que o Exército Vermelho estivesse cada vez mais perto. Embora a situação concreta certamente fosse confusa – quase caótica –, o imperativo ideológico de destruir os judeus ainda persistia. Himmler certamente compreendia que, por razões táticas, poderia valer a pena barganhar com os Aliados a vida de alguns judeus "reféns", mas o objetivo central não havia sido alterado.

Foi imenso o nível de sofrimento daquilo que ficou conhecido como as "marchas da morte". Estima-se – certamente uma estimativa tímida – que dos 113 mil prisioneiros de campos de concentração obrigados a marchar pelas estradas no inverno de janeiro a fevereiro de 1945, mais de um a cada três morreu.[36] Na Polônia havia exemplos de habitantes locais tentando oferecer ajuda aos prisioneiros desesperados que se arrastavam por ali,[37] mas na Alemanha, embora possa muito bem ter havido manifestações individuais de bondade, a atitude geral era menos compassiva – e pode ser resumida no comentário de um espectador alemão ao ver os prisioneiros de uma dessas marchas da morte: "Que crimes eles devem ter cometido para serem tratados com tanta crueldade".[38]

Depois que os prisioneiros sobreviventes chegaram a seus destinos, o tormento continuou. A maioria foi mandada para campos dentro do Reich, como Buchenwald e Mauthausen. Cerca de 20 mil ex-prisioneiros de Auschwitz acabaram em Bergen-Belsen, noroeste de Hanover. O campo era o destino transitório dos chamados "judeus de troca" em 1943, mas as condições haviam se deteriorado muito na época em que os prisioneiros das marchas da morte chegaram. Em parte, isso era resultado da grande superlotação. O campo tinha 15 mil internos no final de 1944, e passou a abrigar 60 mil em abril de 1945. "Bergen-Belsen não pode ser descrito em linguagem humana", diz Alice Lok Cahana, que foi mandada de Auschwitz para lá. Os prisioneiros gritavam "por 'Mãe! Água! Água! Mãe!'. Você ouvia essa ladainha dia e noite". A Kapo encarregada do grupo de prisioneiras de Alice "ficou enfurecida" e começou a açoitá-las "porque queria silenciar os moribundos". Durante a noite, chutava os prisioneiros. Uma vez pisou na cabeça de Alice, e Alice sabia que "se eu me mexesse, ela [a Kapo] me bateria até me matar".[39]

Uma mulher polonesa católica aprisionada em Bergen-Belsen lembra-se da chegada dos judeus húngaros. "Em dezembro de 1944 e janeiro e fevereiro de 1945, um montão de mulheres suportou durante horas esse extremo frio", disse ela, em testemunho que deu logo após o fim da guerra. "Essa cena horrível não é suficiente para descrever as condições dessas judias húngaras miseráveis, particularmente as mais idosas, que caíam como moscas de fome e frio. [Um] detalhe especial eram os prisioneiros ucranianos, que pegavam os cadáveres espalhados junto aos blocos e os levavam de lá num carrinho para serem cremados. Toda noite morriam mulheres nos blocos e todo dia morriam mulheres durante a lista de chamada. Elas chegavam em levas depois de viajar dias, às vezes semanas, chegavam totalmente exaustas, e ficavam espremidas nos blocos, mil ou 1.200 mulheres em cada um, tendo que dormir quatro numa cama."[40] Outro prisioneiro lembra que não havia água e que "doenças intestinais eram corriqueiras; a diarreia e a febre tifoide dizimavam as pessoas".[41]

Conforme o Terceiro Reich se aproximava do colapso, as condições dos demais campos ficaram igualmente horrendas. Mauthausen e a rede de subcampos próxima tornaram-se vastas zonas de morte – 11 mil morreram somente em abril de 1945. Em Ravensbrück, norte de Berlim, as condições vinham piorando ao longo de 1944, e no início de 1945 foi improvisada uma câmara de gás para matar vários milhares de prisioneiros.[42] Estera Frenkiel, que já estivera no gueto de Łódź, foi mandada a Ravensbrück no verão de 1944. Ela se lembra do campo como "puro inferno". "O gueto tinha uma história própria", diz ela. "Era uma história de fome. Era uma batalha para conseguir comida, evitar a deportação. Mas aqui [em Ravensbrück] era o inferno: não havia dia, nem noite."[43]

No entanto, ao mesmo tempo em que as marchas da morte abandonavam os campos, Himmler negociava pessoalmente o resgate de judeus. Em janeiro de 1945, encontrou-se na Floresta Negra com Jean-Marie Musy, um político suíço, para discutir a libertação de um número de judeus em troca de dinheiro. No início de fevereiro, uma leva de cerca de 1.200 judeus partiu do campo de Theresienstadt, nordeste de Praga, rumo à Suíça. Rita Reh, uma das judias a bordo, lembra: "Quando estávamos no trem, a SS nos mandou colocar um pouco de maquiagem, pentear o cabelo e ficar bem arrumadas, para termos uma aparência normal ao chegar. Queriam que causássemos boa impressão nos suíços. Não queriam que parecêssemos internas de um campo, exauridas. Queriam que tivéssemos boa aparência".[44] Quando o gesto "humanitário" de Himmler foi publicado nos jornais suíços, Hitler se enfureceu.[45] Mesmo tendo concordado em dezembro de 1942 com que Himmler pedisse resgate por judeus, isso foi demais. Muito provavelmente, Hitler estava preocupado com a sensação de desespero que poderia emanar do fato de mandar judeus para local seguro numa época em que o povo alemão sofria com a intensificação dos bombardeios aéreos. Hitler mandou Himmler parar imediatamente de pedir resgate por judeus. Ficava claro, uma vez mais, que Hitler lutaria até o fim. Bernd Freiherr Freytag von Loringhoven, ajudante do Estado-Maior do exército que observou Hitler durante esse período, sustenta que "oficialmente não havia solução política. Não existia mais política externa. Para Hitler havia apenas uma solução militar. Uma solução política estava fora de discussão, e caso tivesse sido mencionada, Hitler a rotularia de derrotismo".[46]

A relação de Himmler com Hitler estava agora muito tensa. Hitler já andava furioso com Himmler por seu evidente fracasso como líder militar. Insatisfeito com o desempenho de seus especialistas militares treinados da maneira tradicional, Hitler recentemente nomeara Himmler para uma série de cargos de liderança, incluindo o de Comandante do Grupo de Exército Vistula. Mas contar com um comandante amador – embora dotado do necessário fervor ideológico – não se mostrou benéfico para os soldados envolvidos, e Himmler não havia sido mais bem-sucedido em deter o Exército Vermelho do que seus predecessores. Em 15 de março de 1945, segundo Goebbels, Hitler observou que Himmler carregaria "a culpa histórica" pelo fato de a "Pomerânia e grande parte de sua população terem caído nas mãos dos soviéticos".[47] No dia seguinte, Hitler contou a Goebbels que havia dispensado a Himmler "uma repreensão excepcionalmente vigorosa".[48] O julgamento que Goebbels fez em seguida a respeito de Himmler foi sarcástico: "Infelizmente, ele se sentiu tentado a buscar glórias militares, mas fracassou totalmente. Com isso, só vai conseguir arruinar sua boa reputação como político".[49]

A essa altura, porém, Himmler parecia estar menos preocupado com sua "reputação como político" entre a elite nazista, e muito mais preocupado com a maneira pela qual seria percebido pelas potências vitoriosas. Ignorando as instruções de Hitler, decidiu intensificar seus contatos com o Ocidente. Em fevereiro e março de 1945, encontrou-se com o conde Folke Bernadotte da Cruz Vermelha sueca e discutiu o envio para a Suécia de prisioneiros escandinavos mantidos em campos de concentração.

O massagista e fisioterapeuta pessoal de Himmler, Felix Kersten, ajudou a fazer lobby em favor da libertação não apenas dos prisioneiros escandinavos – tanto judeus quanto não judeus –, mas também de grande número de judeus de outras nacionalidades. Foi nesse contexto que Himmler escreveu uma carta bizarra a Kersten em meados de março, na qual revelou como tentaria explicar suas ações anteriores a qualquer representante dos judeus. Disse que seu desejo sempre havia sido permitir que os judeus fossem em segurança para o Ocidente "até que a guerra e a irracionalidade desencadeada por ela" haviam tornado essa política impossível. Ele agora queria que "todas as diferenças fossem postas de lado" para que a "sabedoria e a racionalidade" e "o desejo de ajudar" assumissem o devido lugar.[50]

As palavras de Himmler soam hoje para nós, é claro, totalmente desonestas. Mas é possível que ele acreditasse genuinamente no que estava escrevendo. As palavras refletem o mundo distorcido e paranoico no qual a liderança nazista vivia. É quase certo que Himmler estivesse convencido de que, se a guerra não tivesse acontecido, a política que Eichmann adotara em Viena em 1938 − de roubar os judeus e deportá-los − poderia ter removido todos os judeus do Reich. A única coisa que impediu essa política, argumentaram os nazistas na época, foi a falta de disposição do resto do mundo em aceitar os judeus. Da perspectiva nazista, o problema não havia sido a decisão do governo alemão de expulsar os judeus, mas que nenhuma das nações do mundo reunidas na Conferência de Évian em 1938 tivesse se disposto a recebê-los. Nesse contexto, Himmler teria argumentado que os nazistas eram as verdadeiras vítimas. Não só isso, mas − segundo os nazistas − a guerra tampouco fora culpa sua. Ela teria acontecido porque se negou à Alemanha a devolução de territórios que lhe haviam sido roubados ao final da Primeira Guerra Mundial. Quanto aos campos de extermínio, teriam sido construídos apenas porque os britânicos haviam, de maneira irracional, agido contra seus melhores interesses e se recusado a fazer a paz no verão de 1940. Do mesmo modo, a Alemanha fora obrigada a lutar uma guerra preventiva contra os bolcheviques, que, não fosse a intervenção da Alemanha, teriam invadido e conquistado a Europa. O fato de os bolcheviques estarem agora lutando para chegar ao Atlântico era a prova de que tal análise estivera correta o tempo todo.

Era tudo fantasia, claro − entre outras coisas porque Hitler travara durante anos uma guerra de conquista territorial no Leste. Mas dentro do universo nazista, os argumentos de Himmler faziam sentido. Por mais ultrajante e cheia de falsidades que seja sua carta de explicações a Kersten, ela tem valor como um vislumbre de como ele de fato imaginava poder argumentar que o Holocausto não havia sido culpa sua.

Já que Himmler não tinha qualquer problema em se iludir a respeito do destino dos judeus, e quanto à massa de alemães comuns? O que sabiam eles a respeito da Solução Final e de que maneira muitos deles se dispuseram a ajudar os judeus? É inegável que houve alguma oposição na Alemanha ao tratamento dispensado pelos nazistas aos judeus. A mais famosa foi a do grupo Rosa Branca em Munique, do qual faziam parte os irmãos Hans e Sophie Scholl, que distribuiu uma série de panfletos em 1942 e 1943 protestando contra muitos aspectos do governo de Hitler. Mas mesmo condenando o tratamento dispensado aos judeus pelos nazistas, os termos de seu panfleto de protesto são esclarecedores. Eles põem foco no assassinato de "300 mil judeus" na Polônia "da maneira mais bestial que se possa imaginar", que eles encaravam como "um terrível crime contra a dignidade da humanidade, um crime que não pode ser comparado a nenhum outro na história da humanidade". No entanto, imediatamente sentiram a necessidade de acrescentar o seguinte: "Judeus são também seres humanos – não importa qual seja sua opinião em relação à questão judaica – e esses crimes estão sendo cometidos contra seres humanos. Talvez alguém diga 'os judeus merecem esse destino'. Dizer isso é por si só uma afronta colossal".[51] É significativo que os membros da Rosa Branca sentissem a necessidade de argumentar contra aqueles que imaginavam que os judeus "mereciam seu destino". Fica óbvia sua certeza de que, pelo fato de as vítimas serem os judeus, não poderiam contar que todos os seus compatriotas não judeus fossem automaticamente condenar o crime.

Não se deve esquecer, porém, que havia um número de bravos alemães que protegeram os judeus durante a guerra. Em Berlim, por exemplo, Otto Jogmin, um cuidador que morava em uma casa em Charlottenburg, escondeu judeus no porão de seu edifício e conseguiu supri-los de comida e remédios. Foi um dos cerca de

550 alemães homenageados em Israel após a guerra como "Pessoas justas entre as nações".[52]

Ao todo, cerca de 1.700 judeus conseguiram sobreviver à guerra escondidos em Berlim, e estima-se que 20 mil a 30 mil não judeus alemães auxiliaram-nos de uma maneira ou de outra.[53] É um número bem inferior ao número de judeus que foram auxiliados em Varsóvia no mesmo período. Como vimos, cerca de 28 mil judeus estavam escondidos em Varsóvia, dos quais cerca de 11.500 sobreviveram à guerra. Em torno de 90 mil poloneses não judeus arriscaram a vida para ajudá-los.

O fato concreto é que cerca de sete vezes mais judeus sobreviveram à guerra em Varsóvia, ajudados por não judeus, do que em Berlim. E Berlim tinha mais de três vezes o tamanho da capital polonesa, embora com menos habitantes judeus no início da guerra (cerca de 80 mil) do que Varsóvia (350 mil). Embora haja várias explicações possíveis para essa disparidade, a mais convincente é que simplesmente havia entre a população alemã em geral menos desejo de correr riscos pelos judeus. Como um destacado estudioso conclui: "Muitos, provavelmente a grande maioria da população, estavam convencidos em 1939, se não antes, de que os judeus haviam sido uma influência danosa na sociedade alemã, e que seria melhor se os que ainda restavam fossem embora (ou forçados a sair) o mais cedo possível".[54] O que não quer dizer, é claro, que um grande número de alemães aceitasse que os judeus deviam ser mortos.

Quanto ao conhecimento que o alemão comum tinha do destino dos judeus deportados, isso variou muito. Mas embora informações detalhadas sobre as fábricas de morte não fossem lugar-comum, a ideia de que algo ruim estava acontecendo com os judeus no Leste era disseminada. Afinal, como vimos, em vários discursos durante a guerra Hitler referiu-se abertamente ao cumprimento de sua "profecia" a respeito do extermínio dos judeus na eventualidade de uma "guerra mundial". Nesse contexto, a preocupação de muitos não judeus alemães parece ter sido menos com os judeus do que com o próprio destino caso a guerra não transcorresse como planejado. Um relatório da SD para a Francônia, sul da Alemanha, de dezembro de 1942, faz constar: "Uma das principais causas de inquietação entre

488 | O HOLOCAUSTO

aqueles ligados à Igreja e entre a população rural no presente momento é ditada pelas notícias da Rússia, dando conta de fuzilamentos e extermínio de judeus. As notícias muitas vezes criam grande ansiedade, cautela e preocupação nesses setores da população. Segundo opinião amplamente aceita na população rural, não é de modo algum certo que venceremos a guerra, e se os judeus voltarem à Alemanha, promoverão uma vingança terrível contra nós".[55]

Charles Bleeker Kohlsaat, um alemão étnico que morava no Warthegau na Polônia, viu pessoalmente a expressão desse medo. Seu tio ficou sabendo do que acontecia em Auschwitz e advertiu: "Se o mundo por ventura descobrir o que está acontecendo ali, estamos perdidos". Bleeker Kohlsaat perguntou à mãe: "Mãezinha, o que o tio Willy quis dizer?". E ela respondeu: "Bem, é bastante difícil de explicar, e não há necessidade de que você fique sabendo disso". Ele lembra que "a gente achava que [Auschwitz] era uma prisão muito severa ou algo assim, onde as pessoas recebiam muito pouca comida e podiam até ser maltratadas, ou seja, que eram tratadas aos gritos − sem espancamento − e ganhavam pouca comida e tinham que trabalhar duro. Era o que a gente achava. Imaginávamos que estavam sendo punidas numa prisão severa, era isso. Nossa imaginação não chegava a ponto de adivinharmos o que poderia estar por trás".[56]

Quando Manfred von Schröder, um oficial alemão, descobriu a realidade de Auschwitz antes do final da guerra, ficou "chocado" e pensou "Ah, meu Deus, o que acontecerá com os alemães quando perdermos essa guerra?". Antes, lutando contra o Exército Vermelho, ele sentiu que "a vida humana vale pouco numa guerra. Se você ficava sabendo que em algum lugar próximo alguns prisioneiros russos ou *partisans* ou mesmo judeus haviam sido fuzilados, então o sentimento era − quando, no mesmo dia, cinco de seus companheiros haviam sido fuzilados −, você pensa 'E daí? Milhares morrem todo dia' [...] então você pensava 'Como é que eu vou fazer pra continuar vivo?'. E tudo o mais não tem muito interesse, sabe como é".[57]

Himmler com certeza estava preocupado com o próprio destino caso a Alemanha perdesse a guerra. Como parte de sua estratégia para fazer a melhor figura possível, permitiu que Bergen-Belsen fosse capturado intacto em 15 de abril de 1945. Mas o plano – do seu ponto de vista – foi um desastre. Quando os britânicos entraram no campo, viram os prisioneiros sobreviventes vivendo nas condições mais horrendas. "Acho que eles [os soldados britânicos] foram as pessoas mais valentes que vi na vida", diz Jacob Zylberstein, ex-habitante do gueto de Łódź que àquela altura estava em Bergen-Belsen, "porque havia tifo, disenteria, cólera, havia de tudo ali".[58] Pouco depois, "as escavadeiras inglesas começaram a cavar túmulos" para os milhares de mortos.

A reação de Himmler foi protestar, em 21 de abril, com Norbert Masur, um representante sueco no Congresso Judaico Mundial – e judeu –, dizendo que não recebera os agradecimentos que merecia por ter entregue os campos aos Aliados.[59] Durante a discussão, também repetiu várias das mentiras e desculpas em causa própria que havia exposto na carta a Kersten em meados de março: os judeus eram um elemento estrangeiro na Alemanha e foi preciso retirá-los; os judeus eram perigosos porque estavam ligados ao bolchevismo; ele desejara promover uma emigração pacífica dos judeus, mas os outros países não haviam cooperado; os judeus do Leste traziam tifo e os alemães haviam construído crematórios para descartar os doentes que haviam morrido; o povo alemão sofrera junto com os judeus nessa guerra; campos de concentração eram na realidade campos de reeducação, e assim por diante.

Após o encontro com Masur, Himmler ainda insistiu numa inútil tentativa de melhorar sua reputação. Dois dias mais tarde, em 23 de abril, disse ao diplomata sueco conde Bernadotte que poderia procurar os Aliados e dizer-lhes que a Alemanha iria render-se incondicional-mente à Grã-Bretanha e aos Estados Unidos no *front* ocidental – mas não à União Soviética. À época, Himmler achou que Hitler poderia já ter cometido suicídio. Mas Hitler estava bem vivo em seu bunker fortificado sob os jardins da Chancelaria do Reich, e ficou indignado ao saber da oferta de rendição de Himmler, transmitida por rádio em 27 de abril. "A notícia chegou ao bunker como uma bomba", lembra Bernd Freiherr Freytag von Loringhoven. "E o maior impacto dela foi em Hitler."[60] A tentativa de Himmler de se render às potências ocidentais foi, disse Hitler, "a mais vergonhosa traição da história humana".[61] Ele agora preparava-se para cometer suicídio, acreditando que seu "leal Heinrich" havia se voltado contra ele na última hora.

No meio da tarde de 30 de abril de 1945, Hitler suicidou-se. Deixou seu "testamento político" no qual declara que nunca desejou a guerra em 1939, mas o conflito fora causado por "aqueles chefes de Estado internacionais que ou eram de origem judaica ou defendiam os interesses judaicos". Também deu a entender que era responsável – na verdade, que sentia orgulho – pelo extermínio dos judeus. Disse que "nunca tivera qualquer dúvida" de que os "verdadeiros culpados" pelo início da guerra seriam "levados a prestar contas". Estes, segundo ele, seriam "os judeus". "Além do mais", disse, "nunca escondi de ninguém o fato de que dessa vez milhões de homens adultos não iriam morrer, e centenas de milhares de mulheres e crianças não seriam queimadas ou bombardeadas e mortas nas cidades sem que o verdadeiro culpado, embora por meios mais humanos, viesse a pagar por essa sua culpa". As últimas palavras que ditou na segunda e última parte de seu testamento político foram: "Acima de tudo, obrigo a liderança da nação e seus seguidores a observarem escrupulosamente as leis raciais e resistirem sem misericórdia ao envenenador mundial de todos os povos, o judaísmo internacional".[62]

Hitler não lamentava a destruição que trouxera ao mundo. Longe disso. Mas estava irado com o fato de o Ocidente – os britânicos, em particular – não ter compreendido os perigos do "bolchevismo judaico" e não ter se juntado aos nazistas na luta. Seu ódio aos judeus, como expresso em seu testamento político, continuava no âmago de seu ser. Estava satisfeito, mesmo com a Alemanha desabando em cima dele, por ter promovido a morte de seis milhões de judeus.

A esta altura nessa história, é adequado rever também o papel do líder nazista na criação e orquestração do Holocausto. Como vimos, Hitler não se limitou a conceber um projeto para o plano, ordenando depois que seus subordinados concluíssem a tarefa. Seu envolvimento no crime foi bem mais complexo, e reflete a natureza de sua liderança do Estado nazista. Embora fosse sem dúvida um líder carismático, não "hipnotizava" os alemães para que fizessem o que queria. Em vez disso, tentava convencê-los de que estava certo. "Minha vida inteira", disse ele, "pode ser resumida a esse meu esforço incessante de persuadir outras pessoas".[63]

No contexto do Holocausto, o principal papel de Hitler foi estabelecer uma visão. Essa visão foi relativamente coerente desde a hora em que ele entrou na política até o final da Primeira Guerra Mundial. Odiava os judeus com um fervor quase avassalador. Eles eram os culpados pelo infortúnio da Alemanha. Era preciso – de uma maneira ou de outra – neutralizá-los e torná-los inofensivos. Como vimos, a maneira de cumprir essa meta variou ao longo do tempo, muito em função do que Hitler imaginava politicamente aceitável a cada momento. Houve, portanto, diferentes marcos na jornada para o Holocausto. Alguns dos mais cruciais foram: a invasão da União Soviética; a decisão de Hitler de enviar os judeus do Velho Reich e do Protetorado para o Leste no outono de 1941; sua reação à entrada dos Estados Unidos na guerra alguns meses depois; e a ordem de matar os judeus do Governo Geral no verão de 1942. A mais pavorosa atrocidade da história foi, portanto, causada não por um momento de decisão único, monumental, mas por uma série de momentos de agravamento que, cumulativamente, resultaram na catástrofe que chamamos de Holocausto.

A estrutura do Estado nazista também teve seu papel no modo como o Holocausto evoluiu. O fato de diferentes campos de extermínio usarem diferentes meios de matar os judeus por gás – Zyklon B em Auschwitz, monóxido de carbono de motores em Treblinka e vans de gás em Chełmno – mostra em que medida o sistema nazista incentivava os subordinados a conceberem os próprios métodos de cumprir da melhor maneira a visão geral.

Tudo isso tem que ser confrontado com outro fato que, em geral, é negligenciado: durante a guerra, a maior parte do tempo de Hitler era gasta tentando conceber maneiras de derrotar seus inimigos no campo de luta. Embora as visões racistas e antissemitas sustentadas por ele e por vários outros na Alemanha nazista tornassem o confronto com os judeus uma consequência inevitável dessa guerra, a atenção cotidiana de Hitler era mais voltada às questões militares. Isso explica em parte por que a implementação do Holocausto foi muitas vezes feita com recursos escassos e de modo aleatório.

Isso não quer dizer que Hitler não fosse o indivíduo mais responsável pelo crime. Sem dúvida foi. Como o principal especialista mundial em Adolf Hitler declara: "Sem Hitler, não haveria Holocausto".[64] Sem Hitler, esse crime não teria ocorrido da maneira como ocorreu. Em momentos-chave, ele interveio comprovadamente para tornar o processo ainda mais radical.[65] Ninguém que estude essa história pode concluir outra coisa a não ser que Hitler foi o principal responsável pelo Holocausto. Mas – em parte devido ao modo de funcionamento do regime nazista – muitos e muitos outros têm também sua parcela de culpa.

O Terceiro Reich não durou muito após a remoção de seu arquiteto, e nas primeiras horas de 7 de maio, em Reims, na França, Alfred Jodl, chefe da Equipe de Operações da Wehrmacht, assinou a rendição incondicional das Forças Armadas alemãs na presença de britânicos e americanos. No dia seguinte, em Berlim, o marechal de campo Keitel rendeu-se aos soviéticos em nome da Alemanha. Quanto a Himmler, ele havia ordenado que nenhum prisioneiro nos campos de concentração de Dachau e Flossenbürg deveria ser levado vivo quando os Aliados chegassem. Com isso, mesmo nas últimas horas do Terceiro Reich, novas marchas da morte foram formadas e outros milhares perderam a vida. Uma das estimativas diz que dos 714 mil internos vivos em campos de concentração no início de 1945, entre 240 mil e 360 mil morreram antes que a Alemanha capitulasse.[66] Quanto a Himmler, sobreviveu apenas alguns dias ao fim do nazismo. Em 23 de maio, cometeu suicídio ingerindo uma cápsula de veneno, depois que seus captores britânicos descobriram que ele não era o sargento Heinrich Hitzinger, como fingia ser, mas Heinrich Himmler, ex-Reichsführer da SS e um dos mais notórios criminosos de guerra do mundo.

Para aqueles judeus nos campos de trabalho agora libertados, o sentimento não era de simples alegria. Giselle Cycowicz lembra como foi que ela e outras mulheres judias aprisionadas souberam que a guerra tinha acabado: "Ouvimos apitos – sabe, eles têm apitos como os da polícia para avisar que será lida a lista de chamada. Nós corremos para lá. É um belo dia ensolarado. Estamos num campo amplo; as garotas ficam de um lado do campo, em fila, apressadas, pois não podemos ficar enrolando. E de repente ouvimos pelo alto-falante, alguém [um membro da SS] que diz: 'Hoje a guerra foi declarada encerrada. E vocês estão livres, podem ir para onde quiserem e fazer o que quiserem. Mas pediram que ficássemos aqui com vocês, tomando conta, até que o Exército Russo chegue [...]'. Vou lhe dizer por que isso é traumático [...] Porque na hora em que ele disse que estávamos livres – especialmente pelo fato de ter usado essas palavras mágicas 'podem ir para onde quiserem' – [eu pensei] para onde será que eu gostaria de ir? Que lugar eu tenho aonde possa ir? Deveria voltar para o lugar de onde haviam me tirado [...] as casas judaicas que havíamos deixado para trás [...] Tudo o que meus pais possuíam havia sido deixado aberto [isto é, sem proteção] na casa [...] as pessoas já vinham tirando as posses dos judeus. Então eu iria querer voltar para lá? Quem é que quer viver num lugar onde todo mundo ficou parado olhando enquanto os judeus sofreram um mal terrível, quem é que vai querer voltar ali? E onde haveria outro lugar no mundo [para mim]?

"Sabe, eu sempre li sobre a rejeição mundial a qualquer tentativa de deixá-los [os judeus] entrar, antes que o morticínio começasse. Ninguém queria deixar que os judeus entrassem, ninguém. Não havia Israel para nós. Não havia Inglaterra, não havia América, nada de Canadá com seus espaços abertos, Austrália com seus espaços abertos – ninguém quis os judeus. Então eu devo ficar feliz porque fui libertada? Tenho 18 anos, e o que sou eu? Não sou nada [...] Foi muito traumático. E por que foi tão traumático? Porque um minuto antes de perceber que sou livre e que posso fazer o que quiser, não havia nada no mundo que pudesse me interessar mais do que conseguir alguma coisa de comer. Setenta anos, eu não consigo superar isso. Não consigo superar o mal".[67]

Posfácio

QUERO ENCERRAR COM algumas palavras sobre por que julguei adequado colocar como subtítulo dessa obra "uma nova história", e também fazer algumas reflexões sobre os desafios de escrever sobre o Holocausto. Como qualquer um que tenha acabado de ler este livro poderá avaliar, essa não é uma história simples de explicar. Talvez, de modo surpreendente, a tarefa seja até dificultada devido ao termo "Holocausto" – uma palavra que significava originalmente "oferenda" ou "sacrifício" pelo fogo, e que só recentemente veio a ser associada na consciência popular ao extermínio dos judeus.

Em primeiro lugar, não há consenso universal a respeito do que a palavra significa hoje exatamente. Restringe-se ao assassínio de judeus ou pode se referir a qualquer genocídio? O tratamento que Gengis Khan dedicou aos persas, por exemplo, pode ser chamado de Holocausto? Mas há uma questão ainda maior, isto é, que ao restringir o Holocausto apenas ao extermínio dos judeus corremos o risco de não compreender a amplitude do pensamento homicida dos nazistas. Isso porque o assassinato de judeus não deve ser tirado do contexto do desejo nazista de perseguir e matar grande número de outras pessoas – por exemplo, as pessoas com deficiência, via ações de eutanásia, ou os milhões de eslavos, por meio de uma política deliberada de inanição forçada, e assim por diante.

Não só isso, mas o Holocausto como o conhecemos foi implementado mais ou menos na mesma época em que outro esquema homicida de amplo alcance estava em discussão – o Plano Geral para o Leste. Esse plano, que os nazistas só foram impedidos de implantar porque foram derrotados, teria resultado na morte de outras dezenas de milhões de pessoas.

Nada disso, porém, significa que qualquer dessas outras iniciativas fosse análoga ao desejo dos nazistas de exterminar os judeus – pois o ódio aos judeus sempre esteve no cerne do pensamento nazista. Assim, nesse cenário, adotei o termo "Holocausto" como sinônimo de perseguição nazista aos judeus, culminando com a implementação do desejo de exterminá-los, mas também aceitei que esse crime não pode ser compreendido a não ser dentro de um quadro mais amplo.

Você pode perguntar, de modo legítimo: se eu tinha problemas com a palavra, por que então coloquei como título deste livro "*O Holocausto*"? Em parte, simplesmente por reconhecer que é assim que tal crime é chamado agora, e tentar dar-lhe outro nome não ajudaria o leitor em nada. Mas, mais importante que isso, acho que a palavra é adequada aqui porque reflete o fato de que o extermínio de judeus foi um crime de horror singular na história da raça humana.

Sei que essa última frase provocará debates. Na realidade, eu mesmo tomei parte em várias animadas discussões sobre se é possível ou não apontar alguma espécie de "singularidade" no Holocausto ou se ele deve ser considerado apenas como uma terrível atrocidade entre muitas na história. Em última instância, porém, concordo com o falecido professor David Cesarani, que, em conversa comigo há alguns anos, defendeu com muita eloquência a natureza especial do Holocausto: "Nunca antes na história, penso eu, um líder decidiu que dentro de um período de tempo concebível um grupo étnico religioso seria fisicamente destruído, e que seria concebido e criado um equipamento para consegui-lo. Isso foi sem precedentes".[68]

Outro aspecto importante a considerar ao escrever sobre o Holocausto é o papel das testemunhas presenciais. Beneficiei-me do encontro com centenas de pessoas que viveram pessoalmente essa história e – como seria de esperar, dirão vocês – acredito que seu testemunho é de imenso valor. Na realidade, existe um ponto quase existencial a considerar a respeito de vantagem de encontrar pessoas e questioná-las sobre suas experiências. É que quando falamos com essas pessoas, a história ainda está viva. É a presença desses testemunhos no livro – a maioria dos quais nunca havia sido publicada – uma das principais razões por eu ter optado por esse subtítulo de uma "nova" história. Em particular, nenhuma palavra dessas entrevistas realizadas para o meu mais recente projeto, *Touched by Auschwitz* – com Halina Birenbaum, Giselle Cycowicz, Max Epstein, Ida Grinspan, Hermann Höllenreiner, Tadeusz Smreczyński e Freda Wineman – havia aparecido antes em livro.

Tive o privilégio de ser um dos membros da última geração a ter acesso desse modo à história desse período. De fato, foi algo afortunado por duas razões. A primeira é que quando eu – junto com minha equipe de produção de TV – comecei a conhecer ex-nazistas 25 anos atrás, a maioria acabara de se aposentar de suas carreiras, portanto não se sentiam mais constrangidos por seus empregadores e puderam falar livremente – além de serem ainda jovens o suficiente para contornar bem as vicissitudes da idade. A segunda é que a queda do Muro de Berlim significou que foi possível viajar aos países da Europa Oriental e às antigas repúblicas da União Soviética, para entrevistar testemunhas presenciais que nunca haviam sido capazes de falar livremente sobre suas experiências dos tempos da guerra. Com isso, estivemos entre os primeiros a ter acesso a esse importante material primordial.

Sempre acreditei, porém, que é vital olhar para toda fonte com certa dose de ceticismo. Assim, acredito que as precauções que tivemos todos ao pesquisar e filmar o material dessas testemunhas presenciais foram em grau máximo. Escrevi em outra parte, detalhadamente, como abordamos essa difícil tarefa[69] e a maneira pela qual, por exemplo, checamos sempre que possível que a história de cada entrevistado fosse consistente com documentos do período. Foi um processo longo e trabalhoso, e quando ao final dele tivemos quaisquer apreensões a respeito da autenticidade do testemunho de algum dos possíveis entrevistados, preferimos sempre não gravar a entrevista.

No decorrer de nossas pesquisas, descobrimos também que mesmo após um considerável número de anos as pessoas muitas vezes são ainda capazes de lembrar de eventos cruciais de suas vidas de maneira extremamente vívida. Acho que todos temos como reconhecer a verdade disso. O exemplo que eu extraio da minha vida pessoal é o da morte da minha mãe há quase 40 anos. Embora eu não seja capaz de lhe dizer o que foi que almocei num determinado dia há apenas dois meses, ainda consigo lembrar com riqueza de detalhes a maneira pela qual minha mãe morreu. O primeiro evento foi insignificante, o outro mudou minha vida.[70]

Houve, é claro, fatores especiais que tivemos que levar em conta ao entrevistar sobreviventes do Holocausto. Um dos mais cruciais foi sempre lembrar que os sobreviventes de campos como Auschwitz, Sobibór e Treblinka não representam a experiência normal daqueles que foram enviados para lá. A experiência normal foi ser morto. Portanto, não pudemos contar, claro, com o depoimento de nenhum desses que sofreram o destino da maioria.

Também achei importante escrever sobre o Holocausto apenas depois de ter me informado bem sobre a geografia do crime – e essa é outra área na qual espero que este livro ofereça algo diferente. Acredito ter me beneficiado imensamente dos vislumbres que obtive ao visitar os locais onde esses eventos ocorreram. Nunca esquecerei, por exemplo, a experiência de muitos anos atrás, quando meu amigo Mirek Obstarczyk, um dos talentosos historiadores do museu de Auschwitz, me levou até cada uma das locações do campo principal de Auschwitz e Birkenau, onde os nazistas cometeram assassinatos em massa usando Zyklon B. Visitei esses locais com Mirek seguindo a ordem cronológica em que foram usados pelos nazistas como instalações de execução: desde o porão do Bloco 11 no campo principal ao crematório junto aos escritórios da administração da SS; do local da Casinha Vermelha e da Casinha Branca numa área afastada de Auschwitz-Birkenau aos vestígios dos grandes complexos de crematórios/câmaras de gás que emergiram em Birkenau apenas em 1943. Vivenciar pessoalmente essa progressão geográfica ajudou-me a entender a jornada conceitual dos nazistas no campo – algo que espero ter transmitido neste livro. Achei igualmente valioso visitar centenas de outros locais associados à história: desde o local do campo de extermínio de Sobibór, onde os ramos das árvores balançam ao vento e há uma sensação de isolamento total, até a ampla extensão da área semicircular da lista de chamada no campo de concentração de Sachsenhausen, nos arredores de Berlim; das ruínas do quartel militar de Hitler no que era o Rastenburg no leste da Prússia aos campos de execução da Bielorrússia e da Ucrânia.

Também é possível, é claro, combinar os *insights* obtidos a partir da geografia física com aqueles recebidos dos encontros com testemunhas. Alguns dos momentos mais memoráveis da minha vida profissional têm sido aqueles em que esses dois *insights* se juntaram. Lembro-me, por exemplo, de filmar um homem na Bielorrússia que havia sido obrigado a caminhar com outros aldeões por uma estrada que os nazistas acreditavam estar cheia de minas. Soldados alemães acompanhavam atrás deles, a distância segura, esperando que esses detectores de minas humanos fossem explodidos e tornassem a estrada de novo transitável. Por sorte dele, conseguiu chegar à aldeia seguinte vivo. Nós o filmamos no próprio lugar em que isso havia acontecido, e sua interação com a paisagem foi extraordinariamente tocante, conforme nos mostrava de que maneira tentara lidar com um dos dilemas mais terríveis que se possa imaginar. Deveria ele pisar no que acreditava ser uma mina e ser morto, ou passar ao largo e correr o risco de que um dos alemães que os acompanhavam pisasse nela? Se um soldado alemão fosse morto por uma mina, os alemães sobreviventes matariam todos os aldeões na mesma hora. Morrer atingido por uma mina ou por uma bala – essa foi a escolha que ele imaginava ter que fazer naquela estrada remota da Bielorrússia. Felizmente para ele, não deparou com nenhuma mina nessa terrível jornada.

Devo igualmente acrescentar que não queria que esta obra se apoiasse apenas em testemunhos orais, e é por isso que o livro também recorre a vários discursos, diários e documentos da época. Meu objetivo foi tecer todo esse material num exame do processo de decisão do Holocausto, apoiado pela imensa quantidade de trabalhos acadêmicos realizados nessa área desde a guerra.

Ao longo dos últimos 25 anos, tenho lido muitos relatos impressionantes sobre o Holocausto e um bom número de trabalhos acadêmicos criteriosos sobre o assunto, mas não deparei com uma obra geral que buscasse combinar tanto a força emocional das entrevistas de testemunhas com uma análise das maquinações do Estado nazista da maneira que procurei fazer aqui. Daí minha expectativa de que, a esse respeito também, o livro constitua de certo modo uma "nova" história.

Durante os últimos 25 anos, em conversas com muitos dos principais historiadores acadêmicos do mundo, tenho visto o cenário intelectual se modificar. Quando comecei, as opiniões em grande medida dividiam-se entre os intencionalistas – que destacavam o papel-chave de Hitler no processo de tomada de decisões e que defendiam que ele poderia muito bem ter tido a intenção de matar judeus anos antes do Holocausto – e os funcionalistas – que acreditavam que a melhor maneira de compreender o que havia acontecido era olhar para a complexa interação entre Hitler e a multiplicidade de forças externas.

Com o tempo, cada vez menos historiadores sérios adotaram a posição intencionalista, e o debate passou a ser entre os funcionalistas, a fim de tentar identificar o momento preciso em que se poderia dizer que o Holocausto foi decidido. Várias datas foram sugeridas. Alguns acham que a decisão-chave foi tomada em julho de 1941, outros, que foi em outubro de 1941; alguns preferem dezembro de 1941 e um pequeno grupo chega a afirmar que foi apenas no verão de 1942. Mais recentemente, o debate abandonou a tentativa de achar um ponto único de decisão e, em vez disso, procura-se identificar um número de diferentes momentos em que a política nazista antissemita se intensificou.

O argumento intencionalista nunca me convenceu, e tampouco fiquei muito persuadido a tentar localizar um único momento de decisão. Desde muito cedo na minha interação com essa história, vi como algumas pessoas tendiam a achar que, dado o horror do crime de extermínio dos judeus, ele deveria ter sido orquestrado e planejado em um momento monumental. Mas minha impressão era que essa conclusão estava equivocada. Como espero que este livro demonstre, a jornada rumo ao Holocausto foi gradual, cheia de idas e vindas, até encontrar sua expressão final nas fábricas de morte nazistas.

Por fim, embora o conteúdo do livro que você acaba de ler seja penoso, acredito que ainda assim é importante compreender como e por que esse crime aconteceu. Pois essa história nos diz, talvez mais do que qualquer outra, exatamente o que nossa espécie é capaz de fazer.

Agradecimentos

COMO ESTE LIVRO se apoia num trabalho de 25 anos, não deve surpreender que haja um considerável número de pessoas que me ajudaram nessa trajetória e que merecem minha gratidão. Em particular, quero expressar meu grande agradecimento aos talentosos membros das muitas equipes de produção que trabalharam comigo. Para começar, menciono meus colegas alemães, Tilman Remme e Detlef Siebert, cujo compromisso com a pesquisa histórica ao longo de anos foi sensacional. Outros que foram de especial ajuda em várias épocas são Tanya Batchelor, Saulius Berzinis, Martina Carr, Sallyann Kleibel, Wanda Koscia, Michaela Lichtenstein, Elodie Maillot, Nava Mizrahi, Dominic Sutherland, Anna Taborska e Elena Yakovleva. Sou profundamente grato a todos eles. Também preciso me lembrar aqui do doutor Frank Stucke. Foi um brilhante pesquisador e um intelectual penetrante, que trabalhou em várias de minhas séries para a TV. Se não fosse por seu jornalismo pioneiro, várias de nossas entrevistas mais importantes com ex-nazistas nunca teriam acontecido. Eu sentia orgulho de chamá-lo de meu amigo. Morreu, tragicamente jovem, em fevereiro de 2016, e todos sentimos muito sua falta.

Este livro também se beneficiou dos infatigáveis talentos de pesquisa da historiadora alemã Julia Pietsch. Ela também leu o manuscrito todo do livro e fez vários comentários muito úteis. Além disso, agradeço a todos os vários detentores de direitos autorais pela permissão de fazer citações a partir de seu material, entre eles a Hoover Institution pela permissão de publicar trechos dos diários de Heinrich Himmler e, é claro, à BBC.

Minha visão desse assunto foi influenciada por um grande número de historiadores acadêmicos – em particular pela oportunidade de discutir essa história ao longo de muitos anos com meu caro amigo professor Sir Ian Kershaw. Qualquer um que tenha um interesse mesmo que passageiro por esse tema sabe de seu imenso talento como historiador. Ele tem sido uma fonte constante de estímulo e ajuda para mim nesse projeto, desde o momento de sua concepção até a leitura do manuscrito final. Sou grato também a dois outros importantes historiadores, Antony Beevor e Andrew Roberts, por terem lido o livro antes de sua publicação e por sua abundância de sábios conselhos.

Também me beneficiei da oportunidade de discutir esse período da história alguns anos atrás com vários destacados pensadores sobre o nazismo e o Holocausto de vários países, para o meu site educacional WW2History.com. Entre eles, os professores Omer Bartov, Christopher Browning, Sir Richard Evans, Norbert Frei, Richard Overy e Adam Tooze. Também cabe menção especial ao professor David Cesarani, que trabalhou comigo no meu projeto *Auschwitz*. David e eu compartilhamos muitas discussões estimulantes, sobre o Holocausto em particular e sobre o mundo em geral. Sua morte em outubro de 2015 fez o mundo perder um grande estudioso.

Na Viking, editora de meu livro, agradeço ao meu editor Daniel Crewe, que mostrou grande confiança neste projeto, assim como ao meu editor de texto Peter James. Devo ainda mencionar minha considerável dívida para com meu antigo editor na Ebury Press, Albert DePetrillo. E, como sempre, agradeço ao meu agente literário, o lendário Andrew Nurnberg. Além disso, quero expressar minha gratidão à equipe do Holocaust Educational Trust por sua ajuda e seu apoio ao longo de vários anos. Particularmente ao seu presidente, Paul Phillips, à executiva-chefe, Karen Pollock, e ao diretor de Educação, Alex Maws.

Minha esposa, Helena, ajudou-me em cada uma das etapas da trajetória deste livro. Seus comentários foram sempre incisivos e pertinentes. Este livro teria ficado bem mais pobre sem ela. Meus filhos,

Oliver, Camilla e Benedict, ofereceram-me um alegre incentivo, particularmente nos momentos difíceis deste projeto.

Dedico este livro à minha filha Camilla, graduada em História em Oxford. Não só porque é a mais maravilhosa filha que um pai poderia ter, mas porque leu com atenção o livro todo em sua fase pré-publicação e deu muitas sugestões úteis.

Meus agradecimentos finais aos entrevistados, cujo testemunho registramos durante os últimos 25 anos. Como foram centenas, não posso listá-los individualmente aqui, mas nem por isso minha gratidão é menos sincera e de coração.

Laurence Rees
Londres, setembro de 2016

Lista de mapas e ilustrações

Mapas

Deportação dos judeus para Auschwitz – 326
Centros de extermínio nazistas na Polônia – 354

Ilustrações

SEÇÃO UM

1. Adolf Hitler e um grupo de apoiadores do nazismo na década de 1920. (Ullsteinbild / TopFoto)
2. Dietrich Eckart. (Ullsteinbild / TopFoto)
3. Um jovem Joseph Goebbels. (World History Archive / TopFoto)
4. Uma unidade Freikorps marcha por Munique em 1919. (Ullsteinbild / TopFoto)
5. O presidente Paul von Hindenburg e Adolf Hitler em 1933. (akg-images)
6. Otto Meissner e o ex-chanceler Franz von Papen. (Ullsteinbild / TopFoto)
7. Prisioneiros de campos de concentração na década de 1930. (Ullsteinbild / TopFoto)
8. Prisioneiros em Dachau antes da guerra. (akg-images)
9. Adolf Hitler em 1936. (Ullsteinbild / TopFoto)
10. Joseph Goebbels se casa com Magda Quandt em dezembro de 1931. (Ullsteinbild / TopFoto)
11. Theodor Eicke. (Ullsteinbild / TopFoto)
12. Hermann Göring e Heinrich Himmler. (Topham / AP)
13. Adolf Eichmann. (Ullsteinbild / TopFoto)
14. Heinrich Himmler e Reinhard Heydrich. (Ullsteinbild / TopFoto)

15. Judeus são obrigados a esfregar as ruas na Áustria no início da ocupação nazista em 1938. (World History Archive / TopFoto).
16. Os resultados da Kristallnacht em novembro de 1938. (Ullsteinbild / TopFoto)
17. Uma sinagoga queima como consequência da Kristallnacht.
   (bpk / Abraham Pisarek)
18. O principal campo de Auschwitz. (ITAR-TASS / TopFoto)

SEÇÃO DOIS

19. Hitler e seus generais. (Walter-Frentz-Collection, Berlim)
20. Uma *Legitimationskarte* de um judeu no gueto de Łódź. (©Imagno / TopFoto)
21. O dr. Robert Ritter avalia uma mulher sinti. (Ullsteinbild / TopFoto)
22. Um dos assistentes de Ritter interroga uma família roma.
   (Roger-Viollet / TopFoto)
23. Judeus tomam banho no gueto de Łódź. (Ullsteinbild / TopFoto)
24. Crianças no gueto de Łódź. (Ullsteinbild / TopFoto)
25. Soldados alemães marcham por Paris em 1940.
   (World History Archive / TopFoto)
26. Judeus holandeses se preparam para embarcar em trens que os levarão para o Leste.
   (©2003; Topham Picturepoint)
27. Heinrich Himmler visita o gueto de Łódź em junho de 1941.
   (Ullsteinbild / TopFoto)
28. Mordechai Chaim Rumkowski sentado em sua carruagem particular.
   (Ullsteinbild / TopFoto)
29. Adolf Hitler com Jozef Tiso, o presidente da Eslováquia. (©2004 TopFoto)
30. Adolf Hitler e Benito Mussolini (World History Archive / TopFoto)
31. Dr. Irmfried Eberl. (Bundesarchiv, b162 Bildild-00636 /
   Photographer: Unknown)
32. Christian Wirth. (Ullsteinbild / TopFoto)
33. O papa Pio XII. (Ullsteinbild / TopFoto)
34. Adolf Hitler, em uma rara aparição pública tardiamente na guerra.
   (Walter-Frentz-Collection, Berlim)

SEÇÃO TRÊS

35. Soldados alemães roubando porcos. (Bibliothek für Zeitgeschichte in der Württembergischen Landesbibliothek, Stuttgart)
36. Unidades alemãs avançam contra um vilarejo no *front* oriental.
   (Ullsteinbild / TopFoto)
37. Mulheres judias aguardam para serem assassinadas pelas forças de segurança nazistas na União Soviética ocupada. (bpk / Karl Sturm)
38. Forças de segurança nazistas em ação na União Soviética ocupada. (akg-images)
39. Soldados soviéticos capturados pelos alemães. (Â©2001; Topham / AP)
40. Civis judeus capturados pelos alemães. (World History Archive / TopFoto)

41. Judeus húngaros chegam a Auschwitz-Birkenau em 1944.
(Ullsteinbild / TopFoto)
42. Fotografia de Auschwitz-Birkenau tirada em um voo de reconhecimento Aliado.
(Roger-Viollet / TopFoto)
43. Seleção de recém-chegados em Auschwitz-Birkenau. (Ullsteinbild / TopFoto)
44. Equipe de Auschwitz em um momento de relaxamento. (United States Holocaust
Memorial Museum, cortesia de um doador anônimo)
45. O Crematório III em Auschwitz. (Archival Collection of the Auschwitz-Birkenau
State Museum em Oświęcim)
46. O Crematório IV em Auschwitz. (Archival Collection of the Auschwitz-Birkenau
State Museum em Oświęcim)
47. Fritz Klein em Bergen-Belsen. (Roger-Viollet / TopFoto)
48. Oskar Groening.
49. Petras Zelionka.

Índice remissivo

Abelesz, Israel e família 442, 444-446, 448-449, 451

Abraham, Max 94-96

Abt, Else 155, 157

açoitamento/espancamento 145, 152, 154, 173-173, 187-188, 190, 195, 207-211, 237, 262, 272-273; nos campos 95-96, 104-105, 175-176, 210-211, 255, 364, 368, 381, 388, 421, 455

Acordo Naval Anglo-Germânico 119

África 212-213

Albin, Kazimierz 211, 255

álcool 106

Alemanha: acordo austro-germânico 139; Acordo Naval Anglo-Germânico 119; Anschluss ou Anexação da Áustria 139-142; armistício francês com a 227, 228; bandeiras 114, 115; Bélgica invadida pela 218-221; bloqueio naval Aliado 26, 27; calote nas reparações de guerra 43; como "estado völkische" 120-127; Constituição de Weimar 26; crescimento populacional 1871-1911 15, 16; crise econômica 43-45, 65-68, 71; declara guerra aos EUA 290, 291; democracia 44, 45, 65, 66, 71, 72; densidade populacional 169; desemprego ver desemprego; Dinamarca invadida pela 221, 222; e a União Soviética ver União Soviética; e Grécia 244, 245; e Iugoslávia 244-247 ; e minas de ferro da Suécia 222; e o Iluminismo 15, 16; e o Tratado de Paz de Versalhes 26, 67, 74, 184; eleições para o Reichstag em 1924 55; "espaço vital" e ânsia de Hitler por mais território 52-54, 63, 64, 168-170, 215-217, 259, 260; esterilização forçada 125-128; hiperinflação 44, 45; Holanda invadida pela 222-226; judeus ajudados por alemães não judeus 487-489; Kapp-Putsch 31, 42; Lei para Reabilitação do Serviço Público Profissional 82, 83; Lei Plenipotenciária 77, 79; levantes comunistas 24-26, 42, 56, 57; Luxemburgo invadido pela 218, 219; Ministério do Exterior 136, 137, 141, 142, 213, 214, 300, 301, 310, 311; nazistas ver nazistas; Noruega invadida pela 221-223; ocupação da França pela 226-230, 333, 334, 429, 430; ocupação da Hungria pela 441-443; ocupação da Tchecoslováquia pela 183, 184; pacto nazi-soviético 184-187; Polônia invadida e ocupada pela 186-199, 207-209; Primeira Guerra Mundial ver Primeira Guerra Mundial; produção de carvão 15; rearmamento 76, 119, 134-136; regeneração 66; relações com os Estados Unidos 183-185; Renânia ocupada (1923) 43; rendição 493; saída da Liga das Nações 119; serviço público ver serviço público, Alemanha; "sem classes" 34-36; Suprema Corte do Reich 116; unificação (1871) 15; Volk ver movimento Volk/völkisch; Wehrmacht ver Wehrmacht

Alexander, Vera 420
American Athletic Union 129
Amper-Bote 98
Andrásofszky, Barna 477-478
Angriff, Der 69
antissemitismo: "arianização" das empresas judaicas 219; austríaco 137-138, 143-145, 160-161; boicote de lojas e empresas judaicas 79, 81-82; britânico 130-131; búlgaro 343-344, 376-377; com base cristã 14, 18, 22-23, 51; contra judeus com antecedentes criminais 149; da Sociedade Thule 28-30; das crenças de Hitler *ver* Hitler, Adolf: crenças antissemitas/conspiração judaica; de estudantes e jovens 64-65; de Goebbels 58-59, 68, 70; de Reventlow 64; e a economia alemã 71; e a geografia alemã 85-87; e a Liga de Proteção e Resistência do Povo Alemão 28; e comunismo 25-27; e deslocamento *ver* judeus: deslocamento/deportação de; e eugenia *ver* eugenia; e extermínio *ver* programas de extermínio; e não judeus simpatizantes 281-282; e o êxodo de judeus da Alemanha 84-85; e o sistema educacional 120-122; e relacionamentos mistos 90, 112, 113, 115, 332; em Berlim 150, 174; em Gunzenhausen 85-88; escalada do ódio com o surgimento dos nazistas 28-30, 31-37; escalada entreguerras 28-30, 32-38, 55-57, 74-76, 78-83, 85-91; francês 228-230, 322; holandês 224-226; húngaro 165, 345, 443, 444, 465; judeus russos como alvo de 23; Kristallnacht e período posterior 172-175, 178-180; legislativo 82-83, 113-118, 149-150, 165, 219, 228-229, 344, 376 *Ver também* Leis de Nuremberg; Libelo de Sangue (acusação de roubar sangue de crianças cristãs) 23, 37; lituano 251-252; na Polônia, pelos nazistas 195-199 *Ver também* campos de concentração/extermínio; origens 13-27; perseguição do governo alemão a partir de 1933 74-76, 78-79; pogroms *ver* pogroms; política nazista de "O judeu é o culpado" 71, 284-285; política nazista no ocidente, 140-1941 218-239; polonês 165, 411; propaganda 69-70, 112, 120-124, 220, 285, 313; racial 19-22, 52, 116-117, 124-129, 137, 273 *Ver também* eugenia; reação nazista às

críticas do exterior 79, 111, 112; resistência pública ao 70, 84-85, 487; romeno 165, 252-253; russo 138; tortura *ver* tortura; tratamento sádico dos judeus nos campos de concentração antes do Holocausto 95-97; uso de judeus como "reféns" pelos nazistas 79-80; *völkisch* 16-19, 32, 36-37
Antonescu, Ion 252, 280-281, 346, 347, 374, 469
Antuérpia 219-221
Anuário Völkisch Alemão (1921) 36
Aplerbeck, hospital e centro de extermínio 200
Ardenas 215
arianização 144-145, 180-181, 183, 219; germanização 218, 231-232, 287
arianos 19-21, 52, 129-130, 149-150, 152; atestado ariano dos servidores públicos holandeses 224; e educação 120-122; e eugenia *ver* eugenia; "honorários" 345
Artamans 103-104
Asscher, Abraham 334
Aufseherinnen 368
Auschwitz-Birkenau, campos de 9, 287-288, 307-308, 314-318, 323, 324, 334, 383-388, 406, 416, 418-438, 489, 497-498; acordo austro-germânico 139; antissemitismo 137-138, 143-145, 160-161; Áustria: Anschluss 139, 142-146; campo cigano 388-391, 449; ciganos 151, 154; como epicentro do Holocausto (1943-4) 418-438; como símbolo do Holocausto 416, 448; construção de Birkenau 314-315; crematórios/câmaras de gás 287-288, 305-306, 314-315, 379-384, 387-388, 425, 431, 438, 447, 450, 452, 458, 466, 470-472, 473-474, 497-498; e Hitler 139-144; e os Aliados 470-472; experimentos médicos 418-423; inauguração do Auschwitz original 210-211; judeus 137-138, 140-141, 143-146, 160, 164, 167, 177; judeus húngaros em 446-452, 458-459; Kapos 102, 210-211, 255, 317, 389, 420, 425-427, 451, 474; marcha saindo de 479-480; número de mortes 387; orquestra 426; relatório Vrba-Wetzler 465-466; Sonderkommandos 9, 11, 381, 383, 385-387, 448, 458, 473-475, 480-481; soviéticos em 255; Zyklon B em 270-271, 288, 305-306 315, 380-381, 452
Azul, Operação 371

Babi Yar 269
Bach-Zelewski, Erich von dem 268
Badoglio, Pietro 393
Bagration, Operação 461
Balfour, Declaração de 130, 168
Bamber, Rudi 78, 83, 85, 112, 173-174, 177; pai de 78, 173-174
Bamberg, conferência de (1926) 61, 64
bandeiras 114-115
Bär, Kurt 85-86
Barbarossa, Operação 233, 239-240, 248-280, 289-290, 370-371, 486
Bárdossy, László 346
Beaune-la-Rolande 328-330
Becher, Kurt 458, 459, 477
Będzin 232
Beimler, Hans 97, 100
Belev, Alexander 376
Bélgica 219-221, 225, 342; invasão alemã da 219-221; judeus 219-221, 225, 342; ocupação da Renânia (1923) 43; rexistas 220
Bełżec, campo de extermínio 284, 285, 287, 305-308, 311, 318-319, 321, 350, 355, 365, 369, 380; desativação 415
Ben Gurion, David 471, 472
Bergen-Belsen, campo de concentração 464-465, 483, 489-490
Berger, Oskar 358-359
Beria, Lavrenti 289
Berlim 81, 85, 160, 487-488; antissemitismo 150, 174; discurso de Hitler em 1942 304; discurso de Hitler no Sportpalast 77, 312; incêndio do Reichstag 77-78; levante comunista 42; Olimpíada (1936) 129
Bermudas, conferência das 460, 471
Bernadotte, Folke, Conde 485, 490
Bernardini, Philippe 337
Bernburg, centro de eutanásia 205
Bessarábia 253
Best, Werner 397, 399-401
bestialismo 158
Bettelheim, Bruno 157
Białystok, gueto de 414
Bíblia 14
Biebow, Hans 234-236, 435
Bielecki, Jerzy 210
Bier, Rudy 399-400
Birenbaum, Halina 238, 356, 367, 475, 497
Birenbaum, Mirek 238

Birkenau ver Auschwitz-Birkenau, campos de
Bischoff, Helmuth 187
Bischoff, Karl 380
Bischoff, Max 238
Blair, Charles Frederick 168
Blaskowitz, Johannes 188
Blatt, Toivi 190, 318, 321, 405, 406, 408
Blomberg, Werner von 135-136
Blum, Léon 229
Bnei Akiva 465
Bock, Fedor von 241
Boehm-Tettelbach, Karl 98, 123
Bolchevismo ver Comunismo/Bolchevismo
Bóris da Bulgária 376
Borisov, Vasily 291
Bormann, Martin 258
Bothmann, Hans 435-436
Bouhler, Philipp 199-203, 213
Bousquet, René 325
Bracht, Fritz 232
Brack, Viktor 201-202, 242-243
Bracken, Brendan 336
Brand, Hansi 463
Brand, Joel 459-461, 463
Brandenburg, centro de eutanásia 203-208, 357
Brandt, Karl 199-200, 203-205, 207
Brasse, Wilhelm 211, 419-420
Brauchitsch, Walther von 136, 188
Breder, Frico 317
Breder, Linda 183, 312-314, 317, 472
Bremen, SS 114-115
Brigate Nere (Brigadas Negras) 396
Brodsky, Louis 114
Broniatowski, Josef 171
Brożek, Mieczysław 188
Brundage, Avery 129
Brüning, Heinrich 66
Bryansk 289
Buchenwald, campo de concentração 149, 157, 173, 209, 364, 483
Buchner, Adolf 265
Bucóvina 254, 281
Budapeste 442-444, 458, 466, 468; Conselho Judaico 443; Exército Vermelho em 477-478
Bühler, Josef 298-300
Bulgária 233, 343-344, 376, 475
Bund Deutscher Mädel (Liga das Jovens Alemãs) 34

Bürckel, Josef 101, 231
Burmeister, Walter 284, 296
Busch, Scharführer 473
Bydgoszcz 187, 189

Cadogan, Sir Alexander 183
Cahana, Alice Lok e família 445-446, 483
campos de concentração/extermínio *Ver
também* campos específicos: açoitamento/
espancamento 95-96, 104, 105, 175, 177,
210-211, 255, 364, 368, 381, 388, 421, 454-
455; Aufseherinnen 368; câmaras de gás 287-
288, 305-306, 307-309, 314, 315, 335-336,
350, 361-362, 365-367, 376, 379-384, 387,
388, 431, 437, 438, 446, 450-451, 454, 458,
466, 470-471, 472, 474, 496-497; campos
poloneses construídos em 1941 283-284,
287-288, 293-297; campos poloneses em
1942 349-369; campos Reinhard *ver* sob
Reinhard, Operação; centros de eutanásia
para deficientes/doentes 203-207, 256-
257; ciganos em 153, 308, 388-391, 419,
449; criação por culpa dos britânicos 486;
crianças/bebês em 10-11, 295, 317-318, 321,
362, 377, 382, 386, 387; "custódia protetora" nos primeiros campos 91-92; eficiência
255, 320, 357-358, 362, 363, 369, 446-447;
em Emsland 105-106 *Ver também* campo
de concentração de Papenburg; expansão
do sistema de campos na Polônia (1939)
209-210; falsas salas de chuveiros 203-206,
306; guardas/pessoal da SS 93-93, 95-97,
99-106, 149, 154, 176, 209, 210, 255-256,
270-271, 288, 295, 305, 308, 309, 314, 315,
316, 319-321, 357-358, 359-360, 363-364,
367-369, 381-386, 388-389, 403-405, 407,
427-428, 436, 448-449, 455, 458, 473-474,
479; Himmler sobre os primeiros campos 91;
homossexuais em 157-158; Kapos *ver* Kapos;
libertações ordenadas em 1934 por Hitler
109-110; missões de bombardeio/discussões
457, 470; mortes em 1940 209; nomeação
de Eicke como inspetor de 108; oponentes
políticos dos nazistas em 90-91; para mulheres 159, 484; percepção positiva dos 128;
práticas sádicas *ver* sadismo; prisioneiros de
guerra soviéticos em 255-256, 270-273; relatos com desinformação 97-98; remoção de

dentes/obturações de ouro 206, 256, 382;
Schacht enviado a um campo 135; Teste-
munhas de Jeová em 155-157; unidades de
Sonderkommando *ver* Sonderkommandos
campos de extermínio *ver* campos de con-
centração/extermínio
Canadá 163, 168
Carta do Atlântico 291
carvão 15
Casablanca, conferência de 372-373
Cassulo, Andrea 347
Centralverein (União Central dos Cidadãos
Alemães de Fé Judaica) 80-81
Cesarani, David 496
Chamberlain, Houston Stewart 19, 40
Chamberlain, Neville 168, 170
Chełmno, campo de extermínio 283-285,
287, 293-297, 303, 305, 307
Chorążycki, Julian 404
Churchill, Winston 168, 216, 291, 462, 470
Chvalkovský, František 182
ciganos (Zigeuner) 150-154, 388-391, 419,
449; circular Combatendo a Praga Cigana
153, 154; roma 151-154, 296, 308, 388-391;
sinti 151-154, 308, 388-391
Clarizio, Emanuele 338
Class, Heinrich 18, 28
Clauberg, Carl 420-421
Cleveringa, Rudolph 225
Coburg 42
Código Penal Alemão 159
Cohen, David 334
Cohen, Sam 110
Cohen-Koster, Hetty 225-226
Comitê Central de Judeus Alemães para
Auxílio e Reconstrução 84
Comitê Intergovernamental para Refugiados Políticos da Alemanha 160, 161, 166
comunismo/bolchevismo: antissemitismo
25-27; choque com a ideologia nazista 240;
comunistas franceses 323; e as eleições alemãs
de 1932 71-72; e Goebbels 61; e incêndio do
Reichstag 77-78; e os judeus 25-26, 56-57,
66-67, 89, 131-132, 134, 249-250, 263-264,
266, 428, 478-479, 491; guerra de Hitler
contra o 233, 240-241, 248-281, 289-290,
370-372, 486; levantes alemães 25, 31, 56;
marxismo 44, 47-48, 70, 73, 77, 79; medo
da revolução comunista 27, 33; queda no

apoio nas eleições de 1924 para o Reichstag 55; visão de Hitler do 44, 47-48, 61-62, 63, 67, 73, 77, 79, 131-132, 134, 240-241, 429-430, 478-479

Congresso Judaico Mundial 164, 167, 336, 470

Conselho de Refugiados de Guerra 459, 460

Conti, Leonardo 201

Cracóvia 187, 189, 284, 293, 307, 423, 434, 479

Cristianismo: antissemitismo de base cristã 14, 18, 22-23, 51; Bíblia 14; cristãos que se manifestaram 331, 337-338, 340; "Cristianismo Positivo" 51; e Hitler 51-52, 77, 89, 148, 257-260; Igreja Católica da Eslováquia 339-340; igreja dinamarquesa 398; judeus e batismo 92; judeus protegidos por católicos 395, 410; relações com os judeus 183; Vaticano *ver* Vaticano

Croácia/croatas 245-247, -332-333, 344-345; e sérvios 245-246, 344

Cruz Vermelha 362, 418, 485

"custódia protetora" (aprisionamento sem julgamento) 91-93

Csáky, István 182

Cycowicz, Giselle 493, 497

Cymlich, Israel 411

Czerniaków, Adam 198, 237-239, 353, 355, 438

Częstochowa, gueto de 363

Dachau, campo de concentração 93-94, 96-104, 106-107, 145, 157, 188, 210, 422-423, 493

Daily Express 80

Dall-Armi, Max von 102

Daltroff-Baticle, Odette 329-330

Damaskinos de Atenas 401

Dannecker, Theodor 228, 241, 325, 327-328, 335, 376

Darges, Fritz 430

Darlan, François 229, 372-373

Darnand, Joseph 430

Darquier, Louis 228

Darré, Walther 124

Degrelle, Léon 220, 341

democracia 45, 71-72

desemprego 66, 68, 118, 237; movimento da

Gestapo contra os alemães "indolentes" 149

DEST (Companhia Alemã de Terra e Pedra) 454

Deutsche Werkgemeinschaft (Comunidade Trabalhadora Alemã) 37

Deutschsozialistische Partei (Partido Socialista Alemão) 36

Deutschvölkischer Schutz-und Trutzbund (Liga de Proteção e Resistência do Povo Alemão) 28

dia do memorial do Holocausto 416

Dinamarca 222, 397-401, 403, 442-443

Doar Hayom 110

Dohm, Christian Wilhelm von 15

Dollfuss, Engelbert 139

Donau 343

Dönitz, Karl 391

Dora-Mittelbau, campo de concentração 483

Drancy, campo 329-330

Drexler, Anton 30, 32

Duckwitz, Georg 397

Dyby, Knud 222, 397-399

Eberl, Irmfried 206-208, 259, 357, 359-361, 403

Eckart, Dietrich 29-32, 38

Edelman, Marek 377-379

Eden, Anthony 337, 342, 470-472

Eggert, Paul 125, 200

Ehlers, Erich 187

Ehrich, Else 368

Eichengreen, Lucille 75, 281, 432, 438

Eichmann, Adolf 146, 242, 261, 285, 298, 301, 311, 325, 328, 334, 486 e Himmler 461, 477; e o pedido de resgate por judeus 458-461, 463-464; e os judeus húngaros 442-444, 446, 458-461, 463-464, 476-477; testemunho no julgamento 461

Eicke, Theodor 100-105, 107-108, 155-156, 210

Eigi, Irma 193

Einsatzgruppen 187, 189, 195, 345; na União Soviética 249-250-252, , 255, 266-268, 274-275, 298, 346, 390

Eisenhower, Dwight D. 393

El Alamein 372

Elisabeth da Baviera, rainha da Bélgica 342

Emsland 105-106

Endre, László 443
epidemia de gripe (1918) 27
Epstein, Max e seus pais 196, 437-439
escassez de comida 27, 234, 238-239, 282, 351, 405, 450; extermínio por inanição 239-240, 261, 262-263, 273, 452
Eschenburg, Theodor 27
Escritório Central para Emigração de Judeus 146-147
eslavos 188, 240, 280, 495; e Plano Geral para o Leste dos nazistas 352
Eslováquia/eslovacos 182-183, 310-312, 316, 318, 339-341, 366, 390, 476; guardas Hlinka 312-313, 316, 339
Eslovênia 246
espancamento *ver* açoitamento/espancamento
Espanha 133, 462
Estados Unidos da América: Carta do Atlântico 291; colapso de Wall Street 55, 66; conferência das Bermudas 460, 471-472; Conselho de Refugiados de Guerra 459, 460; declaração alemã de guerra aos 291; e a Conferência de Évian 160-163, 165-166; e a economia europeia 55; e a Primeira Guerra Mundial 183-184; e as Olimpíadas de Berlim; e Hitler 184-185, 291-292, 440; e refugiados judeus 162-163, 177; influência judaica nos 184; missões de bombardeio 460-461, 467-468; relações da Alemanha com os 184-185
esterilização compulsória 125-127, 242-243, 421
esterilização forçada 125-127, 242-243, 420
Estrela de Davi, crachá 195, 236, 278-279, 444
estupro 265, 296, 389, 438; de mulheres de Budapeste pelo Exército Vermelho 477-478
eugenia 20-21, 52-53, 124-127; esterilização forçada 125-127, 242-243, 420-421; Lei para a Prevenção de Descendentes com Doenças Genéticas 125
"eutanásia" 126, 199-209, 269-270, 495; centros de 203-206, 256-257; esquema T4 de eutanásia 202-209, 256-259, 364, 417
Everling, Scharführer 95
Evian, conferência de 160-169
Ewige Jude, Der 220
Ewiger Wald 16

Exército Alemão 28-29, 107, 109, 119, 170, 212-217, 303 *Ver também* Wehrmacht; brutalização 266; e Operação Bagration 461; Einsatzgruppen *ver* Einsatzgruppen; em Stalingrado 371-372, 376, 391, 429-430; na Polônia 186-189; na União Soviética 239, 261, 266-267, 303, 371-372; ordem de deixar "milhões" passarem fome 239-240, 261
Exército Vermelho 233, 250, 260, 266, 280, 290-291, 370-372, 410, 428-430, 435, 442, 468-469, 475-476; campo de Majdanek capturado pelo 472; e Auschwitz 479-480; em Budapeste 477-478; invasão da Polônia 186; na Hungria 477-478; Operação Bagration 461; Operação Urano 372
experimentos médicos 419-423

Falkenhausen, Alexander von 225
Feinsilber, Alter 386, 389-390
Felder, Josef 42, 93-94
Ferenczy, László 443
Fernau, Walter 98, 266
Feuchtwanger, Lion 70
Fink, Fritz 122-123
Finlândia 440, 475
Fleitmann, comandante 106
Flossenbürg, campo de concentração 493
Força Aérea Real, bombardeio de Hamburgo 413
Forster, Albert 190, 232
França: antissemitismo 228-229, 322; armistício com a Alemanha 227; colaboradores dos nazistas 9, 322-331; comunistas 323; "Declaração dos Direitos do Homem", e os judeus 15; exército 226-227; judeus 227-229, 322-331, 334, 430-431; ocupação alemã 226-229, 333, 430; ocupação da Renânia (1923) 43; polícia 325, 327-330, 374, 430; regime de Vichy 227-229, 322-328; xenofobia 322;
Francônia 85-88, 90
Frank, Hans 38, 114, 191, 192-193, 194, 213, 224-225, 234, 238, 292-293, 299-300, 351
Frankfurt 85-86, 281-282
Fränkische Tageszeitung 90
Franz, Kurt 360, 364
Freikorps 25, 100, 106
Freisler, Roland 298
Frenkiel, Estera 196, 234-236, 433, 435, 484

Frentz, Walter 143, 267
Frenzel, Karl 407
Freud, Sigmund 137
Freytag, Gustav: *Soll und Haben* 17
Frick, Wilhelm 113, 152
Friedrich, Hans 263
Fritsch, Werner von 135-136
Fritzsch, Karl 270
Fromm, Friedrich 347

Gabbai, Dario 383, 385-387, 473, 481
Galen, Clemens von 257-259, 276
Galton, Francis 21
Gamelin, Maurice 227
Garibaldi, Giuseppe 332
gás mostarda 422
Geer, Dirk Jan de 223
Gemlich, Adolf 13
George, Stefan 39
Germanização 218, 231, 232, 287 *Ver também* arianização
Gerst, Yehuda Leib 198
Gestapo 120, 144, 149, 150, 172, 174, 178, 429; poderes para invadir esfera privada 116
Giftpilz, Der ("O Cogumelo Venenoso") 122
Girelli, Luisa 395
Globocnik, Odilo 351, 353, 359, 366, 416, 417
Gobineau, Arthur de 19, 20
Goebbels, Joseph 60-64, 81, 134, 145, 150, 180, 192, 277, 279, 285, 286, 303; abordagem dos filmes de propaganda 220, 221; antissemitismo 58-60, 68-70; casamento 69; *Der Angriff* 69; e a Hungria 374, 467; e a Kristallnacht 172, 173, 178, 179; e Else 58, 69; e Hitler 59-63, 76, 77, 81, 134, 135, 172, 178, 248, 249, 273, 274, 284-286, 291, 292, 310, 311, 391, 439-441, 475, 476; esforços para a paz (1944) 476; *Ewiger Wald* 16; sobre Göring 373; sobre Himmler 484; trajetória até o nazismo 59, 60
Goldstein, Nathan 254
Golpe da Cervejaria 43-44, 53-54
Göring, Hermann 38-40, 43, 78, 92, 93, 105, 107, 114, 115, 134-136, 144, 182, 193, 277, 304, 348, 351, 352; e as consequências da Kristallnacht 178-181; Goebbels a respeito de 373

Grã-Bretanha: Acordo Naval Anglo-Germânico 119; antissemitismo 131; apelo de Hitler em 1940 à 216; Carta do Atlântico 291; conferência das Bermudas 460, 471; culpa pelos campos de extermínio 486; Declaração de Balfour 130, 168; discurso de Hitler pelo rádio em janeiro de 1944 sobre os judeus e a Inglaterra 428-429; e a conferência de Evian 164; Kindertransports para a 177-178; refugiados judeus 161, 177-178; relações pré-guerra com a Alemanha 136; SOE (Special Operations Executive) 351-352
Grafeneck, centro de eutanásia 205
Grécia 244, 401-403
Greiser, Arthur 190, 232, 235, 236, 273, 281, 283, 287, 293, 294, 432, 435
Grinspan, Ida 430, 431
Grodno 252
Groening, Oskar 427, 428
Grosz, Bandi 459-462
Grynspan, Herschel 172
Grynszpan, Riva 172
Grynszpan, Sendel 172
Gualtieri, Carlo Avarna di 333
Guarda Especial Eimann 208
Guardas Hlinka 312, 313, 316, 339
Guderian, Heinz 468
guetos 194-199, 234, 431-438, 444, 445; Białystok 414; Conselhos Judaicos 196-198, 234-237, 352-355; Częstochowa 3637; evacuações 353-356, 360-363; Łódź 194-198, 232-236, 281-284, 292, 293, 295, 296, 431-438, 472, 473; Lublin 307, 308; resistência judaica 376-380, 413, 414; Theresienstadt 299; Varsóvia 236-239, 336, 342, 353-356, 361-363, 377-379, 412-414
Guilhermina da Holanda 223
Gunzenhausen 85-88
Gunzilius, Wilhelm 251
Gürtner, Franz 54
Gussak, Adolf 154
Gutmann, Hugo 24

Haase, Hugo 26
Haavara, acordo de 110, 111
Hadamar, centro de eutanásia 205
Hagen, Herbert 170, 171
Hähnel, Bruno 35, 40

Halder, Franz 214, 371
Halifax, Edward Wood, 1º conde de 178
Hallervorden, Julius 207
Hamburgo, bombardeio de 413
Hartheim, centro de eutanásia 205
Hashomer Hatzair 465
Heiden, Konrad 53
Heines, Edmund 158
Helldorf, Wolf-Heinrich, conde 150, 160
Helm, Hans 345
Helmut Harringa 20
Hemelrijk, doutor 335
Henderson, Sir Nevile 170
Hersbruck 90
Hess, Rudolf 38, 112
Heydrich, Reinhard 101, 144, 155, 179, 187, 189, 194, 230, 241, 242, 249, 252, 277, 303, 312, 320, 321, 350, 447; assassinato de 351, 352; e Wannsee 297-303, 320
Himmler, Heinrich 20, 40-43, 91, 94, 99-101, 114, 156, 281, 287, 300, 301, 303, 311, 325, 489, 490, 493; "Algumas Reflexões sobre o Tratamento à População Estrangeira no Leste" 212; *Alicerces do Século XIX* 40; carta a Kersten 485-487; circular Combatendo a Praga Cigana 153, 154; discursos em Posen 413; e a Noite dos Longos Punhais 107, 108; e a Operação Reinhard 351, 352, 416; e a Polônia 190, 191, 193, 194, 242, 243, 349-353, 431, 435; e a União Soviética 239, 240, 249, 251, 252, 260, 261, 266-269, 274, 275, 283, 284; e as matanças da Festa da Colheita 414, 415; e Auschwitz-Birkenau 314, 315, 447; e Eicke 100, 101; e Eickmann 461, 462, 476, 477; e experimentos médicos 420-423; e Hitler 42, 43, 109, 273, 274, 351, 352, 422, 461-463, 484, 485, 490, 491; e homossexuais 157, 158; e o moral alemão 413; e o resgate por judeus 461, 482-486; e os ciganos 153, 154, 388; esforços pela paz (1944) 462, 463; Goebbels a respeito de 485; telegrama a Churchill 462
"higiene racial" *ver* eugenia
Hindenburg, Paul von 72, 73, 77, 107-109, 114
Hingst, August 359
Hippler, Fritz 221
Hitler, Adolf: ambição por terras soviéticas 53, 134; apelo à juventude feito por 40; apelos

aos britânicos (1940) 216; aspecto pessoal e carisma 38-39, 59-60, 163; autoconfiança 148-149, 215; capacidade de liderança e técnicas 60-64, 79-80, 214-216, 231-233, 275-277; carta a Gemlich (16 de setembro de 1919) 13, 17-18; concepção sobre reunião de falantes do alemão 143; crenças antissemitas e sobre conspiração judaica 13-15, 18, 21, 31-33, 34-35, 46-56, 63-64, 65-66, 79, 80-81, 131-133, 170-172, 181-182, 289-281, 291-292, 304, 391, 428-430, 478-479, 491-492; desejo de mais território 53, 63-64, 169, 215-217, 259-260; discurso de Saarbrücken 171; discurso em Berlim em 1942 304; discurso no Sportpalast de Berlim 77, 312; discurso pelo rádio em janeiro de 1944 sobre judeus e a Inglaterra 428-429; discurso sobre "aniquilação da raça judaica na Europa" e intenções 180-182; discurso sobre os judeus soviéticos 290; discursos de Munique 38-40, 51, 478; discursos de Nuremberg 132, 134, 169; e a Áustria 139-142, 144; e a Bulgária 343; e a decisão de exterminar os judeus 284-285, 291-292, 309-310, 452-454; e a homossexualidade 158; e a Hungria 375, 376; e a Itália 392-394; e a Iugoslávia 244-247; e a Kristallnacht 172, 173, 178; e a Noruega 222; e a Polônia 169, 185, 188-190 *Ver também* Polônia; e a Primeira Guerra Mundial 23, 47-48, 51-52; e a regeneração da Alemanha 66-67; e Antonescu 252-253, 280-282; e Churchill 216-217; e críticas do exterior à perseguição aos judeus 79, 111-112; e Eckart 30-31, 38; e educação 120-121, 122; e eugenia 51-52; e Goebbels 59-62, 77, 81, 134, 172, 178, 248, 274, 285, 286, 292, 309, 310, 391, 439, 440, 476; e Himmler 40-42, 109-110, 274-275, 351-353, 422, 461-463, 484-486, 490; e Hindenburg 72, 76, 77; e Horthy 374, 375, 441, 476; e Houston Stewart Chamberlain 19-20; e Lloyd George 130-131; e Mussolini 55, 139, 248, 331-332; e o cristianismo 52-53, 76-77, 89, 148-149, 257-260; e o desenvolvimento do Partido Nazista 60-61, 63-64; e o Exército Alemão 158, 109-110, 118, 215-217, 280; e o moral alemão 412-414 ; e o pedido de resgate por judeus 461-462, 484-487; e o *Volk* 64, 73, 79-80, 91, 141, 148; e os

deficientes 126-127, 198-201, 202-204, 205; e os Estados Unidos 183-185, 291-292, 440; e os finlandeses 440; e prisioneiros de guerra soviéticos 273-274; e providência 148; e rearmamento 76, 119, 134-136; e Roosevelt 184-185, 291; e Tchecoslováquia 199-200; e uma Alemanha "sem classes" 34-36; em Coburg 42-43; Golpe da Cervejaria, acusação de traição e sentença de prisão 43-45, 46-47, 52-55; "guerra de extermínio" com os soviéticos 233, 240-241, 248-280, 289-291, 370-372, 486; juramento de lealdade a 109; King a respeito de 163; Lei para a Prevenção de Descendentes com Doenças Genéticas 125; Lei Plenipotenciária 76-77; Leis de Nuremberg ver Leis de Nuremberg; mensagem de confiança e esperança no futuro 33-34, 40-41, 44-45; Minha luta 14, 46-55, 55, 92, 111, 120, 136, 169; na conferência de Bamberg 60-61; nomeação como chanceler 65-66, 64-66, 74-77; ordens de soltura em campos de concentração (1934) 109-110; os soviéticos na visão de 240, 290; papel na criação e orquestração do Holocausto 284-286, 291-292, 310, 492-493; posições intencionalista e funcionalista em relação a 500; retórica 38, 99-100, 131-132, 140, 181, 429-430; Segundo Livro 63-64; suicídio 491; tentativas de assassinato 209, 468-469; "testamento político" 491; 124, 125; vida pregressa 47-48; visões sobre bolchevismo, comunismo, marxismo 44-45, 47, 61-62, 63-64, 66-67, 73, 76-78, 79, 131-133, 134-135, 240-242, 429-430, 478-480; vitórias da Wehrmacht mudando a percepção a respeito de 213-216
Hoare, Sir Samuel 161
Hoepner, Erich 241
Höfle, Hermann 369
Hofmann, Otto 298
Holanda: antissemitismo 224-226; atestado ariano dos servidores públicos 224; igrejas 337-338; invasão alemã da 223-226; judeus 223-226, 333-336, 337-338, 395, 406, 453-454; serviço público 339; Neurath, Konstantin von 115, 135, 136, 163
Höllenreiner, Hermann 152, 388, 389
homossexualidade 157-159
Höppner, Rolf-Heinz 261, 262, 283

Horn, Wolfgang 267, 273
Horokhiv 263
Horthy Jr, Miklós 476
Horthy, Miklós 346, 374, 375, 441, 466-468, 476
Höss, Hedwig 104
Höss, Rudolf 103, 104, 156, 209, 210, 318, 477
Hossbach, memorando 135
Hungria: 2º Exército 374; antissemitismo 165, 346, 442-444, 465; atrocidades do Exército Vermelho na 477, 478; declara guerra à Alemanha (1944) 478; e a Sérvia 246; e a União Soviética 476-478; e Hitler 374-376; judeus 345, 346, 374-376, 438, 440-469, 476-479, 482-484; movimentos da juventude judaica 465; núncio papal na 466; ocupação alemã da 441, 442
Huppert, Shmuel 465
Huxley, Aldous 49

Iaşi 253, 254
Iluminismo 15
incesto 158
indústria de diamantes 219
Irmãs de Sion 395
Itália 331-334, 392-396, 430; e Eslovênia 246; judeus 331-334, 393-396
Iugoslávia 244-247, 345

Jaschke, Wilhelm 269, 270
Jesus Cristo 14
Jeziorkowska, Anna 192
Jodl, Alfred 233, 234, 344, 493
Jogmin, Otto 487, 488
Jogos Olímpicos 131
Jong, Johannes de 337-339
José II, Sacro Império Romano-Germânico 137
judeus: acordo de Haavara 110-111; americanos 158, 440; antissemitismo ver antissemitismo; austríacos 137-141, 143-147, 160-161, 164-165, 167, 177; belgas 218-221, 225, 342; búlgaros 343-344; Centralverein 80-81; com antecedentes criminais 149; Comitê Central de Judeus Alemães para Auxílio e Reconstrução 84; como antítese da

"germanidade" 122-123; comunidade judaica de Viena 137-138, 145; Congresso Judaico Mundial 164, 167, 336, 470-471; conselhos de anciãos, em guetos 196-198, 234-237, 353, 355; crachá com Estrela de Davi 195, 236, 278-279, 443-444; croatas 245-246, 344-345; de ancestralidade mestiça 117; deslocamento/deportação de 23, 84-85, 90, 110-111, 162-169, 171, 177-178, 189-190, 194, 230-231, 242, 250, 279, 280-283, 286, 301-304, 308-309, 322-331, 333-335, 337-338, 339-340, 342-347, 353-356, 406-407, 430, 441-442, 444-447, 467-468, 476-477, 486; determinação da "condição de judeu" 22, 116-117; dinamarqueses 221-222, 397-403; e a "guerra de extermínio" de Hitler contra os soviéticos 249-254, 258-269, 273-281; e a conferência de Evian 160-169; e a Declaração de Balfour 130-131, 168; e a Palestina ver Palestina; e guetos ver guetos; e Jesus 14; e Madagascar 165, 212-214, 243; e o comunismo/bolchevismo 25-27, 57, 67, 89, 134, 249-254, 263-264, 266, 428, 478-479, 491; e o Iluminismo 15; e o movimento völkisch 16-18; em Luxemburgo 218-219; Escritório Central para Emigração de Judeus 146-148; eslovacos 182-183, 310-312, 318, 339-341, 366, 476; extermínio de ver programas de extermínio; finlandeses 440-441; franceses 227-230, 323-331, 335, 430; geografia alemã e a experiência dos 85-87; gregos 401-403; Hitler e a decisão de exterminar 284-286, 291-292, 309-310, 494-493; holandeses 223-226, 334-336, 338, 395, 406, 453; homossexualidade ligada aos 158; húngaros 345-346, 374-376, 438, 441-468, 476-478, 483-484; ideia de Himmler de enviar judeus para a África 212-214; italianos 331-334, 393-396; Libelo de Sangue 23, 37; lituanos 249-251; manifestação de protesto no Madison Square Garden 80; médicos 83; na Polônia ver Polônia: judeus na; na Primeira Guerra Mundial 170, 304, 429; noruegueses 222-223, 343; problema dos refugiados 162-169; protegidos por católicos e outros não judeus 395, 410, 487-488; relações com cristãos 183; resgate por 459-462, 463, 482, 484-485;

romenos 252-254, 346-347, 430-431; russos/soviéticos 23, 53, 56-57, 138, 249-254, 258-269, 273-281, 370-371; saindo da Alemanha 84-85; sérvios 246; sionismo ver sionismo ; Stormtroopers com namoradas judias 58; usados com "reféns" pelos nazistas 79-80; visões nazistas sobre o batismo e a conversão para o cristianismo de 92
Julgamentos de Nuremberg 38-39, 92, 344, 461
Juventude Hitlerista 142, 155

Kabáč, Michal 313
Kahr, Gustav von 43
Kállay, Miklós 346
Kamenets-Podolsk 345
Kammlering, Walter 144
Kapos 102-3, 210, 255-6, 317, 389, 426, 474
Kapp, Wolfgang 31
Kapp-Putsch 31, 42
Karmi, Aharon 377-8
Karski, Jan 341
Kasztner, Rudolf 463-4
Kasztner, trem 463-5
Katowice 190, 232
Kaufmann, Karl 279, 286
Kaunas 249, 251-2, 283
Keitel, Wilhelm 215, 323-4, 493
Kersten, Felix 485; carta de Himmler a 486
Kesselman, Morris 480
Kharkiv 370-1
Kielmansegg, Johann-Adolf Graf von 76, 109
King, William Lyon Mackenzie 163
Kishinev 23, 37
Klein, Emil 17, 33-4, 117, 142, 258-9
Knab, Karl 126
Knochen, Helmut 325
Kobos, senhor e senhora 411
Kohlsaat, Charles Bleeker 193-4, 489
Koso, Izidor 311
Kowalczyk, August 211, 270-1
Krantz, Erna 98, 118, 121, 128, 279
Kraus, Franz Xaver 479
Kristallnacht 175-9; resultados da 177-81
Krüger, Friedrich-Wilhelm 192, 414
Krzepicki, Abraham 360
Kube, Wilhelm 283
Kun, Béla 443

La Guardia, Fiorello H. 129
Lagarde, Paul de 18, 165
Lambert, Erwin 417
Lambert, Raymond-Raoul 228
Lammers, Hans 203
Landsberg, Otto 26
Landsberg, prisão 46, 53, 54
Lange, Herbert 208, 284
Lange, Rudolf 298
Langhoff, Walter 105, 106
Laval, Pierre 327, 328, 331, 333
Lazowski, Eugene 412
Lecca, Radu 347
Lei da Bandeira do Reich 114-115
Lei de Cidadania do Reich 113, 115
Lei de Proteção do Sangue e da Honra Alemães 113
Lei para a Prevenção de Descendentes com Doenças Genéticas 125
Lei Plenipotenciária 77, 79, 93
Leis de Nuremberg 113-118, 123, 128, 152; implementação em Luxemburgo 218
Leopoldo III da Bélgica 219, 220
Lepecki, Mieczysław 165
Leroy, Jacques 220
Letônia 263, 264, 298
Leviné, Eugen 25, 26
Leviné, Eugene 56, 57, 65, 75, 84, 85, 131
Lewin, Abraham 356
Ley, Robert 348
Leybold, Otto 54
Libelo de Sangue (acusação de uso de sangue de crianças cristãs) 23, 37
Lichtenbaum, Marek 355
Lichtenburg, campo de concentração 159
Lichtheim, Richard 466
Liga Alemã de Ginástica 17
Liga das Nações 119, 139, 184
Liga de Proteção e Resistência do Povo Alemão 28
Linden, Herbert 209
Linz 142, 144, 146, 456, 457, 464
Lippert, Michel 107
Lipski, Józef 169
Lituânia 249-251, 263, 283
Lloyd George, David, 1º conde Lloyd-George de Dwyfor 130, 131
Locarno, tratados de 55
Łódź 194, 195; gueto de 194-198, 232-235,

281-284, 293, 296, 431-438, 473
Lohse, Günter 74
Lohse, Hinrich 275
Lombroso, Cesare 151
London Evening Standard 72, 73
Loringhoven, Bernd Freiherr Freytag von 485, 490, 491
Lösener, Bernhard 113
Löwenherz, Josef 146
Lubbe, Marinus van der 77
Lublin 189, 284, 307, 308
Lueger, Karl 23, 137, 138, 143
Lutero, Martinho (reformador) 15, 18, 88
Luther, Martin Franz Julius (subsecretário) 298, 300
Luxemburgo 218, 219
Lwów 263, 284, 307

Maccabi Hatzair 465
MacMichael, Sir Harold 459
Madagascar 165, 212-214, 243
Magill, Franz 275
Mahler, Gustav 137
Majdanek, campo de 366-369, 472; morticínio da Festa da Colheita 414, 415, 471
Malsen-Ponickau, Johann-Erasmus von 93
Manchester Guardian 96, 97
Mandelbaum, Henryk 381, 474
Mann, Heinrich 71
Mann, Ibi 481
Manstein, Erich von 266
marchas da morte 482-484, 493
Marievici, Vlad 254
Marinha Alemã 216-217, 400
Marinha Britânica 119
marxismo 44, 47, 70, 73, 77-79 Ver também comunismo/bolchevismo
Masur, Norbert 490
Matias, Ruth 452
Mauth, Maria 121
Mauthausen, campo de concentração 154, 453-457, 483, 484
Mayr, Karl 48
McCloy, John 470, 471
Meijers, Eduard 225
Meir, Golda 166
Melchior, Bent 222, 397
Mengele, Josef 10, 419-421

Messersmith, George Strausser 162
Metzner, Alfred 265
Meyer, Konrad 261
minério de ferro 222
Minsk 267-268
Möbius, Kurt 259-260, 285, 295
Mogilev 284
Moll, Otto 386
Molotov, Vyacheslav Mikhailovich 186-187, 233
Mondello, Mario 392
Monowitz, IG Farben e campo 380, 382-383
monóxido de carbono 202, 204, 208, 257, 269-270, 294, 307, 369, 381, 492
Morgenthau, Henry 459-460
Moringen, campo de concentração 159-160
Moscou 132-133, 185, 260, 289-290, 370
Mosley, Oswald 131
Mulevych, Oleksiy 262-263
Muller, Annette 327-330
Müller, Filip 466, 473
Müller, Heinrich 190, 274, 298, 301
Müller, Karl Alexander von 39
Muller, Michel 327-330
Muller, senhor 330
Muller, senhora 327-329
Munique: acordo de 182; discursos de Hitler em 38-40, 51, 478-479; e a Kristallnacht 175; Golpe da Cervejaria 43-44, 53-54; grupo Rosa Branca 487; levantes comunistas 25-26, 42, 56-57; Partido dos Trabalhadores Alemães 30-32; Sociedade Thule 28-30; Stormtroopers em 43; tentativa de assassinar Hitler em 209
Murr, Wilhelm 91
Mussolini, Benito 43, 331-333; demissão e prisão 392-393; e Hitler 55, 139, 248, 331; sobre o *Minha luta* 55
Musy, Jean-Marie 484
Mysłowice, prisão 424

Nassau, Heinz 174, 175
nazistas: antissemitismo *ver* antissemitismo; austríacos 138-142; colaboração dos franceses xiii, 322-331; crença inicial neles como revolucionários 42; criação do estado Nacional-Socialista 66, 67; "custódia protetora" (aprisionamento sem julgamento) 91; e "ausência de classes" 34-36; e bolchevismo

ver comunismo/bolchevismo; e ciganos *ver* ciganos (*Zigeuner*); e cristianismo *ver* cristianismo; e homossexuais 157-160; e os tribunais alemães 86-89; e sexo *ver* sexo; e Testemunhas de Jeová 155-157; economia alemã como causa da ascensão do partido 67, 68, 71; eugenia *ver* eugenia; Gestapo *ver* Gestapo; "higiene racial" *ver* eugenia; Hitler e o desenvolvimento do partido 59, 60, 63-65; Lei da bandeira do Reich 114, 115; Lei de Proteção do Sangue e da Honra Alemãs 87; Lei para a Prevenção de Descendentes com Doenças Genéticas 125; Lei para a Proteção do Sangue e da Honra Alemães 112, 113; Leis de Nuremberg *ver* Leis de Nuremberg; nascimento do (1919-23) 28-45; Noite dos Longos Punhais 107, 108; oferta de estabilidade 45; origens do Partido dos Trabalhadores Alemães 30-32; pacto nazi-soviético 185, 186, 323, 324; Plano Geral para o Leste 261, 352, 353, 496; primeiro conhecimento público das brutalidades 97, 98; programas de extermínio; programas de extermínio *ver* programas de extermínio; propaganda *ver* propaganda; radicalização (1938-39) 148-185; reações a críticas do exterior 79, 111, 112; sadismo *ver* sadismo; Schutzstaffel *ver* SS; silêncio e inação do papa a respeito das atrocidades nazistas 331, 337-339, 393-396; sistema de educação 120-123; Stormtroopers *ver* Stormtroopers; sucesso nas eleições de 1930 66; sucesso nas eleições de 1932 71, 72; sucesso nas eleições de 1936 127, 128; Wehrmacht *ver* Wehrmacht
Nebe, Arthur 202, 268, 269
Neithardt, Georg 44
News Chronicle 141
Nieścior, Henryk 414
Nogues, Charles 373
Noite dos Longos Punhais 107-108
Noruega 222-223, 343
Novi Sad 246, 345
Nuremberg (cidade) 78, 83; discursos de Hitler em 132, 134, 169; manifestação (1937) 131
Nyiszli, Miklós 384

Oberhauser, Josef 361
Obstarczyk, Mirek 498

Odessa 23
Olympia 130
Ondrej, Theodor 462-463
Opfer der Vergangenheit ("Vítimas do Passado")
126
Organização de Sionistas Alemães 80
Ostrog 262-263
Ottolenghi, Giuseppe 332
ouro 364, 416; dentes/obturações de 206,
256, 382

Pacto Tripartite 244
Paczyński, Józef 305
Palestina 110-111, 164, 167-168, 172, 184,
459-460; Declaração de Balfour 130, 168
Palfinger, Alexander 234-235, 237-238
Papen, Franz von 72-73, 107, 139
Papenburg, campo de concentração 95-96,
105
Paris, *grand rafle* 327
Partido dos Trabalhadores Alemães 30-32
Pavelić, Ante 245-246
Pechersky, Alexander 407-409
Pedersen, Robert 398
Perzanowska, Stefania 368
pessoas com deficiência: "eutanásia" *ver* eutanásia; e Hitler 126, 199-204
Pétain, Philippe 227-228, 352
Pfaller, Alois 70
Phillips, William 162
Pierlot, Hubert 219
Pio XII 331, 337-339, 341, 394-396
piolhos 272, 314
Pirkham, Otto 141
Plano Dawes 55
Plano Geral para o Leste 261, 352, 496
Ploetz, Alfred 23
pogroms: Antuérpia 220; aprovados pelos
nazistas 251-252, 263; Babi Yar 269; Iaşi 253-
254; Kaunas 251-252; Kishinev 23; Lwów
263; Odessa 23
Polônia: antissemitismo 165, 410; campos
de extermínio *ver* campos de concentração/
extermínio; crianças nos planos de Himmler
211-212; deportações 189-194; divisão da
189-190; e Himmler 191, 192-194, 242-243,
349-351, 351-353, 432, 435; e Hitler 169, 184-
185, 188-190; Exército Nacional 412-413;

expansão do sistema de campos de concentração (1939) 209-210; Governo Geral
189-194, 212-213, 225, 231, 234, 242, 292,
299-302, 310-311, 349, 351-353, 411, 415,
423, 492; guetos 194-199, 232-293, 281-283,
293, 296, 431-438; invasão e ocupação pela
Alemanha 186-199, 208-209; invasão pelo
Exército Vermelho 151; judeus na 165, 171-
172, 186-188, 188-191, 194-199, 234-239,
242-243, 278, 281-284, 286-287, 293-297,
307-308, 349-369, 410-413, 487 *Ver também entradas: campos de concentração/extermínio
e campos individuais na Polônia*; morte por
gás de prisioneiros políticos poloneses 425;
número de mortos nas mãos dos nazistas
186-188; Operação Reinhard *ver* Reinhard,
Operação; Organização de Combate Judaica
377; pessoas com deficiência mortas pelos
nazistas 208-209; *Volksdeutsche* na 191, 193-
194
Poniatowa, campo de concentração 415
Porunca Vremii 281
Pozdech, Augustín 340
Preisler, Michael 188, 192
Pressburger, Otto 183-, 318, 384-385
Preuss, Hugo 26
Primeira Guerra Mundial 2425, 47-48,
50, 170, 303-304, 429; e os EUA 183-184;
tratado de Versalhes *ver* Tratado de Paz de
Versalhes
programas de extermínio: bebês, crianças e
mulheres judias como alvo 260-261, 265,
275, 295, 317-318, 321, 329-330, 353, 355-
356, 377, 432-433, 450-451; campos para *ver*
campos de concentração/extermínio; com
sadismo sexual 264-265; como operações
em colaboração 249, 269, 321, 322-332; conhecimento público dos 276, 335-336, 341,
464, 465-466, 470-471, 488-489; contra os
judeus soviéticos 249-250, 258-260, 274-277;
e a conferência de Wannsee 297-305, 321,
350-351, 447; e a expressão "Solução Final"
277; e o silêncio do papa 331, 337-338, 341,
394-396; e os discursos de Himmler em Posen
413-414; esquema T4 de eutanásia 202-209,
257-259, 364, 417; "eutanásia" de deficientes
ver "eutanásia"; Frank sobre a destruição dos
judeus 292-293; Hitler e a decisão de exterminar os judeus 284-285, 291-292, 310,

491-492; judeus húngaros 345, 438, 441-469, 483-484; judeus romenos 280-281; marchas da morte 479-483, 493; mortes anuais de judeus de 1941 a 1943 387-388; morticínio da Festa da Colheita 414-415, 471; no Báltico 264; nos meses finais da guerra 470-484; Operação Reinhard *ver* Reinhard, Operação; por arma de fogo 107, 208, 209, 256, 261-262, 267, 268, 371; por esquadrões da morte 250, 260-261, 283; por explosivos 269-270; por gás 202-209, 257, 269-273, 293-296, 306-309, 365-366, 368-369, 425-426, 434-438, 451-452, 454, 464, 482, 492 *Ver também* campos de concentração/extermínio: câmaras de gás; por inanição 239, 261, 263, 273, 452; por metralhadora 371, 408, 414, 471, 482; vans usadas em 294-295, 293-297, 435-437

Pronicheva, Dina 265

propaganda: antissemita 69-70, 112, 121-124, 220-221, 285, 313; cinema 220; e aceitação 174; e educação 121-123; Olimpíada de Berlim como triunfo da 129-130; revista *Der Angriff* 69

prostituição 237-238

Quandt, Magda 69

Quisling, Vidkun 222-223, 343

Rabinovici, Schoschana 481

Rademacher, Franz 213-214

Rádio Oranje 335

Raeder, Erich 135, 217

Rascher, Sigmund 422

Rath, Ernst vom 172, 181

Rathenau, Walter 25-26, 41

Ravensbrück, campo de concentração 160, 484

Reder, Rudolf 308-309

Redesdale, Algernon Freeman-Mitford, 1º barão de 20

Reeder, Eggert 225

Reh, Rita 484

Rei Cristiano X da Dinamarca 221

Reinhard, Operação 352, 416; campos Reinhard 359, 380, 414, 416, 435 *Ver também entradas para os campos de Bełżec, Sobibór e Treblinka*

República Dominicana 166

Reventlow, Ernst, conde 64

Ribbentrop, Joachim von 119, 136, 185-186, 233, 375

Richter, Gustav 347

Riefenstahl, Leni: *Olympia* 130

Riegner, Gerhart 336-337, 467

Riehl, Wilhelm Heinrich 16

Ringelblum, Emmanuel 236-237, 355-356

Risiera di San Sabba, Trieste 417

Ritter, Robert 153-154, 390

Roes, Wilhelm 121-122

Röhm, Ernst 38, 40, 91, 107-108, 158

Roma (cidade) 15, 43, 392, 394-395, 396

roma (grupo étnico) 151-154, 296, 308, 388-391

Romênia 252-254, 280-281, 346-347, 390, 430-431, 468-469; antissemitismo 165, 280-281

Roosevelt, Franklin D. 160-163, 176-177, 291, 347, 373, 460, 466; e Hitler 184-185, 291

Rosa Branca, grupo, Munique 487

Rosenbach, Franz 151, 388-389

Rosenberg, Alfred 51, 158

Rosenberg, Kurt 90

Rosenfeld, Oskar 282

Rosenfelder, Jacob 86

Rosenman, Samuel 162

Rothschild, coleção de arte 144

Rüdiger, Jutta 34-35, 67

Ruhr Echo 25

Rumkowski, Mordechai Chaim 197, 235-236, 296, 432, 435, 438

Ruschin, Günther 129, 174, 382-383; pai de 129

SA (Sturmabteilung) *ver* Stormtroopers

Sachsenhausen, campo de concentração 154, 156, 209, 255-256, 422, 498

sadismo 95-97, 105, 149, 156, 195, 209, 211, 236, 272-273, 458; sexual 264-265, 328, 389

Saint-Germain, Tratado de 138

Saliège, Jules-Géraud 331

Samuel, Eugenia 358

Sarfatti, Margherita 332

Schacht, Hjalmar 112, 115, 135

Schapira, David 145

Schellenberg, Walter 462-463

Schild, Der 24

Schleicher, Kurt von 73

Schnitzler, Arthur 137

Schobert, Eugen Ritter von 254

Scholl, Hans e Sophie 487

Schönerer, Georg von 137

Schröder, Manfred von 74, 99, 178, 489

Schuler, tenente da polícia 100

Schumann, Horst 420-421

Schuschnigg, Kurt 139-141, 224-225

Schwarze Korps, Das 176-177

Sealion, Operação 217, 230

Sebottendorff, Rudolf Freiherr von 29

Seitz, Susi 141, 143

Semenyak, Georgy 272

Sérvia/sérvios: e croatas 245-246, 344; massacre de judeus em Novi Sad 345

serviço público, alemão 73, 129; Lei para Reabilitação do Serviço Público Profissional 83; votos de lealdade a Hitler 109

sexo 116, 389-390; bestialismo 158; e casamento entre judeus e não judeus 90, 112-113, 115, 332; entre poloneses e judeus ocidentais 242-243; esterilização forçada 125-127, 242-243, 420-421; estupro *ver* estupro; homossexualidade 157-159; incesto 158; sadismo sexual 264-265, 386, 389

Seyss-Inquart, Arthur 141, 224-225

Shakespeare, William: *O Mercador de Veneza* 15

Shirer, William 144-145, 168

Sibéria/siberianos 250, 291, 303

Sierakowiak, Dawid 195

Silkinaite, Viera 251

Simon, Gustav 218

Simonov, Konstantin 472

sinti 151-154, 308, 388-91

Sionismo 168; Organização dos Sionistas Alemães 80

sistema educacional nazista 120-123

Skorzeny, Otto 476

Smoleń, Kazimierz 255-256

Smreczyński, Tadeusz 423-426, 452-457

Sobibór, campo de extermínio 306, 318-321, 350, 360, 365, 369, 380, 405-408, 498; fim da operação como campo de extermínio 415-416; fuga em massa 407-408, 414

Sociedade Thule 28-30

Solmitz, Luise 74-75

"Solução Final", como expressão 134, 242, 277, 298-302, 310, 324-325, 402-403, 452, 459

Sonderkommandos 9, 11, 293, 321, 349, 363-364, 380-381, 383-387, 403-406, 448, 458, 473-475, 479-481

Sonnenstein, centro de eutanásia 205-206

sovietização 256

Spaun, Fridolin von 17, 25

Speer, Albert 413

Speter, Éva 463

Spitzy, Reinhard 99, 142-143

Spizzichino, Settimia 394-395

Srebrnik, Szymon 436

SS (Schutzstaffel) 91, 104-105, 107-108, 145, 156-157, 260, 300-301, 353-355, 477; 1ª Brigada de Infantaria da SS 262; 2º Regimento de Cavalaria 275; *Das Schwarze Korps* 176-177; Divisão da Caveira 101; Guarda Especial Eimann 208; na União Soviética 260-263, 265-266, 269, 274-275; pessoal do campo *ver* campos de concentração/extermínio: guardas/pessoal da SS; Regimento "Germania" 187

Stahlecker, Walter 251

Stalin, Josef 191, 233, 266, 279-280, 289, 323

Stalingrado 371-372, 376, 391, 429

Stangl, Franz 207, 318-319, 360, 361, 417

Stark, Hans 305-306

Stempel, Joachim 372

Stieff, Helmuth 188

Storjohann, Uwe e família 175, 278-279

Stormtroopers 42, 43, 69, 75, 78, 81, 82, 86, 87, 89, 94-95, 97, 99, 105, 107, 158; com namoradas judias 58; Kristallnacht e consequências 173-176, 178-179; na Áustria 140, 144; papel de Polícia Auxiliar 78, 90-91

Stransky, Hermann von 253

Strasser, Gregor 61, 64

Strauss, família: Julius 86; senhora Strauss 86; Simon 86-87

Strawczynski, Oskar 364, 403-404

Streicher, Julius 36-39, 40, 43, 68, 85, 89

Stresemann, Gustave 55

Stroop, Jürgen 378

Stülpnagel, Carl-Heinrich von 324

Stülpnagel, Otto von 324

Sturmabteilung *ver* Stormtroopers

Stürmer, Der 38, 68, 84, 122; edição especial sobre o "complô homicida judaico" 89

Stutthof, campo de concentração 481-482

suástica 29; bandeira 114-115

Suchomel, Franz 360

Suécia 222, 400

Suíça 396

Sunday Express 131

Suprema Corte do Reich 116

Sverdlov, Fyodor 303

Szálasi, Ferenc 476

Szałek, Zofia 295, 297

Sztójay, Döme 442

Sztutowo, campo de concentração 210

Taigman, Kalman 361-362, 365, 403, 404

Tamir, Arnon 55-56, 71, 75, 81-82, 112; pai de 83

Tardini, Domenico 340

Taylor, Myron C. 161-162, 166

Tchecoslováquia 160, 169-170, 182-184

Tchecoslováquia, Hitler e a 169-170

tensões entre Stormtroopers e comunistas na Alemanha 73

Terboven, Josef 222

Tessalônica 247, 339, 402

Testemunhas de Jeová 155-157

Theresienstadt, campo de concentração 399, 418, 484

Theresienstadt, gueto 299

tifo 207, 272, 296, 490

tifoide 316, 412

Tiso, Jozef 182-184, 312, 339, 340-341

Topf & Söhne 284

tortura 95-96, 446 *Ver também* sadismo; com experimentos médicos 420-423; psicológica 93

Tory, Avraham 265

trabalho forçado 195, 232, 236, 246, 262, 273, 308-309, 311, 314, 316, 342, 345, 366, 374, 380, 406, 414, 435, 442, 449, 476

Transnístria 280, 390

Trawniki, campo 320, 415

Treblinka, campo de extermínio 97, 205-206, 306, 350, 356-362, 364-366, 369, 376, 380, 403-405; levante 403-405, 414; fim da operação como campo de extermínio 415-416

Trujillo, Rafael 166

Tuka, Vojtech 311

Turner, Harald 246

Ucrânia 53, 262-263, 265, 280, 345, 346, 370-371

Uebelhoer, Friedrich 195

Ullrich, Aquilin 206

União Britânica de Fascistas 131

União Soviética: a "guerra de extermínio" de Hitler 233, 240-241, 248-283, 289-291, 370-373, 486; antissemitas russos 138; bolchevismo *ver* comunismo/bolchevismo; choque com a ideologia nazista 240; comissários 255-256, 271, 371; e a missão Brand 460-461; e Bulgária 343; e Himmler 239-240, 249, 252, 260-261, 267-269, 274-275, 283; e Hungria 476-478; Einsatzgruppen na 249, 252, 255, 266-267, 269, 274, 275, 298, 346, 390; Exército Vermelho *ver* Exército Vermelho; Hitler e o territórios soviéticos 53, 132-134, 169, 216-217; judeus 23, 53, 57, 105, 132-133, 248-254, 258-269, 274-281, 370-371; pacto nazi-soviético 185-186, 323; perspectivas da Alemanha em 1937 de guerra contra a 134-135; planos e ações nazistas para promover a inanição dos soviéticos 239-240, 261, 263; prisioneiros de guerra 255-256, 260, 269-274, 280, 289, 314, 321, 366, 370-371; visão de Hitler a respeito dos soviéticos 240, 290

Urano, Operação 372

Ustaše 245, 333, 344

vagões de gado 313, 340

Vajspapir, Arkadiy 407, 408, 409

Valdeman, Vasyl 262, 263

Vallat, Xavier 228, 323

vans, máquinas de matar 208, 293-297, 311-312, 434-438

Varsóvia 189, 351, 411-412, 488; gueto 235-239, 336, 342, 353-356, 361-362, 377-379, 413, 414; judeus escondidos em 411, 412

Vaticano: intervenção na Hungria 467; silêncio e inação a respeito das atrocidades nazistas 331, 337, 338, 341, 394, 395

Veesenmayer, Edmund 375

Vélodrôme d'Hiver 328
Venezia, Morris 385, 387-388, 458
Veroli, Enrichetta Di 395
Verolino, Gennaro 338, 466
Versalhes, Tratado de Paz de 26, 67, 74, 184
Veselá, Silvia 312, 421, 481
Viazma 289
Vichy 227-230, 322-325
Viena 47-48, 137-140, 145, 146, 282
Vitman, Boris 370-371
Volk/völkisch, movimento 16-18, 32-33, 36, 39-40, 64, 73, 79-80, 91, 141, 148; Anuário *Völkisch* Alemão de 1921 36; Artaman 104; Partido Alemão da Liberdade *Völkisch* 64; Volkdeutsche em Luxemburgo 218; Volkdeutsche na Polônia 190-192, 193-194
Völkischer Beobachter 20, 32, 61, 141, 158, 168-169, 346
Votavová, Eva 316
Vrba, Rudolf 465
Vrba-Wetzler, relatório 465-467

Waarheid, De 335
Wäckerle, Hilmar 100
Wagner, Adolf 257-258
Wagner, Gerhard 113, 126, 127, 199-200
Wagner, Robert 230, 231
Waldberg, Max von 59
Wall Street, colapso de 55, 66
Wandervogel 14
Wannsee, conferência de 297-305, 320-321, 350-351, 447
Wehrmacht 187, 213, 214, 215, 286, 303, 391, 441-442, 457, 468 *Ver também* Exército Alemão; Anschluss da Áustria 140-142; Operação Azul 371-372, Operação Barbarossa 233, 240-241, 248-281, 289-291, 370-371, 486; órgão central de economia 239
Weimar, Constituição de 26
Weiss, Bernhard 69
Weizsäcker, Ernst von 170, 394
Welt am Abend 70
Wetzler, Alfred 465, 466
Widmann, Albert 202, 203-204, 269, 270
Wiener, Ferenc 466
Wiernik, Yankel 404
Willenberg, Samuel 363, 365-366, 403, 405, 412-413

Wilson, Woodrow 139
Winckler, Gabriele 74
Wineman, família 9-12; David 10-11; Freda 9-12; Marcel 10-11
Winkelmann, Otto 477
Wirth, Christian 207-208, 259, 306, 319, 359-361, 417
Wise, Stephen 110, 164, 220
Wisliceny, Dieter 311-312
Wolff, Heinrich 110
Woolworth 46-70

Zahn, Johannes 67-68, 128, 131
Zakynthos 401-402
Zelionka, Petras 250, 264
Zelkowicz, Joseph 433
Złotnicki, Witold 339
Zyklon B 270-271, 305-6, 315, 380-382, 452, 454
Zylberstein, Jacob 198, 282, 432, 434, 490

Notas

Abreviatura dos arquivos citados

BArch	Bundesarchiv
BayHStA	Bayerisches Hauptstaatsarchiv
FAH	Familienarchiv Hügel (Historisches Archiv Krupp, Essen)
HHStAW	Hessisches Hauptstaatsarchiv Wiesbaden
Nds. HStAH	Niedersächsisches Hauptstaatsarchiv Hannover
PRO	Public Record Office, Kew
StAN	Staatsarchiv Nürnberg
ZStL	Zentrale Stelle der Landesjustizverwaltungen zur Aufklärung nationalsozialistischer Verbrechen, Ludwigsburg

Prólogo

[1] Testemunho não publicado anteriormente. Para facilitar a identificação, testemunhos que foram recolhidos para a série de documentários que escrevi e produzi ao longo dos últimos 25 anos são apresentados neste livro no tempo presente – isto é, ele (ou ela) "diz", em vez de "disse".

Capítulo 1: As origens do ódio

[1] BayHStA, Abt. IV, R W GrKdo, Bd 50/08. Em inglês em: NOAKES, Jeremy; PRIDHAM, Geoffrey (eds.). *Nazism 1919-1945: The Rise to Power 1919-1934*. Exeter: University of Exeter Press, 1991, p. 12-14.

[2] Ver: HAMANN, Brigitte. *Hitlers Wien: Lehrjahre eines Diktators*. Müncher: Piper, 1996.

[3] Ver: WEBER, Thomas. *Hitler's First War*. Oxford: Oxford University Press, 2010, p. 177.

[4] Jo 7,1.

[5] Ibid. 8,59.

[6] Ibid. 8,44.

[7] MARRUS, Michael R.; PAXTON, Robert O. *Vichy France and the Jews*. Stanford: Stanford University Press, 1995, p. 27. Os autores destacam também que "De 1959 a 1963, o papa João XXIII removeu da liturgia esta e outras passagens ofensivas aos judeus".

[8] LUTHER, Martin, On the Jews and Their Lies (1543), In: _____. *Luther's Works*. Minneapolis: Fortress Press, 1971, p. 268-293. v. 47.

[9] VON DOHM, Christian Wilhelm. Concerning the Amelioration of the Civil Status of the Jews. (1781). In: MENDES-FLOHR, Paul; REINHARZ, Jehuda (eds.). *The Jews in the Modern World: A Documentary History*. Oxford: Oxford University Press, 2011, p. 30.

[10] MOSSE, George L. *The Crisis of German Ideology: Intellectual Origins of the Third Reich*. New York: Howard Fertig, 1998, p. 149.

[11] RIEHL, Wilhelm Heinrich. Natural History of the German People as a Basis for a German Social Politics (1854) *apud* FACOS, Michelle. *An Introduction to Nineteenth-Century Art*. New York: Routledge, 2011, p. 271.

[12] RIEHL, Wilhelm Heinrich. Land und Leute (1861) *apud* KARSTEDT, Susanne. Strangers, Mobilisation and the Production of Weak Ties: Railway Traffic and Violence in Nineteenth-Century South-West Germany. In: GODFREY, Barry S.; EMSLEY, Clive; DUNSTALL, Graeme (eds.). *Comparative Histories of Crime*. Milton: Willan Publishing, 2003, p. 93.

[13] WELCH, David. *Propaganda and the German Cinema*: 1933-1945. Oxford: Oxford University Press, 1985, p. 105.

[14] Ibid. p. 107.

[15] REES, Laurence. *The Dark Charisma of Adolf Hitler*. London: Ebury Press, 2012, p. 44.

[16] Testemunho não publicado anteriormente.

[17] LONNER, Alyssa A. *Mediating the Past: Gustav Freytag, Progress, and German Historical Identity*, 1848–1871. Bern: Peter Lang Publishing Group, 2005, p. 37 diz que *Soll und Haben* era "um dos livros mais lidos do século [XIX] – se não o mais lido".

[18] DE LAGARDE, Paul. Juden und Indogermanen (1887) *apud* BEIN, Alex. *The Jewish Question: Biography of a World Problem*. New Jersey: Associated University Presses, 1990, p. 617.

[19] FRYMANN, Daniel (Heinrich Class). *Wenn ich der Kaiser wär': Politische Wahrheiten und Notwendigkeiten* (1913). In: PROSS, Harry (Hrsg.). *Die Zerstörung der deutschen Politik: Dokumente 1871-1933*. Berlin: Fischer, 1959.

[20] GOBINEAU, Arthur de. *Essai sur l'inégalité des races humaines*. Hanovre: Rumpler, 1853.

[21] FREEMAN-MITFORD, Algernon (Lord Redesdale). Introduction. In: CHAMBERLAIN, Houston Stewart. *Foundations of the Nineteenth Century* (1911). Elibron Classics, 2005, v. 1, p. v–vi.

[22] Ibid., p. 350.

[23] KERSHAW, Ian. *Hitler: 1889-1936*: Hubris. London: Penguin, 2001, p. 660, n. 116.

[24] MOSSE, George L. *The Crisis of German Ideology: Intellectual Origins of the Third Reich*. New York: Howard Fertig, 1998, p. 104.

[25] BArch NS 33/89, p. 41, The Reichsführer SS (SS-HA/ZK./Az. B 17a), Berlim, 11 abr. 1938, com referência à seleção de candidatos para líderes SS, lista de correio V. Ver também: SEGEV, Tom. *Soldiers of Evil: The Commandants of the Nazi Concentration Camps*. Diamond Books, 2000, p. 97.

[26] GALTON, Francis. *Hereditary Genius*. Basingstoke: Macmillan, 1869, p. 1.

[27] PLOETZ, Alfred. Die Tüchtigkeit unsrer Rasse und der Schutz der Schwachen *apud* WATSON, Peter. *The German Genius*. New York: Simon & Schuster, 2011, p. 434.

[28] Cálculo do professor Richard Levy, da Universidade de Chicago, em resenha de 15 de maio de 1996 sobre o livro de Daniel Goldhagen, *Hitler's Willing Executioners* (http://www.vho.org/aaargh/engl/crazygoldie/reviews96.html).

29 WEINBERG, Robert. The Pogrom of 1905 in Odessa: A Case Study. In: KLIER, John D.; LAMBROZA, Shlomo (eds.). *Pogroms: Anti-Jewish Violence in Modern Russian History*. Cambridge: Cambridge University Press, 2004, p. 248-289.

30 SOBOL, Joshua. *Weiningers Nacht*. München: Europa-Verlag, 1988, p. 145-146.

31 BArch R 8034 III/295, Reichslandbund Pressearchiv, Lup-Lz, p. 11a, R. Tag Z. Nr. 121, 13 mar. 1910. Discurso de Lueger, 11 jan. 1894, parlamento da Baixa Áustria.

32 Ver: HAMANN, Brigitte. *Hitlers Wien: Lehrjahre eines Diktators*. München: Piper, 1996.

33 KERSHAW, Ian. *Hitler: 1889-1936: Hubris*. London: Penguin, 2001, p. 67.

34 Ibid., p. 96.

35 Citado em: WINTER, Jay. *Remembering War: The Great War between Memory and History in the Twentieth Century*, New Haven: Yale University Press, 2006, p. 84.

36 Ibid., p. 87.

37 Carta de Rathenau, 4 ago. 1916, citado em: LOEWENSTEIN, Antony. *My Israel Question*. Melbourne: Melbourne University Press, 2007, p. 130.

38 Citado em: JONES, Nigel Jones. *The Birth of the Nazis: How the Freikorps Blazed a Trail for Hitler*. London: Constable & Robinson, 2004, p. 194-195.

39 Ver: REES, Laurence. *The Dark Charisma of Adolf Hitler*. London: Ebury Press, 2012, p. 22. A passagem citada aqui também inclui testemunho não publicado anteriormente de Fridolin von Spaun.

40 Testemunho não publicado anteriormente.

Capítulo 2: Nascimento dos nazistas

1 WAITE, Robert. *Vanguard of Nazism*. New York: W. W. Norton, 1969, p. 206.

2 VON SEBOTTENDORFF, Rudolf. *Bevor Hitler kam: Urkundliches aus der Frühzeit der nationalsozialistischen Bewegung*. München: Deukula-Verlag Grassinger, 1933, p. 41-43.

3 Ibid., p. 57-60.

4 TYSON, Joseph Howard. *Hitler's Mentor: Dietrich Eckart, his Life, Times, & Milieu*. Indiana: iUniverse, 2008, p. 50.

5 Ibid., p. 15.

6 AUF GUT DEUTSCH: WOCHENSCHRIFT FÜR ORDNUNG UND RECHT. München: Hoheneichen-Verlag, 1919, v. 1, no 2, p. 18.

7 Ibid., v. 2, no 30/34, p. 392.

8 BRANDMAYER, Balthasar. Meldegänger Hitler 1914-1918 *apud* REES, Laurence. *The Dark Charisma of Adolf Hitler*. London: Ebury Press, 2012, p. 13.

9 FEST, Joachim C. *Hitler*. San Diego: Harcourt Brace Jovanovich, 1974, p. 133.

10 REES, Laurence. *The Dark Charisma of Adolf Hitler*. London: Ebury Press, 2012, p. 47.

11 HITLER, Adolf. *Hitler's Table Talk, 1941-1944*. London: Phoenix Press, 2000, p. 217. Noite de 16-17 jan. 1942.

12 Ibid.

13 TYSON, Joseph Howard. *Hitler's Mentor: Dietrich Eckart, his Life, Times, & Milieu*. Indiana: iUniverse, 2008. Ver também: JÄCKEL, Eberhard Jäckel; KUHN, Axel Kuhn (eds.). *Hitler: Sämtliche Aufzeichnungen 1905-1924*. München: Deutsche Verlags-Anstalt, 1980, p. 117. DIETRICH, Otto. *12 Jahre mit Hitler*. München: Isar Verlag, 1955, p. 178. BArch NS 26/514, Carta de Gottfried Grandel ao arquivo principal de NSDAP, Freiburg i. B., 22 out. 1941.

14 Ernst Deuerlein (Hrsg.). Der Aufstieg der NSDAP 1919-1933 in Augenzeugenberichten (1968) *apud* NOAKES, Jeremy; PRIDHAM, Geoffrey (eds.). *Nazism 1919-1945: The Rise to Power 1919-1934*. Exeter: University of Exeter Press, 1983, p. 14.

[15] JÄCKEL, Eberhard Jäckel; KUHN, Axel Kuhn (eds.). *Hitler: Sämtliche Aufzeichnungen 1905-1924*. München: Deutsche Verlags-Anstalt, 1980, p. 366. Discurso de Hitler em encontro do NSDAP em Rosenheim, 21 abr. 1921.

[16] BAYNES, Norman H. Baynes (ed.). *Speeches of Adolf Hitler: Early Speeches, 1922-1924, and Other Selections*. New York: Howard Fertig, 2006, p. 17. Discurso de 12 abr. 1921.

[17] Ibid., p. 42. Discurso de 18 de setembro de 1922.

[18] Ibid., p. 13. Discurso de 12 de abril de 1922.

[19] Ibid., p. 30. Discurso de 28 de julho de 1922.

[20] Ibid., p.17. Discurso de 12 de abril de 1922.

[21] Ibid., p. 21. Discurso de 28 de julho de 1922.

[22] HITLER, Adolf. Rathenau und Sancho Pansa. *Völkischer Beobachter*, München, 13 mar. 1921, p. 2.

[23] Testemunho não publicado anteriormente.

[24] REES, Laurence. *The Dark Charisma of Adolf Hitler*. London: Ebury Press, 2012, p. 30-31.

[25] Testemunho não publicado anteriormente.

[26] Testemunho não publicado anteriormente.

[27] NEITZEL, Sönke. *Tapping Hitler's Generals: Transcripts of Secret Conversations 1942-45*, Barnsley: Frontline Books, 2013, p. 67. Palavras do general Ludwig Crüwell.

[28] BAYNES, Norman H. Baynes (ed.). *Speeches of Adolf Hitler: Early Speeches, 1922-1924, and Other Selections*. New York: Howard Fertig, 2006, p. 15-16. Discurso de 12 abr. 1922.

[29] Ibid., p. 42. Discurso de 18 set. 1922.

[30] LONGERICH, Peter. *Holocaust: The Nazi Persecution and Murder of the Jews*. Oxford: Oxford University Press, 2012, p. 13.

[31] STREICHER, Julius. An die Brüder der USP., MSP., KPD. In: _____. *Ruf zur Tat. Aufsätze aus den Kampfjahren 1920-1922*. Nürnberg: Stürmer-Verlag, 1937, p. 11-13. Ver também: BYTWERK, Randall L. *Julius Streicher*. New York: Cooper Square Press, 2001, p. 10.

[32] BYTWERK, Randall L. *Julius Streicher*. New York: Cooper Square Press, 2001, p. 2.

[33] StAN, Polizeipräsidium Nürnberg-Fürth 541, doc. 187, cópia de decisão judicial contra Streicher, tribunal de avaliador leigo na corte distrital de Schweinfurt, por uma ofensa contra a religião, 5 set. 1922.

[34] Ibid., doc. 103, relatório de 22 dez. 1922 sobre reunião dos nacional-socialistas em 21 dez. 1922 no Kulturverein, em Nuremberg.

[35] Ibid., do Conselho Municipal de Kitzingen ao departamento de polícia do estado de Nuremberg-Fürth, 16 maio 1922, "Observações da reunião do Deutsche Werkgemeinschaft no Kolosseumssaal em Kitzingen no dia 7 de maio de 1922. De um discurso do professor de escola primária J. Streicher de Nuremberg".

[36] HITLER, Adolf. *Hitler's Table Talk, 1941-1944*. London: Phoenix Press, 2000, p. 217. Noite de 28-29 dez. 1941.

[37] Processo do Julgamento de Nuremberg, v. 12, p. 308, 115° dia, sexta-feira, 26 abr. 1946. Ver também: BYTWERK, Randall L. *Julius Streicher*. New York: Cooper Square Press, 2001, p. 15.

[38] Processo do Julgamento de Nuremberg, v. 12, p. 308, 115° dia, sexta-feira, 26 abr. 1946. Ver também: REES, Laurence. *The Dark Charisma of Adolf Hitler*. London: Ebury Press, 2012, p. 49.

[39] Ernst Deuerlein (Hrsg.). Der Aufstieg der NSDAP 1919-1933 in Augenzeugenberichten (1968) *apud* NOAKES, Jeremy; PRIDHAM, Geoffrey (eds.). *Nazism 1919-1945: The Rise to Power 1919-1934*. Exeter: University of Exeter Press, 1983, p. 25-26.

[40] VIERECK, Peter. Stefan George's Cosmic Circle, Decision, out. 1941, p. 49.

[41] REES, Laurence. *The Dark Charisma of Adolf Hitler*. London: Ebury Press, 2012, p. 76.

[42] JOCHMANN, Werner (Hrsg.). Nationalsozialismus und Revolution *apud* NOAKES, Jeremy; PRIDHAM, Geoffrey (eds.). *Nazism 1919-1945: The Rise to Power 1919-1934*. Exeter: University of Exeter Press, 1983, p. 23.

[43] BAYNES, Norman H. Baynes (ed.). *Speeches of Adolf Hitler: Early Speeches, 1922-1924, and Other Selections*. New York: Howard Fertig, 2006, p. 40. Discurso de 28 jul. 1922.

[44] BArch N 1126/8, Leseliste N° 107.

[45] BArch N 1126 141 K, registro do diário de Himmler do dia 12 jan. 1922. Originais na Hoover Institution, Stanford University, Stanford, Califórnia.

[46] Ibid., registro de 24 jun. 1922.

[47] Ibid., registro de 22 nov. 1921.

[48] Ibid., registro de 27 maio 1922.

[49] Ibid., registro de 7 jun. 1922.

[50] Por exemplo, nas eleições gerais de dezembro de 1924, o maior partido era o dos social-democratas, com 26% dos votos. Eles se opunham às políticas antissemitas dos nazistas, do mesmo modo que partidos como o Partido do Povo Alemão, com 10,1%; o Partido Comunista, com 9%; e o Partido Democrata Alemão, com 6,3% dos votos.

[51] REES, Laurence. *The Dark Charisma of Adolf Hitler*. London: Ebury Press, 2012, p. 37.

[52] TYRELL, Albrecht (Hrsg.). Führer befiehl… Selbstzeugnisse aus der 'Kampfzeit' der NS-DAP. Dokumentation und Analyse (1969) *apud* NOAKES, Jeremy; PRIDHAM, Geoffrey (eds.). *Nazism 1919-1945: The Rise to Power 1919-1934*. Exeter: University of Exeter Press, 1983, p. 34-35.

Capítulo 3: Da revolução às urnas

[1] Palavras de Ernst Hanfstaengl, citado em artigo de Jan Friedmann na *Der Spiegel* em 23 jun. 2010. Disponível em: <http://www.spiegel.de/international/germany/adolf-hitler-s-time-in-jail-flowers-for-the-fuehrer-in-landsberg-prison-a-702159.html>. Acesso em: 10 maio 2018.

[2] HITLER, Adolf. *Mein Kampf*. Massachusetts: Houghton Mifflin, 1971, p. 118-119.

[3] Ibid., p. 180-181.

[4] Ibid., p. 57.

[5] Ibid.

[6] Ibid., p. 63.

[7] Ibid., p. 59.

[8] Ibid., p. 65.

[9] Ibid., p. 62-63.

[10] Ibid., p. 206.

[11] Ibid., p. 305.

[12] HUXLEY, Aldous. Notes on Propaganda. *Harper's Monthly Magazine*, New York, dec. 1936.

[13] HITLER, Adolf. *Mein Kampf*. Massachusetts: Houghton Mifflin, 1971, p. 679.

[14] HITLER, Adolf. *Hitler's Table Talk, 1941-1944*. London: Phoenix Press, 2000, p. 87. 25 out. 1941.

[15] HITLER, Adolf. *Mein Kampf*. Massachusetts: Houghton Mifflin, 1971, p. 65.

[16] Publicado pela primeira vez no *Völkischer Beobachter*, 22 abr. 1922. Ver também: REES, Laurence. *The Dark Charisma of Adolf Hitler*. London: Ebury Press, 2012, p. 29.

[17] De uma observação em conversa com o general Ludendorff. Ver: BREUKER, Wilhelm, *Die Tragik Ludendorffs*. Rauschenbusch, 1953, p. 107. Em inglês em: WRIGHT, Jonathan

R. C. *'Above Parties':The Political Attitudes of the German Protestant Church Leadership 1918-1933*. Oxford: Oxford University Press, 1974, p. 78.Ver também: REES, Laurence. *The Dark Charisma of Adolf Hitler*. London: Ebury Press, 2012, p. 135.

[18] SPEER, Albert. *Inside the Third Reich*. London: Phoenix Press, 1995, p. 150.Ver também: REES, Laurence. *The Dark Charisma of Adolf Hitler*. London: Ebury Press, 2012, p. 135-136.

[19] FRÖHLICH, Elke (Hrsg.). *Die Tagebücher von Joseph Goebbels:Aufzeichnungen 1923-1941*. München: K.G. Saur, 1998, v. 9, p. 233-235. Registro de 8 abr. 1941.Ver também: REES, Laurence. *The Dark Charisma of Adolf Hitler*. London: Ebury Press, 2012, p. 138.

[20] DOMARUS, Max. Hitler: *Speeches and Proclamations 1932-1945: 1935-1938*. Mundelein: Bolchazy-Carducci, 1992, p. 980. Discurso de Hitler de 23 nov. 1937.

[21] HITLER, Adolf. *Mein Kampf*. Massachusetts: Houghton Mifflin, 1971, p. 232.

[22] Ibid., p. 316.

[23] Ibid., p. 255.

[24] Ibid., p. 654.

[25] HEIDEN, Konrad. Introduction. In: HITLER, Adolf. *Mein Kampf*. Massachusetts: Houghton Mifflin, 1971, p. xv.

[26] MOORHOUSE, Roger. *His Struggle: Hitler in Landsberg Prison, 1924*. Endeavor Press, 2015. Edição Kindle, localização 556-600.

[27] Otto Leybold, diretor da prisão de Landsberg, em "Report on Adolf Hitler", set. 1924. Disponível em: <http://alphahistory.com/nazigermany/hitlers-prison-report-1924/>. Acesso em: 10 maio 2018.

[28] MOORHOUSE, Roger. *His Struggle: Hitler in Landsberg Prison, 1924*. Endeavor Press, 2015. Edição Kindle, localização 625-631.

[29] LÜDECKE, Kurt. *I Knew Hitler*. London: Jarrolds, 1938, p. 217-18. Ver também: REES, Laurence. *The Dark Charisma of Adolf Hitler*. London: Ebury Press, 2012, p. 66.

[30] Report, *Der Nationalsozialist (TLeipzig)*, v. 1, no 29 von 17/08/1924, *apud* JÄCKEL, Eberhard; KUHN, Axel (eds.). *Hitler. Sämtliche Aufzeichnungen* 1905-1924. München: Deutsche Verlags-Anstalt, 1980, p. 242.

[31] SMITH, Dennis Mack. *Mussolini: A Biography*. New York:Vintage, 1983, p. 172.Ver também: REES, Laurence. *The Dark Charisma of Adolf Hitler*. London: Ebury Press, 2012, p. 64.

[32] Testemunho não publicado anteriormente.

[33] Testemunho não publicado anteriormente.

[34] FRÖHLICH, Elke (Hrsg.). *Die Tagebücher von Joseph Goebbels:Aufzeichnungen 1923-1941*. München: K.G. Saur, 2004, v. 1/1, p. 116-117. Registro de 31 mar. 1924.

[35] Ibid., p. 312. Registro de 8 jun. 1925.

[36] Ibid., p. 50. Registro de 14 nov. 1923.

[37] Ibid., p. 121. Registro de 10 abr. 1924.

[38] Ibid., p. 147. Registro de 10 jun. 1924.

[39] REES, Laurence. *The Nazis:A Warning from History*. London: BBC Books, 1997, p. 33.

[40] FRÖHLICH, Elke (Hrsg.). *Die Tagebücher von Joseph Goebbels:Aufzeichnungen 1923-1941*. München: K.G. Saur, 2004, v. 1/1, p. 108. Registro de 17 mar. 1924.

[41] Ibid., p. 108-9. Registro de 20 mar. 1924.

[42] Ibid., p. 201. Registro de 19 ago. 1924.

[43] Ibid., p. 253. Registro de 23 dez. 1924.

[44] Ibid., p. 326-327. Registro de 14 jul. 1925.

[45] FRÖHLICH, Elke (Hrsg.). *Die Tagebücher von Joseph Goebbels: Diktate 1941-1945*. München: K.G. Saur, 1996, v. 2, p. 498-499. Registro de 13 dez. 1941.

[46] Ibid.,Teil I, v. 1/1, p. 108, registro de 17 mar. 1924; p. 326-7, registro de 14 jul. 1925.

[47] LONGERICH, Peter. *Goebbels*. New York:Vintage, 2015, p. 62-63.

[48] FRÖHLICH, Elke (Hrsg.). *Die Tagebücher von Joseph Goebbels: Aufzeichnungen 1923-1941*. München: K.G. Saur, 2004, v. 1/2, p. 55-56. Registro de 15 fev. 1926.

[49] Ibid., p. 73. Registro de 13 abr. 1926.

[50] WEINBERG, Gerhard L. (ed.). *Hitler's Second Book: The Unpublished Sequel to Mein Kampf*. New York: Enigma Books, 2006, p. 234, Edição Kindle, localização 3978.

[51] Ibid., p. 234, localização 3986.

[52] Ibid., p. 129, localização 2367.

[53] REVENTLOW, Ernst, *Völkischer Beobachter*, no 35, 12 fev. 1927, *apud* MÜHLBERGER, Detlef. *Hitler's Voice: Organisation and Development of the Nazi Party*. Bern: Peter Lang, 2004, p. 240.

[54] Verhandlungen des Deutschen Reichstags, v. 395, docs. 13717-18, 24 mar. 1928. Também em: LONGERICH, Peter. *Holocaust: The Nazi Persecution and Murder of the Jews*. Oxford: Oxford University Press, 2010, p. 15.

[55] Testemunho não publicado anteriormente.

[56] TYRELL, Albrecht (Hrsg.). Führer befiehl... Selbstzeugnisse aus der 'Kampfzeit' der NS-DAP. Dokumentation und Analyse *apud* NOAKES, Jeremy; PRIDHAM, Geoffrey (eds.). *Nazism 1919-1945: The Rise to Power 1919-1934*. Exeter: University of Exeter Press, 1983, p. 55.

[57] TAL, Uriel. *'Political Faith' of Nazism Prior to the Holocaust*. Tel Aviv: Tel Aviv University, 1978, p. 28. REES, Laurence. *The Nazis: A Warning from History*. London: BBC Books, 1997, p. 81-82.

[58] DOMARUS, Max. *Hitler: Speeches and Proclamations 1932-1945: 1932-1934*. Mundelein: Bolchazy-Carducci, 1990, p. 112. Discurso de Hitler de 27 jan. 1932.

[59] Testemunho não publicado anteriormente.

[60] Testemunho não publicado anteriormente.

[61] REES, Laurence. *The Nazis: A Warning from History*. London: BBC Books, 1997, p. 74.

[62] Testemunho não publicado anteriormente.

[63] REES, Laurence. *The Nazis: A Warning from History*. London: BBC Books, 1997, p. 46.

[64] REDLES, David. Nazi End Times: The Third Reich as Millennial Reich. In: KINANE, Karolyn; RYAN, Michael A. (eds.). *End of Days: Essays on the Apocalypse from Antiquity to Modernity*. Jefferson: McFarland, 2009, p. 182.

[65] LONGERICH, Peter. *Goebbels*. New York: Vintage, 2015, p. 91-92.

[66] Nds. HStAH, Hann. Des. 310 I A, Nr. 35. Em inglês em: NOAKES, Jeremy; PRIDHAM, Geoffrey (eds.). *Nazism 1919-1945: The Rise to Power 1919-1934*. Exeter: University of Exeter Press, 1983, p. 76.

[67] Relatório do presidente distrital de Hanover ao ministro do Interior do Reich para os meses de dezembro de 1934/janeiro de 1935, 4 fev. 1935. MLYNEK, Klaus (Hrsg.). *Gestapo Hannover meldet... Polizei- und Regierungsberichte für das mittlere und südliche Niedersachsen zwischen 1933 und 1937*. Hildesheim: August Lax, 1986, p. 315. Fonte original de Mlynek: Nds. HStAH, Hann. 180 Hannover Nr. 799, ff. 191-203.

[68] REES, Laurence. *Selling Politics*. London: BBC Books, 1992, p. 24.

[69] Testemunho não publicado anteriormente.

[70] FEUCHTWANGER, Lion. Wie kämpfen wir gegen ein Drittes Reich? *Welt am Abend*, Berlin, 21 jan. 1931. Em inglês em: KAES, Anton; JAY, Martin; DIMENDBERG Edward (eds.). *The Weimar Republic Sourcebook*. California: University of California Press, 1994, p. 167.

[71] MANN, Heinrich. Die deutsche Entscheidung. *Das Tagebuch*, v. 12, n. 51, 19 dez. 1931. Em inglês em: KAES, Anton; JAY, Martin; DIMENDBERG Edward (eds.). *The Weimar Republic Sourcebook*. California: University of California Press, 1994, p. 164-166.

[72] Testemunho não publicado anteriormente; e REES, Laurence. *The Nazis: A Warning from History*. London: BBC Books, 1997, p. 171.

[73] Discurso de Strasser, Sportpalast de Berlim, 23 out. 1931, *CV-Zeitung. Blätter für Deutschtum und Judentum*. Organ des Central-Vereins deutscher Staatsbürger jüdischen Glaubens e.V., Berlim, 11 dez 1931, v. X, no 50, p. 572.

[74] MEISSNER, Otto. Aufzeichnung über die Besprechung des Herrn Reichspräsidenten mit Adolf Hitler am 13. August 1932 nachmittags 4.15 *apud* HUBATSCH, Walther, *Hindenburg und der Staat. Aus den Papieren des Generalfeldmarschalls und Reichspräsidenten von 1878 bis 1934*. Northeim: Muster-Schmidt, 1966, p. 338. Em inglês em: NOAKES, Jeremy; PRIDHAM, Geoffrey (eds.). *Nazism 1919-1945: The Rise to Power 1919-1934*. Exeter: University of Exeter Press, 1983, p. 104.

[75] DOMARUS, Max. *Hitler. Reden und Proklamationen 1932-1945. Kommentiert von einem deutschen Zeitgenossen: Triumph*. Wien: R. Löwit, 1973, p. 158. De Meissner a Hitler, 24 nov. 1932.

[76] HEIDEN, Konrad. *Adolf Hitler. Das Zeitalter der Verantwortungslosigkeit. Eine Biographie*, München: Europa-Verlag, 1936, p. 278.

[77] Relatório da Agência Telegráfica Judaica, 3 ago 1934.

[78] Entrevista ao *Evening Standard*, 16 maio 1933. Ver também relatório da Agência Telegráfica Judaica da mesma data.

[79] *Völkischer Beobachter*, Norddeutsche Ausgabe, v. 46, n. 6, 6 jan. 1933, p. 1. Também: DOMARUS, Max. *Hitler. Reden und Proklamationen 1932-1945. Kommentiert von einem deutschen Zeitgenossen: Triumph*. Wien: R. Löwit, 1973, p. 175.

Capítulo 4: Consolidação do poder

[1] FRÖHLICH, Elke (Hrsg.). *Die Tagebücher von Joseph Goebbels: Aufzeichnungen 1923-1941*. München: K.G. Saur, 2006, v. 2/3, p. 119. Registro de 30 jan. 1933.

[2] REES, Laurence. *Their Darkest Hour*. London: Ebury Press, 2007, p. 206-207. Mas inclui também um testemunho não publicado anteriormente.

[3] Testemunho não publicado anteriormente.

[4] Testemunho não publicado anteriormente.

[5] Trechos de diários da senhora Luise Solmitz, 4 jan. 1932 a 5 mar. 1933, em: JOCHMANN, Werner. *Nationalsozialismus und Revolution. Ursprung und Geschichte der NSDAP in Hamburg 1922-1933. Dokumente*. Hamburg: Europäische Verlagsanstalt, 1963, p. 422-423.

[6] Testemunho não publicado anteriormente.

[7] Testemunho não publicado anteriormente.

[8] REES, Laurence. *Their Darkest Hour*. London: Ebury Press, 2007, p. 136. Mas também inclui alguns testemunhos não publicados anteriormente.

[9] Testemunho não publicado anteriormente.

[10] DOMARUS, Max. *Hitler: Speeches and Proclamations 1932-1945: 1932-1934*. Mundelein: Bolchazy-Carducci, 1990, p. 246-7. Discurso de Hitler de 10 fev. 1933.

[11] Ibid., p. 253. Discurso de Hitler de 15 fev. 1933.

[12] FRÖHLICH, Elke (Hrsg.). *Die Tagebücher von Joseph Goebbels: Aufzeichnungen 1923-1941*. München: K.G. Saur, 2006, v. 2/3, p. 137. Registro de 28 fev. 1933.

[13] Testemunho não publicado anteriormente.

[14] DOMARUS, Max. *Hitler: Speeches and Proclamations 1932-1945: 1932-1934*. Mundelein: Bolchazy-Carducci, 1990, p. 298-302.

[15] *Völkischer Beobachter*, no 89, 30 mar. 1933, citado em: DOMARUS, Max. *Hitler. Reden und Proklamationen 1932-1945. Kommentiert von einem deutschen Zeitgenossen: Triumph*. Wien: R. Löwit, 1973, p. 251-252.

[16] REES, Laurence. *The Nazis: A Warning from History*. London: BBC Books, 1997, p. 105.

[17] YAHIL, Leni. *The Holocaust: The Fate of European Jewry, 1932-1945*. Oxford: Oxford University Press, 1991, p. 95-97.

[18] MATTHÄUS, Jürgen; ROSEMAN, Mark (eds.). *Jewish Responses to Persecution: 1933-1938*. Lanham: AltaMira Press/ US Holocaust Memorial Museum, 2010. Release à imprensa datado de 24 mar. 1933, em *CV-Zeitung*, 30 mar. 1933, documento 1-5, p. 15.

[19] REES, Laurence. *The Nazis: A Warning from History*. London: BBC Books, 1997, p. 71-72. E testemunho não publicado anteriormente.

[20] Ibid., p. 72-73. E testemunho não publicado anteriormente.

[21] Testemunho não publicado anteriormente.

[22] Testemunho não publicado anteriormente.

[23] Números do US Holocaust Memorial Museum (http://www.ushmm.org/).

[24] YAHIL, Leni. *The Holocaust: The Fate of European Jewry*, 1932-1945. Oxford: Oxford University Press, 1991, p. 92.

[25] Testemunho não publicado anteriormente.

[26] Testemunho não publicado anteriormente.

[27] Números do Escritório de Estatística do Reich para 1933, citado em: NOAKES, Jeremy; PRIDHAM, Geoffrey (eds.). *Nazism 1919-1945: State, Economy and Society 1933-1939*. Exeter: University of Exeter Press, 1991, p. 522.

[28] StAN, LG Ansbach, Strafprozessakten, Große Strafkammer 50/34, Bär, v. II, p. 185. Testemunho de Kurt Adolf Bär, 14 abr. 1934.

[29] Ibid., p. 63. Testemunho de Marie Breinl, 4 abr. 1934.

[30] BayHStA, StK 6410, p. 100-101, 103-104, 105, 113, 127, 128, 146, 147. Veredito em ação contra Kurt Bär e cúmplices de violação à ordem pública, em 14 jul. 1934.

[31] BayHStA, MInn 73708, p. 48. Relatório sobre os eventos em Gunzenhausen, em 25 mar. 1934, pelo alto procurador da corte distrital de Ansbach.

[32] Ibid., p. 15-16. Carta do delegado do Supremo líder da SA do governo da Francônia Central, 27 mar. 1934.

[33] Ibid., p. 15-16. Carta do delegado do Supremo líder da SA do governo da Francônia Central, 27 mar. 1934.

[34] Ibid., p. 73. Indiciamento, 11 ago. 1934, contra Kurt Bär e dois outros por homicídio e tentativa de homicídio.

[35] BayHStA, MJu 23436 Escritório do Chefe do Conselho dos EUA, APO 124 A, Exército dos EUA, Memorando para: Escritório do Comandante, Companhia B, Terceiro Regimento do Governo Militar, APO 170, Exército dos EUA, assunto: Assassinato de Judeu Alemão. Do interrogatório do doutor Benno Franz Theodor Martin tomado em Nuremberg, em 19 out. 1945.

[36] DISTEL, Barbara; JAKUSCH, Ruth (eds.). *Concentration Camp, Dachau 1933-1945*. Dachau: Comité Internacional de Dachau, 16. ed., 1978, p. 40.

[37] DURBIN, E. F. M., BOWLDY, John. *Personal Aggressiveness and War*. London: Routledge, 2007, p. 134.

[38] MATTHÄUS, Jürgen; ROSEMAN, Mark (eds.). *Jewish Responses to Persecution: 1933-1938*. Lanham: AltaMira Press/ US Holocaust Memorial Museum, 2010. Kurt Rosenberg, registro de diário de 20 e 31 ago. 1933, documento 2-2 LBINY AR 25279, p. 37-38.

[39] WACHSMANN, Nikolaus. *KL: A History of the Nazi Concentration Camps*. Boston: Little, Brown and Company, 2015, p. 30.

[40] *Münchner Neueste Nachrichten*, 13 mar. 1933, citado em: LONGERICH, Peter. *Heinrich Himmler: A Life*. Oxford: Oxford University Press, 2012, p. 150.

[41] Ver p. 79-80.

[42] DISTEL, Barbara; JAKUSCH, Ruth (eds.). *Concentration Camp, Dachau 1933-1945*. Dachau: Comité Internacional de Dachau, 16. ed., 1978, p. 48. Documento sobre a libertação de Johann Deller, 12 out. 1934.

[43] Testemunho de Göring, 18 mar. 1946, 84° dia dos julgamentos de Nuremberg (http://law2.umkc.edu/faculty/projects/ftrials/nuremberg/Goering1.html).

[44] HÖSS, Rudolf. *Commandant of Auschwitz*. London: Phoenix Press, 2001, p. 71.

[45] SEGEY, Tom. *Soldiers of Evil: The Commandants of the Nazi Concentration Camps*. Diamond Books, 2000, p. 28.

[46] DILLON, Christopher. *Dachau and the SS: A Schooling in Violence*. Oxford: Oxford University Press, 2015, p. 37.

[47] Testemunho não publicado anteriormente; e REES, Laurence. *The Nazis: A Warning from History*. London: BBC Books, 1997, p. 51.

[48] *Münchner Neueste Nachrichten*, 13 mar. 1933, citado em: LONGERICH, Peter. *Heinrich Himmler: A Life*. Oxford: Oxford University Press, 2012, p. 150.

[49] ABRAHAM, Max. Juda verrecke. Ein Rabbiner im Konzentrationslager apud DIEKMANN, Irene A.; WETTIG, Klaus (eds.). Konzentrationslager Oranienburg. Augenzeugenberichte aus dem Jahre 1933. Berlin-Pankow: Verlag für Berlin-Brandenburg, 2003, p. 128.

[50] ABRAHAM, Max. *Juda verrecke. Ein Rabbiner im Konzentrationslager*. Druck- und Verlagsanstalt Teplitz-Schönau, 1934, p. 154.

[51] Landesamt für Bürger-und Ordnungsangelegenheiten Berlin, Reg. No. 50909, Entschädigungsakte Max Abraham.

[52] THE GUARDIAN. *From the archive, 1 January 1934: Manchester Guardian exposes reality of Dachau*. Disponível em: <http://www.theguardian.com/world/2015/jan/01/dachau-nazi-germany-second-world-war>. Acesso em: 10 maio 2018.

[53] BEIMLER, Hans. *Im Möderlager Dachau*. Disponível em: <https://www.hs-augsburg.de/~harsch/germanica/Chronologie/20Jh/Beimler/bei_da00.html>. Acesso em: 10 maio 2018.

[54] *Amper-Bote*, 7 set. 1933. DILLON, Christopher. *Dachau and the SS: A Schooling in Violence*. Oxford: Oxford University Press, 2015, p. 228.

[55] Testemunho não publicado anteriormente.

[56] Testemunho não publicado anteriormente.

[57] Testemunho não publicado anteriormente.

[58] Testemunho não publicado anteriormente. Ele discorre sobre sua crença em: REES, Laurence. *The Nazis: A Warning from History*. London: BBC Books, 1997, p. 53.

[59] Testemunho não publicado anteriormente.

[60] DILLON, Christopher. *Dachau and the SS: A Schooling in Violence*. Oxford: Oxford University Press, 2015, p. 44.

[61] PIPER, Franciszek. *Auschwitz 1940-1945: Central Issues in the History of the Camp – Mass Murder*. Oswiecim: Auschwitz-Birkenau State Museum, 2000, p. 71.

[62] Ibid.

[63] DILLON, Christopher. *Dachau and the SS: A Schooling in Violence*. Oxford: Oxford University Press, 2015, p. 52.

[64] Ibid.

[65] REES: Laurence. *Auschwitz: The Nazis and the 'Final Solution'*. London: BBC Books, 2005, p. 25. Ver também: CZECH, Danuta. The Auschwitz Prisoner Administration. In: GUTMAN, Yisreal; BERENBAUM, Michael (eds.). *The Anatomy of the Auschwitz Death Camp*. Indiana: Indiana University Press, 1998, p. 364

[66] HÖSS, Rudolf. *Commandant of Auschwitz*. London: Phoenix Press, 2001, p. 78.

[67] Ibid., p. 65-66.

[68] *Als sozialdemokratischer Arbeiter im Konzentrationslager Papenburg*, Verlagsgenossenschaft ausländischer Arbeiter in der UdSSR, 1935, p. 20. (Ver nota 70 abaixo.)

[69] LANGHOFF, Wolfgang. *Die Moorsoldaten. 13 Monate Konzentrationslager*. Berlin: Aufbau-Verlag, 1947, p. 251-252.

[70] *Als sozialdemokratischer Arbeiter im Konzentrationslager Papenburg* foi escrito por um ex-prisioneiro de Börgermoor e creditado apenas como "anônimo" a fim de proteger sua família. O prefácio do livro, atestando sua exatidão, foi escrito por Willi Bredel, outro interno do campo de concentração.

[71] *Als sozialdemokratischer Arbeiter*, p. 35.

[72] DIELS, Rudolf. *Lucifer ante Portas: ...es spricht der erste Chef der Gestapo...*. Stuttgart: Deutsche Verlags-Anstalt, 1950, p. 260-262.

[73] LANGHOFF, Wolfgang. *Die Moorsoldaten. 13 Monate Konzentrationslager*. Berlin: Aufbau-Verlag, 1947, p. 251-252.

[74] *Als sozialdemokratischer Arbeiter*, p. 51.

[75] LANGHOFF, Wolfgang. *Die Moorsoldaten. 13 Monate Konzentrationslager*. Berlin: Aufbau-Verlag, 1947, p. 251-252.

[76] Relatório de Max Hempel, citado em: KLAUSCH, Hans-Peter. *Tätergeschichten. Die SS-Kommandanten der frühen Konzentrationslager im Emsland*. Bremen: Edition Temmen, 2005, p. 231.

[77] NOAKES, Jeremy; PRIDHAM, Geoffrey (eds.). *Nazism 1919-1945: The Rise to Power 1919-1934*. Exeter: University of Exeter Press, 1991, p. 175.

[78] DILLON, Christopher. *Dachau and the SS: A Schooling in Violence*. Oxford: Oxford University Press, 2015, p. 88.

[79] WACHSMANN, Nikolaus. *KL: A History of the Nazi Concentration Camps*. Boston: Little, Brown and Company, 2015, p. 83.

Capítulo 5: As Leis de Nuremberg

[1] Testemunho não publicado anteriormente.

[2] WACHSMANN, Nikolaus. *KL: A History of the Nazi Concentration Camps*. Boston: Little, Brown and Company, 2015, p. 90.

[3] BAUER, Yehuda. *Jews for Sale? Nazi-Jewish Negotiations, 1933-1945*. New Haven: Yale University Press, 1994, p. 9.

[4] BERMAN, Aaron. *Nazism, the Jews, and American Zionism, 1933-1948*. Detroit: Wayne State University Press, 1990, p. 39.

[5] HITLER, Adolf. *Mein Kampf*. Massachusetts: Houghton Mifflin, 1971, p. 325. Ver também: HERF, Jeffrey. *The Jewish Enemy: Nazi Propaganda during World War Two and the Holocaust*. Cambridge (MA): Belknap Press, 2006, p. 75.

[6] Ver p. 87.

[7] Testemunho não publicado anteriormente.

[8] REES, Laurence. *The Nazis: A Warning from History*. London: BBC Books, 1997, p. 75. E testemunho não publicado anteriormente.

[9] MICHAELIS, Herbert et al. (eds.). *Ursachen und Folgen. Vom Deutschen Zusammenbruch 1918 und 1945 bis zur staatlichen Neuordnung Deutschlands in der Gegenwart*. Aachen: Wendler, 1964, v. IX, p. 397. Em inglês em: NOAKES, Jeremy; PRIDHAM, Geoffrey (eds.). *Nazism 1919-1945: State, Economy and Society 1933-1939*. Exeter: University of Exeter Press, 1991, p. 530.

[10] NOAKES, Jeremy; PRIDHAM, Geoffrey (eds.). *Nazism 1919-1945: State, Economy and Society 1933-1939*. Exeter: University of Exeter Press, 1991, p. 531-532.

[11] DOMARUS, Max. *Hitler: Speeches and Proclamations 1932-1945: 1935-1938*. Mundelein: Bolchazy-Carducci, 1992, p. 706. Discurso de Hitler de 15 set. 1935.

[12] THE JEWISH POST, Indiana, 13 sep. 1935. Disponível em: <https://newspapers.library.in.gov/cgi-bin/indiana?a=d&d=JPOST19350913-01.1.1>. Acesso em: 10 maio 2018.

[13] DOMARUS, Max. *Hitler: Speeches and Proclamations 1932-1945: 1935-1938*. Mundelein: Bolchazy-Carducci, 1992, p. 707. Discurso de Göring de 15 set. 1935.

[14] MOMMSEN, Hans. The Realization of the Unthinkable: "The Final Solution of the Jewish Question" in the Third Reich. In: MARRUS, Michael R. (ed.). *The Nazi Holocaust: The 'Final Solution': The Implementation of Mass Murder*. Westport: Meckler, 1989, p. 223.

[15] Essa interpretação é sugerida não por Mommsen, mas por este autor.

[16] STRECKER, Reinhard-M. Dr. Hans Globke. Aktenauszüge, Dokumente *apud* NOAKES, Jeremy; PRIDHAM, Geoffrey (eds.). *Nazism 1919-1945: State, Economy and Society 1933-1939*. Exeter: University of Exeter Press, 1991, p. 541.

[17] Decreto complementar da Lei de Cidadania do Reich, 14 nov. 1935. NOAKES, Jeremy; PRIDHAM, Geoffrey (eds.). *Nazism 1919-1945: State, Economy and Society 1933-1939*. Exeter: University of Exeter Press, 1991, p. 538-539.

[18] Citado em: DOMARUS, Max. *Hitler. Reden und Proklamationen 1932-1945. Kommentiert von einem deutschen Zeitgenossen: Triumph*. Wien: R. Löwit, 1973, p. 538. Discurso de Hitler, Reichstag, 15 set. 1935. Também em: DOMARUS, Max. *Hitler: Speeches and Proclamations 1932-1945: 1935-1938*. Mundelein: Bolchazy-Carducci, 1992, p. 707.

[19] *Völkischer Beobachter*, 16 set. 1935.

[20] Testemunho não publicado anteriormente.

[21] Nas palavras dos pais de Lucille Eichengreen.

[22] REES, Laurence. *Their Darkest Hour*. London: Ebury Press, 2007, p. 191-192. E testemunho não publicado anteriormente.

[23] TOOZE, Adam. *Wages of Destruction: The Making and Breaking of the Nazi Economy*. London: Penguin, 2007, p. 65.

[24] KERSHAW, Ian. *Hitler: 1889-1936*: Hubris. London: Penguin, 2001, p. 558.

Capítulo 6: Educação e construção do Império

[1] Existem várias traduções para völkische nesse contexto – "relativo ao povo", "racial", "étnico", "popular" são algumas das tentativas de transmitir o que a palavra significava naquela época. "Étnico" é provavelmente o mais próximo do sentido original.

[2] HITLER, Adolf. *Mein Kampf*. Massachusetts: Houghton Mifflin, 1971, p. 404.

[3] *Deutschland-Berichte der Sozialdemokratischen Partei Deutschlands (Sopade) 1934-1940. Zweiter Jahrgang, 1935*. Frankfurt: Verlag Petra Nettelbeck/Zweitausendeins, 1980, p. 1043.

[4] Martin Broszat et al. (eds.). *Bayern in der NS-Zeit*. München: Oldenbourg, 1977, v. 1, p. 466-467. Ver também: NOAKES, Jeremy; PRIDHAM, Geoffrey (eds.). *Nazism 1919-1945: State, Economy and Society 1933-1939*. Exeter: University of Exeter Press, 1983, p. 546.

[5] DOMARUS, Max. *Hitler: Speeches and Proclamations 1932-1945: 1935-1938*. Mundelein: Bolchazy-Carducci, 1992, p. 700-701. Discurso de Hitler de 14 set. 1935.

[6] Testemunho não publicado anteriormente.

[7] Testemunho não publicado anteriormente.

[8] REES, Laurence. *Their Darkest Hour*. London: Ebury Press, 2007, p. 193. E testemunho não publicado anteriormente.

[9] Testemunho não publicado anteriormente.

[10] WEGNER, Gregory. *Anti-Semitism and Schooling under the Third Reich*. London: Routledge, 2002, Edição Kindle, localização 4325-4331.

[11] HIEMER, Ernst. *Der Giftpilz*. Nürnberg: Stürmer-Verlag, 1938.

[12] FINK, Fritz. *The Jewish Question in Education*. Disponível em: <http://research.calvin.edu/german-propaganda-archive/fink.htm>. Acesso em: 11 maio 2018. Ver também:

WEGNER, Gregory. *Anti-Semitism and Schooling under the Third Reich*. London: Routledge, 2002, Edição Kindle, localização 1618-1643.

[13] Testemunho não publicado anteriormente. A afirmação de Boehm-Tettelbach de que os advogados em Berlim eram "em sua maioria" judeus é falsa – advogados judeus alemães nunca foram maioria.

[14] WELCH, David. *Propaganda and the German Cinema*. Oxford: Oxford University Press, 1983, p. 122. Ver também: GREBING, Helga. *Der Nationalsozialismus: Ursprung und Wesen*. München: Isar Verlag, 1959, p. 65.

[15] *Völkischer Beobachter*, Bayernausgabe, 7 ago. 1929, p. 1.

[16] Testemunho não publicado anteriormente.

[17] WELCH, David. *Propaganda and the German Cinema*. Oxford: Oxford University Press, 1983, p. 123.

[18] BURLEIGH, Michael. *The Third Reich: A New History*. London: Pan, 2001, p. 381.

[19] FRIEDLANDER, Henry. *The Origins of Nazi Genocide: From Euthanasia to the Final Solution*. Chapel Hill: University of North Carolina Press, 1995, p. 62.

[20] Números do US Holocaust Memorial Museum, disponíveis em: <https://www.ushmm.org/learn/students/learning-materials-and-resources/mentally-and-physically-handicapped-victims-of-the-nazi-era/forced-sterilization>. Acesso em: 11 maio 2018.

[21] LIFTON, Robert Jay. *The Nazi Doctors: Medical Killing and the Psychology of Genocide*. New York: Basic Books, 2000, p. 29.

[22] KOONZ, Claudia. *The Nazi Conscience*. Cambridge (MA): Harvard University Press, 2003, p. 105. Ver também: NEUMANN, Boaz. The Phenomenology of the German People's Body (Volkskörper) and the Extermination of the Jewish Body. *New German Critique*, v. 36, n. 1, 2009, p. 149-181.

[23] KERSHAW, Ian. *The 'Hitler Myth': Image and Reality in the Third Reich*. Oxford: Oxford University Press, 2001, p. 78.

[24] REES, Laurence. *Their Darkest Hour*. London: Ebury Press, 2007, p. 192.

[25] REES, Laurence. *The Nazis: A Warning from History*. London: BBC Books, 1997, p. 74.

[26] Testemunho não publicado anteriormente.

[27] *Daily Express*, 17 set. 1936.

[28] Em seu artigo, Lloyd George afirmou que "o temperamento alemão não se compraz mais na perseguição do que o britânico", e expressou a esperança de que no futuro "os discursos bombásticos de Goebbels não venham a provocar outra manifestação antijudaica".

[29] SEGEV, Tom. *One Palestine, Complete: Jews and Arabs under the British Mandate*. Boston: Little, Brown and Company, 2014, p. 33.

[30] Testemunho não publicado anteriormente.

[31] Testemunho não publicado anteriormente.

[32] *Sunday Express* de 19 jun. 1938, citado em: FRIEDMAN, Edie. *Britain as Refuge: The Real Story*. Disponível em: <https://www.thejc.com/britain-as-refuge-the-real-story-1.5676> Acesso em: 11 maio 2018.

[33] SEGEV, Tom. *One Palestine, Complete. Jews and Arabs under the British Mandate*. Boston: Little, Brown and Company, 2014, p. 37-39.

[34] DOMARUS, Max. *Hitler: Speeches and Proclamations 1932-1945: 1935-1938*. Mundelein: Bolchazy-Carducci, 1992, p. 938. Discurso de Hitler de 13 set. 1937.

[35] VON KOTZE, Hildegard; KRAUSNICK, Helmut (eds.). *Es spricht der Führer: Sieben exemplarische Hitler-Reden*. Gütersloh: Mohn, 1966, p. 123-177. Rede Hitlers vor Kreisleitern auf der Ordensburg Vogelsang en 29 abr. 1937.

[36] FRÖHLICH, Elke (Hrsg.). *Die Tagebücher von Joseph Goebbels: Aufzeichnungen 1923-1941*. München: K.G. Saur, 2006, v. 4, p. 429-430. Registro de 30 nov. 1937.

[37] *Documents on German Foreign Policy*, Series C, v.V, nº 490.

[38] Documento 46-EC do julgamento de Nuremberg.

[39] FRÖHLICH, Elke (Hrsg.). *Die Tagebücher von Joseph Goebbels: Aufzeichnungen 1923-1941*. München: K.G. Saur, 2006, v. 3/2, p. 251-252. Registro de 15 nov. 1936.

[40] NOAKES, Jeremy; PRIDHAM, Geoffrey (eds.). *Nazism 1919-1945: Foreign Policy, War and Racial Extermination*. Exeter: University of Exeter Press, 2006, p. 72-79.

[41] FEST, Joachim C. *Hitler*. San Diego: Harcourt Brace Jovanovich, 1974, p. 42.

[42] GEEHR, Richard S. *Karl Lueger: Mayor of Fin de Siecle Vienna*. Detroit: Wayne State University Press, 1990, p. 181.

[43] Ibid., p. 200.

[44] VON SCHUSCHNIGG, Kurt. *Austrian Requiem*. London: Victor Gollancz, 1947, p. 21, 23.

[45] Testemunho não publicado anteriormente; e REES, Laurence. *The Nazis: A Warning from History*. London: BBC Books, 1997, p. 107.

[46] DOMARUS, Max. *Hitler. Reden und Proklamationen 1932-1945. Kommentiert von einem deutschen Zeitgenossen: Triumph*. Wien: R. Löwit, 1973, p. 803. Discurso de Hitler, Reichstag, 20 fev. 1938.

[47] *Völkischer Beobachter*, Norddeutsche Ausgabe, 26 fev. 1938, p. 2.

[48] Testemunho não publicado anteriormente.

[49] Testemunho não publicado anteriormente.

[50] Testemunho não publicado anteriormente.

[51] Testemunho não publicado anteriormente.

[52] REES, Laurence. *The Nazis: A Warning from History*. London: BBC Books, 1997, p. 114.

[53] Ibid., p. 112.

[54] Ibid., p. 114.

[55] SHIRER, William L. *Berlin Diary: The Journal of a Foreign Correspondent, 1934-1941*. Baltimore: Johns Hopkins University Press, 2002, p. 110-111.

[56] WACHSMANN, Nikolaus. *KL: A History of the Nazi Concentration Camps*. Boston: Little, Brown and Company, 2015, p. 140.

[57] Ibid., p. 177.

[58] Ibid.

[59] MATTHÄUS, Jürgen; ROSEMAN, Mark (eds.). *Jewish Responses to Persecution: 1933-1938*. Lanham: AltaMira Press/ US Holocaust Memorial Museum, 2010. Relato à Agência Telegráfica Judaica em Paris sobre a perseguição na Áustria em junho de 1938, documento 10-7, p. 283-284.

[60] SHIRER, William L. *Berlin Diary: The Journal of a Foreign Correspondent, 1934-1941*. Baltimore: Johns Hopkins University Press, 2002, p. 109. Registro de 19 mar. 1938.

[61] FRÖHLICH, Elke (Hrsg.). *Die Tagebücher von Joseph Goebbels: Aufzeichnungen 1923-1941*. München: K.G. Saur, 2000, v. 5, p. 225. Registro de 23 mar. 1938.

[62] CESARANI, David. *Eichmann: His Life and Crimes*. New York: Vintage, 2005, p. 61.

[63] Ibid., p. 65.

[64] Ibid., p. 67.

[65] LONGERICH, Peter. *Holocaust: The Nazi Persecution and Murder of the Jews*. Oxford: Oxford University Press, 2012, p. 106.

Capítulo 7: Radicalização

[1] DOMARUS, Max. *Hitler. Reden und Proklamationen 1932-1945. Kommentiert von einem deutschen Zeitgenossen: Triumph*. Wien: R. Löwit, 1973, p. 845-846. Discurso de Hitler de 6 abr. 1938.

[2] Ibid., p. 845. Discurso de Hitler, Klagenfurt Festival Hall, 4 abr. 1938.

[3] Ibid., p. 844. Discurso de Hitler, Graz, 3 abr. 1938.

[4] Ver p. 51-52.

[5] HITLER, Adolf. *Hitler's Table Talk, 1941-1944*. London: Phoenix Press, 2000, p. 144. 13 dez. 1941.

[6] Ibid., p. 145.

[7] DOMARUS, Max. *Hitler. Reden und Proklamationen 1932-1945. Kommentiert von einem deutschen Zeitgenossen: Triumph*. Wien: R. Löwit, 1973, p. 606. Discurso de Hitler de 14 mar. 1936.

[8] Ibid., p. 848. Discurso de Hitler de 9 abr. 1938.

[9] LONGERICH, Peter. *Holocaust: The Nazi Persecution and Murder of the Jews*. Oxford: Oxford University Press, 2010, p. 92.

[10] WACHSMANN, Nikolaus. *KL: A History of the Nazi Concentration Camps*. Boston: Little, Brown and Company, 2015, p. 177.

[11] ARAD, Yitzhak; GUTMAN, Yisrael; MARGALIOT, Abraham (eds.). *Documents on the Holocaust: Selected Sources on the Destruction of the Jews of Germany and Austria, Poland and the Soviet Union*. Lincoln: Bison Books, 1999, p. 98-99.

[12] MEYER, Beate; SIMON, Hermann; SCHÜTZ, Chana (eds.). *Jews in Nazi Berlin: From Kristallnacht to Liberation*. Chicago: University of Chicago Press, 2009, p. 25.

[13] Para ser fiel tanto à história quanto às diferentes sensibilidades de hoje em dia, neste livro a palavra "cigano" será usada ao discutir a política nazista, e "sinti e roma" quando nos referirmos mais geralmente aos indivíduos em questão.

[14] LEWY, Guenter. *The Nazi Persecution of the Gypsies*. Oxford: Oxford University Press, 2000, p. 2-3.

[15] KALLIS, Aristotle. *Genocide and Fascism: The Eliminationist Drive in Fascist Europe*. London: Routledge, 2009, p. 55. Palavras de Albert Krantzius, no início do século XVI.

[16] Ibid.

[17] LOMBROSO, Cesare. *Die Ursachen und Bekämpfung des Verbrechens*. Berlin: Hugo Bermühler, 1902.

[18] LEWY, Guenter. *The Nazi Persecution of the Gypsies*. Oxford: Oxford University Press, 2000, p. 7.

[19] Testemunho não publicado anteriormente.

[20] Testemunho não publicado anteriormente.

[21] LEWY, Guenter. *The Nazi Persecution of the Gypsies*. Oxford: Oxford University Press, 2000, p. 42.

[22] BURLEIGH, Michael; WIPPERMANN, Wolfgang. *The Racial State: Germany 1933-1945*. Cambridge: Cambridge University Press, 1991, p. 120-121. Ver também: LEWY, Guenter. *The Nazi Persecution of the Gypsies*. Oxford: Oxford University Press, 2000, p. 135 138.

[23] Exposição permanente no memorial do campo de concentração de Sachsenhausen.

[24] GOESCHEL, Christian; WACHSMANN, Nikolaus (eds.). *The Nazi Concentration Camps, 1933-1939: A Documentary History*. Lincoln: University of Nebraska Press, 2012, p. 204-205.

[25] Relato do posto policial de St Johann, Áustria, 12 jan. 1939, citado em: LEWY, Guenter. *The Nazi Persecution of the Gypsies*. Oxford: Oxford University Press, 2000, p. 61-62.

[26] PENTON, M. James. *Jehovah's Witnesses and the Third Reich*. Toronto: University of Toronto Press, 2004, p. 275-284.

[27] REES, Laurence. *Auschwitz: The Nazis and the 'Final Solution'*. London: BBC Books, 2005, p. 210. E testemunho não publicado anteriormente.

[28] REYNAUD, Michel; GRAFFARD, Sylvie. *The Jehovah's Witnesses and the Nazis: Persecution, Deportation, and Murder, 1933-1945*. New York: Cooper Square Press, 2001, p. 21.

[29] WACHSMANN, Nikolaus. *KL: A History of the Nazi Concentration Camps*. Boston: Little, Brown and Company, 2015, p. 126.

[30] REYNAUD, Michel; GRAFFARD, Sylvie. *The Jehovah's Witnesses and the Nazis: Persecution, Deportation, and Murder, 1933-1945*. New York: Cooper Square Press, 2001, p. 89-90.

[31] HÖSS, Rudolf. *Commandant of Auschwitz*. London: Phoenix Press, 2001, p. 88-89.

[32] Ibid., p. 89.

[33] Ibid., p. 91.

[34] REYNAUD, Michel; GRAFFARD, Sylvie. *The Jehovah's Witnesses and the Nazis: Persecution, Deportation, and Murder, 1933-1945*. New York: Cooper Square Press, 2001, p. 31.

[35] Testemunho não publicado anteriormente.

[36] SMITH, Bradley F.; PETERSON, Agnes F. (eds.). *Heinrich Himmler. Geheimreden 1933 bis 1945 und andere Ansprachen*. Berlin: Propyläen Verlag, 1974, p. 93-94, 96-97. Discurso a líderes de grupos SS em 18 fev. 1937.

[37] *Völkischer Beobachter*, Bayernausgabe, 2 ago. 1930 (182. Ausgabe, 43. Jg.), p. 1.

[38] Testemunho de Wolfgang Teubert e Emil Klein, citado em: REES, Laurence. *The Dark Charisma of Adolf Hitler*. London: Ebury Press, 2012, p. 127-128.

[39] *Völkischer Beobachter*, 1 jul. 1934; e REES, Laurence. *The Dark Charisma of Adolf Hitler*. London: Ebury Press, 2012, p. 127.

[40] WACHSMANN, Nikolaus. *KL: A History of the Nazi Concentration Camps*. Boston: Little, Brown and Company, 2015, p. 127-128.

[41] Ver: UNITED States Holocaust Memorial Museum. *Persecution of Homosexuals*. Disponível em: <https://www.ushmm.org/learn/students/learning-materials-and-resources/homosexuals-victims-of-the-nazi-era/persecution-of-homosexuals>. Acesso em: 11 maio 2018. O museu estima que de 5.000 a 15.000 homossexuais foram enviados a campos de concentração.

[42] WACHSMANN, Nikolaus. *KL: A History of the Nazi Concentration Camps*. Boston: Little, Brown and Company, 2015, p. 134.

[43] DOMARUS, Max. *Hitler. Reden und Proklamationen 1932-1945. Kommentiert von einem deutschen Zeitgenossen: Triumph*. Wien: R. Löwit, 1973, p. 870. Ordem de Hitler de 30 maio 1938.

[44] TOOZE, Adam. *Wages of Destruction: The Making and Breaking of the Nazi Economy*. London: Penguin, 2007, p. 255.

[45] PRO FO 371/22530, 13 mar. 1938, citado em: HORNE, Fiona. Explaining British Refugee Policy: March 1938 – July 1940. 2008. Dissertação (Mestrado em Artes) – Universidade de Canterbury, Nova Zelândia.

[46] Major Sir George Davies, deputado conservador por Yeovil, falando na Câmara dos Comuns em 22 de março de 1938, PRO FO 372/3282.

[47] GILBERT, Martin. *Exile and Return*. Philadelphia: J. B. Lippincott & Co., 1978, p. 203. Fala num Comitê de Refugiados do Gabinete, em 20 jul. 1938.

[48] LARGE, David Clay. *And the World Closed its Doors*. New York: Basic Books, 2004, p. 72.

[49] MESSERSMITH, George S. *Berlin. To William Phillips, Undersecretary of State, Washington*. Disponível em: <http://udspace.udel.edu/handle/19716/6176>. Acesso em: 11 maio 2018.

[50] NYE JR., Joseph S. *Presidential Leadership and the Creation of the American Era*. Princeton: Princeton University Press, 2013, p. 38.

[51] LARGE, David Clay. *And the World Closed its Doors*. New York: Basic Books, 2004, p. 70.

[52] *Diaries of William Lyon Mackenzie King*, registro de 29 mar. 1938. Disponível em: <http://www.bac-lac.gc.ca/eng/discover/politics-government/prime-ministers/william-lyon--mackenzie-king/Pages/item.aspx?IdNumber=18924&>. Acesso em: 11 maio 2018.

[53] Ibid., registro de 29 jun. 1937. Após a Anschluss, King de fato observou em seu diário que não podia "tolerar" a "opressão dos judeus" pelos nazistas, mas mesmo assim sentia que o mundo ainda veria Hitler como "um homem místico de grande envergadura" – ver diário de Mackenzie King, registro de 27 mar. 1938. Depois da Noite dos Cristais, ele escreveu que tinha "compaixão" pelos judeus "por seu drama" – ver diário de Mackenzie King, registro de 23 nov. 1938.

[54] Ibid., registro de 30 jun. 1937.

[55] MATTHÄUS, Jürgen; ROSEMAN, Mark (eds.). *Jewish Responses to Persecution: 1933-1938*. Lanham: AltaMira Press/ US Holocaust Memorial Museum, 2010. WJC Memorandum, jul. 1938, USHMMA RG 11.001 M.36, reel 106 (SAM 1190-1-257), documento 11-3, p. 314-318.

[56] DWORK, Deborah; VAN PELT, Robert Jan. *Flight from the Reich: Refugee Jews 1933-1946*. New York: W. W. Norton, 2009, p. 99. Roger Makins, Memorandum, 25 mar. 1938, PRO FO 371/2231.

[57] MELZER, Emanuel. *No Way Out: The Politics of Polish Jewry, 1935-1939*. Cincinnati: Hebrew Union College Press, 1965, p. 90.

[58] CYMET, David. *History vs. Apologetics: The Holocaust, the Third Reich, and the Catholic Church*. Lanham: Lexington Books, 2010, p. 125.

[59] MEIR, Golda. *My Life*. London: Weidenfeld & Nicolson, 1975, p. 127.

[60] NICOSIA, Francis R. *The Third Reich and the Palestine Question*. Piscataway: Transaction, 2013, p. 125.

[61] Winston Churchill falando em debate na Câmara dos Comuns, 23 maio 1939, Hansard, v. 347, col. 2178. Ver: TODMAN, Daniel. *Britain's War: Into Battle 1937-1941*. London: Allen Lane, 2016, p. 162-166.

[62] Minutas do Comitê do Gabinete, PRO CAB 24/285, 20 abr. 1939; ver também correspondência para Winston Churchill relatando que o representante diplomático britânico em Bucareste era "fortemente antissemita", apesar da "perseguição" aos judeus que ocorria ali. Citado em: GILBERT, Martin. *Exile and Return*. Philadelphia: J. B. Lippincott & Co., 1978, p. 226.

[63] ABELLA, Irving; TROPER, Harold. *None Is Too Many: Canada and the Jews of Europe, 1933-1938*. Toronto: L. & O. Dennys, 1982, p. 35.

[64] Ibid., p. 9. Carta de Blair datada de 13 set. 1938.

[65] SHIRER, William L. *Berlin Diary: The Journal of a Foreign Correspondent, 1934-1941*. Baltimore: Johns Hopkins University Press, 2002, p. 120. Registro de 7 jul. 1938.

[66] *Völkischer Beobachter*, 13 jul. 1938; e REES, Laurence. *The Dark Charisma of Adolf Hitler*. London: Ebury Press, 2012, p.189.

[67] DOMARUS, Max. *Hitler: Speeches and Proclamations 1932-1945: 1935-1938*. Mundelein: Bolchazy-Carducci, 1992, p. 1153. Discurso de Hitler, 12 set. 1938.

[68] ZIMMERMAN, Joshua D. *The Polish Underground and the Jews, 1939-1945*. Cambridge: Cambridge University Press, 2015, p. 20.

[69] HILL, Leonidas E. (Hrsg.). *Die Weizsäcker Papiere 1933-1950*. Berlin: Propyläen Verlag, 1974, p. 142.

[70] LONGERICH, Peter. *Holocaust: The Nazi Persecution and Murder of the Jews*. Oxford: Oxford University Press, 2012, p. 106-107.

[71] DOMARUS, Max. *Hitler: Speeches and Proclamations 1932-1945: 1935-1938*. Mundelein: Bolchazy-Carducci, 1992, p. 1223. Discurso de Hitler, 9 out. 1938.

[72] MATTHÄUS, Jürgen; ROSEMAN, Mark (eds.). *Jewish Responses to Persecution: 1933-1938*. Lanham: AltaMira Press/ US Holocaust Memorial Museum, 2010 p. 345-347. Carta de Josef Broniatowski, Czestochowa (Polônia), sem data (provavelmente do início de novembro de 1938), documento 12-2.

[73] ARENDT, Hannah. *Eichmann in Jerusalem*. London: Penguin, 1997, p. 228.

[74] FRÖHLICH, Elke (Hrsg.). *Die Tagebücher von Joseph Goebbels: Aufzeichnungen 1923-1941*. München: K.G. Saur, 1998, v. 6, p. 180. Registro de 10 nov. 1938.

[75] Esse testemunho não foi publicado anteriormente, mas ver também: REES, Laurence. *The Nazis: A Warning from History*. London: BBC Books, 1997, p. 75-76, e REES, Laurence. *The Dark Charisma of Adolf Hitler*. London: Ebury Press, 2012, p. 191-192.

[76] Testemunho não publicado anteriormente.

[77] LEVITT, Ruth (ed.). *Pogrom: November 1938. Testimonies from 'Kristallnacht'*. London: Souvenir Press, 2015, p. 33. Relatório B12.

[78] Relatório Mensal do Posto da *Gendarmerie* de Muggendorf, 26 nov. 1938, citado em: PEHLE, Walter H. (ed.) *November 1938: From Reichskristallnacht to Genocide*. New York: St Martin's Press, 1991, p. 39.

[79] LEVITT, Ruth (ed.). *Pogrom: November 1938. Testimonies from 'Kristallnacht'*. London: Souvenir Press, 2015, p. 86-87. Relatório B66.

[80] Testemunho não publicado anteriormente.

[81] LEVITT, Ruth (ed.). *Pogrom: November 1938. Testimonies from 'Kristallnacht'*. London: Souvenir Press, 2015, p. 28-29. Relatório B8.

[82] JUDEN, was nun? *Das Schwarze Korps. Zeitung der Schutzstaffeln der NSDAP, Organ der Reichsführung SS*, Berlim, 24 nov. 1938, edição no 47, v. 4, página frontal.

[83] DIESES Pack ist schlimmer! *Das Schwarze Korps. Zeitung der Schutzstaffeln der NSDAP, Organ der Reichsführung SS*, Berlim, 17 nov. 1938, edição no 46, v. 4, página frontal.

[84] DAMIT wir uns recht verstehen [...] *Das Schwarze Korps. Zeitung der Schutzstaffeln der NSDAP, Organ der Reichsführung SS*, Berlim, 1º dez. 1938, edição no 48, v. 4, p. 2.

[85] DAS genügt fürs erste! *Das Schwarze Korps. Zeitung der Schutzstaffeln der NSDAP, Organ der Reichsführung SS*, Berlim, 24 nov. 1938, edição no 47, v. 4, p. 14.

[86] JUDEN, was nun?", *Das Schwarze Korps*, 24 nov. 1938.

[87] CESARANI, David. *Final Solution: The Fate of the Jews 1933-49*. Basingstoke: Macmillan, 2016, p. 214.

[88] Testemunho não publicado anteriormente.

[89] PRO CAB 27/624 32, 14 nov. 1938, citado em: REES, Laurence. *The Dark Charisma of Adolf Hitler*. London: Ebury Press, 2012, p. 221.

[90] Testemunho não publicado anteriormente.

[91] Fonte da tradução inglesa: relatório estenográfico da Reunião sobre "a Questão Judaica" sob a presidência do marechal de campo Göring no Ministério da Força Aérea do Reich, em 12 nov. 1938, no Alto Conselho dos Estados Unidos para o Processo da Criminalidade do Eixo, *Nazi Conspiracy and Aggression*, v. IV, Imprensa Oficial dos Estados Unidos, 1946, Documento 1816-PS, p. 425-457.

[92] LONGERICH, Peter. *Holocaust: The Nazi Persecution and Murder of the Jews*. Oxford: Oxford University Press, 2012, p. 115.

[93] DOMARUS, Max. *Hitler: Speeches and Proclamations 1932-1945: 1939-1940*. Mundelein: Bolchazy-Carducci, 1997, p. 1447-1449. Discurso de Hitler, 30 jan. 1939.

[94] Conversa entre Hitler e o Ministro do Exterior húngaro Conde Csáky, em 16 jan. 1939, 5-6 p.m., *Akten zur deutschen auswärtigen Politik 1918–1945*, Serie D, v.V: *Polen, Südosteuropa, Lateinamerika, Klein-und Mittelstaaten, Juni 1937–März 1939*, Imprimerie Nationale, 1953, p. 305.

[95] Minutas da reunião do ministro do Exterior tchecoslovaco Chvalkovský com Hitler em 21 jan. 1939, 5-6 p.m. *Akten zur deutschen auswärtigen Politik 1918-1945: Die Nachwirkungen von München, Oktober 1938 – März 1939*. Baden-Baden: Imprimerie Nationale, 1951, Serie D, v. IV, p. 170-71.

[96] WARD: James Mace. *Priest, Politician, Collaborator: Jozef Tiso and the Making of Fascist Slovakia*. Ithaca: Cornell University Press, 2013, p. 177.

[97] Ibid., p. 185.

[98] Testemunho não publicado anteriormente.

[99] Testemunho não publicado anteriormente.

[100] DILKS, David (ed.). *The Diaries of Sir Alexander Cadogan, OM, 1938-1945*. London: Cassell, 1971, p. 161. Registro de 20 mar. 1939.

[101] Projeto da Presidência Americana: 15 abr. 1939, coletiva de imprensa, www.presidency.ucsb.edu.

[102] DOMARUS, Max. *Hitler: Speeches and Proclamations 1932-1945: 1939-1940*. Mundelein: Bolchazy-Carducci, 1997, p. 1585-1592.

[103] *Documents on German Foreign Policy*, Series D, v.VII, p. 200-204, reunião de 22 ago. 1939. Ver também: NOAKES, Jeremy; PRIDHAM, Geoffrey (eds.). *Nazism 1919-1945: Foreign Policy, War and Racial Extermination*. Exeter: University of Exeter Press, 2006, p. 739-743.

Capítulo 8: O início da guerra racial

[1] REES, Laurence. *World War II: Behind Closed Doors*. London: BBC Books, 2008, p. 32.

[2] MATTHÄUS, Jürgen; BÖHLER, Jochen; MALLMANN, Klaus-Michael (eds.). *War, Pacification, and Mass Murder, 1939: The Einsatzgruppen in Poland*. Lanham: Rowman & Littlefield, 2014, p. 44. Documento 5: Anotações no diário feitas pelo SS Hauptsturmführer Erich Ehlers, Einsatzgruppe II, dos dias 1 a 5 set. 1939.

[3] Ibid., p. 54. Documento 12: Relatório de Helmuth Bischoff, líder do Einsatzkommando 1/IV, em sua atuação em Bydgoszcz, 7 e 8 set. 1939, não datado (final de 1939), IPNW, NTN 196/180.

[4] REES, Laurence. *The Nazis: A Warning from History*. London: BBC Books, 1997, p. 127-128.

[5] Ibid., p. 130.

[6] Testemunho não publicado anteriormente.

[7] SZAROTA, Tomasz. Poland under German Occupation 1939-1945. In: WEGNER, Bernd (ed.). *From Peace to War: Germany, Soviet Russia, and the World, 1939-1941*. New York: Berghahn Books, 1997, p. 54.

[8] REES, Laurence. *The Dark Charisma of Adolf Hitler*. London: Ebury Press, 2012, p. 251.

[9] MATTHÄUS, Jürgen; BÖHLER, Jochen; MALLMANN, Klaus-Michael (eds.). *War, Pacification, and Mass Murder, 1939: The Einsatzgruppen in Poland*. Lanham: Rowman & Littlefield, 2014, p. 29.

[10] ROSSINO, Alexander B. *Hitler Strikes Poland: Blitzkrieg, Ideology, and Atrocity*. Lawrence: University Press of Kansas, 2003, p. 16.

[11] Ibid., p. 66-67, 129.

[12] BROWNING, Christopher. *The Origins of the Final Solution*. Portsmouth: Heinemann, 2004, p. 36-37. CESARANI, David. *Final Solution. The Fate of the Jews 1933 49*. Basingstoke: Macmillan, 2016, p. 257.

[13] Testemunho não publicado anteriormente.

[14] LONGERICH, Peter. *Holocaust: The Nazi Persecution and Murder of the Jews*. Oxford: Oxford University Press, 2012, p. 151-152.

[15] BROWNING, Christopher. *Nazi Policy, Jewish Workers, German Killers*. Cambridge: Cambridge University Press, 2000, p. 8. Discurso de Hans Frank, 25 nov. 1939.

[16] Ibid., p. 6.

[17] Testemunho não publicado anteriormente.

[18] REES, Laurence. *The Nazis: A Warning from History*. London: BBC Books, 1997, p. 139.

[19] BROWNING, Christopher. *The Origins of the Final Solution*. Portsmouth: Heinemann, 2004, p. 57.

[20] REES, Laurence. *The Dark Charisma of Adolf Hitler*. London: Ebury Press, 2012, p. 294. Registro do diário de Goebbels de 24 jan. 1940.

[21] Testemunho de Fritz Arlt, publicado aqui pela primeira vez. Mas ver também o testemunho de Arlt em: REES, Laurence. *The Nazis: A Warning from History*. London: BBC Books, 1997, p. 151-152; e REES, Laurence. *Auschwitz: The Nazis and the 'Final Solution'*. London: BBC Books, 2005, p. 34.

[22] REES, Laurence. *The Nazis: A Warning from History*. London: BBC Books, 1997, p. 136.

[23] Testemunho não publicado anteriormente.

[24] BROWNING, Christopher. *The Origins of the Final Solution*. Portsmouth: Heinemann, 2004, p. 93.

[25] HIMMLER, Heinrich. Some Thoughts on the Treatment of the Alien Population in the East (1940) apud NOAKES, Jeremy; PRIDHAM, Geoffrey (eds.). *Nazism 1919-1945: Foreign Policy, War and Racial Extermination*. Exeter: University of Exeter Press, 1991, p. 934.

[26] Ver p. 179-180.

[27] BERENSTEIN, Tatiana et al. (eds.). *Faschismus – Getto – Massenmord. Dokumentation über Ausrottung und Widerstand der Juden in Polen während des zweiten Weltkrieges*. Frankfurt: Röderberg-Verlag, 1960, p. 81. Circular do presidente distrital de Kalisz, Uebelhoer, 10 dez. 1939. Também impresso em: *Dokumenty i materialy z czasów Okupacji Niemieckiej w Polsce*, v. 3: Getto Lódzkie, Towarzystwo Przyjaciół Centralnej Zˊ ydowskiej Komisji Historycznej, 1946, p. 26-31.

[28] ADELSON, Alan Adelson; LAPIDES, Robert (eds.). *Łódź Ghetto: Inside a Community under Siege*, New York: Viking, 1989, p. 11. Diário de Dawid Sierakowiak.

[29] Testemunho não publicado anteriormente.

[30] REES, Laurence. *The Nazis: A Warning from History*. London: BBC Books, 1997, p. 153.

[31] TRUNK, Isaiah. *Łódź Ghetto: A History*. Bloomington: Indiana University Press, 2008, p. xxxiv.

[32] Ibid., p. 21.

[33] GERST, Yehuda Leib. *From the Straits* (Hebrew) *apud* UNGER, Michal. *Reassessment of the Image of Mordechai Chaim Rumkowski*. Jerusalem: Yad Vashem, 2004, p. 8.

[34] HILBERG, Raul Hilberg; STARON, Stanislaw; KERMISZ, Josef (eds.). *The Warsaw Diary of Adam Czerniakow*. London: Elephant, 1999, p. 236-237, registro de 17 maio 1941.

[35] REES, Laurence. *The Nazis: A Warning from History*. London: BBC Books, 1997, p. 154. Testemunho de Egon Zielke.

[36] LONGERICH, Peter. *Holocaust: The Nazi Persecution and Murder of the Jews*. Oxford: Oxford University Press, 2012, p. 136.

[37] LONGERICH, Peter. *Holocaust: The Nazi Persecution and Murder of the Jews*. Oxford: Oxford University Press, 2012, p. 136.

[38] Ver p. 126.

[39] Testemunho não publicado anteriormente, mas ver também: REES, Laurence. *The Nazis: A Warning from History*. London: BBC Books, 1997, p. 83.

[40] BROWNING, Christopher. *The Origins of the Final Solution*. Portsmouth: Heinemann, 2004, p. 186.

[41] LIFTON, Robert Jay. *The Nazi Doctors: Medical Killing and the Psychology of Genocide*. New York: Basic Books, 1986, p. 280. Brack era estudante de medicina, mas não concluiu os estudos.

[42] FRIEDLANDER, Henry. *The Origins of Nazi Genocide: From Euthanasia to the Final Solution*. Chapel Hill: University of North Carolina Press, 1995, p. 75.

[43] Ibid., p. 81.

[44] RÜTER, Christiaan. F. et al. (eds.). *Justiz und NS-Verbrechen. Sammlung deutscher Strafurteile wegen nationalsozialistischer Tötungsverbrechen 1945-1966*, v. XXVI. Amsterdam/München: Amsterdam University Press/K.G. Saur, 2001, p. 555-583, aqui p. 558-559. Também citado em: KLEE, Ernst. *Euthanasie im NS-Staat. Die 'Vernichtung lebensunwerten Lebens'*. Berlin: S. Fischer Verlag, 1983, p. 84-85.

[45] KLEE, Ernst. *Euthanasie im NS-Staat. Die 'Vernichtung lebensunwerten Lebens'*. Berlin: S. Fischer Verlag, 1983, p. 118.

[46] LINNE, Karsten (Hrsg.). *Der Nürnberger Ärzteprozeß 1946/47. Wortprotokolle, Anklage-und Verteidigungsmaterial, Quellen zum Umfeld*. Berlin: Mikrofiche-Edition/ K.G. Saur, 1999, ff. 2687-8. Transcrição de testemunho de Hans Heinrich Lammers, Nuremberg Medical Case, 7 fev. 1947. Note também que os experimentos preliminares com monóxido de carbono como agente mortífero foram feitos no Warthegau em novembro de 1939. BROWNING, Christopher. *The Origins of the Final Solution*. Portsmouth: Heinemann, 2004, p. 188.

[47] LIFTON, Robert Jay. *The Nazi Doctors: Medical Killing and the Psychology of Genocide*. New York: Basic Books, 1986, p. 72.

[48] Ver, por exemplo, o testemunho de József Paczyński, p. 255.

[49] LIFTON, Robert Jay. *The Nazi Doctors: Medical Killing and the Psychology of Genocide*. New York: Basic Books, 1986, p. 72.

[50] Números do Museu Sonnenstein.

[51] GRABHER, Michael. *Irmfried Eberl. 'Euthanasie' Arzt und Kommandant von Treblinka*. Bern: Peter Lang, 2006, p. 35. Original em: Audiência de Aquilin Ullrich, em Frankfurt, 10 out. 1962, HHStAW 631a, no 1726.

[52] HOFMANN, Ute; SCHULZE, Dietmar. *'…wird heute in eine andere Anstalt verlegt…': Nationalsozialistische Zwangssterilisation und 'Euthanasie' in der Landes-Heil-und Pflegeanstalt Bernburg − eine Dokumentation*. Dessau: Regierungspräsidium Dessau, 1997, p. 111.

[53] GRABHER, Michael. *Irmfried Eberl. 'Euthanasie' Arzt und Kommandant von Treblinka*. Bern: Peter Lang, 2006, p. 105. Original em: Audiência de Heinrich Bunke em Frankfurt, 17 abr. 1962, HHStAW 631a, no 1666.

[54] SCHMUHL, Hans-Walter. Brain Research and the Murder of the Sick: The Kaiser Wilhelm Institute for Brain Research, 1937-1945. In: HEIM, Susanne; SACHSE, Carola; WALKER, Mark (eds.). *The Kaiser Wilhelm Society under National Socialism*. Cambridge: Cambridge University Press, 2009, p. 113.

[55] Citado em http://chgs.umn.edu/histories/documentary/hadamar/ignorance.html, University of Minnesota, Centro de Estudos do Holocausto.

[56] KLEE, Ernst (Hrsg.) *Dokumente zur 'Euthanasie'*. Berlin: S. Fischer Verlag, 1985, p. 125.

[57] SERENY, Gitta. *Into That Darkness: From Mercy Killing to Mass Murder*. London: Pimlico, 1995, p. 51.

[58] LONGERICH, Peter. *Holocaust: The Nazi Persecution and Murder of the Jews*. Oxford: Oxford University Press, 2012, p. 138.

[59] BROWNING, Christopher. *The Origins of the Final Solution*. Portsmouth: Heinemann, 2004, p. 188-189.

[60] Ibid., p. 191-192; mas note que um hospital judaico em Bendorf-Sayn estava isento disso − esses pacientes foram mortos mais tarde como parte da Solução Final.

[61] WACHSMANN, Nikolaus. *KL: A History of the Nazi Concentration Camps*. Boston: Little, Brown and Company, 2015, p. 231-232.

[62] http://www.buchenwald.de/en/457/.

[63] WACHSMANN, Nikolaus. *KL: A History of the Nazi Concentration Camps*. Boston: Little, Brown and Company, 2015, p. 221-225.

[64] Testemunho não publicado anteriormente.

[65] Testemunho não publicado anteriormente.

[66] Testemunho não publicado anteriormente.

[67] Testemunho não publicado anteriormente.

[68] Testemunho não publicado anteriormente.

[69] NOAKES, Jeremy; PRIDHAM, Geoffrey (eds.). *Nazism 1919-1945: Foreign Policy, War and Racial Extermination*. Exeter: University of Exeter Press, 2006, p. 932-934.

[70] ARAD, Yitzhak; GUTMAN, Yisrael; MARGALIOT, Abraham (eds.). *Documents on the Holocaust*. Lincoln: University of Nebraska Press, 1999, p. 216-218. Memorando de Rademacher, 3 jul. 1940.

[71] Ibid., p. 218. Discurso de Frank, 12 jul. 1940.

[72] PÄTZOLD, Kurt. *Verfolgung, Vertreibung, Vernichtung. Dokumente des faschistischen Antisemitismus*. Ditzingen: Reclam, 1991, p. 269-270.

[73] ARAD, Yitzhak; GUTMAN, Yisrael; MARGALIOT, Abraham (eds.). *Documents on the Holocaust*. Lincoln: University of Nebraska Press, 1999, p. 216-218. Memorando de Rademacher, 3 jul. 1940.

[74] LONGERICH, Peter. *Holocaust: The Nazi Persecution and Murder of the Jews*. Oxford: Oxford University Press, 2012, p. 162-164.

[75] BURDICK, Charles; JACOBSEN, Hans-Adolf (eds.). *The Halder War Diary, 1939-1942*. London: Greenhill Books, 1988, p. 76. Registro de 3 nov. 1939.

[76] MAYER, Georg (Hrsg.). *Generalfeldmarschall Wilhelm Ritter von Leeb. Tagebuchaufzeichnungen und Lagebeurteilungen aus zwei Weltkriegen*. München: Deutsche Verlags-Anstalt, 1976, p. 187-188. Registro de 9 out. 1939.

[77] JABLONSKY, David. *Churchill and Hitler: Essays on the Political-Military Direction of Total War*. Essex: Frank Cass, 1994, p. 155. Ver também: POLLAK, Alexander. *Die Wehrmachtslegende in Österreich. Das Bild der Wehrmacht im Spiegel der österreichischen Presse nach 1945*. Weimar: Böhlau, 2002, p. 62.

[78] *Documents on German Foreign Policy*, Series D, v. VII, p. 200-204, Hitler falando aos seus comandantes militares em Berchtesgaden, 22 ago. 1939. Ver também: NOAKES, Jeremy; PRIDHAM, Geoffrey (eds.). *Nazism 1919-1945: Foreign Policy, War and Racial Extermination*. Exeter: University of Exeter Press, 2006, p. 739-743.

[79] DOMARUS, Max. *Hitler. Reden und Proklamationen 1932–1945. Kommentiert von einem deutschen Zeitgenossen: Untergang*. Wien: R. Löwit, 1973, p. 1422, 1425-1426, Discurso de Hitler, 23 nov. 1939.

[80] Ibid., p. 1553, 1558. Discurso de Hitler, 19 jul. 1940.

[81] BURDICK, Charles; JACOBSEN, Hans-Adolf (eds.). *The Halder War Diary, 1939-1942*. London: Greenhill Books, 1988, p. 241-246. Registro de 31 jul. 1940.

Capítulo 9: Perseguição no Ocidente

[1] O US Holocaust Memorial Museum (www.ushmm.org) sugere o total de 4.500-3.500 cidadãos do país e 1.000 refugiados. Yad Vashem sugere um total mais baixo de 3.500 (www.yadvashem.org). BAUER, Yehuda. *American Jewry and the Holocaust: The American Jewish Joint Distribution Committee 1939-1945*. Detroit: Wayne State University Press, 1981, p. 53 sugere 3.500 em 1939 e 2.000 em 1940.

[2] Gustav Simon foi chefe da administração civil de Luxemburgo e Gauleiter do distrito de Moselland.

[3] BAUER, Yehuda. *American Jewry and the Holocaust: The American Jewish Joint Distribution Committee 1939-1945*. Detroit: Wayne State University Press, 1981, p. 53-55.

[4] DEBRUYNE, Emmanuel. The Belgian Government-in-Exile Facing the Persecution and Extermination of the Jews. In: LÁNÍČEK, Jan; JORDAN, James (eds.). *Governments in Exile and the Jews during the Second World War.* Middlesex: Vallentine Mitchell, 2013, p. 201.

[5] REES, Laurence. *Their Darkest Hour.* London: Ebury Press, 2007, p. 165.

[6] SAERENS, Lieven. Antwerp's Attitude toward the Jews from 1918 to 1940. In: MICHMAN, Dan (ed.). *Belgium and the Holocaust.* Jerusalem: Yad Vashem, 1998, p. 192-193.

[7] REES, Laurence. Selling Politics. London: BBC Books, 1992, p. 18-25.

[8] Ibid., p. 24.

[9] HITLER, Adolf. *Hitler's Table Talk, 1941-1944.* London: Phoenix Press, 2002, p. 99, registro de 30 out. 1941.

[10] REES, Laurence. *Selling Politics.* London: BBC Books, 1992, p. 24, registro do diário de Goebbels de 5 jul. 1941.

[11] Testemunho não publicado anteriormente.

[12] REES, Laurence. *Auschwitz: The Nazis and the 'Final Solution'.* London: BBC Books, 2005, p. 217. Mas note que cerca de 20 refugiados judeus foram entregues aos nazistas. O primeiro-ministro dinamarquês pediu desculpas por isso em 2005 em nome da Dinamarca.

[13] DAHL, Hans Fredrik. *Quisling: A Study in Treachery.* Cambridge: Cambridge University Press, 1999, p. 222.

[14] Ver p. 406.

[15] DEWULF, Jeroen. *Spirit of Resistance: Dutch Clandestine Literature during the Nazi Occupation*, Rochester: Camden House, 2010, p. 48.

[16] MOORE, Bob. *Victims and Survivors: The Nazi Persecution of the Jews in the Netherlands 1940-1945.* London: Arnold, 1997, p. 195. Transmitido pela Rádio Oranje, 2 out. 1943.

[17] PRESSER, Jacob. *Ashes in the Wind: The Destruction of Dutch Jewry.* London: Souvenir Press, 2010, p. 25.

[18] É de 140 mil o número estimado de judeus passíveis de deportação sob a administração nazista. Ver <https://www.rijksmuseum.nl/en/rijksstudio/timeline-dutch-history/holocaust>.

[19] PRESSER, Jacob. *Ashes in the Wind: The Destruction of Dutch Jewry.* London: Souvenir Press, 2010, p. 27-28.

[20] RIDDER, Willem. *Countdown to Freedom.* Bloomington: Author House, 2007, p. 252.

[21] Testemunho de Hetty Cohen-Koster, então estudante de Direito na Universidade Leiden, http://www.news.leiden.edu/news-2015/hetty-cohen-koster-was-present-at-cleveringas-speech.html.

[22] Gamelin conversando com o general Edouard Réquin. MAY, Ernest R. *Strange Victory: Hitler's Conquest of France.* New York: I. B. Tauris, 2000, p. 283.

[23] Ibid., p. 386.

[24] Citado em: CARROLL, David. What It Meant to Be 'a Jew' in Vichy France: Xavier Vallat, State Anti-Semitism, and the Question of Assimilation. *SubStance*, v. 27, no 3, 1998, p. 36-54 Ver também: WIEVIORKA, Olivier. *Orphans of the Republic: The Nation's Legislators in Vichy France.* Cambridge (MA): Harvard University Press, 2009, p. 195.

[25] SCHOOLCRAFT III, Ralph W. Darquier de Pellepoix. In: LEVY, Richard S. (ed.). *Antisemitism: A Historical Encyclopedia of Prejudice and Persecution.* Santa Barbara: ABC Clio, 2005, v. 1, p. 162.

[26] BEIGBEDER, Yves. *Judging War Crimes and Torture: French Justice and International Criminal Tribunals and Commissions, 1940–2005.* Leiden: Martinus Nijhoff, 2006, p. 143-147.

[27] MARRUS, Michael R.; PAXTON, Robert O. *Vichy France and the Jews.* Palo Alto: Stanford University Press, 1995, p. 5.

[28] Ver: DAVIES, Lizzy. *Disclosed: the zealous way Marshal Pétain enforced Nazi anti-Semitic laws.* Disponível em: <http://www.theguardian.com/world/2010/oct/03/marshal-petain-nazi-zealous-anti-semitism>. Acesso em: 12 maio 2018.

[29] POZNANSKI, Renée. *The Jews of France and the Statutes on Jews, 1940–1941.* Disponível em: <www.yadvashem.org/yv/en/education/courses/life_ghettos/pdfs/reading5.pdf>. Acesso em: 12 maio 2018.

[30] CARON, Vicki. *The Path to Vichy: Antisemitism in France in the 1930s.* US Holocaust Memorial Museum, Centro de Estudos Avançados do Holocausto, Palestra Anual de J. B. e Maurice C. Shapiro, 20 abr. 2005, p. 1-2.

[31] ZUCCOTTI, Susan. *The Holocaust, the French and the Jews.* Lincoln: Bison Books, 1999, p. 3.

[32] CARCOPINO, Jérôme. *Souvenirs de sept ans.* Paris: Flammarion, 1953, p. 359. Ver também: MARRUS, Michael R.; PAXTON, Robert O. *Vichy France and the Jews.* Palo Alto: Stanford University Press, 1995, p. 85.

[33] GUTTERMAN, Bella; MORGENSTERN, Naomi. *The Gurs Haggadah: Passover in Perdition.* Jerusalem: Devora Publishing/ Yad Vashem, 2003, p. 17

[34] BROWNING, Christopher. *The Origins of the Final Solution.* Portsmouth: Heinemann, 2004, p. 89-93.

[35] Ibid., p. 92.

[36] Ibid., p. 90.

[37] NOAKES, Jeremy; PRIDHAM, Geoffrey (eds.). *Nazism 1919-1945: Foreign Policy, War and Racial Extermination.* Exeter: University of Exeter Press, 2006, p. 471.

[38] REES, Laurence. *The Nazis: A Warning from History.* London: BBC Books, 1997, p. 141-142.

[39] STEINBACHER, Sybille. In the Shadow of Auschwitz: The Murder of the Jews of East Upper Silesia. In: HERBERT, Ulrich (ed.). *National Socialist Extermination Policies: Contemporary German Perspectives and Controversies.* New York: Berghahn Books, 2000, p. 284.

[40] CESARANI, David. *Final Solution: The Fate of the Jews 1933-49.* Basingstoke: Macmillan, 2016, p. 274.

[41] REES, Laurence Rees. *World War II: Behind Closed Doors.* London: BBC Books, 2008, p. 80.

[42] STAHEL, David. *Operation Barbarossa and Germany's Defeat in the East.* Cambridge: Cambridge University Press, 2012, p. 73.

[43] TRUNK, Isaiah. *Łódź Ghetto: A History.* Bloomington: Indiana University Press, 2008, p. 109.

[44] BROWNING, Christopher. *Path to Genocide: Essays on Launching the Final Solution.* Cambridge: Cambridge University Press, 1993, p. 33.

[45] Testemunho não publicado anteriormente.

[46] BROWNING, Christopher. *Path to Genocide: Essays on Launching the Final Solution.* Cambridge: Cambridge University Press, 1993, p. 36. Relatório de Palfinger de 7 nov. 1940.

[47] Testemunho não publicado anteriormente.

[48] TRUNK, Isaiah. *Łódź Ghetto: A History.* Bloomington: Indiana University Press, 2008, p. 83, documento no 55 YI-1212, 5 abr. 1940, de Rumkowski para o prefeito de Łódź.

[49] Ibid., p. 111.

[50] UNGER, Michal. *Reassessment of the Image of Mordechai Chaim Rumkowski.* Jerusalem: Yad Vashem, 2004, p. 37 n. 82.

[51] SLOAN, Jacob (ed.). *Notes from the Warsaw Ghetto, from the Journal of Emmanuel Ringelblum,* Shelter Island: iBooks, 2006, p. 19. Registro de 12 fev. 1940.

[52] Ibid., p. 17. Registro de 7 fev. 1940.

53 HILBERG, Raul; STARON, Stanislaw; KERMISZ, Josef (eds.). *The Warsaw Diary of Adam Czerniakow*. London: Elephant, 1999, p. 100. Registro de 16 e 17 dez. 1939.

54 Ibid., p. 112. Registro de 28 jan. 1940.

55 Ibid., p. 104. Registro de 31 dez. 1939 e 2 jan. 1940.

56 CESARANI, David. *Final Solution: The Fate of the Jews 1933-49*. Basingstoke: Macmillan, 2016, p. 339.

57 SLOAN, Jacob (ed.). *Notes from the Warsaw Ghetto, from the Journal of Emmanuel Ringelblum*, Shelter Island: iBooks, 2006, p. 120. Registro de jan. 1941.

58 Testemunho não publicado anteriormente.

59 BROWNING, Christopher. *Path to Genocide: Essays on Launching the Final Solution*. Cambridge: Cambridge University Press, 1993, p. 38.

60 HILBERG, Raul; STARON, Stanislaw; KERMISZ, Josef (eds.). *The Warsaw Diary of Adam Czerniakow*. London: Elephant, 1999, p. 239. Registro de 21 maio 1941.

61 Ibid., p. 247. Registro de 9 jun. 1941.

62 Arquivos do Julgamento de Nuremberg, v. 31, Minutas da reunião de 2 maio 1941, documento 2718-PS, p. 84. REES, Laurence. *Auschwitz: The Nazis and the 'Final Solution'*. London: BBC Books, 2005, p. 53.

63 Arquivos do Julgamento de Nuremberg, v. 36, *Political-Economic Guidelines*, p. 135-137.

64 ALY, Goetz; HEIM, Susanne. *Architects of Annihilation*. London: Weidenfeld & Nicolson, 2002, p. 63-64.

65 Ibid., p. 237. REES, Laurence. *Auschwitz: The Nazis and the 'Final Solution'*. London: BBC Books, 2005, p. 54.

66 Aos níveis populacionais de 2016.

67 HITLER, Adolf. *Hitler's Table Talk, 1941-1944*. London: Phoenix Press, 2000, p. 33, 17 set. 1941.

68 Ibid., p. 38. 23 set.1941.

69 BURDICK, Charles; JACOBSEN, Hans-Adolf (eds.) *The Halder War Diary,1939–1942*. London: Greenhill Books, 1988, p. 346, 30 mar. 1941t.

70 KERSHAW, Ian. *Hitler: 1936-1945, Nemesis*. London: Allen Lane, 2000, p. 359.

71 NOAKES, Jeremy; PRIDHAM, Geoffrey (eds.). *Nazism 1919-1945: Foreign Policy, War and Racial Extermination*. Exeter: University of Exeter Press, 2006, p. 478-479.

72 Ibid., p. 479.

73 SPITZ, Vivien. *Doctors from Hell: The Horrific Account of Nazi Experiments on Humans*. Boulder: First Sentient Publications, 2005, p. 190-194.

74 Ibid., p. 195.

75 LIFTON, Robert Jay. *The Nazi Doctors: Medical Killing and the Psychology of Genocide*. New York: Basic Books, 1986, p. 279.

76 Ver Paul Eggert, nas páginas 125-126 deste livro.

77 FRÖHLICH, Elke (Hrsg.). *Die Tagebücher von Joseph Goebbels: Aufzeichnungen 1923-1941*. Munchen: K.G. Saur, 1998, v. 9, p. 210. Registro de 29 mar. 1941.

78 Essa "nova" Croácia com 25 mil judeus também incluiu a Bósnia-Herzegovina com 14 mil judeus. Ao todo, havia cerca de 80 mil judeus na antiga Iugoslávia e 72 mil na Grécia.

79 GITMAN, Esther. *When Courage Prevailed: The Rescue and Survival of Jews in the Independent State of Croatia, 1941–1945*. Vadnais Heights: Paragon House, 2011, p. 12-13.

80 Ibid., p. 17.

Capítulo 10: Guerra de extermínio

1 REES, Laurence. *The Nazis: A Warning from History*. London: BBC Books, 1997, p. 175. Texto integral da carta no Departamento de Estado dos EUA, Publicação no 3023, *Na-*

zi-Soviet Relations 1939-1941: Documents from the Archives of the German Foreign Office, Government Printing Office, 1948, p. 349-53.

[2] FRÖHLICH, Elke. Joseph Goebbels und sein Tagebuch. *Vierteljahrshefte für Zeitgeschichte*, v. 35, no 4 (1987). Registro do diário de Goebbels de 16 jun. 1941.

[3] TOOZE, Ada. *The Wages of Destruction: The Making and Breaking of the Nazi Economy*. London: Penguin, 2007, p. 452-460.

[4] Ver p. 238-239.

[5] REES, Laurence. *Auschwitz: The Nazis and the 'Final Solution'*. London: BBC Books, 2005, p. 56, instrução de Heydrich de 2 jul. 1941.

[6] LONGERICH, Peter. *Holocaust: The Nazi Persecution and Murder of the Jews*. Oxford: Oxford University Press, 2012, p. 186.

[7] VAN VOREN, Robert. *Undigested Past: The Holocaust in Lithuania*, Amsterdam: Rodopi, 2011, p. 27. Cerca de 13,5% dos deportados para a União Soviética eram judeus – um número desproporcionalmente alto em comparação com a proporção de judeus na população total.

[8] REES, Laurence. *Their Darkest Hour*. London: Ebury Press, 2007, p. 11-12.

[9] CESARANI, David. *Final Solution: The Fate of the Jews 1933-49*. Macmillan, 2016, p. 362.

[10] MACQUEEN, Michael. Lithuanian Collaboration in the 'Final Solution': Motivations and Case Studies. In: MACQUEEN, Michael; MATTHÄUS, Jürgen; ROSKIES, Davis G. *Lithuania and the Jews: The Holocaust Chapter, Symposium Presentations*. Washington D.C.: US Holocaust Memorial Museum, 2004.

[11] Testemunho de THE NAZIS: A Warning from History. Escrito e produzido por Laurence Rees. Reino Unido: BBC, 1997, episódio 5.

[12] FAITELSON, Aleks. *The Truth and Nothing But the Truth: Jewish Resistance in Lithuania*, Jerusalem: Gefen Books, 2006, p. 26.

[13] Testemunho de THE NAZIS: A Warning from History. Escrito e produzido por Laurence Rees. Reino Unido: BBC, 1997, episódio 5.

[14] REES, Laurence. *The Nazis: A Warning from History*. London: BBC Books, p. 179-182.

[15] KLEE, Ernst; DRESSEN, Willi; RIESS, Volker. *"The Good Old Days": The Holocaust as Seen by Its Perpetrators and Bystanders*. Old Saybrook: Konecky & Konecky, 1991, p. 31.

[16] Ibid., p. 24-27.

[17] LONGERICH, Peter. *The Unwritten Order*. Stroud: Tempus, 2005, p. 113.

[18] ANCEL, Jean. *The History of the Holocaust in Romania*. Jerusalem: Yad Vashem, 2011, p. 215. Protocolo da conversa entre Hitler e Antonescu em Munique, em *Documents on German Foreign Policy*, v. 12, doc. 614, p. 1006.

[19] ANCEL, Jean. *The History of the Holocaust in Romania*. Jerusalem: Yad Vashem, 2011, p. 445-446.

[20] IOANID, Radu. *The Holocaust in Romania: The Destruction of Jews and Gypsies under the Antonescu Regime, 1940-1944*. Chicago: Ivan R. Dee, 2008, p. 74, edição Kindle, localização 1738-45.

[21] ANCEL, Jean. *The History of the Holocaust in Romania*. Jerusalem: Yad Vashem, 2011, p. 453.

[22] Ancel, ibid., p. 455, fala em 8 mil; o US Holocaust Memorial Museum fala em "pelo menos 4.000". Números do US Holocaust Memorial Museum, disponíveis em: <https://www.ushmm.org/information/visit-the-museum/programs-activities/first-person-program/first-person-podcast/haim-solomon-hiding-during-the-pogrom-in-iasi>. Acesso em: 12 maio 2018.

[23] IOANID, Radu. *The Holocaust in Romania: The Destruction of Jews and Gypsies under the Antonescu Regime, 1940–1944*. Chicago: Ivan R. Dee, 2008, p. 81; edição Kindle, localização 1884-90.

[24] ANCEL, Jean. *The History of the Holocaust in Romania.* Jerusalem: Yad Vashem, 2011, p. 230-232.

[25] Testemunho não publicado anteriormente.

[26] Testemunho de Emilio Büge, Museu Sachsenhausen, e WACHSMANN, Nikolaus. *KL: A History of the Nazi Concentration Camps.* Boston: Little, Brown and Company, 2015, p. 262-265.

[27] Testemunho de Emilio Büge, Museu Sachsenhausen, e WACHSMANN, Nikolaus. *KL: A History of the Nazi Concentration Camps.* Boston: Little, Brown and Company, 2015, p. 262-265.

[28] Testemunho de interno desconhecido, descoberto em 1954, Museu Sachsenhausen.

[29] Testemunho não publicado anteriormente.

[30] LÖFFLER, Peter (Hrsg.). *Bischof Clemens August Graf von Galen. Akten, Briefe und Predigten 1933-1946: 1939-1946.* Mainz: Matthias-Grünewald-Verlag, 1988, p. 876-878. Original em: Bistumsarchiv Münster, Fremde Provenienzen, A 8, Niederschrift der Predigt des Bischofs von Münster, Sonntag, den 3. August 1941, in der St. Lambertikirche in Münster.

[31] KERSHAW, Ian: *Hitler: 1936-1945, Nemesis.* London: Allen Lane, 2000, p. 424-425.

[32] Testemunho não publicado anteriormente.

[33] KERSHAW, Ian: *Hitler: 1936-1945, Nemesis.* London: Allen Lane, 2000, p. 426.

[34] CESARANI, David. *Final Solution: The Fate of the Jews 1933-49.* Macmillan, 2016, p. 284. EVANS, Richard. The Third Reich at War. London: Allen Lane, 2008, p. 93-101.

[35] HITLER, Adolf. *Hitler's Table Talk, 1941-1944.* London: Phoenix Press, 2000, p. 5. Noite de 5-6 jul. 1941.

[36] BROWNING, Christopher. *The Origins of the Final Solution.* Portsmouth: Heinemann, 2004, p. 309-310.

[37] Ibid., p. 240.

[38] ALY, Götz. *'Final Solution': Nazi Population Policy and the Murder of the European Jews.* London: Arnold, 1999, p. 214.

[39] Testemunho não publicado anteriormente, mas ver também: REES, Laurence. *Auschwitz: The Nazis and the 'Final Solution'.* London: BBC Books, 2005, p. 64-65

[40] ARAD, Yitzhak. *The Holocaust in the Soviet Union.* Lincoln: University of Nebraska Press, 2009, p. 165.

[41] Testemunho não publicado anteriormente.

[42] REES, Laurence. *War of the Century.* London: BBC Books, 1999, p. 93-94.

[43] A cidade de Lwów teve diferentes nomes no século XX. Por exemplo, foi chamada de Lemberg pelos alemães, de Lviv pelos ucranianos e de Lvov pelos russos. A ortografia usada aqui é a da versão polonesa, porque no início da guerra era esse o nome da cidade. O número de quatro mil para o *pogrom* de 1941 é a estimativa do US Holocaust Memorial Museum.

[44] LONGERICH, Peter. *Heinrich Himmler: A Life.* Oxford: Oxford University Press, 2012, p. 526.

[45] Testemunho não publicado anteriormente; e REES, Laurence. *Auschwitz. The Nazis and the 'Final Solution'.* London: BBC Books, 2005, p. 63-66.

[46] REES, Laurence. *Their Darkest Hour.* London: Ebury Press, 2007, p. 13.

[47] EIDINTAS, Alfonsas. Žydai, Lietuviai ir Holokaustas *apud* MACQUEEN, Michael. Lithuanian Collaboration in the 'Final Solution': Motivations and Case Studies In: MACQUEEN, Michael; MATTHÄUS, Jürgen; ROSKIES, Davis G. *Lithuania and the Jews: The Holocaust Chapter, Symposium Presentations.* Washington D.C.: US Holocaust Memorial Museum, 2004.

[48] REES, Laurence. *Auschwitz: The Nazis and the 'Final Solution'.* London: BBC Books, 2005, p. 63.

[49] REES, Laurence. *The Nazis: A Warning from History.* London: BBC Books, 1997, p. 190.

[50] TORY, Avraham. *Surviving the Holocaust: The Kovno Ghetto Diary.* Cambridge (MA): Harvard University Press, 1991, p. 24. Registro de 4 ago. 1941.

[51] KLEE, Ernst; DRESSEN, Willi; RIESS, Volker. *"The Good Old Days": The Holocaust as Seen by Its Perpetrators and Bystanders.* Old Saybrook: Konecky & Konecky, 1991, p. 179.

[52] PODOLSKY, Anatoly. The Tragic Fate of Ukrainian Jewish Women under Nazi Occupation, 1941-1944. In: HEDGEPETH, Sonja M.; SAIDEL, Rochelle G. (eds.) *Sexual Violence against Jewish Women during the Holocaust.* Lebanon (NH): Brandeis University Press/University Press of New England, 2010, p. 99.

[53] REES, Laurence. *The Nazis: A Warning from History.* London: BBC Books, 1997, p. 213. E testemunho não publicado anteriormente.

[54] Testemunho não publicado anteriormente.

[55] GRENKEVICH, Leonid D. The Soviet Partisan Movement, 1941-1944: A Critical Historiographical Analysis. Essex: Frank Cass, 1999, p. 75.

[56] MIDLARSKY, Manus I. *The Killing Trap: Genocide in the Twentith Century.* Cambridge: Cambridge University Press, 2005, p. 147.

[57] REES, Laurence. *Their Darkest Hour.* London: Ebury Press, 2007, p. 68, junto com testemunho não publicado anteriormente.

[58] KERSHAW, Ian: *Hitler: 1936-1945, Nemesis.* London: Allen Lane, 2000, p. 467.

[59] WITTE, Peter et al. (eds.). *Der Dienstkalender Heinrich Himmlers 1941/42.* Hamburg: Hans Christians Verlag, 1999, p. 195.

[60] Testemunho não publicado anteriormente.

[61] REES, Laurence. *Auschwitz: The Nazis and the 'Final Solution'.* London: BBC Books, 2005, p. 68, junto com testemunho não publicado anteriormente.

[62] Ibid.

[63] "Leben eines SS-Generals. Aus den Nürnberger Geständnissen des Generals der Waffen-SS Erich von dem Bach-Zelewski", *Aufbau*, vol. XII, no 34, 23 ago. 1946, p. 2.

[64] Recordação do antigo SS General Karl Wolff, *The World at War*, Thames Television, 27 mar. 1974, citado em: GILBERT, Martin. *The Holocaust: The Jewish Tragedy.* Collins, 1986, p. 191.

[65] Testemunho não publicado anteriormente.

[66] BURLEIGH, Michael. *The Third Reich: A New History.* London: Pan, 2001, p. 614.

[67] BROWNING, Christopher. *The Origins of the Final Solution.* Portsmouth: Heinemann, 2004, p. 283. Também LONGERICH, Peter. *Heinrich Himmler: A Life.* Oxford: Oxford University Press, 2012, p. 534. Um total de 120 internos do hospital foi morto por gás cinco semanas mais tarde.

[68] Testemunho de Wilhelm Jaschke, Vilsbiburg, 5 abr. 1960, BArch 202, AR-Z 152/159. E REES, Laurence. *Auschwitz: The Nazis and the 'Final Solution'.* London: BBC Books, 2005, p. 69.

[69] Testemunho não publicado anteriormente, e REES, Laurence. *Auschwitz: The Nazis and the 'Final Solution'.* London: BBC Books, 2005, p. 71.

[70] TOOZE, Ada. *The Wages of Destruction: The Making and Breaking of the Nazi Economy.* London: Penguin, 2007, p. 482-483.

[71] Ibid., p. 483.

[72] Testemunho não publicado anteriormente.

[73] Testemunho não publicado anteriormente.

[74] Testemunho não publicado anteriormente.

[75] LONGERICH, Peter. *Holocaust: The Nazi Persecution and Murder of the Jews.* Oxford: Oxford University Press, 2012, p. 315.

[76] NOAKES, Jeremy; PRIDHAM, Geoffrey (eds.). *Nazism 1919-1945: Foreign Policy, War and Racial Extermination.* Exeter: University of Exeter Press, 2006, p. 481.

[77] KLEIN, Peter (Hrsg.). *Die Einsatzgruppen in der besetzten Sowjetunion 1941/42 Die Tätigkeits- und Lageberichte der Sicherheitspolizei und des SD.* Berlin: Hentrich, 1997, p. 342.

[78] FRÖHLICH, Elke (Hrsg.). *Die Tagebücher von Joseph Goebbels: Diktate 1941-1945*. München: K.G. Saur, 1996, vol. 1, p. 269. Registro de 19 ago. 1941.

[79] BROWNING, Christopher. *The Origins of the Final Solution*. Portsmouth: Heinemann, 2004, p. 281-282.

[80] *Der Prozess gegen die Hauptkriegsverbrecher vor dem Internationalen Militärgerichtshof, Nürnberg, 14. November 1945-1. Oktober 1946*, v. XXXII, Nuremberg, 1948, documento 3663-PS, p. 436.

[81] Ibid., documento 3666-PS, p. 437.

[82] HITLER, Adolf. *Hitler's Table Talk, 1941-1944*. London: Phoenix Press, 2000, p. 56-57. Noite de 13-14 out. 1941.

[83] REES, Laurence. *Auschwitz: The Nazis and the 'Final Solution'*. London: BBC Books, 2005, p. 67.

[84] Testemunho não publicado anteriormente.

[85] REES, Laurence. *The Nazis: A Warning from History*. London: BBC Books, 1997, p. 222.

[86] HITLER, Adolf. *Hitler's Table Talk, 1941-1944*. London: Phoenix Press, 2000, p. 31-35. Noite de 17-18 set. 1941.

[87] DOMARUS, Max. *Hitler: Speeches and Proclamations 1932-1945: 1941-1945*. Mundelein: Bolchazy-Carducci, 2004, p. 2491. Discurso de Hitler, Sportpalast de Berlim, 3 out. 1941.

[88] IOANID, Radu. *The Holocaust in Romania: The Destruction of Jews and Gypsies under the Antonescu Regime, 1940-1944*. Chicago: Ivan R. Dee, 2008, p. 120; edição Kindle, localização 2726-34.

[89] ANCEL, Jean. *The History of the Holocaust in Romania*. Jerusalem: Yad Vashem, 2011, p. 243.

[90] HITLER, Adolf. *Hitler's Table Talk, 1941-1944*. London: Phoenix Press, 2000, p. 67, 17 out. 1941.

[91] NOAKES, Jeremy; PRIDHAM, Geoffrey (eds.). *Nazism 1919-1945: Foreign Policy, War and Racial Extermination*. Exeter: University of Exeter Press, 2006, p. 519-520.

[92] REES, Laurence. *Auschwitz: The Nazis and the 'Final Solution'*. London: BBC Books, 2005, p. 76.

[93] ADELSON, Alan; LAPIDES, Robert (eds.). *Łódź Ghetto: Inside a Community under Siege*. New York: Viking, 1989, p. 175. Diário de Shlomo Frank, registros de 19 e 23 out. 1941.

[94] Ibid., p. 171. Diário de David Sierakowiak, registro de 17 out. 1941.

[95] Ibid., p. 178-181. Livro de notas de Oskar Rosenfeld.

[96] REES, Laurence. *Auschwitz: The Nazis and the 'Final Solution'*. London: BBC Books, 2005, p. 85.

[97] TRUNK, Isaiah. *Łódź Ghetto: A History*. Bloomington: Indiana University Press, 2008, p. 217.

[98] HEIBER, Helmut. Aus den Akten des Gauleiters Kube. *Vierteljahrshefte für Zeitgeschichte*, vol. 4, no 1 (1956), p. 75.

[99] KERSHAW, Ian. *Hitler: 1936-1945, Nemesis*, London: Allen Lane, 2000, p. 486.

[100] ALY, Götz. *'Final Solution': Nazi Population Policy and the Murder of the European Jews*. London: Arnold, 1999, p. 214.

[101] Declaração de Walter Burmeister, 24/01/1961, p. 3, BArch ZStL 203 AR-Z 69/59, v. 4 (ZStL é o escritório central da administração legal que lida com os crimes do nacional-socialismo em Ludwigsburg).

[102] BROWNING, Christopher. *The Origins of the Final Solution*. Portsmouth: Heinemann, 2004, p. 367.

[103] LONGERICH, Peter. *Holocaust: The Nazi Persecution and Murder of the Jews*. Oxford: Oxford University Press, 2012, p. 282.

[104] Note, porém, que dois campos menores – em Maly Trostenets e em Bronna Góra – foram criados na Bielorrússia para execução de judeus. Maly Trostenets começou a operar em maio de 1942 – sua principal função era matar os judeus de Minsk. Bronna Góra, no

NOTAS | 555

oeste da Bielorrússia, começou logo depois a matar judeus dos arredores. Embora não se conheça o número exato de mortos nesses campos, nenhum chegou perto da escala dos campos da Operação Reinhard.

[105] HITLER, Adolf. *Hitler's Table Talk, 1941-1944*. London: Phoenix Press, 2000, p. 87, 25 out. 1941.

[106] BROWNING, Christopher. *The Origins of the Final Solution*. Portsmouth: Heinemann, 2004, p. 362

[107] Testemunho de 8 nov. 1961, BArch ZStL 203 AR-Z 69/59, vol. 3, p. 5-6. E REES, Laurence. *Auschwitz: The Nazis and the 'Final Solution'*. London: BBC Books, 2005, p. 92.

[108] GOEBBELS, Joseph. Die Juden sind schuld! *Das Reich*, no 46, 16 nov. 1941, p. 1-2.

[109] Ver BROWNING, Christopher. *The Origins of the Final Solution*. Portsmouth: Heinemann, 2004, p. 358-373 para a análise detalhada do próprio professor.

[110] HITLER, Adolf. *Hitler's Table Talk, 1941-1944*. London: Phoenix Press, 2002, p. 57-58. Noite de 13-14 out. 1941.

[111] MONTAGUE, Patrick. *Chełmno and the Holocaust*. New York: I. B. Tauris, 2012, p. 34.

[112] Ver p. 231-232.

[113] ALLEN, Michael Thad. The Devil in the Details: The Gas Chambers of Birkenau, October 1941. *Holocaust and Genocide Studies*, vol. 16, no 2, Outono de 2002, p. 189-216. REES, Laurence. *Auschwitz: The Nazis and the 'Final Solution'*. London: BBC Books, 2005, p. 82-83.

Capítulo 11: A estrada para Wannsee

[1] Relato de V. S. Pronin, presidente do Soviete de Moscou, *Voenno-istoricheskii Zhurnal*, v. 10 (1991), p. 335-341.

[2] DOMARUS, Max. Hitler. *Reden und Proklamationen 1932–1945. Kommentiert von einem deutschen Zeitgenossen: Untergang*. Wien: R. Löwit, 1973, p. 1773, 1779. Discurso de Hitler de 8 nov. 1941..

[3] REES, Laurence. *World War II: Behind Closed Doors*. London: BBC Books, 2008, p. 114.

[4] DOMARUS, Max. Hitler. *Reden und Proklamationen 1932–1945. Kommentiert von einem deutschen Zeitgenossen: Untergang*. Wien: R. Löwit, 1973, p. 1773-1774.

[5] Ibid., p. 1804, 1808, Discurso de Hitler no Reichstag, 11 dez. 1941.

[6] FRÖHLICH, Elke (Hrsg.). *Die Tagebücher von Joseph Goebbels: Diktate 1941-1945*. München: K.G. Saur, 1996, vol. 2, p. 498-499. Registro de 13 dez. 1941.

[7] PRÄG, Werner; JACOBMEYER, Wolfgang (eds.). *Das Diensttagebuch des deutschen Generalgouverneurs in Polen 1939-1945*. München: Deutsche Verlags-Anstalt, 1975, p. 457.

[8] MONTAGUE, Patrick. *Chełmno and the Holocaust*. New York: I. B. Tauris, 2012, p. 22.

[9] Ibid., p. 43.

[10] BROWNING, Christopher. *The Origins of the Final Solution*. Portsmouth: Heinemann, 2004, p. 417.

[11] Ibid., p. 372.

[12] MONTAGUE, Patrick. *Chełmno and the Holocaust*. New York: I. B. Tauris, 2012, p. 64.

[13] BROWNING, Christopher. *The Origins of the Final Solution*. Portsmouth: Heinemann, 2004, p. 418.

[14] KOGON, Eugen et al. *Nationalsozialistische Massentötungen durch Giftgas*. Berlin: S. Fischer Verlag, 1983, p. 122-123. Ver também: NOAKES, Jeremy; PRIDHAM, Geoffrey (eds.). *Nazism 1919-1945: Foreign Policy, War and Racial Extermination*. Exeter: University of Exeter Press, 1991, p. 1140.

[15] REES, Laurence. *Auschwitz: The Nazis and the 'Final Solution'*. London: BBC Books, 2005, p. 91.

[16] MONTAGUE, Patrick. *Chełmno and the Holocaust*. New York: I. B. Tauris, 2012, p. 59.

[17] Ibid.

[18] Ibid., p. 65-66.

[19] TRUNK, Isaiah. *Łódź Ghetto: A History*. Bloomington: Indiana University Press, 2008, p. 370. Discurso de Rumkowskiem, 20 dez. 1941, documento no 122:YI-1221.

[20] REES, Laurence. *Auschwitz: The Nazis and the 'Final Solution'*. London: BBC Books, 2005, p. 91.

[21] NOAKES, Jeremy; PRIDHAM, Geoffrey (eds.). *Nazism 1919-1945: Foreign Policy, War and Racial Extermination*. Exeter: University of Exeter Press, 1991, p. 1127-34.

[22] CESARANI, David. *Eichmann: His Life and Crimes*. New York: Vintage, 2005, p. 114.

[23] BROWNING, Christopher. *The Origins of the Final Solution*. Portsmouth: Heinemann, 2004, p. 406.

[24] CESARANI, David. *Eichmann: His Life and Crimes*. New York: Vintage, 2005, p. 114.

[25] MARCHIONE, Margherita. *Consensus and Controversy: Defending Pope Pius XII*. Mahwah: Paulist Press, 2002, p. 71.

[26] REES, Laurence. *War of the Century*. London: BBC Books, 1999, p. 78-80.

[27] BURLEIGH, Michael. *The Third Reich: A New History*. London: Pan, 2001, p. 571, citado in Jost Dülffler, *Deutsche Geschichte 1933-1945*, Kohlhammer, 1992, p. 125.

[28] DOMARUS, Max. *Hitler. Reden und Proklamationen 1932–1945. Kommentiert von einem deutschen Zeitgenossen: Untergang*. Wien: R. Löwit, 1973, p. 1828-1829, discurso de Hitler, Sportpalast de Berlim, 30 jan.1942.

[29] REES, Laurence. *Auschwitz: The Nazis and the 'Final Solution'*. London: BBC Books, 2005, p. 97.

[30] Testemunho não publicado anteriormente.

[31] KLEE, Ernst; DRESSEN, Willi; RIESS, Volker. *"The Good Old Days": The Holocaust as Seen by Its Perpetrators and Bystanders*. Old Saybrook: Konecky & Konecky, 1991, p. 255.

[32] BROWNING, Christopher. *The Origins of the Final Solution*. Portsmouth: Heinemann, 2004, p. 420.

[33] REDER, Rudolf. *Belzec*. Oświęcim: Auschwitz Museum, 1999, p. 115.

[34] Ibid., p. 118-120.

[35] Ibid., p. 124-125.

[36] Ibid., p. 130.

[37] Ibid., p. 132-133.

[38] FRÖHLICH, Elke (Hrsg.). *Die Tagebücher von Joseph Goebbels: Diktate 1941-1945*. München: K.G. Saur, 1994, vol. 3, p. 557-563. Registro de 27 mar. 1942.

[39] LONGERICH, Peter. *Holocaust: The Nazi Persecution and Murder of the Jews*. Oxford: Oxford University Press, 2012, p. 295.

[40] BAUER, Yehuda. *Jews for Sale? Nazi-Jewish Negotiations, 1933–1945*. New Haven: Yale University Press, 1994, p. 66.

[41] Ver o testemunho pós-guerra de Wisliceny em *Slovakia*, 6-7 maio 1946 (Statny oblastny archive v Bratislave, Fond Ludovy sud, 10/48) e 12 ago. 1946 (Statny oblastny archive v Bratislave, Fond Ludovy sud, 13/48), e o testemunho de Koso de 11 de abril de 1947 (Statny oblastny archive v Bratislave, Fond Ludovy sud, 13/48)).

[42] DOMARUS, Max. *Hitler. Reden und Proklamationen 1932–1945. Kommentiert von einem deutschen Zeitgenossen: Untergang*. Wien: R. Löwit, 1973, p. 1828-1829. Discurso de Hitler, Sportpalast de Berlim, 30 jan.1942.

[43] Testemunho não publicado anteriormente.

[44] REES, Laurence. *Auschwitz: The Nazis and the 'Final Solution'*. London: BBC Books, 2005, p. 108.

[45] Testemunho não publicado anteriormente.

[46] Testemunho não publicado anteriormente. Ver também: REES, Laurence. *Auschwitz: The Nazis and the 'Final Solution'*. London: BBC Books, 2005, p. 108.

[47] Testemunho não publicado anteriormente.

[48] Testemunho não publicado anteriormente.

[49] REES, Laurence. *Auschwitz: The Nazis and the 'Final Solution'*. London: BBC Books, 2005, p. 110.

[50] Testemunho não publicado anteriormente.

[51] REES, Laurence. *Auschwitz: The Nazis and the 'Final Solution'*. London: BBC Books, 2005, p. 114.

[52] Testemunho não publicado anteriormente.

[53] WACHSMANN, Nikolaus. *KL: A History of the Nazi Concentration Camps*. Boston: Little, Brown and Company, 2015, p. 299.

[54] Testemunho não publicado anteriormente.

[55] REES, Laurence. *Auschwitz: The Nazis and the 'Final Solution'*. London: BBC Books, 2005, p. 114.

[56] HÖSS, Rudolf. *Commandant of Auschwitz*. London: Phoenix Press, 2001, p. 149-150.

[57] REES, Laurence. *Auschwitz: The Nazis and the 'Final Solution'*. London: BBC Books, 2005, p. 207.

[58] SERENY, Gitta. *Into That Darkness: From Mercy Killing to Mass Murder*. London: Pimlico, 1995, p. 111-112.

[59] Ibid., p. 113-114.

[60] Ibid., p. 131.

[61] KLEE, Ernst; DRESSEN, Willi; RIESS, Volker. *"The Good Old Days": The Holocaust as Seen by Its Perpetrators and Bystanders*. Old Saybrook: Konecky & Konecky, 1991, p. 232.

[62] SCHELVIS, Jules. *Sobibor: A History of a Nazi Death Camp*. Oxford: Berg, 2007; ver capítulos 3, 4 e 5, mas em particular as páginas 63-66.

[63] Embora um número de prisioneiros de guerra soviéticos não fosse da Ucrânia, eles eram coletivamente conhecidos no campo como "ucranianos" e portanto esse uso foi adotado aqui.

[64] REES, Laurence. *Auschwitz: The Nazis and the 'Final Solution'*. London: BBC Books, 2005, p. 210-211.

Capítulo 12: Procurar e matar

[1] MARRUS, Michael R.; PAXTON, Robert O. *Vichy France and the Jews*. Palo Alto: Stanford University Press, 1995, p. 88. Vallat fez essa declaração em seu julgamento após a guerra, embora fosse "quase idêntico" a um discurso que havia feito na primavera de 1942.

[2] Ibid., p. 90.

[3] HERBERT, Ulrich. The German Military Command in Paris and the Deportation of the French Jews. In: _____ (ed.). *National Socialist Extermination Policies: Contemporary German Perspectives and Controversies*. New York: Berghahn Books, 2000, p. 139.

[4] Ibid., p. 140.

[5] Ibid., p. 143.

[6] CESARANI, David. *Eichmann: His Life and Crimes*. New York: Vintage, 2005, p. 139-140.

[7] MARRUS, Michael R.; PAXTON, Robert O. *Vichy France and the Jews*. Palo Alto: Stanford University Press, 1995, p. 243.

[8] KLARSFELD, Serge. *French Children of the Holocaust*. New York: New York University Press, 1996, p. 34.

[9] MARRUS, Michael R.; PAXTON, Robert O. *Vichy France and the Jews*. Palo Alto: Stanford University Press, 1995, p. 233-234.

[10] ZUCCOTTI, Susan. *The Holocaust, the French and the Jews*. Lincoln: Bison Books, 1993, p. 99. Dannecker é a fonte da citação de Laval; as palavras de Laval ao Conselho de Ministros seis dias mais tarde também batem com essa declaração anterior relatada por Dannecker.

[11] Testemunho não publicado anteriormente. Ver também: REES, Laurence. *Auschwitz: The Nazis and the 'Final Solution'*. London: BBC Books, 2005, 126-131.

[12] KLARSFELD, Serge. *French Children of the Holocaust*. New York: New York University Press, 1996, p. 45. MARRUS, Michael R.; PAXTON, Robert O. *Vichy France and the Jews*. Palo Alto: Stanford University Press, 1995, p. 263.

[13] REES, Laurence. *Auschwitz: The Nazis and the 'Final Solution'*. London: BBC Books, 2005, p. 130.

[14] Testemunho não publicado anteriormente.

[15] Testemunho não publicado anteriormente.

[16] Testemunho não publicado anteriormente.

[17] REES, Laurence. *Auschwitz: The Nazis and the 'Final Solution'*. London: BBC Books, 2005, p. 132, junto com testemunho não publicado anteriormente.

[18] Testemunho não publicado anteriormente.

[19] PHAYER, Michael. *The Catholic Church and the Holocaust, 1930–65*. Bloomington: Indiana University Press, 2000, p. 92-93.

[20] MARRUS, Michael R.; PAXTON, Robert O. *Vichy France and the Jews*. Palo Alto: Stanford University Press, 1995, p. 261.

[21] SARFATTI, Margherita Grassini. *My Fault: Mussolini as I Knew Him*. New York: Enigma Books, 2014, p. 84.

[22] ZUCCOTTI, Susan. *The Italians and the Holocaust: Persecution, Rescue and Survival*. Lincoln: University of Nebraska Press, 1996, p. 77. SARFATTI, Michele. *The Jews in Mussolini's Italy: From Equality to Persecution*. Madison: University of Wisconsin Press, 2006, p. 159-160.

[23] MARRUS, Michael R.; PAXTON, Robert O. *Vichy France and the Jews*. Palo Alto: Stanford University Press, 1995, p. 317.

[24] Ibid.

[25] REVELLI, Nuto (ed.). *Mussolini's Death March: Eyewitness Accounts of Italian Soldiers on the Eastern Front*. Lawrence: Kansas University Press, 2013. Ver em particular o testemunho de Bartolomeo Fruttero em Varsóvia, p. 219-220.

[26] MOORE, Bob. *Victims and Survivors: The Nazi Persecution of the Jews in the Netherlands 1940-1945*. London: Arnold, 1997, p. 91.

[27] PRESSER, Jacob. *Ashes in the Wind: The Destruction of Dutch Jewry*. London: Souvenir Press, 2010, p. 142. E MOORE, Bob. *Victims and Survivors: The Nazi Persecution of the Jews in the Netherlands 1940-1945*. London: Arnold, 1997, p. 93.

[28] PRESSER, Jacob. *Ashes in the Wind: The Destruction of Dutch Jewry*. London: Souvenir Press, 2010, p. 147.

[29] Ibid.

[30] GILBERT, Martin. *Auschwitz and the Allies*. London: Pimlico, 2001, p. 46-47.

[31] FLEMING, Michael. *Auschwitz, the Allies and Censorship of the Holocaust*. Cambridge: Cambridge University Press, 2014, p. 106.

[32] Ibid., p. 107. Nota de Maurice Perlzweig do Conselho Judaico Mundial, em final de setembro de 1942.

[33] Ver testemunho de Jan Karski, p. 341-342.

[34] FLEMING, Michael. *Auschwitz, the Allies and Censorship of the Holocaust*. Cambridge: Cambridge University Press, 2014, p. 116, Anthony Eden, Câmara dos Comuns, 17 dez. 1942.

[35] Testemunho de Gerhart Riegner em: REPUTATIONS: Pope Pius XII: The Pope, the

Jews and the Nazis. Produzido por: Jonathan Lewis; produtor executivo: Laurence Rees. Reino Unido: BBC, 1995.

[36] Essa tradução foi extraída de REPUTATIONS: Pope Pius XII: The Pope, the Jews and the Nazis. Produzido por: Jonathan Lewis; produtor executivo: Laurence Rees. Reino Unido: BBC, 1995. Ver também: CATHOLIC TRADITION. The rights of man. Disponível em: <http://catholictradition.org/Encyclicals/1942.htm>. Acesso em: 13 maio 2018.

[37] Carta em inglês disponível em: <https://rorate-caeli.blogspot.com/2012/07/70th-anniversary-of-pastoral-letter-of.html>. Acesso em: 13 maio 2018.

[38] http://www.patheos.com/blogs/labmind/2018/04/archbishop-de-jong-and-the-cost-of-speaking-up.html.

[39] Pesquisa para REPUTATIONS: Pope Pius XII: The Pope, the Jews and the Nazis. Produzido por: Jonathan Lewis; produtor executivo: Laurence Rees. Reino Unido: BBC, 1995.

[40] Testemunho de REPUTATIONS: Pope Pius XII: The Pope, the Jews and the Nazis. Produzido por: Jonathan Lewis; produtor executivo: Laurence Rees. Reino Unido: BBC, 1995.

[41] Ver: PHAYER, Michael. *The Catholic Church and the Holocaust, 1930–65*. Bloomington: Indiana University Press, 2000, p. 94. Phayer sustenta que o argumento de que o protesto de Jong causou a deportação de judeus batizados "soa vazio" e que "O protesto do arcebispo foi uma simples desculpa que os nazistas utilizaram para capturar aqueles judeus convertidos prematuramente".

[42] MOORE, Bob. *Victims and Survivors: The Nazi Persecution of the Jews in the Netherlands 1940-1945*. London: Arnold, 1997, p. 79, citando a obra do doutor Jacob Presser.

[43] Testemunho de Witold Złotnicki em: REPUTATIONS: Pope Pius XII: The Pope, the Jews and the Nazis. Produzido por: Jonathan Lewis; produtor executivo: Laurence Rees. Reino Unido: BBC, 1995.

[44] ROTHKIRCHEN, Livia. The Churches and the Deportation and Persecution of Jews in Slovakia. In: RITTNER, Carol; SMITH, Stephen D.; STEINFELDT, Irena (eds.). *The Holocaust and the Christian World*. Jerusalem: Yad Vashem, 2000, p. 104-107.

[45] WARD, James Mace. *Priest, Politician, Collaborator: Jozef Tiso and the Making of Fascist Slovakia*. Ithaca: Cornell University Press, 2013, p. 232.

[46] ROTHKIRCHEN, Livia. The Churches and the Deportation and Persecution of Jews in Slovakia. In: RITTNER, Carol; SMITH, Stephen D.; STEINFELDT, Irena (eds.). *The Holocaust and the Christian World*. Jerusalem: Yad Vashem, 2000.

[47] WARD, James Mace. *Priest, Politician, Collaborator: Jozef Tiso and the Making of Fascist Slovakia*. Ithaca: Cornell University Press, 2013, p. 234-236.

[48] Testemunho de Jan Karski em: REPUTATIONS: Pope Pius XII: The Pope, the Jews and the Nazis. Produzido por: Jonathan Lewis; produtor executivo: Laurence Rees. Reino Unido: BBC, 1995.

[49] Em LONGERICH, Peter. *Holocaust: The Nazi Persecution and Murder of the Jews*. Oxford: Oxford University Press, 2012, p. 362, o autor dá um número de 52.000 judeus na Bélgica no final de 1940.

[50] Ibid., p. 372.

[51] DAHL, Hans Fredrik. *Quisling: A Study in Treachery*. Cambridge: Cambridge University Press, 2008, p. 287.

[52] Números da Real Comissão Norueguesa (NOU 1977: 22), citado em ibid.

[53] HORY, Ladislaus; BROSZAT, Martin. *Der kroatische Ustascha-Staat 1941-1945*. München: Deutsche Verlags-Anstalt, 1964, p. 120-21.

[54] Ibid., p. 101-102. Original: documento de Nuremberg NOKW-1071.

[55] Ibid., p. 99.

[56] *Der Prozess gegen die Hauptkriegsverbrecher vor dem Internationalen Militärgerichtshof, Nürnberg, 14. November 1945-1. Oktober 1946*, v. XV, p. 327.

[57] *Akten zur deutschen auswärtigen Politik 1918–1945*, Serie E: 1941-1945, v.VII, 1. Oktober 1943 bis 30. April 1944, doc. nº 352, p. 658-60.

[58] BRAHAM, Randolph L. *The Hungarian Labor Service System 1939–1945*. Boulder: East European Quarterly, 1977, p. 28.Ver também: ROZETT, Robert. *Conscripted Slaves: Hungarian Jewish Forced Labourers on the Eastern Front during the Second World War*. Jerusalem:Yad Vashem, 2013, p. 158-163.

[59] CESARANI, David. *Eichmann: His Life and Crimes*. New York:Vintage, 2005, p. 151

[60] BUTNARU, Ion C. *The Silent Holocaust: Romania and its Jews*. Westport: Greenwood Press, 1992, p. 138.

[61] Ibid., p. 139.

[62] KROENER, Bernhard R.; MÜLLER, Rolf-Dieter; UMBREIT, Hans. *Germany and the Second World War – Organization and Mobilization in the German Sphere of Power: Wartime Administration, Economy, and Manpower Resources 1942–1944/5*. Oxford: Oxford University Press, 2003, p. 855. Também TOOZE, Ada. *The Wages of Destruction: The Making and Breaking of the Nazi Economy*. London: Penguin, 2007, p. 587.

[63] CESARANI, David. *Eichmann: His Life and Crimes*. New York:Vintage, 2005, p. 152.

[64] DOMARUS, Max. *Hitler: Speeches and Proclamations 1932-1945: 1941-1945*. Mundelein: Bolchazy-Carducci, 2004, p. 2679-2680. Discurso de Hitler, 30 set. 1942.

[65] GALL, Lothar (Hrsg.). *Krupp im 20. Jahrhundert. Die Geschichte des Unternehmens vom Ersten Weltkrieg bis zur Gründung der Stiftung*. München: Siedler, 2002. ABELSHAUSER, Werner. *Rüstungsschmiede der Nation? Der Kruppkonzern im Dritten Reich und in der Nachkriegszeit 1933 bis 1951*, p. 412. Original in FAH, 5 C 48.

[66] DOMARUS, Max. *Hitler: Speeches and Proclamations 1932-1945: 1941-1945*. Mundelein: Bolchazy-Carducci, 2004, p. 2687. Discurso de Göring, 4 out. 1942, em Berlin.

Capítulo 13: Campos de extermínio nazistas na Polônia

[1] Havia também campos na Bielorrússia, por exemplo, em Maly Trostenets e Bronna Gorá, onde judeus foram assassinados, mas nenhum deles tinha câmaras de gás fixas.

[2] BERENSTEIN, Tatiana et al. (eds.). *Faschismus – Getto – Massenmord. Dokumentation über Ausrottung und Widerstand der Juden in Polen während des zweiten Weltkrieges*. Frankfurt: Röderberg-Verlag, 1960, p. 303. Em inglês em: NOAKES, Jeremy; PRIDHAM, Geoffrey (eds.). *Nazism 1919-1945: Foreign Policy, War and Racial Extermination*. Exeter: University of Exeter Press, 1991, p. 1159-1160.

[3] POLIAKOV, Léon;WULF, Joseph. *Das Dritte Reich und seine Diener*. Berlin: Ullstein, 1983, p. 471ff. Também no documento 170-USSR, em: *Der Prozessgegen die Hauptkriegsverbrecher vor dem Internationalen Militärgerichtshof, Nürnberg, 14. November 1945-1. Oktober 1946*, vol. XXIX, 1949, p. 385ff. Relatório estenográfico de reunião do marechal do Reich Göring com comissários do Reich para os territórios ocupados e comandantes militares sobre a situação dos alimentos, 6 ago. 1942.

[4] TOOZE, Ada. *The Wages of Destruction: The Making and Breaking of the Nazi Economy*. London: Penguin, 2007, p. 545.

[5] LONGERICH, Peter. *Heinrich Himmler: A Life*. Oxford: Oxford University Press, 2012, p. 570. Ver também p. 561-568 para sua análise das razões por trás da declaração de Himmler de 19 jul.

[6] Ibid.

[7] Ibid., p. 564, 572.

[8] KERSTEN, Felix. *The Kersten Memoirs, 1940-1945*. London: Hutchinson, 1956, p. 132-134, registro de 16 jul. 1942. Essas memórias têm que ser tratadas com bastante cautela e

nem sempre são confiáveis. Essa seção, porém – também citada em parte por TOOZE, Ada. *The Wages of Destruction: The Making and Breaking of the Nazi Economy*. London: Penguin, 2007, p. 526 –, merece crédito.

[9] POPRZECZNY, Joseph; GLOBOCNIK, Odilo. *Hitler's Man in the East*. Jefferson: McFarland & Company, 2004, p. 320-321. E também: LONGERICH, Peter. *Heinrich Himmler: A Life*. Oxford: Oxford University Press, 2012, p. 583-584.

[10] HILBERG, Raul; STARON, Stanislaw; KERMISZ, Josef (eds.). *The Warsaw Diary of Adam Czerniaków*. London: Elephant, 1999, p. 381-385.

[11] Ibid., p. 385.

[12] SLOAN, Jacob (ed.). *Notes from the Warsaw Ghetto, from the Journal of Emmanuel Ringelblum*, Shelter Island: iBooks, 2006, p. 292. Registro datado de "junho de 1942".

[13] Ibid., p. 330-331 (não há data precisa).

[14] LEWIN, Abraham. *A Cup of Tears: A Diary of the Warsaw Ghetto*. Waukegan: Fontana, 1990, p. 145. Registro de 1° ago. 1942.

[15] Testemunho não publicado anteriormente.

[16] Auschwitz foi o único lugar onde mais judeus foram mortos, mas, ao contrário de Treblinka, Auschwitz nunca foi exclusivamente um campo de extermínio.

[17] REES, Laurence. *Auschwitz: The Nazis and the 'Final Solution'*. London: BBC Books, 2005, p. 162.

[18] GRABHER, Michael. *Irmfried Eberl. 'Euthanasie' Arzt und Kommandant von Treblinka*. Bern: Peter Lang, 2006, p. 70-71. Carta de Irmfried Eberl a Ruth, 20 jun. 1942, HHStAW 631a, no 1631.

[19] Ibid., p. 73. Carta de Irmfried Eberl a Ruth, 30 jul. 1942, HHStAW 631a, no 1631. Também citado em: HOFMANN, Ute; SCHULZE, Dietmar. *'…wird heute in eine andere Anstalt verlegt…': Nationalsozialistische Zwangssterilisation und 'Euthanasie' in der Landes-Heil-und Pflegeanstalt Bernburg – eine Dokumentation*. Dessau: Regierungspräsidium Dessau, 1997, p. 67-68.

[20] REES, Laurence. *Auschwitz: The Nazis and the 'Final Solution'*. London: BBC Books, 2005, p. 162.

[21] ARAD, Yitzhak. *Belzec, Sobibor, Treblinka: The Operation Reinhard Death Camps*. Bloomington: Indiana University Press, 1999, p. 84.

[22] Ibid., p. 85.

[23] Ibid., p. 87.

[24] SERENY, Gitta. *Into That Darkness: From Mercy Killing to Mass Murder*. London: Pimlico, 1995, p. 160-61.

[25] REES, Laurence. *Auschwitz: The Nazis and the 'Final Solution'*. London: BBC Books, 2005, p. 163.

[26] KLEE, Ernst; DRESSEN, Willi; RIESS, Volker. *"The Good Old Days": The Holocaust as Seen by Its Perpetrators and Bystanders*. Old Saybrook: Konecky & Konecky, 1991, p. 244.

[27] Arad, *Belzec, Sobibor, Treblinka*, p. 96.

[28] SERENY, Gitta. *Into That Darkness: From Mercy Killing to Mass Murder*. London: Pimlico, 1995, p. 161.

[29] RIEß, Volker. Christian Wirth – der Inspekteur der Vernichtungslager. In: MALLMANN, Klaus-Michael; PAUL, Gerhard (eds.). *Karrieren der Gewalt. Nationalsozialistische Täterbiographien*. Darmstadt: Wissenschaftliche Buchgesellschaft, 2004, p. 247. Original in BArch 208 AR-Z 252/59, vol. 9, p. 1689ff., audiência de Josef Oberhauser, 13 dez. 1962.

[30] Testemunho não publicado anteriormente.

[31] Testemunho não publicado anteriormente.

[32] REES, Laurence. *The Nazis: A Warning from History*. London: BBC Books, 1997, p. 165.

[33] Testemunho não publicado anteriormente.

[34] ARAD, Yitzhak. *Belzec, Sobibor, Treblinka: The Operation Reinhard Death Camps*. Bloomington: Indiana University Press, 1999, p. 190.

[35] REES, Laurence. *Their Darkest Hour*. London: Ebury Press, 2007, p. 94.

[36] Em conversa com o autor; ver: ibid., p. 94.

[37] KRANZ, Tomasz. *Extermination of Jews at Majdanek Concentration Camp*, Lublin: Państwowe Muzeum na Majdanku, 2010, p. 13.

[38] Ibid., p. 59.

[39] Testemunho não publicado anteriormente.

[40] Testemunho extraído de TOUCHED by Auschwitz. Escrito e produzido por: Laurence Rees. Reino Unido: BBC, 2015.

[41] Testemunho não publicado anteriormente.

[42] Testemunho exibido no Museu Estatal, Majdanek.

[43] MAILÄNDER, Elissa. *Female SS Guards and Workaday Violence: The Majdanek Concentration Camp, 1942-1944*. East Lansing: Michigan State University Press, 2015, p. 242.

[44] Ibid., p. xi-xiii.

[45] O total para Treblinka é dado no telegrama decodificado como 71.355, mas trata-se de um erro óbvio de transcrição, já que a fim de chegar ao total contido no telegrama, de 1.274.166, o número de executados em Treblinka tem que ser 713.555 – número também confirmado como crível em outras evidências documentais.

[46] PRO HW 16/10.

Capítulo 14: Matar – e persuadir outros a ajudar

[1] REES, Laurence. *War of the Century*. London: BBC Books, 1999, p. 128.

[2] BURDICK, Charles; JACOBSEN, Hans-Adolf (eds.). *The Halder War Diary, 1939–1942*. London: Greenhill Books, 1988, p. 646. Registro de 23 jul. 1942.

[3] REES, Laurence. *War of the Century*. London: BBC Books, 1999, p. 159.

[4] DOMARUS, Max. Hitler. *Reden und Proklamationen 1932–1945. Kommentiert von einem deutschen Zeitgenossen: Untergang*. Wien: R. Löwit, 1973, p. 1916. Discurso de Hitler, Sportpalast de Berlim, 30 set. 1942.

[5] Discurso de Darlan em 12 fev. 1943, disponível em: <http://avalon.law.yale.edu/wwii/casablan.asp>. Acesso em: 13 maio 2018.

[6] HAMEROW, Theodore S. *Why We Watched: Europe, America, and the Holocaust*. New York: W. W. Norton, 2008, p. 349. As conversações Roosevelt-Noguès e Roosevelt-Giraud na Mansão do Presidente, meio-dia e 16h20, 17 jan. 1943, Roosevelt Papers, McCrea Notes, em: *Foreign Relations of the United States: The Conferences at Washington 1941–1942 and Casablanca 1943*, Departamento de Estados dos EUA, 1968, p. 608-611.

[7] FRÖHLICH, Elke (Hrsg.). *Die Tagebücher von Joseph Goebbels: Diktate 1941-1945*. München: K.G. Saur, 1993, vol. 7, p. 454. Registro de 2 mar. 1943.

[8] MARRUS, Michael R.; PAXTON, Robert O. *Vichy France and the Jews*. Palo Alto: Stanford University Press, 1995, 321-326.

[9] KERSHAW, Ian: *Hitler: 1936-1945, Nemesis*. London: Allen Lane, 2000, p. 582.

[10] HILLGRUBER, Andreas (Hrsg.). *Staatsmänner und Diplomaten bei Hitler. Zweiter Teil. Vertrauliche Aufzeichnungen über Unterredungen mit Vertretern des Auslandes 1942–1944*. Bad Neuenahr-Ahrweiler: Bernard & Graefe, 1970, p. 238, 240, 245, 256-257. Reunião em 16 e 17 de abril 1943.

[11] FRÖHLICH, Elke (Hrsg.). *Die Tagebücher von Joseph Goebbels: Diktate 1941-1945*. München: K.G. Saur, 1993, vol. 8, p. 225. Registro de 7 maio 1943.

[12] Registro do SS-Oberführer Veesenmayer, em: *Akten zur deutschen auswärtigen Politik 1918-1945*, Serie E: 1941–1945, vol.VI, 1. Mai bis 30. September 1943, p. 79.

[13] FRÖHLICH, Elke (Hrsg.). *Die Tagebücher von Joseph Goebbels: Diktate 1941-1945*. München: K.G. Saur, 1993, vol. 8, p. 236, 238. Registro de 8 maio 1943.

[14] DOMARUS, Max. *Hitler. Reden und Proklamationen 1932–1945. Kommentiert von einem deutschen Zeitgenossen: Untergang*. Wien: R. Löwit, 1973, p. 2003. Comunicado oficial referente ao encontro de Hitler com o rei Bóris, 3 abr. 1943.

[15] BROWNING, Christopher. *The Origins of the Final Solution*. Portsmouth: Heinemann, 2004, p. 212. Também: LONGERICH, Peter. *Heinrich Himmler: A Life*. Oxford: Oxford University Press, 2012, p. 663-664.

[16] Testemunho não publicado anteriormente.

[17] REES, Laurence. *Auschwitz: The Nazis and the 'Final Solution'*. London: BBC Books, 2005, p. 176.

[18] Testemunho não publicado anteriormente.

[19] Esse número tem uma exatidão suspeita, que deve ser tratada com cautela (o fato de ser o mesmo de trás para a frente apenas aumenta essa suspeita).

[20] WACHSMANN, Nikolaus. *KL: A History of the Nazi Concentration Camps*. Boston: Little, Brown and Company, 2015, p. 316.

[21] BEZWIŃSKA, Jadwiga; CZECH, Danuta (eds.). *Amidst a Nightmare of Crime*. New York: Howard Fertig, 1992, p. 47. Deposição de Alter Feinsilber (também conhecido como Stanislaw Jankowski).

[22] Testemunho não publicado anteriormente.

[23] BEZWIŃSKA, Jadwiga; CZECH, Danuta (eds.). *Amidst a Nightmare of Crime*. New York: Howard Fertig, 1992, *Amidst a Nightmare*, p. 52.

[24] Testemunho não publicado anteriormente.

[25] Testemunho não publicado anteriormente.

[26] NYISZLI, Miklós. *Auschwitz: A Doctor's Eyewitness Account*. London: Penguin, 2012, p. 24.

[27] Testemunho não publicado anteriormente.

[28] NYISZLI, Miklós. *Auschwitz: A Doctor's Eyewitness Account*. London: Penguin, 2012, p. 42.

[29] Testemunho não publicado anteriormente.

[30] Testemunho não publicado anteriormente.

[31] BEZWIŃSKA, Jadwiga; CZECH, Danuta (eds.). *Amidst a Nightmare of Crime*. New York: Howard Fertig, 1992, p. 119.

[32] Ibid., p. 56. Deposição de Alter Feinsilber.

[33] Ibid.

[34] Testemunho não publicado anteriormente.

[35] REES, Laurence. *Auschwitz: The Nazis and the 'Final Solution'*. London: BBC Books, 2005, p. 236-237.

[36] BEZWIŃSKA, Jadwiga; CZECH, Danuta (eds.). *Amidst a Nightmare of Crime*. New York: Howard Fertig, 1992, p. 119.

[37] Testemunho não publicado anteriormente.

[38] VAN PELT, Robert Jan. *The Case for Auschwitz: Evidence from the Irving Trial*. Bloomington: Indiana University Press, 2002, p. 80.

[39] Testemunho extraído de TOUCHED by Auschwitz. Escrito e produzido por: Laurence Rees. Reino Unido: BBC, 2015; e testemunho não publicado anteriormente.

[40] Testemunho não publicado anteriormente.

[41] Testemunho não publicado anteriormente.

[42] Testemunho não publicado anteriormente.

[43] BEZWIŃSKA, Jadwiga; CZECH, Danuta (eds.). *Amidst a Nightmare of Crime*. New York: Howard Fertig, 1992, p. 59.

[44] JONASSOHN, Kurt; BJÖRNSON, Karin Solveig. *Genocide and Gross Human Rights Violations in Comparative Perspective*. New Brunswick: Transaction, 1999, p. 283.

[45] WILLEMS, Wim. *In Search of the True Gypsy: From Enlightenment to Final Solution*, London: Routledge, 2013, p. 251.

[46] KENRICK, Donald; PUXON, Grattan. *Gypsies under the Swastika*. Hatfield (AL): University of Hertfordshire Press, 2009, p. 38-39.

[47] KERSHAW, Ian. *Hitler: 1936-1945, Nemesis*. London: Allen Lane, 2000, p. 584.

[48] FRÖHLICH, Elke (Hrsg.). *Die Tagebücher von Joseph Goebbels: Diktate 1941-1945*. München: K.G. Saur, 1993, vol. 8, p. 288. Registro de 13 maio 1943.

Capítulo 15: Opressão e revolta

[1] Testemunho de THE NAZIS: A Warning from History. Escrito e produzido por Laurence Rees. Reino Unido: BBC, 1997, episódio 6.

[2] DOMARUS, Max. *Hitler: Speeches and Proclamations 1932-1945: 1941-1945*. Mundelein: Bolchazy-Carducci, 2004, p. 2818. Discurso de Hitler, 10 set. 1943.

[3] GILBERT, Martin. *The Righteous: The Unsung Heroes of the Holocaust*, Burley-in-Wharfedale: Black Swan, 2003, p. 439.

[4] ZUCCOTTI, Susan. *The Italians and the Holocaust: Persecution, Rescue and Survival*. Lincoln: University of Nebraska Press, 1996, p. 81.

[5] FELICE, Renzo De. Hunting Down the Jews. In: PUGLIESE, Stanislao G. (ed.). *Fascism, Anti-Fascism, and the Resistance in Italy: 1919 to the Present*. Lanham: Rowman & Littlefield, 2004, p. 202.

[6] SÁNCHEZ, José M. *Pius XII and the Holocaust: Understanding the Controversy*. Washington D.C.: Catholic University of America Press, 2002, p. 143.

[7] Testemunho de REPUTATIONS: Pope Pius XII: The Pope, the Jews and the Nazis. Produzido por: Jonathan Lewis; produtor executivo: Laurence Rees. Reino Unido: BBC, 1995.

[8] Ibid.

[9] Ibid.

[10] ZUCCOTTI, Susan. *The Italians and the Holocaust: Persecution, Rescue and Survival*. Lincoln: University of Nebraska Press, 1996, p. 133.

[11] PHAYER, Michael. *The Catholic Church and the Holocaust, 1930–65*. Bloomington: Indiana University Press, 2000, p. 240-245.

[12] Números de ZUCCOTTI, Susan. *The Italians and the Holocaust: Persecution, Rescue and Survival*. Lincoln: University of Nebraska Press, 1996, p. xxv. Note que esse é o número daqueles que morreram. A estimativa na p. 274 é sobre o número de deportados para Auschwitz.

[13] ZUCCOTTI, Susan. *The Italians and the Holocaust: Persecution, Rescue and Survival*. Lincoln: University of Nebraska Press, 1996, p. 235-236.

[14] Testemunho não publicado anteriormente.

[15] Testemunho não publicado anteriormente.

[16] WERNER, Emmy E. *A Conspiracy of Decency: The Rescue of the Danish Jews during World War II*. Boulder: Westview Press, 2002, p. 49.

[17] Testemunho não publicado anteriormente.

[18] MOGENSEN, Michael. October 1943 – The Rescue of the Danish Jews. In: JENSEN, Mette Bastholm; JENSEN, Steven L. B. (eds.). *Denmark and the Holocaust*. Department for

Holocaust and Genocide Studies, 2003, p. 45.

[19] Testemunho não publicado anteriormente.

[20] REES, Laurence. *Auschwitz: The Nazis and the 'Final Solution'*. London: BBC Books, 2005, p. 221-222.

[21] MOGENSEN, Michael. October 1943 – The Rescue of the Danish Jews. In: JENSEN, Mette Bastholm; JENSEN, Steven L. B. (eds.). *Denmark and the Holocaust*. Department for Holocaust and Genocide Studies, 2003, p. 33. Ver também: YAHIL, Leni. *The Rescue of Danish Jewry: Test of a Democracy*. Philadelphia: The Jewish Publication Society of America, 1969.

[22] O US Holocaust Memorial Museum dá um número de 72 mil judeus na Grécia na época da ocupação e de "aproximadamente 60 mil" que morreram no Holocausto: <https://www.ushmm.org/wlc/en/article.php?ModuleId=10005778>. BOWMAN, Steven B. *The Agony of Greek Jews*, 1940–1945. Palo Alto: Stanford University Press, 2009, p. 77 declara que cerca de 90% dos judeus gregos pereceram.

[23] BOWMAN, Steven B. *The Agony of Greek Jews, 1940–1945*. Palo Alto: Stanford University Press, 2009, p. 177.

[24] CESARANI, David. *Final Solution: The Fate of the Jews 1933-49*. Basingstoke: Macmillan, 2016, p. 600. Ver também: MAZOWER, Mark. *Inside Hitler's Greece*. New Haven: Yale University Press, 2001, p. 238-246, para uma descrição da deportação dos judeus de Tessalônica.

[25] Testemunho não publicado anteriormente.

[26] CYMLICH, Israel; STRAWCZYNSKI, Oskar. *Escaping Hell in Treblinka*. Jerusalem: Yad Vashem, 2007, p. 167.

[27] REES, Laurence. *The Nazis: A Warning from History*. London: BBC Books, 1997, p. 170.

[28] Testemunho não publicado anteriormente.

[29] CYMLICH, Israel; STRAWCZYNSKI, Oskar. *Escaping Hell in Treblinka*. Jerusalem: Yad Vashem, 2007, p. 178.

[30] WIERNIK, Yankel. *A Year in Treblinka*. New York: General Jewish Workers' Union of Poland, 1945, capítulo 13. Disponível em: <www.zchor.org/treblink/wiernik.htm>. Acesso em: 13 maio 2018.

[31] Testemunho não publicado anteriormente.

[32] BLATT, Thomas Toivi. *From the Ashes of Sobibor*. Evanston: Northwestern University Press, 1997, p. 129.

[33] CESARANI, David. *Final Solution: The Fate of the Jews 1933-49*. Basingstoke: Macmillan, 2016, p. 676-677. Embora esse impacto não deva ser exagerado. Bem poucos judeus holandeses sobreviveram a Auschwitz.

[34] REES, Laurence. *Auschwitz: The Nazis and the 'Final Solution'*. London: BBC Books, 2005, p. 210.

[35] Testemunho não publicado anteriormente.

[36] REES, Laurence. Auschwitz: The Nazis and the 'Final Solution'. London: BBC Books, 2005, p. 214.

[37] Testemunho não publicado anteriormente.

[38] REES, Laurence. Auschwitz: The Nazis and the 'Final Solution'. London: BBC Books, 2005, p. 214-215.

[39] Testemunho não publicado anteriormente.

[40] Testemunho não publicado anteriormente.

[41] Testemunho não publicado anteriormente.

[42] BLATT, Thomas Toivi. *From the Ashes of Sobibor*. Evanston: Northwestern University Press, 1997, p. 167.

[43] Ibid., p. 222.

[44] Testemunho não publicado anteriormente.

[45] BERENSTEIN, Tatiana et al. (eds.). *Faschismus – Getto – Massenmord. Dokumentation über Ausrottung und Widerstand der Juden in Polen während des zweiten Weltkrieges*. Frankfurt: Röderberg-Verlag, 1960, p. 352. Circular da SS e do Chefe de Polícia do distrito de Varsóvia, 13 mar. 1943.

[46] CYMLICH, Israel; STRAWCZYNSKI, Oskar. *Escaping Hell in Treblinka*. Jerusalem: Yad Vashem, 2007, p. 58.

[47] Ibid., p. 61.

[48] BAUMSLAG, Naomi. *Murderous Medicine: Nazi Doctors, Human Experimentation, and Typhus*. Santa Barbara: Praeger, 2005, p. 117.

[49] Estatísticas extraídas de PAULSSON, Gunnar S. *Secret City: The Hidden Jews of Warsaw, 1940-1945*. New Haven: Yale University Press, 2002, p. 2-9, 231.

[50] Ibid., p. 231.

[51] Testemunho não publicado anteriormente.

[52] ZIMMERMAN, Joshua D. *The Polish Underground and the Jews, 1939-1945*. Cambridge: Cambridge University Press, 2015, p. 9-10.

[53] GENTILE, Gian P. *How Effective Is Strategic Bombing? Lessons Learned from World War II to Kosovo*. New York: New York University Press, 2001, p. 59-60.

[54] DOMARUS, Max. *Hitler: Speeches and Proclamations 1932-1945: 1941-1945*. Mundelein: Bolchazy-Carducci, 2004, p. 2819, Discurso de Hitler, 10 set. 1943.

[55] BArch NS 19/4010. Também reproduzido em: SMITH, Bradley F.; PETERSON, Agnes F. (eds.). *Heinrich Himmler. Geheimreden 1933 bis 1945 und andere Ansprachen*. Berlin: Propyläen Verlag, 1974, p. 169-170.

[56] REES, Laurence. *Auschwitz: The Nazis and the 'Final Solution'*. London: BBC Books, 2005, p. 215-216. Ver também: ARAD, Yitzhak. *Belzec, Sobibor, Treblinka: The Operation Reinhard Death Camps*. Bloomington: Indiana University Press, 1999, p. 366.

[57] KRANZ, Tomasz. *Extermination of Jews at Majdanek Concentration Camp*. Lublin: Państwowe Muzeum na Majdanku, 2010, p. 64.

[58] LONGERICH, Peter. *Holocaust: The Nazi Persecution and Murder of the Jews*. Oxford: Oxford University Press, 2012, p. 382.

[59] Testemunho de Henryk Nieścior, Museu Estatal, Majdanek, exposição permanente.

[60] KRANZ, Tomasz. *Extermination of Jews at Majdanek Concentration Camp*. Lublin: Państwowe Muzeum na Majdanku, 2010, p. 66.

[61] *Der Prozess gegen die Hauptkriegsverbrecher vor dem Internationalen Militärgerichtshof, Nürnberg, 14. November 1945-1. Oktober 1946*, vol. XXXIV, 1949, doc. 4024-PS, p. 72.

[62] Ibid., p. 69-70. Carta de Himmler, 30 nov. 1943.

[63] ZUCCOTTI, Susan. *The Italians and the Holocaust: Persecution, Rescue and Survival*. Lincoln: University of Nebraska Press, 1996, p. 185-186.

[64] SERENY, Gitta. *Into That Darkness: From Mercy Killing to Mass Murder*. London: Pimlico, 1995, p. 261.

Capítulo 16: Auschwitz

[1] Foram enviados mais judeus ao "campo familiar" em duas levas subsequentes: em dezembro de 1943 e em março de 1944 – num total final de 17.500 internos.

[2] Testemunho não publicado anteriormente.

[3] Testemunho não publicado anteriormente.

[4] NYISZLI, Miklós. *Auschwitz: A Doctor's Eyewitness Account*. London: Penguin, 2012, p. 35.

[5] Testemunho não publicado anteriormente.

[6] Testemunho não publicado anteriormente.

[7] REES, Laurence. *Auschwitz: The Nazis and the 'Final Solution'*. London: BBC Books, 2005, p. 187.

[8] Testemunho não publicado anteriormente.

[9] REES, Laurence. *Auschwitz: The Nazis and the 'Final Solution'*. London: BBC Books, 2005, p. 187.

[10] ECKART, Wolfgang U.; VONDRA, Hana. Disregard for Human Life: Hypothermia Experiments in the Dachau Concentration Camp. In: ECKART, Wolfgang U. (ed.). *Man, Medicine, and the State: The Human Body as an Object of Government Sponsored Medical Research in the 20th Century*. Stuttgart: Franz Steiner Verlag, 2006, p. 163.

[11] Ibid.

[12] MACKOWSKI, Maura Phillips. *Testing the Limits: Aviation Medicine and the Origins of Manned Space Flight*. College Station: Texas A&M University Press, 2006, p. 94.

[13] WACHSMANN, Nikolaus. *KL: A History of the Nazi Concentration Camps*. Boston: Little, Brown and Company, 2015, p. 334.

[14] Testemunho não publicado anteriormente.

[15] Testemunho não publicado anteriormente.

[16] CZECH, Danuta. *Auschwitz Chronicle 1939-1945: From the Archives of the Auschwitz Memorial and the German Federal Archives*. New York: I. B. Tauris, 1990, p. 591.

[17] Testemunho não publicado anteriormente.

[18] REES, Laurence. *Auschwitz: The Nazis and the 'Final Solution'*. London: BBC Books, 2005, p. 143.

[19] Ibid., p. 167.

[20] Testemunho não publicado anteriormente.

[21] LANGBEIN, Hermann. *Der Auschwitz-Prozess. Eine Dokumentation*. Frankfurt: Neue Kritik, 1995. Ver o testemunho de Konrad Morgen em Frankfurt am Main em 8 de março de 1962, no julgamento de Auschwitz, ibid., p. 143-145.

[22] DOMARUS, Max. *Hitler. Reden und Proklamationen 1932–1945. Kommentiert von einem deutschen Zeitgenossen: Untergang*. Wien: R. Löwit, 1973, p. 2083. Discurso de Hitler, 30 jan. 1944.

[23] KERSHAW, Ian. *The 'Hitler Myth': Image and Reality in the Third Reich*. Oxford: Oxford University Press, 2001, p. 193.

[24] Ibid., p. 210-11.

[25] REES, Laurence. *The Dark Charisma of Adolf Hitler*. London: Ebury Press, 2012, p. 381.

[26] WILHELM, Hans-Heinrich. Hitlers Ansprache vor Generalen und Offizieren am 26. Mai 1944. *Militärgeschichtliche Mitteilungen*, v. 20, n. 2 (1976), p. 156. Discurso de Hitler a generais e oficiais, 26 maio 1944. Em inglês em: LONGERICH, Peter. *The Unwritten Order*. Stroud: Tempus, 2005, p. 212.

[27] EMSLEY, Clive; JOHNSON, Eric; SPIERENBURG, Pieter (eds.). *Social Control in Europe*. Columbus: Ohio State University Press, 2004, p. 312, vol. 2.

[28] CESARANI, David. *Final Solution: The Fate of the Jews 1933-49*. Basingstoke: Macmillan, 2016, p. 727.

[29] Testemunho não publicado anteriormente.

[30] Testemunho não publicado anteriormente.

[31] ADELSON, Alan; LAPIDES, Robert (eds.). *Łódź Ghetto: Inside a Community under Siege*. London: Penguin, 1991, p. 328.

[32] Ibid., p. 329.

[33] Ibid., p. 331.

[34] REES, Laurence. *Auschwitz: The Nazis and the 'Final Solution'*. London: BBC Books, 2005, p. 102.

[35] Testemunho não publicado anteriormente.

[36] TRUNK, Isaiah. *Łódź Ghetto: A History*. Bloomington: Indiana University Press, 2008, p. 281, descrição feita por Josef Zelkowicz da Ação de Setembro, "In Those Nightmarish Days", n. 102:YI-54.

[37] TRUNK, Isaiah. *Łódź Ghetto: A History*. Bloomington: Indiana University Press, 2008, p. 246.

[38] REES, Laurence. *Their Darkest Hour*. London: Ebury Press, 2007, p. 109-110.

[39] DOBROSZCKI, Lucjan (ed.). *The Chronicle of the Łódź Ghetto 1941–1944*. New Haven: Yale University Press, 1984, p. 252. Registro de 14 set. 1942.

[40] Testemunho não publicado anteriormente.

[41] Testemunho não publicado anteriormente.

[42] Testemunho extraído de THE NAZIS: A Warning from History. Escrito e produzido por Laurence Rees. Reino Unido: BBC, 1997, episódio 4.

[43] TRUNK, Isaiah. *Łódź Ghetto: A History*. Bloomington: Indiana University Press, 2008, p. 250.

[44] MONTAGUE, Patrick. *Chełmno and the Holocaust*. New York: I. B. Tauris, 2012, p. 162.

[45] DOBROSZCKI, Lucjan (ed.). *The Chronicle of the Łódź Ghetto 1941–1944*. New Haven: Yale University Press, 1984, p. 534. Registro de 25 jul. 1944.

[46] Note também o tempo em que ocorreu essa mudança, quando os judeus de Łódź deixaram de ir para Chełmno e passaram a ser enviados a Birkenau. Isso porque no início de agosto o extermínio em massa de judeus húngaros em Auschwitz estava concluído, e as câmaras de gás de Birkenau tinham agora capacidade ociosa para matar os judeus de Łódź.

[47] O pai de Max havia morrido no gueto; ver p. 196.

[48] Testemunho não publicado anteriormente.

[49] Testemunho não publicado anteriormente.

[50] UNGER, Michal. *Reassessment of the Image of Mordechai Chaim Rumkowski*. Jerusalem: Yad Vashem, 2004, p. 13.

[51] REES, Laurence. *Auschwitz: The Nazis and the 'Final Solution'*. London: BBC Books, 2005, p. 104-105.

[52] Ibid.

Capítulo 17: A catástrofe húngara

[1] FRÖHLICH, Elke (Hrsg.). *Die Tagebücher von Joseph Goebbels*. München: K.G. Saur, 1994, Teil II: Diktate 1941-1945, vol. 11, p. 396, 399-400. Registro de 4 mar. 1944.

[2] Ibid., p. 348. Registro de 25 fev. 1944.

[3] MUIR, Simo; WORTHEN, Hana (eds.). *Finland's Holocaust: Silences of History*. Basingstoke: Palgrave Macmillan, 2013. Também a obra de SUOMINEN, Elina. *Kuoleman laiva s/s Hohenhörn*. Stockholm: WSOY, 1979; e SANA, Elina. *Luovutetut: Suomen ihmisluovutukset Gestapolle*. Stockholm: WSOY, 2003 – este último título escrito sob seu nome de casada, Elina Sana.

[4] Os finlandeses assinaram o armistício com a União Soviética e o Reino Unido em 19 set. 1944.

[5] Testemunho não publicado anteriormente.

[6] BRAHAM, Randolph L. *The Politics of Genocide: The Holocaust in Hungary*. Detroit: Wayne State University Press, 1994, p. 110.

[7] CESARANI, David. *Eichmann: His Life and Crimes*. New York: Vintage, 2005, p. 167.

[8] Testemunho não publicado anteriormente.

[9] Testemunho não publicado anteriormente.

[10] Testemunho não publicado anteriormente.

[11] BAUER, Yehuda. *Jews for Sale? Nazi–Jewish Negotiations, 1933–1945*. New Haven: Yale University Press, 1994, p. 150-151.

[12] REES, Laurence. *Auschwitz: The Nazis and the 'Final Solution'*. London: BBC Books, 2005, p. 230.

[13] JACOBS, Gerald. *Sacred Games*. London: Hamish Hamilton, 1995, p. 63-67.

[14] Testemunho não publicado anteriormente.

[15] Testemunho não publicado anteriormente.

[16] ROSEN, Ilana. *Sisters in Sorrow: Life Histories of Female Holocaust Survivors from Hungary*. Detroit: Wayne State University Press, 2008, p. 192-193.

[17] Testemunho não publicado anteriormente.

[18] Números do US Holocaust Memorial Museum. Disponível em: <https://www.ushmm.org/wlc/en/article.php?ModuleId=10007728>. Acesso em: 13 maio 2018.

[19] Testemunho não publicado anteriormente.

[20] Testemunho não publicado anteriormente.

[21] Testemunho não publicado anteriormente.

[22] Testemunho extraído de TOUCHED by Auschwitz. Escrito e produzido por: Laurence Rees. Reino Unido: BBC, 2015.

[23] Testemunho não publicado anteriormente.

[24] PIPER, Franciszek. *Auschwitz: How Many Perished?* Frap Books, 1996, p. 53, faz referência a 438 mil húngaros levados para Auschwitz (de dentro das fronteiras húngaras no tempo da guerra), mas Mirek Obstarczyk, do museu de Auschwitz, informou-me que o número agora revisado é de 430 mil.

[25] REES, Laurence. *Auschwitz: The Nazis and the 'Final Solution'*. London: BBC Books, 2005, p. 235.

[26] SIME, relatório n.º 1 sobre o interrogatório de Joel Brand, 16-30 jun. 1944, arquivo no SIME/P 7769, PRO FO 371/42811. REES, Laurence. *Auschwitz: The Nazis and the 'Final Solution'*. London: BBC Books, 2005, p. 227.

[27] BAUER, Yehuda. *Jews for Sale? Nazi–Jewish Negotiations, 1933–1945*. New Haven: Yale University Press, 1994, p. 178.

[28] Ibid., p. 186.

[29] Ibid., p. 166.

[30] Ibid.

[31] Ibid., p. 167.

[32] HIMMLER, Hitler and the End of the Reich. Produzido por: Detlef Siebert; produtor executivo: Laurence Rees. Reino Unido: BBC, 2001.

[33] LONGERICH, Peter. *Heinrich Himmler: A Life*. Oxford: Oxford University Press, 2012, p. 720.

[34] Documento descoberto pela equipe de pesquisa de *Himmler, Hitler and the End of the Reich*, PRO HW 1/3196.

[35] Testemunho extraído de HIMMLER, Hitler and the End of the Reich. Produzido por: Detlef Siebert; produtor executivo: Laurence Rees. Reino Unido: BBC, 2001.

[36] Testemunho não publicado anteriormente.

[37] Testemunho não publicado anteriormente.

[38] REES, Laurence. *Auschwitz: The Nazis and the 'Final Solution'*. London: BBC Books, 2005, p. 243-244.

[39] Testemunho extraído de *Himmler, Hitler and the End of the Reich*, exibido pela BBC2, em 2001.

[40] BAUER, Yehuda. *Jews for Sale? Nazi–Jewish Negotiations, 1933–1945*. New Haven: Yale University Press, 1994, p. 158-159.

41 Testemunho não publicado anteriormente.

42 VAN PELT, Robert Jan. *The Case for Auschwitz: Evidence from the Irving Trial*. Bloomington: Indiana University Press, 2002, p. 145-146.

43 MÜLLER, Filip. *Eyewitness Auschwitz: Three Years in the Gas Chambers*. Chicago: Ivan R. Dee, 1999, p. 121. Também citado em parte em VAN PELT, Robert Jan. *The Case for Auschwitz: Evidence from the Irving Trial*. Bloomington: Indiana University Press, 2002, p. 149.

44 Não se sabe ao certo se o papa leu o relatório Vrba-Wetzler antes de enviar seu bilhete a Horthy, mas é muito provável que tivesse conhecimento dele, já que Vrba encontrou-se com um representante do papa em Bratislava, em 20 jun. 1944.

45 Testemunho extraído de REPUTATIONS: Pope Pius XII: The Pope, the Jews and the Nazis. Produzido por: Jonathan Lewis; produtor executivo: Laurence Rees. Reino Unido: BBC, 1995.

46 Ibid.

47 Ibid.

48 LONGERICH, Peter. *Holocaust: The Nazi Persecution and Murder of the Jews*. Oxford: Oxford University Press, 2012, p. 407-408. Registro do diário de Goebbels de 27 abr. 1944.

49 GUDERIAN, Heinz. *Panzer Leader*. London: Penguin, 2009, p. 342.

Capítulo 18: Matar até o fim

1 PRO FO 371/42809, disponível em: <http://www.nationalarchives.gov.uk/education/worldwar2/theatres-of-war/eastern-europe/investigation/camps/sources/docs/5/transcript.htm>. Acesso em: 13 maio 2018.

2 GILBERT, Martin. The Contemporary Case for the Feasibility of Bombing Auschwitz. In: NEUFELD, Michael J.; BARENBAUM, Michael (eds.). *The Bombing of Auschwitz*. New York: St Martin's Press, 2000, p. 70. Ver também palestra de Martin Gilbert no US Holocaust Memorial Museum, 8 nov. 1993, disponível em: <http://www.winstonchurchill.org>. Acesso em: 13 maio 2018.

3 REES, Laurence. *Auschwitz: The Nazis and the 'Final Solution'*. London: BBC Books, 2005, p. 248-252.

4 NEUFELD, Michael J.; BARENBAUM, Michael (eds.). *The Bombing of Auschwitz*. New York: St Martin's Press, 2000, p. 68. REES, Laurence. *Auschwitz: The Nazis and the 'Final Solution'*. London: BBC Books, 2005, p. 248.

5 BAUER, Yehuda. *Jews for Sale? Nazi–Jewish Negotiations, 1933–1945*. New Haven: Yale University Press, 1994, p. 195

6 GILBERT, Martin. *Auschwitz and the Allies*. London: Pimlico, 2001, p. 127.

7 Testemunho de AUSCHWITZ: The Nazis and the 'Final Solution'. Escrito e produzido por: Laurence Rees. Reino Unido: BBC, 2005, episódio 5.

8 VAN PELT, Robert Jan. *The Case for Auschwitz: Evidence from the Irving Trial*. Bloomington: Indiana University Press, 2002, p. 155-156. O primeiro relatório de Simonov sobre Majdanek foi entregue pela embaixada soviética em Washington em 29 ago. 1944.

9 MÜLLER, Filip. *Eyewitness Auschwitz: Three Years in the Gas Chambers*. Chicago: Ivan R. Dee, 1999, p. 153.

10 ŚWIEBOCKI, Henryk. *Auschwitz, 1940–1945: Central Issues in the History of the Camp: The Resistance Movement*. Oświęcim: Auschwitz-Birkenau State Museum, 2000, p. 244-249; e PIPER, Franciszek. *Auschwitz, 1940-1945: Central Issues in the History of the Camp: Mass Murder*. Oświęcim: Auschwitz-Birkenau State Museum, 2000, p. 186-187.

11 Ibid.

[12] Testemunho extraído de AUSCHWITZ: The Nazis and the 'Final Solution'. Escrito e produzido por: Laurence Rees. Reino Unido: BBC, 2005, episódio 5.

[13] Testemunho não publicado anteriormente.

[14] Testemunho extraído de TOUCHED by Auschwitz. Escrito e produzido por: Laurence Rees. Reino Unido: BBC, 2015.

[15] ŚWIEBOCKI, Henryk. *Auschwitz, 1940–1945: Central Issues in the History of the Camp: The Resistance Movement.* Oświęcim: Auschwitz-Birkenau State Museum, 2000, p. 232-233.

[16] Embora a Itália, a Bulgária e a Romênia fossem aliadas da Alemanha nazista, os finlandeses consideravam que, em seu arranjo com os nazistas, estavam na condição de "cobeligerantes" e não de aliados formais.

[17] KERSHAW, Ian: *Hitler: 1936-1945, Nemesis.* London: Allen Lane, 2000, p. 728-731.

[18] CESARANI, David. *Eichmann: His Life and Crimes.* New York: Vintage, 2005, p. 189-192.

[19] Ver o testemunho de Kurt Becher, 10 jul. 1947, citado em *Eichmann Interrogations: Trial of Adolf Eichmann,* Jerusalém, vol. VIII, p. 2895-6. Disponível em: <http://www.nizkor.org/hweb/people/e/eichmann-adolf/transcripts/Testimony-Abroad/Kurt_Becher-04.html>. Acesso em: 13 maio 2018.

[20] REES, Laurence. *World War II: Behind Closed Doors.* London: BBC Books, 2008, p. 326.

[21] DOMARUS, Max. *Hitler. Reden und Proklamationen 1932–1945. Kommentiert von einem deutschen Zeitgenossen: Untergang.* Wien: R. Löwit, 1973, p. 2152, proclamação de Hitler, 25 set. 1944.

[22] DOMARUS, Max. *Hitler: Speeches and Proclamations 1932-1945: 1941-1945.* Mundelein: Bolchazy-Carducci, 2004, p. 2965-2966. Discurso de Hitler, proferido por Himmler, 12 nov. 1944.

[23] Ibid., p. 2993. Pronunciamento de ano-novo de Hitler à Wehrmacht, em 1945.

[24] CZECH, Danuta. *Auschwitz Chronicle 1939-1945: From the Archives of the Auschwitz Memorial and the German Federal Archives.* New York: I. B. Tauris, 1990, p. 783. Relatório de József Cyrankiewicz e Stanislaw Klodiński, 17 jan. 1945.

[25] Testemunho não publicado anteriormente.

[26] Testemunho não publicado anteriormente.

[27] Testemunho não publicado anteriormente.

[28] Testemunho não publicado anteriormente.

[29] STRZELECKI, Andrzej. *Auschwitz, 1940-1945: Central Issues in the History of the Camp – Epilogue.* Oświęcim: Auschwitz-Birkenau State Museum, 2000, p. 29-36.

[30] Testemunho não publicado anteriormente.

[31] Testemunho não publicado anteriormente.

[32] KRAKOWSKI, Shmuel. Massacre of Jewish Prisoners on the Samland Peninsula – Documents. In: WEISS, Aharon (ed.). *Yad Vashem Studies.* Jerusalem: Yad Vashem, vol. 24, 1994, p. 367. Ver também: GRABOWSKA, Janina. *K. L. Stutthof.* Bremen: Temmen, 1993, p. 60.

[33] RABINOVICI, Schoschana. *Dank meiner Mutter.* Berlin: Fischer Taschenbuch Verlag, 2009, p. 220-247.

[34] BLATMANN, Daniel. *Die Todesmärsche 1944/45. Das letzte Kapitel des nationalsozialistischen Massenmords.* Berlin: Rowohlt, 2010, p. 203.

[35] SAGEL-GRANDE; Irene; FUCHS, H. H.; RÜTER, C. F. *Justiz und NS-Verbrechen. Sammlung deutscher Strafurteile wegen nationalsozialistischer Tötungsverbrechen 1945-1966,* vol. XIV. Amsterdam: University Press Amsterdam, 1976. *Massenvernichtungsverbrechen in Lagern, KZ Stutthof,* Herbst 1944 (Lfd. Nr. 446: LG Bochum vom 16.12.1955, 17 Ks 1/55), p. 147-234, aqui p. 156-160.

[36] KERSHAW, Ian. *The End: Germany 1944-45*. London: Allen Lane, 2011, p. 234.

[37] STRZELECKI, Andrzej. *Auschwitz, 1940-1945: Central Issues in the History of the Camp – Epilogue*. Oświęcim: Auschwitz-Birkenau State Museum, 2000, p. 35-36.

[38] KERSHAW, Ian. *The End: Germany 1944-45*. London: Allen Lane, 2011, p. 334.

[39] Testemunho não publicado anteriormente, e REES, Laurence. *Auschwitz: The Nazis and the 'Final Solution'*. London: BBC Books, 2005, p. 270.

[40] Testemunhos dados na Universidade Lund, Suécia. Testemunho n.º 22 disponível em: <https://www.ub.lu.se/en/voices-from-ravensbruck-3>. Acesso em: 13 maio 2018.

[41] Ibid., <http://www3.ub.lu.se/ravensbruck/interview18.pdf>.

[42] WACHSMANN, Nikolaus. *KL: A History of the Nazi Concentration Camps*. Boston: Little, Brown and Company, 2015, p. 568.

[43] REES, Laurence. *Their Darkest Hour*. London: Ebury Press, 2007, p. 112.

[44] REES, Laurence. *Auschwitz: The Nazis and the 'Final Solution'*. London: BBC Books, 2005, p. 272.

[45] Testemunho extraído de HIMMLER, Hitler and the End of the Reich. Produzido por: Detlef Siebert; produtor executivo: Laurence Rees. Reino Unido: BBC, 2001.

[46] Ibid.

[47] FRÖHLICH, Elke (Hrsg.). *Die Tagebücher von Joseph Goebbels: Diktate 1941-1945*. München: K.G. Saur, 1995, vol. 15, p. 514. Registro de 15 mar. 1945.

[48] Ibid., p. 521. Registro de 16 mar. 1945.

[49] Ibid., p. 564. Registro de 22 mar. 1945.

[50] Reproduzido em: KERSTEN, Felix. *Totenkopf und Treue. Heinrich Himmler ohne Uniform. Aus den Tagebuchblättern des finnischen Medizinalrats Felix Kersten*. Hamburg: Robert Mölich, 1952, p. 358-359. De Himmler para Kersten, 21 mar. 1945.

[51] Panfleto 2 do protesto da Rosa Branca, disponível em: <http://www.white-rose-studies.org/Leaflet_2.html>. Hans e Sophie foram ambos capturados e executados em fevereiro de 1943.

[52] <http://db.yadvashem.org/righteous/family.html?language=en&itemId=9221536>.

[53] Estimativa de Johannes Tuchel, chefe do Centro Memorial da Resistência Alemã, disponível em: <http://www.raoulwallenberg.net/press/2007/museum-created-germans--hid/>. Acesso em: 13 maio 2018..

[54] KERSHAW, Ian. *The 'Hitler Myth': Image and Reality in the Third Reich*. Oxford: Oxford University Press, 2001, p. 229-230.

[55] KERSHAW, Ian. The Persecution of the Jews and German Popular Opinion in the Third Reich. In: *Yearbook of Leo Baeck Institute*. London: Leo Baeck Institute, vol. 26 (1981), p. 284. Também· REES, Laurence. *The Nazis: A Warning from History*. London: BBC Books, 1997, p. 223

[56] Testemunho não publicado anteriormente.

[57] Testemunho não publicado anteriormente, e REES, Laurence. *Their Darkest Hour*. London: Ebury Press, 2007, p. 210.

[58] Testemunho não publicado anteriormente.

[59] KERSTEN, Felix. *The Kersten Memoirs, 1940-1945*. London: Hutchinson, 1956, p. 286-290.

[60] Testemunho extraído de HIMMLER, Hitler and the End of the Reich. Produzido por: Detlef Siebert; produtor executivo: Laurence Rees. Reino Unido: BBC, 2001.

[61] KERSHAW, Ian: *Hitler: 1936-1945, Nemesis*. London: Allen Lane, 2000, p. 819.

[62] DOMARUS, Max. *Hitler. Reden und Proklamationen 1932–1945. Kommentiert von einem deutschen Zeitgenossen: Untergang*. Wien: R. Löwit, 1973, p. 2236-2237, 2239. Testamento Político de Hitler, 29 abr. 1945.

[63] HITLER, Adolf. *Hitler's Table Talk, 1941-1944*. London: Phoenix Press, 2002, p. 221, 18 jan. 1942.

[64] Entrevista com o professor Sir Ian Kershaw, realizada por Laurence Rees em 2009 para o site educacional WW2History.com. Disponível em: <http://ww2history.com/experts/Sir_Ian_Kershaw/Hitler_and_the_Holocaust>.

[65] Ver, por exemplo, na página 310 do presente livro, a citação de FRÖHLICH, Elke (Hrsg.). *Die Tagebücher von Joseph Goebbels: Diktate 1941-1945*. München: K.G. Saur, 1994, vol. 3, p. 557-563. Registro de 27 mar. 1942.

[66] LONGERICH, Peter. *Heinrich Himmler: A Life*. Oxford: Oxford University Press, 2012, p. 731.

[67] Testemunho não publicado anteriormente.

Posfácio

[68] <http://ww2history.com/experts/David_Cesarani/Hitler_s_ruthlessness_vs_Stalin_s>.

[69] REES, Laurence. *Their Darkest Hour*. London: Ebury Press, 2007, 2007, p. viii-ix.

[70] Ibid., especialmente p. ix.

Este livro foi composto com tipografia Bembo e impresso
em papel Off-White 70 g/m² na Formato Artes Gráficas.